沈福伟（1935—2021），江苏苏州人。1958年毕业于复旦大学历史系。1978年起任教于苏州大学，历任副教授、教授、文化交流与现代化硕士点导师。研究方向：中外关系史、亚洲及欧洲文化史、现代化理论。曾任十卷本《中华文明史》（1994年）及《中华历史通鉴》（1997年）中外文化交流学科主编及撰稿人。著有《中西文化交流史》（上海人民出版社，1985年初版，2006年、2014年、2017年修订）、《Cultural Flow between China and Outside World throughout History》（外文出版社，1996年初版，2009年修订）、《西方文化与中国：1793—2000年》（上海教育出版社，2003年）、《文明志》（上海人民出版社，2013年）、《中国与欧洲文明》（山西教育出版社，2018年）、《中国与非洲：3000年交往史》（山西教育出版社，2021年）、《中国与西亚文化交流史》（山西教育出版社，2023年）等。

沈福伟文化史论著系列

沈福伟 / 著

中国海洋文明史

论　集

Collected Essays on the History of
Chinese Maritime Civilization

山西出版传媒集团
山西教育出版社

图书在版编目（CIP）数据

中国海洋文明史论集 / 沈福伟著. — 太原 : 山西
教育出版社，2024. 12. --（沈福伟文化史论著系列）.
ISBN 978-7-5703-4387-4

Ⅰ. K203-53；F752.9-53

中国国家版本馆 CIP 数据核字第 20246Y6A58 号

中国海洋文明史论集

ZHONGGUO HAIYANG WENMING SHI LUNJI

责任编辑　邓吉忠
复　　审　任小明
终　　审　康　健
装帧设计　薛　菲
印装监制　蔡　洁

出版发行　山西出版传媒集团·山西教育出版社
　　　　　（太原市水西门街馒头巷 7 号　电话：0351-4729801　邮编：030002）
印　　装　山西人民印刷有限责任公司
开　　本　787×1092　1/16
印　　张　26. 25
字　　数　480 千字
版　　次　2024 年 12 月第 1 版　2024 年 12 月山西第 1 次印刷
审 图 号　GS（2024）4997 号
书　　号　ISBN　978-7-5703-4387-4
定　　价　120. 00 元

发扬中国文化的海洋传统

（代序）

中国本来是一个拥有漫长的海岸线的国家。但对于古代中国人来说，海洋并不像亚洲一些古老的航海民族如印度人、阿拉伯人所认为的那样，是一个与邻近文明国家紧密连接的不可或缺的纽带。中国蜿蜒的海岸线，和中国在陆地上与邻近民族的边界相比，其长度还不足后者的四分之一。这样的地理特征，曾使中国长期被排挤在世界航海民族的前列之外，也在人们的认识中构筑了一重与真实相隔阂的藩篱。尤其在近代地理大发现以后环球航行得以实现，世界航运界的航海和船舶制造技术取得长足进步的年代中，中国人的航海事迹更被完全湮没了。两千年以来，中国人口一直居于世界第一，而"中国人向来不善于航海"这句话竟在20世纪被写进由美国史学家编著而颇为风行的《世界通史》中。学术界流行的一种说法也同样认为中国文化属于"大陆型"，似乎天生与海无缘。这实在是一个值得认真对待的问题。

中国学者对于传统文化中保守的一面有时过于强调，一个重要原因被认为是中国和世界上的其他文明中心在地理上有难以克服的间隔。前人认为中国国境西界葱岭以与中亚及欧洲之文化隔绝，南界喜马拉雅以与印度文化隔绝，缺乏机缘以与他系文化相摩厉相资长，而且对于海洋文化，也只是认为东南虽涉海，然其地之岛民无文化足以裨我，表示这些因素决定了中国文化的单调性和保守性。固然，海洋并没有在一开始就为中国人就近提供重要的经济资源，刺激中国人与异域人的财富和文化交流，就像古代腓尼基人、柯伯特人、希腊人、雅利安人、希米雅尔人那样，但中华文明也很早就和海洋发生了关系，受到海洋的哺育，已被越来越多的考古学、人类学、民族学上的新发现所证实。传说中的中华文明的开山鼻祖伏牺被称为"苍牙"，被奉为"苍精之君"（罗泌《路史》卷十），并非偶然。"苍牙"的意思是"苍儿""苍吾"，也就是《尚书·益稷》中的"海隅苍生"，代表了一批生活在海边的中国人。在中国历史上，正是那些居住在黄河和淮河之间、长江和闽江沿海地区的靠着海滨的部落居民，最先开始集合成一个个有组织的群体，步入了文明的阶段。

我们的祖先最早探索的海上之路，在北方，是从山东半岛跨过渤海到达朝鲜半岛，或从日本海的西北海岸渡过大海前往日本；在东南沿海，是横越海峡，驻足台湾，继而漂洋过海，顺着黑潮暖流，北上日本九州或韩国南部沿海，甚或通过菲律宾、中南半岛，和马来世界发生了文化上的联系。浩瀚的太平洋，也曾是一些无名的海上英雄探险的场所，阿留申群岛和波利尼西亚的岛屿给大洋两岸的居民搭起了天然的桥梁，他们像接力赛似的缓慢而持续地传递着彼此的文化信息，这使中国人在4000年前就开始探索的东方日出之处"旸谷"从东海之滨逐步向东拓展，和孤悬于大西洋与太平洋之间的印第安文明取得了联系。在南方，辽阔的印度洋给中国滨海的水上居民展现了一个又一个新世界，使中华文明和印度文明、希腊文明、阿拉伯文明奏出了和谐的交响乐。

中国南方的居民十分擅长航海，木筏、竹筏、独木舟、蒲船、苇舟和陶舟成了最早征服大海的工具。他们面向的是星罗棋布的岛屿和创造着自己文明的有着众多岛民的新奇的世界，这使中华文明在东南亚、南太平洋有着极为宽广的交流领域，成为古代环太平洋文明的巨大原动力。船帆的使用是改善文化信息的一个表现。在中原人士编写的《山海经》中，表示风帆的最早的文字是"翼"。《山海经·大荒南经》中的驩头国和《海外南经》中的驩头国，是一些穿着草木皮贯头而服的海洋民族，他们的食物来源是鱼类，他们的工具是张帆的船筏。这种帆被人格化，变成了长在他们身上的"翼"。长翼的驩头国人是先秦时代对中国海上最早使用风帆的海外居民的一种形象化的描述。因此在殷代北方使用的甲骨文中，自然很难找到真正具有风帆意义的字眼了。由风帆的使用开创的帆船时代，在中国已有3000年历史，《越绝书》中出现的"大翼""中翼""小翼"，就是大型、中型和小型的帆船。中国人利用风帆驾船远涉重洋，闯过马六甲海峡，抵达印度和红海，在罗马东方贸易盛期，通过非洲东部海港，从海上实现了中西文化的第一次大汇合。在7至8世纪，中国帆船的海外航线和航运规模更有长足的进步，以致在15世纪中叶，由郑和指挥的中国宝船队定期出航，将整个印度洋直到南非海域都划入了中国帆船的营运区。中国的海外贸易商以汪大渊为代表，他在1336年访问了直布罗陀海峡，在那里展望欧洲大陆，观赏大西洋的波光涛影。郑和指挥的宝船比葡萄牙人迪亚士早了70多年通过南印度洋跨越莫桑比克海峡，进入了好望角海域，使东方人第一次经历了大西洋的风浪，宣告了大航海时代的到来。

海外交通使中国和旧世界的边远地区紧紧相连，使中国逐步走出中世纪的囚笼，迈向近代文明的舞台。海外交通的历史，也宣告了那种认为"直到20世纪，中国的历史不过是3000年的封闭史，加上100年的挨打史"的论调是如何与历史的真相大相径庭。中国人不但通过陆路和地中海东部文明国家早就有了联系，而且至晚从3世纪开始就一直探索从海上通向地中海之路。被称为埃及和地中海大门的红海和亚丁湾上的许多古港，如阿杜利、亚丁、泽拉，都曾是中国远洋帆船熟悉的口岸。中国的三大发明罗盘、火器和雕版印刷，也多半是通过海路才传到地中海的文明世界的。它们之所以能在欧洲立足和发扬光大，作为亚非欧三大洲文明交会之处的地中海实是必由之路。

在奋发图强和富有冒险精神的航海家面前，海洋非但没有成为人类文明滋生和繁衍的障碍，反而成了人类努力征服的对象，变海洋为远胜陆路的通途。海洋使近代西方文明席卷全球，海洋也使中华文明在近代随着海外华人的足迹遍布五洲。人类文明史既是科学征服愚昧、理智战服野蛮的历史，也是人类向未知的世界进军、向苍茫的大海挑战的历史。创造的意念，探索的精神，开拓了人类文明进步的美好前景，也是中华文明和海外世界继续保持联系，不断摄取养料和新鲜血液，求得自身生存和发展的动力。中华文明具有向海外拓展的传统，这一传统现在已经完全可以在新的历史条件下产生新的能量，为改变落后的现状发挥作用，贡献力量。

沈福伟

2020年5月

目　　录

海上交流篇

航海天地篇

《山海经》中的海外地理

　　《山海经》这部古书充满了神话和传说，但也著录了帝王世系、民族变迁、山川分布、生态环境、自然资源与医药知识。在论述人与自然的关系方面，它立足于人所本源的地理环境，将人与自然融为一体。一部《山海经》，不但叙述了华夏民族和其周边民族的生态环境，而且走出中国，寻找更为宽广的外部世界，将太平洋和欧亚草原网罗在内，逐条记述。有人甚至以为已经描述了北美洲的科罗拉多谷地，这种说法固然只能使人将信将疑，但毫无疑问，《山海经》是一部最古老的亚洲地理书。确定《山海经》各部分的地域框架仍有十分重要的意义。

　　今本《山海经》由三个部分合成，将原来39篇并为18篇。其中《五藏山经》26篇合为五篇，简称《山经》；海内南、西、北、东各经各一篇，海外南、西、北、东各经各一篇，合成《海经》八篇；最后是大荒东、南、西、北各经各一篇，海内经一篇，合成《大荒经》五篇。《山海经》最早的材料大约积累于春秋中晚期，是一种附有文字说明的天下一览图性质的图书。原有图画，以形象化的图片标列山川和怪诞的物象。山川地图最早发达的是东方的齐国。公元前7世纪的《管子》已有地图篇。虽然《管子》一书不会全出自管仲之手，但它保存了齐国在管子时期的许多极有历史价值的文献，反映了当时齐人在沿海地区的拓展。《海内经》一篇和《大荒经》四篇的成书都应在《管子》之后不久。

与希腊埃拉托色尼、史特拉波、托勒密以个人名义撰写地理志不同，中国最古老的地理志——《山海经》是一部由不同时代、不同地点的作者编撰的地理志汇编。自毕沅《山海经新校正》认定"《大荒经》四篇释《海外经》，《海内经》一篇释《海内经》"起，《大荒经》系统五篇便被当作东汉以后晚出之作①。近年的研究有了新的进展。蒙文通将《山海经》分成三部分，主张：《大荒经》以下五篇写作最早，在西周前期，可能是巴国的作品；《海内经》四篇较迟，成于西周中叶，可能是古蜀国的作品；《五臧山经》和《海外经》四篇最晚，成于春秋战国之交，可能是楚国接受巴蜀文化以后的作品②。袁珂将《山海经》分成如下三部分：最早的《大荒经》四篇和《海内经》一篇，成于战国初年或中期；《五臧山经》五篇和《海外经》四篇，成书稍迟，是战国中期以后的作品；《海内经》四篇成书最迟，作于汉代初年。他认定各篇的作者都是楚人，即楚国或楚地的人③。袁珂驳正了毕沅以为《大荒经》是注释《海外经》《海内经》各篇的说法，断定后者是阐释前者，从而让《大荒经》各篇的时代摆正了位置，《大荒经》系统五篇文字便成了《山海经》中最早的文字。

本文试图根据前人的研究，就《大荒经》《海内经》和《海外经》这三部分的成书地点、所涉及的区域地理知识和相互关系提出一些看法，以就正于学术界。

一、《大荒经》五篇是春秋时代齐人所作

《大荒经》五篇文字古朴，编次零杂，是最早对边远地区地理知识的积存，看来，最晚在公元前6世纪末就已经成稿。《海内经》和《海外经》八篇将《大荒经》涉及的域外知识加以整理，同时又将自身定格为内篇、外篇两个层次，对当时的世界地理做出了极为概括和明晰的推断。就涉及的周边地理和海外知识而言，《海外经》八篇文字的原材料无疑都可在《大荒经》内见出端倪，但又删掉了《大荒经》中芜杂不明的地方，将《大荒经》所述各国的位置序次分明地重新排列，为绘制域外地图做了科学的

---

① 陆侃如：《山海经考证》，载于《中国文学季刊》1929年创刊号；侯仁之：《海外四经、海内四经与大荒四经、海内经之比较》，载于《禹贡》1937年第7卷第6、7期合刊。王成组也只承认《五臧山经》是最早的作品，成于战国，其他各篇都是西汉时增编的对山经怪异的仿作。参见王成组：《中国地理学史》上册，商务印书馆1982年版，第25-26页。

② 蒙文通：《略论〈山海经〉的写作时代及其产生地域》，载于《中华文史论丛》第1辑，中华书局1962年版。

③ 袁珂：《〈山海经〉写作的时地及篇目考》，载于《中华文史论丛》第7辑（复刊号），上海古籍出版社1978年版，第147-148页，第156页。

说明，无论在地理观念上还是在图籍的处理方法上都较前有了很大的进步，因此成书年代应该较晚。

以《大荒西经》为例，据清代吴任臣《山海经广注》和袁珂《山海经校注》（上海古籍出版社1980年版），全文有50条，叙述山野37处，国16处；而《海外西经》从西南陬至西北陬，列举山野与部族，仅有结匈国、灭蒙鸟、大运山、大乐之野、三身国、一臂国、奇肱之国、常羊之山、女祭、女戚、鸢鸟、鹢鸟、丈夫国、女丑之尸、巫咸国、并封（在巫咸东）、女子国、轩辕之国、穷山、诸夭之野（沃民国）、龙鱼陵居、白民之国、肃慎之国、长股之国、蓐收，共29部。其中称国者亦仅12国。将《大荒经》四篇和相应的《海外经》四篇加以比较，可以知道《大荒经》各篇列举的山野、部国远胜《海外经》。但《大荒经》各条之间并无任何联系，难以确定其空间部位，且有时一条之中集合数处地名、山名，有时一个名词解释极简。如印度东境的屏蓬，《大荒西经》只说："有兽，左右有首，名曰屏蓬。"《海外西经》则又添加："并封在巫咸东，其状如彘，前后皆有首，黑。"从译名到内容都有改动。屏蓬、并封都属音转，是产象之国，在巫咸国的东边，位置明确。

和《大荒经》四篇相配的《海内经》一篇成书时间约略早于前者，不会晚于战国时期，最迟在公元前500年以前就已经成书，最早甚至可以到公元前600年左右。该篇是中国史籍中最早将华夏国家用四海的界限分成东海、南海、西海、北海四部分加以表述的文献。周初"夏"（或"华"）和"中国"同指中原王朝，诸侯国称诸夏，和周边的夷狄相对。"夏"或称"华"，有时称诸华、华夏。华夏原指中原的诸侯，等于诸夏。"华"古音"敷"，"夏"古音"附"，两音相近。但诸夏和夷狄的区位处在不断变化之中。随着中华文明向四周拓展，诸夏的范围也不断扩大。春秋中期以后，诸夏逐渐兼包南方的楚、越，所谓"居楚而楚，居越而越，居夏而夏"（《荀子·儒效》）就是这个意思。东南的越，南方长江流域的楚，都已逐渐纳入诸夏的范围。就涉及的地理区划而论，作于春秋时代的《海内经》一篇不如广及周边民族的《大荒经》，成书年代应早于《大荒经》。所记范围东至朝鲜、日本，南到苍梧之丘的九嶷山，西南有巴国、都广之野（成都平原），西边至于流沙以西的鸟山（鸟鼠山），北方包有蛇山（燕山）、幽都之山（阴山）、钉灵之国（丁零）。东面有朝鲜、日本，南面最远到四川东部，西北涉及甘肃东部，北面包有内蒙古。这是个以齐人和东周王朝为中心的海内世界。作者对鸟山有一段极为形象的描述："流沙之西，有鸟山者，三水出焉。爰有黄金、璇瑰、丹货、银铁，皆流于此中。"称道这里是黄金、玉石、丹货、银铁集散之地，生动地写出了渭水上游和洮水交集的临洮、渭源自古是亚洲西部和东部之间商贸交通的十字路口。

《海内经》一篇列举的海域有北海、东海。《左传·僖公四年（前656年）》记齐桓公伐楚，楚王派使者相告："君处北海，寡人处南海，唯是风牛马不相及也，不虞君之涉吾地也。"那时楚国坦然承认齐是北海之霸，而以南海盟主自许。在北海范围以内的东海，已见于《礼记·王制》。齐桓公时代，东海是东夷人栖息之所，只有齐国才是惟一能控制该地的海上强国。那时燕国的海上力量尚未崛起，不足以与齐抗衡。《海内经》一篇时代之早，可从文中涉及朝鲜、天〔夭〕毒，而不见"燕"字见出。

朝鲜、天〔夭〕毒两个国名，晋人郭璞的注文是："朝鲜，今乐浪郡也。天毒即天竺国，贵道德，有文书、金银、钱货，浮屠出此国中也。"晋代号称博学的郭璞只知文明大国的天竺（印度），而不知有日本。译校者以印度在中国西南，而天毒在东北，疑有脱文、伪字[1]。原文的"天毒"其实是"夭毒"的讹夺。此词如读作"夭毒"，则是邪马台（Yamato）的对音，亦即日本名儒新井白石（1657—1725年）在《外国事调书》中考订的九州筑后国（今福冈县）的山门郡。"山门"的日语读音与《三国志·魏书·乌丸鲜卑东夷传》中所记的邪马台国（现行《三国志》各版本"邪马壹"，学界以为"邪马台"之误）完全一致。但这"夭"字，也可读作"沃"音。《海外西经》有"诸夭之野"，郝懿行校"夭"是"沃"字的省文，则"夭毒"可读如"沃毒"，与日本流传的一种较古的《后汉书》版本中所记载的汉安帝永初元年（107年）由"倭面土国王师升"派出的日本使臣的国号相近，不妨当作"倭面土"早期的一种异译[2]。邪马台国究竟在北九州还是在大和的畿内，是日本学术界历时200年之久的一大争论问题，现在已有许多考古学上的证据可以使人相信，邪马台国可以远到畿内，那么"夭毒"更可看作大陆与日本之间交通的前哨而位于北九州的倭国了。但"夭毒"是古老的译语，从时间上看，一定早于东汉时代的"倭面土"或"倭国"。从早先中日使者往来取道海路时都以山东半岛作为启航地点或目的港的史料看，"夭毒"的称谓也极可能源自齐人。

《海内经》一篇以"夭毒"记日本，与《海内东经》中以"倭"称日本不同，分明

---

① 袁珂：《山海经校释》，上海古籍出版社1985年版，第301页。

② 内藤虎次郎：《倭面土国》，载于《内藤湖南全集》第7册，筑摩书房1970年版；直木孝次郎：《日本历史1·倭国的诞生》，小学馆1974年版。

出于两个系统，而在时间序列上有先后之别。

《海内经》一篇末尾叙述炎帝、黄帝、帝俊、少皞（少昊）的世系，很像古老的帝王家世。这份材料可能出自周室珍藏的档册。在周惠王（前676—前652年在位）、周襄王（前652—前619年在位）时期，因王位争夺之乱，世代掌管周史的司马氏离周去晋，部分典籍流散到晋国，因此《海内经》一篇极有可能是经齐人编订的晋人之作。

《大荒经》四篇记述周边民族、山川地理，根据西周的五服观念而使用"大荒"这一名称。据《尚书·禹贡》，以宗周为主体，千里以内为王畿，对四方属地按甸、侯、绥、要、荒五等划分，每五百里为一等。"大荒"所及在宗周的三千里以外。照《国语·周语上》，五服是甸、侯、宾、要、荒，"夫先王之制：邦内甸服，邦外侯服，侯卫宾服，蛮夷要服，戎翟荒服"。周礼以东南的蛮夷比西北的戎狄为近，明明是将南方的楚、越视作诸夏的结果，其共同的特征应是农耕文化。在礼崩乐坏的战国时代，这一宗周的本体观念遭到摒弃，所以战国时代《海外经》八篇仅用海内、海外区分四海，不见用海内、大荒的区划观念。春秋初期，高举"尊王攘夷"旗帜而定鼎中原的齐国以诸夏盟主的地位称霸，代宗周号令天下，正好从一个侧面反映了仍然使用"大荒"命名海外世界的作者不出居住在河水、济水间的齐人。

《大荒经》各篇，尤其是《大荒北经》中的北齐之国，《大荒西经》中的北狄之国、西周之国、轩辕之国、寿麻之国、沃民之国，最能说明《大荒经》比后出的《海外经》要早得多。

北齐国。《大荒北经》："有北齐之国，姜姓，使虎、豹、熊、罴。"北齐国不见于《海外北经》，是春秋时代的国名。姜姓的北齐国为齐桓公（前685—前643年在位）北伐后所建。周幽王（前782—前771年在位）时北戎南侵，遭到邢、晋反击，被迫东迁。齐桓公时戎狄已是北方边患，于是"中救晋公，禽狄王，败胡貉，破屠何，而骑寇始服。北伐山戎，制泠支（离戎、骊戎、丽土之狄），斩孤竹"（《管子·匡君小匡》）。《国语·齐语》说桓公"北伐山戎，刜令支，斩孤竹而南归"。齐桓公伐山戎事在鲁庄公二十五年（前669年），《春秋》记在鲁庄公三十三年（前661年）。《韩非子·说林上》记其事："管仲、隰朋从于桓公而伐孤竹，春往冬返"，一年而定。孤竹在今河北卢龙县。《括地志》："孤竹故城，在平州卢龙县南十二里，殷时诸侯竹国也。"[①]《尔雅·释地》以之代表北方之极。《大荒北经》的北齐之国当是孤竹，本系山戎的牧地，后来建立北齐国，有了河北人的移民，一时成了华夏族最北的边地，到战国时就

---

① 张守节：《史记正义》卷四《周本纪》引《括地志》。

不见记载了。晚出的《海外北经》并无此国，其原因一则是当时北疆早已扩展，二则是此国已不复存在。

北狄国。《大荒西经》："有北狄之国。黄帝之孙曰始均，始均生北狄。"这是说北狄也是黄帝之裔。自晋文公（前636—前628年在位）逐戎狄，戎狄便无法在黄河以东立足。公元前6世纪，河套地区的狄族已经衰落，北方的胡、貉相继东迁。战国中期才写成的《海外西经》因此不再有北狄国。

西周国。《大荒西经》："有西周之国，姬姓，食谷。有人方耕，名曰叔均。帝俊生后稷，稷降以百谷。稷之弟曰台玺，生叔均。叔均是代其父及稷播百谷，始作耕。"西周国到《海外西经》时便不复存在。这里的西周之国，实是周初古公亶父在"春山之虱（侧）"分封嬖臣长季绰的地方。春山之侧即葱岭的东侧。西周之国，当非周人自称，而是写作《大荒经》的齐人对西迁的姬姓后裔在葱岭东侧从事农耕的一份珍贵的记录，是东方滨海盛产丝漆、织采为文的齐国对横贯亚洲的东西交通大动脉作出的一种极有意义的暗示。从黄河下游齐国的都城临淄到葱岭东侧的西周国，一条由华夏民族联成的丝绸之路由此跃然纸上。

还有轩辕国。《大荒西经》："有轩辕之国。江山之南栖为吉。不寿者乃八百岁。"轩辕国在《海外西经》中说得比较具体："轩辕之国在此穷山之际，其不寿者八百岁。在女子国北。人面蛇身，尾交首上。穷山在其北，不敢西射，畏轩辕之丘。在轩辕国北。其丘方，四蛇相绕。"

此处轩辕之丘显然并非《西山经》中的轩辕之丘，倒是后出的《山经》借用了《大荒经》中的地名。《大荒经》中的"江山"亦即"穷山"的音转。文中说，穷山南北都可居住，以南栖为吉，是指称帕米尔的地势以南居为宜。《大荒西经》记载了一个姬姓的西周之国，另外还有一个方位不明的轩辕之国，只知道那里的人喜欢居住在江山的南边。后出的《海外西经》没有西周之国，但对轩辕国方位考察周详，说它位于穷山（江山）之侧，女子国之北，也就是江山的南侧；在它的北面还有一座足以抵御附近操持弓箭的游牧民的土堡——轩辕之丘。轩辕之丘在《大荒西经》中称轩辕之台，"射者不敢西向射，畏轩辕之台"。实际上是因为轩辕台所在峡谷中常年刮西风，使人无法向西射箭。这些描述使人明白，原来在帕米尔北侧的西周国居民，后来都迁到了南侧的塔什库尔干（Tashkurghan），靠一座轩辕台抵御来自北方的入侵者。塔什库尔干即汉代的蒲犁国，位于号称穷山的慕士塔格峰西南，城北有叶尔羌河东流，正当江、山之南。"江山之南栖为吉"一句，"江"字兼有音义。现在塔什库尔干以北十多公里外有石方堡，称克兹库尔干（Kizkurghan），意即"公主堡"，是2000多年前传说中国公主下嫁波斯时中途居住的地方。古堡耸立在塔格敦巴什河的深谷中，是古丝路咽喉地段的卡拉其谷山顶上的一处古城，大约相当于古时的轩辕之丘或轩辕台①。这里是中国西通伊朗、南接印度的三岔路口。塔什库尔干以南习称塞勒库尔（Sarikul）平原，向南延伸到明铁盖山口西南克什米尔边境的坎巨提（Kanjut）。

轩辕国所在的穷山无疑是《穆天子传》中的舂山，《穆天子传》中周穆王巡视的昆仑之丘正是《山海经》中的轩辕台。

轩辕国以南的女子国，很清楚是印度《摩诃婆罗多》史诗中的女国（Striraja），亦即唐代玄奘所记、位于拉达克东南、出产黄金的苏伐剌瞿呾罗（Suvarnagotra），译为金氏国，是因产优质黄金而得名的东女国。玄奘记述此国："世以女为王，因以女为国。夫亦为王，不知政事。丈夫唯征伐、田种而已。"此地位于吐蕃之西，于阗国之南，西连三波诃国，南接婆罗吸摩补罗国②。

《大荒西经》《海外西经》一致认为，轩辕国人少说也有"八百岁"。这句话的实际含义是该国自创建以来至少有800年历史了。从公元前12世纪季绰西迁起，到公元前6世纪，不多不少有800年，这一点也可作为《大荒西经》整理成文的时间在公元前6世纪末的一个佐证。

轩辕国的族徽，《海外西经》说是"人面蛇身，尾交首上"。新疆境内中古墓葬中出土许多伏羲、女娲交尾图像，图像中的伏羲、女娲均作蛇身竖立交尾。唐代吐鲁番汉族聚居地墓葬中尤其常见。这种图像应溯源于早先西迁的华夏民族的祖先崇拜。《海内经》一篇说："有人曰苗民。有神焉，人首蛇身，长如辕，左右有首，衣紫衣，冠旃冠，名曰延维，人主得而飨食之，伯天下。"延维在汉画像石中多作伏羲、女娲交尾，是南方苗族祖神③，在北方亦是苗民后裔的羌人所崇奉的祖神。这种习俗就其更为久远的源头而言，最晚在西周时便已存在，甚而与印度文化也存在着某种种族与民俗文化的联系。印度在公元前1100年后已步入铁器时代，到公元前8世纪出现了北方磨光黑陶（Northern blackpolished ware）④。公元前6世纪，这种黑陶文化在塔克西拉和恒河流

① 斯坦因：《西域考古记》，向达译，中华书局1936年版，第33-34页，图17"蒲犁之中国堡垒"；斯坦因：《亚洲腹地考古图记》（Aurel Stein, Atlas of Innermost Asia），牛津大学1928年版。

② 玄奘：《大唐西域记》卷四，章巽校点，上海人民出版社1977版，第99页；季羡林等：《大唐西域记校注》，中华书局1985年版，第407-408页。

③ 闻一多：《伏羲考》，载于《闻一多全集》第1册，三联书店1982年版。

④ 亚历山大·坎宁安：《印度考古调查年报》（Alexander Cunningham, Annual Report of Archaeological Survey of India），1911—1912年，加尔格答1915年版，第80-81页。

域相继展开，陶器上的纹饰以龙、象和马的图像最为常见。龙是蛇神，其中一类图像是女性的下体化作蛇身，典型图像出土在瓦腊纳西东南的普拉拉德普尔（Prahlad-pur）[①]。另一类图像在当作母神的形体上装饰着有线纹或斜线的小环，在史拉伐斯蒂（Sravasti）[②]、旃达·凯图伽（Chandra Ketugarh）[③]、松普尔（Sonepur）[④]亦有发现。还有一种龙的图像，身披尖领衣，上有五条蛇的头巾，出土在伐萨利（Vaisali）。在丹眉洛（Tarnluk）和喀桑比（Kamsambi）的出土文物中，还可以见到蛇的头徽[⑤]。这类祭祀祖先的图像盛行于瓦腊纳西周边地区，为恒河中游平原文明的象征。在古老的《大荒经》中已有这种文明信息的记录。《大荒西经》中的灵山十巫，在《海外西经》中改称巫咸国，就是印度恒河中游的古国摩揭陀，这里正是"右手操青蛇，左手操赤蛇"的国家。人面蛇身的图像和蛇的头徽构成了古代印度自然崇拜的宗教信仰，作为文化因子，随着移民和商贸往来，大致在春秋时代就已进入葱岭以北的中国。四川广汉三星堆文化中同类图像的遗存，可以视作这种图腾崇拜的源头。

《大荒西经》中另有一个寿麻之国："有寿麻之国。南岳娶州山女，名曰女虔。女虔生季格，季格生寿麻。寿麻正立无景，疾呼无响。爰有大暑，不可以往。"后来的《海外西经》没有著录此国，却有了一个巫咸国。此地的气候特点是非常热，而且"正立无景，疾呼无响"，正是处于北回归线附近的恒河平原。寿麻国人敬仰的寿麻，即印度司收获的苏摩神。在3000年前从西亚移入印度的雅利安人，用苏摩酒（Sauma）作为神圣的献祭，可以通达因陀罗大神，可以为民祈生、求福[⑥]，因此中国传闻有苏摩国、寿麻国。记录寿麻与南岳的谱系可能是要说明古代已有楚人移居印度，或往印度经商。有关寿麻国的知识也是由楚人或蜀人提供的。

《大荒西经》中最远的古国是两河流域美索不达米亚的沃民国。怎样才能到达沃民国呢？答案是："西有王母之山、壑山、海山。有沃之国，沃民是处。沃之野，凤鸟之

---

① 纳雷恩、罗伊：《普拉拉德普尔考古：1963年3月至4月》（A. K. Narain and T. N. Roy, Excavation at Prahladpur, March–April, 1963），瓦纳那西1968年版，第46页。

② 辛哈：《史拉伐斯蒂考古：1959年》（K. Sinha, Excavation at Sravasti, 1959），瓦纳那西1967年版，第54页。

③ 《印度考古：1957—1958年》（Indian Archaeology, 1957-1958, A review），新德里1958年版，第51页。

④ 《印度考古：1956—1957年》（Indian Archaeology, 1956-1957, A review），新德里1957年版，第19页。

⑤ 《印度考古：1953—1954年》（Indian Archaeology, 1953-1954, A review），新德里1955年版。

⑥ 《梨俱吠陀》（Rig-Veda）。

卵是食，甘露是饮。凡其所欲，其味尽存。"这里物产丰富，又多银、铁。竟有"鸾鸟自歌，凤鸟自舞，爰有百兽，相群是处，是谓沃之野"。该国农业、牧业兴旺，是丰衣足食的沃土。前面提到的三座山是从黄河流域到沃民国的必经之路，分别指新疆的昆仑山、阿富汗的兴都库什山和伊朗东南锡斯坦哈蒙湖（Hāmūn）上的科瓦贾神山（Kuh-i khwāja）①。攀越这三座大山，最后才能通达肥沃新月的沃民国。西王母山在这里泛指昆仑山脉。錾山即 Kūh（波斯语"山"），此处指兴都库什山，亦即《大荒西经》中的鏖鏊钜山（Ushidhāo，晨曦山）。《大荒西经》："大荒之中，有山名曰鏖鏊钜，日月所入者。""鏖鏊钜"即波斯语 Kuh-i-Ushidhāo，Ushidhāo 译作"鏖鏊"，Kūh 对应"钜"，意即山，"鏖鏊钜"意思是"鏖鏊山"，亦即晨曦山、光明山。传说晨曦山落入海中，升起一神，重建新世界，此山即哈蒙湖上的科瓦贾山。"科瓦贾"是天神，科瓦贾山就是神山②，也即波斯传说中从海中升起的海山。

一条横贯亚洲北部大陆的贸易大道几经周折，将东方的齐国与亚洲西部的新巴比伦王国联结起来。《山海经》奇迹般地将2500年前亚洲东西方遥通信息的情景极其巧妙地留存下一个难得的记录。美索不达米亚农牧俱兴，百货荟萃，是少有的沃野。当地居民食用的凤鸟卵即鸵鸟蛋，很容易使人想起汉代大书特书的安息大鸟卵。鸵鸟的图形最早见于太原金胜村大约为公元前475年的赵国贵族墓中出土的高柄小方壶的足部纹饰，属于春秋末期。图形与新巴比伦王国流行的"逃避猎人的鸵鸟"圆柱形石印章的图像十分类似，是公元前500年黄土高原与两河流域互通信息的一个证据③。沃民国人饮用的甘露出自各种含有甘露蜜醇可充饮料的植物，含有天赐饮食的意思。地中海东岸的甘露树（Fraxinus Ornus）和波斯的骆驼刺素负盛名。后代中国文献对波斯甘露也有称述，明代盛传的达朗古宾（Tarangubin）便是这种甘露。

对"沃民国"的记述，表明春秋时代东方的齐人十分推崇西方那个农牧兴盛，又多珍宝、银铁的国家，含有"人间乐土"的思想。它是《大荒经》写作时代的中国人探索世界的一篇极富哲理和科学思想的文字。

以上六个古国，代表了写作《大荒经》的齐人的视野，早已由于开展丝绸外销与输入玉石的贸易，而超越了"西不尽流沙，南不尽衡山，东不尽东海，北不尽恒山"

① E. B.赫兹菲尔德：《伊朗考古史》（Ernst B. Herzfeld, Archaeological History of Iran），伦敦1935年版，第60-61页。

② 杰克逊：《琐罗亚斯德教研究》（A. V. Jackson, Zoroastrian Studies），剑桥1928年版，第284页。

③ 沈福伟：《中国与西亚、非洲文化交流志》，上海人民出版社1998年版，第44页。

（《礼记·王制》）的四海，走出了商、周时期的中原，从西王母山又向西大加拓展。然而由于社会的变迁，时代的不同，到两个世纪后换了一个国家写作《海外经》时，六个古国只剩下了三个，一个是轩辕国，另一个是沃民国，还有早先的寿麻国一变而成巫咸国。从这些变化可见《大荒经》诸篇成书之早。

从沃民国和巫咸国可以知道《大荒经》的写作时间不会早到西周前期，但也不至于晚到战国初年或中期。巫咸国的"巫"字在战国时代已不仅指巫觋之巫，而具有"佛"的音义，故有灵山十巫之国。南方的楚国恐怕是最早接受佛教的，证据便是这最初译的"巫"字，也正是公元1世纪的汉人所说的楚地"信巫鬼，重淫祀"（《汉书·地理志下》）中的巫。因为在更早的几百年前，在《九歌》时代，楚人的习俗只是"沅湘之间，其俗信鬼而好祀"（王逸《楚辞章句·九歌序》），并无明确地说到"巫"。将巫、鬼联到一起，是东汉人的说法。

在遥远的先秦时代，中国如何走出黄河、长江迈向世界，迈向欧亚大陆另外半个世界，实与当时世界形势的变迁相关。波斯大流士一世（Darius I the Great，前522—前486年在位）统治下的阿赫美尼德王朝跨越亚、欧、非三洲，东部边疆到了中亚费尔干纳盆地，和中国只隔一个葱岭，阿富汗、印度也分别成为帝国的一个省。依靠葱岭的中介，波斯帝国间接加强了和中国的联系。位于葱岭东西交通要冲的轩辕国使用"人面蛇身，尾交首上"的族徽，只是两者文化交流的一种表现或积淀而已。在波斯帕利斯铭文（前518—前515年）、纳克希·罗斯塔姆铭文（前515年）中的印度，是印度河下游地区[1]，这里已和波斯世界联到一起。这就使得印度、新疆和美索不达米亚之间的商旅往来趋于经常了。于是灵山十巫、寿麻国和沃民国也与轩辕国一起列入了《大荒西经》。

二、《海内经》四篇的作者是战国中期的燕人

《海内经》四篇晚到汉代初年才完成，此说有许多疑点。

以《海内东经》为例，所述朝鲜、日本，都秉承更加古老的《海内经》一篇，但又有很大不同。《海内经》四篇以九州说的世界观念区划海内、海外，时间应早于汉代。先秦时代，渤海之对于燕人、齐人来说，就像爱琴海之对于希腊人一样，是个内

---

[1]　D. C. 西尔加：《铭文选辑：与印度的历史和文明有关》（D. C. Sircar, Select Inscriptions, Bearing on Indian History and Civilizaticn），第1卷，加尔各答1942年版，第6-7页，第9-10页；希罗多德：《历史》（Herodotus, The Histories），第3卷.

海，因此朝鲜、日本早就被列入"海内"。

《海内东经》从海内东北陬以南叙起："钜燕在东北陬。盖国在钜燕南，倭北。倭属燕。朝鲜在列阳东，海北山南。列阳属燕。"（"盖国"后错在《海内北经》）文中称燕为"钜燕"，显示此篇只能是燕人之作。叙述的方位由东北陬向南展开，按航海方向将燕国、盖国、倭国（日本九州岛）划作一列，又从陆上将燕国、列阳（清川江以北）、朝鲜划作一列，彼此前后呼应。朝鲜和列阳的分界线在清川江，清川江以东以南是箕氏朝鲜，位于妙香山脉以南、东海（古代兼包黄海）以北，故有"海北山南"之称。更重要的是"列阳属燕"，举清川江为燕与箕氏朝鲜的界线。文中记录了燕国移民自战国初陆续跨越千山进入朝鲜半岛，继而南渡对马到达日本九州的情景。这是个以燕国为中心展开的东方世界。

燕昭王（前311—前279年在位）时期，由于政府出面拓地开疆，燕国的海外移民形成高潮。燕昭王派人环航北海，直抵日本。《史记·封禅书》说："自威（齐威王，前356—前320年在位）、宣（齐宣王，前320—前301年在位）、燕昭，使人入海，求蓬莱、方丈、瀛洲。"在东海最远处、日本附近的三神山吸引了齐、燕这些北方强国派人前往寻宝，大力发展海运事业，加强海外探险。燕昭王又在陆上对周边的戎狄施加压力。大将秦开早先入质于东胡，后来归国，率领大军，打败东胡。东胡却地千里，被迫退居西拉木伦河以北。燕军并深入朝鲜半岛，占领清川江。公元前279年，燕国伙同赵、齐一起瓜分了太行山东麓由白狄贵族统治的中山国，燕国的西疆因此亦得到拓展。

《海内东经》将燕国称作"钜燕"，又记下了燕国成批移民海外的史迹，当在秦开拓边，向辽东和老哈河驱迫东胡、山戎之时。足见其作者是燕人，而不是将日本译作"夭毒"的齐人。"夭毒"之所以不同于"倭"，是因为齐人对日本的称呼有别于燕人。由此不难说明，《海内经》各篇不可能出于内地诸国人之手。因为中原各国对海外活动殊少了解，对东北亚地区的大陆移民更无从直接参与，不会将朝鲜、日本视作"海内"的周边地区。因而直到秦始皇一统天下，齐人徐福还可以编造各种谎言蒙骗秦始皇，取得连弩和各种物资，驾船出海。

徐福通过散布流言蜚语，宣扬蓬莱、方丈、瀛洲这三座在恶浪冲击下显得飘忽无定、难以停靠的神山，骗得秦始皇大力资助，在公元前219年至前210年的十年间去觅取仙药。自公元前219年初次出航后，"徐市（福）等费以巨万计，终不得药"（《史记·秦始皇本纪》记为三十五年，即公元前212年）。根据《史记》推测，十年中，包括最后那一次，徐福总共获得秦始皇二次以上的资助出海航行。最后一次出海在公元前210年，徐福夸口说："蓬莱药可得，然常为大鲛鱼所苦，故不得至。愿请善射与俱，见则以连弩射之。"（《史记·秦始皇本纪》记为三十七年）徐福借口出航后见到了海中大神，大神提出要取得延年益寿药，只有"以令名男子，若振女与百工之事，即得之矣"（《史记·淮南衡山列传》）。徐福最终用这些谎言说服了急于得到仙药的秦始皇，"遣振男女三千人，资之五谷、种种百工而行"。结果，"徐福得平原广泽，止王不来"（《史记·淮南衡山列传》）。徐福到了海外有平原广泽的地方，凭着他那支有着百工技艺和大批壮士的队伍，便在那里定居称王而不归了。这个消息后来反馈到中国，被伍被得知，告诉了淮南王刘安。结合日本的传说，至少到14世纪，大家都相信徐福久住不归的地方是日本，甚至就是现在徐福墓所在的纪伊半岛和歌山县的新宫市①。尽管太平洋西部地区的远洋航行业还处在幼稚时代，但中国先民就能有那样大规模出航的壮举，足见他们在这条航路上往返次数之多了。因此，难怪连徐福最后在海外"止王不归"的消息也能继续传送到苏北和鲁南了。

徐福的出海航行不过是汉代以前中国北部沿海居民航海生活的一次规模空前的总结，是早先燕、齐沿海居民在海外寻求新的拓展取得的航海经验的积累。考古发掘提供的实据告诉我们，在日本古老的绳纹文化时期，亚洲大陆居民越海进入日本列岛已是毋庸置疑的事实。在日本和中国大陆之间四条海上联系路线中，主要有从山东渡渤海到达朝鲜半岛，或由东北进入朝鲜东南部，借助日本海左旋环流抵达日本各地的北线航路，和另一条可称南线的航路：从江苏、浙江渡过东海，在冬半年中，借助太平洋黑潮暖流在台湾以西的支流，航抵九州鹿儿岛；在夏半年中，借助太平洋黑潮暖流在台湾以西北上的支流，航向朝鲜半岛西南端②。中国人通过北线向日本传递了山东大汶口文化和龙山文化的有孔石刀、石斧和陶器。中国居民从南线飘流到日本的，似乎比北线还早。在公元前5000年，浙江河姆渡文化的居民就将玉玦带到日本，就地制作了石玦，并将制漆技术传给日本。公元前3世纪初，日本由绳纹文化进入弥生文化初期，中国江淮以南流行的干栏式建筑便同时进入日本西部地区，余风至今保存在日本

---

① 汪向荣：《徐福：日本的中国移民》，收入《日本的中国移民》论文集，三联书店1987年版，第29—66页；彭双松：《徐福研究》，台湾富蕙图书出版社1984年版；《日本的历史》第1册《古代的豪族》，晓教育图书株式会社1975年初版，1982年第21次印刷。

② 李自修、潘海鸥：《中华文明史》，第2卷，河北教育出版社1992年版，第701—703页。

北部虾夷人的木构建筑中①。

尤其重要的是，长江中下游的稻作文化最可能的东传路线是由长江三角洲直接输入朝鲜半岛南部和日本西部地区的一路。朝鲜半岛北部和中国北方一样，早先也以栽培粟、黍作为主要农作物。在朝鲜半岛南部无文陶器文化中，稻作遗存亦不多见。这一现象容易使人推测，日本稻作文化并非由朝鲜半岛北部传入，而是直接由中国大陆通过海路输入的。日本、朝鲜水稻栽培的起源大致都从公元前10世纪开始。1978年在日本北九州板府遗址发现了稻作文化遗址，出现了有水闸的灌溉农田、石镰、木锄等"稻作混合体要素"（Elements of rice culture complex）。水稻花粉见于地表下290厘米的地方，并发现了高频率出现的水稻植株的蛋白石。遗址出土的石镰最早见于长江下游太湖流域和朝鲜半岛南部，遗物中用于稻作的石锛、石斧和太湖地区的相同②。据酶谱分析，板府出土的炭化稻谷亦与长江下游的稻米品种相近。

长江中下游是目前所知世界上最古老的稻作文化发达地区。1996年湖南道县玉蟾岩发现了1万年前的稻谷③，是世界上最早的稻谷遗址。它的发现打破了1989年在湖南澧县彭头山遗址出土的距今8200~9000年的炭化稻谷的纪录④。河南舞阳贾湖遗址也发现了8000年前的炭化稻谷，比过去浙江余姚河姆渡出土的稻谷（公元前6950±130年）又早了1200年⑤。浙江桐乡罗家角出土了7000年前的稻谷，江苏高邮龙虬庄发现了6000年前的炭化粳稻。目前所知古代最北的稻谷出土于山东栖霞杨家圈一处龙山文化中晚期聚落中，距今4000~4400年。山东日照、胶州亦有类似的出土物。江苏苏州草鞋山遗址（苏州东唯亭镇阳澄湖畔）发现的稻田遗存有33块古田，共450平方米。出土的栽培稻和河姆渡、罗家角一样是籼粳混合，年代为公元前4290±205年，距今已有6000多年。在1996年11月日本宫崎市召开的"中国草鞋山遗址古代水田稻作"日中学

---

① 安志敏：《长江下游史前文化对海东的影响》，载于《考古》1984年第5期；铃木嘉吉：《建筑的技术及其背景》，载于《古代的日本2·风土与生活》，角川书店1971年版。

② 佐佐木高明：《史前期日本文化的转型》（Takeru Akazawa, Cultural Change in Prehistoric Japan: Receptivity to Rice Agriculture in The Japanese Archipelago），载于《世界考古学进展》（Advances in World Archaeology），第1卷，纽约1982年版。

③ 玉蟾岩遗址稻作遗存，或指为野生稻。同样，在江西万年县仙人洞亦有万年以上的水稻遗存。见安志敏：《中国稻作文化的起源和东传》，载于《文物》1999年第2期。

④ 裴安平：《彭头山文化的稻作遗存与中国史前稻作农业》，载于《农业考古》1989年第2期；湖南省文物考古研究所、澧县文物管理所：《湖南澧县彭头山新石器时代早期遗址发掘简报》，载于《文物》1990年第8期。

⑤ 浙江省博物馆：《河姆渡遗址动植物遗存的鉴定研究》，载于《考古学报》1978年第1期；张居中：《舞阳贾湖遗址发现栽培水稻》，载于《中国文物报》1993年10月31日。

术讨论会上，与会者一致肯定，日本稻作文化的开始应该是从该地区向东迁移的海上漂流传递的结果。1997年在湖南澧县车溪乡城头山发掘的一座大溪文化时期的古城址中，发现了100多平方米的水稻田和炭化稻谷、稻茎，距今已有6500年，进一步证实了长江中下游是稻作文化的原发中心。日本弥生文化的木制农具大致也可以从中国江南一带找到它的祖型①。东海沿海居民移居日本的历史，仅从稻作文化的传播就可以找到许多佐证。

《海内东经》将倭国列入海内，明确宣称此地属燕，是由于已有武装燕人进入北九州移居，统治了这一地方。公元前3世纪在日本列岛西部展开的弥生文化，就是由种植稻米，使用从大陆带去的金属货币明刀和铜剑、铜戈以及铁器的大陆移民展开的。日本学者普遍认为，弥生文化不是当地居民所创造的，它的出现促使孤处海外的日本由狩猎、捕捞为主的采集经济转向种植水稻的农耕经济②，也使陶器制作同样出现了一次飞跃，由早先绳纹时期的远贺川式样转向新颖的须玖式陶器。代表弥生文化初期的须玖式陶器正是由中国移民带去的③。

弥生文化将在漫长的绳纹文化时期陷于停滞状态的日本从原始社会推向使用铜铁器的金属时代，在本州出现了以铜铎为标志的文化区，差不多同时在九州则有以铜戈、铜剑为标志的铜锋文化区的展开。

铜铎文化以中国北方的编钟为祖型，首先在韩国庆尚南道立足，从左旋环流经过的朝鲜半岛东南端流入日本本州西部广岛以东的地区。近年在韩国庆尚南道入室里出土的小铜铎，形制和1918年在日本大和葛城郡吐田乡发现的铜铎完全相同，传递路径分明。

考古学上的日本铜铎分成菱环钮式、外缘附钮式、扁平钮式、突线钮式四种类型（简称Ⅰ—Ⅳ式），是大陆文化的产物④。与日本铜铎最相近的是中原地区和山东沿海春秋中、晚期的钮钟。这类青铜礼乐器于1997年初在河南新郑的郑、韩故城东城西南部有成批出土，但日本本州出土的铜铎两侧均无这类钮钟旁出的花饰，钟体亦无圆泡状枚（乳钉），是一种简化了的中国式钮钟。类似的编钟，有1975年在山东莒南大店春秋

① 安志敏：《江南文化和古代的日本》，载于《考古》1990年第4期。

② 尾藤正英：《日本文化的历史1·大地与咒术》，学习研究社1969年版；佐原真：《农业的起源与阶级社会的形成》，载于《岩波讲座日本历史》第1卷，岩波书店1980年第2版，第114-140页。

③ 森贞次郎：《九州的古代文化》，六兴社1983年版；《古代九州人的人类学研究》，见松本雅明编《九州文化论集1·古代亚洲与九州》，平凡社1973年版。

④ 佐原贞：《铜铎的铸造》，载于《世界考古学大系》第2卷，平凡社1961年版。

墓出土的编钟^①，和1995年山东长清仙人台春秋中期郝国墓地出土的9件铜编钟。这些编钟的钟体上窄下宽，合瓦形，钲部有长方形框，钮部索形^②，最与日本的铜铎相似，可以视作日本铜铎的祖型。

以中国北方燕、齐兵器为祖型的铜铧经朝鲜半岛传入日本，多数出土于北九州，后来又向濑户内海延伸。包括东夷民族在内的燕人、齐人，和另一支从江苏东航日本的吴越人，在海外新土地上不断组合成新的移民群体，和仅有三五万人的日本岛民融合成了后来的大和民族。在日本历史上，这些在汉朝建立以前从大陆迁入的移民统统以"秦"人相称，以别于后来移入的"渡来人"汉人和新汉人^③。

《海内东经》之由燕人写作应该是一清二楚的。《海内东经》是在日本揭开弥生文化序幕的时代完成的著作。犹如《三国志·魏书·倭人传》揭开了日本有文字的历史，《海内东经》用中国文字打开了尚无文字的日本历史。或者更确切地说，是《海内东经》翻开了日本历史的扉页。

《海内经》的其余三篇《海内南经》《海内西经》《海内北经》作为一组地理著作，也应出自同一时期的燕人之笔。这从所记序次及圈定的地理范围可以见出。

《海内东经》从东北陬的钜燕开始，转向东南，东及朝鲜半岛、日本九州，西沿山东半岛庙岛列岛（列姑射）南下，直至江苏太湖（雷泽）、浙江会稽山。

《海内南经》承接上文，从"海内东南陬以西"叙起，由浙江、福建沿海海岛的瓯、闽开始，至广东西江，再北上巫山（丹山西）至氐人国、巴蛇，还有高山（岷山）南的旄马（茂县）。对地处川鄂交界、历史悠久的巴国，仅记："巴蛇食象，三岁而出其骨，君子服之，无心腹之疾。其为蛇青黄赤黑。一曰黑蛇青首。在犀牛西。"记录者对巴蛇的形象并不清楚，或作青黄赤黑，或说黑蛇青首，其非巴人所记，一目了然。对照《海内经》一篇中早已有过的"朱卷之国，有黑蛇青首，食象"，朱卷之国明明是巴蛇食象故事发生的地点。这正好说明齐人和燕人早已传闻巴蛇食象，而从反面否定了此文出于巴人之手，因为僻居内地的巴人绝不会在春秋时代便已根据航海经验将日

① 吴文祺、张其海：《莒南大店春秋时期莒国殉人墓》，载于《考古学报》1978年第3期。

② 山东大学考古系：《长清仙人台五号墓发掘简报》，载于《文物》1998年第9期，第21页，第25-26页。

③ 木宫泰彦：《日中文化交流史》，胡锡年译，商务印书馆1980年版，第40-48页。据《日本书纪·钦明纪》，540年8月，"秦人户数总七千五十三户"。有人推算秦人约有三万五千人以上。见吴杰：《从〈日本书纪〉看中国侨人的记载》，载于中国日本史研究会：《日本史论文集》，三联书店1982年版，第144页。公元前后来自大陆的中国移民约在万人以上。

本列作海内之国。

《海内西经》从"海内西南陬以北"叙起,"后稷之葬,山水环之。在氐国西"。从岷江上游两岸的氐国、后稷之葬(成都西面的双流)转向西北,经流沙内外、西胡白玉山(密尔岱玉山)至葱岭,该区中心是"方八百里,高万仞"的海内昆仑之虚(墟)。海内昆仑之虚位于青藏高原北部阿尔金山西南,西至昆仑山以北。文中叙述的西界到昆仑虚以北的西王母而止。据此测算,西王母的具体方位在今葱岭东侧,海拔7579米的公格尔山或可相当。

《海内北经》序次,从"海内西北陬以东",作由西向东的展开。从燕人的视角出发,"匈奴、开题之国、列人之国并在西北"。当时匈奴出入河套。其东的开题散居泾水上游,在甘肃东北与宁夏东南交界处一带。开题,前人以为笄头山,笄头山即鸡头山(顾野王《舆地志》),又名崆峒山、空桐山(李泰《括地志》),传说是黄帝向广成子问道的地方,在甘肃平凉以西。自匈奴、开题国向东,有大行伯、犬封国(犬戎国),都在套内。鬼国,更在开题西北的贰负之尸以北,"为物人面而一目",与希腊人阿里斯提亚(Aristeas)在公元前7世纪所留长诗《独目篇》(Arimaspea)中的独目国相合。独目国是生活在准噶尔盆地北部贩运阿尔泰黄金的游牧民族,也是《海内北经》所记最西北的边远民族①。

从一目国往东,有许多奇怪的民族,最后到了戎和林氏国。《逸周书·史记解》记林氏召离戎之君入朝,但不以礼待,离戎逃亡,被林氏追杀,于是太行山北部各民族都脱离林氏。离戎即《史记·齐世家》的离枝,《国语·齐语》的令支,亦即骊戎,在春秋中期继山戎之后相率东迁,散居燕山山脉各地。林氏国在战国中期又称林胡,被其他民族驱迫而迁徙套外。

《海内西经》最后列有大泽(达赉湖)、雁门山(勾注山),在代以北的高柳,以及大泽东的东胡,更东的夷人和近于燕国的貊国,"貊国在汉水(浑江)东北,地近于燕,灭之"。最后一段文字足以见出《海内西经》也像《海内东经》一样出于燕人之手。文中特地列出北方边陲要地雁门山,说明《海内西经》的写作时间还在赵武灵王北征以前。据《史记·赵世家》,武灵王二十年(前306年)略胡地,至榆中(今内蒙古托克托附近),二十六年攘地北至燕代,西至云中、九原,于是雁门山才成为赵国关防,不再是北方门户。燕昭王派秦开向北开边,也应在公元前306年前后。《海内西经》

---

① 参阅孙培良《斯基泰贸易之路和古代中亚的传说》,载于《中外关系史论丛》第1辑,世界知识出版社1985年版,第10-18页。

的写作年代不能晚到该年以后。

《战国策·燕策一》记苏秦北说燕文侯（前361—前333年在位）："燕东有朝鲜、辽东，北有林胡、楼烦，西有云中、九原，南有呼沱、易水，地方二千余里……南有碣石、雁门之饶，北有枣粟之利。"苏秦首次赴燕的时间在燕文侯二十八年（前334年），此时燕国的南界实际在东起滦河口、西至雁门山一线。足见《海内北经》及《海内经》其他三篇写作时间的上限是公元前334年。

《海内经》四篇以东经、北经记事最为翔实，因为这里是和燕人海外知识关系最深的地域。一个突出的事实是，燕人因移民和通商东至日本，西抵新疆北部，有关地理知识才一一录入《海内东经》和《海内北经》。诸篇中最简略的是《海内南经》，仅止于湖南九嶷山的苍梧之山，苗岭、娄山以东的贵州，和四川岷江流域。对于广西、广东和云贵高原几乎是一片空白，只是在叙述昆仑之虚南流的青水、赤水、黑水时略微一提，依据仍是《大荒经》。《海内西经》亦如法炮制，以昆仑之虚、西王母为终端。四篇文字由东北向东南，再经西北转向东北。今本所以将《海内南经》列于四篇之首，完全是为了迎合与之呼应的《海外经》亦从《海外南经》起叙的需要，是汉代刘歆的编次。《海内经》四篇出于燕国地理学家的手笔，完成于燕文侯以后至燕王哙（前320—前312年在位）年间，最迟在公元前306年以前已经成文，是完全可以确定的。

二、《海外经》四篇是战国中期楚人的作品

与《海内经》四篇约略同时的《海外经》四篇，所述地域与《海内经》四篇相比不但大为拓展，而且许多国名的使用也具有它自身独特的体系。

例如，禹所积石山，《大荒北经》《海外北经》记述相仿，却不见于《海内北经》。《大荒北经》《海内北经》都有犬戎国，但《海外北经》未录此国。

厌火国，列入《海外南经》，在讙头国之南，为人"黑色，生火出其口中"。处在亚热带的红河下游以南。《大荒南经》中没有出现这个国。倒是《海内西经》叙述海内昆仑之虚，讲到赤水的流向时提到了厌火国："赤水出东南隅，以行其东北，西南流注南海厌火东。"将厌火国定位在赤水南流入海的地方，是对《大荒南经》"南海之中，有汜天之山，赤水穷焉"的补充。汜天之山即十万大山及其西支，在厌火国东；厌火国在十万大山之西，今越南和平、河内一带。这里肤黑齿白的雒越民族和土著居民终日口嚼槟榔，以致嘴舌血红，嚼毕口吐槟榔，一如"火出口中"。足见《海外南经》对《大荒南经》已有新的说明，据《海内西经》赤水的入海方向加以定位。一水一国形成

三经叠积的层累关系。涉及的周边地理知识则由氿天之山到厌火国，再进一步明确厌火国不但在赤水入海口的西边不远，而且还知道它在讙头国的南面。从这一条约略可知，《大荒经》最早，《海内经》次之，《海外经》又次之。

对发源于昆仑虚（昆仑山至唐古拉山间）的四条大水，在北流的黄河以外，《海外南经》对南流的三条大水像《海内西经》一样重视。而且对其中两条大水，即赤水（雅砻江）和弱水、青水（通天河、金沙江）之间的许多部族作了地域排比，自北而南有结胸国、羽民国、三苗国，讙头国、载国、贯匈国、厌火国。从贯匈国以东，有交胫国、岐舌国、昆仑虚（南宁平原）、三首国、周饶国、长臂国。《海内南经》仅从水的角度作了叙述，从昆仑虚发源的，有出东北隅的河水，还有出东南隅的赤水，出西南隅的弱水、青水，出西北隅的洋水（澜沧江）、黑水（怒江）[1]，"洋水、黑水出西北隅，以东，东行，又东北，南入海，羽民南"。《海内南经》只记到弱水、青水以东的部族，相当于金沙江一线。此线以西，据《海内西经》，仅知道黑水流入南海的地方，在羽民国（云南东部滇池）之南，对湄公河地区全无半点了解可言。这种情况可以说明《海内南经》的写作时间比《海外南经》要早。还有一种情况是，《海内南经》虽不一定早于《海外南经》，但由于客观原因（诸如地域的隔阂），它无法把握那些为《海外南经》提供依据的材料。

据赤水的流经区域而论，它只能是金沙江下游的雅砻江。金沙江古称绳水，若水（当即弱水）为其源头，有丽水、泸水等许多别称。而且古人以为，红河、元江上游礼社江、漾濞江、槟榆河与金沙江相接，于是产生赤水入南海的说法。现代地理考察者也相信，今日澜沧江支流的漾濞江和金沙江之间的分水岭箐铺口（青蒲口）距离附近江面仅600米，而且明显是一处曾遭洪水侵袭的缺口。由此向东有长谷通剑川，直至大理。剑川盆地内湖泊甚多，地形低缓，因此相信古代金沙江是南流大川，后被扬子江袭夺而转流往东，漾濞江遂无法与之相通[2]。

哀牢山以西的云南西部地区是《海内西经》的作者尚未知晓的空白区域。哀牢山以西直到恒河流域是外族居住的山野，只有《海外西经》根据《大荒西经》将夜郎国

---

① 参见明李元阳《黑水辨》、清吴任臣《山海经广注》。这里的洋水并非陕南的漾川，黑水亦非川北的黑河。或以为黑水是金沙江，将金沙江与红河上游相连，在北圻入海（杨文洵编：《中外地理大全》）。但金沙江绝非黑水亦十分明显。世居怒江的土著民族怒族称怒江叫"怒米桂"，"怒"的意思是黑色，"米桂"的意思是江水，怒江就是黑水。《大荒南经》称："大荒之中，有不姜之山，黑水穷焉。"这不姜之山应是泰、缅边界的他念他翁山脉，为黑水入海处。

② 许逸超：《中国地形研究》，中国文化服务社1940年版；李春昱：《长江上游河谷之发展》，载于《中国地质学会会志》1933年第13卷。

以西各国加以复原排列，有三身国、一臂国、奇肱国、女祭、女戚、维鸟、丈夫国、女丑、巫咸国、女子国，然后又向北转到葱岭东侧的轩辕国。

《海外西经》选择大运山以北的大乐之野作为起点，展开它对云贵高原及外喜马拉雅山南麓地区地理环境的描述。"大乐之野，夏后启于此舞九代，乘两龙，云盖三层。左手操翳，右手操环，佩玉璜。在大运山北。一曰大遗之野。"这一段文字显然是从《大荒西经》中转来的，《大荒西经》说："西南海之外，赤水之南，流沙之西，有人珥两青蛇，乘两龙，名曰夏后开，开上三嫔于天，得九辩与九歌以下。此穆天之野，高二千仞，开焉得始歌九招。"

当然，《海外西经》由于经过调查而写起来就更真切了。然而也不排斥它更加富于传说，而有战国楚人的风采。只要看云贵高原的居民居然也与九歌、九辩搭上了关系，便可得知。《海外西经》还将《大荒经》中的穆天之野改成大乐之野，以之位于大运山以北。大运山相当于苗岭主峰云雾山，在贵阳东南龙里之南，是云贵高原的南大门。其西其北正是古夜郎国的中枢，大乐之野坐落在平坝、安顺、盘县一带，亦即先秦的夜郎国。是以龙为图腾的民族所居，故有夏后启乘两龙的图像。龙是古藏缅语族中一些部族所信奉的神，氐羌人各支族都属于这一系统。常璩《华阳国志》卷四《南中志》称，"夷人大种曰昆，小种曰叟，皆曲头木耳，环铁裹结，无大侯王"。昆即昆明，"明""米""美"都是羌族、藏缅语族自称的"人"。今天的彝族亦属于这一系统[1]。

从夜郎国往西的常羊山位于云南罗平以西，然后是云南境内澜沧江以东的女祭、女戚，再西是丈夫国。古哀牢国传说，哀牢山下有妇人沙壶，触水中沉木感而有娠，十个月后产子男十人，其中最小的儿子元隆长大后有才武，被推为王。《后汉书·南蛮传》称："种人皆刻画其身，象龙文，衣着尾。"《华阳国志·南中志》称哀牢"南中昆明祖之"，为滇西各族的先民。《海外西经》称丈夫国在维鸟北，"其为人衣冠带剑"。此国比周围各族有较高的文明，在汉代是永昌郡。《华阳国志》以为"身毒国，蜀之西国，今永昌是也"，将澜沧江以西之地都视作印度，原因是那里早已有了印度的移民。公元45年，汉将军刘尚率军进驻澜沧江以西的地方，67年设立永昌郡，汉代疆域才越怒江而西。《海外西经》中的丈夫国应该就是古哀牢国。其西的女丑与巫咸国已远到印度布拉马普特拉河与恒河流域。

女丑，读作"汝丑"，原作"女丑之尸"。《海外西经》称："女丑之尸，生而十日炙杀之。在丈夫北。以右手障其面。十日居上，女丑居山之上。"女丑在丈夫国西北，

---

① 参见刘琳：《华阳国志校注》，巴蜀书社1984年版，第364-367页。

属印度东北部，热带高山气候，古称东辉国（Pragiyotisa），"女丑之尸"即是东辉国的古译。在印度古代史诗《摩诃婆罗多》中已有此国[①]，这里有中、印居民互相交通。

巫咸国，应即《大荒西经》中的寿麻国。"巫"又是最早译成中文的"佛"（Buddha）。"佛"是北方新疆吐火罗人传递的名称，为东伊朗语系民族传递的印度佛[②]。"巫"是云贵高原居民所知的佛。佛陀又可译作浮图、浮屠、复豆、毋陀、毋驮、没陀等音，具有浓重的鼻音。而南方古译作"巫"，以"巫"通译佛教的"佛"，尚未受人注意。巫是梵文Buddha这个浊音最相应的译音，为藏缅语系民族传递的印度佛，全译应是巫咸（Bur-ha）。d与r有明显的音转，而且这个字的读音并非得自其他中介民族。巫咸国既在女子国东南，只能在恒河中游的大平原上。《海外西经》以为巫咸国"在登葆山，群巫所从上下也"。在《大荒西经》中，巫咸国位于灵山，"有灵山，巫咸、巫即、巫盼、巫彭、巫姑、巫真、巫礼、巫抵、巫谢、巫罗十巫，从此升降，百药爰在"。灵山应即佛陀常年在摩揭陀国首都王舍城东北宣扬佛教的灵鹫峰，在今比哈尔西南，古称耆阇崛（Gridhrakūta），是佛教圣地之一。灵山十巫可能是最早传到中国的有关佛教的信息。首先获此信息的是云贵高原居民和楚人。十巫分指佛陀十大弟子，巫咸似又可作佛陀最宠信的随从侍者阿难的译名，"咸""难"同声，他是佛陀临终遗言的托付者。自巫咸以下，各人相当于目犍连、舍利弗、优波离、阿尼律陀、迦旃延、富楼那、须菩提、迦叶、罗睺罗。罗睺罗是佛陀的亲生儿子，也是十大弟子之一。

在《大荒西经》中，巫咸还只是十巫之一，列于榜首；到《海外西经》写作时，更将巫咸作为国名，列入云贵高原以西的方域。《海外西经》对云贵高原民族的描述虽然仍极简略，对更远的印度却不再讲灵山十巫，而明确称为巫咸国，亦即佛国了。这一点恰好表明《海外西经》完成在楚人庄蹻入滇以前，因此没有录入以后得到的有关云贵高原的新知识。

《史记·西南夷列传》记庄蹻率军溯沅江西征："始楚威王（前340—前329年在位）时，使将军庄蹻将兵循江上，略巴蜀黔中以西。庄蹻者，故楚庄王苗裔也。蹻至滇池，地方三百里，旁平地肥饶数千里，以兵威定属楚，欲归报，会秦击夺楚巴、黔中郡，道塞不通，因还，以其众王滇，变服从其俗，以长之。"《北堂书钞》卷一百三十八"牂柯"条下引《华阳国志》说："楚顷襄王（前299—前263年在位）遣将军庄

① 巴普加里：《阿萨姆古史》（H. K. Barpujari, The Comprehensive History of Assam），第1卷，高哈蒂1990年版，第59页。

② 季羡林：《浮屠与佛》，载于《中印文化关系史论丛》，三联书店1983年版。

跻溯沅水出且兰以伐夜郎，军至柞牂柯，系船于且兰而步战。既灭夜郎，而秦夺楚黔中地，无路得归，遂留王之，号为庄王。"秦夺楚地发生在公元前280年，置黔中郡在公元前277年，是楚顷襄王年间，《史记》误作楚威王时。庄跻攻占夜郎以后，楚文化在云贵高原有进一步发展。庄跻的部队拓展到滇池地区，应是公元前280年后的事，于是《史记》有庄跻入滇、以滇属楚之说。《海外西经》一定在此以前已完成，这是《海外西经》写作时间的下限。

对灵山十巫上通天神、兼精百药的描述，反映出佛教对于面临生老病死的人们给予的指引与期望。这是《大荒经》时代的信息。关于佛陀的生卒年代，各种典籍记载不同。传统说法是佛陀生活在公元前623年至前543年间[1]，比现在所说的公元前565年至前486年要早。从保存的其他许多原始记录来看，《大荒经》记述佛陀十大弟子，应离佛陀在世不远，从而间接可以知道《大荒经》成书之早。可惜后人对《大荒经》中这一材料所作的阐释却是完全不同的。《海外西经》将灵山十巫改称巫咸国，群巫所上下的地方也变作了登葆山。登葆山不过是灵山的另一种译法，亦即佛陀宣扬佛教的护法山。"登葆"的原音应该是dharma的音转，是阐扬佛教真谛的"法"。

与《海外西经》不同，《海内西经》将故事的地点搬到海内昆仑之虚（墟），以为"在西北，帝之下都。昆仑之墟，方八百里，高万仞……面有九门，门有开明兽守之，百神之所在"。昆仑之虚在《大荒西经》中是"昆仑之丘"，并没有说它是"帝之下都"，只说有人面虎身、周身皆白的神处之。在《海内西经》中，昆仑之虚已是一座方八百里、高万仞、有九门和开明兽守卫、六巫上下操不死之药相助的神山。《海内西经》在一套配合有方的九天神话之外，又加上了灵山六巫的情节，"开明东有巫彭、巫抵、巫阳、巫履、巫凡、巫相，夹窫窳之尸，皆操不死之药以距之。窫窳者，蛇身人面，贰负臣所杀也"，勾勒出以人面虎身为图腾的部族与以人面蛇身为图腾的部族之间的生死之争。巫彭、巫抵已见于灵山十巫，巫礼、巫盼、巫谢，照郝懿行解释，以为就是巫履、巫凡、巫相[2]。只有巫阳不见于十巫之中，却见于屈原《招魂》。于是灵山十巫已有五巫搬到了昆仑之虚，而且由《大荒经》中的百药引申到了不死之药，把它移栽到贰负臣杀窫窳的故事上。窫窳的形象正好又是蛇身人面，而在更早的《海内经》一篇中，窫窳只是"龙首，是食人"。于是早先西北地区的图腾崇拜，经过接受了这种

① 玛加姆达、普萨尔克：《帝国统一时代》（R.C.Majumdar and A.D.Pusalker，The Age of Imperial Unity），《印度人历史》（The History of Indian People）第2卷，孟买1954年版；巴塔查瑞：《印度历史辞典》（S.Bhattachary，A Dictonary of Indian History），加尔各答1967年版。

② 郝懿行：《山海经笺疏》卷十一，仪征阮氏琅环仙馆嘉庆十四年本。

信仰的中介民族递增的地域色彩，地点也从恒河的灵山搬到了海内的昆仑之虚。印度神话中诸天搅海，以求不死灵液（Amrita）的故事，同样移到了中国西部。可见，越是晚出的书越会引伸、敷衍，但也形象化地披露了印度移民和佛教最初传入于阗国的故事。晚出的《五臧山经·西次三经》即《西山经》更是抄袭《海内西经》，同样宣扬昆仑之虚"是实惟帝之下都"，又抄了河水、赤水、洋水、黑水入海的流向。昆仑之虚之成为"帝之下都"，正是印度色彩随之东移的结果。

《海外西经》中的巫咸国，作者说是在登葆山，照晋人郭璞解释，《大荒南经》中的登备之山"即登葆山，群巫所从上下者也"。这是有意将《大荒西经》的地域范围局限于中国境内的又一个地名中国化的例子。这也是《海外经》与《海内经》四篇大致在同一时期成书的印迹。因此《海外经》四篇也不可能晚到公元前4世纪以后，大约在公元前316年秦国占领巴蜀的前后业已完成。

公元前316年，秦大夫张仪、司马错、都尉墨经石牛道伐蜀，蜀王在葭萌（今四川省广元市昭化区昭化镇）败绩，退至武阳（彭山东北），被秦军所害，大臣及太子死于白鹿山，开明氏王蜀十二世而亡。巴国亦同时被秦吞并。开明氏王后裔迁居姚、嶲等处，到达西昌、姚安等地①。蜀国西通昆明（大理），东联楚国（郢都）。秦将司马错当初向秦惠王建议取蜀，利在"其国富饶，得其布帛、金银，足给军用。水通于楚，有巴之劲卒，浮太舶船以东向楚，楚地可得"②。秦占巴蜀，于是西南地区与中原的联系重又加强。而长江中游与云南地区的联系则一度遭到阻隔。滇西的哀牢虽然在先秦时代仍未与中原相通，但不等于没有信息传递，因此《海外西经》能将西境各国按序列择要排比。据《华阳国志·蜀志》，周报王七年（前308年），"司马错率巴、蜀众十万，大舶船万艘，米六百万斛，浮江伐楚"，《海外西经》的写作有可能完成在此年以前。

《海外西经》完全跟从《大荒西经》，将西南地理拓展到云贵高原以西的恒河平原，又经女子国、轩辕国直指美索不达米亚的沃民国。然而它的叙述方式与《大荒经》《海内经》不同，是从"海外自西南陬至东南陬"开始，接下去是"海外自西南陬至西北陬"，再"海外自西北陬至东北陬"，最后才是"海外自东南陬至东北陬者"，完全立足于南方拥有广袤版图的楚人。因此，一则向西北展开，一则向东北拓展，《海外南经》涵盖的疆域和地理知识胜过了《大荒南经》，所作《海外北经》则拘泥于传说而显得穷蹙，不但不如《大荒北经》，而且比之《海内北经》亦犹不足。唯有《海外西经》《海

---

① 张守节：《史记正义》卷十三《三代世表》。
② 常璩著，刘琳校注：《华阳国志校注》，巴蜀书社1984年版，第191页。

外东经》则追迹齐人，略无逊色。这正是公元前3世纪以前对河套东西的北方毫无实际接触的楚人的特性。

四、结束语

综上所述，《大荒经》是公元前6世纪的海外经，同一时期的海内经是与《大荒经》合编的《海内经》一篇。《大荒经》四篇最晚在公元前6世纪末佛陀在世时就已经完稿，作者是最早称霸中原并且开展横贯亚洲北部东西方贸易的齐国人。当时波斯帝国将亚洲西部和地中海东部置于一统的麾下，恒河流域佛国的信息便已东传滇、黔，与楚边相接。"巫"这个名词不妨视作中国南方各族最早音译的"佛"。至少可以认为，早期佛教自中印缅道东传时，佛教曾借用或托附于当地居民的巫。自从佛教东传，楚地居民崇信的灵鬼又进一步凭靠佛教的轮回说增添了新内容，于是到汉初便被定型为"信巫鬼，重淫祀"。佛教东传的时间与地点有可能提早到公元前500年前后，即在佛陀涅槃的前后，楚人就已对佛教有所耳闻了。时间之早，还在阿育王（前273—前236年在位）派人到新疆于阗弘扬佛教之前。《大荒南经》所述红河附近的载民国据说是帝舜的儿子无淫移居的地方，又称巫载民，盼姓，食谷，生活充裕，似乎与巫盼有关，为舍利弗的宗徒，也是一个早就信佛的民族。这为佛教东传滇、黔、桂一带提供了最早的信息。

战国时期，诸夏大一统的观念消退，代之以几个大国争雄，在此时期中形成的《海内经》《海外经》都只能代表其中一个大国的海外地理观念。《海内经》四篇就它涉及的周边地区重点在东部和北部，蠲于南部和西部，又突出燕人海外移民事迹，可以肯定是燕人的海外经，是北人所作海外经，写作的时代在公元前320年到前306年间。

《海外经》四篇是战国中期楚人所作，是南人在《山经》以外编撰的海外经。其叙述的方法从西南到东南，东南到东北，又从西南转向西北、东北，在《大荒经》基础上删繁就简，排列各国方位序次，取得了新的进展。《海外南经》所记民族和地理胜过《大荒南经》，对滇、黔、桂记述特详，范围广及红河流域，以水为经，将东南亚网罗在内。《海外北经》内容贫乏、陈旧，是四篇中的弱篇，原因正在于作者是广居南方山泽的楚人。《海外经》约略与《海内经》同时写作，时间在公元前316年至前308年秦将司马错伐楚以前。

两汉三国时期的
中国印度洋航业

中国和印度洋附近各国在很早的时候便有了联系，但最初这种联系是通过伸向印度洋海域的陆道来实现的。到了中国能依靠自己的海上力量直接和这些地区通航的时候，这种联系有了新的基础，中国在这一地区的海外贸易和外交活动也出现了前所未有的繁荣和活跃局面。

中国帆船早就由于长期经营波斯湾航线而闻名世界，但后来却不得不收缩它的印度洋航业。中古阿拉伯史地学家曼苏地曾将中国帆船开始收缩波斯湾航线的时限放在黄巢率领农民起义军攻占广州的 879 年夏季，指出马来半岛西岸的箇罗（Killah），"现在已成西拉夫和阿曼两地穆斯林商船和中国海舶汇集之处。这和以前大不相同，过去中国船常直航阿曼、法尔斯的西拉夫、巴林以及奥波拉、巴斯拉港，这些地方的船舶也径自开往中国"①。印度洋航运界的这一变迁，并非单纯由于广州的中外富商豪绅受到唐末农民起义军的沉重打击而一蹶不振。差不多同时，在波斯湾那边也卷起了一股风暴。波斯人阿里·伊本·穆罕默德率领法蒂玛派的穆斯林和黑奴起义，袭击巴斯拉

---

① 曼苏地：《黄金草原》（al-Masūdi, Les Prairies d'or），第1卷，梅纳尔和科蒂勒（B. de Meynard and P. de Courteille）法译本，巴黎1865年，第308页。

城，迫使巴斯拉商人成批移居西拉夫。起义从869年一直持续到883年。同一时期，阿拉伯海区的贸易还因为海盗的横行而深受其害。所有这些造成了9世纪中叶以后印度洋航业的一度衰退，而中国帆船出航数量的锐减成为一个举足轻重的原因。9世纪中叶以前是中国印度洋航业的第一阶段，可以称为初创和发展时期；9世纪中叶至11世纪则是第二阶段，可以说是衰退时期；从11世纪起，中国帆船以新的规模重新闯过印度洋，甚至到达东非沿海，此后直到15、16世纪之际可以称为繁荣时期，也即第三阶段。

那么，在9世纪中叶以前，中国帆船是怎样参与印度洋航业的呢？在古代印度洋航运界，中国海外贸易船应该占有什么样的地位？在罗马帝国亚历山大东方贸易繁荣时期，中国航船对中国和罗马两个大国之间的经济往来起过什么样的作用？在阿克苏姆独占印度洋西部贸易和波斯海上势力兴起以后，中国航船又在印度洋贸易中起过什么作用？都还有待进一步研究。近年来研究中国早期印度洋航业史的一种流行说法，是认为波斯湾是中国帆船扩大运行范围的首要目标。李约瑟博士在他的巨著《中国科学技术史》的第一卷中，曾在地理上对中国远洋帆船海上航线的延伸作了极其整齐的排比：公元350年左右，华船始航槟榔屿，4世纪末到达锡兰，5世纪时则到了幼发拉底河口，并访问了亚丁。然而，自中国帆船最初参与印度洋航运业起，贸易方向和航海技术对中国人的远洋航业起着什么样的作用？两者关系又是怎样的？追本溯源，应该从中国帆船最初在印度洋上展开的活动说起。

一、汉使黄支航程的终点在哪里？

汉代番禺（广州）早就是南方对外贸易的重要海港和商业都会。《史记·货殖列传》说："番禺亦其一都会也，珠玑、犀、玳瑁、果、布之凑。"从广州和广东沿海启航的船只常常沿着中南半岛南航，在那里和马来人、印度人交换货物。因而科罗曼德海岸的黄支国在公元前2世纪初便已和中国南方通航。《汉书·地理志下》曾经记录了汉使往返黄支的航程：

> 自日南障塞、徐闻、合浦船行可五月，有都元国；又船行可四月，有邑卢没国；又船行可二十余日，有谌离国；步行可十余日，有夫甘都卢国。自夫甘都卢国船行可二月余，有黄支国，民俗略与珠崖相类。其州广大，户口多，多异物，自武帝以来皆献见。有译长，属黄门，与应募者俱入海市明珠、璧流离、奇石异物，赍黄金杂缯而往。所至国皆禀食为耦，蛮夷贾船，转送

致之。亦利交易，剽杀人。又苦逢风波溺死，不者，数年来还。大珠至围二
寸以下。平帝元始中，王莽辅政，欲耀威德，厚遗黄支王，令遣使献生犀牛。
自黄支船行可八月，到皮宗；船行可二月，到日南、象林界云。黄支之南，
有巳程不国，汉之译使自此还矣。

黄支是汉代使者在海上远航的极限。黄支的所在对于了解汉代南方海上交通和海
外贸易具有重大意义。藤田丰八和费琅早在20世纪初就根据历史背景和对音指出黄支
（Kāñchī）是南印度的建志补罗，梵语 Kānchipuram，即现在马德拉斯以南的康契普腊姆
（Conjeveram）①，其地正在东流入海的帕拉（Palar）河口附近。粤音"黄"读如 kang，
"黄支"（Kang-chi）和"建志"同音，唐代玄奘译作建志补罗，汉藏语系的百越民族
都按此发音。

对黄支的解释，除了建志补罗说以外，还有东南亚说和埃塞俄比亚说。主张黄支
在东南亚的，大致从"日南之南"的地理方向，推测黄支是马来半岛南部的柔佛②；也
有人以为黄支在爪哇③或苏门答腊北端的亚齐④。英国东南亚史家霍尔说："中国最早和
印度—印度尼西亚通商，大致是通过苏门答腊岛进行的，它的东南诸港也早就直接和
中国发生贸易关系了。"⑤此说发展的结果是，将汉使航程具体化为经由马来半岛东部
的北大年抵达爪哇的雅加达和三宝陇，然后步行十余日到达爪哇西南海岸的 Tulungha-

①　费琅：《昆仑及南海古代航行考》，冯承钧译，中华书局1957年版，第60页，英文原文载于
《亚洲学报》（Journal Asiatique）1919年；藤田丰八：《东西交通史研究·南海篇》，东京1932版，第
95-135页。赞同此说的有伯希和、冯承钧、张星烺、岑仲勉、许云樵、苏继顾、韩振华等。见伯希
和：《诸蕃志译注正误》，载于《通报》（T'oung Pao）1912年，第446页以下，中译文载于《西域南海
史地考证译丛》，冯承钧译，商务印书馆1933年版，第113-114页；冯承钧：《中国南洋交通史》，商
务印书馆1937年版，第1-3页；张星烺：《中西交通史料汇编》第六册，中华书局1979年版，第20页
注四（张星烺虽同意此说，但对黄支航程中几个地名的排列颇为错杂）；岑仲勉：《中外史地考证》上
册，中华书局1962年版，第89-107页；许云樵：《古代南海航程中之地峡与地极》，载于《南洋学报》
第4卷第2辑，第26-37页；韩振华：《公元前2世纪至公元1世纪间中国与印度、东南亚的海上交
通——〈汉书·地理志〉粤地条末段考释》，载于《厦门大学学报》（社会科学版）1957年第2期。

②　韩槐准：《旧柔佛之研究》，载于《南洋学报》第5卷第2辑，第8-9页。此说是由劳费尔对
黄支国的方位限于日南以南的马来半岛具体化的推论。

③　劳干：《论汉代之陆运与水运》，载于《历史语言研究所集刊》第16册，第69-91页。

④　弗莱克：《千岛之国》（B. H. M. Vlekke, Nusantara, A History of Dutch East Indies），海牙
1959年版，第12页。

⑤　霍尔：《东南亚史》（D. G. E. Hall, A History of South-East Asia），纽约1976年第3版，第13
页。

gang，再沿爪哇南岸西航至苏门答腊西岸的 Ayer Bangis，认 Bangis 为 Wangis 的音转①。按此说，航程至于印度洋东部的苏门答腊而止。

苏门答腊说的根据是黄支一定得在"日南之南"，而"日南之南"航程的终点则在苏门答腊西北的亚齐附近。此说的缺点是很少顾及航程所经各国的对音和历史实际，如以北大年当都元国，又以附近地名 Tojun 充都元的对音，主张雅加达附近的 Krabang 岬是邑卢没的对音，而以雅加达当邑卢没国，凡此种种，都是变一名为二地，再强行糅合。此说的主张者又以避免绕越巴厘海峡为理由，作横越爪哇岛的步行，勉强以 Tu-lunghagang 当都卢夫甘（《汉书》原文是夫甘都卢），最后变 Ayer Bangis 为 Wangis，作为航程终点的黄支。但这一航程走向所应有的历史和贸易的依据却存在着疑问。航程前段沿中南半岛南抵爪哇中部，在东北季风期间大致和海流方向相符。航程的后半段，从谌离国步行到夫甘都卢后，按此说的推论，是在到达爪哇南部沿海后在印度洋东部地区作沿岸航行。可是爪哇南部和苏门答腊西岸并无重要港口，沿海的拍岸浪十分险恶，终年变幻莫测，浪峰可高达五六米，延伸到半海里之外。航海者因此视为畏途②。黄支航程是中国和黄支之间经常往来的一条海路，汉使为什么要在航海技术还不发达的条件下，沿着爪哇南部和苏门答腊西岸这一沿途既无重要出产又无良港的风浪险恶之区进行海上冒险，是持苏门答腊说者难以解答的问题。苏门答腊说又正好和那种相信季风使赤道远东成为东方沿岸贸易中心，起到了联结东南亚海岛和沿岸地区原动力作用的说法③不谋而合。

持黄支为埃塞俄比亚说者也面临公元前 2—前 1 世纪时中、印帆船如何横越印度洋作长途连续航行的问题。赫尔曼主张黄支的对音是盖伊兹语民族阿耆西（Agazi），因而提出汉使所到的地方是埃塞俄比亚的阿杜利港④，但此说既找不到语音的类同，更没有航行上的实际根据，其不能成立，比之将黄支之南的已程不当作"己程不"（埃塞俄比

①　周连宽：《汉使航程问题——评岑韩二氏的论文》，载于《中山大学学报》（哲学社会科学）1964 年第 3 期，第 98-120 页；周连宽、张荣芳：《汉代我国与东南亚国家的海上交通和贸易关系》，载于《文史》1980 年 6 月第 9 辑，第 15-30 页。

②　马斯顿：《苏门答腊史》（W. Marsden，History of Sumatra），伦敦 1783 年版，第 28-29 页。

③　威廉斯：《东南亚史》（Lea E. Williams，Southeast Asia，A history），牛津 1976 年版，第 8 页。

④　赫尔曼：《古代中国南方和阿比西尼亚的海上交通》（A. Herrmann，Ein Alter Seeverkehr Zwischen Abessinien und Südchina bis zum Beginn unserer Zeitrechnun），柏林 1913 年版，第 553-561 页。理查·潘古斯特在编著《埃塞俄比经济导论》（Richard Pankhurst，An Introduction to the Economic History of Ethiopia，伦敦 1961 年版，第 362 页）时也提到此说，李约瑟认为仍可备一说（Joseph Needham，Science and Civilisation in China，剑桥 1971 年版，第 4 卷，第 444 页）。

亚）①之缺少语音和历史根据，实有过之而无不及。《汉书》说"黄支之南，有已程不国，汉之译使自此还矣"，这已程不国，或读作"己程不"，先有藤田丰八，后有岑仲勉，以为是康契普腊姆稍南的Chingleput。但后来的学者大都相信此地是斯里兰卡的古名梵文俗语Sinhaladvipa（巴利语Sihadipa）的对音②。

在已程不国以北，距离中国东南沿海三万里之遥的黄支国，只能是南印度科罗曼德的建志补罗。汉代，黄支是个大国，《汉书·王莽传上》说："莽既致太平，北化匈奴，东致海外，南怀黄支，惟西方未有加。"黄支的重要性足可与北方的匈奴相提并称。于是公元2年春，有"黄支国献犀牛"（《汉书·平帝纪》）。古代黄支曾是安陀罗萨丹伐诃纳王朝（Sātavāhanas）的重要都城。萨丹伐诃纳从公元前230年起统治了德干高原四个世纪，到3世纪初南印度各国纷纷独立后才告衰落。黄支城是印度人所建七座圣城之一。北方的笈多王朝（Gupta Dynasty，320—540年）兴起后，黄支的君主毗湿奴古帕（Vishnugopa）才臣服于笈多皇帝③。帕拉瓦王朝（Pallava Dynasty，约3世纪—893年）代兴之后，黄支成为帕拉瓦的都城，其地理位置的重要性有增无减。

虽然黄支在印度文献中初见于萨穆陀罗笈多（Samudragupta，330—380年在位）统治时期的阿拉哈巴德铭文，但它的存在实际还要早得多。《汉书》中有关黄支国的材料实在难能可贵。黄支是2000年前和中国直接互通使节的远国。《后汉书》一再提到黄支自三万里贡犀牛，班固《西都赋》比较了海陆两道和外国的联系，称颂黄支的使节远道而来是"逾昆仑，越巨海，殊方异类，至于三万里"的壮举，并以三万里为中外直接交往的极限。汉使所到的黄支国，相隔距离的遥远实在超过了汉使从西北陆道所到的条支（波斯湾头的安条克，一称喀拉塞–史帕西纳），犁轩（波斯湾北岸阿曼西亚的亚历山大里亚，在古拉希坎特附近）④，因而被史家所颂扬。三万里，据扬雄《交州箴》"遂臻黄支，航海三万，来牵其犀，……泉竭中虚"，是从沿海港口合浦、徐闻或日南障塞起算的航海路程；但《汉书·平帝纪》颜师古注引应劭说，黄支在日南之南，

---

① 张星烺：《中西交通史料汇编》第六册，中华书局1979年版，第20页注六。

② 苏继庼：《〈汉书·地理志〉已程不国即锡兰说》，载于《南洋学报》1948年第5卷第2辑，第1-4页。

③ 巴达卡里亚编：《印度历史词典》（S. Bhattacharya ed., A Dictionary of Indian History），西港1977年版，第537页。

④ 《汉书·西域传上》说乌弋山离（国都在锡斯坦的亚历山大–普洛夫达达西亚）"西与犁轩、条支接"，犁（黎）轩一名的原音，经长期讨论，多数学者已承认是亚历山大里亚。但亚历山大里亚有30多处，这里的犁轩显然并非远在埃及北部的亚历山大里亚，而在波斯湾北岸普林尼称为阿曼西亚的地方。

"去京师三万里"，认为三万里是它到东汉首都洛阳水陆相加的总里程。这段路程究竟有多远？不妨举日南郡和洛阳之间的距离加以比较。《后汉书·郡国志五》刘昭注："（日南郡）武帝更名，洛阳南万三千四百里。"日南郡治西卷（《水经注》卷三十六引应劭《地理风俗记》），在今顺化附近。顺化和洛阳之间相距已在万里之上，依此推算，航海三万里所到的地方应在孟加拉湾西岸，无论如何，不至于到苏门答腊北端即止。

《汉书》说黄支风俗和儋耳、珠崖相似。元鼎六年（前111年），武帝派路博德征服南越，设置南海、苍梧、郁林、合浦、交趾、九真、日南、儋耳、珠崖九郡，儋耳、珠崖两郡都在海南岛。海南岛"民皆服布，如单被，穿中央为贯头"（《汉书·地理志下》），就服式而论，和中原地区属两个类型。东南亚各地和印度民间习用棉布，中国通用麻布和丝帛，不但衣着用料不同，服式也迥异。这种服式和衣料的不同，在汉代是用以区别四邻民族的重要标志。《三国志·乌丸鲜卑东夷列传》指出倭国（日本）"所有无与儋耳、朱崖同"，记该国男子"以木绵招头"，妇人"作衣如单被，穿其中央，贯头衣之"。这种棉布制作的略如单被、贯头而穿的衣服，在汉代是西太平洋和印度洋东部之间的海岛与沿海民族通行的服式，南印度和东南亚都不出这一范围。

南印度的黄支不但盛产棉布，而且还是明珠、璧流离和印度洋上各种商货交汇的地方。明珠和璧流离是南印度的特产，都被列入印度七宝之中。汉代黄支所在的科罗曼德海岸，宋代译作注辇（Chola），当时处在朱罗王朝（Chola Dynasty，前3—13世纪）的统治之下，所产有"真珠、象牙、珊瑚、颇黎、槟榔、豆蔻、吉贝布（棉布）"（《宋史·外国列传五》）。其中的真珠就是汉代所称的明珠。宋初，注辇使者到开封常以真珠朝献，散放御前，称为"撒殿"。大中祥符八年（1015年），注辇使者娑里三文到开封，以盘奉真珠、碧玻璃（蓝宝石）"升殿，布于御坐前"，所献有真珠衫帽各一，真珠21100两，此外三文等又献珠6600两，作为私人的馈赠。明道二年（1033年）注辇使者蒲押陀离又进真珠衫帽及真珠105两，象牙百株，在御榻下进跪撒珠。熙宁十年（1077年），注辇使者来华后，副使又以真珠、龙脑进行撒殿之礼（《宋史·外国列传五》）。这种豪华的撒殿礼节足以说明科罗曼德确是盛产真珠的地方。黄支的另一名产璧流离在汉代被当作国宝。冯云鹏于1821年编纂的《金石索》录有山东嘉祥武梁祠石刻的"璧流离"图形和刻词，是圆形中孔，面有方罫文的玉璧。原石题词："璧流离，王者不隐过则至。"[①]璧流离的原名，藤田丰八考订为梵文俗语verulia或巴利文ve-

_____

① 冯云鹏、冯云鹓：《金石索》第十九册，石索四上。

luriya，汉译名称又作吠瑠璃、昆瑠璃、鞞瑠璃，雅语则称vaidūrya，汉译鞞稠利夜、鞞头梨。璧流离原是一种青色大宝，属于刚玉中的蓝宝石（sapphire），在印度佛陀伯他《宝石志》列举的九宝中序列第四，十分名贵。这种青色宝，汉代另有一个译名叫"青玉"。青玉原产克什米尔，所以《汉书·西域传》说罽宾（克什米尔）产璧流离。南印度更出产一种和蓝宝石相近的蓝晶石（kanyite），古代印度也把它当成青玉。蓝晶石在黄支北面的那洛尔和西南的科因巴托都有出产，因而成了黄支著名的出口货。璧流离本是从印度进口的蓝宝石或蓝晶石，和汉代人工烧炼的玻璃"流离"（"瑠璃""琉璃"）不是一类物品。但从3世纪起，璧流离由于仿造的青色玻璃的出现而被混淆并讹略成流离或琉璃了。在汉代，璧流离是从黄支或罽宾输入的蓝晶石或蓝宝石，用来制作玉璧，仍然使用璧流离这个印度名称。唐宋以后，璧流离（蓝宝石）才改称碧颇黎（碧玻璃）。注辇使者娑里三文于1015年向宋真宗赵恒进奉的碧玻璃也就是当初汉代使者用黄金、杂缯向黄支成批交换的那种璧流离。这并非出于巧合，而是因为汉代的黄支国确实就在南印度的科罗曼德沿岸。20世纪40年代在本地治里以南三公里的阿里卡曼陀（Arikamēdu）进行考古发掘，证明这里是古代科罗曼德的重要对外贸易港[①]，应该就是《汉书》中黄支国的主要港口。

黄支国既在科罗曼德，从地理位置上看，已在日南之西或西南，那么又该如何看待汉代应劭和晋代范晔关于黄支在"日南之南"的记载？前汉时代，日南郡因"在日之南，所谓开北户以向日者"而得名。到了后汉，天文学家已经知道日南郡并非在日之南。王充《论衡·谈天》修正了邹衍的九州说，指出："日南之郡去洛且万里，徙民还者，问之，言日中之时，所居之地未能在日南也。度之，复南万里日（乃）在日之南，是则去洛阳二万里乃为日南也。"日南再往南万里正是赤道。前汉时代，只知道西方的极限是西海，北则瀚海，东面是大海，南则日南；后汉时代才有"北爕丁令，南谐越裳，西包大秦，东过乐浪"之说（张衡《东京赋》），但对南方海外各国和西域如何邻接尚未形成明确的地理观念。只有通过海上航行实践的航海家才能确切知道黄支国的方位，但从日南到黄支，中间要经过长时间续航，航行方向要经多次改变才能到达，当时航海家也未必能完全精确地表述整个航线各段的走向。在这种情况下，笼统地把黄支国置于"日南之南"，以表示距离之遥远，不足为怪。更何况从日南启航的船

---

① 莫歇·韦勒：《罗马人与印度、巴基斯坦和阿富汗的接触》（R. E. M. Wheeler, Roman Contact with India, Pakistadn and Afghanistan），载于《考古通讯》（Aspects of Archaeology）1951年，第354页以下。

只确实是顺着海流往南航向渺无边际的大洋的。"日南之南"正是指黄支尚在南方极远之处，从日南启航南行可以到达黄支。类似的例子可以举出很多，如《梁书·诸夷列传》说："扶南国在日南郡之南，海西大湾中。"实际上是说扶南的国都在日南郡的西南方。《梁书》又指出："海南诸国，大抵在交州南及西南大海洲上，相去近者三五千里，远者二三万里，其西与西域诸国接。"6世纪时，中国南朝人的地理知识已经扩充到能够确切知道向南航行进入印度洋后，便可遥通亚洲西部地区，地处三万里外的黄支国便是和西域相邻的南方极西之国。

黄支只能在南印度的科罗曼德沿岸，具有历史、航行、贸易和地理上的根据。在公元前后，黄支和北印度乃至阿姆河流域都有过政治和文化上的联系。由于在康契普腊姆的梵恭泰-帕罗曼尔（Vaikuntha-Perumal）庙中发现类似巴克特里亚王德米特里乌（Demetrius）所戴的象头形王冠，以及统治北印度的伊克什伐库（Ikshvākus）的斯基泰武士像①，这种联系就显得更清楚了。

既然确定黄支在今印度南部科罗曼德沿岸，则我们得以知道，早在两汉时期，中国帆船已经航行于印度洋了。中国南方居民的航海活动向辽阔的印度洋伸展，是中外交通史上的重要事件。

二、汉使黄支航程的航海技术和航行方向

确定了黄支是科罗曼德的重镇后，下一步我们就可以对汉使的黄支航程，即汉代中国的远洋航行技术和南海、印度洋航线加以探讨。《汉书》叙述的汉使航程包括往返，所记往程和返程详略不同，船只停靠地点也不一样，但航期和沿途续航的地点却是清楚的。根据航行所需时间和航程的转换，便可逐段确定汉使去程的停泊港口相当今之某地和乘用何种船只。这就需要明确三个问题：汉使航程的实航时间是多少月日，航程是否利用季风航行，航程各段所用船只是否相同。

第一个问题：汉使航程的实航时间是多少月日？

《汉书》所记汉使黄支航程，应当看作是前汉时期中印通航的范例，但它并未指出每段路程的实际距离，只记录了沿途寄航的地点和耗费的时间。去程和返程各举典型的航线，去程举武帝时为例，从合浦或日南出发到康契普腊姆（或阿里卡曼陀），返程

① 塞尔卡：《下德干萨丹伐河纳朝世系》（D. C. Sircar, The Successors of the Satavahanas in the Lower Deccan），加尔各答1939年版，参见马金达编：《古典时代》（R. C. Majumdar, ed., The Classical Age），孟买1954年版，第255-256页。

则取王莽时由斯里兰卡到象林的航程为例。汉使出发的时间，不至于早到元鼎六年（前111年）汉朝征服南越以前，大致在公元前2世纪末。自此以后，海上往来渐多，而往返一次都要"数年来还"。《汉书》所举汉使去程从合浦到黄支费时一年略多，返程取道已程不国，到象林共约十个月，正是"船行"所需的实际航行时间，并不包括沿途在港口从事贸易和等候季风所费时间在内①。《汉书》虽然并未提出航程各段之间的距离，而增加了推断航行地点的困难，但在假定使用船只和风向一致的情况下，不但仍可根据航行时间逐段确定停泊港口，而且反而足以证实《汉书》关于航程的记载是符合当时海上航行的实际计算法的。

第二个问题：航行是否已经利用季风？

从合浦出发的中国船，经过五个月的航行停靠在都元国（Htayan）②。都元在克拉地峡尖喷（春蓬）附近，南去万伦湾不远，离横越马来半岛的东西水道很近。南海常年交替吹送东北季风和西南季风。东北季风自9月下旬至10月初开始，到次年4月份转入西南季风。合浦所处的北部湾，季风起得很早，风向都顺海岸而行。9月是从徐闻、合浦南航的理想时间，航行5个月到都元时，已是东北季风将近结束的次年2月下旬了。由于暹罗湾内风向多变，东北季风期又有西向强流越过暹罗湾头③，所以航抵暹罗湾的船只便被这股强流送到了湾西的都元，在克拉地峡东端靠岸。由于当时航海技术的限制，航行的海船只能随波逐流，听任季风和海流的制约，暹罗湾西岸的都元便成了合适的登陆地点。5个月的连续航行使中国帆船能在东北季风最强的12月和次年1月越过西沙群岛和康道尔岛附近航行困难的海域，到达暹罗湾。这段沿岸航程大致有1800海里，要花5个月的时间，平均日航仅仅12海里左右。

由于船小帆少，船舶稳定性低，汉代帆船沿岸航行的航速受海流流速制约的因素相对增大。南海西部海流流速都依季风而定。由现代海流实测资料知道，南海地区可以北纬14°为界分成两种流速：在北纬14°到22°的北部地区，皮流流速平均每小时0.4~0.5海里；北纬4°到14°的南部地区（归仁以南），皮流流速平均每小时0.5~0.6海里。在同一地区，西南季风对海流流速的影响比东北季风要弱，也可以北纬14°界分成两种流

---

① 岑仲勉在《西汉对南洋的海道交通》（《中山大学学报》社会科学版1957年第2期）中，以为《汉书》把在口岸等待买卖的时间都算作了航行所需，这种说法没有充分的根据。

② 岑仲勉在《西汉对南洋的海道交通》（《中山大学学报》社会科学版1957年第2期）中曾从对音上加以比证。

③ 英国海军部测量局编：《中国海航》（Hydrographic Dept. Admiralty，China Sea Pilot），第1卷，伦敦1951年版，第16页。

速：北部地区，皮流流速平均每小时0.2海里；南部地区，皮流流速平均0.3~0.4海里①。汉使去程航速约和东北季风皮流流速相仿。返程时，由于西南季风皮流流速减弱，所以返航时间要长于去程。这都表明当时航海技术还不发达，航行是属于利用季风的沿岸航行。不然的话，5个月的时间还到不了暹罗湾西的克拉地峡。也可以由此推论，除非纯属不安全的航行，也不可能有低于季风皮流速度的航速②。因此都元和邑卢没的位置都不会在暹罗湾以东的沿海。汉代使者所乘船只显然是由经过反复实践，在早已熟悉的航线上由熟练的领航员驾驶的海舶，所以可以在一定的时间内到达一定的寄航港。

第三个问题：航程各段所用船只是否相同？

先需考定各个重要停泊港口的确切地点，才能确定航程的分段和所用的船只。停靠在都元的中国商船，必须等候下一次东北风季节来临才能继续向南航行，越过马六甲海峡，抵达苏门答腊北部的邑卢没国（Ilamuridesam）。古代印度移民把苏门答腊叫作叶调（Yavadvipa）或叶国，托勒密《地理学》则称之为大麦岛（Iabadiou）。苏门答腊北部的亚齐另有一个泰米尔化的名称Ilamuridesam，中古阿拉伯、波斯作家称为"卢没"（Lamuri）。10世纪时，波斯布索格·本·萨哈里耶写作《印度珍异记》（Kitāb 'Adjā'ib al-Hind）中就有这个"卢没"国。和布索格几乎同时的胡实健佚名作者的波斯文《世界境域志》（Hudud al-'Alam）将这个岛屿列作世界第三大岛，名为Rami。后来在阿拉伯著作中又称蓝无里（Rāmni），中文有蓝里、南哑里、南浮里或那没嚛等不同译名。早于这些阿拉伯文献，唐代把苏门答腊北部译作郎婆露斯（Langabalos），《新唐书·南蛮列传下》说，室利佛逝"以二国分总，西曰郎婆露斯，多金、汞砂、龙脑"。郎婆露斯，相当于义净《南海寄归内法传》中的婆鲁斯。印度尼西亚《巴拉希昂安传说》列举施那王子珊查耶征服的地方既有室利佛逝，又有婆鲁斯。大致甘巴河以北的地方都属于郎婆露斯的范围。郎婆露斯这一称呼大约起源于3世纪后的帕拉瓦移民。"卢没"一名自然由来更久，应由当地居住的马来民族而得名。"邑卢没"的意思是马来族的邑国，"邑"字兼有音义，取"叶"（yava）音，而又有"国"的含义。这是中国

---

① 美国海军部1910—1934年实测资料，参见美国海军部编：《中国海西部航行便览》（U. S. Navy，Sailing Directions for the Western Shores of the China Sea），华盛顿1937年版。

② 韩振华将都元、邑卢没定在马来半岛以东的中印半岛（《公元前2世纪至公元1世纪间中国与印度东南亚的海上交通——〈汉书·地理志〉粤地条末段考释》，载于《厦门大学学报》社会科学版1957年第2期）。朱杰勤以都元在越南沱瀼，邑卢没在暹罗湾的叻丕（《汉代中国与东南亚和南亚海上交通路线试探》，载于《海交史研究》1981年第3期）。就实航时间而论，都低于该区季风流速。

古代传译外国名称所常见的译法。由此可知"邑卢没"一名最初起于当地居民所用的古马来语，或使用拔罗婆文字的达罗毗荼语。现在苏门答腊北部的班沓族（Battak）还保留着拔罗婆字母，在古代和南印度有明显的联系。从历史上看，邑卢没是7世纪时郎婆露斯的古称。汉使登岸的具体地点应在巴鲁蒙河口的班年（Pani），古称Pannai①。马六甲海峡中季风微弱，因此从都元顺流南下的船只经四个月航行只能进入苏门答腊北部沿海。

汉使所乘船只在到达邑卢没后，改变航向，在西南季风期间转向马来半岛西岸，经20多天的航行，停泊在200多海里外的谌离国（Samarattha）。谌离在巴利语《大史》（Mahavamsa）和《波罗跋多罗书》（Bālavatara）中是"黄金国"，可以略读如Sam（a）rat。"黄金国"或"金洲"（巴利语Suvannadipa）的名称久已吸引着羯陵伽（Kalinga）的商人和水手到中南半岛和马六甲海峡两岸去寻求黄金珍宝，开辟新的贸易站和移民地。汉使最初知道的也是这个巴利语名的港口。在托勒密《地理学》中，孟加拉湾东岸有两大市镇，一个叫塔库拉（Takola），另一处叫谌贝纳（Sabana）。谌贝纳这个名称和巴利语"金洲"相近，在公元前1世纪末的《弥兰王问经》（Milindapañha）中叫苏维拉（Sovira）②，和梵名谌离（Syamarastra）含义相同，是黄金国或金洲的输出港。这里的谌离并非马克林德所释洛坤的古名（Samarat）③，而是中南半岛南端向着安达曼海的塔库巴（Takuapa）。位于塔库巴河口的天然良港塔库巴是克拉地峡东西交通的出入口。西流的塔库巴河和东流万伦的山国河（Girirashtra）间的分水岭相隔仅8公里，一千年前两河都可通航。塔库巴又是东通暹罗湾旁柴亚的陆道的起点。在克拉地峡附近贯通东西的三条交通线中，塔库巴—万伦一线在帕克强河口的拉温—尖喷一线以南，舌打—宋卡一线以北，曾是横越马来半岛的捷径。塔库巴是中国水手早就到过的地方。据威尔士在塔库巴的发掘，该地出土的中国黄釉瓷片属于六朝时代④，可能和西晋湖南烧造的釉色近黄的青瓷相类⑤，比当地发现的4世纪印度文物还要早些。古代和中古早期，

---

① 参见沙斯特里《南印度史》（N. Sastri, A History of South India，牛津1958年）第195页地图。

② 雷斯·戴维斯：《弥兰王问经》（T. W. Rhys Davids, The Questions of Milinda），第2卷，牛津1894年版，第269页。

③ 马克林德译注：《托勒密书中的古代印度》（J. W. McCrindle, Ancient India as Described by Ptolemy），加尔各答1927年版，第203页。

④ 威尔士：《通向吴哥之路》（H. G. Q. Wales, Towards Angkor），伦敦1937年版。

⑤ 参见湖南省博物馆：《长沙两晋南朝隋墓发掘报告》，载于《考古学报》1959年第3期。

塔库巴在贸易上的重要性大大胜过在它南面的董里和吉打①，可称作马来半岛西岸最著名的港口。

在公元前2世纪，中国的使者和商人来到塔库巴的谌离国以后，必须弃舟登陆，步行十多天到夫甘都卢国，再乘船前往黄支国。夫甘都卢（Pakchan Tulagu）的意思是都卢人的夫甘国。都卢民族现在叫得楞族（Talaing），他们的老家在奥里萨。公元前260年阿输迦王兼并羯陵伽时，这些操泰鲁古语（Tulagu）的居民便移居中南半岛。公元1世纪贵霜王朝入侵北印度的前后，由于中亚奇石贸易的停顿，又促使都卢民族成批向东南亚迁移②。这些印度移民拥有《厄立特里海环航记》中称为"昆仑舶"（Colandia）的大船，是富有经验的航海民族。他们在公元前已散居在伊洛瓦底江三角洲到马来半岛的产金地一带。都卢民族以劲捷善缘闻名。汉武帝时，都卢人已到长安表演杂技顶扛。张衡《西京赋》即有"都卢寻橦"之语。都卢人在中南半岛的居住区在后来的中国史书中被称为昆仑国。唐代沙门礼言编纂的《梵语杂名》把"昆仑"的梵名"你波多罗"（Dvipatala）、巴利文 Dipatala 译成"多卢洲""多卢国"。9世纪时，昆仑国的位置在克拉地峡以北。樊绰《蛮书》卷十指出，昆仑国正北距离云南"西洱河八十一日程"。汉代的夫甘都卢应当也在这一范围以内，它是都卢人最早建立的重要港口。在安达曼海附近，这样重要的港口只有帕克强河口的拉温可以相当。夫甘国是帕克强的古译。

汉使所历四个地点，谌离的所在是关键。上海中华舆地学社于1975年出版的《中国历史地图集》第二册《西汉时期全图》将邑卢没划在暹罗湾头，谌离则在其西北的伊洛瓦底江下游，夫甘都卢又在谌离西北沿海，和《汉书》所云邑卢没到谌离船行需20余日的记载明显不合。究其根据，仍不出藤田丰八的旧说，即以都元在苏门答腊北岸某处，邑卢没在萨尔温江口的 Arramaniya，谌离为蒲甘附近的 Silliah，夫甘都卢为古

---

① 皮德编：《金洲道程志》（L. L. Bird, ed., The Golden Chersonese and the Way Thither, Rep.），牛津1966年版。托勒密的塔库拉，格利尼（G. Gerini）、威尔士（H. G. Q. Wales）、沙斯特里（K. A. N. Sastri）都以为是塔库巴，贝齐洛（André Berthelot, L'Asie Ancienne Centrale et Sud-Orientale d'Apres Ptolémée，巴黎1930年版，第376页）则置之于董里（Trang）。此说为勃拉特尔所附和，参见勃拉特尔：《古代马来亚笔记》（R. Braddell, Notes on Ancient Times in Malaya），载于《英国皇家亚洲学会马来亚分会学报》（JMBRAS）1947年第20期；参见沙斯特里：《南印度和东南亚》（N. Sastri, South India and South-East Asia），迈索尔1978年版，第172页。和汉使航程相比，上述二说位置过于偏南；就对音而言，Tala 也胜于 Takua-pa 或 Trang。塔库拉应和唐代贾耽"广州通海夷道"中的哥谷罗相应，自在箇罗以北。

② 戈岱司：《印度支那和印度尼西亚的印度化国家》（G. Coedès, Les États Hindouises d'Indo-chine et d'Indonésie），巴黎1948年版，第41-45页。

之蒲甘城。加利福尼亚大学于1967年出版的余英时《汉代中国的贸易与扩展》一书在这个问题上只是介绍了一下藤田和费琅的说法，别无进展①。谌离到夫甘都卢的距离是陆行十余日，到了夫甘都卢，由帕克强河口溯流而上，可以直通暹罗湾旁的尖喷。由于孟加拉湾赤道环流区航行艰困，安达曼海丹蓍群岛南部航行尤多风险，小船大都无用。尤其北航船只，直到近代葡萄牙人东来时仍多海难，被航行者视为畏途②。所以在公元前，这段海程为求安全起见，只有舍舟登陆，以十多天的时间走完这一段热带雨林区100多公里的路程。

夫甘都卢是个以出产白豆蔻闻名的地方，在印度古籍中另有一个专名，在巴利语《弥兰王问经》中写作Takkola，梵语叫哥谷罗（Kakkola），后来又转成阿拉伯语的Kakula，原意就是"白豆蔻"③。这地方也是托勒密《地理学》中的塔库拉（Takola），[t]和[k]本有音转，托勒密是根据泰米尔语译出的。哥谷罗在古代一直是中南半岛最重要的对印贸易港，在《水经注》卷一所引康泰《扶南传》中称为拘利国，在《梁书》卷五十四译作投拘利口，是根据巴利语或泰鲁古语音译的名称，和11世纪初丹戎尔的泰米尔碑铭中的Talaittakkolam是一个地方。

泰米尔碑铭也指出，塔库拉是都卢人的城市④。在三国时期的《南州异物志》中，这里又称勾稚。那时从塔库拉已可横越孟加拉湾直航南印度歌督（科佛里帕特那）了。但在前汉时代，汉使还得从夫甘都卢另行换船，在下一个东北季风期沿着海岸线，经过恒河口的耽摩立底，再南航黄支。这一段航行仍是沿岸航行，航程在1800海里左右，费时两个多月，如以75天计算，平均日航已在24海里以上，航速超过合浦到谌离的航速约一倍。

这最后一段航程的前半段，也是3世纪时扶南使者从投拘利口到恒河口的一次航行所经。《梁书·诸夷列传》记："吴时（221—280年），扶南王范旃遣亲人苏物使其国，从扶南发投拘利口，循海大湾中，正西北入，历湾边数国，可一年余到天竺江口，逆水行七千里乃至焉。"投拘利口等于投拘利港，或称拘利、勾稚，它是古代占有克拉地

① 余英时：《汉代中国的贸易与扩张》（Yü Ying-Chih, Trade and Expansion in Han China），洛杉矶1967年版，第173页，第174页。

② 迪亚哥·德·科托：《亚洲》（Diogo de Couto, Da Asia），里斯本1778年版，第3卷第1编，第20页。

③ 格利尼：《托勒密东亚地志研究》（G. Gerini, Researches on Ptolemy's Geography of Eastern Asia），伦敦1909年版，第754页。

④ 沙斯特里：《印度碑铭集》（H. Shastri, Epigraphia Indica）第22卷，德里1933年版。

峡的扶南设在帕克强河口的对印贸易港①。从帕克强河口到恒河口，只是从那里到康契普腊姆的航程的一半。据《吴时外国传》（《太平御览》卷七七一引），可载百人的扶南木船使用的是长桡、短桡和篙，船工约占半数，所以航行颇费时日。扶南船不用风帆，汉使从夫甘都卢到黄支所乘船只绝非扶南船，但从航速较前快了一倍推断，这种船也不是前段所乘的中国商船。

汉使返航的路线和日程，《汉书》举了公元1世纪初的实例。当时汉使经由黄支以南的已程不返国。已程不国是巴利语"执狮子国"（Sihadipa）的音译②，亦即斯里兰卡的古称。黄支到已程不国距离极近。《大唐慈恩寺三藏法师传》说，建志补罗（康契普腊姆）到僧伽罗国（斯里兰卡），海程只需三日，所以《汉书》略而不提往返已程不国的时间。从已程不国返航的船只，仍需沿着印度东海岸北航，再由中南半岛循岸南下。《汉书》只简略地提到，经过八个月的航行，船只所到的地方叫皮宗。这是唯一可知的汉使返航时中途停靠的港口。皮宗和《通典·边防四》提到的比嵩是一个地方，马来语称之为巴蕉岛（Poulo Pisang）。新加坡海峡西端的巴蕉岛是马来群岛同名岛屿中最重要的一个，也是汉使回航所经之处。由于季风流和使用船只的不同，马六甲海峡以东和以西的航行速度差异亦大。汉使回航花十个月的时间，之所以分成两大段落，一定首先取决于海域的不同，这种不同自以马六甲海峡为天然的分界线，而不宜在越南平山③。从皮宗回到日南象林，有两个月的时间便足够了。根据《汉书》，返航的前半段路程所费八个月是实航时间，经过的航程总长约2800海里，每日平均航行12海里左右。和去程该段航速大致达每日24海里左右相比，返程航速锐减，显然是由于西南季风流弱于东北季风流所致。

公元1世纪初，汉使返航的终点是汉代最南边疆的日南郡象林县。据《水经注》卷三十六引《扶南传》，象林南界和西屠国（Chaudoc）相邻。而西屠是越南富安、庆和两省间华列拉岬附近的大岭④，位于北纬12°附近。按沿岸航行计算，此地距离皮宗约有1600海里，返航船只以两个月走完，日航24海里左右。同去程日航12海里左右相

① 许云樵《古代南海航程中之地峡与地极》（载于《南洋学报》1948年第5卷第2辑）以为投拘利口在新加坡海峡，又或以拘利在吉兰丹、丁加奴迤南（许云樵：《北大年史》，南洋书局1946年版，第7页），不能解释古代占有马来半岛东西两岸的扶南为什么要以极东的新加坡作为对印贸易港。

② 苏继顾：《〈汉书·地理志〉已程不国即锡兰说》，载于《南洋学报》1948年第5卷第2辑。

③ 朱杰勤：《汉代中国与东南亚和南亚海上交通路线试探》，载于《海交史研究》1981年第3期。

④ 鄂卢梭：《占城史料补遗》，参见《占婆史·附占城史料补遗》，中华书局1956年版。鄂卢梭法文原文载于《远东法国学校校刊》（BEFEO）第14卷第9分册。

比，这一增速当是由于时代的发展使船只构造有所改进，航海技术也有了提高。

至此，我们可以知道，在公元前2世纪末开始的中印海上交通线，是以北部湾为起点，沿中南半岛东岸，取道马六甲海峡，顺着中南半岛的西海岸环航孟加拉湾，而以康契普腊姆为终点。这条路线既不横越克拉地峡①，也无须在到达缅甸南部沿海后，从伊洛瓦底江上溯蒲甘，在缅甸境内迂回航行。承认黄支在南印度的多数学者，从藤田丰八和费琅开始，都将汉使航程经过的夫甘都卢假定为伊洛瓦底江上游的蒲甘国。但蒲甘初见于9世纪，其历史未能上溯如此久远，而且航程竟在缅甸境内往复迂回，未免使人费解。距黄支不远的斯里兰卡，由于在印度和罗马之间的贸易线上的重要地位，公元初的汉使返程常取道其北部要港曼泰，再北航恒河口，然后绕着中南半岛返回越南中部。汉使返程的走法，和1000年后的宋大中祥符八年（1015年）注辇（朱罗）使者娑里三文来华的路线基本相同。娑里三文出发时先经娑里西兰山（斯里兰卡），然后北上恒河口的占宾国，经过古罗（吉打），越马六甲海峡再到广州。汉使从斯里兰卡的曼泰东返，花了240天才到达新加坡海峡的皮宗，朱罗使者娑里三文则费时209天航抵苏门答腊的巴邻旁，和汉使一样，每天不过航行12海里。但从巴邻旁到广州1750海里横越大海的航程，朱罗使者却只花38天，航速提高到每日46海里左右。这显然取决于船只构造的改进和航海技术的提高。

因此，从船只的航速可以推断，公元前2世纪末汉使在谌离登岸以前所乘的都是中国船，在谌离由陆路到达夫甘都卢以后，就只能改乘印度得楞船了。当时中国船比印度船要小，风帆也少，不能适应丹荖群岛附近复杂的航道和强劲的风暴。在孟加拉湾中航行的得楞船由于熟悉航道，又拥有较多的风帆，所以能取得较好的航行成绩。至于1世纪初访问黄支的汉使，回国时乘坐的也当是印度船。

在汉代，由于地理位置的优越，新加坡海峡中的皮宗成为西南季风期由马六甲海峡东航或由爪哇海北航的必经之地，因而也是中、印船只停泊的处所。汉使一定是在这里换乘中国船的，所以《汉书》记述汉使返航要以皮宗为界，分成东、西两段来叙述。皮宗以西通行印度船，这种船在设计和航海技术上进步很慢，几乎同一千年后的11世纪初航行于孟加拉湾的同类船只没有什么差别。相比之下，中国船在2、3世纪之际就已越过孟加拉湾，开辟了阿拉伯海的新航路。到7世纪时，据《新唐书·骠国传》中从昆仑小王所居的坤朗（董里）到苏门答腊北部佛代的航程推算，在中南半岛西海

---

① 汉使横跨克拉地峡说，见韩振华《公元前2世纪至公元1世纪间中国与印度东南亚的海上交通——〈汉书·地理志〉粤地条末段考释》（载于《厦门大学学报》社会科学版1957年第2期）。

岸也能保持日航50海里的水平。这种中国船在1世纪初就已经掌握了比较高明的航海技术，能够熟练地利用南海的季风航行。他们在这方面取得的成就，和他们的希腊同行于公元前后在阿拉伯海上进行的远洋航行相比毫不逊色。

可以认为，中国商船在公元前2世纪末已经到达克拉地峡的西端，而晚到1世纪初，印度船通常只汇聚在新加坡海峡的皮宗。自此以东的南海航业都被中国船和马来船所包揽。

《汉书》提到汉使出发是由"蛮夷贾船，转送致之"，"蛮夷"两字引起的误解可说根深蒂固，以致长久以来，外国学者一直主张那时中国还没有可以远航的海船[1]。其实，汉代所说的"蛮夷"是泛指非汉族的中国南方各少数民族，五岭以南百越民族所居之地都称"蛮夷"。《汉书·西南夷传》叙公元前3世纪末南粤赵佗自立为王，上书汉文帝就自称"蛮夷"，指责太后吕雉"别异蛮夷"，又指出"蛮夷"的境域包括长沙以南闽粤境内的少数民族："蛮夷中西有西瓯，其众半赢，南面称王；东有闽粤，其众数千人，亦称王；西北有长沙，其半蛮夷，亦称王。"到了五代南汉时，两广仍被称为蛮夷。《新五代史·南汉世家》有南汉统治者刘龑"自言家本咸秦，耻王蛮夷"之说。居住在五岭以南的东南少数民族本来擅长航海，对于南海沿岸航行早就积累了丰富的实践经验，所以前汉时代，中国东南沿海航海家驾驶的海船就已越过马六甲海峡西航。在中国和印度航海家的共同努力下，中国和南印度的通航得以实现。

三、加那调—加陈航线的历史意义

三国时期，正当中国船民不断往来于南海和孟加拉湾时，统治中国南方的孙吴政权在226年派宣化从事朱应、中郎康泰率领使团出使扶南，在东南亚各地进行考察。这件事反映出中国对于控制了克拉地峡、领土跨越孟加拉湾和暹罗湾的扶南具有浓厚的兴趣，决心采取有力的措施，以进一步发展中国的远洋航业和南海贸易。

和康泰同时的吴丹阳太守万震在其著作《南州异物志》中提到一个叫歌营的南印度国家："歌营国在勾稚南，可一月行到。其南文湾中，有洲名蒲头（Pulo），上有居人，皆黑如漆，齿耳白，眼赤，男女皆裸形。"（见《太平御览》卷七九〇引）这歌营

---

① 密尔士：《中国早期航业史》（J. V. Mills, Notes on Early Chinese Voyages），载于《皇家亚洲学会会刊》（JRAS）1951年4月，第3-27页；魏特莱：《〈前汉书〉中所见的马来半岛》（Paul Wheatley, Possible Reference to the Malay Peninsular in the Annals of Former Han），载于《皇家亚洲学会马来亚分会会刊》（JMBRAS）1957年第30卷第1分册；魏特莱：《古代的马来半岛之印象》（Paul Wheatley, Impressions of the Malay Peninsular in Ancient Times），新加坡1964年版。

国在克拉地峡西端帕克强河口的勾稚以南一个多月海程的地方。《南州异物志》指出其位于斯调（斯里兰卡）西北约近三千里之处："斯调，海中洲名也，在歌营东南可三千里，上有王国城市街巷，土地沃美。"（见《太平御览》卷七八七引）从歌营的方位推断，那里就是科佛里河附近南印度的恭伽国（Kongu-Desam），相当于现在撒冷和科因巴托两县的地方。2世纪中叶恭伽强盛时，奈顿杰·艾丹（Nedunjēral Ādan）统治的地区曾由西而东横跨南印度[①]，科佛里帕特那也成了歌营国的外港。从帕克强河口驶向科佛里帕特那的船只要经过尼科巴群岛，是经由十度海峡抵达科罗曼德的。这和3世纪初扶南王范旃遣使者苏物经一年多才到天竺国，随后天竺国王派使者陈、宋二人经过四年的航行才到扶南，相形之下，航海技术真有天壤之别了！

康泰在扶南时，曾有幸见到陈、宋等天竺使者，"具问天竺土俗"（《梁书·诸夷列传》），了解印度国情。康泰的使团中一定也有人随后去过印度，因为麇集在塔库巴和帕克强河口的中国商船可以很方便地完成这一使命。而且大部分商船由于要和恒河通商，必须经过《梁书》所称的顿逊，现在的丹那沙林。顿逊正是当时东西贸易的中转港和国际市场，《梁书·诸夷列传》记述："在海崎上，地方千里，城去海十里。有五王，并羁属扶南。顿逊之东界通交州，其西界接天竺、安息，徼外诸国，往还交市。所以然者，顿逊回入海中千余里，涨海无崖岸，船舶未曾得径过也。"

中国商船在2世纪时已经常往来于康契普腊姆和科佛里帕特那。迈索尔发现的一枚2世纪时的中国铜币是这种商业交往的直接见证[②]。阿旃陀石窟中一幅中国帆船的图象[③]更是中国很早就以南印度为据点开展印度洋航业的生动证明。据《太平御览》卷七七一引《吴时外国传》，康泰确已知道有一条可以直达大秦（罗马帝国）的海上交通线："从加那调洲乘大舶船，张七帆，时风一月余日，乃入大秦国也。"这条大秦航线的具体走法，《水经注》卷一所引《扶南传》交代得也很清楚："从迦那调洲西南入大湾，可七八百里，乃到枝扈黎大江口，渡江径西行，极大秦也。"

加那调的"调"是梵文俗语dīpa的音译，"调""洲"音义复出，意思就是加那洲。在《正法念处经》（Saddharma-smarty-upasthānā-sutra）卷七十列举的五百小洲中的迦那洲，和康泰所言的加那调洲相同，是个足以和安息、月支、天竺并列的大国。《水经

---

① 沙斯特里：《南印度史》（K. A. N. Sastri，A History of South India），牛津1958年版，第113页。

② 马金达编：《帝国一统时代》（R. C. Majumdar ed.，The Age of Imperial Unity），孟买1954年版，第644-645页。

③ 托尔：《古代船舶》（C. Torr，Ancient Ships），伦敦1894年版，第25页。

注》卷一记阿耨达大山（Anavatapta）有石盐，引"康泰曰：安息、月支、天竺至伽那调御，皆仰此盐"。伽那调同加那调，原指德干高原以南印度的东海岸。近代欧洲人称这个地方为科罗曼德（Coromendel）海岸，本来是泰米尔语中的朱罗国（Chōraman-dala）或朱罗地区。朱罗，宋代译作注輦，泰鲁古语称Chōla，泰米尔语则写作Chōra，Chīra。梵语[r]和俗语中的[n]有时有音转，加那调是梵文俗语Chōra-dīpa的变音Chōna-dīpa，就是《洛阳伽蓝记》卷四菩提拔陀提到的古奴调国。康泰的加那调是南印度科罗曼德，绝不在马来亚或苏门答腊①。

康泰《扶南传》中的枝扈利（Kāveri）大江，今译科佛里（Cauvery）河，早见于印度史诗《罗摩衍那》②。枝扈利大江在《水经注》卷一中曾被郦道元误作恒河的别名，但据《括地志》，恒河的别名是拔扈利水（Phalgumati）。枝扈利和拔扈利是印度南北两条不同的大河。科佛里河口有科佛里帕特那（Kāvēri-Pattinam，Kāveripatnam），在《厄立特里海环航记》列举的港口中写作卡马拉（Camara），托勒密称为科佛里镇（Khabēris Emporion）。在朱罗兴起后，科佛里帕特那成了朱罗的国都，朱罗的最大港口普哈尔（Puhār）就在科佛里河口以南不远。《扶南传》说，加那调—大秦航线的起点在枝扈利江口以北七八百里的地方。从科佛里帕特那向北七八百里，正好是在古代黄支国都稍南的著名海港索帕特马，即现在的马卡纳（Markanam）。由索帕特马启航的船只，沿着科罗曼德海岸，西南经科佛里帕特那越过马纳尔湾，便可抵达马拉巴的莫席里港（Muśiri），现在的克朗格诺尔（Kranganur），从那里横越阿拉伯海到也门的奥赛里斯，航程不过40天。

莫席里，万震译作姑奴国。《太平御览》卷七九〇引《南州异物志》："姑奴国，去歌营八千里，民人万余户，皆乘四辕车，驾二马或四马，四会所集也。舶船常有百余艘，市会万余人，昼夜作市，船皆鸣鼓角。人民衣被同中国。"姑奴国是卡纳塔克，《摩诃婆罗多》和梵文古典著作都称作卡拉纳塔，意思是"滨海之国"，相当于原来的迈索尔邦。南印度马拉巴拥有许多良港，自南而北有巴卡勒（Bacare，今普拉卡特Por-akad）、纳尔辛达（Nelcynda，今科打叶Kottayam附近）、莫席里（Muśiri，今克朗格诺

---

① 此说见岑仲勉：《中外史地考证》，中华书局1962年版，第122页，第216页。倍特克认为加那调原音是Ganadvipa，参见倍特克：《〈水经注〉中的北印度》（L. Petech, Northern India according to the 'Shui Ching Chu'），载于《罗马东方丛书》（il Medio ed Estremo Oriente Rome）1950年第2号，第15页，第53页。

② 比马拉·坎·劳：《古代印度历史地理》（Bimala Churn Law, Historical Geography of Ancient India），巴黎1954年版，第162–163页。

尔 Kranganur）、敦蒂（Tyndis，今庞纳尼 Ponnāni）和纳拉（Naura，今卡纳诺尔 Cannanore）。莫席里是其中最繁荣的港口，希腊船只云集于此。万震所说的姑奴国，正是莫席里港的写照。莫席里既和罗马通商，因而盛行四辕车（Chariot），同时又常有华船来往，以致"衣被同中国"。从科罗曼德到马拉巴，整个南印度都成了中国丝绸的销售市场。在文献中，可以见到丝棉混纺已成为南印度一种新兴的手工业[1]，造成这种现象的一个重要原因就是中国帆船的直接运输。

《吴时外国传》和《扶南传》说从索帕特马启航的船只可直达大秦境内。大秦虽在汉魏六朝时代都是罗马帝国的专称，但在阿拉伯海区也泛指阿拉伯半岛沿海，特别是亚丁湾和红海两岸的亚非两大洲毗邻地区。大秦境内的停泊港应该就是《魏略》中的乌丹。魏明帝（226—239年在位）时写成的《魏略》指出，从波斯湾头到埃及，可以在安息安谷城（Örchoe）乘船，"从国下直北，至乌丹城；西南又渡一河，乘船一日乃过；西南又渡一河，一日乃过，凡有大都三"（见《三国志》卷三十裴松之注所引）。《魏略》这段文字略有讹脱，但所叙总的走向大致无误，即由幼发拉底河口的安谷城循海南下，绕越阿拉伯香岸，然后由红海北上，循尼罗河抵达埃及亚历山大城。中间所经乌丹，是从波斯湾南下而又"直北"所到的第一个重要港口。这个地方是2世纪以来越来越兴旺发达的阿克苏姆港口阿杜利（Adulis）。据《汉书·西域传》颜师古注，汉代"乌"字可读作[ya]或[a]，而[l]和[n]又有音转，所以乌丹是阿杜利的省略。2世纪时，阿拉伯西南马里巴的大水库决口后，希米雅尔人的农业经济大受影响，造成海上贸易的衰退，阿克苏姆王国因此接替希米雅尔独占了对印贸易。后来拜占庭从中国进口丝绸也曾一度仰仗于这条海路。据普林尼《自然史》（第6册第101章），从曼德海峡附近的奥赛里斯（丕林附近）或莫札启航的船只，可以在40天内直航南印度西岸的莫席里港。这是公元前1世纪末由红海出发的希腊船开辟的一条直达南印度的远洋航路，阿杜利正好坐落在这条航线附近。

乌丹是《魏略》中的名称，也是中国北方所知道的阿比西尼亚港口。中国南方所知道的阿杜利，据《南州异物志》，是在歌营西南的加陈（Kuśa）。加陈是非洲库施国家的古译。在哈马丹铭文、大流士的苏萨铭文和波斯帕里斯铭文中已有这个 Kuśa 国[2]。

---

[1]　沙斯特里：《南印度史》（K. A. N. Sastri, A History of South India），牛津1958年版，第137页。

[2]　苏卡马·孙：《阿契美尼亚皇帝的古波斯铭文》（Sukumar Sen, Old Persian Inscriptions of the Achaemenian Emperors），加尔各答1941年版，第114页。

照佛陀·普拉喀什的解释，是埃塞俄比亚[①]，或说是埃及以外的东北非洲[②]。可以确定，中国文献中的加陈和古波斯铭文是一致的，都指古代居住在埃塞俄比亚高原和努比亚的库施民族。在阿克苏姆兴起后，阿杜利港经营的对外贸易，特别是和埃及的海上贸易，促使尼罗河上游的麦洛埃王国陷于经济上日益衰落的局面，最后在339年灭亡。阿杜利在繁荣昌盛的时期也是库施和贝贾人输出砂金和宝石的唯一重要港口，因此万震在中国帆船通航阿杜利后，遂知道有这一个加陈国。《南州异物志》中的勾稚和加营，加营和姑奴，姑奴和加陈，是中国帆船印度洋航线中的各个衔接港，构成了从帕克强河口的拉温到科佛里帕特那，再经莫席里到阿杜利的海上航路。

越过孟加拉湾的中国大帆船是足以胜任远航印度洋的重任的。从《吴时外国传》可以知道，自索帕特马驶往阿杜利的那种张挂七帆的"大舶"也是中国船。因为2世纪末叶，朱罗王卡利开勒（Kari-Kāla）才刚刚开始开展季风贸易，和海外各国进行商业往来。当时印度东海岸通行的船只，除了沿岸运输的小船和较大的木船圣卡拉（Sangara）外，在外海航行的一种大船昆仑舶（Colandia）也并不拥有许多宽帆。照贺诺尔的描述，这种印度船是方帆双桅船，不用牙樯和舵，而由船尾舷侧双桨操纵[③]。所以这种拥有许多宽幅风帆的"大舶"是中国船。不仅如此，从古代关于海舶名称的运用情况也可以推断这是中国船。《太平御览》引用的《吴时外国传》《扶南土俗》《扶南传》中，凡提外国海舶，通常称为"大舶"，偶尔也有称"贾人舶"的，而将"大舶"与"船"连用的，却仅有从加那调洲启航直往大秦的一处。"船"是中国固有的称法，"舶"虽然早在中国南方民间通用，但直到2世纪还未正式吸收到官方使用的汉语中来。"大舶"与"船"连用，又是大舶，又是船，正是处于2世纪交替期使用的名称。这种船明明是中国南方制造的海舶。

据《梁书·诸夷列传》，在朱应、康泰出使扶南的同一时期，还发生了"孙权黄武五年（226年），有大秦贾人字秦论来到交趾，交趾太守吴邈遣送诣权"的事件。孙权"差吏会稽刘咸送论。咸于道物故，论乃径还本国"。秦论并非人名，而是以地取氏，它是埃及以西昔兰尼加的汉译名称。昔兰尼加的商人到建业（南京）后，由孙权派刘咸伴送回国，所乘船只当然是中国的"大舶"。这也间接证实了中国帆船确曾通航印

① 佛陀·普拉喀什：《印度和世界》（Buddha Prakash，India and the World），霍斯希亚尔普尔1964年版，第241页。

② 塞尔卡：《古代印度典籍中的世界地理》（D. C. Sircar，Cosmography and Geography in Early Indian Literature），加尔各答1967年版，第51页。

③ 贺诺尔：《水运》（J. Hornell，Water Transport），剑桥1946年版，第219页。

度洋。

中国帆船在2、3世纪之际参加红海贸易，是对罗马帝国亚历山大（埃及）东方贸易高潮的一个反响。在166年罗马皇帝马克·奥里略·安东尼（Marcus Aurelius Antoninus，161—180年在位）的使者到达中国以前，中国南方和南印度各国不断有使节往还。《后汉书》卷八十八记桓帝延熹二年（159年）、延熹四年（161年），印度使者取道"日南徼外"和中国通好。托勒密《地理学》中也记有亚历山大商人到中国，时间应在公元140年以前。2世纪时，罗马商人成批由埃及启程从海上来华，和中国进行直接交易，摆脱了波斯的中间转手盘剥。不久，中国帆船也越过了科罗曼德海岸，停泊在红海之滨的阿杜利港，开辟了古代世界上最长的一条航线。从此中国商船可以从北部湾海港启航，越过马六甲海峡后，由帕克强河口直航索帕特马，继而绕道科摩林角，在抵达莫席里以后，又径赴阿杜利港。最早踏上非洲土地的中国人就是由这些帆船商队带往印度洋彼岸的。这确实可算作早期印度洋航业史上最重大的事件了。

中国的航海家在南印度和来自红海的希腊船、希米雅尔船交会，并进而增长了印度洋西部地区的航海知识，因而能够在较短的时间内在新的海域进行富有创造性的探索。

中国帆船之所以能往来于阿杜利港，也是中国从后汉时代起和亚丁湾各国长期交往的结果。公元97年，班超派甘英从波斯湾头的条支前往大秦（埃及）。这一行动虽因波斯人意欲独占丝绸贸易，阻挠中国和埃及直接建交而没有成功，但不久，由于中国加强了和印度洋西部各国的商业往来和政治联系，"于是远国蒙奇、兜勒皆来归服，遣使贡献"（《后汉书·西域传》）。《后汉书·和帝纪》记："（和帝永元十二年，公元100年）冬十一月，西域蒙奇、兜勒二国遣使内附，赐其王金印紫绶。"这两国都是阿拉伯海和红海的重要贸易港。兜勒正是厄立特里亚著名海港阿杜利最早的译名，首音[a]被省略。公元1世纪，祖拉湾西岸离现在马萨瓦港不远的阿杜利已成为红海和阿拉伯海附近象牙、珠宝、玻璃、金属制品和谷物、香料贸易的重要进出口岸。因此阿杜利在罗马对华贸易中充当了主要转运港的角色。阿杜利使者促成了中国和非洲国家的交往，打开了中非直接交通的局面。

阿杜利使者当初是经由波斯湾从西北陆道到达洛阳的。那时亚丁湾、红海地区和中国的交通，无论陆道还是海道都要经过波斯湾。这一局面直到2世纪中叶才有了大变。所以《魏略》总结埃及和中国之间的海陆交通时这样叙述："大秦道既从海北陆通，又循海而南与交趾七郡外夷，北又有水道通益州永昌，故永昌出异物。"除了从红海取道波斯湾转入丝路通往中国的旧路以外，这时还有从印度河口或坎贝湾的巴里格柴经由五河流域转入葱岭的陆道，以及从海上绕过南印度进入伊洛瓦底江联络云南西部永昌郡的一道，和由海上直通日南郡的一道。从那时起，在中国和红海地区的贸易往来中，五河流域和伊洛瓦底江便代替波斯湾起了桥梁的作用。而横贯印度洋直通中国南方的海上动脉，更是罗马商人来到中国和中国帆船西航阿杜利的主干线。

因此从那时起，中国就知道了埃塞俄比亚的著名物产—微木（乌文木）、兜纳香（没药）了。这些名称都是直接从希腊语或古埃塞俄比亚语中译出，由中国水手从海上传入中国南方的。一微木的原名是希腊语 Εβενος（ebenos），或柯普特语 heben，崔豹《古今注》中译作瑿瑿木，应正作"瑿瑿木"，就是一微木的异译，后来称作乌文木（Diospyros ebenum）。乌文木这一名称是晚些时候由波斯语'abnūs 转出的译名。兜纳香是最早传入中国的阿拉伯和非洲香药之一，其名"兜纳"与"兜勒"同音，也是阿杜利别译。Adulis 首音"阿"省略，"纳"音由"利"转来，[i]转作[n]，便成"兜纳"。阿杜利出口香药中最多的是没药（Commiphora abyssinica，Commiphora erythraea），所以兜纳香也就成为没药的别称。

中国帆船也将独具特色的中国丝绸、陶瓷和铁器运到了阿杜利。尤其值得指出的是，这些先进的产品对于经济和文化都处于高涨时期的库施国家产生过一定的影响。汉代制陶工艺十分高超，东汉时且已发明了瓷器。汉代制陶工匠能够制作精美的釉陶，所造颜色有深绿、浅绿、栗黄、酱釉等多种富有光泽的釉色，它们一定曾轰动麦洛埃，引起麦洛埃统治阶级的好奇，因而将它作为一项新工艺加以引进。巴兹尔·戴维逊（Basil Davidson）说，麦洛埃人"开始按照中国的格调制造陶器，中国货都由印度或阿拉伯船运抵他们的红海港口"[①]。然而实际情况是，相当一部分中国货是由往来阿杜利和交、广的中国帆船直接运去，然后由阿拉伯船或希腊船再从阿杜利北运往东苏丹港口的。中国的陶器成批运往非洲，对相隔万里之外的麦洛埃的制陶业产生了巨大的推动力。

四、汉语"舶"的起源和流传

上述研究表明，中国和印度洋各国得以建立直接的交往关系，起决定作用的是中国帆船的通航。

公元2、3世纪之际，通航阿杜利的中国"大舶"出现，是中国造船史上的一次飞

---

① 巴兹尔·戴维逊：《非洲历史的探索》（Basil Davidson，Discovering Africa's Past），伦敦1978年版，第24页。

跃。中国南方造船业历史悠久。据《楚辞》《吴越春秋》《越绝书》《淮南鸿烈解》等书记载，在春秋时代（前770—前476年）的吴越、荆楚等水运发达的南方地区，已有艅、舿、舸、船等各种船只名称。但"舶"却是个晚出的名词，许慎于1世纪编成的《说文解字》中还没有这个字。这个字首次出现于3世纪的辞书中。张揖《广雅》解释："舶，海舟也。"（慧琳《一切经音义》卷六十一《根本说一切有部毗奈耶律》第三十二卷）司马彪注《庄子》，对"舶"的说明是："海中大船曰舶。"（慧琳《一切经音义》卷六十一《根本说一切有部毗奈耶律》第三十二卷）张揖《埤苍》也说，舶，"大船也"（慧琳《一切经音义》卷二十《大方广佛华严经》第五十卷）。北宋《广韵》认为"舶"是"海中大船"。根据这些古代辞书，舶是航海大船，所以起源于南方。晋李虔《通俗文》曾将这种名称上的变化简略地归结为"吴船曰艑，晋船曰舶"。不过这种说法未必精确，因为《太平御览》卷七六九所引万震《南州异物志》已经指出："外域人名舡曰舶，大者长二十余丈，高去水三二丈，望之如阁道，载六七百人，物出万斛。""名舡曰舶"原文作"名舡曰舡"，一作"名船为船"。但舡、船都是汉语中早就有的名词，强调"名船曰船"或"名舡曰舡"毫无必要。万震所说一定是"名舡曰舶"。《一切经音义》卷四十七《三具足论》"船舶"条："今江南凡泛海舡谓之舶，昆仑及高丽皆乘之。大者受盛之可万斛也。"说法仍和万震略同。

万震指明的那种载重量近万斛的海舶是中国南方最早建造的巨舶，也是3世纪时航行于南海和印度洋的中国海舶。按后汉1尺合0.235~0.239米，魏1尺合0.241~0.242米折算[1]，这种大海舶长度20余丈，合48米左右。过去伯希和曾估算万斛之船约合千吨，推算的起点是3世纪时的1斛合100升，每升大致可当1公斤[2]。但这种算法并不可靠。汉代有大、小斗之分，汉简有"斗五升为大斗"[3]，实折一小斗为六大升略多。据《隋书·律历志》，王莽铜斛当曹魏斛九斗七升四合有奇。根据新莽嘉量实测，一斗等于1.937624市升，一升合0.2006349公升，和商鞅方升合201毫升几乎一样[4]。两晋南朝多承魏制，未有大变。照此推算，曹魏1斛约合现在20公升略多，每公升和1972年江苏铜山县小龟山西汉墓出土的TG55铜鼎容量所示西汉大升相仿。所以万斛之船所载实

---

① 矩斋：《古尺考》，载于《文物参考资料》1957年第3期。

② 伯希和：《关于越南半岛的几条中国史文》，载于《西域南海史地考证译丛》第一卷，冯承钧译，商务印书馆1995年版。法文原文载于《法国远东学校校刊》（BEFEO）1925年。

③ 劳干：《居延汉简考释·释文之部》，商务印书馆1949年版，第320页。

④ 刘复：《新嘉量之校量及其推算》，载于《辅仁学志》第1卷第1期；马衡：《新嘉量考释》，载于《故宫博物院年刊》1936年；唐兰：《商鞅量和商鞅尺》，载于《国学季刊》1935年第5卷第4期。

无千吨。另据西安秦代阿房宫遗址出土加刻有始皇二十六年（前221年）和二世元年（前209年）诏文的铜石权实测，秦制1石（120斤）重30.75公斤①。依此可知，3世纪时的"万斛之数"相当于307.5吨，如按古代四舍五入的说法以6000斛计算，也有184.5吨。

万震所说的外域人是否就是外国人？上古时代，汉族发祥地在黄河流域，所以黄河中、下游名为华夏之地，通称中原。中原以外，四方境域一并称为外域。万震所志南州，大都是百越、百濮民族的居住地，包括岭南、交广这些秦汉以来已正式归入中国版图的地方。所以万震的"外域人"无非是"南方沿海人民"或"岭南人"的同义语。"舶"应当是岭南居民对海船的称呼。汉语中最早称这种南方的海船叫"大舶"，因为它大于内河和近海航行的船只。所以北宋官修的《集韵》解释"舶"："蛮夷泛海舟曰舶。"意思也不外乎说"舶"是中国南方沿海少数民族对海船的专称。

三国孙吴时期，中国航海事业大有发展，"舶"的名称也就通用于长江以南的地区，正式吸收到汉语中来。《水经注》卷三十五记述孙权装大船："名之曰长安，亦曰大舶。"《扶南土俗》中也出现了大舶，它说乌文国为"混滇（Kaundinya）初载贾人大舶所成"（《太平御览》卷七八七引）。《吴时外国传》则说混慎（滇、填）"教载贾人舶入海"（《太平御览》卷三四七引）。《晋书·扶南传》《南齐书·扶南传》《梁书·扶南传》都说混填是激国人或徼国人。激国是黄支的另一译法，译出了第一个音节Kang。在这里，"大舶"又指印度海船。总之，"舶"或"大舶"都指形制大于内河船只的海船。

因为"外域人"或"蛮夷"把海船叫作"舶"，而认为"舶"是从中国境外传入的外来语，甚至进而把文献上的"海舶"一概当作外国船，结果当然只能离题越远。桑原骘藏由于误会了《集韵》的解释，以为宋代以前的"舶"概指外国船，把《一切经音义》卷二十《大方广佛华严经》第五十卷中长二十丈、载六七百人的"船舶"当作了李肇《国史补》中的师子国舶②，而不知原文出于万震的《南州异物志》。在这个问题上，有人甚至走得更远，以为宋代的"舶"也仍指外国船③，完全无视《梦溪笔谈·补笔谈》卷三中的"舶船"，《宋史·张逊传》中的"浮舶"，《岭外代答》卷二中的"中国舶商"都指海外贸易船、海外贸易商，并非外国船、外国贸易商的专称。20世纪

① 陕西省博物馆：《西安市西郊高窑村出土秦高奴铜石权》，载于《文物》1964年第9期。
② 桑原骘藏：《蒲寿庚考》，陈裕菁译，中华书局1954年版，第95页。
③ 张礼千：《三宝和宝船》，载于《东方杂志》1945年第41卷第10期。

初的这场争论对"舶"的语源和演变历史造成了很大的混乱。

中国南方人民和马来民族早就有过非常密切的来往,他们驾驶的"大舶"和"海船"通航于南海各地,因此给暹罗湾附近和马六甲海峡两岸的沿海民族留下了深刻的印象。把中国南方的"船"说成是爪哇语djong的音译①,是完全没有根据的。中国海舶在2000多年的时间中对东南亚的海上贸易和航运业起过十分重要的作用。现在居住在苏门答腊中部的米南迦保民族的语言中,海船叫adjong,很明显来自汉语中的"海船"。米南迦保族是马来族中较早和海洋蒙古利亚族同化的一支,海洋蒙古利亚人则是近代马来人的主要组成部分,在公元前2500年到前1500年间的新石器时代就从亚洲东部大陆南移,进入中南半岛了。这些被称为原生马来人的祖先,当很早就和居住在中国南方沿海的少数民族有过接触。到了公元前300年左右,成批的蒙古利亚人再一次从中国的云南南迁。这些使用铁器的民族被称为次马来人,对中南半岛的文化和民族融合起过更加广泛的影响。汉代南疆已在中南半岛和马来居民接界,这些马来人被称为马流人。《水经注》卷三十六引《林邑记》:"建武十九年(43年),马援树两铜柱于象林南界,与西屠国分,汉之南疆也。土人以之流寓,号曰马流,世称汉子孙也。"在这里,"马流"的含意是附会之说,而马来人的移民方向和民族混居情况却于此可以窥见一斑。中国的"海船"大约在春秋、战国时代已给马来民族留下深刻的印象。马来语中对中国较小的海船另有一名叫top,和古代中国南方称呼海船的"大舶"很近。这是由于后来海船越造越大,古代的"大舶"在形体上已经不能再名列前茅了,而这个名称却在南海各地流传下来,并且传到了非洲,成为斯瓦希里语中的海船"米大舶"(mtepe)。

马来群岛和印度洋各岛屿居民通过航海活动彼此交往的历史也很悠久。最晚5世纪时,苏门答腊沿海居民就已经漂过大洋,移居坦噶尼喀沿海和马达加斯加岛了。因此在船只制造和风帆设计上都有许多相互交流的痕迹。摩洛哥旅行家伊本·白图泰在14世纪初曾见到马尔代夫的帆船用椰子皮做绳索网缚船板,和东南亚各地以及阿拉伯用藤椰索缝合法相近。16世纪初,葡萄牙人巴布萨访问南印度,也在科泽科特(加利库特)见过这种造船法。16世纪时,此法更传入东非②。这和7—8世纪时广东使用桄榔

① 玉尔、伯纳尔编:《语源辞典》(Henry Yule, A.C. Burnell, Hobson-Jobson:a Glossary of Colloquial Anglo-Indian Words and Phrases, and of Kindred Terms, Etymological, Historical, Geographical and Discursive),伦敦1903年版,第472页;柔克义:《14世纪中国和南洋群岛、印度洋沿岸诸港往来贸易考》(W. W. Rockhill, Notes on the Relations and Trade of China with the Eastern Archipelago and the Coast of the Indian Ocean during the Fourteenth Century),载于《通报》(Toung Pao)1915年第16卷。

② 赖德喀:《东非海船》(C. J. W. Lyddeker, Mtepe Dhau),载于《人类》(Man)1919年,第46页。

须（caryota）缚板，以橄榄糖泥缝（刘恂《岭表录异》卷上），12世纪时广东沿海用空板穿藤法造船（周去非《岭外代答》卷六器用门"藤舟"条），都属同一类型。尤其值得注意的是，马尔代夫从10世纪起就和南印度保持着频繁的往来，而马尔代夫的帆船具有方型船体和四方挂帆的特点，又与"方正若一木斛"（朱彧《萍洲可谈》卷二）的宋代海舶相似。11—12世纪时，中国帆船已是东非大陆附近拥有众多岛屿的桑奈建群岛的常客，马尔代夫帆船或者就是在中国人的影响下设计和制造的。所谓马尔代夫受到印度尼西亚的明显影响①，但马尔代夫所受的影响至少有相当一部分是由于中国帆船的海上活动间接或直接带来的。后来这种造船法直接由斯瓦希里语称作瓦迪巴（马尔代夫）的民族传到了拉穆群岛和东非海岸②。

唐代中国的南方人习惯称波斯人为"舶主"。元稹《送客游岭南》诗自注："南方呼波斯为舶主。"这个称呼的来历，除了由于来到交州、广州的外国船大多属波斯人所有外，还有一个十分有力的因素，就是因为当时航行印度洋的华船也有用波斯人为船长的，如克尔曼人阿伯拉罕（'Abharah）就是由中国船的海员升任船长的③。唐代对各种外国海舶均有专名，如昆仑舶、婆罗门舶、师子国舶、西南夷舶、西域舶、南蕃海舶或外国舶，并不统称为"海舶"。所以"舶"这个字不论在什么时候，都不是"外国船"的代称，而是一个地地道道的中国南方沿海居民用以称呼航海大船的名词。

现在离桑原骘藏所造成的误会已经过去了几十年之久，再来重复古代中国很长时期都无可以远航的大帆船的论调，像那种认为9世纪华船来到马来半岛和苏门答腊采购外国商货是中国航业界进入公海的开始④，或8世纪以前中国尚无自己的海船的说法⑤，未免显得过于无知了。重新认识中国帆船参与广阔的海外世界的早期活动及其作出的贡献，实在是很有必要的。

① 苏顿：《东非沿海的历史和考古综述》（J. E. G. Sutton, The East African Coast: an Historical and Archaeological Review），内罗毕1966年版。

② 贺诺尔：《拉穆群岛的海船》（J. Hornell, The Sea-going Mtepe and Dau of the Lamu Archipelago），载于《坦噶尼喀汇刊》（Tanganyika Notes and Records）第14卷，第27-37页。

③ 布索格：《印度珍异记》（Buzurg bin Shahriyar, Kitab 'Adja'ib al-Hind），马赛儿·戴维斯法译本（Marcel Devic, Le Livre des Merveilles de L'Inde），莱顿1883年版，第85页以下。

④ 沙斯特里：《南印度史》（K. A. N. Sastri, A History of South India），牛津1958年版，第322页。

⑤ 威廉斯：《东南亚史》（Lea E. Williams, Southeast Asia, A History），纽约1976年版，第39页。

中国和非洲国家
最早建立的外交关系

中国在先秦时代就和非洲有了往来，那时运销中国的许多宝石、香脂、香药中就有非洲的产品，不过这种贸易只有通过许多中间民族的转手才能实现。随着时间的推移，交通的改善，中国和非洲之间便有了直接的交往，双方开始取得外交上的联系。

中国和非洲国家是从什么时候开始发生外交联系的呢？这个问题关系到中非直接交通的上限，是中非交通史上的大事，但也是迄今尚未找到正确答案的一大悬案。自从腓特烈·夏德在1911年出版的《诸蕃志译注》中将宋代的层檀当作层拔之后[1]，桑给巴尔便成了和中国最早建立外交关系的非洲国家。北宋熙宁四年（1071年）层檀国使者第一次从海上到达广州，元丰六年（1083年）层檀再次派层伽尼来到中国。巴兹尔·戴维逊（Basil Davidson）认为后一次层檀使者"层伽尼"的名字很像是"桑给"，所以他以为层伽尼很可能是中国历史上最早记载的一个非洲使节[2]。戴维逊这个假设是

---

① 夏德、柔克义：《诸蕃志译注》（F. Hirth and W. Rockhill, The Chu-fan-chi of Chau Ju-Kua），圣彼得堡1911年版，第127页。冯承钧《诸蕃志校注》因之。参见冯承钧：《诸蕃志校注》，中华书局1956年版，第54页。

② 巴兹尔·戴维逊：《古老非洲的再发现》（Basil Davidson, Old Africa Rediscovered），伦敦1960年版。

有保留的，他说："除非进一步的研究还能从中国著作中发掘出一些人所不知的材料"，否则这个层檀使者就可算作最早到达中国的非洲使者，那么层檀当然也就成了和中国最早维系官方关系的非洲国家了。戴维逊的推论现在仍被继续沿用，实有认真加以研究的必要。

一、层檀并非层拔，是麦加的外港吉达

中古时期的层拔是肯尼亚和坦噶尼喀沿海包括桑给巴尔岛、奔巴岛在内的黑人国。12 世纪以后，中国帆船曾经出没在这个地区，因而为中国人所熟悉。而在宋神宗（1067—1085 年在位）统治期间一再向中国派遣使节的层檀却是红海东岸麦加的外港吉达（Juddah）。层檀使者也就是麦加派出的使节，曾多次出入广州，并且到过北宋京都开封。由于他是伊斯兰教圣地派出的使节，所以受到宋朝政府的隆重接待，官方档册中还特意记下了层檀的历史、风俗、物产。宋人周辉《清波别志》卷二有详细介绍：

> 层檀，南海旁国也，国城距海二千里。海道须便风百六十许日，昼夜行，经勿巡、古林、三佛齐国，乃至广州。国主名亚美罗亚眉兰，传国五百年十世矣。春秋暖。贵人以好越布缠头，服土产花锦、白叠布，不服绫罗绢帛。出入乘象、马。官有月俸。其法轻罪杖，重者死。有稻、麦、粟、胡羊、山羊、沙牛、水牛、驼、马、鱼、犀、象、薫陆、沈水香、血竭、没药、蓬砂、阿魏、苏合香、真珠、玻璃、葡萄、千年枣、密沙华三酒。交易用官铸钱，三分其齐，金铜相半，而加银一分，禁私铸。人之语音如大食国云。

周辉有这样的感慨："国朝承平日，外国朝贡，间数年必有之，史策但书某国贡方物而已，如封域风俗皆略焉，独于层檀所书如此。"可见层檀在海外诸国中确有独特之处。

关于层檀所在的地理位置，元丰年间（1078—1085 年）主管接待外宾事务的主客郎中庞元英在《文昌杂录》卷一中曾指出，它的南邻国家是埃塞俄比亚。庞元英在列举他主管期间接待的海外各国使节时说：

> 其十三日层檀，东至海（Bahr al-Habashah），西至胡卢没国（Wadi al-Hammāmat），南至霞勿檀国（Bilad al-Habashah），北至利吉蛮国（al-Yamā

mah）。其十四日勿巡（Mezoen），舟船顺风，泛海二十昼夜至层檀。

层檀"东至海"，意思是东南出曼德海峡，可通亚丁湾，阿拉伯地理学家称为巴巴拉海（Bahr Berberā），巴巴拉海是哈巴沙海（Bahr al-Habashah）的一部分。古代中国人像阿拉伯人一样，把红海当作海湾，只有出曼德海峡才算到了"大海"，所以称"东至海"。《清波别志》有"城距海二千里"的说法，《宋史》卷四九〇《外国传六》擅改为"城距海二十里"，是误解了原意。西面过红海是苏丹沿海的瓦迪·哈麻麻特，译称胡卢没。层檀之南是埃塞俄比亚。曼苏地说，纳伽希国王（埃塞俄比亚王）的领土包括达拉克，达拉克群岛正好在吉达之南。埃塞俄比亚，阿拉伯人称为哈巴沙，庞元英译作霞勿擅。原文霞勿檀的"檀"是"擅"的刊讹。埃塞俄比亚，唐代杜环称为摩邻国，宋代又称霞勿擅。层檀东北是阿拉伯半岛中部的也门麦，古译利吉蛮。层檀的位置和对音都是吉达。层檀的发音和层拔并无共同之处，拔（Bar）和檀（tan）并无音转关系，[b]绝不能转成[t]。这更加证明层拔和层檀绝非一地。夏德之误解，是他无法考释层檀所在的结果。

吉达是个盛大的贸易港。从571年先知穆罕默德在麦加诞生后算起，到11世纪末，已整整5个世纪，故称传国已有五百年。亚美罗亚眉兰（Amir al-Mu'mmin）是第二任哈里发欧麦尔（Umar ibn al-Khattab，634—644年在位）的封号"信士们的长官"，从此哈里发因兼任军事长官而有了这一头衔。粤音中尾音[n]常可转成[r]，亚美罗茂门便成了"亚美罗亚眉兰"，和《旧唐书·西戎列传·大食传》所译"嗷密莫末腻"同出一词。《清波别志》所记吉达物产极其富饶，其中很多是转口贸易的货物，如象牙、犀角、乳香、没药等香脂以及玻璃、真珠、硼砂、马匹和粮食。在十字军东征以前，吉达的印度洋贸易远远超过也门，埃及和红海各地的物产可以从吉达起运，畅销亚洲东部。吉达和中国的贸易在11世纪下半叶空前繁荣，正是埃及法蒂玛王朝和阿优卜王朝在地中海和印度洋贸易上大发展的产物。所以吉达使者出入中国宫廷，得到极大的尊荣。《宋史》卷四九〇说，层檀国于"熙宁四年始入贡"。又说："元丰六年使保顺郎将层伽尼再至。"据徐松《宋会要辑稿·蕃夷七》，层檀使者于熙宁四年七月五日到达中国，该使正是层伽尼，同来的还有防援官那萨。"（元丰）四年六月二十三日，广南东路经略司言：大食层檀国保顺郎将层伽尼请备礼物诣阙谢恩。诏，宜多给舟，令赴阙。""六年正月十三日，层檀国贡方物。"《宋会要》的记载足以补正《宋史》，可见

1083年到开封朝贺的层檀使节就是两年前来到广州的层伽尼。

层檀通使中国以后不久，阿拉伯香岸的佐法尔也和中国有了正式的往来，中国帆船开辟了麻离拔航线，地中海和红海的大批货物都由佐法尔转运中国。此后就不见有吉达使者前往中国了。

层檀既非层拔，而是吉达，所以根本不是非洲国家。中国和非洲国家正式通使的情况与层檀使者来华全不相干。

二、阿杜利是最早和中国建交的非洲国家

非洲国家遣使和中国通好，历史非常悠久。东汉时，经过班超的苦心经营，朝廷统一了天山南路诸城郭国家，通往波斯湾和利凡特的商路重新畅通。像张骞一样，班超也派使者到中亚和西亚各国去联络。公元97年，他派遣甘英到达幼发拉底河口的条支，准备渡海前往埃及的亚历山大里亚，和大秦（罗马帝国）直接建交。但这一计划受到波斯航海商的婉言劝阻，未能实现。《后汉书·西域传》说："和帝永元九年（97年），都护班超遣甘英使大秦，抵条支。临大海欲度，而安息西界船人谓英曰：'海水广大，往来者逢善风，三月乃得度。若遇迟风，亦有二岁者，故入海人皆赍三岁粮。海中善使人思土恋慕，数有死亡者。'英闻之乃止。"

波斯的海外贸易商担心中国和埃及直接来往，会在丝绸贸易上达成新的协议，便有意阻拦甘英渡海。不过尽管中国使者未能到达亚历山大里亚，但中国商人一定和亚丁湾、红海各国有了更加广泛的联系。所以《后汉书·西域传》说："（永元）九年，班超遣掾甘英穷临西海而还。皆前世所不至，《山经》所未详，莫不备其风土，传其珍怪焉。于是远国蒙奇、兜勒皆来归服，遣使贡献。"《后汉书·和帝本纪》对这件事记得更详细："（永元十二年）冬十一月，西域蒙奇、兜勒二国遣使内附，赐其王金印紫绶。"

后汉时代，汉使最远曾到条支、安息。后汉时的条支在幼发拉底河和底格里斯河汇流入海处。公元前130年左右，阿拉伯酋长史帕西纳据喀拉塞独立，才称史帕西纳（Spasina）。条支、安息都在波斯湾以北，两国以外算是远国，所以蒙奇、兜勒一定在波斯湾以西。蒙奇、兜勒使者来洛阳朝贺后，和帝又加册封，按照惯例，要派使者前往，汉使可能去过蒙奇、兜勒。然而不论蒙奇、兜勒使者来华，还是汉使可能去过那里，一定都绕过安息，另走一道。

蒙奇、兜勒二国恰当中国要打通的阿拉伯海、红海航路必经之地。蒙奇是阿拉伯

西南端的莫扎（今木哈），红海南部的商业中心。兜勒正是厄立特里亚著名海港阿杜利（Adulis）的古译，首音[a]被省略①。公元1世纪时，位于祖拉湾西岸、离现在的马萨瓦港不远的阿杜利已成为阿克苏姆王国繁荣的海港。它是红海和阿拉伯海附近象牙、珠宝、玻璃、金属制品和谷物、香料、奴隶最大的吞吐港。阿杜利使者和莫扎使者联袂来华，标志着中国和红海地区的经济往来已很密切，并谋求进一步加强。阿杜利使者在100年到达洛阳，在中非关系史上写下了光辉的篇章。汉代中国人已经知道许多富有奇效的非洲香药，在中国观赏过亚历山大里亚魔术师和杂技演员的精湛绝伦的表演，而中国皇帝也在宫廷中接见过前来朝贺的非洲使节。根据《后汉书》的记录，埃塞俄比亚的阿克苏姆王国是第一个和中国建立外交关系的非洲国家。

在阿杜利使者到达中国以前，中国和东北非洲已经有了经济上的往来。《史记·范雎蔡泽列传》《战国策·秦策》中列为天下四大名器之一的宋国国宝结绿，是古代仅产于埃及的名贵特产绿宝石。前汉时诗赋中屡见的玫瑰，是埃及所称的绿松石（mafkat）。2世纪末，郭宪所撰《别国洞冥记》卷二列举元封年间（前110—前105）所烧天下异香，有精祇香、返魂香等各种进口名香，其中精祇香因"桑给"（精祇）而得名，是以没药国著称的桑给国的特产没药。最初转运没药的也是阿克苏姆人和希米雅尔人，阿杜利港也是很早就从事这种贸易的非洲海港。

香药之外，象牙、犀角和玳瑁更是阿杜利港的重要出口物。《厄立特里海环航记》说象牙都从非洲内地或亚丁湾沿岸运到阿杜利②，普林尼（Gaius Plinius，23—79年）在《自然史》（Natural History）第五卷中列举阿杜利港大量输出的有象牙、犀角、河马皮、猿猴和奴隶。公元1世纪初，在《厄立特里海环航记》的作者访问时，阿杜利还只是一个"范围可观的村落"，而到1世纪下半叶的普林尼时代，它已发展成"一个很大的居住区"。

商业和对外贸易的繁荣促使阿克苏姆谋求和中国有更加广泛的经济来往。在罗马帝国的印度洋贸易上，阿杜利港由于所起的中转作用而越来越占有重要的地位。丝绸贸易的增长大约是阿杜利使者来华的首要目标，双方在洛阳的谈判显然非常成功，汉和帝刘肇决定对阿克苏姆王授以"金印紫绶"，建立了友好的联盟关系。阿克苏姆成了

---

① 张星烺以为蒙奇、兜勒是马其顿和吐火罗。参见张星烺：《中西交通史料汇编》，中华书局1977年版，第1页，第24页。但吐火罗根本不是远国，此名仅见于汉译佛典。

② 索夫译注：《厄立特里海环航记》（W. H. Schoff, The Periplus of the Erythraean Sea），纽约1912年版，第23页。

汉朝在红海地区的盟友。

三、阿杜利在中国和罗马经济、文化联系上的重要地位

阿杜利的兴起和罗马东方贸易的发展息息相关。阿杜利通使中国，正当罗马帝国处于"黄金时代"的安东尼王朝（96—192年）时期。在地中海东部，罗马积极向两河流域扩展势力，从帕提亚人手里夺取波斯湾出海口；在红海方面，罗马决心摆脱希米雅尔人的贸易垄断，竭力使埃及在商业上不依靠也门，在图拉真统治时期便组织了红海舰队[①]。罗马东方贸易的一个重要目标是发展和中国的丝绸交易。罗马从中国大批输入丝线和彩帛，在地中海东部沿岸的贝鲁特、提尔和西顿等城市进行加工，由这些城市的丝织工匠将中国的缯帛拆成丝线，和亚麻混纺，织成绫纱，再染色、绣花，或者将缣素染色、刺绣，制作各种适合罗马人穿着的袍料[②]。埃及的亚历山大里亚也有这种丝织业。《后汉书》说罗马帝国出产"刺金缕绣"和"杂色绫"，而原料大多通过波斯和印度取自中国。为了从中国源源不绝地取得所需的丝帛，而又力求减轻中间剥削，罗马帝国既必须摆脱波斯人在陆上运输的控制，又要避免希米雅尔人在海上贸易中的乘机勒索。因此，罗马人就得借助于埃塞俄比亚人。阿杜利使者前往洛阳，便充当着罗马和中国之间的外交代表的身份，肩负着发展罗马和中国关系的重任。

阿杜利使者通使中国，正当巴克特里亚的贵霜王朝进入极盛时期，阎膏珍（Vima Kadphises，65—75年在位）统治时期[③]，贵霜王朝吞并了五河流域，侵入恒河流域的贝拿勒斯。不久迦腻色伽（Kanishka，78—120年在位）执政，战败帕提亚，占领恒河流域，控制了印度西部最大的海港巴里格柴（Barygaza）。大月氏人可以从印度河口的德米特里-帕塔拉（Demetrius-Patala）和巴里格柴直接与埃及进行交易，贵霜王朝成了亚历山大里亚或阿杜利和中国进行丝绸贸易的重要桥梁。

中国丝绸在葱岭以西要绕过安息，可以从巴克特里亚或直接由克什米尔经五河流域转入海运，此道可以称为"中印雪山道"。也可以由克什米尔通过乌弋山离（锡斯坦的亚历山大-普洛夫达西亚）运往霍尔木兹海峡北岸的哈蒙西-阿曼那（Harmozyia-

---

① 罗斯托夫采夫：《罗马帝国社会经济史》（M. I. Rostovtzeff, The Social and Economic History of the Roman Empire），第2卷，伦敦1957年版，第606页。

② 普洛科庇士：《查士丁尼朝战史》（Procopius, History of the Wars），劳伯文库本（Loeb Classical Library），第297页。

③ 《后汉书》中阎膏珍的"珍"，伯希和（P. Pelliot）以为应作"宝"，"宝"古写作"玮"，易误作"珍"。参见《亚洲杂志》（Journal Asiatique）1914年，第389页；1920年，第137页。

Omana）。这条路正是《汉书》中的罽宾乌弋山离道，从玉门、阳关出南道，历鄯善、皮山、乌秅经罽宾而至乌弋山离，于是"南道极矣，转北而东得安息"（《汉书·西域传上》）[1]。喀布尔河流域是中印雪山道和罽宾乌弋山离道交汇的地方，这里正是乌弋山离国的东境。乌弋山离幅员广大，地方几千里，国都虽在锡斯坦的亚历山大-普洛夫达西亚，但波斯湾北岸的海港才是乌弋山离道的终点。普林尼《自然史》第6卷把拉里斯坦一带称作亚美西亚，列举重要城镇有哈蒙西（Harmozei）和亚历山大里亚，前者是希腊人在阿曼尼斯河口的贸易站，朱巴称为哈蒙西-阿曼那，《厄立特里海环航记》单称阿曼那；后者又称齐的斯（Zetis），邻近古拉希坎特（Gulashkird）[2]。《汉书·西域传上》说乌弋山离"西与犁靬（Alexandria）、条支（Antiochia）接"。犁靬既和乌弋山离西部邻接，无论如何也不会是埃及的亚历山大里亚，而是波斯湾北岸的亚历山大里亚。《汉书》中的"接"是指有路可通，乌弋山离道可由哈蒙西-阿曼那直通亚历山大里亚，更可远赴波斯湾头的条支。《后汉书·西域传》已明确指出这条路由皮山经乌弋山离可到条支："自皮山西南经乌秅，涉悬度，历罽宾，六十余日行至乌弋山离国，地方数千里，时改名排持（Parthia）。复西南马行百余日至条支。"这就是和巴克特里亚到安息的北道并行的伊朗南道。这条路在公元前后早已通行，中国丝货也可从哈蒙西-阿曼那由希腊商人运往阿克苏姆的阿杜利和埃及的亚历山大里亚。大月氏贵霜王朝兴起后，乌弋山离国势衰微，但此道仍通行无阻，足以绕过安息的控制。

雪山道和乌弋山离道之外，红海和南印度之间的印度洋航路也是罗马和印度贸易的重要通道，南印度因此也是中埃贸易的重要转运站。转运的中国丝货都由永昌缅甸道或经过马六甲海峡通往交州、广州的海道运来。来自中国云南永昌一道的丝织品常由伊洛瓦底江运往恒河口再转送泰米尔，西运阿杜利和米渥斯·霍尔莫斯。以上三道都是《厄立特里海环航记》已经提到的，在公元1世纪初早已成为罗马和中国进行贸易和相互交往的重要通道。

埃塞俄比亚和波斯湾素有往来，交通频繁。阿杜利使者出使中国，可能是在哈蒙西靠岸，取道乌弋山离，经过朴桃（巴尔克）从塔什库尔干进入中国。这是巴克特里亚和亚历山大里亚之间经常来往的一条路。普罗庇提阿斯（前50—10年）曾写诗讲到

---

[1] 白鸟库吉以为"东"是"西"之讹，解释此道由坎大哈北转赫拉特，再西至安息。参见白鸟库吉：《条支国考》，载于《塞外史地论文译丛》第1辑，商务印书馆1938年版；松田寿男：《伊朗南道论》，载于松田博士古稀纪念文化教育集《东西文化交流史》，雄山阁1975年版。

[2] 塔恩：《巴克特里亚和印度的希腊人》（W.W.Tarn, The Greeks in Bactria and India），剑桥1951年版，第482页。

亚历山大里亚妇女亚雷都萨的丈夫两次去巴克特里亚，久久不归，在那里"看到过中国人"。修辞学家迪奥·克利索斯顿（生于公元50年）也提到过常去亚历山大里亚商业区的许多巴克特里亚商人①，双方来往非常密切。当时正是后汉在西域的统治处于全盛时代，西域交通第二次畅通之际。就在这时，马其顿商人梅斯·蒂相纽斯（Maës Titianus）的代理人越过葱岭，进入塔里木盆地。后来这份报告传到提尔的马里纽斯（Marinus），成为亚历山大里亚的托勒密在150年编写《地理学》的重要依据。不久后的公元120年（永宁元年），埃及的魔术师和杂技演员也取道上缅甸的掸国到达洛阳。《后汉书·西南夷传》描述这些大秦幻人"能变化吐火，自支解，易牛马头，又善跳丸，数乃至十②。自言我海西人。海西即大秦也，掸国西南通大秦"。罗马的商人和魔术师不但从云南永昌进入中国，而且更进一步探索着南海航程，终于在166年（汉桓帝延熹九年），"大秦王安敦遣使自日南徼外献象牙、犀角、玳瑁，始乃一通焉"。在马可·奥里略（161—180年在位）时期，罗马才正式和中国通使。这个使者，中外史学家都相信是罗马的商人，从《后汉书》"或云其国西有弱水、流沙，近西王母所居处，几于日所入也"的说法看，大概是从埃及启程经过红海来华的。从此两国的邦交正式开始，印度洋航路也完全打通了。然而中国和埃及海上交通的开辟仍要归功于66年前的阿杜利使者，阿杜利使者为中国和罗马的建交起到了前驱的作用。

印度洋航路的畅通使得中国南方可以和非洲直接来往。公元2世纪，中国帆船已出入于印度科罗曼德海岸的康契普腊姆。康契普腊姆是古代黄支国的国都，公元前2世纪末已和中国有外交往来。到240年左右朱应、康泰出使扶南时，到达康契普腊姆的中国帆船更进而向西开拓新航路，从那里经过四五十天的航行，可以进入亚丁湾和红海南端。《水经注》卷一引《扶南传》说："从迦那调洲（Chōna-dipa）西南入大湾，可七八百里，乃到枝扈黎大江（Kāveri）口，渡江径西行，极大秦也。"枝扈黎大江今译科佛里河，河口有科佛里帕特那，现在特朗奎巴附近，由此向北七八百里正好是黄支国的康契普腊姆，可见迦那调洲正好是黄支国所在的科罗曼德（Chōla-dipa，Cholamandel）。《太平御览》卷七七一引《吴时外国传》指出："从加那调洲乘大舶船，张七帆，时风一月余日，乃入大秦国也。"作者把航期都讲得一清二楚，从加那调到大秦是一个多月，大约四五十天。从加那调启航张挂七帆的大舶是中国帆船。"大舶"是中国南方沿

---

① 普罗庇提乌斯：《挽歌》（Propertius, Elegies），Ⅲ，12；迪奥·克利索斯顿：《论文集》（Dio Chrysostom, Discourses），32。

② 原文"千"是"十"之讹。

海民族对通行南海和孟加拉湾海船的统称，但直到3世纪还未正式进入官方使用的汉语词汇中。汉语对海船使用的字是"船"或"舡"。《吴时外国传》中"舶""船"连用，是这种过渡期使用的名称，明确显示这种张挂七帆的大舶是中国自己制造的。所以《吴时外国传》对中国帆船通行大秦的行为特意加以记述。

当时中国帆船所到的大秦究竟是什么地方呢？根据普林尼《自然史》第6卷，罗马商船从阿拉伯南端的奥赛里斯（赛拉附近）直航南印度西岸的莫席里（今克朗格诺尔），只需四十天[1]，依此推算，从加那调洲启航的帆船所到的大秦总也在奥赛里斯附近。在万震3世纪中叶所著的《南州异物志》中可以找到一点有关中国帆船印度洋航程的踪迹。《太平御览》卷七九〇引《南州异物志》说"歌营国在勾稚南，可一月行到"。又说，加陈在歌营西南。这些简短的记述说明这些地方都有航路可通。勾稚在中南半岛帕克强河口，由此横渡孟加拉湾到达的歌营是南印度科佛里河口的科佛里帕特那。加陈还在科佛里帕特那西南极远的地方，古波斯铭文叫Kúsa，是库施民族居住的埃塞俄比亚[2]。埃塞俄比亚最大的港口正是阿杜利。阿杜利在奥赛里斯西北不远，仅一水之隔。3世纪时中国帆船通过南印度最远所到的地方应该就是阿杜利。

《梁书·诸夷列传》指出，自166年罗马使者到日南以后，"其国人行贾，往往至扶南、日南、交趾。其南徼诸国人，少有到大秦者"。罗马商人和印度商船不断开赴中国管辖下的越南半岛，招引中国航海家和海外贸易商闯过阿拉伯海，开辟了直到阿杜利的新航线。但当时交、广人士前往红海的还是少数。和中国商人西去相比，还是罗马人到中国的多一些。其中从广州出发到罗马去的，要比越南半岛西航的多一些。还是有一些番禺、合浦、徐闻等地的贸易商冒着数年来回的风险，到红海彼岸登临异国的土地。

226年，又有大秦商人秦论经交趾到建业（今江苏南京）向孙权朝贺。史载："孙权黄武五年（226年），有大秦贾人字秦论来到交趾，太守吴邈遣送诣权。权问方土谣俗，论具以事对。时诸葛恪讨丹阳，获黝歙短人。论见之曰：'大秦希见此人。'权以男女各十人，差吏会稽刘咸送论。咸于道物故，论乃径还本国。"这位到建业的大秦商人来自昔兰尼，字"秦论"是以籍代姓，"秦论"音近利比亚沿海的昔兰尼，是罗马昔

---

① 威明顿：《罗马帝国和印度的商业》（E. H. Warmington, The Commerce Between the Roman Empire and India），伦敦1928年版，第50页；韦勒：《罗马外纪》（R. E. M. Wheeler, Rome Beyond the Imperial Frontiers），伦敦1955年版，第127页。

② 佛陀·普拉喀什：《印度和世界》（Buddha Pakash, India and the World），贺夏普1964年版，第241页。

兰尼加省濒临地中海的大城。从昔兰尼商人的来华之举足见中国南方和红海之间海上交通的活跃。而孙权派刘咸护送昔兰尼商人回国，乘的当然是中国船。可惜刘咸未能到达阿杜利或昔兰尼便半途病故了。

晋初大秦商人接踵而至交、广。281年大秦商人曾至广州，284年大秦商人又到交州、广州。殷臣《奇布赋序》说："惟泰康二年，安南将军广州牧滕侯作镇南方，予时承乏，忝备下僚。俄而大秦国奉献琛来，经于州。众宝既丽，火布尤奇，乃作赋。"（《艺文类聚》卷八十五）在大秦商人带来的各种珍宝中，最引人注意的是火浣布（石棉布），当时称"奇布"，特意作赋颂扬。三年后又有大秦商人献蜜香纸三万幅。《南方草木状》介绍这种纸是以蜜香树皮叶做成的，微褐色，有纹如鱼子。"泰康五年，大秦献三万幅。帝以万幅赐镇南大将军当阳侯杜预，令写所撰《春秋释例》及《经传集解》以进。"这种蜜香纸，唐代段公路在《北户录》中称作香皮纸，是广东罗州所产，和《拾遗记》卷九中的侧理纸同样都是艺术加工纸，是南方制造的书写纸的精品。大秦商人不过就地以重金选购，当作献礼送到建业。当时正史记载虽略，但罗马商人出入广州之频繁则是不难想见的了。

在4世纪上半叶罗马东方贸易开始衰落以前，阿克苏姆王国成为罗马经营印度洋贸易的同盟者。为了阻止希米雅尔人的竞争，在3世纪时，埃塞俄比亚人一度侵占了曼德海峡对岸的希米雅尔王国，以后在340年再次入侵，一直统治到378年[①]。埃塞俄比亚人的这些行动，显然为阿杜利港在红海贸易上占据优势赢得了有利条件。在297年前，罗马帝国还直接控制了努比亚，将埃及和厄立特里亚之间货物的主要转运者贝贾人置于罗马长枪队的监护之下。由于这种关系，阿杜利在转运中国丝货上所起的作用也与日俱增了。

阿杜利不但是到印度和中国的罗马商人启程的地方，而且也是许多罗马货物的重要转口港。《魏略·西戎传》对大秦所产矿物、动物、珠宝、织物和香药都分门别类一一列举，其中的真白珠、珊瑚、温色布、一微木、兜纳香和象牙都是阿杜利港的输出物。达拉克群岛附近产珠，当即真白珠。珊瑚，除了实心的红珊瑚产于地中海西部外，红海向有珊瑚海之称，是盛产珊瑚的地区。温色布是以哈巴沙得名的棉布，为埃塞俄

---

① 希提：《阿拉伯史》（P. K. Hitti，History of the Arabs），伦敦1970年第10版，第60页。

比亚的特产①。一微木又译翳醫鄾木，产于埃塞俄比亚和非洲之角，后来通译乌文木。兜纳香因出口港兜纳得名，兜纳系兜勒的音转，尾音[1]转作[n]。阿杜利港出口最多的香药是没药，所以没药在3世纪时又称兜纳香。大象牙是非洲特产，埃塞俄比亚内地的大象牙都从阿杜利出口。经过阿杜利外销的还有贝贾人贩运的绿宝石。这种在古代仅产于埃及的绿宝石，在3世纪时经印度运入中国，称为"木难"，在中国社会上称颂一时。

阿杜利还是中国和埃及以及库施国家进行技术交流的前哨。罗马商人多次到达中国南方和中国帆船往返于阿杜利港，也给中国和非洲国家在工艺、技术方面彼此交流经验提供了前提。运到阿杜利的不仅有大批中国丝绸，而且还有别具一格的中国陶瓷和铁器。东汉已经生产青瓷器，还能制造各种色彩的釉陶。从东汉到孙吴，青瓷生产都集中在浙江，水运极便。汉代南方制造的青瓷和具有深绿、浅绿、栗黄等多种釉色的陶器可以成批由海上直接装运阿杜利，再由贝贾人转运到麦洛埃。瓷器和釉陶这些先进产品立即成了麦洛埃制陶工匠的典范。巴兹尔·戴维逊说，麦洛埃的库施人从那时起"开始按照中国的格调制造陶器"②。运入库施国家的釉陶为数一定比较可观，因而能够左右麦洛埃制陶工业，在工艺上加以改进，向中国学习在低温烧制的陶器表面涂上含铅的各种釉色。

同样受到中国影响的还有麦洛埃的制铁业。从公元前2世纪起到公元3世纪，麦洛埃的冶铁业非常繁荣。在属于X组的墓葬中，曾发现一具中国式样的三足烹饪器（现藏苏丹喀土穆博物馆），奥开尔认为是4世纪以后的器物③，实际上可能是早到2—3世纪的。汉代中国一直以铸铁闻名于世，亚洲西部都通行中国输出的铁器。这件三足烹饪器被称为中国式铁鼎，具有翻唇、圆口、平腹、直足、无双耳的特点，形制介于汉鼎和晋代瓷洗之间，侈口和长治分水岭126号战国韩墓出土的铜鬲相仿④。麦洛埃铁鼎或者是库施工匠的仿作，并非直接由中国运去的。但由此可以推测，中国铁器一定也

---

① 夏德《大秦国全录》（F. Hirth, China and the Roman Orient）因为无法考释，便认为温色布是温宿布。温宿是汉西域都护管辖下的属地，温宿布根本不是罗马帝国的物产。温色布实是巴沙布，省译了哈巴沙的开唇音"哈"。但夏德对《魏略》所列物产的论点现在仍有人沿袭，包括上举错误在内。

② 巴兹尔·戴维逊：《非洲历史的探索》（Basil Davidson, Discovery Africa's Past），伦敦1978年版，第24页。

③ 奥开尔：《苏丹史：早期至1821年》（J. Arkell, A history of the Sudan: from the Earliest Times to 1821），伦敦1961年版。

④ 边成修：《山西长治分水岭126号墓发掘简报》，载于《文物》1972年第4期，图版伍，3。

曾由阿杜利运往库施国家，并且在工艺上成为仿造的模式。

　　同一时期，埃及的玻璃制造技术也由海上传入中国南方。4世纪时，著名炼丹家葛洪（290—370年）在《抱朴子·论仙篇》中说："外国作水精椀，实是合五种灰以作之，今交、广多有得其法而铸作之者。"所谓"水精椀"也就是玻璃碗。葛洪知道这种碗是由五种成分合成的。广州本来是一个具有制作琉璃历史的地方，由于仿制埃及透明玻璃，能够知道埃及玻璃是由五种成分构成的。这五种成分是硅土、苏打、石灰、镁和氧化铝。派霍德在1908年出版的《埃及玻璃工业》中的化学分析，纽曼和柯蒂伽在1925年写成的《古代玻璃》中的鉴定结果，都表明以上五种成分是埃及古玻璃的主要原料[1]。所以广州的玻璃工业在3—4世纪时竟能按照埃及玻璃的配方制造出单色透明玻璃。这就促成中国南方在孙吴和两晋时期已在玻璃制造工艺上居于先进的地位。这一事实使我们有理由推测，近半个世纪中在洛阳和南京等地先后出土的一些具有罗马风格的玻璃制品，包括瓶、杯和珠子，其中有一些可能不是直接由埃及和利凡特运来，而是在广州仿制的。中国和埃及、苏丹通过阿杜利彼此交换了先进的工业制造技术。

　　总之，由于重要的地理位置，阿杜利在罗马发展东方贸易的时期中起到了举足轻重的作用。它在中国和埃塞俄比亚、中国和非洲大陆之间建立外交关系，维持航运业务，进行商业往来，发展技术交流等方面都有不可磨灭的功绩。因此阿克苏姆王国在公元100年时成为第一个和中国建立外交关系的非洲国家，是历史发展的必然。

---

　　① 罗卡斯：《古埃及工矿》（A. Lucas，Ancient Egyptian Materials and Industries），伦敦1948年第3版，第537页，第539页。

中国和阿曼历史上的友好往来

古代阿曼包括特鲁西尔阿曼在内，北部濒临波斯湾和阿曼湾，和巴林地区邻接，隔海和克尔曼、印度河下游三角洲相望，西南沿阿拉伯海和香岸接壤。阿曼的地理位置使它在古代成为这一地区和中国交通的海陆要冲。

阿曼首都马斯喀特和广州同处于北回归线上。从广州由海路到波斯湾，必须经过马斯喀特。中古时期，阿曼帆船常常航行于波斯湾和南海之间，为沟通阿拉伯各国和中国的经济往来、维系友好关系作出了贡献。中国大帆船也在同一航线上远航印度洋，由于它的体积巨大、载货充盈、航行安全而声誉卓著。

但在后汉时代，中国和阿曼尚无直接交通。公元97年，甘英出使大秦，仅到波斯湾头的条支（喀拉塞–史帕西纳）而止。《后汉书·西域传》所载从波斯湾通往大秦的海路要经过安息的西界。这条路线由安息国都和椟城（赫康托姆菲勒斯）出发，出沙赫鲁德附近西行3400里到阿蛮国（爱克巴坦那），再西行3600里抵达斯宾国（史帕西纳），然后从巴士拉附近的喀拉塞–史帕西纳渡过幼发拉底河支流阿蒂克河，沿着波斯湾西岸向南经过960里到于罗（乌凯尔），于是"安息西界极矣，自此南乘海乃通大秦"。《后汉书》计算西亚行程，都以安息国都和椟城为准，由此向东到木鹿（马里）是5000里，由此往西3400里所到的阿蛮国只能是爱克巴坦那。爱克巴坦那是伊朗南北道的交汇点，伊朗南道由此北上转东通向和椟城，就是《后汉书》中通过亚历山大–普洛夫达西亚的乌弋山离道向西延伸再"转北而东"通安息的转折点。从爱克巴坦那出发的大路可以直通条支，到达喀拉塞-史帕西纳。到史帕西纳后，陆道并未就此终止，还可绕着波斯湾通向朱尔哈。朱尔哈是哈萨海岸的迦勒底城市，于罗是它的古译。希卜兰克尔说它位于卡塔尔西部的乌凯尔附近，史特拉波指出"它的居民从事乳香和没药的贸易，商队通过水陆两路把货物运到巴比伦，再到纳巴古斯城（代尔祖尔）"，然后转运到各地。朱尔哈是阿拉伯国家的南北交通要冲，是一处极其重要的国际贸易港，往非洲、也门和印度的商船都从这里启航。汉代中国的货物通过安息道（伊朗北道）的，经史帕西纳运到朱尔哈；通过乌弋山离道的，经波斯湾北岸的哈蒙西-阿曼①渡过波斯湾也运到朱尔哈。中国和阿曼之间最早发生的贸易往来就是经由这两条道路实现的。

一

　　最早运到中国的阿曼物产有乳香、椰枣，还有珍珠和良马。

　　乳香是佐法尔、阿拉伯香岸和索马里的特产，属橄榄科小乔木。中国古书上最早叫薰六或薰陆，因为产在香岸而得名。薰陆在后汉时已大批运到中国。此后两千年中，乳香一直是在中国应用极广的一种香脂，被用于薰香、照明、调料和活血定痛药，《魏略·西戎传》列举大秦物产中有薰陆。3世纪末的《广志》更说，薰六出在交州和大秦海边，用来和商人交换谷物（《太平御览》卷九八二）。这里的大秦海边就是阿拉伯南部的香岸和佐法尔地区。阿拉伯地理学家雅库特（Yāqūt）在1224年编写的《地理辞典》（Mu'jamal-Buldān）甚至带点夸张地说："乳香在全世界只出在佐法尔的山里。这是当地苏丹的收益。出产这种树的土地，长宽各有三天路程。那里有一个旷野，面积宽广，地势低下。旷野里的居民收获乳香后，把它运到佐法尔。"②现在阿曼南部的佐法尔地区，面积有近6.5万平方公里，古代有同名海港，在马赫拉的卡马尔湾南部。佐法尔一向是阿拉伯乳香最集中的输出港。交州的乳香正是通过佐法尔从海上运到中国南方来的。此外，乳香也从波斯湾通过伊朗南道和北道运入中国。中国和阿曼最早的

---

　　①　哈蒙西，普林尼称作齐的斯。普林尼将朱巴所说的阿曼那和阿拉伯半岛的阿曼尼混为一地，以致把这个波斯湾北岸的阿曼那变成了现在的阿曼。见塔恩：《巴克特里亚和印度的希腊人》（W. W. Tarn, The Greeks in Bactria and India），剑桥1951年版，第481页。

　　②　雅库特：《地理辞典》（Yāqūt, Mu'jam al-buldān），贝鲁特1955—1957年版，第4册，第60页。

联系，正是由这种香脂香膏的贸易联结在一起的。

阿曼还是枣椰树的重要栽培区。它和红海西岸的苏丹、波斯湾西岸的巴林可算是世界三大椰枣产地，种植和输出椰枣的历史非常久远。3世纪时，由于中国帆船通航阿杜利，中国人已经见到过这种枣椰树所产的单籽果椰枣，知道这种椰枣使用的是一个柯伯特语"无漏"，即埃及人所说的"枣"。这种椰枣，《南方草木状》最早称为海枣，因为它来自海外。书中记述的海枣树"直耸三四十丈"，"叶如栟榈，五年一实"（《南方草木状》卷下）。书中还说，这种外来的椰枣在太康五年（284年）已由林邑作为贡品奉献百枚，味道的甘美胜过林邑御枣。枣椰树在3—4世纪时已见于中南半岛。唐代更由波斯人、阿曼人移植到广州，所以段成式《酉阳杂俎》干脆就管它叫波斯枣。9世纪末人刘恂在广州城内见到过这种波斯枣树，并说他"曾于番酋家食本国将来者，色类沙糖，皮肉软烂，饵之乃火烁水蒸之味也"（《岭表录异》卷中）。这种波斯枣在《魏书》《隋书》中都叫千年枣，实际上是最初从东非和阿曼经过海上传入中国的椰枣。椰枣在岭南的繁殖，是中国和阿曼经济往来和园艺交流的历史见证。

中国帆船之到达波斯湾，有力地推动了这一地区和中国的联系。竺枝在《扶南记》中曾以他自己的见闻指出斯里兰卡到波斯湾头的萨珊波斯国的距离："安息国（波斯）去私诃条国（师子国）二万里，国土临海上，即《汉书》天竺、安息国也。户近百万，最大国也。"（引自《水经注》卷二）《扶南记》写成于446—478年，竺枝记录的这一段正是远东贸易的中心斯里兰卡和波斯湾之间的航路，所谓"天竺、安息国"说的是沿着印度西海岸北上经阿曼湾进入波斯湾的基本走向，竺枝指的实际是中国帆船营运的航线。当时中国帆船已经出入于阿曼湾。630年左右卡立特·伊本·韦立德和一个老人的对话也透露出中国和印度帆船在莱赫米王朝盛期可以乘着海潮溯流而上，直达国都希拉。换句话说，中国船大约在5—6世纪之交确已到了希拉，沿途经过阿曼各港。中国帆船访问阿曼港口，更直接促成了艾兹德派遣使者来洛阳。

南北朝时期，北魏和中亚、西亚各国往来密切。《魏书》卷八记载，正始四年（507年）十月，"哒哒、波斯、渴槃陀、渴文提、不那杖、忸杖提等诸国"[1]都派使者到北魏都城洛阳通好。这时莱赫米王朝正处于极盛的孟迪尔三世（505—554年在位）统治时期。六国中的渴文提、忸杖提都是阿拉伯国家。渴文提是南阿拉伯的希米雅尔人。忸杖提正是阿曼的艾兹提人。不那杖则是印度西海岸最大的贸易港巴里格柴，和

---

[1] 魏收：《魏书》，中华书局1974年版，第205页。该版对渴文提、不那杖、忸杖提三国未加标点，附注"以上诸国无考"。

阿曼以及哈萨海岸都有贸易往来。艾兹提使者到洛阳是通过波斯，经由呿哒（今阿富汗昆都士）、渴槃陀（今新疆塔什库尔干），从西北地区进入中国的，所以同来的有波斯和呿哒的使者。艾兹提和希米雅尔是波斯在阿拉伯半岛和阿克苏姆进行竞争的重要伙伴国，他们的使者来到洛阳，是想进一步加强和中国的丝绸贸易。在反对拜占庭通过阿克苏姆进行的政治扩张和控制丝绸进口的斗争中，它们站在波斯一边，以便赢得新的胜利。阿曼和中国最早的外交往来应从507年算起。从那时起，中国历史上才正式出现狃杖提这个艾兹德部族的阿曼。从此以后，中国和阿曼在很长一段时期一直维系着直接的贸易关系，始终保持着友好往来的优良传统。

唐朝初年，哈里发帝国尚未建立。由于传统的政治关系，阿曼还被当作波斯的一部分。玄奘到印度后，根据传闻在《大唐西域记》卷十一中记述了波剌斯（波斯）国："波剌斯国周数万里，国大都城，号苏剌萨傥那（塞琉西），周四十余里。"特别提到"国东境有鹤秣城，内城不广，外郭周六十余里。居人众，家产富"。鹤秣城是中国文献上首次出现的阿曼国名①。宋代《诸蕃志》所译的瓮蛮和鹤秣同音（尾音[n]在粤音中通常转作[r]），鹤秣一名是从事海外贸易的中国南方人民最先知道的阿曼城。玄奘在636年离开他留学的那烂陀寺到五印度游历时，听到波斯东境有鹤秣城。在632年6月穆罕默德逝世前，阿慕尔说服阿曼的统治者，使艾兹德人皈依了伊斯兰教，将贾姆塞特瑟得的波斯人驱逐出境。玄奘大概还不知道阿曼局势的这一巨大变化，因而仍然以为阿曼是在波斯人的统治之下。玄奘的鹤秣城是苏哈尔附近的贾姆塞特瑟得，一个波斯城市。一定是到达那里的中国帆船使得这个鹤秣城声名四扬，连在印度讲学的玄奘也知道了。

从哈里发统治初期直到伍麦叶王朝结束，阿曼一直受巴士拉总督的管辖，和波斯、锡斯坦、呼罗珊、巴林、纳季德、也门默同属巴士拉省，是九个省区之一。到了阿拔斯王朝，阿曼和巴林便独立为一省，成为24个省区中的一个，而以伊拉克省的巴士拉为首府②。所以阿曼和巴士拉的关系非常密切。7世纪70年代到80年代初，艾兹德阿曼人成批迁移到巴士拉，使巴士拉成了艾兹德人的第二故乡。哈里发帝国初期，巴士拉

---

① 张星烺以为是霍尔木兹，见《中西交通史料汇编》第三册，中华书局1977年版，第121页注四。旧霍尔木兹城虽然早在萨珊王朝的创立者阿尔达希尔一世（Ardashir I，224—241年在位）时已经修建，但规模很小，只是克尔曼的地方贸易港，在穆斯林征服前默默无闻。阿拉伯人在那里建立王朝，已在1100年左右了。

② 勒·史特朗格：《东方哈里发帝国》（Gury Le Strange，The Lands of Eastern Caliphate），剑桥1932年，第1-9页。

已经是通向中国、印度、东非的航行中心，阿曼也成为从波斯湾通向印度洋各国的航行圈中不可或缺的一环。凡从亚丁湾启航到印度和中国，由于转口贸易和安全航行的需要，那些体积小、风帆少，使用穿栓固定船板的阿拉伯帆船必须取道阿曼，在阿拉伯海北部通过沿海航行才能顺利通达中国。

由于这种关系，阿曼在唐朝初年就和中国有了外交往来。《新唐书·西域列传下》记载了高宗龙朔元年（661年）多福王难婆修强宜说遣使者到长安，和唐朝通好。《新唐书》的编纂者把多福国列入未知所在的国家之中，作为"贞观后，远小国君，遣使者来朝献，有司未尝参考本末者"的附录。多福这个国家正是阿曼南部自古以香料贸易著称于世的佐法尔。唐朝正式出现在官方档册上的阿曼使者便是这个多福国的通使。多福使者可能是由海上到达中国的。

在唐朝，阿曼一直和中国保持着政治上和商业上的联系，海上往来尤其频繁。8世纪以后，中国帆船之抵达阿曼已经有史可稽。阿拉伯商人苏莱曼游历中国之后，在851年写成《中印游记》一书，详细叙述了从阿曼到中国所经历的海洋和岛屿。他对航行阿曼和波斯湾的中国帆船十分钦佩。据他的见闻，"大部分中国船都是在西拉夫装货启程的，阿曼和巴士拉等口岸的货物都事先运到西拉夫，然后装到中国船上"。苏莱曼提到的阿曼的海港，除苏哈尔外，也包括特鲁西尔沿海卡伊马角的朱尔法和苏哈尔以北的故都达巴。这些港口的货物所以要北运西拉夫，是因为波斯湾内海水较浅，航道复杂，不便于中国巨型帆船航行。特别因为进入波斯湾后，最后所到的一处地方叫陀尔达，位于两山之间，航道狭窄，只有小海船才能通过，体积庞大的中国帆船便不宜出入。中国帆船由于运量巨大，所纳的过境税十分可观。苏莱曼说每艘中国船要纳1000个迪尔汉（银币），其他各种船只则按照大小只需缴纳1至10个第纳尔（金币）便可以了。阿拉伯钱币，22个迪尔汉才等于1个第纳尔。中国帆船所缴税收竟达其他各国船只的4.5倍到45倍。税收虽无一定标准，但至少也可知道中国海船所载货物堪称价值连城了。

唐代地理学家贾耽（730—805年）也曾把中国帆船通航波斯湾的海上航路加以记录。他所列举的七条对外交通线中，有一条"广州通海夷道"。这条海上航路共分二段，前段是从广州出发，过马六甲海峡到斯里兰卡后，再沿印度西海岸北上，经阿曼湾到达波斯湾头的奥波拉和巴士拉，最后溯底格里斯河上至阿拔斯哈里发的首都巴格达。后段是从亚丁湾南岸的泽拉港向北经过阿拉伯半岛南部的席赫尔、阿曼境内的卡勒哈特、苏哈尔，然后进入波斯湾，经由巴林抵达奥波拉和巴士拉。这条航路实际上是中国帆船在阿拉伯海区进行三角贸易的航行方向。中国帆船到达南印度马拉巴海岸的没来（奎隆）后，常常横越大海，向阿曼著名的香料贸易中心佐法尔港进发。到达佐法尔地区后，或者赶在东北季风末期沿阿拉伯香岸南航泽拉，或者由佐法尔继续北上，经过苏哈尔进入波斯湾。贾耽记述的阿曼港口，自南而北共有二处，一叫萨伊瞿和竭（卡勒哈特），一叫没巽（苏哈尔）。贾耽的记录比较简约，没有提到佐法尔港，他只说从设国（席赫尔）向北经过十天的航行，中间越过六七个地方，便到了萨伊瞿和竭。此地正好在海的西岸突出口，也就是阿曼湾的入口。由这里继续航行，航向更得由东北改为西北了。航行途中，几乎每天都要经过一个城镇，六七天之后便到没巽国。没巽是波斯语中的"都城"。曼苏地在10世纪中叶说："阿曼首都叫苏哈尔，波斯人称作没巽。从阿曼（苏哈尔）到马斯喀特，其间距离不下50法尔申（1法尔申等于6.24公里）。马斯喀特有泉，航海者常因补给淡水而在此停靠。"①7至8世纪时，每年在西南季风期到达广州的波斯船是很多的。748年，鉴真在进入珠江时见到波斯舶不知其数，其中有很多并非从西拉夫启航，而是由苏哈尔出发东航的。苏哈尔已成为伊斯兰国家中仅次于西拉夫的对华贸易港。曼苏地明确指出："中国海船可以直航阿曼，波斯湾中的西拉夫、巴林、奥波拉和巴士拉等港口。这些地方的船舶也直接通航中国。"②苏哈尔至晚在8世纪就有船和广州经常通航了。这些阿曼船给广州带去了当地出产的乳香、龙涎香、苏合香、蔷薇水、珍珠和椰枣，红海和亚丁湾各国的产物也常经阿曼运到中国。

来到中国南部沿海的阿曼商人络绎不绝，广州成了他们最大的侨居地。伊斯兰教中背离正统派的异端哈立吉派中，有一个支派叫伊巴迪亚教派。这个教派在伍麦叶王朝衰亡后不久就在阿曼建立了政权。伍麦叶王朝末期虽曾派兵征服，但到8世纪中叶，阿曼又推举朱兰达·伊本·马斯乌德为第一任伊巴迪派的伊玛姆。伊巴迪商人早在这时就已从海上来到中国。出生在阿曼的伊巴迪商人阿布·伍贝达曾到中国贩运沉香③。巴士拉的另一个伊巴迪商人阿尔·纳札尔也到过中国，他们都是最早来到中国的阿

① 曼苏地：《黄金草原》（al-Masūdi, Les Prairies d'or），第1卷，梅纳尔和科蒂勒（B. de Meynard and P. de Courteille）法译本，巴黎1865年，第331页。

② 曼苏地：《黄金草原》（al-Masūdi, Les Prairies d'or），第1卷，梅纳尔和科蒂勒（B. de Meynard and P. de Courteille）法译本，巴黎1865年，第308页。

③ 利维斯基：《早期在中国的阿拉伯商人》（Tadeusz Lewicki, The first Arab traders in China），载《俄国东方学》（Russian Orientology），1935年第11卷，第173-186页。

曼人。

由于中国和阿拉伯国家贸易的发展，侨居广州的波斯人和阿拉伯人在8世纪以后日益增多，其中也有阿曼人。侨商和侨民集中居住在一个特别区，有他们自己的头领，称为"番酋"。刘恂曾在一个阿拉伯头领那里品味椰枣。这种上等的椰枣就出产于巴林和阿曼。他会见的头领必是阿曼人。

到879年，广州和苏哈尔、佐法尔之间的商业往来达到了极盛。这年九月，黄巢率领起义的农民军攻进广州城，杀掉了大批敲剥民脂民膏的贪官污吏。据阿布·赛德·哈桑在10世纪初的记述，经此一役，侨居广州的伊斯兰教徒、犹太教徒、基督教徒和祆教徒因此丧生的有12万人。差不多同时，巴士拉开采硝矿的黑奴在870—884年持续举行暴动，捣毁了巴士拉港。同一时期，阿曼的尼札尔人和艾兹提人发生争执，尼札尔人投靠哈里发穆塔迪德，哈里发派巴林总督穆罕默德·伊本·努尔镇压，促使许多阿曼人逃往霍尔木兹、西拉夫和巴士拉[①]。巴林总督的统治虽然不久就被推翻，但继之而起的是卡尔马特派的占领。此后几十年中，鉴于政局不稳，阿拉伯商人裹足不前，原来多靠对华贸易致富的西拉夫和阿曼两地的商人至此纷纷陷于破产。西拉夫、苏哈尔的船只大都改在马来半岛的简罗（今吉打）和中国船交换货物，很少进入广州了。在898年阿曼归卡尔马特王朝统治以前的四个世纪可以算是中国和阿曼建立外交关系和友好往来的第一个高潮时期。

二

北宋在10世纪中叶统一中国后，积极奖励海外贸易，中国帆船重新远航印度洋。从11世纪起，中国的海外贸易大有起色，直到12世纪上半叶为止，中国和阿曼的友好关系进入了第二个高潮时期。这时不仅苏哈尔和广州恢复了直接贸易，彼此通航，阿曼南部的佐法尔也成了中国帆船经常访问的海港。

10世纪时，阿曼首都苏哈尔在卡尔马特派侵占下一度曾遭毁坏，后来又重建。苏哈尔的繁荣和富足吸引了无数商人，使它成了阿曼最发达、最富有的城市。伊本·豪克尔的《地理志》甚至钦羡地赞赏道："伊斯兰世界的其他地方未曾有过像矗立在波斯海岸的苏哈尔那样富裕而发达的城市。"苏哈尔可以炫耀的是它拥有华丽的中国丝绸和来自中国的其他各种货物，同时又是世界各地商品的集散地。据伊德里西在1154年完

---

① 巴杰尔：《阿曼的伊玛姆和赛义德的历史》，参见唐纳德·霍利：《阿拉伯联合酋长国：特鲁西尔诸国》（Donald Hawley, The Trucial States），伦敦1970年版，第51页。

成的杰作《旅游证闻》中的叙述，在 12 世纪中叶以前，苏哈尔是世界各地商人云集的都市，也门的物产都输往苏哈尔，东非和波斯湾的货物也都集中到那里，再输往印度、中国，"远航到中国的也从这里启碇"①。但到伊德里西写作之际，这种情况已变成对过去繁荣景象的追述了。阿布·菲达的《地理志》中引有阿齐西对苏哈尔当年盛况的概述："阿曼是个美丽的城市，临海有港，来自信德、印度、中国和桑给等处的商船在这里停靠，颇为可观。"东非沿岸桑给（肯尼亚、坦噶尼喀）、埃及和红海附近国家出产的犀象、香药、葡萄、玻璃、珍珠、宝石都要经过阿曼运到印度和中国。在 750 年以前，抵抗伊拉克总督胡贾奇入侵失败而逃到东非的艾兹提人首领苏莱曼和赛义德兄弟，这时已成了摩加迪沙的显贵家族②，对活跃东非沿岸贸易起了推动作用。阿曼水手成了印度洋航行的能手，因而这一时期，阿曼在红海、东非和中国之间的经济往来上起到了桥梁的作用。

宋代苏哈尔称勿巡，就是贾耽所称的没巽。《宋会要·蕃夷四》记载，真宗大中祥符四年（1011 年），勿巡已派使者和中国建交，恢复了双方之间的海上交通。这一年，勿巡向中国馈赠的礼物有瓶香（上等乳香）、象齿。瓶香是佐法尔所产，象齿则来自索马里南部的贝纳迪尔海岸。勿巡贸易商是广州常见的侨民，在当地颇有声望。辛押陀罗曾在熙宁年间充任广州蕃坊蕃长，主持外籍侨民事务。宋朝授以归德将军的勋衔。"巾袍履笏如华人"，完全服用中国衣冠。熙宁五年（1072 年）六月二十一日的诏书特意提到"大食勿巡国进奉使辛押陀罗辞归蕃，特赐白马一匹，鞍辔一副，所乞统察蕃长司公事，令广州相度，其进助修广州城钱银，不许。"勿巡商业资本雄厚，对广州侨民居住的蕃坊建设极为热心，甚至提出要助修广州城。苏辙《龙川略志》卷五《辨人告户绝事》介绍："蕃商辛押陀罗者，居广州数十年矣，家资数百万缗。"辛押陀罗是个世代侨居广州的阿曼富商，经常往来于广州和苏哈尔之间，所积资产在广州外商中首屈一指，也是当时阿拉伯侨民中的魁首。勿巡使者在 1072 年所赠礼物极其丰厚，有"真珠、通犀、龙脑、乳香、珊瑚笔格、琉璃水精器、龙涎香、蔷薇水、五味子、千年枣、猛火油、白鹦鹉、越诺布、花药布、兜罗绵毯、锦襈、蕃花簟"《宋会要·蕃夷七》。这些都是阿曼富有代表性的出口货。阿曼贸易商经营的规模，于此可见一斑。

阿曼的乳香在 11 世纪时也经过丝绸之路大量运入于阗。当时于阗是哈喇汗国的一

① 伊德里西：《地理志》（al-Idrīsī, Nuzhat al-Mushtāq fī Ikhtirāq al-Āfāq），若贝法译本（P. A. Jaubert, Géographie d'Edrisi），第 1 卷，巴黎 1836—1840 年版，第 152 页。

② 奇蒂克：《东非沿岸的居民》（N. Chittick, The Peopling of the East African Coast），见奇蒂克等编：《东非和东方》（N. Chittick, East Africa and the Orient），纽约 1975 年版，第 16—43 页。

部分，11世纪下半叶后隶属于塞尔柱突厥王朝，统治者崇信伊斯兰教，和西亚的关系十分密切，贸易往来很盛。于阗贡使几乎年年奔波于河西走廊，有的还直达开封。他们带来的礼品和货物中主要就是乳香，甚至还有龙脑、荳蔻等中国帆船经常运到苏哈尔和西拉夫的南海香药。

在勿巡以西，舟船顺风只需二十昼夜便可到达的层檀（今麦加外港吉达）是另一个重要的阿拉伯国家。周辉《清波别志》卷中说，从层檀到中国，海路顺风要160多天，沿途要经过勿巡（苏哈尔）、古林（奎隆）、三佛齐（占卑）才到达广州。由于阿拉伯帆船必须沿阿拉伯半岛东航，所以在中国和麦加的海上联系中，阿曼一直占有重要的地位。

三

12世纪中叶以后，阿曼政局发生了重大变化。艾兹提人中的贝尼·那万尼部族逐渐得势，荣获"国王"称号。在1154—1406年间，马立克王朝统治了阿曼。与此同时，埃及法蒂玛王朝和继起的阿优卜王朝发展印度洋贸易的政策，和十字军的东征，使得红海和地中海之间的商业联系显得空前活跃。中国帆船在12世纪也开辟了麻离拔航线，佐法尔港成了从泉州启航的中国远洋帆船的终点港，苏哈尔因此商业衰退，不得不将大部分进出口贸易向北转到波斯湾中的卡伊斯岛，向南移到佐法尔港。从12世纪中叶一直到14世纪中叶，形成了中国和阿曼友好往来的第三个高潮。

12世纪以后，至整个13世纪，占据了卡伊斯岛的阿卜杜勒·卡伊斯家族仰仗一支实力雄厚的舰队独霸海湾。卡伊斯代替西拉夫成了波斯湾贸易的中心，苏哈尔的商业地位同样受到打击。阿曼的乳香、没药也转到卡伊斯输出。《诸蕃志》将卡伊斯译作记施，叙述该地："土产真珠、好马，大食岁遣骆驼负蔷薇水、栀子花、水银、白铜、生银、朱砂、紫草、细布等下船，至本国，贩于他国。"

《诸蕃志》列举的大食属国，在卡塔尔半岛以南地区的有瓮篱［蛮］（阿曼）、勿拔（米尔巴特）、奴发（佐法尔）、施曷（哈达拉毛）、罗施美（也门）。赵汝适已将阿曼和佐法尔分成两个部分。《诸蕃志》"勿拔国"条中有"勿拔国边海，有陆道可到大食"。又有瓮蛮国（苏哈尔），"人物如勿拔国。地主缠头，缴缦不衣，跣足。奴仆则露首跣足，缴缦蔽体。食烧面饼、羊肉，并乳、鱼、菜。土产千年枣甚多，沿海出真珠，山畜牧马，极蕃庶。他国贸易惟买马与真珠及千年枣，用丁香、荳蔻、脑子等为货"。马匹、珍珠、千年枣是这一时期阿曼的三大出口货。阿曼的对外贸易大致局限于本地的出产，在转口贸易上已经无足轻重了。

13世纪下半叶，元朝建立，和伊尔汗国的海上交通有了发展，和阿曼的贸易因而也有了新的起色。苏哈尔早在1225年左右受到入侵者的毁坏，东方贸易的枢纽转到了阿曼的卡勒哈特和波斯湾中新兴的霍尔木兹。元朝派杨廷璧二次到俱蓝（奎隆）活动，鼓励印度洋各国和中国加强联络，发展商业往来。元政府于1285年10月和1286年10月连续两次迎来马法国遣使通好。马法国在1286年"进鞍勒毡甲"（《元史·世祖本纪十一》）。马法是阿曼统治者莫达法尔·那万尼家族的译名，阿曼产马，所以有鞍勒毡甲的进赠。马法使者两次来大都（北京），正在1275年设拉子人入侵阿曼，马立克·奥马尔·伊本·那万尼被逐之后。那万尼朝的继任者大约有意向中国求援，以便借助蒙古皇帝的权势改善和波斯帝国的关系。此后，波斯湾和中国之间的马船贸易便蒸蒸日上。阿曼良马由乐伊斯和霍尔木兹启航的马船运到奎隆，然后再由中国大帆船接运回国。波斯湾马船还随船运去阿曼的珍珠和乳香。这种马船大于商舶，有二三层，用乳香压舱，可以装载数百匹马，所运马匹"头小尾轻，鹿身吊肚，四蹄削铁，高七尺许，日夜可行千里"（《岛夷志略》"甘埋里"条）。元朝大量使用的马匹，有相当一部分是从阿曼输入的。

13世纪时，波斯人连续入侵阿曼，马斯喀特叶莱比贵族伊本·莫达法尔·那万尼逃亡到肯尼亚的帕泰岛，建立了那万尼王朝，《元史》译称那旺。1286年9月，那旺和马八儿（科罗曼德）、南无力（亚齐）、来来（古查拉特）等十个国家的使者联袂来华，十国都是印度洋附近国家。在前一年即1285年9月，和速木都剌（苏门答腊）一起到中国的马答使者也是莫达法尔·那万尼家族在摩加迪沙建立的阿拉伯政权。摩加迪沙，阿拉伯语读作Makdashau，史瓦希里语念成Mogodisho，《元史》译名正是阿曼语音。马答、那旺使者和中国的交通，也是阿曼莫达法尔·那万尼政权和元朝保持友好往来的一个侧面反映，这些行动推动了中国和东非各国关系的发展。

当时阿曼向中国出口的物产，除马匹、珍珠、千年枣外，重要的还有乳香、龙涎和木香。

乳香，《诸蕃志》列举的产地有大食的麻离拔（马赫拉）、施曷（哈达拉毛）和奴发（佐法尔）。宋代从海外进口的货物以香药占第一位，"番商贸易至，舶司视香之多少为殿最"（《诸蕃志》卷下）。佐法尔乳香一部分由到达那里的中国帆船直接运到广州、泉州，大部分由阿拉伯船装到三佛齐，再由华船转到中国。由于进口乳香数量很大，对乳香的品类也越发精细，计分十三种，最好的称拣香、瓶乳、瓶香、袋香，次者称乳榻、黑榻、水湿黑榻，而以斫削、缠末为最差。

龙涎香，传说由龙的涎沫结成，宋代已知"大食西海多龙"。其实上等龙涎是抹香鲸分泌的胆汁凝结的坚块，印度洋赤道附近都有出产。阿曼也是龙涎的产地，伊德里西说："阿曼海（阿拉伯海）中出上等龙涎香……人们以为是一种动物的分泌物。"[1]元代周致中《异域志》卷上特别指出，勿拔国产大鱼（鲸），"又有龙涎成块泊岸，人竞取为货卖"。龙涎的功能在于可收龙脑、麝香，数十年不散，和香而焚，翠烟浮空。南宋时龙涎进口较多，周去非已能分辨为三类："新者色白，稍久则紫，甚久则黑。"（《岭外代答》卷七）龙涎价值昂贵，每两值价千钱。张知甫《可书》记述了他亲眼看到的一名外国商人在开封向明节皇后兜售真龙涎香二钱，竟索价三十万缗。这种称为真龙涎的上等龙涎香只有阿曼才有，否则也一定是从索马里运到阿曼再转输中国的，贩龙涎的商人一定也是阿曼人。

木香，《诸蕃志》说施曷、奴发是仅次于麻啰抹（索马里南部贝纳迪尔）的产地。阿拉伯语称作矩瑟佗（kust）。木香产区极广。希腊植物学家狄奥史柯立特分为阿拉伯、叙利亚、印度三类。佐法尔也是重要产地。明代总称为西木香，以别于青木香（土木香）。

素享盛名的中国传统手工业品如丝绸和瓷器是从中国输往阿曼的主要货物。中国丝绸在阿曼市场上可和波斯锦媲美，瓷器则更有它的长处。泉州湾后渚出土的宋代沉船曾发现有四系瓷，现在阿曼国家博物馆中仍有保存。德化盖德窑制作的宋代云纹军持，不但风靡阿曼，而且直接影响到阿曼铜制军持的器形图案。这种铜制军持并非用于小净洗手，而是专门用来斟酒的。这正是宋元之际军持在中国的新用途。

四

到中世纪末期，经过明初的海禁，在永乐年间（1403—1424年），中国在印度洋上展开了规模宏大的贸易和外交活动。这种海上活动以郑和率领的宝船队七下西洋而名扬四方，震动了整个印度洋，展开了中国和阿曼友好往来的第四个高潮。

郑和在第一次航行（1405年12月—1407年9月）中便闯过阿拉伯海，到达祖法儿（佐法尔）、忽鲁谟斯（霍尔木兹）和天方（吉达）。第三次航行（1409年12月—1411年6月）时，宝船队也到过佐法尔，还访问了阿曼附近的霍尔木兹和刺撒（巴林地区哈

---

[1] 夏德、柔克义：《诸蕃志译注》（F. Hirth & W. Rockhill, The Chu-fan-chi of Chau Ju-kua），圣彼得堡1911年版，第237页。

萨海岸）。以后在第六次航行（1421年12月—1422年8月）和第七次航行（1431年1月—1433年7月）中，宝船队都到过佐法尔。郑和七下西洋，霍尔木兹每次必到，刺撒也是第五次、第六次、第七次航行常到的地方。阿曼的货物都通过这两处地方运到中国。南部的佐法尔仍是印度洋航行中的重要中转港，和它北面的霍尔木兹、南面的摩加迪沙构成中国宝船在印度洋西部的三大寄碇港。

曾在第七次航行中亲访佐法尔的巩珍在《西洋番国志》"祖法儿国"条下记述了当地的风土人情，他说："祖法儿国，自古里国开舡，投西北行，十昼夜①可到。"他盛赞当地"人体长大，貌壮语朴"。又记："中国宝舡到，开读诏书，并赏赐劳，王即遣头目遍谕国人，皆以乳香、血竭、芦荟、没药、安息香、苏合油、木别子之类来易纻丝、磁器等物。""王亦遣人赍乳香、驼鸡等物表进中国。"

中国宝船在佐法尔用来交换的有"金、银、檀香、米、谷、胡椒、缎绢、磁器之属"。中国的缎绢、瓷器在佐法尔的名声不胫而走。此外，中国宝船还从事中转贸易，将印度所产檀香、米、谷、胡椒运去，换回那里的香药、香脂。双方在正常的贸易之外，还有上层统治集团之间以互相馈赠礼物进行的政治上的联系。

佐法尔也多次派使者来到中国。1421年随霍尔木兹、亚丁等十六国使团到北京，1423年再度参与十六国使团来华，使团人数多达1200人。1433年，佐法尔国王阿里又派使者赴北京，到1436年才和亚丁、霍尔木兹等使节一同回国。此后随着印度洋上盛况空前的宝船贸易的停办，中国和阿曼的直接往来也陷于停顿了。中国和阿拉伯半岛的贸易关系大都改由开往亚丁的中国帆船和印度船赓续进行。

自从6世纪初艾兹提使者和洛阳结盟以后，直到15世纪上半叶，在近千年的长时期中，由于双方的共同努力，中国和阿曼的友好往来得以经历了四个高潮。中国和阿曼之间的这种传统友谊，在当代焕发了新的生机。

---

① 据《星槎胜览》，"十昼夜"应是"二十昼夜"。

隋常骏出使之赤土国历史探源

东南亚在罗马东方贸易盛期开始成为东西方之间远程贸易必不可少的中转地区，随后印度移民和中国南方居民的活动使得中南半岛和苏门答腊、爪哇等许多地区接受了中国和印度文化，开始出现国家组织。然而由于缺少足够的资料，致使5—6世纪东南亚海洋国家的历史仍然模糊不清。当地出土的碑铭大多时间较晚，而且残缺不全。中国史书可以算是中南半岛历史最有价值的史料依据。然而更加重要的是要去确定中文史料中的这些国家的确切位置。赤土国的所在便是问题之一。隋代常骏出使的赤土国，是当时南海中经济获得发展，而又崇尚佛教和印度教的海上强国。弄清赤土国在哪里，是东南亚古史的重要问题之一。

一、赤土古译斤陀利

自荷兰学者克伦（Hendrik Kern）、法国学者费琅（G. Ferrand）以来，中国、日本、泰国和英、荷各国的研究者多半认为赤土在泰国南部马来半岛，具体地点则各有各说①。可以分作两派。一派以"赤土"一名出于意译，据《隋书》"所都土色多赤"得名。克伦认为赤土是公元400年梵文碑铭上的Raktamrttika（赤土）城，订其地在出土碑铭的吉打；后来的研究者或以为在宋卡至北大年（许云樵说），或以为在吉兰丹河地区（魏特莱说）。一派以"赤土"是音译。蒙士考订赤土对音是印度碑铭上的Ketāha，订作宋卡以北博他仑（旧译佛头廊），得到了法国戈岱司的赞同；苏继顾、张礼千继克伦之后以为赤土既在马来西亚的吉打，其对音应是羯荼。以上两派都以赤土为马来半岛的古国。近年马来半岛说已渐为各种涉及赤土国的辞书和著作所习用②。此外，更有以为赤土地跨马六甲海峡③，甚或将它置于斯里兰卡的④。唯有日本桑田六郎根据隋代常骏出使赤土的航程，以为常骏使船进入马来半岛东南沿海的鸡笼岛以后，又需经过月余才能到达的赤土国都城是苏门答腊的巨港（Palembang，渤淋邦）⑤。桑田六郎的结论出于推测，然而此论一出，便使赤土国的所在超越了传统的马来半岛说，提出了一个苏门答腊的新说。

常骏出使赤土的行程，史册有较详的记载，并非扑朔迷离，所录沿途地名有焦石山、陵伽钵拔多洲、狮子石、狼牙须国之山、鸡笼岛及赤土国都僧祇，共计六处。然而由于各家考订不同，于是对实际航程和终点赤土国及其都城的解释也就大相径庭，以致历时几近百年之久，尚未能获得一个较有说服力的论断。

在隋代东南亚各国中，越南北部属隋领土，越南中部林邑是个印度化的国家。605

---

① 施莱格尔：《中国史乘中未详诸国考证》，冯承钧译，商务印书馆1928年版；费琅：《昆仑及南海古代航行考》，冯承钧译，中华书局1957年版，第12页，第23—24页；高桑驹吉：《赤土国考》，载于《史学杂志》1920年第31编；冯承钧：《中国南洋交通史》，商务印书馆1937年版，第40-41页；许云樵：《赤土考》，载于《南洋学报》1945年总第5期，又见姚柟编：《古代南洋史地丛考》，商务印书馆1956年版；张礼千：《唐代之南海大国》，载于《东方杂志》，1944年第40卷第3号；陈序经：《猛族诸国初考》，中山大学出版社1959年版，又见陈序经：《东南亚古史研究合集》，海天出版社1992年版。20世纪50年代以前，中国学者的研究可以张礼千为代表，其说将位于马来半岛西海岸的羯荼当作隋代赤土，又以之为唐初的阇婆，而以诃陵为阇婆南迁后的政治中心，将诃陵考作彭亨北境沿海的关丹（Kuantan）附近，推断6世纪的婆利国首都在旧港（渤淋邦），这一结论实难令人接受。

② 如《中国古代对外关系史》，高等教育出版社1993年版，第117页。该书称"唐高宗总章二年（669年），赤土王遣使来朝"。按《新唐书·南蛮列传下》原文是"赤土西南入海得婆罗。总章二年，其王旃达钵遣使者与环王使者偕朝"。指婆罗使者出使中国。

③ 足立喜六：《法显传——中亚、印度、南海纪行的研究》，东京1940年版。

④ 泰纳：《锡兰史》（James Emerson Tennet, Ceylon: An Account of the Island Physical, Historical and Topographical），1859年版；拉吉·辛：《中国锡兰关系史》；韩振华：《公元6—7世纪中印关系史料考释三则》，载于《厦门大学学报》（文史版）1954年第1期。

⑤ 桑田六郎：《赤土考》，载于《东洋学报》1919年第9卷第2号。

年，隋炀帝杨广派刘方率大军从海陆二路进军，占领了林邑，在林邑设置三州：荡州，后改比景郡；农州，后改海阴郡；冲州，后改林邑郡。隋军北返后，逃亡海外的林邑王范梵志（Sambuvarman）另建国家，多次派使者和隋通好。隋代通过林邑和另一个海上国家赤土与印度洋、南海各国交换货物，传递佛教和文化信息，一时十分活跃。

赤土是隋代东南亚一个"地方数千里"的大国，比林邑要强大得多。刘宋时与中国通使的斤陀利是赤土的前身，最早见于《宋起居注》："孝建二年（455年）八月二日，斤陀利国王释陀罗邻陀遣长使行留陀反多奉表献方物。"（《太平御览》卷七八七引）。《宋书》卷九十七亦作斤陀利国，称孝建二年斤陀利国王释婆罗那邻陀派使者竺留陀及多到建康（南京）进赠金银宝器。梁代译称干陀利，《梁书》记天监元年（502年）国王瞿昙修跋陀罗为了使"土地丰乐，商旅百倍"，得知中国弘扬佛教，派使者率画工到南京进赠玉盘等珍物，图画梁武帝的容貌。518年、520年又有使者相继到达南京。斤陀利、干陀利，《通典》又作千陀利，原文是泰米尔语碑铭中的Kidara，Kadara，Kadaram，梵文作 Katāha[1]，荷兰学者蒙士、印度学者马金达将 Katāha 考作马来半岛的吉打[2]；费琅曾据15世纪阿拉伯航海家伊本·马季德解释《明史·外国列传五》所指"三佛齐古名干陀利"，是苏门答腊东南岸的 Sinkil Kandari[3]。沃尔特斯因此确认干陀利是苏门答腊东南海岸的霸主，同时又是室利佛逝的前身[4]。

在中国古书中最早以干陀利当旧港的是明代张燮《东西洋考》，其旧港（巨港）条说："旧港，古三佛齐国也，初名干陀利，又名渤淋，在东南海中。"首次将干陀利（斤陀利）定位在苏门答腊岛，并认为就是巨港。据《隋书》《通典》，赤土国也"在南海中"，不但与《梁书》中那个"在南海洲上，其俗与林邑、扶南略同"的干陀利相同，而且进一步论述赤土是"扶南之别种也"，连民族也与扶南相近，正是由于孟-高棉语族中的柬埔寨人常具有一些赤道人种中维达人种的特征，苏门答腊各地的马来人便是其中人数最多的支族。两国的国王又同姓瞿昙（信佛），更可见出两者殊非巧合，

①　沙斯特利：《室利佛逝考》（K. A. N. Sastri，Sri Vijaya），载于《大印度学会学报》（JGIS），1949年第5卷，第128-146页。

②　蒙士：《室利佛逝、耶婆与吉陀诃》（J. L. Moens，Çrivijaya，Yāvaen en Ketāha），载于《风土与人种学学刊》（Tijdschrift Bat. Gen.）1937年第77卷，第334-335页；马金达：《金洲考》（R. C. Majumdar，Suvamadvipa），第1卷，达卡1937年版。

③　费琅：《昆仑及南海古代航行考》，冯承钧译，中华书局1957年版；费琅：《苏门答剌古国考》，冯承钧译，中华书局1955年版，第36页。

④　沃尔特斯：《早期印度尼西亚商业》（O. W. Wolters，Early Indonesian Commerce：A Study of the Origins of Srivijaya），纽约1967年版，第457页。

只能是一种前后相承的关系。《宋书》《梁书》都说斤陀利或干陀利以金、银、宝器为贡礼。《梁书》更说，当地出斑布（花布）、吉贝（白棉布）、槟榔；《隋书》也称赤土用金为器皿，"男女通以朝霞、朝云杂色布为衣"，比之中南半岛有些国家还处于"裸形"的贫困状态大不相同。可以相信"赤土"这个国名是经过粤语转译的古马来语斤陀利、千陀利或梵语干陀利的新译名①。此名只在7世纪一度被官方档册所用。之后，由于在中国有了一个新的统一王国隋朝，而且由于中国使者的出访加强了两国的关系，中国使用了一个比南朝的宋、梁更加中国化的译名"赤土"。

二、常骏使团的目的港是苏门答腊的巨港

大业四年（608年）由常骏、王君正领衔出使赤土，是隋朝中国和南海地区进行大规模官方贸易的开始。使团以五千段优质丝织品作为赠礼，规模之大，亦属空前。这次外交活动显示了赤土在海上丝绸之路上的重要地位。从航程上看，有什么足以说明赤土国在苏门答腊岛东部的证据呢？常骏出使赤土的材料有二，一是636年定稿的《隋书·南蛮列传·赤土传》，一是801年成书的杜佑《通典》卷一八八《赤土》。《通典》晚出，参考了《隋书》和原始档册，文字虽比《隋书》要短，但更加精赅，因此，得先将《通典》关于"赤土"的全文照录于下：

> 赤土国隋时通焉，扶南之别种也。直崖州之南，渡海水行便风十余日，经鸡笼岛至其国，所都土色多赤，以为号。东波罗刺国，西婆罗娑国，南诃罗旦国，北拒大海，地方数千里。王姓瞿昙氏，名利富多塞，不知有国近远，居僧祇城，亦曰师子城，有门三重，相去各百许步。王宫诸屋，悉是重阁，北面而坐，三重榻，衣朝霞布，冠金花冠，垂杂宝璎珞。王榻后作一木龛，以金银五香木杂钿之，龛后悬一金光焰，远视如项后。其官，萨陀伽罗一人，陀拿达叉三人，迦利密迦三人，共掌政事；俱罗末帝一人，掌刑法；每城置那耶迦一人，钵帝十人。其俗，皆穿耳翦发，无跪拜之礼，以香油涂身，俗敬佛，尤重婆罗门。妇人作髻于项后，男女通以朝霞、朝云杂色布为衣，豪富之室恣意华靡，唯金锁非王赐不得服用。冬夏常温，雨多霁少，种植无时，特宜稻穄、白豆、黑麻，自余物产多同于交趾。以甘蔗作酒，杂以紫瓜根。

① 苏门答腊的梵名 Kandali，意即香蕉国，见温斯泰特：《马来亚史》，商务印书馆1958年版，第22页。

戏有双六、鸡卜。冬至之日影直在下，夏至日影在南，户皆北向。

炀帝时，募能通绝域。大业三年，屯田主事常骏、虞部主事王君正等应召。骏等自南海郡乘舟，昼夜二旬，每值便风，至焦石山而过东南，泊陵伽钵拔多洲，西与林邑相对，上有神祠焉。又南行至狮子石，自是岛屿连接，又行二三日，西见狼牙修国之山，于是南达鸡笼岛，至于赤土之界，月余至其国都。骏等奉诏书上阁，王以下至皆坐。宣诏讫，引骏等入宴。王前设二床，上并设草叶盘，方丈五尺，上有黄白紫赤四色之饼，牛羊鱼鳖猪玳瑁之肉百余品，延骏升床，从者坐于地席。及还，遣那耶迦随骏贡方物。既入海，见绿鱼群飞水上。浮海十余日，至林邑东南，并山而行，其海水阔千余步，色黄气腥，舟行十日不绝，云是大鱼粪也。循海北岸，达于交趾。六年，却还到中国焉。

据《隋书·南蛮列传·赤土传》，常骏和副使王君正在大业三年十月带着隋炀帝馈赠赤土王的礼物丝绢五千段，从南海郡（广州）乘舟启程。使船约在公历11月中旬至12月初出发，此时飓风季节已过，东北季风正盛，为南航佳期①。经昼夜二十天的航行，首先经过的地点是焦石山。

焦石山，伯希和考订作805年贾耽记录的中国帆船印度洋航程（以下称贾耽航程）②中首先见于越南中部环王国（占婆国）东200里的海中的占不劳山（占语 Culao Cham，马来语 Pulo Cham），意即占婆岛，《郑和航海图》称蛟牌石③，在今越南岘港东南附近海中。粤语"占""焦"相近，"焦石山"是从占语译出的，以"焦"对 Cham，以"石"对 Culao，译"石山"兼有音义。在 16 世纪的著作《东西洋考》中，此地称老古石。《顺风相送》记自北南航至外罗山（占婆岛东南），远看成三个门，北有椰子塘，西有老古石，"往回可近西，东恐犯石栏"。老古石的"老古"，即"古老石"（Culao Cham）的别译。继伯希和之后，藤田丰八考订贾耽航程时亦有同样说法④，谓焦石山即

---

① 南海海流可参阅《中国海导航》（China Sea Pilot），第 1 卷，第 12 页，据 1855—1939 年观测记录绘制的 1 月份海流图。

② 参见《新唐书·地理志七下》；伯希和：《交广印度两道考》，冯承钧译，中华书局 1955 年版，第 63-64 页。

③ 海军海洋测绘研究所、大连海运学院：《新编郑和航海图集》，人民交通出版社 1988 年版，第 41 页。

④ 藤田丰八：《狼牙修考》，参见《中国南海古代交通丛考》，何健民译，商务印书馆 1935 年版，第 5 页。

占婆岛，以"焦"译"占"，"石山"译出"岩岛"。这里是古代南海航行的一处天然航标。把焦石山订作占婆岛，比之基利尼订作占婆岛以北岘港岬东南的 Tseu 岛要合理得多，可以视作定论。

常骏使船过焦石山东南停泊的陵伽钵拔多洲，费琅还原为梵文 Lingaparvata，伯希和、藤田丰八都考作贾耽航程中的陵山，在越南归仁以北的 Sahoi 岬，湾内有港称Langson，应是隋代陵伽钵拔多或唐代陵山的遗名。值得注意的是，藤田丰八与伯希和不同，误将唐代的陵山和明代地图上的灵山混作一谈，不知灵山还在 Sahoi 岬以南甚远的伐列拉岬（Cape Varella，今槟绘湾北岸）①。

从陵伽钵拔多洲继续南行到狮子石，"自是岛屿连接"，进入一个新的海域。狮子石一名，过去的研究者都目为昆仑岛（Pulo Candore）以西泰国湾内的一岛，指以后航程的"岛屿连接"是泰国湾东海岸的岛屿。据《隋书·南蛮列传·赤土传》，直到"西望见狼牙须国之山"，航向才转而向南。《隋书》的狼牙须国，多被研究者视作《梁书》的狼牙修国，《通典》径改《隋书》之文为"西见狼牙修国之山"可以得到证明。而狼牙修国即唐代的郎迦戍洲，确在马来半岛。于是常骏的航程到狮子石以后，便成了泰国湾内的沿岸航行。狮子石，过去被基利尼考作卡特维克群岛中的萨巴塔岛（Pulo Sapata）或附近一岛，藤田丰八认作昆仑岛西的兄弟岛（Brothers），许云樵指为泰国湾内的 Ko Si Chang，来源于巴利文 Simha Janggh，意思是"狮胫岛"②。陈碧笙干脆认为狮子石"应该就是今日的新加坡，其名出自梵语 Singapura，为狮子城之意"。又说："石"就是贾耽航程的"海峡"，亦即贾耽所指蕃语（马来语）的"质"（Selat），认为"新加坡与柔佛隔一海峡，故得称为石"③。陈似乎是将新加坡海峡当作了柔佛海峡。可喜的是，这一主张将常骏的航程大胆地指向新加坡，完全排除了泰国湾沿岸航行的传统说法。照陈的说法，"狮子石"的对音应是 Selat Singapura。这个说法比照贾耽航程就有问题了。贾耽航程自陵山以后，经过门毒国、古笪国，到达奔陀浪洲（越南藩朗），然后经两日行到军突弄山（昆仑岛，Pulo Candore），"又五日行至海峡，蕃人谓之质，南北百里。北岸则罗越国，南岸则佛逝国"。十分明白地叙述越过昆仑岛的中国帆船在唐代已可继续在昆仑洋中航行，不过五天，就可直航新加坡。过去伯希和指此峡必是马六

① 苏继庼：《岛夷志略校释》，中华书局1981年版，第224—225页。
② 许云樵：《曼谷巡礼》，载于《旅行杂志》1940年第14卷第18号。
③ 陈碧笙：《隋书赤土国究在何处?》，载于厦门大学《东南亚史论文集》，1980年编，第159页。

甲海峡，未免失之过西。

　　贾耽接着说："又西出硖三日至葛葛僧祇国，在佛逝西北隅之别岛。国人多钞暴，乘舶者畏惮之。其北岸则箇罗国。"贾耽所记葛葛僧祇的原名，自伯希和以来，似尚未有人加以复原，此名应是居住在这里操孟-高棉语的居民所称的 Ko Khao Simgha，或 Ko Khao Singa，意思是"狮子山岛"，或"狮岩岛"。贾耽明白指出，这是在佛逝国西北隅一个别处一方的岛，是一个不在佛逝国辖境内的岛。依照贾耽，这个名为"狮岩岛"的岛处在西出硖三日才到的地方，而海峡的宽度是南北百里，亦即宾坦岛与马来半岛之间形成的水道。如认定葛葛僧祇是狮岩岛（狮子石岛）的音译，势必要将"海峡"置于新加坡以东三日程的地方。所以7—8世纪的中国航海家一定是将巴塔姆岛东北、宾坦岛以北的白礁当作海峡的东端，而将新加坡南面开阔的海域视作中国西航船只出硖以后重新进入的大海。南海航行，在马六甲海峡以东，无论东西航行，还是南北水路，历来视作舟子要领的航标有三。处于最北端的是昆仑岛，在越南南部海面，东即万里石塘（南沙群岛）；另外二处，一是马来半岛南端柔佛邦东海岸的东西竺，一是爪哇海北靠近加里曼丹岛西岸的十二子石，或称十二子山。前者是潮满岛（Pulau Tioman）以南的奥尔岛（Pulau Aur），马来语称"竹岛"，位于2°27′N，104°31′E，中国海图习称东西竺或东竹山、西竹山。该岛有南北两个高峰，北峰高445米，南峰高538米，远望犹如两岛[1]，因此古代中国航海者常当作两岛，往来船只视作显著航标，在此汲取淡水，是新加坡海峡以东的航行要冲。后者十二子山，即塞鲁土岛（Pulau Serutu），位于1°43′S，108°41′E，东北距卡里马塔岛仅4海里，山高424米，远在30海里外即可望及[2]，是通往爪哇、加里曼丹的必经之地。

　　与常骏使程有关系的是从东西竺通过新加坡海峡的航路。对照《郑和航海图》针路，从龙牙门（新加坡）东航，"龙牙门用甲卯针五更船取白礁"。白礁，葡萄牙语 Pedra Branca，清代颜斯综《南洋蠡测》称作白石口，在新加坡以东。龙牙门到白石口，中间必须经过淡马锡（新加坡）以南的琵琶屿（Pulau Sakijang Pelepah）、巴塔姆岛东北的马鞍山（巴比角，Tanjong Babi）。《航海图》从龙牙门到白礁一段，相当于贾耽的"硖"。在8世纪从白礁西航到龙牙门，须费时三日。那时从昆仑山入硖用五天工夫，通过新加坡海峡到达葛葛僧祇（狮子山岛）又得花三日，实际共须八日。过去有人以为

　　[1]　海军海洋测绘研究所、大连海运学院：《新编郑和航海图集》，人民交通出版社1988年版，第52页。

　　[2]　海军海洋测绘研究所、大连海运学院：《新编郑和航海图集》，人民交通出版社1988年版，第52页。

隋唐时代从昆仑山到新加坡只需五天，未免太短，其实是因贾耽文意有误，或刊印出错。原文"又西出硖三日至葛葛僧祇国"，应订正成"又西三日出硖至葛葛僧祇国"，才符合航行实际。由此可见，现在学术界流行的将龙牙门释作元明时代以来中国人对新加坡海峡的称呼①，是没有充足依据的。

常骏航程中狮子石、贾耽航程中葛葛僧祇的停泊地点，应该都在今日的新加坡岛，居岛的南岸中央。元代称作龙牙门，是因山门相对如龙牙状，中通船，因而得名②。其西更有称作石叻门（Selat Panikan）的，也因西口两岸有山挺立而得名淡马锡门③。龙牙门与石叻门虽相去不远，而非一地，因此张燮《东西洋考》卷九西洋针路中龙牙门条又有淡马锡门，指出从龙牙门"又过淡马锡门，用庚酉及辛戌针，三更，取吉里问山"。吉里问山与《郑和航海图》上的吉利门是一处地方，当今小卡里摩岛（Pulau Klein Karimun），在大卡里摩岛东北角，是从新加坡西航马六甲或科伦坡的主航道上的重要航标。《郑和航海图》自西向东称：射箭山（马来半岛班昂山，Bukit Bunang）"用辰巽针三更船平毗宋屿，用丹巽针取吉利门"，"吉利门五更船用乙辰及丹辰针取长腰屿出龙牙门"。吉利门（小卡里摩岛）和龙牙门（新加坡）之间的长腰屿位于新加坡南面的沙都木岛（Pulau Setumu），是新加坡南航渤淋邦（巨港）首先经过的地方。

常骏使船到达狮子石后，"自是岛屿连接，又行二三日，西望见狼牙须国之山，于是南达鸡笼岛，至于赤土之界"，正是指从新加坡到渤淋邦的航程。从新加坡南航，必须穿越寥内群岛和林加群岛，这段海域内岛屿林立，航路迂曲难行，当向西望见狼牙须国之山时便得转向南行，取道鸡笼岛。狼牙须国之山，指的正是吉利问山（吉利门），岛高377米，是一处天然航标。此山因属于马来半岛的狼牙须国，便被命名为狼牙须国之山。过去考订常骏航程，对此山所在都未具体指名，以为可有可无，其实正

① 这种说法见于各书，如柔克义：《14世纪中国和南洋群岛、印度洋沿岸诸港往来贸易考》（W. W. Rockhill：Note on the Relations and Trade of China with the Eastern Archipelago and the Coast of Indian Ocean during the Fourteenth Century），载于《通报》（T'oung Pao）1914—1915年；藤田丰八：《岛夷志略校注》，雪堂丛刊1914年本；冯承钧：《瀛涯胜览校注》，中华书局1955年版，第22页；苏继颀：《岛夷志略校释》，中华书局1981年版，第215页；海军海洋测绘研究所、大连海运学院：《新编郑和航海图集》，人民交通出版社1988年版，第61页。《新编郑和航海图集》在59页的地图上更用"龙牙门"黑字代表原图列入新加坡海峡，其实原图上的龙牙门却是在彭加山以南的一座大岛，很像是巴塔姆岛，流行的看法认为是林加。这恐怕是收录此图的《武备志》编者茅元仪改动的结果。

② 费信：《星槎胜览》"满剌加国"条，冯承钧校注本，中华书局1954年版。

③ 苏继颀考订汪大渊到过的龙牙门是石叻门，于是只得将《东西洋考》中出现的淡马锡门笼统地当作"殆指新加坡海峡北往柔佛之航路"。见苏继颀：《岛夷志略校释》，中华书局1981年版，第217页。

是航行的关键。狼牙须国亦即《梁书》上与中国通使的狼牙修国，这是东西方学者没有异议的。唯一不同的是，陈碧笙将此山从音译名字出发，考作狼牙（林加岛，Pulau Lingga）和须国（新格岛，Pulau Sinkep）两岛，然而这和航行知识毫无可以兼容之处。要知道，当航路在林加岛东侧通过时，过境船只不可能将林加岛及其西侧的新格岛当作同一的航行目标来辨别航向。尤为费解的是，陈碧笙将鸡笼岛考作爪哇以北的交栏山，然后再西航至巨港，让常骏的南海航程作了一个之字形的航行。依陈氏对常骏航程的考订，应该得出赤土位于爪哇的结论，才更合乎情理。

常骏使船从吉利门以东转向南航，首先停靠的是鸡笼岛，鸡笼岛因山形如鸡笼而得名，在《郑和航海图》上作凉伞屿，今称来本岛（Pulau Labon），在新加坡航道与菲利浦航道交汇处以东的1°06′N，103°47′E处，岛高仅29米，顶端光秃圆形如伞[1]，明人称作凉伞屿。在同一张地图和《东西洋考》等书的针路中，有多处凉伞屿、凉伞礁的地名[2]，唯有这里的凉伞屿在7世纪初却是被称作鸡笼岛的。因中国东南沿海通常用竹篾做成覆钵形的鸡笼，顶部开一圆孔，和来本岛的外貌十分相似。来本岛与其说像凉伞，还不如说更似鸡笼。该岛属寥内群岛西南一岛。《隋书》明确指出，这里是当初赤土国实际控制区。常骏使船在这里受到赤土国王派来的船队导航，直至进入慕西河（Musi River，渤淋邦河）内48海里的巨港。慕西河自古可以通行海舶，国都僧祇城应该就在巨港附近。僧祇城的原名应是Singajaya。Jaya是一古国。在392年迦留陀迦翻译的《佛说十二游经》中，列举海中二千五百国，"第四王名阇耶，土地出荜茇、胡椒"。"阇耶"（Jaya）与"维阇耶"（Vijaya）在梵文中均为"胜利"。费琅反对列维的爪哇说，认为就是室利佛逝。迟至15世纪的阿拉伯导航书中尚有Sinkil Kandari，Sinkil当是僧祇城的遗名[3]，但不必是古僧祇城的所在。至今苏门答腊东南的南榜省仍以盛产胡椒闻名，与古之阇耶国何其相似！阇耶王时代的国土面积一定尚小，后来统一苏门答腊东部各地，于是才有室利佛逝国。许云樵曾提醒人们注意，"狮子城殆为佛地之义"，"凡地以狮子名者，均为海岛"。在苏门答腊岛上的古狮子城，相比于他虚拟的位于伸向海中半岛上的宋卡古城，岂不是更加合乎情理！

维阇耶在早期中国史籍中另有一个译名，作毗骞国。毗骞是维阇耶的简译。据5世

---

① 海军海洋测绘研究所、大连海运学院：《新编郑和航海图集》，人民交通出版社1988年版，第62页。

② 参见张礼千：《东西洋考中之针路》，新加坡南洋编译所1947年版。

③ 费琅：《苏门答剌古国考》，冯承钧译，中华书局1955年版，第95-96页。

纪竺芝所著《扶南史纪》：

> 毗骞国去扶南八千里，在海中。国王身长三丈，颈长三尺，自古以来不
> 死，知神圣未然之事，亦有子孙。子孙生死如常人，唯此王不死耳，号曰长
> 颈王。食器皆纯金，金如此间之石，无央限也。不听妄取，有偷者，知则杀
> 食之。长颈王亦能作天竺书，自道宿命，所经与佛语相似，作书可三千言，
> 皆道是事。（《太平御览》卷七八八引）

这里明白指出，毗骞国是南海中的岛国。所谓不死的长颈王，是毗骞国人信奉婆
罗门的毗湿奴，为一切生命的创造主。该教的世尊派早在公元前2世纪就已经创立。此
派唯尊世尊（毗湿奴），其经典即是《摩诃婆罗多》史诗第六卷中的世尊歌（薄伽梵
歌）。这是印度教四篇哲理诗中最重要的一篇，流传至今仍为印度圣典，长颈王作书三
千言便说的是这部圣典。竺芝是5世纪时人，所记毗骞国亦可能是他亲见的，这是中国
史籍最早对阇耶国的一份记录。毗骞国虽不必就是斤陀利，但一定和斤陀利国同在苏
门答腊岛的东部，为室利佛逝得名的起源。

最后说到赤土的都城僧祇城，这是隋代通用的译名，到了唐代便在附近另有新城
兴起。换句话说，渤淋邦（巨港）一名最早见于记载的时间是唐代。7世纪时苏门答腊
的东部大城是渤淋邦。义净《大唐西域求法高僧传》卷上昙润传有言：“至诃陵北渤盆
国，遇疾而终。”诃陵在爪哇岛上，在诃陵以北的渤盆，过去曾被指作加里曼丹南岸的
Pembuan①，然而这里佛法是否昌盛，以致求法僧必须前往巡礼，显然是很成问题的。
就航程而言，“诃陵北渤盆国”，是指南海航行中，若要前往诃陵，必须先至在其北
（西北）的渤盆国。11世纪以前，中国文献中尚未明确见到从东西竺到爪哇可以不经苏
门答腊而直指十二子石的记录。所以贾耽航程特别提出，要到诃陵，必须先至佛逝国，
再向东经四五日航行才能到达。昙润的目的地是诃陵，然未至诃陵，仅到渤盆便病故。
渤盆应是渤淋邦的初见。同样《大唐西域求法高僧传》卷下法振传称：“鼓浪诃陵之
北，巡历诸岛，渐至羯荼。”所谓“诃陵之北”也是这个渤盆国，亦即早先的室利佛逝
国都。此时因室利佛逝国都迁至占卑，而径称渤盆国了。苏门答腊东部的渤淋邦是室

---

① 高楠顺次郎：《南海寄归内法传译注》（Takakusu trs., A Record of the Buddist Religion, as
Practised in India and the Malay Archipelago, by I-Tsing），牛津1896年版，导言。此地应是9世纪《酉
阳杂俎》中的勃樊洲，以产猞猁（音㕮，即海狸）而著名。参见沈福伟：《中国与非洲》，中华书局
1990年版，第323页。

利佛逝国最初立国的地方。无独有偶，这里也曾是赤土国建都之处。在6—7世纪时不但盛行大乘佛教，而且更加盛行诵念秘密咒语的印度教，以致给人以"尤重婆罗门"之感。

赤土在7世纪既是南海地区的商业大国，又是传导印度文化的重要中介。赤土从608年农历三月派使者到长安与隋通好以后，又在609年农历二月和610年农历六月接连奔赴中国。608年，常骏携带罗缎五千段到达赤土国①。常骏返国时，赤土国王派王子那邪迦（"大首领"）带着用金函陈放的表文随团访问中国。610年春天，常骏与那邪迦在弘农（今河南省灵宝市）进见隋炀帝。赤土实在是与隋建交的南海大国。当时从中国走海路到印度求法的僧侣常先在这里学习梵文，熟读当地通行的昆仑语（古马来语）的佛典，传习仪轨，再继续西行，到印度本土学习、研究。自常骏出使以后，这种交往便有增无已了。室利佛逝代兴以后，这一传统更有加强。

三、从地理环境论证赤土在苏门答腊

从《隋书》以来，中国史籍就对赤土的周边国家有所记载。考证这些国家的正确方位，可以得到赤土在苏门答腊而不在马来半岛的结论。

在隋代，与赤土国在同一条航路的海上国家还有丹丹。《隋书·南蛮列传·婆利传》首先提到这个"俗类真腊，物产同于林邑"的丹丹曾在大业十二年（616年）遣使朝贡，但后来关系终止。文中记述："婆利国，自交趾浮海，南过赤土、丹丹，乃至其国。国界东西四月行，南北四十五日行。"《旧唐书·南蛮列传·婆利传》亦称："婆利国在林邑东南海中洲上，其地延袤数千里。自交州南渡海，经林邑、扶南、赤土、丹丹数国乃至焉。"《新唐书·南蛮列传下》指出，婆利和中国建交，是由于"隋炀帝遣常骏使赤土，遂通中国"。常骏使团的成员一定曾经过丹丹到达婆利。这里的婆利正是加里曼丹西部的一个大国。过去由于考订者将赤土列作马来半岛的国家，于是在赤土东南的丹丹也成了马来半岛吉兰丹一带的国家。俄国学者贝勒（E.Bretschneider）更将丹丹当作加里曼丹西北的纳吐纳岛。隋代通使中国的丹丹，在唐初档册中改译单单，在乾封（666—668年）、总章（668—670年）时一度和中国保持联系，所以《新唐书·南蛮列传下》有单单传。

丹丹国和义净所列举的南海十一个海洲中的呾呾洲似乎不无关系。义净曾定居苏门答腊，这里的佛教在室利佛逝立国以后十分昌盛。671年，义净亲自在室利佛逝预习

半年，然后才去印度；后来离印返航，从687—693年又在这里停留六年多，翻译梵本三藏50余万颂，然后才回到广州。他认为佛教已在东南亚海岛国家流行，苏门答腊尤其是求法僧预习的良好场所：

> 此佛逝廊下，僧众千余。学问为怀，并多行钵。所有寻读，乃与中国（指中印度——引者）不殊。沙门轨仪，悉皆无别。若其唐僧欲向西方为听读者，停斯一二载，习其法式，方进中天，亦是佳也[①]。

这是义净本人的经验谈，也是与他同时的一些求法僧的共识。如玄逵，也是在671年到室利佛逝，停留半年学习声明，然后到末罗瑜（都城占卑），再往印度耽摩立底国。彼岸、智岸都是高昌人，归国时走海路，皆生病亡故，所带汉本《瑜伽》等经论也都留到了室利佛逝国。法振"整帆上景（越南中部顺化以南）之前，鼓浪诃陵之北，巡历诸岛，渐至羯荼"。所到"诃陵之北"，正是苏门答腊岛上室利佛逝属境，羯荼则已远到马来半岛西岸的吉打及董里一带。大津在682年出海，在室利佛逝停留多年，"解昆仑语，颇习梵书"，691年在室利佛逝受义净委托，将部分译经送到长安。689年义净一度回到广州，与贞固、道宏、怀业、法朗一起再赴室利佛逝。怀业在义净回国时继续留在那里，法朗则到了诃陵国，后来在那里去世。由此可见，室利佛逝在7世纪时是南海中佛教和印度教的传导中心。此地被义净译作室利佛逝，义净又常将它写作尸利佛逝，或简称佛逝。到691年义净在那里写成《南海寄归内法传》时，历数南海中的岛国，人口最多的苏门答腊已分成好几部分：

> 从西数之，有婆鲁师洲；末罗游洲，即今尸利佛逝国是；莫诃信洲；诃陵洲；呾呾洲；盆盆洲；婆里洲；掘伦洲；佛逝补罗洲；阿善洲；末迦漫洲；又有小洲，不能具录。

根据义净列举，苏门答腊岛的西部是婆鲁师洲，中部是末罗游洲（末罗瑜洲）。大约在680年以后，室利佛逝国都由渤淋邦迁往占卑，所以义净加了一个按语"即今尸利佛逝国是"。苏门答腊岛的东部本是室利佛逝立国之地，显然亦必另有名称，盆盆洲、呾呾洲、莫诃信洲都在此区。盆盆洲应从渤淋邦得名，属境应包有渤淋邦州及其附近；

① 《根本说一切有部百一羯磨》卷五，义净注，《大正新修大藏经》第24卷，第477页。

莫诃信洲更在其南，应在南榜州及明古鲁州。《大唐西域求法高僧传·昙润传》中的渤盆国是盆盆的异译。盆盆既非马来半岛的盘盘[1]，而在诃陵之北，于是和盆盆洲相邻的呾呾洲只能是慕西河口以东的邦加岛、丹戎潘丹所在的勿里洞岛及其附近包有加里曼丹西岸岛屿的地方了。再东便是今称加里曼丹的婆利洲了。据17世纪的《马来纪年》(Sejarah Melayu)，慕西河下游即以末罗瑜（Melayu）河命名，可能即今旦旦（Tatang）河[2]。旦旦河当即当年呾呾洲的遗名。义净所记呾呾大致和《梁书》《隋书》的丹丹、《唐会要》的旦旦、《新唐书》的单单相当。加里曼丹西北岸有河名Tatan，仅可供呾呾或丹丹得名的参考[3]。至于将丹丹考作马来半岛东岸吉兰丹，或指认丹丹就是《宋书》中诃罗单的说法，根据以上将赤土定位在苏门答腊东部的考据，便可不攻自破了。

　　《隋书》称赤土之南是诃罗旦国，其东是波罗剌国，西婆罗娑国，北拒大海；《通典》对赤土的四至改为南诃罗旦国，东波罗剌国，西罗婆国。《新唐书·南蛮列传》并未为赤土国立传，是由于当时档册中已不再使用"赤土"的国名。但同书婆利传提到常骏使赤土，"赤土西南入海，得婆罗。总章二年（669年），其王旃达钵遣使者与环王使者偕朝"。赤土南面的诃罗旦国即《宋书》的呵（诃）罗单。《宋书·文帝本纪》有"阇婆洲诃罗单国遣使献方物"。同书卷九十七又称"呵罗单国治阇婆洲"，明确指出呵罗单是统治爪哇的一个大国。但自诃陵（Kaling，Kalinga）兴起后，呵罗单便成为诃陵的属邦，从此不见于中国史乘。高桑驹吉将呵罗单认作西爪哇勃良安北境的Kalianda[4]，倒不如认作苏门答腊岛南榜州海港Kalianda。这里就是1287年古爪哇文《史颂》(Nagarakrtagama)中苏门答腊岛（末罗瑜国）全岛24处属境中的Karitan，它的位置在赤土之南。据《宋书》，似乎是位于苏门答腊南端的诃罗单在5世纪曾将势力拓展到爪哇，于是"治阇婆洲"。独有《通典》称赤土南面是诃罗旦国，这"诃罗旦"通常被认作诃罗旦之讹，然而也很可能是杜佑在9世纪考虑到当时阇婆洲已称诃陵洲，而将这隋代的诃罗旦国称作诃罗旦（Kalinga）了。换句话说，诃罗旦国无非就是诃陵的另一译名，确

---

①　高楠顺次郎误将盆盆、渤盆与马来半岛的盘盘视作一地，错误十分明显。参见高楠顺次郎：《南海寄归内法传译注》(Takakusu trs., A Record of the Buddist Religion, as Practised in India and the Malay Archipelago, by I-Tsing)，牛津1896年版，导言。

②　梅伦：《金洲与黄金国》(W. J. Meulen, Suvarnadvipa and the Chryse Chersonesos)，载于《印度尼西亚》(Indonesia)，1974年10月号，第32页。

③　张礼千曾指认唐代以前的丹丹是新加坡（参见张礼千：《志新嘉坡》，载于《东方杂志》1943年第39卷第1期，第103页），但未举证，也是出于相信赤土在马来半岛南部的原因。

④　高桑驹吉：《赤土国考补遗》，载于《史学杂志》1921年第32卷第6号；冯承钧：《中国南洋交通史》，上海书店1984年版，217页。

在爪哇①。

赤土东面的婆罗刺，萧梁时代已和中国通使，而译作婆利。隋代仍通用这个译名。足立喜六考作婆罗洲西岸的勃泥（Borneo），唐代樊绰《蛮书》卷六称勃泥，《宋史》《文献通考》都作淳泥，在加里曼丹西部坤甸一带。《新唐书》称婆利："地大洲，多马，亦号马礼。衺长数千里……俗黑身，朱发而拳，鹰爪兽牙，穿耳傅珰，以古贝横一幅缭于腰。"当地土著居民是达雅克（旧译戴燕）人和普南人，有"朱发而拳"的体貌。

南海地区在婆罗刺（婆利）与赤土之间还有一个比较文明的金毗利逝。完成在983年的《太平御览》卷七八八引《唐书》："《唐书》曰，金毗利逝国在京西南四万余里，东去致物国二千里，西去赤土国一千五百里，南去波利国三千里，（北去）柳衢国三千里。"但今本刘昫监修的《旧唐书》中并无金毗利逝，也无室利佛逝。推断该处引文出自《旧唐书》以前由唐人吴兢、韦述、柳芳等人陆续修撰的《唐书》。与《太平御览》同时完成的《太平寰宇记》卷一七七有金利毗逝国，称述此国的四至与《太平御览》金毗利逝相同。《唐会要》卷一百则将金利毗逝写作"舍利毗迦国"，而中有脱文（武英殿聚珍本）。当年伯希和作《交广印度两道考》，没有见到《太平御览》，对《太平寰宇记》中的柳衢国不知其所在，而且认为史籍中有金利毗逝之文者，即无室利佛逝之事，因此断定金利毗逝是室利佛逝之讹。由此不但难以明了赤土与室利佛逝的关系，而且反将赤土从苏门答腊推向1500里外的羯荼，为赤土即羯荼说张目②。《太平御览》中的金毗利逝，不但四至清楚，而且"其国有城邑庭舍，衣朝霞白叠，每食先泥上铺席而后座"，又称"风俗物产与真腊同"。与《新唐书》指称"多金、汞砂、龙脑"的室利佛逝不同，其非室利佛逝很明显。若以金利毗逝是室利佛逝，位于巨港，则东西所至的国家既对不上号，而且实际距离也完全不同了。如以金利毗逝位于加里曼丹西部的苏卡达纳湾至坤甸加巴士河，则从东西竺南航船只到达十二子石（卡里马塔岛北）

---

① 韩振华不将诃陵认作爪哇。韩振华在《唐代诃陵（阇婆）新考》一文中，将7世纪至9世纪上半叶的诃陵（Heling, Haren）认作中南半岛上的一个国家，都城在芽庄；宋代称作阇婆的才位于爪哇。他将义净关于南海诸洲的叙述，从摩诃信洲开始定在新加坡，呾呾、盆盆以下直至阿善洲、末迦漫洲都定位于越南，成为大陆的一部分。又将贾耽广州通海夷道自佛逝五日到达的诃陵当作从苏门答腊向东北到达的柬埔寨。凡此，皆以唐代诃陵为印度支那的一国，但疑点甚多。参见韩振华：《中国与东南亚关系史研究》，广西人民出版社1992年版，第74-86页。其英文版原文载于澳大利亚国立大学《远东历史研究》（Papers on Far Eastern History）1985年第31卷3月号。

② 陈佳荣在《中外交通史》（香港学津书店1987年版）第120-122页的地图已将羯荼说加以图示。

后转东即可抵达。由金利毗逝向西1500里到赤土（巨港），向东2000里到致物（马辰，Banjarmasin，致物对音Jama），南去波利国（巴厘岛）3000里，北去柳衢（洛坤，Nakhon）3000里，当年中国帆船的行踪和航速便大致可以明了。唯一要指出的是，这里的波利并非《新唐书·南蛮列传下·婆利传》中的婆利。金利毗逝是加里曼丹西部古国的梵名，它的古爪哇文名是拘篓密。现在卡里马塔海峡北部小岛卡里马塔是拘篓密的遗名。《新唐书·南蛮列传下·盘盘传》将拘篓密与赤土并提，称马来半岛素叻他尼的盘盘"东南有拘篓密，海行一月至。南距婆利行十日至。东距不述行五日至。西北距文单行六日至。与赤土、堕和罗同俗。永徽（650—655年）中，献五色鹦鹉"。卡里马塔岛近十二子石，元代史弼出征爪哇，大队人马在这里停泊，是南海航行中的要地。盘盘到拘篓密，是从万仑湾到卡里马塔的航路。该记载可以视作通过东西竺到十二子石的航路最古老的记录，但原文只暗示了从宾坦岛到卡里马塔岛的航路。《新唐书》中的不述，即马辰（Banjarmasin）的首尾两个音节，与《唐会要》舍利毗迦条下的致物国是同一个地方。《新唐书》中在拘篓密西北的文单是宾坦岛，两地相距六日航程，超过拘篓密到马辰的航程，这是因为北航路线航道复杂。同时可以明确知道，唐代有两个文单国，一为陆真腊的文单国，一为南海中的宾坦岛；同样，拘篓密也有两处[①]，一在林邑之西的陆上，一在南海之中。

赤土西面的罗婆，就是《隋书》的婆罗娑，《新唐书》的婆罗，又作婆鲁斯、郎婆露斯，在851年阿拉伯商人苏莱曼的《中国印度游记》中写作郎婆露斯（Langabalus），亦即义净译作婆鲁师洲的地方。在苏门答腊西岸，有港口Barus，亦称班卒儿（Pancur），是著名的龙脑输出港。

赤土的北面是大海。《隋书》说"北拒大海"，这句话有两重含义：一是赤土的北境是广阔的海区，为南海地区海上交通的枢纽所在；二是赤土的南境可能在那时确实因山地阻隔，未能直抵西海岸，苏门答腊西海岸明古鲁沿海山地因此并未列入赤土的直属领地，仅有北面及西南才通大海。上文已将鸡笼岛定位在来本岛，则从鸡笼岛再经月余才能到达赤土国都僧祇城，就不是绕越马六甲海峡的航行，故揣测僧祇城在马来半岛西岸吉打附近的羯荼。赤土国都若真在吉打，则"北拒大海"完全对不上号，

---

① 岑仲勉考订拘篓密是《大唐西域记》中东印度的迦摩缕波（Kamarupa）、《新唐书》中的迦没路国，只说对了陆路。参见岑仲勉：《中外史地考证》，中华书局1962年版，第437-438页。

唯有求于改字一道了。

到8世纪，苏门答腊已分成东西两大部分。据《新唐书》描述：

> 室利佛逝，一曰尸利佛誓。过军徒弄山（昆仑岛——引者注）二千里，地东西千里，南北四千里而远。有城十四，以二国分总。西曰郎婆露斯，多金、汞砂、龙脑……咸亨（670—674）至开元（713—741）间，数遣使者朝，表为边吏侵掠，有诏广州慰抚。

苏门答腊岛以二国分总是在680年末罗瑜并入室佛利逝后才出现的。在此以前，至少可以说是以三国分总，或由多国分属。所以义净论述南海诸洲，仅苏门答腊就有婆鲁师洲、末罗瑜（游）洲、莫诃信洲、盆盆洲、呾呾洲。莫诃信洲不能远到爪哇的诃陵洲上，否则诃陵也要以二国分总了。莫诃信洲（Mahasin）的原意是"大中国"。《隋书·南蛮列传·赤土传》记常骏使团到达赤土都城，递交国书后，赤土国王又派婆罗门在国宾馆中设宴，"以草叶为盘，其大方丈，因谓骏曰：今是大国中人，非复赤土国矣。饮食疏薄，愿为大国意而食之"。可见两国的交往非同一般。当地是否早已有中国移民，能供应中式肴馔，同时彼此在习俗上互相仿效，产生所谓的"大国中人"，虽然尚难断定，却应与莫诃信洲的得名有某种关联。正由于苏门答腊岛内山岭起伏，河流纵横交叉，东西各部民风差异亦大，按自然环境和国家组织的先后出现，早已分成四五个洲，所以直到8世纪末，贾耽记录中国帆船航路时，尽管爪哇岛面积不如苏门答腊岛，却仍将诃陵所在的爪哇称为"南中洲之最大者"。否则，贾耽的论断便会令人大惑不解了。这就从客观上否定了蒙士（J. L. Moens）认为末罗瑜所统治的地方在7世纪中叶以前就包括渤淋邦在内的那种纯属假设的揣测[①]。对东南亚历史地理素有研究的罗兰·布雷德尔（Roland Braddel）也曾将末罗瑜洲（Malayadvipa）考订为苏门答腊的代称[②]，看来同样失之笼统而缺少年代学的依据。

赤土国的中心既在苏门答腊的东部，后来随着势力的扩张，又向西部及附近海域延伸，于是成为一个境域广袤，"不知有国近远"的帝国。这样一个海上强国，说它是

---

① 蒙士：《室利佛逝、耶婆与吉陀诃》（J. L. Moens, Grivijaya, Yava en Kataha），载于《风土与人种学刊》（Tijdschrift voor Indische Taal-, Land- en Volkenkunde）1937年第77卷，第358—359页。

② 魏特莱：《黄金国求证》（Paul Wheatley, The Golden Khersonese, Studies in the Historical Geography of the Malay Peninsula Before A. D.1500），吉隆坡1961年版，第178页。

顿逊的属国①，固然不妥，因为赤土兴起时顿逊已完全衰落；但认为它是扶南的属国②，也还缺乏根据。

赤土是南海大国，唐初似尚存在，所以《新唐书·南蛮列传》虽未立专传，而仍出现赤土之名。669年后，在苏门答腊的东北部有了一个同样强大的室利佛逝的兴起，替代了赤土。

据《新唐书》，室利佛逝在咸亨至开元间多次遣使者到中国。咸亨年间是室利佛逝正式出现在中国历史上的时期，与目前出土最早的683年室利佛逝碑铭的年代相去不远。这块碑铭用南印度巴拉瓦（Pallava）文字镌刻，在巨港附近西公丹（Seguntang）山麓旦旦河（Tatang）旁发现，记录国王乘舟远征凯旋的事迹。从毗骞国、斤陀利（干陀利）到室利佛逝的建国，其间经过200多年，中文记载无疑是最重要的史料依据。但中间约有100年的时间没有见到苏门答腊和中国有使节来往。具体地说，是从陈天嘉四年（563年）干陀利最后派使团到中国，到咸亨元年（670年）以后室利佛逝正式和中国建交，双方交往似乎一度陷于中断。这段时间是研究室利佛逝起源的沃尔特斯无法弥补的。这个时间上的空缺，可以由隋唐之际赤土国的历史来接续。

四、"赤土"即"金洲"说

常骏出使的赤土既在苏门答腊，也为我们重新认识历史上的金洲问题提供了钥匙。金洲（Suvarnadvipa）在7世纪的唐代明指苏门答腊，见于义净《大唐西域求法高僧传·贞固传》。该书记述贞固随义净在689年农历十一月一日"附商舶去番禺，望占波而陵帆，指佛逝以长驱"，赞曰："为我良伴，共届金洲。"同书《道宏传》也说道宏与贞固"共赴金洲"，"既至佛逝，敦心律藏，随译随写"。在1286年的苏门答腊古马来文碑铭中，金洲写作Suvarnabhūmi，碑铭记录了13名僧侣从阇婆洲（Bhūmi Java）到达金洲，在护法城建七宝像。金洲在泰米尔语、古马来语中虽各有写法，但含义相同，均专称苏门答腊，别以阇婆称爪哇。以金洲兼称马来半岛和苏门答腊，是现代历史学家和古地理学家对希腊人心目中黄金国（Chryse，Chrysoanas）的一种解释。直到2世纪托勒密编纂《地理志》时，希腊航海者尚未能亲莅远在极东的黄金国。他们从到达南印度进行沿岸贸易的商人那里打听到从事黄金交易的一些著名海港，而这些城市正好位于印度洋与南海之间的马来半岛上。1世纪时希腊佚名船长所作《厄立特里海环航

---

① 陈序经：《东南亚古史研究合集》，海天出版社1992年版，第799页。
② 黎道纲：《泰国古代史地丛考》，中华书局2000年版，第44页。

记》（Periplus of the Erythraean Sea）和 2 世纪中叶托勒密的《地理志》都有这个引诱商人和冒险家前往的黄金国，而对黄金国的实况却知之极少，只知道那是从南印度或斯里兰卡继续向东航行，在到达中国之前必须停泊的地方。于是后世的研究者只能把这个地方置于马来半岛西海岸了[①]。

公元 166 年，罗马皇帝马可·奥里略派遣的使者从埃及乘船东航，在到达当时中国属境越南中部的日南郡时，恐怕早已在马来半岛换上了一条马来船或中国船。因此，欧洲人、阿拉伯人和波斯人在公元 5—6 世纪前根本无法探知真正的金洲究竟在何处。金洲的所在本是商业秘密。在那个时期，除了当地的马来人和附近的孟-高棉人以外，知道金洲真实所在的便只有到过那里的印度人（包括泰米尔人、德楞人）和中国人了。

常骏出使的赤土国富有金银，王室礼仪与宫廷陈设以金器、金饰为重。《隋书》记常骏使船到鸡笼岛，赤土国派来迎接的船舶"进金缳（锁）以缆骏舡（船）"。抵达都城后，国王立即遣王子那邪迦访谒来使，"先遣人送金盘，贮香花并镜镊，金盒二枚贮香油，金瓶八枚贮香水，白叠布四条，以拟供使者盥洗"。又用"金花金盘以藉诏函"，派人导引至王宫。每次宴饮，使用"金钟置酒"。常骏归国，赤土国王遣王子那邪迦随常骏使团到中国贡方物，"并献金芙蓉冠、龙脑香，以铸金为多罗叶，隐起成文以为表，金函封之"。《通典》描述赤土国王"衣朝霞布，冠金花冠"，宝座是三重榻，榻后的木龛"以金银五香木杂钿之，龛后悬一金光焰，远视如项后"。总之，王室礼仪、室内陈设均富丽堂皇，尤以金饰为重，处处显出黄金国的奢华。

印度古文献中并没有详细记述黄金国的地理位置，因此印度在古代并无金洲的真实记录。直到 9 世纪以后，阿拉伯地理书中才有东南亚产金的描述。到过苏门答腊的阿拉伯地理学家曼苏地（890—956 年）将摩诃罗阇帝国分作南巫里（Lambri）群岛、渤淋邦岛、阇婆（爪哇）群岛以及许多小岛[②]。南巫里群岛位于苏门答腊的中西部。他指称南巫里和马来半岛南部有金矿，在马来半岛有含金的山脉和铝矿[③]。这大概可算是在

---

① 贝蒂洛：《托勒密时代的古中亚和东南亚》（Andrè Berthelot，L'Asie Ancienna Centrale et Sud-orientale d'Après Ptolémée），巴黎 1930 年版，第 372-376 页，第 376 页后有复原地图。托勒密的原图可参见汤姆逊《古代地理学史》（J. O. Thomson，History of Ancient Geography），剑桥 1948 年版，第 10 章。然而魏特莱宁肯相信，现存稿本中的地图是 13 世纪末年才绘制的。见魏特莱：《黄金国求证》（Paul Wheatley，The Golden Khersonese，Studies in the Historical Geography of the Malay Peninsula Before A. D.1500），吉隆坡 1961 年版，第 138 页，第 144-145 页。

② 曼苏地（马苏第）：《黄金草原》，耿升译，青海人民出版社 1998 年版，第 201 页，第 198 页。

③ 曼苏地（马苏第）：《黄金草原》，耿升译，青海人民出版社 1998 年版，第 198 页，第 200 页。

苏门答腊以外最早明确称述马来半岛也产金的一份记录了。

然而真正的黄金国却在苏门答腊。《隋书·南蛮列传·赤土传》堪称是直到那时为止世界上最详尽的论述金洲的一份真实记录，常骏、王君正则是世界上最早到金洲作实地考察的外国官员。

中国自古以金玉为贵。在金属中，黄金被尊为最贵重的上品。《史记·平准书》叙述虞、夏之际，金分三品，或黄或白或赤，解释者以金、银、铜相当。直到前汉时代，仍以黄金为上，白金为中，赤金为下（《汉书·食货志》）。到公元1世纪的王莽时代，黄金产量随着流通量的增长而大为增加，境外黄金的进口也随之而来。在传入中国的佛典中，最早称这种国外的优质金叫紫磨（安世高译《迦叶结经》），从此紫磨金这个名称便在中国流行起来。直到7世纪，文献上记载南海中产金的国家有二，一是林邑，一是毗骞。林邑在越南中部，毗骞在苏门答腊。

林邑出产上金，史称"林邑有金山，金汁流出于浦"（《南齐书·东南夷列传》）。因为阳迈在创立林邑时，便于宋永初二年（421年）遣使到建康（今南京）贡献，刘宋确认阳迈为林邑王，于是将这种黄金名为阳迈。《太平御览》卷七八六称："夷人谓金之精者为阳迈，若中国云紫磨者，因以为名。"《水经注·温水》总结说："华俗谓上金为紫磨金，夷俗谓上金为阳迈金。"

另一个产金国是毗骞。《扶南传》说这个国家"金如此间之石，露出山边，无有限"（《太平御览》卷八一一引），连食器都用纯金。但金矿的开采受到国家的管制，违者被处死刑。

中国人所知道的紫磨金原名叫阎浮檀金，出在印度，后来便被中国泛指从海陆两路进口的上金。北魏菩提达磨译《涅槃论》，阎浮檀金有四种：一青，二黄，三赤，四紫磨。紫磨金具有众色[1]。这种进口的优质黄金具有赤色的光彩。《地镜图》说"黄金之气赤黄，千万斤以上光如大镜盘"（《太平御览》卷八一一引）。《南史》记"林邑国有山皆赤色，其中生金，夜则飞出，状如萤火"（《太平御览》卷八一〇引）。于是中国人对金色的辨别大有变化，不再以赤金为铜，而以赤金为金之上品。这种观念的转变发生在海上交通开始日趋发达的南朝时代。隋代常骏奉命出使苏门答腊，之所以不称此国为斤陀利或干陀利，除了政治上朝代更迭的原因外，更重要的就是因为此国正是传闻已久的黄金国。"赤土国"的真实含义不是由于该国"土色多赤"，而是由于该国出产、流通赤金，其全称"赤土"之"赤"指上金、赤金，"土"指国土、国家。由

---

① 章鸿钊：《石雅》，下编第10卷"紫磨金"条，中央地质调查所1927年版。

此可见，赤土一名是兼有音义的译名，而意译尤重于音译。今人解释《隋书》说"所都土色多赤，因以为号"是在描述马来半岛南部的特点，实则不明白"赤土"的原意是指该国富有赤金的资源。

中国民间迄今有"金贵足赤"的观念，不妨推论，此种风习大约也就起于5、6世纪之交。赤土既是金洲，又肯定不在马来半岛，而在苏门答腊，那么发现记录有Rak-tamrttika（红土城、赤土城）梵铭的吉打便不应是隋代赤土国的所在。唐代马来半岛的羯茶之不能是隋代的赤土国，也就显而易见了。

这黄金国到了中国的宋代称作三佛齐。三佛齐的势力越过马六甲海峡，向北伸展到了万仑湾，仍然有许多产金国的色彩，如佛像以金铸；国王立位后先铸金形，用金作器皿；国王拥有极重的百宝金冠，"每大朝会，惟王能冠之，他人莫胜也"（赵汝适《诸蕃志·三佛齐国》）但此刻苏门答腊所产黄金已渐趋枯竭，国内使用黄金大多靠对外贸易输入，有相当部分来自中南半岛。到14世纪，金洲传说已积淀为金田传说。汪大渊在1330年左右到达旧港（巨港）时，记述当地传说，一季种谷，三年生金，"言其谷变而为金也"[1]。只有慕西河上游西北的笠望（Moearoaman）一带为高地，确实直到近代仍然既种水稻，又有金银矿产。

由于苏门答腊居民在6—7世纪以后横渡印度洋，到达东非沿岸，金洲的传说便在西方世界得到扩散。人们知道除印度洋西岸有个黄金国[2]外，印度洋东岸还有一个金洲。这种传闻吸引阿拉伯人在中世纪驾着他们的独樯船（Dow）去远涉重洋，前往苏门答腊寻求新的财富[3]，在中世纪的东方激起了新一轮航海热潮。

结　束　语

赤土国是6—7世纪的南海大国。研究赤土国的地理位置与历史，可以解决东南亚古史上的一些问题：

（一）据常骏出使赤土航程，确定赤土国位于苏门答腊慕西河流域，其都城僧祇城应在渤淋邦（今译巴邻旁）附近。赤土的南邻呵罗单国，在爪哇及苏门答腊东南部；

①　苏继庼：《岛夷志略校释》，中华书局1981年版，第187页。

②　奇蒂克编：《东非和东方》（H. N. Chittick ed., East Africa and Orient），纽约1975年版，第120页。

③　沃尔特斯：《早期印度尼西亚商业》（Oliver W. Wolters, Early Indonesian Commerce: A Study of the Origins of Srivijaya），纽约1967年版，第151页；沈福伟：《中国与非洲》，中华书局1990年版，第220–221页，第276页。

东邻婆罗刺国，在加里曼丹西部；"北拒大海"，是指赤土的海上交通主要在它北面的南中国海域，而非泰国湾。因此，赤土在苏门答腊东部。

（二）赤土的历史可以上接5世纪时的毗骞国、斤陀利（干陀利、千陀利），下连室利佛逝。"赤土"的对音是南印度碑铭上的Katāha，Ketāha。"赤土"的含义便是印度传说中的"金洲"。在7世纪中国的官方档册中以"赤土"国相称，在民间则见之义净的记录，便径以金洲相呼。赤土历史的定格，为探讨室利佛逝的起源提供了钥匙。

（三）中国与新加坡海峡之间的直通航路，可能早在公元1—2世纪便已出现，但要迟到608年常骏统率中国海船南航才提供了确切的史料依据。常骏所到的狮子石，是新加坡第一次在历史上露面。目前，中国帆船远航南印度甚至远抵亚丁湾的时间上限虽还有争议[1]，但绝非像国外一些专著中至今还一直在重复的那样，直至8世纪中国帆船都还未在公海上出现[2]。608年常骏使团所显示的中国远洋帆船的续航能力十分有力地说明了这一点。

要写出一本完整的东南亚史，缺了这个位于苏门答腊岛上的赤土国，其遗憾就会像不知道泰国湾上扶南国的历史一样，而这一点正好是目前东南亚历史著作的通病。不要说像牛津大学的威廉斯那本大纲式的书了[3]，就连霍尔（D. G. E. Hall）那样详赡而又观点堪称公允的《东南亚史》，初版至今已有40多年，也难免有此缺憾。

---

[1]　周连宽：《汉使航程问题》，载于《中山大学学报》1964年第3期；沈福伟：《两汉三国时期的印度洋航业》，载于《文史》第26辑，中华书局1986年版。

[2]　沙斯特里：《南印度史》（K. A. N. Sastri, A History of South India），牛津1958年版，第322页。

[3]　威廉斯：《东南亚史》（Lea E. Williams, Southeast Asia, A History），纽约1976年版。威廉斯在书中说："大致8世纪时中国尚无自己的海船。"与1912年时译注《诸蕃志》的夏德（F. Hirth）如出一辙，完全不知道20世纪的有关研究进展，甚至连惠林顿那样盛赞中国海员为亚洲首屈一指的远航能手的英文著作《欧洲和亚洲的桅杆和帆船》（Smyth H. Warington, Mast and Sail in Europa and Asia，爱丁堡1929年第2版，第346页）似也置若罔闻。

唐代对外贸易的四大海港

唐代是我国历史上海上交通、海外贸易突飞猛进的时期。唐代造船业的发展、航海技术的进步和国际交往的扩大，对宋元时代海外交通的繁荣创造了条件，提供了物质和技术基础。中国的海运和航海事业从此趋向兴旺发达。

唐代，中国和东邻日本、高丽、新罗，东南亚的林邑（越南半岛中部）、诃陵（爪哇）、室利佛逝（苏门答腊）、婆利（婆罗洲），南亚的师子国（斯里兰卡）、秣罗矩佗（南印度奎隆）、拔飓肥（坎贝湾巴罗奇）、提飓（达波尔），西亚大食所属末罗（巴士拉）、没巽（苏哈尔）、设国（席赫尔）等国家和港口都有航路联系。双方船只互相通航，彼此商货交换繁忙，海外交往出现了前所未有的繁荣局面。

特别是唐帝国和阿拉伯哈里发帝国，在中世纪早期同样是拥有广阔的领土、繁荣的经济、绚丽的文化和强大的军事实力的伟大国家，这两个大国展现了东起黄河下游，西至地中海和红海的东方世界的繁华和昌盛。751年，阿拉伯的阿拔斯哈里发王朝建立之后，和中国的外交关系得到了改善，双方致力于发展经济和文化的合作，海上交通尤其大有起色。阿拔斯王朝的实际缔造者是艾卜·贾法尔（Abu al-Jafar, 754—775年在位），他的尊号曼苏尔（al-Mansūr），意思是"常胜者"。他在758年开始在底格里斯河畔的巴格达村为新都踏勘地基时，便联想到从那里可以经过阿拉伯海和中国联系在一起。他说："这里是一处优良的营地。此外，这里有底格里斯河，可以把我们和老远的中国联系起来，可以把各种海产和美索不达米亚、亚美尼亚以及附近的粮食运送给我们。这里有幼发拉底河，足以把叙利亚、腊卡和四周的物产运送给我们。"①758年12月，他第一次派往中国的使者黑衣跋陀国使伏谢多从长安辞归时，唐朝隆重设宴，厚礼相送。跋陀便是巴格达（Baghdād），这是哈里发未来的新都在中国档册里的首次出现。从此以后，中、阿贸易便进入了一个新纪元。

中外海上贸易的发展，使中国沿海的一些港口成为重要的对外贸易港。除历史最长、商业最盛的广州以外，交州、明州、扬州也是唐代著名的海港。交州、广州、明州和扬州在对外贸易中的重要地位，使它们足以并列成为唐代对外贸易四大名港。

一、唐代四大海港的兴起

唐代贾耽（730—805年）在贞元年间（785—805年）所撰《古今郡国县道四夷述》，记下了"广州通海夷道"，被《新唐书·地理志七下》收录。贾耽将广州经海道到波斯湾头的乌剌（Ubullah，奥波拉），和由东非三兰（Sufāla，桑给巴尔岛翁古贾或其附近大陆）到乌剌的海上航路叙述得系统分明，十分周详。比贾耽稍晚，阿拉伯地理学家伊本·郭大贝（Ibn Khurdādhbah，约830—912年）写作《省道志》（Kitāb al-Masālik wa'l-Mamālik，又译《道程和郡国志》），也叙述了自波斯湾向东到中国的航程。伊本·郭大贝的著作完成于844—864年间②。1865年梅纳尔（B. de Maynard）翻译成法文，由《亚洲学报》（Journal Asiatique）刊出。1889年格杰（M. J. de Goeje）将这本书收入《阿拉伯地志丛书》（Bibliotheca Geographrum Arabicorum）第6卷，又加以校订。费琅（G. Ferrand）在出版他辑译的《阿拉伯波斯突厥人东方文献辑注》（Relations de Voyages et Textes Géographiques Arabes，Persans et Turks Relatifs a l'Extrême-Orient）第1卷时加以重译。

伊本·郭大贝对中国沿海贸易港曾按顺序一一列举：

从占婆（Senf）首先抵达的中国港口是比景（al-Wakīn），水路或陆路各相距100法尔申（farsange）。在比景，有中国镔铁、瓷器和米，是一大商埠。

---

① 塔巴里：《各民族和历代国王史》（Tabarī, Ta'rīkh al-Rusul wa'l- mulūk），德·约（M. J. de Goeje）英译本，莱顿1879-1901年版，第3卷，第272页。

② 费琅《阿拉伯波斯突厥人东方文献辑注》（G. Ferrand, Relations de Voyages et Textes Géographiques Arabes，Persans et Turks Relatifs a l'Extrême-Orient，巴黎1913年版）将《省道志》写作的时间定在844—848年间。

从比景到广府（Khanfou），航海四日可达，陆路则需二十日。广府产各类水果、菜蔬、小麦、大麦、米和甘蔗。由广府八日到越府（Djanfou），特产和广府无甚差别。由越府到江都（Kantou）需六日，物产亦多类同。中国各港都处于大河之口，受潮汐起伏而可通航。江都沿河盛产鹅、鸭和其他野禽。

从曼德（al-Maid）到中国的终点，沿岸航行约需两个月的航程。中国有约300座名都大邑，人口繁多，十分富庶。该国至于海滨，和图伯特、突厥、印度为邻。印度商旅都居留在东部诸省……无人能知过了中国再向前是哪个国家。江都往前有高山耸立，属新罗（Sila），那里出产黄金。穆斯林到该国的，因生活安适而长期侨居。出口货有棉布（古绿布）、麒麟竭、芦荟、樟脑（龙脑）、帆布、马鞍、瓷器、绸缎、肉桂、高良姜[1]。

伊本·郭大贝根据阿拉伯人和犹太商人来华的途径，从西南向东北陈述中国沿海四大贸易港：al-Wakīn，Khanfou，Djanfou，Kantou。自从1865年梅纳尔发表了伊本·郭大贝的法译本以来，各国学者都努力考订这四处港口的确实位置。经过一个多世纪的研究，许多问题都已经取得比较一致的看法。al-Wakīn都以为是交州的海港，Khanfou是广州，Djanfou则通常认作泉州，Kantou相当于江都（扬州）[2]。其中除Djanfou一名以外，其他三个可说已渐成定说。

伊本·郭大贝的al-Wakīn，格杰和费琅译作Loukia。自从史不里格《东方邮路和游程》（A. Sprenger, Die Post und Reiserouten des Orients）将它定在越南河内或其附近后，石桥五郎又进一步考作交州州治东南45里、濒临海口的龙编（《史学杂志》1901年9月）。但龙编（Long Pien）和Loukin对音不合。在龙编以南，位于灵江口的北景是个更加合宜的港口。北景由Pekkang转来，当地习称bakan，bakin，[b]与[w]是清浊音，容易转化，和阿拉伯语冠词al合成Loukin[3]。北景，汉代属日南郡，后被林邑占领。自吴、晋至隋都属交州。唐代在驩州（今越南河静）以南另设景州，仍属交州总督府。灵江口，《一统舆图》称大长沙海口，在顺化东南附近，已近北纬16°。唐代交州两大海港，北景和龙编分居南北。龙编曾是交州州治，《旧唐书·地理志四》说："隋平陈，置交州，炀帝改为交趾刺史，治龙编。"海外各国"自汉武以来皆朝贡，必由交趾之

---

① 梅纳尔（译）：《省道志》（Babier de Maynard tr., Le Libre des Routes et des Provinces），载于《亚洲学报》（Journal Asiatique）1865年。

② 桑原骘藏：《唐宋贸易港研究》，杨炼译，商务印书馆1935年版。

③ 岑仲勉：《中外史地考证》，中华书局1962年版，第376-388页。

道"。北景，或作匕景（《旧唐书·地理志四》），南面已临近林邑。义净《南海寄归内法传》说："骥州正南步行，可半月余；若乘船，才五六朝，即到匕景。南至占婆，即是临邑。"匕景是唐代南海航行必经之地，经过匕景到广州的航线是南海航行中最简捷的一条海路。《大唐西域求法高僧传》中慧命归国时，便"适马援之铜柱，息匕景而归唐"。从广州出海前往马来群岛和印度次大陆，北景也是出国前必须停靠的海港。唐初法振去国，便曾"整帆匕景之前，鼓浪河陵之北"。

伊德里西在1154年写成的《旅游证闻》（习称《伊德里西地理志》）记述交州港口，既有 Loukin，也有 Katighora，前者正是匕景，后者则是交趾（龙编）。早在公元2世纪托勒密《地理志》中就已有这个 Cattigara 了。166年马克·奥里略派遣的罗马使者便在这里登岸，进入中国。自从1世纪末通过零陵、桂阳的峤道修通后，交州不但有海路可通闽广，而且也可通过陆路翻越南岭北上。南朝以后，交州在海外交通中的地位也相应提高。刘宋时，"商货所资或出交部，泛海陵波，因风远至"（《宋书·蛮夷传》），出现了"舟舶继路，商使交属"的局面。南齐时，更以交、广并称，"四方珍怪，莫此为先，藏山隐海，环宝溢目，商舶远届，委输南州，故交、广富实，牣积王府"（《南齐书·东南夷传》）。到了海外贸易飞速发展的唐代，匕景的繁荣程度更与日俱增。8、9世纪以后，广州和交州在对外贸易中常显出交替兴衰的关系。广州官吏"侵刻过深"，常造成贸易上的"招怀失所"（陆贽《论岭南请于安南置市舶中使状》）[1]。外国舶货进港，按例既有下碇之税，又有"阅货之燕"，更有收市、进奉，层出不穷，于是海外贸易商就近转往交州卸货，交州因此成为繁盛的口岸，开元（713—741年）、长庆（821—824年）年间已成定局。所以成书于元和（806—820年）时的李肇《唐国史补》卷下称："南海舶，外国船也，每岁至安南、广州。"安南对外贸易港中，距海外各国最近的港口正是北景。

北景对外贸易兴盛的一个重要原因，也是由季风贸易在航行上的需要所决定的。越南半岛中、南部以东的海域原是南海中的台风源，每年6—8月常受台风侵袭。按照近代海流观测记录，越南沿海自北纬14°—21°，5月到8月行西南季风海流，4月份在越南中、南部沿海为海流无定区，从湄公河口附近有一股海流向南直趋巽他海峡。在昆仑岛（康道尔岛）以北虽有北向海流可赴海南岛，但同时又有从广州湾以东向西南流向海南岛东北和东南部的两股强流，因此到达越南中、南部的海船大都不得不靠岸，以免遭遇不测。在9月份，北上船只在到达越南东南海域后，常遭到自海南岛南下海流

---

① 陆贽：《唐陆宣公集》，卷十八。

的阻碍，以致难以进入广州湾。在古称交趾洋的处于北纬8°—15°间的海面是赤道风暴发生区，西沙群岛附近的赤道风暴常达10级[1]。每遇台风侵袭或逆向海流，航行船舶便多就近在北景寄碇了。南宋乾道三年（1167年）十一月二十八日广州市舶司言大食商人乌师点等乘船来华，"至占城国外洋暂驻候风"，遭到劫掠，就是一例（《宋会要辑稿·蕃夷七》）。乌师点北航时正是旧历九月。北宋天禧二年（1018年）以前，广州外商常"发往南蕃买卖，因被恶风飘往交州管界州郡博易，得纱绢、绸布、贝钱等回到广州市舶亭"（《宋会要辑稿·食货三十八》）。位于占城以北的北景，适处广州—昆仑岛航线的中途，台风季节尤宜停泊，是南海航行中理想的避风港。981年，黎桓自立为安南王，越南半岛北部实际脱离了中国控制，南海商舶才多以海南岛的琼州作为寄碇港。而北景的名声却流传后世，直到1208年安南正式宣告独立后，阿拉伯人仍然盛传这里是中国的重要海港。1516年伊本·伊叶士还说此港繁华，是到达中国的第一个港口[2]。

伊本·郭大贝列数的第二个海港是Khanfou。苏莱曼在851年所著游记中竭力称颂的中国海港也是这个Khanfou。史不里格根据原本译作Chānqu，若贝法译本《伊德里西地理志》也译作Khancou和Khanfou，玉尔则英译为Khanfu。译名虽有"广州"或"广府"之别，但阿拉伯地理学家和游历家都异口同声地说，这是中国最重要的城市，阿拉伯人最集中的商埠。Khanfou，最早翻译苏莱曼游记的莱纳德已认作广州[3]，但1824年克拉普洛特却以为是潋浦，指杭州。从此经过100多年的研究，柯蒂埃更以阿布·菲达《地理志》中Khansô一名Khanqóu作为杭州说的依据[4]。阿布·菲达虽然把二者的地理位置交代得很清楚，但他还是将广州和杭州的地方读音混为一谈了。广府说自伯希和《交广印度两道考》（1904年）和桑原隲藏《广府问题及其陷落年代》（1917年）发表后，终于得到学术界的公认，渐成定论。

按伊本·郭大贝计算的航程，从北景到广州是四日。贾耽"广州通海夷道"所记南航日程是七日："广州东南海行二百里，至屯门山（香港北），乃帆风西行二日，至

---

① 英国海军部测量局编：《中国海导航》（Hydrographic Dept. Admiralty，China Sea Pilot），第1卷，伦敦1951年版，第11-18页。

② 费琅：《阿拉伯波斯突厥人东方文献辑注》（G. Ferrand，Relations de Voyages et Textes Géographiques Arabes，Persans et Turks Relatifs a l'Extrême-Orient），巴黎1913年版，第481页。

③ 雷诺多：《从两位穆罕默德旅行者看印度和中国的古老关系》（E. Renaudot, Anciennes Relations des L'Inde et de la Chine de deux Voyageurs Mahometans），巴黎1718年版，第180页。

④ 玉尔、柯蒂埃：《中国及去那儿的道路》（H. Yule and H. Cordier, Cathay and the Way Thither），第1卷，剑桥1915年版，第89页，第22页。

九州石（七洲列岛），又南二日至象石（独珠山，Tinhosa）。又西南三日行至占不劳山（Culao Cham，占婆岛），山在环王国（占城）东二百里海中。"伊本·郭大贝记录的航程属于最佳状态的航行，全程640海里，得在四日内完成，平均日航160海里。

唐代广州常称广府。唐政府于武德四年（621年）置广州总管府，此后便有广府之称。贞观改中都督府。永徽后，以边防要地设节度使十，经略守捉使三，其中广、桂、容、邕、安南府隶广府都督，称五府节度使，名岭南五管。开元二十一年（733年）设岭南五府经略使，治所仍在广州。广府是外国侨民最集中的地方，于是其名声流布中外，伊本·郭大贝便称为广府。

广州自春秋、战国以来，素盛海外贸易。吴、晋以后，居官广州的多百般搜刮，并借机兴商。梁代的广州，"海舶每岁数至，外国贾人以通货易"，"旧时州郡以半价就市，又买而即卖，其利数倍"（《梁书·王僧孺传》）。唐代广州刺史、都督、节度使率先敲剥，"凡为南海者，靡不梱载而还"（《旧唐书·卢钧传》）。办法是，海舶泊岸，帅府"贱售其珍"（《新唐书·卢钧传》）或"兴利以致富"（《旧唐书·卢钧传》）。官居广州刺史、岭南节度使的王锷，靠搜刮民脂民膏起家，也大做生意，"锷租其廛，榷所入，与常赋埒，以为时进，衰其余悉自入。诸蕃舶至，尽有其税，于是财蓄不资，日十余艘，载皆犀象珠琲，与商贾杂出于境"（《新唐书·王锷传》）。唐朝在广州设立市舶使，专管海外朝贡和对外贸易，似由光宅元年（684年）广州都督路元叡被外商杀死促成。路元叡恣意侵渔昆仑舶商，把告状者擅加拘捕，引起舶商怨愤。舶商遂怒杀路元叡及左右十余人，而后"登舟入海，追之不及"（《资治通鉴》卷二〇三）。于是唐朝在广州设立岭南市舶使，辅佐帅臣。"开元二年十二月，右威卫中郎将周庆立为岭南市舶使。"（《册府元龟》卷一〇一）《唐会要》卷六十二亦说："开元二年十二月，岭南市舶司右威卫中郎将周庆立、波斯僧及烈等广造奇器异巧以进。"①既称岭南市舶使，可见并非设置于州的市舶官。

市舶使的设置时间恐怕还在开元以前。市舶使，元和（806—820年）时改称押蕃舶使，仍设在岭南②。或以押蕃舶使地位仅次于节度使，而市舶使是州设官员，二者有隶属关系③。但二者既见不到同时存在的记载，更未见得有地方等级之别。市舶使在地方上属佐治。柳宗元《唐故岭南经略副使御史马君墓志》明白指出："凡佐治，由巡

①　参见《册府元龟》卷五四六，《旧唐书·玄宗本纪》，《新唐书·柳泽传》。顾炎武《天下郡国利病书》卷一二〇说："唐始设市舶使，以岭南帅臣监领之。"其实，市舶使职权位居帅臣之下。

②　参见柳宗元《唐故岭南经略副使御史马君墓志》（《柳河东集》卷十）。

③　林萌：《关于唐、五代市舶机构问题的探讨》，载于《海交史研究》1982年第4期。

官、判官至押蕃舶使、经略副使，皆所谓右职。"押蕃舶使由中央委任，总管外事，但地位在经略使、经略副使之下。《旧唐书·卢怀慎传》历数开元以来四十年广府节度使清白者四，因此，"中使市舶，亦不干法"。押蕃舶使是在外事繁多的口岸特设的官职，负有联络海外各国的特殊使命。"环水而国，以百数，则统于押蕃舶使。"（柳宗元《岭南节度使飨军堂记》）押蕃舶使和节度使有所谓"合二使之重，以治于广州"（柳宗元《岭南节度使飨军堂记》）之称。似乎是节度使主内政，而押蕃舶使主外交。在贞元（785—805年）以后海外贡使增多、海商出入频繁的情况下，市舶使这个名称已不足以反映通过海路和各国使节的友好往来局面，于是有押蕃舶使、结好使等名称。

岭南市舶使既立之后，地方官对外商和从事海外贸易的广商的盘剥仍未见多大改善，除保证向皇帝提供"进奉"以外，官吏对贡品和贸易物常越规侵吞，以致广州的对外贸易自8世纪起出现过三起三落。

在8世纪中叶，出入广州的外商海船极多。鉴真在750年从海南岛到广州时，见到"江中有婆罗门、波斯、昆仑等舶，不知其数，并载香药、珍宝，积载如山"（真人元开《唐大和尚东征传》）。从广州启碇的华船通航于波斯湾、阿拉伯半岛和东非。756年安史乱起后，五岭动荡，广州外贸衰落。763年，宦官广州市舶使吕太一起兵作乱，一度占据广州，不久被平服。769年，出任广州刺史、岭南节度观察使的李勉初到广州，"西域舶泛海至者，岁才四五"。到李勉775年回到长安任工部尚书时，"末年至者四千余"（《旧唐书·李勉传》）在正常情况下，如果航行又很顺利，在5—8月西南季风期间抵达广州的船只，每日平均有40艘左右。若以最宜返航的旧历五、六两月计算，每日约有60多艘进港（《萍洲可谈》卷二），其中当然多数是由交、广出航的本国船只。于是广州外贸不但恢复旧观，而且更有新的进展。

到了8世纪末，广州外贸再度减退。贞元年间，海舶多转往交州。贞元八年（792年），岭南节度经略使要求在安南都督府增置市舶中使统一管理。"岭南节度经略使奏：近日舶船多往安南市易，进奉事大，实惧阙供。臣今欲差判官就安南收市，望定一中使与臣使司同勾当，庶免隐欺。"（陆贽《论岭南请于安南置市舶中使状》）这一建议被陆贽阻止，未能通行。对来到广州贩运外货的商船竭力搜刮致使广州外贸中衰的情况，由8世纪90年代一直持续到834年（大和八年）。这一年，唐文宗李昂发布"疾愈德音"，指令各口岸维持传统的舶脚、收市、进奉之外，"不得重加率税"（唐文宗《大和八年疾愈德音》）。于是广州贸易重新振兴。阿拉伯商人苏莱曼·丹吉尔到达广州时，看到的是中外商船云集、外国货物荟萃的繁华景象。他估计广州外国侨民在12万人以上。879年，黄巢率领农民起义军攻占广州时，据阿布·宰德·哈桑的记载，被杀的伊斯兰教、犹太教、基督教、祆教徒便有12万人。从此广州三度衰退。以后四五十年内，从广州出海的华船营运范围也紧缩到仅至马来半岛西岸的箇罗（Killah，今吉打附近）为止了[1]。

伊本·郭大贝记述的第三个大港Djanfou是越府，第四个大港Kantou则是江都。江都曾被误作胶州、莱州、永平（安东都护府），自桑原陟藏《伊本所记中国贸易港》一文主张扬州说发表后，中国四大贸易港，南起交州、北至扬州的分布范围便确定无疑了。

唐代在扬州设置大都督府，治所在江都，因此江都名扬海外。扬州地处长江下游，靠近海口，和帝国的心脏中原地区有大运河贯通，高丽、新罗、日本贸易船经常以这里为目的港，和中国通使、贸易。扬州又是阿拉伯、波斯商人出入之地，8世纪时就有几千人之多，所以也是唐朝和西亚海上交通的口岸。

四大对外贸易港中的三处既已确定，剩下的问题是位于广州和扬州之间的Djanfou究指什么地方了。

二、泉州在唐代并非对外贸易的要港

伊本·郭大贝的Djanfou，据梅纳尔法译本，距离广府八日航程，从那里到扬州则需六日。但格杰辑本Djanfou写作Khandjou，和扬州（Kānz，Kāncou）相距航程高至二十日。如果不是版本上的问题，便一定是由于船只或航线都不相同，才导致这种前后的不一致。

梅纳尔最早揣测的Djanfou是建州府（Khandjeu-fou），州治在福建北部的建瓯，根本不属海港。史不里格于是拟作杭州[2]。但杭州的开港时间已晚到宋代，唐代也不见有人称作杭府，因杭州从未设置都督府。玉尔的扬州说[3]提出后，得到日本学者的支持。但最有力的则是以Djanfou为泉州的意见。自1913年哈特曼始创此说之后[4]，又得到桑

---

① 曼苏地：《黄金草原》（al-Masūdi，Les Prairies d'or），第1卷，梅纳尔和科蒂勒（B. de Meynard and P. de Courteille）法译本，第1卷，巴黎1865年版，第308页。

② 史不里格：《东方邮路和游程》（A. Sprenger，Die Post und Reiserouten des Orients），莱比锡1864年版，第90-91页。

③ 玉尔、柯蒂埃：《中国及去那儿的道路》（H. Yule and H. Cordier，Cathay and the Way Thither），第1卷，剑桥1915年版，第136页。

④ 哈特曼等：《伊斯兰百科全书》（T. Hartmann etc.，The Encyclopedia of Islam），第1卷，伦敦1913年版，第842页。

原隲藏的补充①，于是泉州成为国内迄今流行的唐代四大港之一②。

哈特曼不过是根据格杰的原本将伊本·郭大贝列举的第三港 Khāndjū 改为 Djandju，当作泉州，以第四港 Kānsū 和伊本·白图泰的 Khansa（行在）比对，作为杭州（Khan-chou）之讹。这个说法实在十分脆弱。Khāndju 为什么要变成 Djandju 呢？不过是根据北宋的历史，先已设想泉州是福建沿海最重要的港口而已。在对音上，更显出十足的虚构，Khāndjū 既可和 Khansa（行在）相比，而"行""泉"又不同音，那么 Khāndjū 自可译作杭州，与 Khanchou 相同，这样一来，便同哈特曼本人拟置的第四港重叠了。

桑原隲藏继哈特曼之后，以地理、物产、历史和语音论证 Djanfou 是泉州。他自知材料还不充足，考证尚未成熟，但又认为在广州和扬州之间的 Djanfou 必须位于福建，而福建各港中又不外乎泉州。泉州在宋代确已成为全国四大港（广州、泉州、明州、杭州）之一，而在更早的唐代，它还不具备这样的历史条件。

论证泉州在唐代已成全国重要海港的主要依据是唐文宗李昂大和八年（834年）发布的《大和八年疾愈德音》，指出"南海蕃舶本以慕化而来，固在接以恩仁，使其感悦。如闻比年长吏多务征求，嗟怨之声达于殊俗。况朕方宝勤俭，岂爱遐琛？深虑远人未安，率税犹重，思有矜恤，以示绥怀。其岭南、福建及扬州蕃客，宜委节度、观察使常加存问。除舶脚、收市、进奉外，任其来往通流，自为交易，不得重加率税"（《全唐文》卷七十五）。这道指令将岭南、福建、扬州并列为三处外商汇集的地方，通常以为分指广州、泉州和扬州三大海港城市，用来证实广、泉、扬三州是唐代著名的国际贸易港。

事实却并非如此。

唐文宗《疾愈德音》中提到三处地方。岭南，因岭南五府经略使治所在广州得名。福建，由福建观察使治理，治所在福州，管福、建、泉、汀、漳五州（《旧唐书·地理志一》）。扬州是淮南节度使治所，又是扬州大都督府所在。以上各港，唐朝中央政府在政治上、经济上都有所倚重，置有节度使或观察使直接管理，可以"宜委节度、观察使常加存问"。至于其他口岸，如交州的龙编、北景，即使有外商出入，也难得地方帅臣随时亲自过问之便。福州既是福建观察使治所，又是福州中都督府所在地。《旧唐书·地理志三》："福州中都督府。隋建安郡之闽县。贞观初，置泉州。景云二年，

① 桑原隲藏：《唐宋贸易港研究》，杨炼译，商务印书馆1935年版，第130页，第154页。

② 张星烺：《中西交通史料汇编》第二册，1977年版，第219页注七；陈高华、吴泰：《宋元时期的海外贸易》，天津人民出版社1981年版；庄为玑：《古刺桐港》，厦门大学出版社1982年版。

改为闽州，置都督府，督泉、建、漳、湖五州。开元十三年，改为福州，依旧都督府，仍置经略使。二十二年，罢漳、湖二州，令督福、建、泉、汀四州。旧属岭南道，天宝初改属江南东道。寻改为长乐郡。乾元元年，复为福州都督府。天宝领县八，户三万四千八十四，口七万五千八百七十六。"据《旧唐书》，泉州是中州，"隋建安郡，又为泉州。旧治闽县，开元后移治泉州，治于南安县"。景云二年，改为泉州。"天宝元年，改泉州为清源郡。乾元元年，复为泉州"。泉州由中州升为上州，是元和六年（811年）的事（《唐会要》卷三十）。泉州从未称为泉府。如称泉府，也一定是指贞观时一度在福州设立治所的泉州。福建观察使属下的海港有福州和泉州。福州既然也是一处海港，唐文宗大和八年上谕中的福建就完全不必是晋江口的泉州，而一定是闽江口的福州了。

福州港的历史比泉州更加古老。汉代，东冶已是东南海运中心，《后汉书·郑弘传》："建初八年（83年），代郑众为大司农，旧交趾七郡，贡献转运，皆从东冶，泛海而至，风波艰阻，沉溺相系。"章怀太子注："东冶县属会稽郡，《太康地理志》云，汉武帝名为东冶，后改为东候官，今泉州闽县是。"闽县正是现在的福州。《后汉书·东夷列传》说夷洲、澶州"人民时至会稽市，会稽东冶县人有入海行遭风流移至澶洲者"。澶洲是台湾，当年福州船只出海常有飘流到台湾的。唐末王审知据闽，积极发展福州的海上贸易，筹建远洋航业，对闽江口外航道重加整治，雷击开港的传说也随之而起。《新五代史·闽世家》说："招来海中蛮夷商贾，海上黄崎，波涛为阻，一夕风雨，雷电震击，开以为港，闽人以为审知德政所致，号为甘棠港。"开港时间，依五代孙光宪《北梦琐言》，在唐昭宗乾宁年间（894—898年），《五代史记》彭注引《淳熙三山志》则已晚到天祐元年（904年），足以说明，福州港的建设前后约经十年之久。同一时期，在王延彬执政下的泉州也注意从事海外贸易。总之，在唐末割据政权统治下的福建航业发达。福州的开港，在广州渐衰、中国远洋航业营运线收缩到马来半岛的情况下，其意图显然是要在远洋航业上重整旗鼓，另辟新途。因此，唐昭宗于天祐三年（906年）敕建的德政碑中赞扬福州的开港，说"佛齐诸国，绥之以德"，远通苏门答腊的三佛齐，以致"条支雀卵，谅可继于前闻"（唐昭宗《恩赐琅琊郡王德政碑》）。唐末"蕃客"出入的福建实是福州。

福州在大和（827—835年）时，也和广州、扬州一样设有市舶司，管理进口海货，征收舶脚，经管收市，办理进奉。由于州官和市舶使滥用职权，"多务征求"，使外商利益受到侵犯，海外贸易额因此有减无增。唐文宗李昂要求治理一方的节度使、观察使亲自过问、监督，以挽回国家声誉，促进贸易的增长。

和福州相比，泉州不仅无节度、观察使就近"存问"的方便，而且也不是中都督府所在，因此并无"泉府"之称。明人陈懋仁《泉南杂志》卷上论及唐代在泉州设参军事四人，"掌出使导赞"，即使可靠，也只能说明泉州曾有外商和贡使出入，但绝非必经之道。外商或贡使的船只往往因海流和风向问题漂越预定的目的地，进入晋江沿海。就人口而言，泉州在天宝时领县四，"户二万三千八百六，口十六万二百九十五"（《旧唐书·地理志三》）。户数少于福州的三万四千八十四，口数则多于福州一倍以上，但和广州、扬州相比，就少了许多。当时泉州城仅方四里，到五代时才扩展到方二十里。

形成一个贸易港的重要条件是当地要有足供输出的产品。宋元时期构成泉州三大外销商品的丝、瓷、茶在唐代还未占重要地位。《新唐书·地理志五》记泉州清源郡："土贡：绵、丝、蕉、葛。""泉、建、闽之绢"在全国名列第八等（《唐六典》卷二十）。丝绢是泉州著名物产，但产量有限。而瓷器和茶则不见记载。泉州附近早就产瓷的仅一磁灶窑。磁灶在泉州西南16公里，旁靠晋江支流，濒临泉州港，从6世纪初开始生产粗软的青瓷。晚唐五代虽有发展，而变化不大。质地粗松厚重，釉色单调。已发现该时期的窑址六处，产品有罐、瓮、钵、釜、托座等日用器皿。这些产品显然只能就地供应本地区居民的需要，并非外销产品。泉州和内陆的交通也使它在9世纪中叶未能成为一个重要的出海口，由泉州经福州、建州（建瓯）北上仙霞岭沟通闽浙的道路是在唐僖宗乾符五年（878年）黄巢起义军凿通仙霞岭以后才通畅的。两年以后的僖宗广明元年，自福州、邵武经杉关入赣的岭道也开放了。于是福建沿海，首先是福州港和内地的交通才有了起色。但即使这样，由于交通的限制，泉州直到五代为止，始终没有成为福建邻近浙江的越窑、婺窑，江西景德镇的黄泥头窑、石虎湾窑等唐五代著名瓷器产地的销售码头，考古资料还未发现以上各窑的产品作为贸易商品运销泉州的实物[1]。

泉州的对音，无论粤音还是闽音，都不拼作 Djanfou。闽南话泉州读如 Tzunju。伊德里西《旅游证闻》中的泉州，根据粤音拼作Susah。马可·波罗提到的泉州（Tyunju）"制造各式优美瓷器，品类齐全，价格便宜"。雷慕沙本泉州拼作Tiangui，都是从闽南话转译的。

从伊本·郭大贝列举中国沿海各港的距离计算，第三港也绝非泉州。北景至广州

---

[1]　李知宴、陈鹏：《宋元时期泉州港的南瓷输出》，载于《海交史研究》1984年第6期。

实际距离不足500海里,伊本·郭大贝称述二地航程相距四日,平均日航数在120海里以上,和贾耽记录的广州通海夷道在横越大海时的航速相仿。广州和泉州间的航程是420海里,根本无须费时八日之久。从广州到福州也仅580海里,同样无须八天之久。因此只有在比福建更远的浙江沿海去寻求伊本·郭大贝列举的第三港。

三、伊本·郭大贝的Djanfou是越府

在广州和扬州之间的浙江沿海,最合适的对外贸易港是杭州湾旁的明州。明州,唐初属于越州。《旧唐书·地理志三》载:"开元二十六年,于越州鄮县置明州。天宝元年,改为余姚郡。乾元元年,复为明州,取四明山为名。天宝领县四,户四万二千二十七,口二十万七千三十二。"明州属境极小,州治在鄮县,所辖奉化、慈溪、翁山三县,原本也是鄮县属境,开元二十六年才分置。越州,在武德七年时由越州总管升中都督府,督越、婺、鄮、嵊、丽五州。武德八年,废鄮州为阳县,嵊州为剡县,和会稽、诸暨、山阴、余姚同属越州。天宝时领县六(山阴、诸暨、余姚、剡、萧山、上虞),拥有"户九万二百七十九,口五十二万九千五百八十九"(《旧唐书·地理志三》)。

越州和明州分置以后,越州中都督府的港口还是明州。在杭州湾,由于海潮时起,明州可说是唯一的海港。北宋姚宽《西溪丛语》卷上记录会稽所出石碑,"论海潮,依附阴阳时刻",陈述9、10世纪时杭州湾通往杭州和越州的水道:"今观浙江之口,起自纂风亭(地名,属会稽),北望嘉兴大山(属秀州),水阔二百余里,故海商舶船畏避沙滩(水中沙为滩),不由大江,惟泛余姚小江,易舟而浮运河,达于杭越矣。"伊本·郭大贝因此知道浙江沿海港口名Djanfou,是从"越府"译出的,越府的海港实际是明州。

越州和明州都是丝绸、青瓷的著名产地,为出口提供了大宗商品。《新唐书·地理志五》记越州会稽郡:"土贡:宝花、花纹等罗、白编、交梭、十样花纹等绫,轻容、生縠、花纱、吴绢、丹沙、石蜜、橘、葛粉、瓷器、纸、笔。"《新唐书·地理志五》又记明州余姚郡:"土贡:吴绫、交梭绫、海味、署预、附子。"越州、明州以生产吴绫、吴绢著称。越州丝织品以绫、绢、纱、罗特别有名,品类繁富,质地光洁细软,色彩鲜艳绚丽。吴绫、吴绢早已驰誉东邻日本。日本从三国东吴输入绫绢,盛行吴服,称吴国为"服之地"。8世纪时,越州丝织技术迅速提高,浙江东道节度使薛兼训在大历二年(767年)鼓励军中未婚士兵到北方娶具有织丝技术的妇女,每年引进越州的有

数百人。从此越州绫绢的花色品种不断更新，所产绫纱遂"妙称江左"（李肇《唐国史补》卷下）。越州的耀光绫、明州的轻容纱，自7世纪以来便冠绝全国。到8世纪末，越州的丝绸业无论花色品种还是产量都有显著的提高。"自贞元以后，凡贡之外，别进异文吴绫及花鼓歌单丝、吴纱、吴朱纱等纤丽之物，凡数十品。"（李吉甫《元和郡县志》卷二十七）越绫、绯纱在10世纪时仍是上贡的妙品（《太平寰宇记》卷九十六）。

越州附近的杭州湾和太湖流域也尽有丝绸之利。《新唐书·地理志五》列举这些地方的特产，有杭州余杭郡："土贡：白编绫、绯绫、藤纸、木瓜、橘、蜜姜、干姜、苣、牛膝。"睦州新定郡："土贡：文绫、簟、白石英、银花、细茶。"湖州吴兴郡："土贡：御服、鸟眼绫、折皂布、绵绸、布、纻、糯米、黄棋、紫笋茶、木瓜、杭子、乳柑、蜜、金沙泉。"苏州吴郡："土贡：丝葛、丝绵、八蚕丝、绯绫、布、白角簟、草席、鞋、大小香粳、柑、橘、藕、鲻皮、鲅、鲊、鸭胞、肚鱼、鱼子、白石脂、蛇粟。"各色绫绢是这些地方的名产，通过水道都可以运往越州、明州出口。

瓷器从唐末、五代就开始列入大宗的外销货。这种独步世界的产品由于实用价值极大而迅速流向日本、东南亚和亚洲其他各地，甚至远销非洲。唐末外销瓷，以越窑青瓷和邢窑白瓷为主。越窑青瓷多数从海路运销各国，流布之广，数量之多，在唐代外销瓷中尤其突出。

自东汉烧造青瓷成功，中国瓷器的生产工艺便一直突飞猛进，和越窑有着密切关系。在浙江上虞、慈溪、宁波、永嘉等地，都曾发现东汉瓷窑遗址。公元1世纪，世界上最早烧制成功的瓷器——青瓷便诞生在浙江上虞小仙坛。1976年在小仙坛进行的发掘显示这里是目前发现最早的一处青瓷窑址，它的烧成温度已达1310℃±20℃。同时发现的青瓷窑址还有上虞帐子山、宁波郭堂岙、余姚上林湖等处[1]。

经过六朝和隋的发展，到了唐代，越州的瓷业生产蒸蒸日上。越窑在上虞、余姚、宁波等地以外更扩展到诸暨、绍兴、镇海、鄞县、奉化、临海等地，形成了一个以上虞窑寺前、帐子山、凌湖，余姚上林湖到慈溪上岙湖、白洋湖为中心的庞大的越窑系统。它的产品在全国举足轻重，成为销路最广的瓷业分布区。

我国第一部品瓷的杰作是陆羽的《茶经》。书中品评瓷碗，将东南沿海的越窑青瓷置于北方邢窑白瓷之上。他驳斥以邢为先的说法："或者以邢州处越州上，殊为不然。若邢瓷类银，越瓷类玉，邢不如越一也；若邢瓷类雪，则越瓷类冰，邢不如越二也；邢瓷白而茶色丹，越瓷青而茶色绿，邢不如越三也。"陆羽推崇越器，认为冠绝全国。

---

[1] 李家治：《我国瓷器出现时期的研究》，载于《硅酸盐学报》1978年第6卷第8期。

晚唐以后，越窑使用匣钵，装窑工艺大为改进，越器的烧造技术得以精益求精。唐末越窑更以烧造"千峰翠色"的秘色瓷器名重一时。秘色窑或以为吴越钱镠秉政时在越州所造，宋人周辉《清波杂志》卷五称："越上秘色器，钱氏有国日供奉之物，不得臣下用，故曰秘色。"蓝浦《景德镇陶录》卷七据此说是"为供奉之物，臣庶不得用，故云秘色"，其实是因为宋代人已不大了解"秘色"初起的历史。秘色是一种绝难烧造的青绿釉色。唐末陆龟蒙有《秘色越器》诗："九秋风露越窑开，夺得千峰翠色来。好向中宵盛沆瀣，共嵇中散斗遗杯。"徐夤也有《贡余秘色茶盏》诗："捩翠融青瑞色新，陶成先得贡吾君。巧剜明月染春水，轻旋薄冰盛绿云。古镜破苔当席上，嫩荷涵露别江渍。中山竹叶醅初发，多病那堪中十分。"诗歌形容釉色如高山秀竹嫩叶初发。

越窑以外，浙江还有瓯窑（永嘉灶岩头附近，温州西山）和婺州窑（金华、东阳、武义等地），产品种类和造型大多和越窑相仿。明州港也是这些窑口的产品从海上运往我国沿海各地和海外各国的天然通道。1973年至1975年在宁波和义路唐宋时代渔浦门城门遗址出土了700多件唐代瓷器，又发掘到唐代造船场遗址。出土瓷器以越州窑产品最多，其次长沙窑产品，婺州窑器极少。渔浦门东南濒临余姚江、奉化江和甬江汇合处海运码头，是8世纪中叶瓷器开始外销后的重要市场①。这一带出土的青瓷碗、茶盏、壶、杯、盘、罐、盆、盒、钵、盂、灯盏等日用瓷极多。慈溪上林湖窑马溪滩、施家坳、下滩头、荷花芯等窑群制作的壶、杯、盒、盘、罐、钵和海棠杯、葵口碗更是运销亚非各国的佳品。伊拉克出土的矮圈足葵口碗，伊朗和埃及出土的撇口玉璧底碗，都和慈溪（余姚）上林湖窑出品一致。9—10世纪的越窑青瓷已在朝鲜、日本、菲律宾、印度尼西亚、马来西亚、斯里兰卡、印度、巴基斯坦、伊朗、伊拉克、巴林、埃及、苏丹和肯尼亚陆续发现②。除了多数出土物属于残片外，也有一些器形完整的佳品，其中有些便属于明州成为外销瓷输出港初期的9世纪产品。

日本出土的唐代陶瓷，越窑青瓷远胜白瓷和三彩。属于9世纪遗物的有京都仁和寺圆掌出土的越窑青瓷盒二件，是904年建造圆堂时埋藏土坛的精瓷，和慈溪上林湖越窑古址出土残件完全一样。作为8—10世纪中日交往门户的大宰府，在今九州福冈市东南和平台的鸿胪馆遗址，也发现过越窑青瓷的残件和碎片2500件。奈良药师寺出土的越

---

① 林士民：《浙江宁波市出土一批唐代瓷器》，载于《文物》1976年第7期。

② 小山富士夫：《中国青瓷史稿》，东京1943年版，第103—125页；长谷部乐尔：《日本出土的中国陶瓷》，东京国立博物馆1975年版；三上次男：《陶瓷之路》，东京1969年版；奇蒂克：《拉穆群岛的发掘》（N. Chittick, Discoveries in the Lamu Archipelago），载于《阿扎尼亚》（Azania）1967年第2卷。

窑青瓷大约属于10世纪初。菲律宾的吕宋岛、东马来西亚的沙捞越河口都出土过9世纪的越窑古瓷。斯里兰卡的达迪伽摩（Dadigama）窣堵婆，位于科伦坡和夏都康提之间的凯格拉（Kegalla）以南10公里的地方，经1947—1954年发掘，见到了10世纪前后的越窑系青瓷体多件。印度东海岸本地治里以南8公里的古港阿里卡曼陀，巴基斯坦海得拉巴东北80公里的布拉明纳巴（Brāhminabād）遗址都曾出土9世纪的越瓷碎片。卡拉奇东64公里的巴博（Banbhore）更发现过9世纪时的越窑三耳水注。伊拉克的萨马腊（Samarra）曾是838—883年间哈里发的都城，先后出土了9—10世纪的越窑青瓷，其中有的成了巴格达阿拉伯博物馆的收藏品。巴格达东南60公里的阿比达（Abirta）是在伍麦叶王朝哈里发希沙姆（Hishām ibn 'Abd al-Malik，724—743年在位）时建造，到阿拔斯王朝哈里发拉迪（al-Radi，934—940年在位）时废弃的古城，在1957—1958年的发掘中也发现过9—10世纪的褐色越窑瓷。阿拉伯半岛的巴林也出土了越窑青瓷碎片。伊朗各地均有华瓷发现。东北尼沙布尔（Nishapur）古城遗址发掘有晚唐越窑瓷罐一件和青瓷残片。中部古城赖依（Rayy）由美国波士顿美术馆和宾夕法尼亚大学在1934—1935年二次发掘，出土过晚唐越窑内侧划花钵残片。东南部的古港西拉夫也是出土华瓷的重要遗址，1965—1966年由美国伊朗考古研究所、大英博物馆发掘和收集的便有越窑青瓷多件。越窑瓷片也在霍尔木兹以北沿海的米纳布（Minab）、札格罗斯山脉以北哈里尔山谷贾鲁夫（Jiruft）附近的沙利-达奎纳（Shari-Daquinūs）遗址发现过。

晚唐越瓷甚至跨过亚洲进入了非洲。埃及古都福斯塔特（Fustāt）遗址是一处埋藏了各国陶瓷的地下博物馆，自1912年、1920年和1964—1965年三次发掘，共出土陶瓷残片约60万片。日本陶瓷学者小山富士夫作了分类研究，华瓷占10106片，其中晚唐越窑产品有673片之多。青瓷釉下饰有莲花、凤凰的刻花。最值得注意的是玉璧底碗[①]，和近年在慈溪上林湖窑群中发现的模样一致，四周留有支烧印痕，烧成的年代不至于晚到9世纪以后。大约在贾耽记录中国帆船的印度洋航线时，越窑青瓷便已通过波斯湾和亚丁湾运销红海彼岸的非洲国家了。到9、10世纪之交，越窑青瓷就已经到达苏丹的著名古港艾特伯（Aidhab，今哈拉伊卜）和肯尼亚沿海的拉穆群岛了。

晚唐时，不但差不多占了中国瓷业生产半壁天下的越窑系统瓷器成批地从明州港输送到世界各地，就连长沙铜官窑烧造的青瓷和釉下斑彩也通过明州港外销。1974年在宁波余姚江唐代出海口附近发现的沉船上出土了数达几百件的越窑青瓷和长沙窑青釉褐彩器。同时发现的还有一块刻有"乾宁五年"（898年）款识的方砖，为这些古瓷

---

① 三上次男：《陶瓷之路》，东京1969年版，第14-15页，第22-23页。

的年代提供了文字的证据。与刻有"大中二年"（848年）铭文的云鹤纹碗同时的出土器物中，便有许多见于长沙铜官窑遗址的产品①。铜官窑瓷是在晚唐五代时期和越窑同时外销亚洲各国的名瓷。就地下发掘物反映情况而论，伊朗和日本是该窑销售最多的国家。运往东南亚、南亚和西亚的大致通过广州外销，运送日本和朝鲜的铜官窑瓷显然是由明州发运的。奈良药师寺西僧房出土过铜官窑褐斑贴花壶，京都平安京遗址、福冈筑紫野市大门附近也有发现。大宰府武藏寺出土过长沙瓦渣坪窑青瓷水注，久留米市山本西谷火葬一号墓出土过一件瓦渣坪窑青瓷壶，冲绳也曾出土两件完整的褐绿彩绘纹碗。国内出土长沙窑瓷的地方，目前也以东南沿海的江苏扬州、浙江宁波为多。总之，就南方各窑中瓷器外销最多的越窑系统和长沙窑而论，明州港在9世纪时确已成为国内最重要的瓷器输出港。换句话说，在华瓷外销的早期阶段，明州港实居有独特且突出的地位。

华瓷由于运销国外而名扬四方。曾长期居住印度的伽色尼学者阿布·拉哈·穆罕默德·比鲁尼（a1-Biruni，973—1050年）素以博学著称。他的著作曾首先提到中国的茶叶。他在关于宝石的科学著作中论述中国瓷器，赞扬"中国瓷器和水晶一样莹洁"。特别重要的是，比鲁尼指出"中国瓷器从甬江出口"。他几次引述到过印度和斯里兰卡采办宫廷珠宝的哈氏兄弟的话："杏黄色瓷器最佳，胎薄、色净、声脆；奶白色次之，各种浅色的又次之。"这种对瓷器等级的品评显然是将长沙铜官窑釉下彩列于首位，其次则白瓷，青瓷、黄釉、褐釉又居其次。长沙窑以釉下褐、绿两彩突破了青瓷的单一青色，各种纹样极其丰富，博得了国外特别是经济十分繁荣的伊斯兰国家的热爱和重视。而青瓷中的精品是被禁止外销的，因此外销青瓷在西亚地位不高。

约略和比鲁尼同时代的尼沙布尔作家塔利比（al-Tha'ālibi，961—1038年）也在他的著作中赞扬中国瓷器。他说："有名的中国瓷器是些透明的器皿，有制煮食物的罐、煎食物的锅，也有盛食物的碗。以杏色的为上，胎薄、色净、音脆，奶白色的次之。"这位居住在伊朗东北呼罗珊地区的文学家所见到的是以长沙窑瓷和北方邢窑系统的白瓷为主的中国瓷器，因此未将青瓷列入。

铜官窑的典型产品有1975年扬州唐城遗址出土的唐代釉下彩云纹双系罐，它的底色正是杏黄色，鲜艳夺目。由此，我们明白了在瓷器外销之初，至少在伊斯兰国家，人们对于华瓷的品评是以长沙窑彩瓷为上等，其次白瓷，再次才是青瓷等各种浅色釉瓷。长沙窑瓷显然由于它的斑彩而首先引起伊斯兰国家的注意。青瓷之所以在伊斯兰

---

① 肖湘：《唐代长沙铜官窑址调查》，载于《考古学报》1980年第1期。

国家位居白瓷之后，是由于它产量大、品种多，特别是通过海路，可以由"甬江"直接运往世界各地，直到遥远的阿拉伯国家。"甬江"过去译成"容伽"，解释成扬州，实未中鹄的。虽然青瓷从品位而论位列第三，但从比鲁尼明确指出瓷器从"甬江"运往世界各地可知，越窑系统的青瓷不论在数量还是在类型上都在外销瓷中居于首位。现代考古发掘更为加深这一认识提供了数量可观的实物。

从明州发运的船只常直接奔赴日本，由离明州70多里的甬江口的望海镇出海，驶往新罗、日本①。从630年至838年，日本政府共举办了18次日本遣唐使船，自702年第八次起就采取南岛线往返，仅第十二次仍取渤海北线。南岛线以筑紫的博多为启航港，沿九州西岸南下，经种子岛、屋久岛、奄美大岛向西横渡东海，直赴长江三角洲，多在明州登陆。南线也从博多出发，经九州西北的值嘉岛（平户岛）向西南直航明州。然后经扬州顺大运河西至长安。返程也多由明州登舟。在日本遣唐使停办以后，民间的贸易船也都从甬江镇海口启航，往返明州和筑紫之间。李邻德、李延孝等海外贸易商都曾在大宰府鸿胪馆受到优裕的接待。这些在伊本·郭大贝写作《省道志》以前即已存在的事实，由于明州和扬州、广州的商业联系，自然也就成为麇集在这些海港的阿拉伯、波斯客商的头等重要的商业信息了。

明州的外销物资也可以通过和广州、交州的海上联系运往东南亚和印度洋各地，所以阿拉伯作家知道交州也是瓷器的集散地。张津《乾道四明图经》卷一叙述明州的重要地位："南则闽广，东则倭人，北则高句丽，商舶往来，物货丰衍，东出定海，有蛟门虎蹲天设之险，亦东南之要会也。"在879年夏季黄巢率领农民起义军攻占广州以前，中国帆船都自广州直接开赴阿曼、苏哈尔和波斯湾的西拉夫、巴士拉，装运瓷器外销尤其方便。波斯湾头的巴士拉由于在869年到883年间受到波斯人阿里·伊本·穆罕默德率领的法蒂玛派穆斯林和黑奴起义的冲击，在航海业中的地位一落千丈。9、10世纪之交，中国船和波斯船便改在马来半岛的箇罗交会，互换货物。

9世纪中叶，显然由于丝绸和瓷器的大量外销，明州一跃成为对外贸易和海上交通的几个大港之一。它的地位逐渐凌驾于福州之上，足以和扬州、广州并列。在伊斯兰世界和中国海上交通频繁发展的9世纪，明州在航运业的地位蒸蒸日上，确已成为阿拉伯航业界所讴歌的中国四大名港之一。到10世纪上半叶五代十国割据时期，吴越钱氏政权统治了浙江沿海，和割据岭南的刘氏政权一样积极发展海上交通，竭力提高越窑

---

① 司马光《资治通鉴》卷二五〇胡三省注："望海镇在明州界，今定海县即其地。元和十四年，浙东观察使薛戎奏望海镇去明州七十余里，俯临大海，与新罗、日本诸蕃接界。"

系统青瓷的产量，使之从明州港成批外运。因此，作为海港和造船基地，明州的重要性不但未曾稍减，反而呈现出欣欣向荣的势头。宋神宗赵顼在一个多世纪后还以浙、广并列，论述这些地区发展海上贸易的成功："昔钱、刘窃据浙、广，内足自富，外足抗中国者，亦由笼海商得术也。"（黄以周《续资治通鉴长编拾补》卷五）

在唐末，和泉州相比，明州在海上交通和国际贸易上所占的地位实具有十足的优势，因此得以和交州、广州、扬州并列，而名列唐代对外贸易四大港之中。

唐代杜环的摩邻之行

非洲，这个和中国远隔重洋的大陆，由于罗马帝国富庶的东方诸省的经济中心亚历山大城，即中国古籍所称的大秦乌迟散城，早已在古代名扬中国了。《魏略》曾详细记录了从波斯湾和美索不达米亚通往埃及亚历山大城的水路和陆道。当时非洲的著名物产像乳香、没药、乌文木、椰枣和蓝宝石都不断运到中国。但直到7世纪，我们还不知道有亲自到过非洲又留下了文字记载的中国人。

唐代的杜环在《经行记》中写有一段关于摩邻国的文字："又去摩邻国，在秋（秧）萨罗国西南，渡大碛，行二千里至其国。其人黑，其俗犷。少米麦，无草木，马食干鱼，人餐鹘莽。鹘莽，即波斯枣也。瘴疠特甚诸国。陆行之所经，山胡则一种，法有数般。有大食法，有大秦法，有寻寻法。其寻寻烝报于诸夷狄中最甚，当食不语。其大食法者，以弟子亲戚而作判典，纵有微过，不至相累。不食猪狗驴马等肉，不拜国王父母之尊，不信鬼神，祀天而已。其俗，每七日一假，不买卖，不出纳，唯饮酒谑浪终日。其大秦，善医眼及痢，或未病先见，或开脑出虫。"（《通典》卷一九三）

杜环是《通典》作者杜佑（735—812年）的族子，曾亲历阿拉伯各国。《通典》卷一九一《边防典七》对杜环的西行有短短的一段话："族子环随镇西节度使高仙芝西征，天宝十载至西海，宝应初（762年）因贾商船舶自广州而回，著《经行记》。"

杜环在751年的怛逻斯战役中被俘，此后便跟随大食军队西行，遍历阿拉伯各地。

762 年归国后，写成一部《经行记》，现在留存的只有散见于《通典》的 1500 多字。《经行记》中描述摩邻国的一段文字，后来欧阳修编纂《新唐书·西域列传下·拂菻传》又加转录，改成："自拂菻（拜占庭）西南度碛二千里，有国曰磨邻，曰老勃萨。"磨邻当然就是摩邻。下面的文字和《经行记》略同，但有删改。从《新唐书》可以知道，摩邻和老勃萨都是在拜占庭的故土利凡特西南度过大沙漠陆行二千里的地方。和摩邻相比，老勃萨如果是另外一个国家，则应在它的南面。摩邻的所在如能解决，老勃萨的位置也就容易决定了。

摩邻究在何处？这个问题从 19 世纪下半叶的勃莱特斯耐德起就开始探讨了。勃莱特斯耐德猜测摩邻是北非摩尔人所住的毛里塔尼亚或利比亚[1]。1885 年，德国汉学家腓特烈·夏德发表他的名著《大秦国全录》，对《新唐书》中的摩邻和老勃萨作了考释，指出它是红海西岸特罗拉狄特人的居住地[2]。1909 年，夏德在《中国有关东非的最早记载》[3]一文中，又提到摩邻是个东非国家。因为夏德未曾确指摩邻的所在，劳费尔在 1919 年便明确提出《新唐书》中的摩邻应是肯尼亚的马林迪[4]。从此以后，摩邻的所在几乎已经成了定论。1947 年，荷兰汉学家戴闻达在伦敦大学做了题为《中国对非洲的发现》的讲演[5]，再一次传播了摩邻是马林迪的说法。近年来，一些东非史的研究者，像理查·潘古斯特、理查·罗戚、弗里曼-格伦维勒，都对此坚信不疑。李约瑟在他的巨著《中国科学技术史》第四卷中也以马林迪为唐代所称的摩邻国[6]。

照《新唐书》的叙述，摩邻和老勃萨是在"拂菻西南度碛二千里"的地方。在伊斯兰教的哈里发帝国兴起后，拂菻失去了它在叙利亚、埃及和北非的辖地，领土龟缩到托鲁斯山以北的小亚细亚。《经行记》说："拂菻国在苫国西，隔山数千里，亦曰大秦。"苫国（Sham）是阿拉伯人对叙利亚的称呼。在 8 世纪中叶，拜占庭已只是小亚细亚国家了。依《经行记》，拂菻在叙利亚的西北，而摩邻则在秩萨罗国西南，并非在拂

① 勃莱特斯耐德：《古代中国人的阿拉伯知识》（E. Bretschneider, On the Knowledge Possessed by the Ancient Chinese of the Arabs and Arabian Colonies），伦敦 1871 年版，第 25 页。

② 夏德：《大秦国全录》（F. Hirth, China and the Roman Orient），上海 1885 年版，第 204-205 页。

③ 夏德：《中国有关东非的最早记载》（F. Hirth, Early Chinese Notices of East African Territories），载于《美国东方学会会刊》（JAOS）第 30 卷，第 46 页。

④ 劳费尔：《中国伊朗编》（B. Laufer, Sino-Iranica），芝加哥 1919 年版，第 389 页。

⑤ 戴闻达：《中国对非洲的发现》（L. Duyvendak, China's Discovery of Africa），伦敦 1949 年版，第 15 页。

⑥ 李约瑟：《中国科学技术史》（J. Needham, Science and Civilisation in China），剑桥 1971 年版，第 4 卷，第 3 分册，第 495 页。

菻西南。《经行记》中的秩萨罗就是耶路撒冷。可见摩邻只能在耶路撒冷西南 2000 里的地方，绝不能远到肯尼亚沿海的马林迪，因为马林迪已在耶路撒冷的万里之外。马林迪的名字在杜环游历阿拉伯各地时还刚刚出现。《帕特纪年》有一段记载，叙述 696 年由阿拉伯人马立克·本·缪良尼（Malik bin Muriani）率领的移民在东非首次建立了六个居民点，马林迪是其中之一，但还不是什么重要港口，更未成为一个有组织的国家。即使到了伊德里西的时代，即在 12 世纪中叶，马林迪也只是以制铁闻名的大镇①。何况《经行记》所记的气候、风土人情和马林迪相差很远。因此英国考古学家坎克曼宁肯相信摩邻在索马里或巴巴拉海岸以北的地方。

首先必须明确的是，杜环关于摩邻国的记述完全出自他的亲身经历，这可由开头的"又去摩邻国"②，以及文中明确指出"陆行之所经，山胡则一种，法有数般"③等文字得到证实。杜环是经由耶路撒冷前往非洲东岸的，沿途所记全是目见，并非耳闻。《经行记》开头就说摩邻国在秩萨罗西南，度过大碛，总行程计 2000 里，这就指出了摩邻国的方向和距离。行记所述是从巴勒斯坦通往红海西岸的陆路。这条大路从耶路撒冷西南经过比尔·谢巴穿越西奈半岛，然后通往尼罗河三角洲。现在苏伊士运河地区，从东到西有两条商路，一条横越蒂赫（Tih）沙漠北部，从巴勒湖南岸西越尼罗河；另一条沿着地中海滨皮留辛平原南部，经过伽斯纳（El-Qantara el-Khazna），从巴勒湖北岸进入尼罗河东支出海处的法罗马，这是古代埃及和叙利亚队商通行的大道。大道从法罗马转向西南到达巴比伦（开罗）后，再溯尼罗河而上抵阿斯旺，然后穿越努比亚沙漠，进入尼罗河弯曲处，再折向东南到达摩邻国。

由阿斯旺往南直到尼罗河上游谷地的第五瀑布和它以东的地区，陆行所经要穿越"山胡"贝贾人的居住区。贝贾人是以畜牧为主的游牧部落，属于混有闪族血统的含族。在伊斯兰教兴起后，这些贝贾部落都散处在阿斯旺以南的努比亚和埃塞俄比亚高原的北部。现在苏丹境内尼罗河以东直到红海之滨的广大地区都是贝贾人的居住区。这些散居在努比亚和厄立特里亚之间的游牧民族，虽然分成哈达里巴（Hadariba）、阿巴达（Ababda）和贝尼·阿密（Benu 'Amir）等几大部落，并且组成各自独立的王国，

① 弗里曼-格伦维勒：《东非沿岸史料》（G. S. P. Freeman-Grenville, East African Coast），牛津 1962 年版；《中世纪坦噶尼喀沿岸史》（The Madiaeval History of the Coast of Tanganyika），柏林 1962 年版，第 41 页。

② "又去"，《文献通考》作"又云"，讹。

③ 《太平寰宇记》卷一八六讹作"陆行之所经也，戎则一种，法有数般"。张一纯《经行记笺注》（中华书局 1963 年版）本依此，不足为据。

但在种族上同属操库施语的贝贾人。沿着红海由北而南，山岭密布，所以杜环对这一地区概括为"山胡则一种"。贝尼·阿密是贝贾人最南的一支，操闪语中的提格雷语，居住在埃塞俄比亚高原的北缘和厄立特里亚，与阿克苏姆王国的北境相接①。从阿拉伯史家雅库比在872年写作的《历史》中可以知道，这些贝尼·阿密人在8—9世纪时业已改宗基督教，归顺于阿克苏姆的哈巴沙皇帝"纳加希"（Nejashi）了。贝贾人以善于畜养骆驼闻名，他们的驼队成了埃及和埃塞俄比亚之间最活跃的中介商。8世纪中叶在贝贾人的居住区流行的是原始拜物教，9世纪时才有极少数贝贾人开始信奉基督教，而在沿海地区则有些已经皈依伊斯兰教②。贝贾人由于和埃及接壤，而在宗教信仰上却和阿拉伯人不同，因而被阿拉伯人目为"异教徒"。"异教徒"（Mulhidūm）在阿拉伯语中有一个俗称"寻寻"（Zimzim），是对那些在波斯萨珊王朝后期实行亲属通婚的祆教徒的贬称。这一称呼又转而成为对那些保留了浓厚的母权制风习的贝贾人的专称。杜环因此认为寻寻法所实行的"寻寻烝报"是值得指出的罕见的异风奇俗。《经行记》关于寻寻法的描述是中国对贝贾民族最早的文字材料。

对杜环印象最深的是，由埃及、努比亚而至埃塞俄比亚"法有数般"。流行的宗教有大食法、伊斯兰教、大秦法、基督教，还有原始拜物教的寻寻法。三种宗教信仰，杜环按它们的重要性分列次序。伊斯兰教在阿拉伯帝国是居于统治地位的国教，也是杜环经过的埃及和努比亚的少数阿拉伯人信奉的宗教，信徒最多，地位最高，在各种宗教中遥遥领先。次于伊斯兰教的基督教是埃及、努比亚和埃塞俄比亚流行的宗教。埃及虽已伊斯兰化，但由于以往拜占庭的传统势力，基督教仍然拥有数量可观的信徒。亚历山大总主教原是努比亚和埃塞俄比亚教区的宗教领袖。通过基督教，三个地区仍然维系着紧密的联系。杜环对埃及仍称大秦，称赞埃及医学发达，指出基督徒的医生最拿手的是眼科、外科和痢疾的治疗。在努比亚境内，杜环通过的地区是在尼罗河上游立国的基督教国家，北部有以东哥拉为中心的穆卡拉（al-Maqurra）王国，南部有建都索巴的阿勒瓦（Alwa）王国。在6世纪，纳帕塔、东哥拉和索巴三国并立。根据教会史家约翰·埃弗苏斯和约翰·毕克拉勒的记述，在埃及教会的传导下，纳帕塔最先在

---

① 　特莱明汉：《伊斯兰教在埃塞俄比亚》（J. S. Trimingham，Islam in Ethiopia），伦敦1952年版，第155-158页。

② 　特莱明汉：《伊斯兰教在苏丹》（J. S. Trimingham，Islam in the Sudan），牛津1949年版，第58-59页。

543年信奉基督教，接着穆卡拉在570年，阿勒瓦在580年左右也先后皈依基督教[①]。杜环在旅途中先后经过这些基督教国家和贝贾人牧区，最后才到达厄立特里亚。

在杜环游历努比亚时，红海西岸贝贾人放牧区尚无可以注意的港口。贸易大道都从尼罗河弯曲处由北而南通向埃塞俄比亚高原，其中主要的路线由第五瀑布以南的伯柏尔向东通往红海之滨萨瓦金附近，然后跨越巴腊卡河顺海岸线南下祖拉湾，或经阿克苏姆进入埃塞俄比亚内地。8世纪时，祖拉湾外的达拉克群岛是阿克苏姆王国进行对外贸易最重要的海港。来自贝贾人居处的贸易大道在进入厄立特里亚以后便往东叉向祖拉湾畔的台海诺（Deheno），向东南则可通往阿克苏姆。雅库比的《历史》指出，达拉克是埃塞俄比亚主要的甚至是唯一的出口。台海诺之所以重要，就因为它位于陆上贸易大道的终端，和马萨瓦岛、达拉克群岛仅一水之隔。由台海诺通往阿克苏姆的陆道必须跨越和海岸线并行的摩莱布河。在伊斯兰教兴起和阿拉伯军事扩张时期，阿克苏姆王国虽然经历了许多战火纷扰的年月，在它北面的努比亚的基督教王国和贝贾人牧区已处于穆斯林的控制之下，在它南面的桑给人居住区也因阿拉伯移民源源不绝的渗透而被圈入伊斯兰教的势力范围，但阿克苏姆和埃塞俄比亚高原一些割地自据的小国仍保持着基督教的传统信仰。尽管这样，由于受到穆斯林势力的威胁，阿克苏姆王国可能在8世纪已将国都南迁，进入了它的衰亡时期。

阿克苏姆王国是一个依赖海上贸易维持社会经济的国家，公元前4—前3世纪已出现在历史上。从公元1世纪起，繁荣的红海贸易使阿克苏姆和希米雅尔人、埃及人建立了紧密的海上贸易关系。埃塞俄比亚内地出口的奴隶、犀角、象牙、没药和黄金大多从海上输出，并换进铜铁器、玻璃制品、陶器和各种日用品。海上贸易因而成了阿克苏姆的命脉，和埃及、叙利亚的密切联系又使它很早就皈依了基督教。325年尼西亚宗教会议以后，基督教在地中海南部迅速传播，提尔的传教士弗鲁孟提奥便在这时来到阿克苏姆宣扬基督教义。从此阿克苏姆成了一个基督教王国，领土向北扩展到努比亚的库施国家。这个基督教王国由于传统信奉海神而得到了摩邻国的称号。摩邻国和阿克苏姆王国是一个意思。阿克苏姆名王埃札纳在350年用希腊文、沙巴文和盖伊兹文（古埃塞俄比亚文）三种文字所刻的碑铭中记下了阿克苏姆所祀奉的大神，这些大神在盖伊兹文中是天神（Astar）、地神（Medr）和海神（Mahram），相应的沙巴文则写作'Astar，Behēr和Mahrem。摩邻大神的重要性使它独立于天、地之外，和天、地相并

---

① 曼纳杜：《努比亚》（Meinardus，Nubie），载于《埃及史鉴》（Cahiers d'Histoire Egyptienne）1967年第10卷，第137-141页。

列。盖伊兹语中的Astar借自阿拉米语的"天堂"（Astar），Medr是"大地"或"地母"的意思，盖伊兹语中"土地"另外写作hehēr。Mahram这个词是从hahr（海）变来的，和阿拉伯语中的Bahr含义相仿，意思是"大海"。摩邻大神便是海神[1]。

根据埃札纳铭文，自4世纪起就已信奉基督教的阿克苏姆人仍然保持着土生土长的原始拜物教。提格雷的阿克苏姆人和厄立特里亚北部的萨霍人最早崇拜的是树木、水和海洋，还有蛇神。海洋和树木对阿克苏姆人来说都是生命的象征，所以滨海地区有"厄立特里亚"之称，意思就是"大海之王的国土"。阿克苏姆王国在罗马东方贸易盛期积极扩展海上力量，在4世纪时一跃而成红海和亚丁湾的海上强国。祖拉湾旁的阿杜利港（Adulis）从1世纪起就以出口象牙、黄金、香料和奴隶名闻印度洋。在公元97年，甘英打算从波斯湾海路前往埃及的计划失败以后，不到三年，红海之滨的阿杜利便派使者经波斯湾到了后汉国都洛阳。《后汉书》卷四记录了这件事，并将阿杜利译作兜勒国，省略了首音A字母。汉和帝刘肇曾将金印紫绶馈赠给阿克苏姆使者，表示两国正式建交。4世纪起，埃及的印度洋贸易业开始衰落，阿克苏姆王国更独占了红海和印度洋贸易网，阿杜利成了亚丁湾和红海最繁荣的港口和贸易城。5世纪以后，拜占庭和波斯展开进口中国丝帛的竞争，促使拜占庭和阿克苏姆缔结盟约，借以达到它反对波斯扩张的目的。在这场利害冲突中，得到拜占庭支持的阿克苏姆在525年到575年间占领了也门。直到6世纪以后，阿克苏姆这个海上霸主才逐渐衰败。埃塞俄比亚人民对大海的崇拜，使得他们成为一个海的国家，因而在8世纪中叶，亲临其地的杜环所知道的埃塞俄比亚还叫摩邻国。

在阿拉伯历史学家雅库比的笔下，纳加希王首都叫库巴（Kubar），后来曼苏地在10世纪时也还是用这个名字来称呼这个基督教王国的中心。但库巴并非像康狄·罗辛尼曾经解释的那样是"阿克苏姆"的刊讹。事实上，在杜环到达摩邻时，阿克苏姆的首都业已南迁。位于安果（Angot）地区海克（Hayq）湖中小岛上修道院的历史传说曾提到9世纪修道院初建时，国王已将他的国都从阿克苏姆迁到湖区[2]。在海克湖附近，后来又发现了皇室居处的遗址，这些都说明雅库比和曼苏地所说的库巴是在提格雷和

① 詹姆士·哈斯丁编：《宗教和伦理学大词典》（James Hastings ed., Encyclopaedia of Religion and Ethics），第1卷，纽约1955年版，第57页。铭文解释见康狄·罗辛尼：《埃塞俄比亚史》（Conti Rossini, Storia d'Etiopia），帕格玛1928年版，第141—143页。

② 塔德斯·塔姆拉：《海克修道院遗址》（Taddesse Tamrat, The Abbots of Debre Hayq, 1248—1535），载于《埃塞俄比亚研究学报》（Journal of Ethiopian Studies），1970年第8卷第1期，第87—88页；罗兰·奥利弗主编：《剑桥非洲史》（Roland Oliver ed., The Cambridge History of Africa），第3卷，剑桥1977年版，第101页。

塔卡泽河发源处的安果地区之间，现在埃塞俄比亚的提格雷省的西南和沃洛省的西北境内。杜环既曾穿越贝贾人的游牧区，到过埃塞俄比亚高原，一定也听到过阿克苏姆王国的广大疆域和深处内地的国都的消息，所以要在《经行记》中写上摩邻国是个"瘴疠"胜过各国的僻远之地。

杜环所称的"黑人"是埃塞俄比亚的哈巴沙人，属于操库施语的含族居民。埃塞俄比亚居民的黑皮肤是那些自古以来已经具有尼罗特血液的含族库施居民的特征，也即古希腊作家所称的"埃塞俄比亚人"。阿拉伯人则另有一个名称叫哈巴沙人（Habašāt，Habasha），古埃及铭文写作 Hbsti，读如 Habasti。阿拉伯人对红海西岸和非洲之角附近的黑色居民是分得很清的，对埃塞俄比亚人，他们叫哈巴沙人；对亚丁湾南岸的含族居民则称为巴巴拉人，或黑巴巴拉人，以别于北非的柏柏尔人；对班图居民则称桑给人，算是真正的"黑人"。和埃塞俄比亚高原以东以南的居民相比，阿克苏姆的含族居民肤色不过稍黑而已，但和努比亚的贝贾人和埃及居民相比，则已具有明显的黑皮肤，所以杜环指出摩邻国居民具有"其人黑"的特点。杜环又提到，当地以干鱼喂马，这是古代厄立特里亚和巴巴拉海岸的风习。"人餐鹘莽"，鹘莽是阿拉伯语 Khurma，现在叫椰枣（伊拉克蜜枣）。在更早的《南方草木状》中叫海枣，《魏书》《隋书》都叫千年枣，而且在杜环以前的《本草拾遗》更知道它有一个柯普特语名"无漏"（bunnu）。直到今天，苏丹共和国的沿海仍是盛产椰枣的地区。由此可见，杜环的摩邻国实是昔日强大的海上王国阿克苏姆，领土包括贝尼·阿密人的居地和埃塞俄比亚全境。

到达摩邻国后，杜环的整个非洲之行也就告终了。达拉克群岛是埃塞俄比亚海上的大门。8世纪初，达拉克的居民都已是伊斯兰教的信徒，这使它成了阿拉伯世界的一部分。红海西岸和波斯湾的海上联系都靠达拉克。因此可以推想，杜环也是从达拉克经波斯湾海路回到阿拔斯王朝初建时的首都库法的。

杜环为什么要到非洲的摩邻国去？从杜佑简短的叙述可以知道杜环是762年回到广州的。根据当时海上交通必须花费的时间推算，杜环最晚必须在761年冬季离开波斯湾，才能在762年农历六月回到广州。甚至可能在760年冬季就已经搭乘商船东行了。在761年以前，正好在阿拔斯政权和努比亚基督教王国之间发生了一件大事。努比亚的基督教王国按照652年和埃及的阿拉伯政权所订的协定（Baqt），每年要通过埃及向哈里发缴纳贡赋，并保证贝贾人在埃及边境保持安宁。但从8世纪40年代起，努比亚的基督徒不堪埃及总督的勒索和阿拉伯牧民的骚扰，开始在边境上发生叛乱。在745年，基督徒甚至散布流言，说有 10 万努比亚人进军亚历山大，占领了埃及，生俘阿拉伯总督[1]。758 年，阿拔斯王朝新任命的埃及总督正式致函东哥拉的穆卡拉国王，指责努比亚方面违反 652 年协定规定应尽的义务，纵容柏来米人（贝贾人）劫掠阿斯旺县。这一件文书在 1972 年出土于尼罗河畔的卡斯尔·伊卜林（Qasr Ibrim）。接着阿拔斯哈里发穆塔辛姆更责令穆卡拉付清 14 年积欠的贡赋，相当于 5000 名以上的奴隶。东哥拉国王只得派他的儿子乔治出使伊拉克，进谒哈里发[2]。结果，双方签订了一个双边协定，重申遵循 652 年的协定，确保埃及和穆卡拉的边境安宁；东哥拉负责赔偿的奴隶，由每年改为每三年一纳。这时埃及正处于政治上骚乱和经济上衰败之际，无暇南侵，只求协定付诸实行。协定签订后，哈里发派人护送乔治返回东哥拉。这是 759—760 年间努比亚历史上哄传一时的要闻。杜环大约也在这时去努比亚旅行。因为杜环和其他一些各有专长的被俘人员在哈里发的国都都受到重用，当时画工京兆人樊淑、刘泚，织工河东人乐环、吕礼，以及金银匠都先后在阿拔斯国都库法和巴格达各献所长。在哈里发派遣使团厚礼遣送乔治王子返回东哥拉时，由于宦官出身，杜环可能也在使团之中，因而得以实现他的非洲之行。由于事关埃及边境的安宁，所以使团从库法经耶路撒冷和开罗，沿尼罗河抵达东哥拉，然后又取陆道南去摩邻，由达拉克返航库法。不久杜环便得以重返祖国了。

无论如何，杜环所记的摩邻国是在他结束努比亚之行以后归航的地方。由于这种原因，杜环大约并未访问阿克苏姆或更在它南面的新都，而只是取道摩邻，自台海诺泛海东归。

因此，杜环的摩邻国只能是阿克苏姆王国属下的厄立特里亚。至于《新唐书》中和摩邻一起提到的老勃萨，是从阿拉伯人那里知道的哈巴沙人（al-Habašāt）的译音，和摩邻国并无区别。老勃萨并非像劳费尔想象的那样，是明代和麻林使者同时到中国的刺撒[3]。《新唐书》原文："自拂林西南度碛二千里，有国曰磨邻，曰老勃萨。"一个指阿克苏姆属下贝贾人居住的厄立特里亚，一个直接指称阿克苏姆的哈巴沙人。从《新唐书》说"拂林西南度碛"，更可明白它说的拂林是叙利亚，时间的界限不能晚到 638 年。该年阿拉伯人不但占领了叙利亚全境，并且进入耶路撒冷，不久巴勒斯坦也全

---

[1]　曼纳杜：《努比亚》（Meinardus，Nubie），载于《埃及史鉴》（Cahiers d'Histoire Egyptienne）1967 年第 10 卷，第 147 页注 59。

[2]　普伦莱的论文载于《埃及考古学报》（Journal of Egyptian Archaeology）1975 年第 61 卷，第 241-245 页。

[3]　劳费尔：《中国伊朗编》（B. Laufer，Sino-Iranica），芝加哥 1919 年版，第 390 页。

入阿拉伯人之手，从此拜占庭帝国在地中海东岸已无立足之地了。《新唐书》中的摩邻和老勃萨是长久以来为国外所熟知的中国古籍中的非洲国家，但关于它们的文献来源就很少为人所知，至于摩邻的方位所引起的误会更是根深蒂固了。这摩邻实非马林迪，因此不会是明朝历史上的麻林。

在迄今仍在通行的一本东非史教材中，剑桥大学的马什和金斯诺士也曾笼统地宣称："早在中世纪初，中国人就来到了东非沿海。"①他们的根据大约也不出这个摩邻国，但它并非肯尼亚的马林迪，而是埃塞俄比亚。

杜环游历苏丹和埃塞俄比亚，是在公元最初一两个世纪内罗马探索者深入非洲内地和发展非洲东岸的沿海贸易之后一个生在非洲之外的外国游历家第一次记述非洲的情况。在这以前，出生在埃及的希腊僧侣科斯莫司·印地科普勒斯（Cosmos Indico-pleustes）在游历埃塞俄比亚、索科特拉、波斯湾各国和印度、斯里兰卡之后，在547年回到埃及的西奈半岛，写成了他的《基督教各国风土记》。可是科斯莫司终究是一个生在非洲、长在非洲的埃及人。在杜环之后，要到10世纪时，阿拉伯地理学家伊本·赫克尔和曼苏地才亲自考察非洲沿海，写下了他们的不朽名著。至于欧洲人游历红海并且写下作品的是土德拉的本哈明，他由红海到达埃塞俄比亚和索科特拉，再由尼罗河返归开罗，算是深入到了努比亚，但时间之晚，已在杜环之后4个世纪的12世纪70年代了。杜环的著作虽然只留下了一些片段，但它关于东北非洲的观察却是相当敏锐和精当的。他可说是第一个到过埃及、苏丹和埃塞俄比亚的中国人，也是第一个有名可指的发现了非洲的中国人。

---

① 马什、金斯诺士：《东非史简编》（Zoe Marsh and G. W. Kingsnorth, An Introduction to the History of East Africa），剑桥1957年初版，1963年再版，第3页。

唐时期的文单国与朱江国新论

唐帝国疆域广袤，南疆在中南半岛，及于北纬18°以南。尽管比起汉代日南郡的南境所达槟绘湾已北撤了500多公里，但这里仍是襟带中南半岛海陆交通的枢纽，也是中国经营南海和印度洋贸易的前哨。

驩州是唐朝在中南半岛直属领地中最南的边郡，辖境相当于今越南义静省的南部，最远达到平治天省的北部。唐初在这里设安南都督府加以治理，武德五年（622年）改为交州总管府，调露元年（679年）改安南都护府，至德二年（757年）九月改为镇南都护府，后仍称安南都护府，由刺史充都护。唐朝在越南境内先后共设交、峰、爱、驩四州。在驩州西边有羁縻州长州，又称裳州、棠州，辖境在今老挝中部。

驩州的地理位置，使它成为唐代中国和泰东北以及老挝的文单国、柬埔寨的水真腊、越南中部的占婆、泰国中部的朱江国甚至远到泰北女王国的交通枢纽。文单国与朱江国在唐王朝与中南半岛各国交往方面是足以牵动全局的两个国家。

一、驩州通文单道

驩州是三国孙吴时期的九德郡，梁代属德州。据《隋书·地理志下》，驩州是由梁代德州在开皇十八年（598年）改置的。《元和郡县志》卷三十八记："取咸驩县为名也，大业三年（607年）改为日南郡。"隋代日南郡并非汉代日南郡，其地方已大为北移。604年，刘方任骥州道行军总管，率领舟师和步骑出征林邑，就从这里出发。《新唐书·地理志七上》载，唐武德八年（625年）改为德州，贞观元年（627年）改称骥州，旧骥州改为演州。贞观二年（628年）置骥州都督府，领骥、演、明、智、林、源、景、海八州。十二年（638年）废明、源、海三州。天宝元年（742年）改为日南郡，乾元元年（758年）复称骥州。早先领县六，天宝年间领县四。骥州南界在北纬18°的横山，自此以南的广大地方是唐朝和占婆（又称林邑或环王）互相争战与对峙之区。

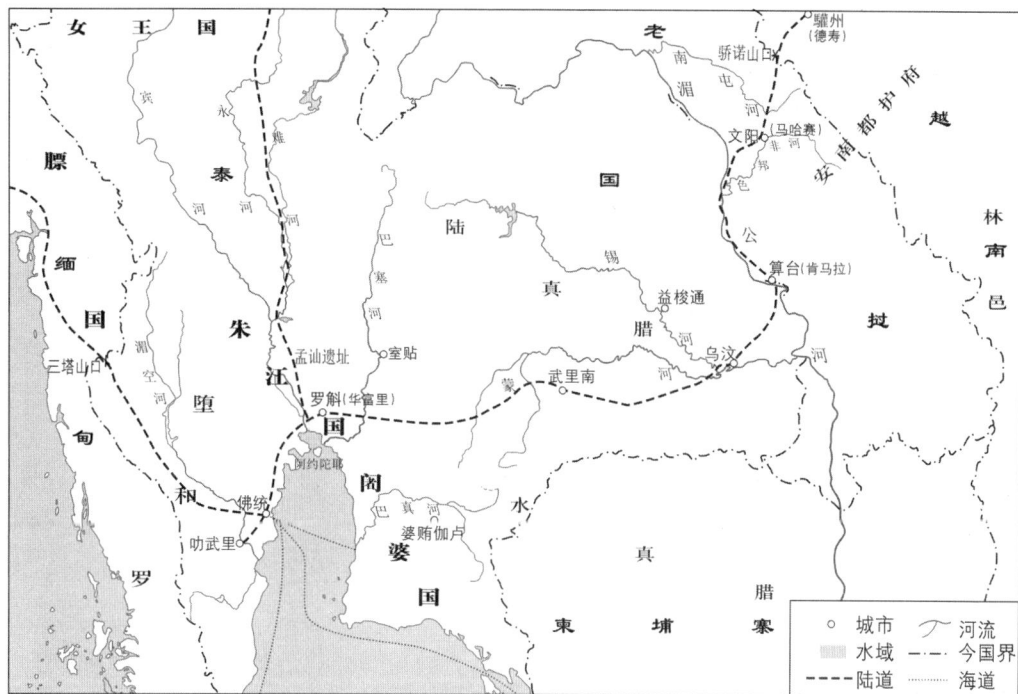

8世纪中南半岛局部图

据《新唐书·地理志七下》载贾耽在805年前记述的唐代中外交通路线，从骥州出发往南的陆路，经十天路程可通环王国都城："自骥州东二日行，至唐林州安远县，南行经古罗江，二日行至环王国之檀洞江。又四日至朱崖，又经单补镇，二日至环王国城，故汉日南郡地也。"从骥州出发，西南有路可通文单国："自骥州西南三日行，度雾温岭，又二日行至裳州日落县，又经罗伦江及古郎洞之石蜜山，三日行至裳州文阳县。又经漆漆洞，四日行至文单国之算台县，又三日行至文单外城，又一日行至内城。一曰陆真腊，其南水真腊。又南至小海，其南罗越国，又南至大海。"

骥州西南通文单，文单即陆真腊。705年至707年间，真腊分成水真腊、陆真腊。

《新唐书·南蛮列传下·真腊传》说："神龙后分为二半：北多山阜，号陆真腊半；南际海，饶陂泽，号水真腊半。水真腊，地八百里，王居婆罗提拔城。陆真腊或曰文单，曰婆镂，地七百里，王号'笪屈'。"真腊自550年左右崛起于湄公河占巴塞（Champasak）地区，此后逐渐吞并扶南的属境，扩充版图，成为一个"东距车渠，西属骠，南濒海，北与道明接，东北抵驩州"的大国。到8世纪初分成南北二部，南部水真腊对外习称真腊，北部陆真腊则习称文单。根据唐代档册，在景龙四年（710年）以前，真腊总共九次向唐朝派使节。神龙三年（707年）的一次还只见真腊一国。但景龙四年以后便既有真腊国使，又有文单国使。景龙四年的一次，据《册府元龟》卷九七四《外臣部·褒异一》记，景龙五年（应作景龙四年）"六月丙子，文单国、真腊国朝贡使还蕃，并降玺书及帛五百匹赐国王。文单、真腊皆南方小国也，常奉正朔，职贡不绝，帝嘉之，故有是宠"。此后，玄宗开元五年（717年）、玄宗天宝十二年（753年）、代宗大历六年（771年）、德宗贞元十四年（798年），文单国都有专使到长安。

文单国和唐朝使节往来都通过陆路。水真腊通常都认定在今柬埔寨和越南南圻；在水真腊以北的陆真腊，它的境域便相当于泰国东北部和老挝的大部分地区。真腊和唐朝在越南北部的领地爱州、驩州接界，历来有商旅往来。《旧唐书·南蛮列传·真腊传》称："真腊国在林邑西北，本扶南之属国，昆仑之类。在京师南二万七百里，北至爱州六十日行。"《新唐书·南蛮列传下·真腊传》对水、陆真腊的四至说得更清楚："真腊一曰吉蔑，本扶南属国。去京师二万七百里。东距车渠，西属骠，南濒海，北与道明接，东北抵驩州。"

陆真腊的北面既有其属国道明国，因此便和南诏接界。唐人樊绰于863年写成的《蛮书》卷十记："水真腊国、陆真腊国，与蛮镇南相接。蛮贼曾领马军到海畔，见苍波汹涌，怅然收军却回。"真腊既分成水、陆二半，陆真腊又在水真腊之北，那么和南诏镇南节度使辖境相邻的便只能是陆真腊。《蛮书》所谓水、陆真腊与南诏接界的说法只是对南北二部有联盟关系的真腊全国而言的。南诏的骑兵曾南下，直抵湄公河畔，"海畔"即指湄公河而言的，这是当代学者的共识。《元和郡县志》卷三十八称，在驩州以北150里的演州，"其州西控海，当中国往林邑、扶南之大路也"。所说林邑即占婆，扶南即真腊。《新唐书·南蛮列传下·两爨蛮传》称："贞元七年，始以驩、峰二州为都督府。驩在安南，限重海，与文单、占婆接。峰统羁縻州十八，与蜀爨蛮接。"驩州地界不但东面是海，西面也是海，这西面的海是万象以东至北卡定南折可以通航的湄公河。驩州都督府的职责是管辖与文单、占婆接界的地区，峰州都督府的职责是管辖与南诏接界的地区。骠州管辖的领土可以远到横山以南，所以骠州的重要性首先在于它是唐朝政府面对占婆和陆真腊的国门。《太平寰宇记》卷一七一说，骠州"西南至文单国十五日程，约七百五十里"，又说"西南至羁縻棠州三百里"。比一日行五十里的常数正好少一百里。《新唐书·地理志七下》录贾耽所记骠州至文单外城十五日程，又一日行至内城，共十六日程。两地相距不足千里。

二、文单国都非万象说

陆真腊的都城在文单，因此又称文单国。但文单又在今日什么地方？学术界都认为在湄公河的中游，一个多世纪前已有巴斯丁（Bastian）提出在万象，而伯希和认为虽然贾耽路程过短，却应远在柬埔寨境内北部的三蒲儿（Sambor，Cambhupura），然而这里实则是真腊国都伊奢那城[①]。国内学者黄盛璋从1962年起陆续发表考订文单国的文章，结论是：文单国内城在今老挝的万象；作为文单东北属国的道明国在老挝北部的川圹；文单西北属国参半国在道明国西，与道明接境，指为泰史传说中的庸那迦国，位于泰北的景线（昌盛）。黄盛璋又引用泰国学者琼赛的《老挝新史》，以为景线所面对的孟芳（当时叫乌蒙加塞拉）和万象（当时叫赛丰）一样，在8世纪中叶都已是吉蔑帝国的前哨[②]。以上的研究现已画上地图，收入松田寿男、森鹿三主编的《亚细亚历史地图》、谭其骧主编的《中国历史地图集》第5册。然而文单国都万象说，至少还有以下四个问题难以圆满解决。

（一）骠州的位置，向有几说。除G.马伯乐的清华说已被否定外，尚有H.马伯乐的义安省南坛雁塔村古城说，沙畹的河静省德寿说，伯希和的河静说，越南史家的义安（荣市）说。尤其是荣市和德寿说，至今仍是流行的看法。黄盛璋《道明国考》的边水附近说也属于荣市说一派，边水即荣市东南五里的浦阳，浦阳因位于九德浦（今蓝江下游入海口）之北而得名。但黄说的缺点是与《元和郡县志》《太平寰宇记》所记骠州及骠州属下越裳县的位置明显不符，因此反而责难"唐宋志书所记越南州县方位里距，未可尽据，更不能依之定州县位置"。《元和郡县志》卷三十八记骠州"东至海一百里"，演州"东至大海六里"，爱州"东至演州一百四十里"，应该不是可以随便推倒、置之不顾的。若将骠州定在荣市或边水，则"东至海"尚不足五十里；如将骠州位于

---

① 伯希和：《交广印度两道考》，冯承钧译，中华书局1955年版，第61—62页。

② 参见黄盛璋《文单国——老挝历史地理新探》，载于《历史研究》1962年第5期；《再论贾耽"骠州通文单道"地理与对音》，载于《历史地理》第5辑，上海人民出版社1987年版；《道明国考》，载于《中外关系史论丛》第2辑，世界知识出版社1987年版。

德寿，便完全相符了。《元和郡县志》卷三十八又记越裳县"西至州七十里"，《太平寰宇记》卷一七一记越裳县在州"东北七十里"。越裳县明明在边水，但主张越裳在骥州州治以南的反而指唐人的记载失实。因此，骥州州治在德寿。

（二）贾耽记骥州入文单道方向为西南，而万象却在骥州（德寿）之西。由骥州出发，越过长山山脉的骄诺山口到达唐羁縻州裳州的日落县，又至裳州的文阳县。这些地方都在老挝的甘蒙省境。陶维英认为，日落县在老挝境内南屯河以北的甘蒙（Muang Khammouan，旧译甘结，此地并非湄公河旁他曲别称的甘蒙 Khammouan）地区[1]。黄盛璋将甘蒙以西的南屯河分成两段，东段为贾耽道程中的罗伦江，西段（南蒙河汇流处以西）为贾耽道程中的漦漦洞，然后注入北卡定以东的湄公河。由甘蒙往西经裳州文阳县、文单国算台县，最后到达万象。道程总走向是先西南，后西北，再西南。当年，伯希和已疑巴斯丁的万象说方向偏北。

（三）文单的对音与"万象（Vientiane）"不合。万象又可以是 Vieng Chan 的对音[2]，但同样与"文单"难以合拍。文单，照苏继顾的解释，是文河（今译蒙河）流域的国家，他说："陆真腊大概据于文河（Mun）流域，或以为殆吉蔑族之发祥地，有文单、婆镂二名。"又说："文单似可还原为 Muntan，而婆镂则疑为 Savanna-vari 之省译，其地点在文河与湄公河合流处。"[3]文河，今通译蒙河（Mae Nam Mun），与锡河（Nam Si）不仅是湄公河最大的两条支流，而且是泰东北古文明的发祥地。文单国的得名应该由蒙河而来。在汇集泰族历史传说的《金灯国史》中，泰北兰那地区在泰族移民到来以前是肤色黝黑的昆仑人居住的地方，这些原住民被称作昆仑丹或孔丹人。"丹"是黑色的意思，昆仑丹或孔丹就是指黑昆仑或黑孔人。文单的原意也不外乎是居住在文（蒙）河流域的肤色黝黑的人。这些居民也就是古老的扶南国建立时的子民，多数是佬族人，亦即古泰人，属于泰佬语系民族。据此推断，"文单"一名的古意便是乌文国了。

乌文国是扶南开国传说中由混滇创建的一个国家。传说摸（模）跌国人混滇乘着商人大舶到达一处地方，在那里建立了一个国家，叫乌文国。《太平御览》卷七八七引康泰《扶南土俗》曰："乌文国，昔混滇初载贾人大舶所成此国。"大约在1世纪末，有个叫混滇（亦作"混慎"）的男子乘着贩货的大船到了蒙河下游与湄公河交汇处的乌

① 陶维英：《越南历代疆域》，商务印书馆1973年版，第199页。
② 段立生：《班菩文化遗址源流考》，载于《星暹日报》（曼谷）1994年5月25日《泰中学刊》版。
③ 苏继顾：《岛夷志略校释》，中华书局1981年版，第72页。

汶府，凭着他的组织能力建立了一个乌文国。乌文与乌汶叻他尼（Ubon Ratchathani）有名称上的类同。

乌文国与扶南的开国传说也可以联系得上。《太平御览》卷三四七引《吴时外国传》曰："扶南之先，女人为主，名柳叶。有摸趺国人字混慎，好事神，一心不懈，神感至意，夜梦人赐神弓一张，教载贾人舶入海。混慎晨入庙，于神树下得弓，便载大船入海。神回风令至扶南。柳叶欲劫取之，混慎举神弓而射焉，贯船通渡。柳叶惧伏，混慎因王扶南。"这则故事点明混慎（另作混滇、混填，《册府元龟》卷九五六作混溃，有讹）原籍摸趺国（《北堂书钞》卷一二五"武功部十三"引同书作"模趺国"），因不知所在，伯希和便以为是《太平御览》卷七八七中引用《扶南土俗》中的横趺国，以为摸趺是"横趺"之讹。另外的史料说横趺国在天竺东南五千里优钹国的东南，于是后来的学者都被这横趺国所误，希望考订出它的所在，以致误解混滇的故乡是印度或马来半岛西岸、泰国北部，甚或是爪哇[①]，徒费了许多功夫。依照《南齐书》叙述的同一则扶南开国故事，此人叫混填，是激国人，《梁书》则说是徼国人。很明显，激国、徼国都是音译名称，而"徼"这个字更有"边徼，边岭"的意思，所以《晋书》干脆就说混填是外国人。当时中国最南边境在越南长山山脉的北部，唐代的驩州是孙吴九德郡治地，被当时人认作边界。《水经注》卷三十六引《林邑记》："九德，九夷所极，故以名郡。"所以徼国必定是在中南半岛的湄公河流域。摸趺的对音 Muang Paknam 是泰佬语中的"河口国"或"滨海国"，佬人与组成扶南国的另一主体民族吉蔑人语言相近。摸趺国所以又称激国或徼国，是由于此地已在中国疆域之外，属于边外。"徼"的对音是 Cauké。越南南圻有芹苴省，是古代车渠国的遗名。车渠，据《隋书》说真腊"南接车渠国"，《通典》卷一八八同，《新唐书》以为在水真腊以东，总之，是在真腊本土柬埔寨的南面或东南面。所以，无论是摸趺国还是激国，都只能在湄公河三角洲。混滇与柳叶联姻开创扶南国的传说，是湄公河下游土著居民由母系氏族社会渐向国家过渡的历史，与印度人移民并无干系。混滇这个信神的商人看来多年来出没于湄公河中下游地区，乌文国是他最早将蒙河流域居民组织起来建立的。后来他又继续在湄公河航行，从事商贸活动。有一次"神回风令至扶南"，因风信异常而误入歧途，到了柳叶部落居住的野蛮地区。从"柳"字或许可以推测这是孟-吉蔑民族中的 Lua 族，是后来大批向湄南河流域移居的罗斛（Luwa）民族的先祖。伯希和因为扶南只有椰树，没有柳树，而认为柳叶或是椰叶之讹，这是没有依据的推想。《册府元龟》卷九五六说

---

① 谢光：《泰国与东南亚古代史地丛考》，中国华侨出版社1997年版，第105-106页。

"扶南国，其王本是女子，字叶柳"，柳叶又可称叶柳。总之，"柳叶"或"叶柳"都是Lua Yoi民族的称谓。混滇降服了柳叶这个裸体的女权部落，教她们都穿上贯头布衣。柳叶部落看来应该在湄公河支流的一个地方，很可能在金边以南湄公河北支的洞里河，或西支的普雷特纳河附近。就建国的历史而言，乌文国要略早于扶南国。至于混滇其人，应是湄公河入海处佬族或吉蔑族创国者尊奉的天王（Khoon-ti），是个神话式的人物。混滇的国籍是激（徽）国，在湄公河三角洲。他受到的外来文化的影响，与其说是来自遥远的印度，不如说来自越南沿海，因为那时中国移民确已抵达泰国湾东端的波辽国（薄寮，今越南明海省）了。扶南通常认为得名于古高棉语中的bnam（bnum），吉蔑语称phnom，意思是"山"，扶南王的称号Kurung bnam就是山之王。此说与扶南立国于多水的湄公河三角洲的传说似有不合。泰语学者谢光因此以为扶南得名应由phunam（水居者）而来，并非吉蔑语中的phnom（山）[①]，这个说法自有其合理之处。在这里所以要提及扶南的开国历史，目的在说明根据中国的记载，作为文单国前身的乌文国，它的历史与湄公河三角洲的扶南国几乎是同时展开的。就文明的程度而言，乌文国更属于领先的地区。

（四）从考古发现的实物而论，蒙河流域的乌文国要比万象古老一两千年。换句话说，在7—8世纪，文单国的国都根本不可能是位于乌汶以北400公里的万象。

真腊的本土虽在柬埔寨和越南南圻，但它最初独立并建都色律陀补罗的地方却是老挝南部湄公河畔的占巴塞地区。这一地区现在虽有越蒲庙和色律陀补罗遗址，但并无多少遗物出土。而在泰东北蒙河和锡河下游的童古拉平原却发现了从公元前500年至公元初的大量古遗址。这些古遗址普遍存在壕沟土墙环绕的古代聚落。经航空摄影调查的这类古遗址，在蒙河和锡河流域的呵叻盆地有613座，在湄公河折曲处的色军盆地则有103座[②]。从这些遗址中可以观察到从一次葬（全尸葬）发展到二次葬（骨殖瓮葬）的过程。益梭通府（原为乌汶府西北部）达通村和素辇府湄公河北岸春逢武里县暖扬丘古址，武里南府沙督县班东帕朗遗址，都有大型壕沟土墙，暖扬丘古址更有稻作、冶铁的遗物，可以见到冶铁和二次葬的同时发生。

近几十年来，在益梭通府的猛堤村、达通村和乌汶府的本固村、贝华冬村等地出土的碑刻，颂波式、派格孟式石榁，和代表真腊早期王系的质多斯那碑铭，证明在6世纪中叶拔婆跋摩开国前，质多斯那系的城国已在益梭通—乌汶地区极为兴旺。益梭通

① 谢光：《泰国与东南亚古代史地丛考》，中国华侨出版社1997年版，第95-99页。
② 黎道纲：《泰国古代史地丛考》，中华书局2000年版，第60-62页。

的猛堤碑中便有"商卡补罗（Sangkapura）的大王"、大王的儿子"名叫室利县摩斯那（Sri Dharma Sena）"的铭文。泰国学者提达·色拉雅因此断定这里是斯那家族王系发迹的地方①。室萨·旺里颇隆在《暹罗国：远古至大城王朝的泰国史》（1991年版）中也提到了益梭通、乌汶地区的碑铭记录的城邑、王系、国王和兼并战争，认为泰东北是在泰国境内最早一批接受外来文化，使社会迅速进步的地区。泰东北土著民族甘菩人的上层集团最初通过和扶南国王的联姻促成斯那王系的发祥。因此，《隋书·南蛮列传·真腊传》便直称真腊"其王姓刹利氏，名质多斯那。自其祖渐已强盛，至质多斯那遂兼扶南而有之。死，子伊奢那先代立。居伊奢那城（遗址在今柬埔寨北部Sambor Preykuk），郭下二万余家……总大城三十，城有数千家，各有部帅，官名与林邑同"。"刹利氏"是封号Sri，伊奢那先的"先"便是斯那（sena）的古译。真腊并吞扶南后，已拥有大城三十。若非蒙河流域的斯那系君王拥有相当的经济和军事实力，怎能起而向南方扩展，以致兼并扶南？在7世纪初，这些大城至少有半数以上在泰东北和老挝南部。可以断定，蒙河下游和骧州的交通线最晚在那时就已辟通了。

在真腊早期历史上占重要地位的质多斯那王系的根据地便在益梭通—乌汶地区。现已发现的质多斯那碑铭计有八块，其中三块在乌汶府，一块在孔敬府，三块在武里南府，一块在巴真府，都是真腊官方使用的巴拉瓦字体的梵碑②。在孔敬、素辇、黎逸、马哈色拉堪也发现过服属质多斯那的纪念碑。后来水、陆真腊分裂，陆真腊的势力要到9世纪才向北推进到色军盆地，于是和南诏接境。直到目前为止，还没有什么发掘的实物可以用来推论在9世纪前，湄公河北岸的万象已经重要到成为文单国的国都了。

三、文单道是横贯泰国和老挝的交通要道

上文已论述了文单国都不在万象的依据。那么根据文献和考古资料，文单国都唯有定位在蒙河下游或锡河下游斯那王系的统治中心了。

按照贾耽记述的文单道可分前后两段。前段从骧州（越南河静省的德寿）出发，向西南经三日到达长山山脉的骄诺山口，此处雾温岭应作雾湿岭（今娇女岭娇女隘）；经二日到达裳州日落县（老挝南通河上游支流北岸的南索），从此进入甘蒙高原，中间

---

① 提达·色拉雅：《真腊——东北部古代史》，黎道纲译，《星暹日报》（曼谷）1993年7月《泰土文物》版。

② 黎道纲：《泰国古代史地丛考》，中华书局2000年版，第66页。

要绕越古朗洞的石蜜山。古朗洞在马哈赛正北的容马拉（Gnommarat），距裳州文阳县（老挝色邦非河西岸的马哈赛，Muang Mahaxai）有百里之遥，因此得费时三日才能到达。文阳县是裳州州治所在。按字义，"文阳"应是文水北岸的城市，文水或者就是色邦非河（Xe Bang Fai）中"Fai"字的译音，但亦可能是 Muang-xai（赛城或阳城）的对音，总之是个兼有音义的译名。从地图上看，从骄诺山口到南索，仅稍短于从南索到马哈赛的距离，但前者费时二日，后者要走三日，原因是这段路程全在甘蒙高原上盘旋。从日落县到文阳县，中经连峰叠嶂，穿越峡谷，要越过古朗洞所在的石蜜山，道途艰困之状倍于前段。照《唐六典》卷三载，唐制"马日七十里，步及驴五十里，车三十里"，只要一天便可以到达。马哈赛与容马拉是东南流的色邦非河与西北流的南通河之间的必经之地。日落县至文阳县仅五十里，只能是平面直线距离而非实际道程。唐代裳州的南界应在马哈赛附近不远的地方。由此可知，今日中寮的一部分曾一度是唐安南都护府的领地，及于北纬17°20′，西界超过东界的横山一线。从骥州到裳州文阳县的路程是文单道的前段，这段路程都在今越南的河静省和老挝的甘蒙省境内。

文单道的后段多半取水道。由色邦非河顺流而下进入湄公河。道程是：从裳州文阳县，又经黎黎涧（亦即黎牛涧，今称湄公河），四日行至文单国之算台县。黎黎涧的"涧"是色邦非河之"色"的古译。旅行者通过此河进入湄公河，便是文单国国境。算台是巴利语 Syamratta 的音译，意思是"金埠"，与泰佬语中的"金窟"也相近。其地应在湄公河西岸泰东北乌汶府的肯马拉（Khemmarat），对岸老挝沙湾拿吉省有发源于长山山脉的色邦汉河（Xe Bang Hieng）汇入湄公河。金埠或金窟因这里附近产金而得名。4—5世纪时林邑金山已名闻中国。林邑都城当时在广南（今广南岘港市），《说郛》卷六十一下《林邑记》称："从林邑往金山三十余里，远望金山嵯峨，而赤城照曜似天涧。壑谷中亦有生金，形如虫豸，细者似苍蝇，大者若蜂蝉，夜行耀光如萤火。"林邑所产著名的阳迈金是南海地区的上金，阳迈（"金王"）金的得名就因5世纪初阳迈继位为王，享誉中华。据说，占婆的金都产自老挝[①]。演州与骥州上贡唐朝的贡品就以金箔为主。这些黄金的来源地亦不出湄公河流域。肯马拉便是泰东北和下寮地区的贸易和航运口岸。

湄公河在琅勃拉邦以北为巨石所阻，无法通航。琅勃拉邦至万象一段，仅有琅勃拉邦向南250公里可以通航，由此拐角向东至万象间，河道复杂，航行极为困难。从

---

① G.马司帛洛：《越南矿产及地质图说》，参见 G.马司帛洛《占婆史》，冯承钧译，中华书局1956年版，第2页。

万象到肯马拉460公里，其间激流便有400公里，但可通行小船。肯马拉位于北纬16°1′35″。从这里往南，经过蒙河口直至老、柬边境有名的孔埠（Khong, Khoue），将上游湍急的水流一分为二，然后再汇成一股流入柬埔寨，从此直到分成九汊入海，便成坦途，可以通航无阻①。从肯马拉到文单国都的路程都在泰东北乌汶府境内。昔日的乌汶府，今已分成乌汶和益梭通（Yasothon）两府，但益梭通府辖境面积仅当乌汶府的五分之一。同名城市的益梭通濒临锡河，西距肯马拉仅约160公里陆程。从肯马拉向西南走陆路到乌汶城（Ubon Ratchathani）约130公里，有三四天亦可到达。如果从肯马拉顺湄公河南下，到蒙河口再溯流而上，这段水路，湄公河段有110公里，蒙河段近100公里。按照顺流日行100里（50公里），溯流50里（25公里）算，四日可到②。所以文单道自算台县到文单外城计三日，又一日至文单城，共费时四日。乌汶和益梭通都是泰东北质多斯那王系的发迹地，文单都城定在乌汶城附近，或益梭通城邻近地区，应该是有充分理由的。

谢光曾就文单国都的所在提出他的看法："文单是乌汶城的泰名乌汶叻他尼（Ubon Rachthani）的省译。叻他尼意为王城，它原来可能只叫乌汶他尼，因它是文单国时代的王城，人们即称之为乌汶叻他尼。"又说："若文单并非乌汶他尼之省译，则乌汶府的曼丹（Bandan）、德乌东（Dech Udom）、汶他立（Boontharik）等县城也都可成为中文译名'文单'之对音。"③这一说法无法使人信服，文单国都的地点也未确定。而且谢光将文单道的走向定作由南通河（南屯河）直插湄公河，指称裳州日落县在老挝境内南通河（南屯河）沿岸地区，文阳县在老挝境湄公河沿岸，文单国算台县对音为Suanthai（意思是"泰人园圃"），在泰国纳空拍侬府或乌汶府境内，文单外城、内城均在乌汶府，这些观点都过于笼统，显得非常随意。湄公河航程尤其冗长，难定道里。但说乌汶府（包括今益梭通府）为文单国发迹之地还是对的。按照文单国历史和文单道的总体走向，根据上述研究，大致可以相信乌汶城及益梭通城之间不出100公里的范围应该就是古文单国的行政中心地区。

持文单国都万象说者，不得不设想并构筑了陆真腊由南向北不断迁徙，当文单国号在717年正式使用前便已建都万象的历史。他们认为，陆真腊的都城起初在老挝的他

---

① 让-雷诺：《老挝》（Jean-Renaud, Le Laos），巴黎1930年版，第69页。

② 《唐六典》卷三所订水程道里之利可以参考："水行之程，舟之重者，溯河日三十里，江四十里，余水四十五里。空舟溯河四十里，江五十里，余水六十里。沿流之舟则轻重同制，河日一百五十里，江百里，余水七十里。"

③ 谢光：《泰国与东南亚古代史地丛考》，中国华侨出版社1997年版，第5-6页。

曲（Tha-Kher）附近①，有人进一步认为可能就是今老挝甘蒙省他曲旧城孟达蒙，其根据是《新唐书》称真腊王号笪屈，笪屈的对音便是Tha-Khek，老挝语的意思是"客邦人之码头"；并进一步主张"王号笪屈"可以理解为"王居笪屈"，因为"古真腊有以王号名都城的习惯，也有以都城名王号的做法，所以，笪屈当是陆真腊起初的政治中心"②。然而就真腊的建国历史而论，伊奢那先并非以"伊奢那"为号，其号仍是"刹利氏"。所以中国史籍都说真腊王号刹利氏，未见有以王城为号的。若以"客邦人之码头"为王号，岂非无中生有？在泰佬语中，笪屈（坦坤）是对国王的称呼，并非地名可当。

文单国的疆域四至，有一种比较流行的看法是：东北与骧州接界，北邻南诏，西接朱江，西北属国参半与南诏及骠接壤，西南是堕罗钵底国，南方是水真腊，东面是占婆③，由此得出"文单国的疆域基本上与今天老挝的领土相符"④的结论。但这一看法偏偏缺了十分重要的泰东北这一块，与《旧唐书·南蛮列传·真腊传》所记"水真腊国，其境东西南北约圆八百里，东至奔陀浪州，西至堕罗钵底国，南至小海，北即陆真腊"也不符合。陆真腊的都城大致一直在蒙河流域的文单，因此陆真腊又称文单国。文单又称婆镂，可能是因国都以外还有一个叫商卡补罗的大城，这个城市已由益梭通府猛堤碑得到证实。其地是质多斯那王系发迹之地，为文单国最古老的王都。婆镂由补罗（Pura，城市）而来，是"王都"（Prung Nagara）的译音。不会是谢光所说的在巴真武里的拍洛（Phlarot）城古址，或在春武里府（万佛岁）的古城拍洛（Pharot）⑤。《旧唐书·南蛮列传·真腊传》（《册府元龟》卷九五七同）说，水真腊"北即陆真腊，其王所居城号婆罗提拔，国之东界有小城，皆谓之国"。王城叫婆罗提拔（天都、京都），以别于一般小城。"婆镂"象征真腊（亦即分裂后的陆真腊）最早的发迹之地。

蒙河流域是通过曼谷湾头横贯泰国东西的大道必经之地，文单国因此能牵动泰境各地和越南沿海地区的商贸交通及外交活动。在7—9世纪时，文单国所起的这种纽带

① 陈序经：《扶南史初探》，1962年自印本，第244页。

② 蔡文枞：《澜沧王国是老挝唯一的古国吗？》，载于景振国主编《中国古籍中有关老挝资料汇编》，河南人民出版社1985年版，第300-301页。

③ 《新唐书·南蛮列传下》："环王，本林邑也，一曰占不劳，亦曰占婆……地东西三百里而嬴，南北千里。西距真腊雾温山，南抵奔浪陀州。"中华书局1975年标点本的"奔浪陀"应正作"奔陀浪"，即今越南宁顺省藩朗。

④ 景振国主编：《中国古籍中有关老挝历史资料汇编》，河南人民出版社1985年版，第301页。

⑤ 谢光：《泰国与东南亚古代史地丛考》，中国华侨出版社1997年版，第6-13页。

作用特别明显，可以从泰东北蒙河流域和泰国中部巴塞河流域的许多接受高棉文化的部落国家和真腊建立的结盟关系看出。因此这些国家具有相对的独立地位，可以结帮成群向唐朝派遣使节。

参半国早在真腊开国君主拔婆跋摩（550—598年在位）时期就已和真腊联盟，在625年率先派遣使者到中国。《新唐书·南蛮列传下》记："文单西北属国曰参半，武德八年（625年）使者来。"据《册府元龟》，武德八年九月，真腊国、参半国一同遣使朝贡。贞观二年（628年）十月，参半又与林邑、真腊一同遣使朝贡。参半国在546年扶南南迁那弗那城后便承认了拔婆跋摩的宗主权，成为真腊友善的邻邦，在大约一百年的时间中，在外交上仍拥有很大的自主权，可以开展与唐朝的商贸与外事活动。

在碧差汶府南部的古城室贴，曾发掘到迄今泰境最古老的使用巴拉瓦字母的梵碑和真腊碑刻。室贴是一座扶南时期的古城，20世纪时曾发现毗湿奴的四臂残像和庙宇铭文，均属6世纪遗物。头戴八角帽的毗湿奴神像被认为是扶南国文化的标志。这里出土的更加古老的遗物还有早到5世纪的毗湿奴神像，也与占巴塞地区越蒲庙中的神像相仿，说明这里在扶南时期已是接受扶南文化的古国。其后的发现物属于堕罗钵底时期7—8世纪后的佛像，还有11世纪后吴哥文化影响下的石宫两座。室贴城出土的班旺排碑记述真腊的开国君主拔婆跋摩在这里行使政权，从此这里的王系便以印度化的"跋摩"（varman）称谓为头衔。对照中国史书，这里曾是陆真腊属国参半国的中心，在6—7世纪之际向唐朝派遣过使节。根据室贴的考古发掘，泰国学者提达·色拉雅认为室贴是扶南时期早已崇奉来自湄公河的毗湿奴信仰的国家，而在真腊独立以后，迅速接受了真腊传入的湿婆楞、女神、门神和太阳神崇拜，主张这里是室利乍纳刹国（Sri Chanasa）的国都。这个古国出现在868年呵叻府色玛城的波衣迦碑和937年大城的乍纳刹补罗碑中，在真腊时代是个信奉湿婆教的王国。提达·色拉雅甚至推论这里是真腊王室的最早发祥地[①]。

通过蒙河流域和参半国，从林邑、真腊向西越过古代处于金邻大湾北端的华富里，直通伊洛瓦底江流域骠国的一条横贯中南半岛的大道，在7世纪已通畅无阻。这条大道东端的湄公河和蒙河交汇处本有向东直通林邑的陆路，然而不久以后，扼这条大道东端之喉的林邑便和真腊中断合作，以致双方战端时起。

贞观年间，位于参半国以南和以西的许多小国都曾向唐朝派过使节，表明这些地

---

① 提达·色拉雅：《堕罗钵底国史》，黎道纲译，载于《星暹日报》（曼谷）1996年《泰中学刊》第184—185期。

区对于无论已经衰败的扶南还是新兴的真腊都具有相对的独立地位，可与中国进行朝贡贸易，直接受唐帝国的册封。《新唐书·南蛮列传下》记："（贞观）十二年，僧高（Sangkapura，益梭通附近）、武令（武里南，Buriram）、迦乍（Kanchanaburi，北碧府，即干乍那武里）、鸠密（Koma，德林达依海岸，Taninthayi Coast）四国使者朝贡。僧高直水真腊西北，与环王同俗。其后，鸠密王尸利鸠摩又与富那王尸利提婆跋摩遣使来贡。僧高等国，永徽后为真腊所并。"上述五国都分布在泰国湾北岸直到莫塔万湾的毛淡棉。僧高是呵叻平原最东的一国，由于它的地理位置尤其重要，所以唐代档册特地指出此国在水真腊都城的正西北，换句话说是在泰东北境内。在益梭通府出土的猛堤碑曾提到的商卡补罗（Sangkapura）的城邑，被质多斯那（600—616年在位）王系所统治，时间之早还在真腊建都色律陀补罗（占巴塞）正式独立之前。这个商卡补罗城被黎道纲当作僧高的对音[1]。此城具体所在不明，但有可能在益梭通府境或其西的一地。其次是武令，在泰东北扁担山脉（又称唐勒山）西端的武里南府。再西有迦乍，是北碧府（干乍那武里），处于湄南河下游和夜功河间，扼据自缅境三塔山口南下湄南河三角洲的交通要道。小桂河上的孟信古城（Singhapura）可能是唐代的迦乍城。鸠密国位于堕罗钵底的西北，在缅甸西海岸，是个占有三塔道北口的国家。现在位于三塔山口以北、西北流向毛淡棉的扎米河上游的戈马（Koma）镇应是鸠密的遗名。玄奘称这里是迦摩浪迦国，位于伊洛瓦底江中游室利差呾罗东南大海隅；迦摩浪迦国之东则有堕罗钵底国[2]。毛淡棉以南海滨的浮塔（吉坎密，Kyaik Kami）因得楞人称呼当地建在海岬崖岸上的一座塔而得名。坎密塔似乎也与古国鸠密有所关系。

在贞观年间，还有鸠密和富那派遣的使者到达中国。鸠密王尸利鸠摩（Sri Koma）与富那王尸利提婆跋摩（Srideva-varman）同一年派出使节。富那国应是扶南的别译，是国都南迁后的扶南。富那王尸利提婆跋摩的称谓与鸠密王不同，用的是"跋摩"，仍是扶南王室称号。鸠摩在南迁后的扶南国都的西面。这个南迁后的国都，有说在佛统的，有以为在乌通的，也有主张在叻武里的，总之在曼谷湾的西岸一带。从三塔道南下曼谷湾，到达扶南王的新都是顺道。除了638年那次，在贞观年间鸠密王又和扶南结盟向唐朝派使节联络。所以《新唐书·南蛮列传下》记载扶南南迁后："武德、贞观时再入朝，又献白头人二。白头者，直扶南西，人皆素首，肤理如脂，居山穴，四面峭

<hr>

[1] 黎道纲：《泰国古代史地丛考》，中华书局2000年版，第62页，第68页。黄盛璋以为僧高在万象或其北部一带（《文单国——老挝历史地理新探》，载于《历史研究》1962年第5期，第165页注1），无甚依据。

[2] 玄奘、辩机：《大唐西域记》卷十《三摩呾咤国》。

绝，人莫得至，与参半国接。"白头国据说因为当地人由于长期处于与外界隔绝的山间谷地长出了白发而得名。《通典》卷一八八《边防四》记扶南献白头国人说："隋代遣使贡献。大唐武德后，亦频来贡。贞观中，又献白头国二人于洛阳。其国在扶南之西，在参半之西南……与参半国相接。"

在7世纪中叶，参半国是个疆域很广的国家。从白头国的位置可以推知，参半在南迁后的扶南之北，位于泰国中部。参半的对音可能是猜也蓬（Chaiyaphum），但尚未见于碑铭。参半又和《蛮书》中的阇婆国音近。武德八年（625年），这个参半国和中国通使。对于新兴的真腊国来说，参半国在它西南千余里的地方。《太平御览》卷七八六引《唐书》曰："武德中，参半国遣使朝贡。其国在真腊西南千余里，城临大海，土地下湿。"《新唐书·南蛮列传下》则说："文单西北属国曰参半，武德八年使者来。"所谓在真腊西南的参半，其实是在真腊之西。黄盛璋因为认文单国都在万象，因此将文单西北的属国参半推到了泰北的景迈，置于兰那地区，指称参半就是泰北的庸那迦国。

如果文单西北的参半是远在泰北的庸那迦国[1]，那么参半的都城又如何会如《唐书》所称"城临大海，土地下湿"呢？参半的国境在唐初一定曾南抵曼谷湾头，那时曼谷湾比今日大几倍，从碧武里城向北沿湄空河（夜功河）口的叻武里向东北伸展到华富里，佛统、素攀、华富里直至挽巴功河沿岸的巴真、春武里都是濒海城市[2]。参半国的都城也应在海边不远的地方。

自华富里或巴真可以向西渡海到堕罗钵底的都城佛统，也可以由华富里走陆路，绕越曼谷湾，经湄南河左岸的信武里进入素攀，南下佛统。再向西通过三塔道，可以直达萨尔温江口坤朗的小昆仑国，经过弥臣国，接通伊洛瓦底江骠国的都城舍利佛城（今缅甸卑谬附近）。因此，参半国曾是曼谷湾头东西交通的枢纽。

四、哥罗舍分（迦罗舍佛）是泰国中部古国室利乍纳刹

湄南河下游的华富里及其西邻的信武里、猜纳、素攀甚至碧差汶的部分地区，当时都是哥罗舍分的统治区。哥罗舍分又译作迦罗舍佛、迦逻舍弗。迦罗舍佛，是一个具有胜兵二万、威临曼谷湾北部地区的国家。5世纪的昙无竭《外国传》中出现的迦罗

---

① 黎道纲已辨正了参半国不是庸那迦国，见《泰国古代史地丛考》，中华书局2000年版，第77–78页，第84–85页，第91–95页。

② 瓦纳西、苏帕迦那雅：《泰国中部平原前海岸线上的古城：遗址和地理同步研究》（Phongsri Vanasin, Thiva Supajanya, Ancient Cities on the Former Coastal Line in the Central Plain of Thailand: The Study of Sites and Geographical Corelation），曼谷1980年版。

奢木国可能是哥罗舍分的前身，但具体位置不明。到了唐代，可以知道这个国家在堕罗钵底的北面，《旧唐书·南蛮列传》明确提到堕和罗（堕罗钵底）国"北与迦罗舍佛，东与真腊接"。《通典》卷一八八记录该国："哥罗舍分在南海之南，其国地接堕和罗国，胜兵二万人。其王满（蒲）越伽摩，大唐显庆五年（660年）遣使朝贡。"《册府元龟》卷九七〇则称："哥罗舍分国在南海之南，东接堕和罗国，其王名蒲伽越摩（蒲越伽摩），精兵二万人。"《唐会要》卷一百更补充说："哥罗舍分在南海之南，接堕和罗国，其国王名蒲越摩伽（蒲越伽摩），精兵二万人。其使以显庆五年发本国，至龙朔二年（662年）五月到京。"这是文单国西通曼谷湾头哥罗舍分国的佐证。

《册府元龟》指出，哥罗舍分东接堕和罗，现已清楚，其实是哥罗舍分的东南在猜纳地区与堕和罗相接。沿曼谷湾西岸和北岸大致都是堕和罗的国土，所以也可以像《旧唐书》那样称哥罗舍分是堕和罗的北邻。哥罗舍分既然仅仅在它的东南端与堕和罗接界，堕和罗的疆域正好在猜纳府与哥罗舍分国境的碧室拉差（今猛讪古城）相接，"迦罗舍佛国的疆域，西至今猜纳府的猛讪古城，即是元代的上水国。在南面与堕罗钵底国接界"①。哥罗舍分（迦罗舍佛）的东疆可以到达那里，哥罗舍分的中心城市究竟在何地？这是需要探究的又一问题。

泰国学者提达·色拉雅对室贴古城进行了考察，确定这个古城的规模仅次于堕罗钵底国都城佛统古城，得出的结论是："室贴是湄南河流域内陆的一个重要中心。这里接受了堕罗钵底的文化艺术，又享受着独立的历史发展，而没有受到堕罗钵底政治权力的统辖。"探究室贴遗址所展示的7—10世纪文化，既有佛教，又有婆罗门教。呵叻府色玛古城出土的波伊迦碑中就记有昂萨提婆在真腊境外造湿婆楞，碑的另一面同时刻有室利乍纳刹国（Sri Chanasa）国王供奉佛教的碑文。因此提达·色拉雅认定室贴遗址是波伊迦碑中室利乍纳刹王国的都城。这块古吉蔑文的波伊迦碑的年代是868年。"室利乍纳刹和所谓室贴古城正是与堕罗钵底国同时期的使用高棉语的人群建立的重要内陆国家。"②这个国家在阿约陀耶出土的年代为937年的碑文中被称作乍纳刹补罗（Chanasapur），碑文列出了乍纳刹补罗国王的世系，国王都信奉湿婆神。黎道纲更将乍纳刹补罗认作迦罗舍佛的对音，以为室贴城就是迦罗舍佛的都城，推论迦罗舍佛的疆域西起湄南河上游今猜纳府猛讪一带，据有北揽坡府的占生、华富里府，以都城室贴

① 黎道纲：《泰国古代史地丛考》，中华书局2000年版，第126页。
② 提达·色拉雅：《堕罗钵底国史》，载于《星暹日报》（曼谷）1996年《泰中学刊》第184-185期。

（乍纳刹补罗）为中心，东面至呵叻的色玛古城及武里南府部分地方[①]。

可是中国史书的记录仅认为哥罗舍分是堕和罗东北的一个国家，哥罗舍分只是在它的东南部与堕和罗接境，这个可以确定接界的古城既在猜纳府的猛汕，因此，哥罗舍分可以是"东与堕和罗接"。那么哥罗舍分的疆域怎么能向东伸展到华富里以东的地方呢？堕和罗的东疆也不能远到巴塞河以东的地方。华富里和色拉武里应该是堕和罗与真腊邻接的地方，就是《旧唐书》中和水真腊接壤的堕罗钵底东疆。北揽坡、猜纳、信武里、乌泰他尼乃至素攀的北部才是哥罗舍分的属境。因此，无论是从室贴古城还是从华富里西进，都必须经过哥罗舍分。哥罗舍分的城市具有较多的真腊色彩。以北揽坡栋湄娘猛古城为代表的遗址，具有一重城濠，城内分成两截，中间隔有壕沟，是泰国中部北端北揽坡府和猜纳府所有堕罗钵底古城的特点，在湄南河下游信武里、素攀、佛统、色拉武里和叻武里各府的堕罗钵底古城中很少见，却与巴塞河室贴城和泰东北蒙河、锡河的城邑有联系[②]。因此，北揽坡、猜纳和信武里北部的堕罗钵底古城实则应该视作具有真腊文化特色的哥罗舍分遗留的古城。

湄南河流域的古国哥罗舍分位于曼谷湾交通的十字路口。它从7世纪中叶开始壮大，与唐朝通使历经三个世纪（8—10世纪）之久。这个国家与它的东邻参半国几乎同时建立，而在参半失去独立地位，成为陆真腊的属国以后，哥罗舍分仍能维持独立的地位，一定离不了它和骠国的联盟关系。

《隋书·南蛮列传》称真腊："其国与参半、朱江二国和亲，数与林邑、陀桓二国战争。"《新唐书·南蛮列传下》记真腊："东距车渠，西属骠，南濒海……世与参半、骠通好，与环王、乾陀洹数相攻。"《隋书》中与真腊和亲的参半、朱江都在泰国中部，属真腊的西界，所以《隋书》说真腊"南接车渠国，西有朱江国"。参半和朱江是同时的两个国家，当时的朱江国还是真腊的西邻，是个独立国家。《新唐书》则将"朱江"改作"骠"，认为真腊历来与参半国、骠国通好，骠国的东疆和真腊接界。朱江国当然不是骠国[③]，那么从《新唐书》的叙述就可知道，朱江国从8世纪起一定成了骠国的属邦了。

朱江国最早见于《隋书》和《通典》，有人怀疑朱江即朱波，而朱波是骠国的古称，因此《新唐书》径将朱江改作"骠"。朱江国的疆土在泰国中部，不能远到缅甸的

---

① 黎道纲：《泰国古代史地丛考》，中华书局2000年版，第114-115页。

② 转引自黎道纲《泰国古代史地丛考》（中华书局2000年版）第197页。

③ 陈序经在《骠国考》中对朱江即朱波说持怀疑态度，只有黎道纲在提到骠国时称"骠国（朱江，今缅甸）"。参见黎道纲：《泰国古代史地丛考》，中华书局2000年版，第39页。

伊洛瓦底江，这是清楚的，骠国的本土在缅甸境内伊洛瓦底江和萨尔温江之间，这也是不成问题的，然则骠国的东境能不能拓展到湄南河流域呢？

《新唐书·南蛮列传下·骠国传》介绍骠国，开首便称："骠，古朱波也，自号突罗朱，阇婆国人曰徒里拙。在永昌南二千里，去京师万四千里。东陆真腊，西接东天竺，西南堕和罗，南属海，北南诏。地长三千里，广五千里，东北衰长，属羊苴咩城。"《旧唐书·南蛮列传》则记骠国："华言谓之骠，自谓突罗成，阇婆人谓之徒里掘。"骠国是国土广袤的大国，境内除了当政的骠族外，还有众多的孟族、缅族。骠国的东南沿海直到泰国湾西岸都是孟族国家。1912年在缅北摩耶齐提宝塔发现四体铭文的石柱，上面有巴利文、孟文（得楞文）、缅文和骠文四种文字。石柱是蒲甘王江喜佗的儿子在1112年所立的。从此骠文才为世人所知。这说明在当时的缅甸，在小乘佛教所使用的巴利文之外，孟语也是重要的民族语言。在江喜佗王宫中发现的孟文碑中，骠国写作突里居（Tircul），这个词的读音和"徒里拙"相近，并可校正《旧唐书》中的"突罗成"是"突罗戍"之讹。由此可知，阇婆国的语言一定也是与孟语相近的一种方言。这里的阇婆人，显然不应作爪哇人解，而是骠国十八个属国中的一国，应该就在中南半岛上；而且阇婆语是当时骠国周边地区中很重要的一种民族语言，甚或就是孟族各国中最有代表性的语言，因而在列举骠国的国名时也必须举出阇婆人的称呼。

骠国的都城称室利差咀罗，玄奘在《大唐西域记》卷十中因此称骠国为室利差咀罗（Sriksetra，Srikhettra），缅语 s 常转成 tha，所以 Srikhettra 可以念作 Tharekhettara。伯希和认为缅语讹称 Sarekhettara（读作 Thayekhettaya），便是"徒里拙"的对音[①]。看来这个阇婆国语的"徒里拙"要么是孟语，要么就是缅语，都应该是室利差咀罗的俗称，突罗朱则是骠语 Tharakshatara。这里的阇婆国在整个骠国的属邦中处于一种特殊地位。伯希和怀疑湄公河上游有一个与阇婆（爪哇）同名的地方，然而难以确指[②]，由此引发了阇婆到底在哪里的讨论。1937年荷兰的蒙士（J. L. Moens）主张宋代以前阇婆不在爪哇，而在马来半岛；张礼千更进一步以为朱波、阇婆、社婆、羯荼、赤土都是同名异译，提出朱波在3—4世纪时受骠国的压迫而南迁马来半岛的假设[③]，但仍不明白阇婆国

① 伯希和：《交广印度两道考》，冯承钧译，中华书局1955年版，第35页。

② 张礼千：《中南半岛》，商务印书馆1947年版，第63-64页。

③ 张礼千：《唐代之南海大国》，载于《东方杂志》1941年第40卷第3号。十分明显，赤土、羯荼与阇婆无涉（参见沈福伟《赤土国历史探源》，原载于《文史》2002年第4辑）。

到底在哪里。

五、曼谷湾畔的朱江国与阇婆国

上文说明了哥罗舍分是泰国中部古碑上的室利乍纳刹国。下文要研究的问题是哥罗舍分在《旧唐书》和《新唐书》中分别有一个汉译名称，前者叫朱江国，后者叫阇婆国。两者有联系，又有区别。

《新唐书·南蛮列传下·骠国传》曾指出骠国有属国十八，列举了迦罗婆提、弥臣、坤朗、佛代、婆梨、偈陀和舍卫、阇婆等国。这些国家中有的只是和骠国确立了官方贸易关系，并无政治上的宗藩关系。作为骠国属国的阇婆便是一例，这个阇婆显然是和在爪哇的诃陵（一名阇婆、社婆）不同的国家。其中迦罗婆提应即迦罗舍佛（哥罗舍分），就是隋唐记载的朱江国。《隋书》和《通典》都说真腊"西有朱江国"。《旧唐书》则明白指出，水真腊国"西至堕罗钵底国"，《唐会要》卷九十八同，唯有《新唐书》指称真腊"西属骠"，又认骠国"东陆真腊，西接东天竺，西南堕和罗，南属海，北南诏"。据此可以看出，从8世纪起，和水真腊在曼谷湾接界的是堕和罗，骠国的东南是水真腊，而陆真腊的西邻便是骠国了。

陆真腊的西境，早先西北有属国参半，这个参半国从628年第二次与唐通贡以后便归属伊奢那王的真腊了。自此以后，和陆真腊接界的便是哥罗舍分了。尽管哥罗舍分是个是就是那个作为骠国属国的阇婆还史无明文，然而哥罗舍分的国号Sri Chanasa和"朱江"十分符合。"朱江"（Syi-Chana）是室利乍纳刹的一种骠语或缅语的读法。在缅语中r与y是可以相互置换的，Sri可以念成Syi（朱），"朱"的读音和两广方言尤其吻合。至于阇婆，则是取Chanasapur首尾两个音节的一种译法。

在哥罗舍分之外，还有个叫修罗分的国家，也和哥罗舍分一起，在唐初便和中国有了使节往来。《新唐书》介绍哥罗舍分之后又说："修罗分者，在海北，东距真腊。其风俗大略相类，有君长，皆栅郛，二国胜兵二万。"修罗分即舍利佛的异译，舍利佛是骠国的都城，《旧唐书》指出该城相传以舍利佛（缅语Sariputtara，读作Thayiputtaya）为都城的保护神，习称舍利佛城（Sariputra），和中印度的舍利佛城同名。当时中南半岛许多国家常以国都为国号，所以陆真腊接界的国家中便有修罗分国，亦即有了骠国。修罗分之所以能管辖到泰国中部，应该就是因为靠了朱江国（室利乍纳刹国）。

《新唐书》说骠国古称朱波，可是在别的更古的记载里都找不到这个朱波，朱波又和南朝出现的阇婆同音，所以这个"古朱波"是很有疑问的。所谓"古"只能理解为宋祁编撰《新唐书》时才与闻的一种说法，等于是"旧称"的意思，大致可以认为是唐初才有的，到宋初修史，便已有点"古"的味道了。朱波无非是"舍利佛"的一种音转，为Sayiputra的俗称。应该是古骠语读音的一种记录，但未必能排除有中介民族传译的可能。孟—吉蔑民族有一个支族叫昭波族（Chaobon），朱江国曾是昭波族的居地，这个民族在7世纪初孟族统治湄南河平原之前便已和罗斛（Lawa）族一起从泰国东北部向湄南河以北的地区移进。昭波人后来定居在碧差汶的丛林区，但其语言不但属于孟语，也和泰北景迈的罗斛语有联系[1]。唐代时，湄南河上游的古部族昭波和阇婆曾经创建了一种古文明，昭波与朱波容易被外国人混淆，后来阇婆被骠国当作盟邦，这个阇婆就是泰国古碑上的乍纳刹补罗国。乍纳刹补罗应该就是同名的国都，又被当作了族名。所以朱江国不是朱波国的讹称，但是和朱波、阇婆的得名都有关系。从室利乍纳刹就是中国古书上的朱江国，可以得出哥罗舍分（迦罗舍佛）与参半国不可能是同一个国家的结论[2]。因为在直到7世纪初的唐代史料中，朱江国和参半国都不是一个国家。如果认定Sri Chanasa是朱江国，那么它就不能是7世纪时的参半国。参半国是不是有可能被乍纳刹王国所兼并呢？若确认室利乍纳刹是哥罗舍分，那就不难明白，在7世纪是真腊西扩，兼并了参半，参半成了文单的属国，到8世纪是骠国东扩收服朱江，于是朱江从此消失。所以，在没有更多具有说服力的碑刻发现以前，要像提达·色拉雅那样确认室贴是室利乍纳刹的国都[3]，尚嫌证据不足。除非有证据表明室利乍纳刹国在骠国扶持下确实曾向东扩展到巴塞河中上游，而以巴塞河以东的栋帕耶费山脉为骠国（包括朱江国）与真腊之间天然屏障的碑铭发现，才足以解除这一疑窦。同样，要将参半国和哥罗舍分合并为一个国家，得出"唐初的参半，梵名是Chanasapura或Sri Chanasa；后期的参半，以迦罗舍佛一名见于唐代史书"[4]的结论，更有悖于现在可以见到的历史文献（包括碑铭）。

从当时还孤悬于曼谷湾北部海中的阿约陀耶（大城，Ayodhya）发现的937年的乍纳刹补罗碑来看，阿约陀耶曾是9—10世纪之际乍纳刹补罗王国最重要的海港城市，因为这块碑列举了信奉湿婆神的乍纳刹补罗王国的世系。它的国都就是阇婆国（Chana-

①　薛登化登（E. Seidenfaden）：《暹罗境内的泰族》，载于《暹罗民族学研究译丛》，陈礼颂辑，商务印书馆1947年版，第19–20页。

②　黎道纲主张迦罗舍佛就是参半国，参见《泰国古代史地考证》（中华书局2000年版）第27–32页，第105–106页。

③　黎道纲：《泰国古代史地丛考》，中华书局2000年版，第126–127页注14、注15。

④　黎道纲：《泰国古代史地丛考》，中华书局2000年版，第96页。

sapur）的婆贿伽卢。室利乍纳刹和乍纳刹补罗不妨视作一国的两个王系。室利乍纳刹本来是个内陆国家，仅靠湄南河、他真河与曼谷湾相通，但在后期，其南支王系乍纳刹补罗乘堕罗钵底衰落、罗斛立足未稳之际，曾据有曼谷湾的出海口，在阿约陀耶创建寺庙，至今尚有越登寺遗迹可寻。阿约陀耶即是当初的阇婆。泰国艺术考古学家农·纳·蒲克南（No Na Paknam）根据阿约他耶古城出土的大量的堕罗钵底艺术佛像，确认古城在7—8世纪已经存在。

《新唐书·南蛮列传下·骠国传》有一段从马塔万湾头坤朗的小昆仑部到阇婆的路程，指出阇婆在曼谷湾东部巴真河："由昆仑小王所居，半日行至磨地勃栅，海行五月至佛代国。有江，支流三百六十。其王名思利些弥他。有川名思利毗离芮。土多异香。北有市，诸国估舶所凑。越海即阇婆也。十五日行，逾二大山，一曰正迷，一曰射鞔，有国，其王名思利摩诃罗阇，俗与佛代同。经多茸补逻川至阇婆，八日行至婆贿伽卢，国土热，衢路植椰子、槟榔，仰不见日。王居以金为甓，厨覆银瓦，爨香木，堂饰明珠。有二池，以金为堤，舟楫皆饰金宝。"磨地勃栅，从伯希和开始便认为是马塔万湾头的莫塔马（Maktama，Martaban），将"海行五月至佛代国"改作"海行五日至佛代国"，认佛代国是苏门答腊北端的亚齐；以后的路程，由于伯希和以为这个阇婆是爪哇，所以沿途所经全对不上号了。蒙士以为从佛代国越海，是从亚齐越海，阇婆因此成了马来半岛西岸国家。实际上从莫塔马到佛代国是一次绕越马来半岛再北上曼谷湾的航行，中间要等候季风，补充给养，所以费时达5个月之久。佛代国即曼谷湾西岸的佛统（Pathom）。说佛代是亚齐，不过是凭空推论。那条思利毗离芮川（Sri Phraya Nam）是湄南河的古称。从佛统到阇婆，有两种走法。一是走海路，"越海即阇婆也"。这个阇婆就是在曼谷湾头的阿约陀耶城。另一条是从佛统走陆路，经过15天到达巴真河，先要翻越两座大山，到达有Sri封号为王的国家，此国当然就是室利乍那刹国了。"经多茸补罗川至阇婆"，多茸补罗川（Nam Prachintakham）即巴真河，再走八天便到阇婆的国都婆贿伽卢。婆贿伽卢的意思是"王都"（Pan Prung Nagara），这是个拥有金碧辉煌的宫室的城市。这个城市很像巴真府最古老的城市摩诃梭（Simahapho），今尖竹堪县（Prachintakham）是它的遗名。该城的历史早于室贴城四五百年。可见阇婆历史之久。

哥罗舍分（朱江国）作为泰国中部枢纽国家，不仅关系东西方的交通，也是昆仑国北通云南永昌和大理城的陆路必经之地。唐人樊绰《蛮书》卷十记："昆仑国正北去蛮界西洱河八十一日程。出青木香、檀香……"这是说从佛统正北到南诏在西洱河畔的都城龙尾城（今云南大理），陆程共81日。同书卷六也提到这条路若从南诏都城向南走，在进入泰北的大银孔城（景盛附近）后，"又南有婆罗门、波斯、阇婆、勃泥、昆仑数种外通交易之处，多诸珍宝，以黄金、麝香为贵"。这个南北交通要冲，又兼陆海联运的港埠，过去不能确指，正是前已提到的哥罗舍分境内猜纳府的猛讪古城。

这里提到的五个民族或国家都在印度、缅甸、泰国和柬埔寨。婆罗门是南诏西邻的印度曼尼坡（小婆罗门国），或更北的阿萨密（大秦婆罗门），也可以有来自奥里萨的拉斯特拉科塔国的印度人。波斯是缅甸南部勃生和丹老群岛的居民。昆仑是缅、泰交界处克伦人所立的小昆仑国，和孟族建立的堕罗钵底国。至于阇婆、勃尼这两个国家，过去都认作爪哇和婆罗洲，但又常被怀疑，这些海外远国能否经常到曼谷湾去做买卖？现在可以明白，阇婆至少就是哥罗舍分的居民，他们是朱江国人，也是阿约他耶和巴真河下游的居民，当然可以就近在泰东北和曼谷湾附近经商。至于勃泥，这也不是许多人以为的婆罗洲，因为婆罗洲的国家在隋代有婆利、罗刹（或罗刹），唐代有金利佛迦和婆利、不述、致物等国，"渤泥"一名是宋代才有的。唐代勃泥是Paknam的音译，这个字的意思是"水口""滨海"，是水真腊的称谓。真腊早在水、陆真腊分裂以前便已称跋南国[1]，跋南的对音便是Paknam，在《蛮书》中译作勃泥。"勃泥"是作者樊绰任安南从事时据交州音解读的"跋南"。"勃"与"跋"本是同音，"泥"字的交州音读也是"南"音。勃泥便是水真腊。

总之，朱江国及以后的阇婆国是7—9世纪时代在中国南部边境西起阿萨密，东经永昌（今保山以北），南至曼谷湾，再东至文单、骧州的这样一个"乙"字或"Z"字形陆海交通线上关键的一环，它的重要性由此不难见出了。伯希和论证交、广两州到印度的海陆两道，其中陆道论述的是以经过云南为主的一道，本文论述的则是横贯中南半岛的一道，偏重在经过越南、老挝和泰国境内的东段，海路则有曼谷湾至莫塔万湾的一段。

---

① 义净游学南海时到过这个跋南国。他在《南海寄归内法传》卷一中说从占波"西南一月至跋南国，旧云扶南"。这个跋南国明明白白是湄公河下游的真腊。但几乎所有的研究者都认为"跋南"不过是扶南的异译，甚至进而推论，是真腊在兼并扶南后，把和尚杀光了，因真腊同中国有交往，不便骂真腊国，才以所谓"旧云扶南"来避开外交忌讳（参见谢光：《泰国与东南亚古代史地丛考》，中国华侨出版社1997年版，第112页）。这实在是现代人的误会。

扶南南迁后的中南半岛
古史初探

  自扶南南迁，泰国中部从此进入后扶南时期。堕和罗，是后扶南时期才出现在中国史籍中的一个泰国湾西部国家。明晰堕和罗立国的历史，是探讨7、8、9三个世纪泰国中部、缅甸东南部古国历史的一把钥匙。据泰文史料，公元590年在黄金国故地建国的堕和罗，初名纳空猜西国，开国君主陶西室贴猜蓬玛贴是从泰国东北益梭通府迁去的，很可能是在扶南南迁时期由于长期的王位战争而分化出来的一支地方部族。不久，由于其立足的地方控扼了曼谷湾与周边地区的水陆交通，地位日益显得重要起来，于是改名堕罗钵底国。

  堕和罗的梵文名称为Dwara，又作堕罗钵底（Dvaravati，Dvarapati）。堕罗钵底的原意是"门路之主"，意即水口国①。堕和罗国的建立起因于扶南王室的南迁，在以后300年中又不断向邻近地区拓展势力，形成一个区域性的强国。现在试就堕和罗与其周边

国家关系的发展进程，论述中南半岛这一阶段政治地图的变化。

一、堕和罗与南迁后的扶南

堕和罗的都城佛统（Prapatom，Nakhon Pathom），在7—9世纪濒临曼谷湾西岸，是现在所知泰国规模最大的古城，建于湄空河和他真河支流的汇合处，东邻湄南河入海口，处于水运的中心。陆路有青木香山路北通南诏，更有联结克拉地峡和素叻他尼的沿海大道沟通东西方海运，向东有连接湄南河与越南骧州的大道，西控三塔道与泰国湾的交通，成为泰国中部的十字路口。

堕和罗的都城早先被认定是阿约他耶（大城）[①]，但据泰国考古学家研究，那时阿约他耶尚在古曼谷湾北部的一个小岛上，四周是海，也没有文字记载可以证明这里是堕和罗的都城。在阿约他耶发现的公元937年的乍纳刹补（Chanasapur）碑记载了起自6世纪的乍纳刹补王系，可以证明这里便是《新唐书·南蛮列传下·骠国传》中列入骠国十八个属国中的阇婆国的领土，因此从另一个角度排除了这里是堕和罗国都的说法。

堕和罗的都城是佛统，已经由考古发掘得到证实。现存的佛统古城，有废城的遗址、古佛庙遗迹以及出土的大量佛教文物，规模之大，位居全泰国之冠。在古城附近地区，还发现了用7世纪南印度巴拉瓦文字刻有"堕罗钵底为王者的福祉"字样的银币。这些地方有佛统府越巴统塔寺、素攀府乌通县鹄昌丁遗址和信武里府因武里县库猛村。从古城遗址发掘的土层看，这是一座始建于7世纪的城市，还未见到更早的文化堆积。黄病佛《锦绣泰国》在"佛统府志篇"中记录佛统城在佛历前500年创建，迄今已有3000年历史，很难当作信史看待。这样一个具有悠久历史的古城，只适合于在佛统西北的乌通城，因为乌通城有史前文化遗址。

堕罗钵底初见于玄奘《大唐西域记》卷十，从三摩呾吒国（Samatata，孟加拉国达卡西南）向东：

> 从此东北大海滨山谷中，有室利差呾罗国，次东南大海隅，有迦摩浪迦国，次东有堕罗钵底国，次东有伊赏那补罗国，次东有摩诃瞻波国，即此云林邑是也。

---

① 义净著，高楠顺次郎译：《南海寄归内法传》（I-Tsing, Takakusu trans., A Record of the Buddhist Religion），牛津大学1896年，第51页。

现在的中南半岛在7世纪都归入大黑山以东诸国，义净《南海寄归内法传》卷一序称：

> 从那烂陀东行五百驿，皆名东裔，乃至尽穷，有大黑山，计当土蕃南畔。传云：是蜀川西南行可一月余，便达斯岭。次此南畔逼近海涯，有室利察咄罗国，次东南有郎迦戍国，次东有社（杜）和钵底国，次东极至临邑国。

堕罗钵底，义净译作杜和钵底。在《通典》《册府元龟》《唐会要》等唐代档册中的正式名称均作堕和罗。《通典》卷一八八"哥罗舍分传"说："哥罗舍分在南海之南，其国地接堕和罗国，胜兵二万人。其王满越伽摩，大唐显庆五年（660年）遣使朝贡。"《册府元龟》卷九五七称："堕和罗国南与盘盘，北与迦逻舍佛，东与真腊接，西邻大海，去高州五月日行。"在后人编修的《旧唐书》《新唐书》本传中亦都称堕和罗，但又通用堕罗钵底和独和罗，如《旧唐书·真腊传》称水真腊国"西至堕罗钵底国"，《新唐书》更说"堕和罗亦曰独和罗"。总之堕罗钵底、杜和钵底、堕和罗、独和罗都是同一个国家。

《新唐书·南蛮列传下·堕和罗传》称：

> 堕和罗，亦曰独和罗，南距盘盘，北迦逻舍弗，西属海，东真腊，自广州行五月乃至。国多美犀，世谓堕和罗犀。有二属国，曰昙陵、陀洹。昙陵在海洲中。陀洹，一曰耨陀洹，在环王西南海中，与堕和罗接，自交州行九十日乃至。王姓察失利，名婆那，字婆末。无蚕桑，有稻、麦、麻、豆。畜有白象、牛、羊、猪。俗喜楼居，谓为干栏。以白氎、朝霞布为衣。亲丧，在室不食，燔尸已，则剔发浴于池，然后食。贞观时，并遣使者再入朝，又献婆律膏、白鹦鹉，首有十红毛，齐于翅。因丐马、铜钟，帝与之。

在贞观十二年（638年）、十四年（640年）、十七年（643年）、二十三年（649年）

间，堕和罗曾多次向唐派使节通好。

堕和罗国的疆域，《旧唐书·南蛮列传》说得很清楚：

> 堕和罗国，南与盘盘，北与迦罗舍佛，东与真腊接，西邻大海。去广州
> 五月日行。

《新唐书·南蛮列传下》对堕和罗也有同样的说法。《旧唐书》和《新唐书》一致认为，堕和罗的南疆沿着泰国湾，由北而南延伸到素吩他尼，与盘盘国邻接。盘盘国是洛坤南面的班巴帕南（Ban Pak Phanang），盘盘国的对音便是巴帕南。这里在古代一直是跨越地峡的东西交通重要口岸。堕和罗的北界是迦罗舍分。西面的领土一直到了大海，是指堕和罗的国土已越过今日泰、缅边界的他念他翁山脉和比劳山脉，占有缅甸的莫塔马和土瓦一带地方，直抵海滨的丹老群岛（墨吉群岛）。堕和罗的东境是真腊。在真腊立国后的相当一段时期内，即从7世纪到10世纪，真腊向西扩展的愿望一直未能实现，原因便是在曼谷湾西岸不但有个扶南王室建立的陀洹国，而且还得到了堕和罗国的支持。堕和罗是个以小乘佛教为国教，具有浓重的扶南文化的孟族国家，和信仰湿婆教、由吉蔑族建立的真腊国在文化背景上有很大不同。

堕和罗的北面是迦罗舍弗，东面是真腊，这一局面并非在堕和罗立国之初便已产生。《隋书·南蛮列传·真腊传》记载了6、7世纪之际的真腊国："去日南郡舟行六十日，而南接车渠国，西有朱江国。其王姓刹利氏，名质多斯那。自其祖渐已强盛，至质多斯那遂兼扶南而有之。死，子伊奢那先代立，居伊奢那城，郭下二万余家。"质多斯那最先率众建立真腊国。《隋书》记真腊王姓刹利氏，此刹利似非刹帝利（Kshatriya），而是Sri。慧琳《一切经音义》卷二十一《新译大方广佛花严经音义》卷九"世界名尸利"条注："尸利，此名殊胜，亦曰吉祥。"猛堤碑中的一块说，商卡补罗大王的儿子名叫室利昙摩斯那（Sri Dharma Sena）[1]，意思是"吉祥护法主"，Sri便是刹利氏，是信奉毗湿奴教国王的封号。真腊的发祥地在泰东北益梭通—乌汶地区的猛堤村、达通村、本固村、贝华冬村，猛堤出土的文物年代尤其久远，碑铭记录的史实显示这里是斯那家族王系的根据地[2]。这些地方原是扶南在泰东北蒙河流域的属境。

---

[1]　差·乔盖解读《猛堤碑》，载于泰文《艺术家》1985年5月，第70页；引自黎道纲《泰国古代史地丛考》，中华书局2000年版，第62页。

[2]　提达·色拉雅：《真腊——东北部古代史》，黎道纲译，载于曼谷《星暹日报》1993年7月《泰土文物》版。

《梁书·诸夷列传·扶南传》记下了扶南后期王室内讧的历史：天监十三年（514年），扶南王阇耶跋摩（484—514年在位）死，"庶子留陀跋摩杀其嫡弟自立"。留陀跋摩（Rudravarman，514—560年在位）是扶南王朝在真腊起兵反对时的最后一位国王，被他斩杀的嫡弟就是阇耶跋摩所立的王子求那跋摩。求那跋摩生前在塔梅建立的神庙（Chakratirthasvamin，轮渡主）立过碑铭。现该碑铭已被发现，铭文记述开垦沼泽，神庙里藏有毗湿奴神的一个脚印，表明后期扶南王室信仰毗湿奴[①]。留陀跋摩曾六次向萧梁派出使者和佛教高僧，到达长江下游的南京。最后一次是大同五年（539年），遣使者献生犀牛。随后，似乎随着留陀跋摩的年老，该国爆发了一场旷日持久的王位继承战争。时间之长，几近百年。

在这场中南半岛上罕见的百年战争中，扶南王室不得不从特牧城撤离。这段史实仅见于《新唐书·南蛮列传下·扶南传》，说扶南"治特牧城，俄为真腊所并，益南徙那弗那城。武德（618—626年）、贞观（627—649年）时，再入朝，又献白头人二"。在大约550年真腊起兵讨伐扶南各地属境后，到攻下柬埔寨北部磅同的特牧城，大约有相当一段时间。《陈书》卷二记录永定三年（559年）五月甲寅，扶南国遣使贡方物；卷五记太建四年（572年）三月乙丑，扶南、林邑国并遣使来献方物；卷六记祯明二年（588年）六月戊戌，扶南国遣使献方物。又见《册府元龟》卷九六九。此后一直到隋亡，始终再没有见过扶南使者到中国。《隋书》只说："至质多斯那遂兼扶南而有之。"这段话正是616年到洛阳的真腊使者传递的信息。扶南在柬埔寨境内的本土，大约到真腊质多斯那正式登位后才被彻底征服。

在柬埔寨碑文中，真腊王系是从留陀跋摩开始的，依次是拔婆跋摩（550—599年在位）、摩诃因陀罗跋摩（质多斯那，约599—611年在位）、伊奢那跋摩（611—635年在位）、拔婆跋摩二世（约635—650年在位）。真腊的开国君主拔婆跋摩出自扶南王室。据班汪排碑[②]，拔婆跋摩的父亲是巴立毗纳跋摩，祖父留陀跋摩，戈岱司认为正是扶南国王。拔婆跋摩的母系有泰国东北湄公河流域的甘菩人的血统，他的妻子就是一位甘菩弥拉王室的公主。在蒙河流域起兵参与扶南王位战争的质多斯那也是留陀跋摩的后裔。乌汶的越素巴达纳兰寺碑和孔敬碑在追述质多斯那的世系时，一致称其父是毗罗跋摩，祖父是萨婆宝摩（Sarvabhauma），戈岱司在《印度支那与印度尼西亚的印度化国

---

①　伯希和：《扶南考》，冯承钧译，参见冯承钧编：《西域南海史地考证译丛七编》，中华书局1957年版。

②　《泰境碑铭》第2册，曼谷1982年版，第139-143页，引自黎道纲：《泰国古代史地丛考》，中华书局2000年版，第65页。

家》（Les États Hindouisés d'Indochine et d'Indonésie，巴黎1964年版）一书中认为，这个名称的意思是"诸国之主"，是扶南国王的封号，因此质多斯那也是留陀跋摩的后裔，而且是执掌兵权为拔婆跋摩的立国南征北战的主帅。扶南的国都大约到600年才正式攻下，拔婆跋摩正好去世，年长而久立勋功的质多斯那才正式继承王位。于是扶南王室只好一次又一次地往南逃奔，实际是沿着泰国湾向西南迁徙。由于泰国湾海流常年呈东北—西南流向，根据航海经验，容易得出湾内地势由东北经西北转向东南的错觉。所以7世纪以前，中国人通常以为马来半岛在扶南之南，7世纪以后遂有比较正确的认识。但贾耽所记8世纪中国帆船航程仍认为哥谷罗在哥罗之西，而不是在其北。扶南王室经过南徙，直到定都那弗那城才又得以苟安一时。

戈岱司在666年高棉山碑中发现Naravara Nagara（那弗那城）的梵名之后，便把这个扶南王国南迁的新都定在纳空武里，不赞成伯希和主张扶南国都由朱笃和南旺（金边）间的特牧城迁到南面贡呸地区的说法。中国唐代古籍记录在武德、贞观中扶南国多次派使者到中国，又献白头国二人的史实早就否定了扶南南迁到湄公河下游的某地的可能，而将扶南新迁的国都推向湄南河以西的泰国中部。此后扶南王室在古曼谷湾头立足，建立了陀洹国。这段历史下文还要论述。

二、堕和罗与参半国

根据《隋书》记载，7世纪初，真腊的东南属境到了湄公河三角洲，现在越南南部的车渠国，其西邻则是朱江国。《隋书·南蛮列传·真腊传》又说："其国与参半、朱江二国和亲，数与林邑、陀桓二国战争。"参半、朱江都是真腊西边的邻国。参半国，在隋代时的疆域不很清楚，《隋书》中找不到扶南或参半入贡的记录。《通典》卷一八八扶南条却说：

> 隋代遣使贡献。大唐武德后亦频来贡。贞观中，又献白头国二人于洛阳。
> 其国在扶南之西，在参半之西南，男女生皆素首，身又凝白，居山洞之中，
> 四面岩险，故人莫至。与参半国相接。

所谓"隋代遣使贡献"，其实是588年农历六月扶南向南京的陈朝派使节，当时已是隋文帝开皇八年，全国尚未统一。

这个与白头国相连的参半国，在真腊西南千余里的地方，而不是在文单的西北。

过去艾莫涅因相信参半国远在泰北景迈①，因此以为白头国在景迈与萨尔温江入海处之间。然而参半国却是个国都临海的国家。《太平御览》卷七八六引《唐书》曰：

> 武德中，参半国遣使朝贡。其国在真腊西南千余里，城临大海，土地下湿。

这段话不见于今本新旧唐书。《新唐书·南蛮列传下·真腊传》对参半国的位置别有一说："文单西北属国曰参半，武德八年（625年）使者来。"《册府元龟》卷九五七也说："参半国在真腊西南千余里，城临大海，土地下湿。"参半既在真腊西南，怎么又会在陆真腊（文单）的西北呢？《太平御览》所引《唐书》应该是一种比《旧唐书》还要早的版本。在刘昫之前，有吴兢、韦述、柳芳、令狐峘、于休烈等陆续编纂《唐书》，这段话应录自其中的一种。那时的参半国在真腊国都西南千余里的地方，它的国都就在曼谷湾边。曼谷朱拉隆功大学的蓬西·瓦信和提哇·素帕赞雅在《泰国中部原沿海地区的古城及相关的地理研究》中②，根据现代航空测量和考古发掘得知，当年的曼谷湾向北一直深入到离今日海口约142公里的地方，现在高出海平面3米以上的地方昔日还在海中。在海拔3.5米至4米的古城有11座，其中有素攀府的乌通古城，佛统府的佛统古城、甘烹盛城，叻武里府的库布古城，素攀府的素攀城，坤西育的班栋拉空。在6米至8米以上发现的42座古城中，就有9座濒海城市，春武里府的室拍罗古城、拍洛古城，巴真府的摩河梭古城、班阁蒙古城，华富里的罗斛古城，叻武里的甘巴达纳古城等是其中最著名的。从地势下湿不难确定，参半国就在曼谷湾的东部和北部，自东而西，沿着海湾，由春武里的室拍洛、北柳、巴真、那空那育（坤西育）、色拉武里（北标）、华富里向西，经那空沙旺（北揽坡）的南部和猜纳到素攀城，都是参半国的辖境。参半国的西境和白头国接壤，地点在素攀府东部和信武里府的他真河入海处。

这样一个沿曼谷湾东岸和北岸延伸的参半国，要照《新唐书·南蛮列传下·真腊传》那样说成是"文单西北属国曰参半"，从今天的地理知识立论，无疑是有欠缺的。或者当初只是从文单国都向西延伸的交通大道着眼，到曼谷湾头必须向北绕行，以致有"西北"之说。实际上该是"文单国西有属国曰参半，武德八年使者来"，这样便无

---

① 艾莫涅：《古代暹罗考》，陆翔译，载于《国闻译证》第1册，齐鲁大学国学研究所丛刊，开明书店版。

② 蓬西·瓦信、提哇·素帕赞雅：《泰国中部原沿海地区的古城及相关的地理研究》（Phongsri Vanasin, Thiva Supajanyo, Ancient Cities on the Former Coastal Line in the Central Plain of Thailand: The Study of Sites and Geographical Corelation），曼谷1980年版。

可挑剔了。后来参半被陆真腊所并，陆真腊的领土于是亦伸向了曼谷湾。参半国的北境当不至越过北纬15°，离巴塞河上的古城室贴距离尚有近百公里之遥。除非曼谷湾东部的参半国曾一度向北拓展领土，直抵室贴城，但至少目前尚无确切的证据可言。迄今泰国学者都主张室贴城是 Sri Chanasa 的国都，然而古碑上的 Sri Chanasa 与 Chanasapur 并非同一个国家。这样一个文单西北说使得参半国的位置长期不能得到正确的认识，使人容易轻信参半至少在陆真腊（文单国）西面的碧差汶，甚至远到泰北清莱的庸那迦国。有一种说法认为，庸那迦昌盛又称猜巴干（Chaiprakan），参半即其对音①，然而理由是很不充足的。就年代序列而论，庸那迦昌盛国的出现至少要比参半国晚一个多世纪，因此参半国不会是庸那迦昌盛国。

这样的一个参半国不会在文单的西北，而在文单的西南。从参半的国都"城临大海"来看，更不可能在以乌汶为国都的文单国的西北，而应在文单国的西南。所以《太平御览》所引《唐书》和《册府元龟》是正确的，《新唐书》中"文单西北属国曰参半"是"文单西南属国曰参半"或"文单西有属国曰参半"之讹。这个初唐时期的参半国在晚唐史册中改译阇婆国，见于樊绰《蛮书》（《太平御览》引作《南夷志》）和《新唐书·南蛮列传下·骠国传》中。

《新唐书·南蛮列传下·骠国传》指出，自缅甸南部昆仑小王居地，经半天前往磨地勃栅后，海行五个月到佛代国，佛代即佛统。再渡海向东，便可到达古曼谷湾东部的阇婆国②。这个阇婆国正是当时尚孤悬海中的阿约陀耶古城出土的古碑中的乍纳剌补（Chanasapur）。阇（Chan）婆（Pur）是根据它的首末两个音节译出的。这块碑的年代是937年，虽然不是很早，但却追溯了直到6世纪的阇婆王系，可以知道阇婆立国之早。阇婆的国都婆赇伽庐正是巴真河旁出土过许多古物的摩诃梭古城。此城历史之久，规模之大，胜过室贴城。摩诃梭发现过海船龙骨，证明这里确是一座濒海城市。可见那种认为"在文单西北，在扶南时期已建国，在公元625年进贡中国的参半，很可能就是今日泰东北（古真腊文单）西北角的室贴古城"，甚至断定"室贴是室利乍纳剌国，正是古籍中的参半"③这种说法是难以成立的，同时，室贴是在朱江国控制之下的。上述主张与"室贴是室利乍纳剌国国都"的说法④大有出入，因为在中国史籍中，参半与

---

① 谢光：《泰国与东南亚古代史地丛考》，中国华侨出版社1997年版，第11页；陆峻岭、周绍泉编：《中国古籍中有关柬埔寨资料汇编》，中华书局1986年版，第25页。

② 沈福伟：《文单国与朱江国新论》，原载于《历史研究》2003年第5期，参见本书前文。

③ 黎道纲：《泰国古代史地丛考》，中华书局2000年版，第29页，第31页。

④ 提达·色拉雅：《堕罗钵底国史》，黎道纲译，曼谷《星暹日报》1996年《泰中学刊》版。

朱江是两个国家，早期的参半国到了后期已改译阇婆了。

参半国的东北有山甘烹山脉作屏障，其东境有大片原始森林与柬埔寨隔离，其西境控扼湄南河入海口，由此向北直抵南诏心脏地区的青木香山路。东西横贯中南半岛南部的陆上交通大道都得穿越参半国。

参半国的立国时间即使不早于隋朝，也一定在真腊崛起以后，扶南境内各小国纷纷独立的年代。《册府元龟》记载，在武德八年（625年）九月，贞观二年（628年）十月，参半国曾和真腊国一起派使者向唐朝纳贡。《新唐书·南蛮列传下》说："僧高等国，永徽（650—655年）后为真腊所并。"这些国家中既有僧高（益梭通府），也有武令（武里南府），而参半国被真腊视作属国，更在永徽以前。照《新唐书》的说法，在625年参半国第一次向中国派遣使节时，已是真腊的属国。708年真腊正式分裂成水真腊和陆真腊（文单国）后，参半由于是质多斯那王系所征服的国家，当然便归了文单国，成了文单国的属国。据《册府元龟》卷九七二，可以见到元和十五年（820年）十月阇婆国还向唐朝派过使者，这时阇婆不再是文单属国了，不久就归属骠国。所以水真腊的西疆从未到达曼谷湾。

参半国和堕和罗国虽然中间隔了一个曼谷湾，但是都在曼谷湾的西北头。也就是说，在参半国西南与白头国接壤处以南便是堕和罗的国土了。

三、堕和罗与朱江国

和参半国相邻的朱江国，是在泰国中部直接和真腊接境的另一个国家。《隋书》已说真腊"西有朱江国"了。《隋书》还说真腊为了和东边的林邑、西面的陀桓打仗，就通过和亲的办法，和朱江国、参半国的君主联姻，好对付其他两个强敌。为什么《隋书》不说真腊"西有朱江国、参半国"呢？这里有两种情况必须引起注意。一是朱江国的境域一定比参半国更加向西拓展，也就是说朱江国还在参半国之西。说得更明确些，是朱江国还在参半国的西北。所以《隋书》只说"西有朱江国"，便足以表示真腊国境向西拓展的方位了。二是参半国一定在隋朝未亡时便已归属真腊了，所以衡量真腊的西界当然不会说"西有参半国"了。《旧唐书·南蛮列传·堕和罗传》说堕和罗"东与真腊接"，便是指东北在曼谷湾头与陆真腊的属国参半国相接，这里是信武里府西北和猜纳府、西南和素攀府交界之处，昔日临近海湾的地方。但这只是7—8世纪时的情况。在7世纪上半叶，这里正是参半国和白头国接壤的地方。白头国既然从北面和西面包围了南迁素攀府的扶南国，那么信武里府的西境实际上是参半国、白头国和扶南国三国接界的地方。昔日此地海水弥漫，港汊纵横，附近岗峦起伏，伸向海湾形成海岬，成为流亡到此的扶南王室的天然屏障。

后来扶南国故土和白头国归了堕和罗，堕和罗的东面便是收服了参半的真腊，北面则是一个名叫哥罗舍分的国家。《庸那迦史》说"南方有个哥罗国（Kulurat）"，这个哥罗国的巴利文原作 Kulurattha，读作 Kulurat。这个国家既在泰北庸那迦国的南方，那就应该在难河下游和宾河汇合的披集、甘烹碧和北榄坡地方。当地居民叫克隆（Klom）人，他们操泰语混高棉语，后来转称孔（Khom）人。哥罗舍分国似乎就是这个哥罗国，其对音是 Kulursapur。孟语 sapur 的意思是"池城"或"湖国"。在难河与宾河汇合口的那空沙旺城（北榄坡）的东面，难河的左岸，或孟讪古城的东北，北榄坡府境内，有一个很大的淡水湖母拉碧湖（Bung Boraphet），哥罗舍分国很可能因此得名。哥罗这个名称出于北印度的瞿卢国（Guru, Kulur），后来在印度文化影响下成了泰北的国名。但这个名称不能认作就是中国史籍中的"昆仑人"。马苏第根据苏莱曼、艾布·宰德·锡拉菲等人的游记，在《黄金草原》中提到缅甸东南沿海有古孟语中孟族建立的 Rmen 国，指出该国常与邻国瞿折罗（Gudjra）和巴赖拉（Ballahrā）争战。乔治·马司伯乐在《宋初越南半岛诸国考》中，以为 Gudjra 是西印度的古查拉特，难以解释为什么是 Rahmā 国的邻国[1]。实则此国正是泰境的哥罗舍分国。谢光说，作为国名的昆仑国，只有古泰国地区，这是对的；他又说，泰国地区昆仑国的昆仑人（即 Klom）已不是指黑人，而是指后来称作孔族的人。孔族既非黑人，也不是高棉人，是泰族[2]。那么哥罗舍分国不妨视作泰族建立的国家了，至少可以认作是操泰老语的民族建立的国家，因为老族（罗斛的祖先）从湄公河中下游向西北移动，是公元后泰国历史上的一股民族潮流。那空沙旺或其稍南的孟讪古城可能是哥罗舍分最早的都城。

哥罗舍分是堕和罗的一个邻国，这是堕和罗、哥罗舍分在 7 世纪中叶和唐通使以后传递的信息。但最早记载这个国家的《通典》和《唐会要》都只说哥罗舍分地接堕和罗。《通典》说："哥罗舍分在南海之南，其国地接堕和罗国。"又说："显庆五年（660年）遣使朝贡。"《唐会要》卷一百也说："哥罗舍分在南海之南，接堕和罗国，其国王名蒲越摩伽（蒲越伽摩），精兵二万人。其使以显庆五年发本国，至龙朔二年（662年）

---

① 马司伯乐：《宋初越南半岛诸国考》，载于《西域南海史地考证译丛》，冯承钧译，商务印书馆1933年版，第160-161页。

② 谢光：《泰国与东南亚古代史地丛考》，中国华侨出版社1997年版，第116-117页。

五月到京。"

稍后的《旧唐书·南蛮列传》将哥罗舍分改译迦罗舍佛，指出堕和罗（堕罗钵底）国"北与迦罗舍佛，东与真腊接"。

11世纪初据唐代档册编成的《册府元龟》卷九七〇却别有一说，以为哥罗舍分在堕和罗之西："哥罗舍分国在南海之南，东接堕和罗，其王名蒲伽越摩（蒲越伽摩），精兵二万人。"

在《册府元龟》之后成书的《新唐书·南蛮列传下·瞻博传》也这样说："哥罗舍分者，在南海南，东堕和罗。"但同卷中的《堕和罗传》却抄了《旧唐书·南蛮列传·堕和罗传》中的话："堕和罗，亦曰独和罗，南距盘盘，北迦罗舍弗，西属海，东真腊。"

正由于《册府元龟》和《新唐书》都认为哥罗舍分的东面是堕和罗，因此而受到困扰的陈序经转而觉得应该在马来半岛去找哥罗舍分[1]，于是出现了主张哥罗舍分在叻丕（叻武里）一带之说[2]，甚至进而指责《旧唐书》和《新唐书》中说哥罗舍分在堕和罗之北的记载恐有误[3]。谢光认为哥罗舍分在叻武里以北的素攀府[4]，还说哥罗舍分也应是堕和罗的属国。可是素攀一直是堕和罗的本部，哥罗舍分也绝非堕和罗的属国。

只要仔细考虑昔日曼谷湾西部的地势便不难明白，从堕和罗的国都佛统向北，一大片都是伸向海中的地岬。在海湾北端的信武里府北部因武里与堕和罗接界的哥罗舍分西接猜纳府，正好位于堕和罗的东北角。信武里府的北面是北榄坡，东面是华富里府。《新唐书·南蛮列传下·瞻博传》认为哥罗舍分"东堕和罗"，实则在它西疆的东南隅与堕和罗的东北角相接，而在哥罗舍分之西，另有一个甘毕国与堕和罗相邻。陈序经在《猛族诸国考》中以为，堕和罗的北面是建立在南奔的女王国或哈利班超（哈利本猜），是由于不知道有这个甘毕国。哥罗舍分只是在它的西南一角与堕和罗的东北边境交界[5]，因此可以说它是在堕和罗之北，也可以说它在堕和罗之东北，因为在哥罗舍分之南还有一个也和堕和罗东境接界的阇婆国。

在660年哥罗舍分向唐派遣使团之时，它的西北还有一个国家甘毕（Kampheng-

---

[1] 陈序经：《东南亚古史研究合集》，海天出版社1992年版，第760页。

[2] 陆峻岭、周绍泉编：《中国古籍中有关柬埔寨资料汇编》，中华书局1986年版，第69页；陈显泗主编：《中国古籍中的柬埔寨史料》，河南人民出版社1985年版，第40页。

[3] 陆峻岭、周绍泉编：《中国古籍中有关柬埔寨资料汇编》，中华书局1986年版，第69页。

[4] 谢光：《泰国与东南亚古代史地丛考》，中国华侨出版社1997年版，第129-131页。

[5] 参见黎道纲：《泰国古代史地丛考》，中华书局2000年版，第112页。

phet)。《新唐书》将哥罗舍分、修罗分和甘毕三国列在一起，指出哥罗舍分和修罗分都是拥有胜兵二万的国家，而甘毕仅拥有五千兵丁。修罗分是骠国都城舍利佛的别译，《册府元龟》卷九五七说："修罗分国居于南海之北，以木栅为城，东至真腊国，南至海，其王名尸达摩提婆（Sri Dharmadeva），精兵三万余人。"《册府元龟》记修罗分国有精兵三万余人，不是《新唐书》提到的二万人。《册府元龟》又记哥罗舍分国有精兵二万人。相比之下，骠国军备胜过哥罗舍分，和拥有三万兵士的南诏同样强大。骠国与唐的关系，通常认为是从贞元十八年（802年）春正月骠国王雍羌遣子悉利移城（缅北太公城附近）主舒难陀通过南诏入唐进贡骠国乐十二曲和35个乐工才开始的。然而事实上，早在龙朔二年便有修罗分使者到唐了。甘毕是甘烹碧的早期译名，同名城市甘烹碧又称金刚城，是泰北宾河左岸最重要的古城之一。《新唐书》说："甘毕在南海上，东距环王，王名旃陀越摩，有胜兵五千。"

由于考古发掘而逐渐清楚的一段古史是，哥罗舍分曾向东扩展地盘到巴塞河流城的碧差汶。该地室贴城年代久远，出土文物中有6世纪的梵文碑，刻着拔婆跋摩的名字，还有头戴高筒帽的毗湿奴神像和湿婆楞，也有7、8世纪后堕和罗时期的佛像。出土的两座石宫证明此城在11世纪尚存在。对室贴古城研究有成的提达·色拉雅认为，古城规模仅次于佛统和摩诃梭，应是室利乍纳刹或乍纳刹补的国都[1]，是因为他不知道，通过中文史料的研究，对照考古新发现，可以判明它们是两个不同的国家。室贴古城的布局和北榄坡府西部班坡披猜县栋湄娘猛山发现的古城相仿，有一重城壕，城内分成两截，中间隔有壕沟。这种古城在信武里、素攀、佛统、叻武里以及北标的堕和罗时期古城中极为罕见，但在泰国中部北榄坡府和猜纳府的堕和罗古城（如本鹄象城、猛本城）中却是常见的，而且还通过巴塞河的室贴和蒙河、锡河流域的古城有联系。北标的古城布局所以和室贴等地不同，正是由于这里属于阇婆国的境域。换句话说，从北榄坡、猜纳向东到碧差汶，都可能是哥罗舍分的疆域，足以和陆真腊的呵叻府和武里南府连成一片。而阇婆国和堕和罗国属于特殊的例子，仅见于少数几个大城市，如阇婆国的摩诃梭城，堕和罗国的佛统城和乌通城。碧差汶东南的呵叻府色玛城发现过868年的波伊迦碑，是古吉蔑文、梵文杂高棉文碑，碑的一面提到湿婆楞，另一面刻有室利乍纳刹国王推崇佛事的事迹，它的年代约为8—9世纪。室利乍纳刹正是

---

[1] 参见黎道纲：《泰国古代史地丛考》，中华书局2000年版，第126页；伊安·格罗沃、波柴·苏奇塔、约翰·维雷斯编：《泰国和东南亚的早期冶金、贸易和城市中心》（Ian Glover, Pornchai Suchitta, John Villress ed., Early Metallurgy, Trade and Urban Centres in Thailand and Southeast Asia），曼谷1992年版，第131页。

《隋书》中已经出现的朱江国，Sri Chanasa在缅语中可以转读成Syi Chana。朱江国在6、7世纪之际曾和真腊联姻，因此室贴有拔婆跋摩的碑铭。在唐代，这里成为哥罗舍分的属境，国王信奉佛教，但也接受真腊文化。这个国家没有出海口，制海权分别被东边的阇婆、西边的堕和罗占有，横贯中南半岛的陆道在室贴以南靠近曼谷湾的周边通过。所以在对外贸易上，哥罗舍分难以与阇婆或堕和罗相匹敌，在6—7世纪只有依附真腊。8世纪以后骠国东扩，哥罗舍分便只有归属骠国了。

于是《新唐书·南蛮列传下·真腊传》径直将《隋书·南蛮列传·真腊传》中的朱江改为骠国，说真腊："世与参半、骠通好，与环王、乾陀洹数相攻。"参半就是阇婆早期的译名。照《新唐书·南蛮列传下·骠国传》记载，阇婆大致从9世纪起也成了骠国的属国，但是早些时候的参半却是陆真腊的属国。总之，夹于东西两大王国之间的阇婆不得不奉行灵活的外交政策，以便东西结盟，各获其利了。《新唐书》将朱江国改作骠国，几乎使现今所有的史学著作都认为朱江就是骠国[1]。这样一种简单的名称代换，很不利于我们正确认识当年的历史事实。骠国并非就是朱江，也是真腊要与之保持友好关系的国家。骠国的东进可能早在7世纪下半叶哈里本猜国在泰北立国时便已出现，此时西迁的扶南最终被堕和罗吞并，泰国中部陷于大变革时期。所以哥罗舍分在660年向唐朝派过一次使节后便没有再与唐朝继续保持官方的关系，而沦为骠国的附庸了。于是骠国的东境便直接与陆真腊接境，其四邻成了："东陆真腊，西接东天竺，西南堕和罗，南属海，北南诏。"（《新唐书·南蛮列传下·骠国传》）

《册府元龟》卷九五七记载：

> 骠国在永昌故郡南二千余里，东北拒南诏阳苴咩城六千八百里，凡去上都一万四千里。其国境东西三千里，南北五千五百里，往来通聘者伽罗婆提等二十国……东邻真腊国，西接东天竺国，南尽溟海，北通南诏些些乐城界。

些些乐城，据《蛮书》卷六是摩些乐城之讹，《旧唐书·南蛮列传》作些乐城，贾耽《贞元十道录》作乐城。摩些乐的原音Muang Si Lao可能就是"佬酋城"。《蛮书》卷六称："越礼城在永昌北，管长傍、藤弯……藤弯城南至磨（摩）些乐城，西南有罗君

---

① 景振国主编《中国古籍中有关老挝资料汇编》（河南人民出版社1985年版）第31页注：朱江国，"《新唐书·真腊传》作'西属骠'，朱江（又称朱波）、骠均指缅甸"。陈佳荣《中外交通史》（学津书店1987年版）第193页说：骠国，"《隋书》《通典》称该国为朱江（《新唐书》讹为朱波）"。但朱江既非骠国，只是其属国，朱波亦非朱江之讹，是舍利佛的别译。

寻城。又西至利城,渡水郎阳川,直南过山,至押西城。又南至首外川。又西至茫部落。又西至盐井。又西至拔熬河丽水城。"藤弯城应在腾冲城附近,由此往南的摩些乐城是由骠国进入南诏后的第一个城市,应在瑞丽以东。陈序经以为在缅甸伊洛瓦底江上游太公城以南、海陵以北,远达北回归线①,其说偏南。《蛮书》向达注则说:"疑应在今腾冲以南求之。"照谭其骧主编《中国历史地图集》第5册(中华地图学社1974年版)第74-75页,南诏西部国界仅绘至北纬24°,图上未见藤弯城,以些乐城置于潞西。对照《蛮书》"西至利城……至拔熬河丽水城"一段,图上标列地名明显偏东,似嫌未妥。

永昌故城在云南保山以北。由永昌故城到伊洛瓦底江下游卑谬附近茅沙的骠国都城舍利佛城②,有二千多里路程,要走75日。《蛮书》卷十说:"骠国在蛮永昌城南七十五日程,阁罗凤(748—779年在位)所通也。"自舍利佛城向北到些乐城,便进入南诏地界。由此转向东北,可通永昌故城和龙尾城、阳苴咩城(旧大理城)。这条路比从银生城(云南景东)南通昆仑国的青木香山路要短。银生城在龙尾城(大理下关)南十日程,从银生城到昆仑国国都佛统要走81天,总计自龙尾城至银生城、再经大银孔(泰北永河上游清湛)到佛统费时91天。自从骠国的领土向东扩展,照《新唐书》描述的那样,骠国的西南便是堕和罗了。骠国的东南是朱江国和阇婆国。沿着他念他翁山脉,伸向泰境夜丰颂、清迈南部和达府、甘烹碧府,进入湄南河流域的一条走廊便逐渐形成,由云南向曼谷湾南展的青木香路从此在哥罗舍分境内便有了向西与舍利佛城接连的通道。这使骠国的境域在8—9世纪时一度由"东西三千里,南北三千五百里"(《旧唐书·南蛮列传·骠国传》),拓展到"长三千里,广五千里,东北袤长"(《新唐书·南蛮列传下·骠国传》)的幅员。骠国的东西境域从二千里扩充到五千

① 陈序经:《骠国考》,载于《东南亚古史研究合集》下册,海天出版社1992年版。伯希和考订贾耽记乐城经悉利城至突旻城,最后到达骠都的路程,认定乐城在云南境内,悉利城在太公城南。参见伯希和:《交广印度两道考》,冯承钧译,中华书局1955年版,第36页。

② 早先有一种意见,以为骠国都城在海陵,参见罗斯:《古代的骠国》(G. H. Luce, The Ancient Pyu),载于《缅甸研究》(Journal of Burma Research Society)1937年第27卷;夏光南:《中印缅道交通史》,中华书局1948年版,第43页。但唐代时骠都早已南迁,后来已成定说。参见罗斯:《堕罗钵底与古缅甸》(G. H. Luce, Dvaravati and Old Burma),载于《暹罗社会》(Journal of the Siam Society)1965年第53期,第10-26页。因此,此线是从永昌直抵卑谬。

里，就是将朱江、阇婆与堕和罗三国划入它的属境的结果。

四、堕和罗与陀洹国、名蔑国

11世纪编著的《新唐书》指明，堕和罗有昙陵、陀洹二属国：

> 昙陵在海洲中。陀洹，一曰耨陀洹，在环王西南海中，与堕和罗接，自
> 交州行九十日乃至。王姓察失利，名婆那，字婆末……贞观时，并遣使者再
> 入朝，又献婆律膏、白鹦鹉，首有十红毛，齐于翅。因丐马、铜钟，帝与之。

陀洹国在哪里？《通典》卷一八八沱洹有专条：

> 陀洹国在堕和罗西北。大唐贞观中，遣使献鹦鹉，毛羽皓素，头上有红
> 色（毛）数十茎，与翅齐。

《旧唐书·南蛮列传·沱洹传》换了一个角度，叙述沱洹的方位：

> 陀洹国在林邑西南大海中，东南与堕和罗接，去交趾三月余日行，宾服
> 于堕和罗。其王姓察失利，字婆末婆那。土无蚕桑，以白氎、朝霞布为衣。
> 俗皆楼居，谓之干栏。贞观十八年（644年）遣使来朝，二十一年又遣使献白
> 鹦鹉及婆律膏，仍请马及铜锺，诏并给之。

根据《册府元龟》卷九五七，陀洹国"东南与堕和罗接"。但《册府元龟》卷九六
〇则说："陀洹国在堕和罗西北，其国海行五月至广州。"这是指走海路，从广州到堕
和罗，和到陀洹的日程是一致的。

《唐会要》卷九十九有耨陀洹国："堕和罗西北，其王姓察失利，名婆那，子（字）
婆末，其国海行五月至广州……贞观十八年遣使来朝贡，又献婆律膏、白鹦鹉，首有
十红毛，齐于翅。"

《旧唐书》《新唐书》都说陀洹是堕和罗的属国，然而在国际交往中的规格却很高，
唐朝因其所请赠予马匹与铜锺。王姓察失利（Chana Sri），"字婆末婆那"，又作"名婆
那，字婆末"。"婆末"是"众国、列国"之意，在吉蔑文碑铭孔敬碑中是Sarvabhauma

（列国之主）。婆那是 Phunam，也就是水居者、海滨人。"婆末婆那"意思是"泽国之君"。这是扶南国王的称号。在这里，"婆那"不过是扶南的别译或新译名。因此"婆那"一名的出现已经指明了陀洹王室与扶南王室的关系，是对进入后扶南时期的扶南王室的译名。陀洹王室正是南迁那弗那城（新都）的扶南王室。新都可能就在老乌通的旁边，故称新都。

这个新王朝和曼谷湾西岸的堕和罗毗邻，陀洹在堕和罗西北。换句话说，陀洹在堕和罗国都佛统的西北，是由于曼谷湾在佛统以北向西伸展，直至素攀城南。更确切地说，是陀洹的东南部与堕和罗相接。陀洹的西部是否也与堕和罗相接呢？至少在 7 世纪上半叶，据《通典》卷一八八扶南条，贞观中，扶南向唐贡献白头国二人，已点明了扶南的西面和北面都是白头国。上文论证了白头国与参半国在素攀府东部和他真河入海处接壤。在陀洹尚未成为堕和罗属国以前，这里也可以说是白头国、参半国和陀洹三国接壤的滨海区。陀洹的国境在素攀府的南部和北碧府（干乍那武里）的东部，面积约 8000 平方公里，是今日泰国总面积的百分之一强，真可说是弹丸小国。它的邻国白头国地方要比它大得多，北面据有达府南部、乌泰他尼大部和北碧西部，在猜纳东南部和信武里西部与陀洹国接界。陀洹与朱江国中间隔着一个白头国的地界，彼此并不连壤。

无独有偶的是，《通典》卷一八八有投和传，并无堕和罗传，而且陀洹传只寥寥几句，十分简单。因为杜佑写作《通典》时已弄不清二百年前的投和与沱洹是什么关系。陀洹是《隋书》中已有的译名，这个国家到了唐朝，先后用过富那、婆那等先前"扶南"的别称，到曼谷湾西岸的新都建成后也用过"门路国"（头和、投和、投和罗）为号。据《南史》卷十，头和在陈后主至德元年十二月（584 年 1 月）向南朝派出了使者，接着 588 年农历六月扶南的使者又到了南京。这次扶南使者无疑来自陀洹。"头和"是南朝政权的译名，和北方隋朝使用的译名"陀洹"不同，但又是非常相近的，因为语源都是一个 Duawwa。到了唐朝，译名的写法又变换了一下，写作"投和"。《通典》卷一八八写了一篇很长的投和传，后来成为《新唐书·南蛮列传下·投和传》的依据。《通典》的原文是这样记述的：

> 投和国，隋时闻焉，在海南大洲中，真腊之南。自广州西南水行，百日至其国。王姓投和罗，名脯邪乞遥，理数城，覆屋以瓦，并为阁而居，屋壁皆以彩画之。城内皆王宫室，城外人居可万余家。王宿卫之士百余人。每临

朝，则衣朝霞，冠金冠，耳挂金环，颈挂金涎衣，足履宝装皮履……又有州及郡县。州有参军，郡有金威将军，县有城局。其为长官，初至，各选官僚助理政事刑法……国无赋税，俱随意供奉，无多少之限。多以农商为业，国人乘象及马。一国之中，马不过千匹。又无鞍辔，唯以绳穿颊为之节制……其国市六所，贸易皆用银钱，小如榆荚。有佛道，有学校，文字与中夏不同。讯其耆老，云王无姓，名齐杖摩。其屋以草覆之。王所坐塔，圆似佛塔，以金饰之。门皆东开，坐亦东向。大唐贞观中遣使奉表，以金函盛之。又献金榼、金锁、宝带、犀象、海物等数十品。

据《通典》，这是个很富庶、行政效率很高且很有文化底蕴的国家。《通典》说投和隋时闻焉，这也是有根有据的，因为584年投和使者到南京，这年已是隋文帝开皇三年十二月的事了。《通典》指出"王姓投和罗"，又说"讯其耆老，云王无姓，名齐杖摩"。投和罗一名似乎就是堕和罗，这是陈序经在《猛族诸国初考》中已有的看法，换句话说，无非就是"门路之主""水口国"的意思。在当地耆老看来，其实王是无姓的，只有一个名字叫齐杖摩（Sri Chandravarman），也就是扶南王系中的真陀洹，所以陀洹又可称真陀洹。可见这个投和罗国不是堕和罗，而是陀洹。因此《通典》既为投和立了传，又同时使用了堕和罗这个国名。《通典》卷一八八哥罗舍分传说："哥罗舍分在南海之南，其国地接堕和罗。"《通典》并没有交代过投和国的四邻，却介绍了与堕和罗接界的周边国家，正好说明投和不是堕和罗，只是暗示了投和国也使用过与"堕和罗"意思相同的"投和罗"这个名称作为王号。《通典》指明"自广州西南水行，百日至其国"，实际上指走陆路，与走海路所需时日当然也就不同了。据《元和郡县志》卷三十八，交州至驩州九百里，到了驩州便可通达文单国都；再往西去，直通古曼谷湾头，是一条大道。可见最早称投和罗（堕和罗）的不是早先的纳空猜西国，而是那个先于纳空猜西国在古曼谷湾西岸立国的陀洹。纳空猜西国建立后，它和陀洹国的关系，既有联盟合作对付真腊的一面，又有商业上互争雄长的一面，于是当初陀洹国使用过的投和、投和罗的名号也被接过来，用作了它的国号，废弃了纳空猜西的旧名。所以投和并非堕和罗。现在学术界流行的投和是堕和罗的说法，最好还是改成投和即陀洹说更加合理。否则，就难免要为584年头和使者到南京一事去考虑校订堕和罗在590年才立国的泰文史料了①。

陀洹地方虽小，但地处曼谷湾西部十字路口，又是扶南王室新都所在，自然仍可通过以往的政治影响和与周边国家的经济关系，在长达百年之中有一番作为。陀洹充分利用其区位优势，积极开展外交活动，并设法和中国保持联系。它拥有五六座极具经济活力的城市，东北有他真河入海口的素攀，西南有泰境最古老的城市乌通。在素攀和乌通之间的短短几十公里内发现的古城已有三处。乌通是从新石器时代到青铜时代已经有人类居住的地方，在金邻国和扶南国统治时期又有新的发展。乌通有古道，向东北通达素攀河边的陶乌通码头，向西沿三千鳄鱼河可达叻武里的库布古城和碧武里的佛丕古城，东南距堕和罗国都佛统不过160公里。有意思的是，1955—1960年，在乌通、库布和佛统进行考古发掘的法国考古学家让·波社利埃在乌通发现了大量烧珠。他根据乌通和湄南河流域发现的扶南文化遗址多至15处的事实，对比越南南圻发现的扶南文化遗址仅三四处，出名的只有奥—埃育（Oc-Eco）一处，认为扶南本土在湄南河流域。然而根据中国古籍记载以及湄南河、他真河流域的扶南文化遗址，湄南河右岸地区只能是南迁后扶南的本土。扶南南迁从6世纪下半叶开始，大约持续到公元600年，最后定都陀洹，建设那弗那城（新城），凭借曼谷湾港汊交错、山峦起伏的复杂地形对日益壮大的真腊作最后的抗争。

进入7世纪后的十多年中，早先扶南在湄公河下游的本土和泰东北真腊境内的战争并未止息，质多斯那和他的继承者伊奢那先先后忙于平息叛乱，稳定国内局势，以致一时难以全力攻剿西奔的扶南王室残余势力。有迹象表明，在整个7世纪中，正如《隋书》和《通典》所说，真腊长时间和陀洹处于战争状态。《隋书·南蛮列传》记真腊："其国与参半、朱江二国和亲，数与林邑、陀桓二国战争。其人行止皆持甲仗，若有征伐，因而用之。"（《册府元龟》卷九九五同）《通典》卷一八八记真腊："其国与参半、朱江二国和亲，数与林邑、陀洹二国战争。王初立之日，所有兄弟并刑残之，或去一指，或劓其鼻，别处供给，不得仕进。"到8、9世纪之际，由于骠国东扩，势力伸向曼谷湾，朱江国、参半国（阇婆国）都成了骠国的盟国，于是《新唐书·南蛮列传下》在叙述真腊历史时改动了《隋书》和《通典》的用词，说："世与参半、骠通好，与环王、乾陀洹数相攻。"在《旧唐书》《唐会要》《册府元龟》中，堕和罗一直与真腊接界（确切地说，是与陆真腊接界）。在《新唐书·南蛮列传下·真腊传》中，真腊的西面也一变而成"西属骠"了。《册府元龟》卷九五七记骠国"东邻真腊国，西接东天竺

---

① 谢光：《泰国与东南亚古代史地丛考》，中国华侨出版社1997年版，第91—92页，第114页。

国，南尽滨海，北通南诏些些乐城界"，也说骠国与真腊接。真腊国的领土既不包括朱江国，也未领有早先的参半、后来的阇婆在内。因为到9世纪上半叶，对骠国来说，就连阇婆和堕和罗都成了它的属国，列入了十八属国名单中。《唐会要》卷九十八关于真腊国的叙事一直到元和八年（813年）该国遣使李摩那等来朝为止。《册府元龟》卷九七二更记有元和九年（814年）九月真腊国遣使朝贡。所以骠国东扩成为既定事实，最早也是南诏阁罗凤通骠国道以后的事了。

陀洹的名称为什么可以"一曰檽陀洹"？其实，陀洹无非是简称，其全称是檽陀洹。《隋书·南蛮列传·真腊传》中的陀洹，在《新唐书·南蛮列传下·真腊传》中为什么可以改成乾陀洹呢？另外，在《新唐书·南蛮列传下·名蔑传》还有一个真陀桓：

> 名蔑，东接真陀桓，西但游，南属海，北波剌。其地一月行，有州三十。以十二月为岁首。王衣朝霞、氈。赋二十取一。交易皆用金准直。其人短小，兄弟共娶一妻，妇总发为角，辨夫之多少。王号斯多题。龙朔初（661年），使者来贡。

名蔑王"斯多题"是个骠语或缅语词汇，相当于孟语的"吉祥天王"。这个名蔑国，《唐会要》称多蔑国，武英殿聚珍本《唐会要》卷一百称：

> 多蔑国，居大海之北，周回可两月行，南至海，西俱游国，北波剌国，东真陀洹国，其王姓摩伽，名失利。户口极众，置四十州，又役属他国，有城郭、楼橹、宫殿，并瓦木。常侍卫兵可四千人……事佛及神，亦以十二月为岁首。畜有犀、象、马、牛，果有槟榔子。

同样一个多蔑国，金泽文库本《太平御览》卷七八八引《唐书》却文多歧异：

> 唐书曰，多蔑国，贞观时通焉。在南海外界，周回可一月行，南阻大海，西但游国，北波利日国，东贞陀桓国。户口极多，置三十州，不役属他国，有城郭、宫殿、楼橹，并用瓦木。以十二月为岁首。其物产有金、银、铁、象牙、犀角、朝霞、朝云等布。其俗交易用金银、朝霞等为贾，百姓二十而税一。五谷、菜蔬与中国不殊。

《册府元龟》卷九五七记多蔑国：

> 多蔑国在南海外，国界周回可一月行，南阻大海，西阻俱游国，北波剌
> 国，东真陀洹国。户口极多，置三十州，不役属他国。

此处波剌（刺）国就是《太平御览》中的波利日国。真陀桓国是《唐会要》中真
陀洹国的异写。俱（但）游却是个在泰缅交界的萨尔温江三角洲难以对号入座的国家。
若照《新唐书》称作但游，便是室利差呾罗的缅语读法 Thayekhettaya，可知多蔑国西
接室利差呾罗，于是一切问题都可迎刃而解。

多蔑国，有人将它置于苏门答腊东部淡邀（Taming）河，但四周的国家都无法解
释；又或以为多蔑是泰米尔（Tamil）[①]，但有很多难以合拍的地方。若照《新唐书》读
作名蔑，俱游作但游，则不难知道，在泰、缅交界处还有一个名蔑国（Myanmar）。那
么为什么仅有《新唐书》译作名蔑，而唐代档册中称多蔑？"多蔑"可能是因为多了一
个孟语的前置词而称 Dung Myanmar，Dung 是"君主、国王"之意[②]，所以"多蔑"也
就是名蔑国王、名蔑国的意思。这样，说是名蔑固然不错，说是多蔑也只能算是全译，
而不是误译。名蔑可以看作中国古籍最早记录的缅族国家。而从多蔑国的国名可以知
道，这个缅族国家是在孟人统治之下的。当地居民户口极多，置有三十州，比马来半
岛上领有二十四州的哥罗还要大。《唐会要》称它"居大海之北，周回可两月行"，"又
役属他国"；《太平御览》引《唐书》则说国界"周回可一月行"，"不役属他国"，看来
在莫塔马湾东岸立国的多蔑国，国界不至大到周围要二个月才转得过来，这样一个人
口集中、行政建置又密的国家是不至于役属他国的，相反，《唐会要》说该国"又役属
他国"一定错了，"又"当是"不"字之讹。退一步说，至少在661年名蔑使者赴唐时，
这个国家应该是独立的。在骠国属国名单上也见不到这个国家。

名蔑西边的邻国但游，既是缅语发音的室利差呾罗国，又与骠国都城舍利佛（Sar-
iputtara）的缅语读音 Thayiputtaya 相合。北面的波剌国，《太平御览》引《唐书》称波
利日，苏莱曼《中国印度游记》中写作 Ballahra（贝赖拉），波剌是一种省译。无论是
《唐书》还是《唐会要》都各有根据，并无错误。这个波剌国，乔治·马司伯乐在《宋

---

① 陈佳荣认为"多蔑，或误名蔑"，见《中外交通史》，香港学津书店1987年版，第197页。

② 图加姆：《偌骨语-泰语-英语辞典》（T. L. Thougkam, Nyah Kur（Chao Bon）-Thai-English
Dictionary），曼谷1984年，第157页；引自黎道纲：《泰国古代史地丛考》，中华书局2000年版，第57
页。

初越南半岛诸国考》中以为是阿拉伯语称印度的拉斯特拉库塔（Rastrakūta）王朝（750—973 年），于是疑窦又起，因为拉斯特拉库塔王朝何尝将领土拓展到伊洛瓦底江以东的地方，与下缅甸孟族国（Rāmaññdesa）接界，而且彼此时有争战？苏莱曼等阿拉伯人的东方游记中，与孟族国为邻的瞿折罗、贝赖拉这些印度名词，都是当时中南半岛国家曾经仿照印度使用过的名词。曼苏地《黄金草原》第 185 节记有这个强大的印度君主，在第 428 节提到孟族国与瞿折罗以及贝赖拉国的战争[①]。这个瞿折罗是哥罗舍分。贝赖拉对照唐代史料也十分清楚，是陀洹西面和北面的白头国。真陀洹当然也就是陀洹了。白头国的得名，是波剌国的孟语译名，白头国的"白"译出了 Ballahra，"头"是 Dung（王）的音译。照例可译成"头白国"，若按中国惯例，是白头国。《通典》解释白头国"男女生皆素首，身又凝白，居山洞之中"。"生皆素首"应指一种头饰，是白头国的民族装束。白头国之为波剌国，是完全可以明白的。波剌国后来和堕和罗多次开战，是由于堕和罗向北侵占该国的地盘。《新唐书》列举骠国的属国十八中有婆梨，无疑就是白头国。

白头国（波剌国）和名蔑国（多蔑国）的东邻是真陀洹（真陀桓），真陀洹的西北和北面是白头国，真陀洹的西面偏南是名蔑国（多蔑国）。名蔑的疆土控制了三塔山口，在缅甸的奄哈士、土瓦向东越过比劳山脉，和真陀洹及白头国接壤。这三个国家地理位置一经确定，不难明白真陀洹与耨陀洹、干陀洹无非是同一个国家。苏莱曼在851 年记述沱洹（Tarwaj）国是与孟族（Rmen）国家邻接的小国，势力从陆地向海上伸展。他在《中印游记》第 31 节中说：

> 该国位于一块狭长地带，一直伸向有大批琥珀卷到岸边的海中。这里出产少许胡椒，但有许多大象。国王既勇敢又傲慢，十分盛气凌人。但实际上，他的傲慢超越了他的实力，盛气凌人更胜过了他的勇猛精神[②]。

这段话非常生动地描述了当年曾去过印度洋各地，又访问过诸多弹丸小国的阿拉伯人的观感。正由于陀洹王族出自鼎鼎大名的扶南王系，所以即使流亡帝国的边远地

---

①　曼苏地（马苏第）：《黄金草原》，耿升译，青海人民出版社 1998 年版，第 108 页，第 218 页。

②　苏莱曼：《中国印度见闻录》，穆根来等译，中华书局 1983 年版。又见曼苏地（马苏第）：《黄金草原》，耿升译，青海人民出版社 1998 年版，第 108 页，第 218 页。

区，也仍不失大国风范的矜持，只可惜扶南国运早已如流水落花，不可挽回了。

苏莱曼是据他亲眼所见记述的。可以说，陀洹一直到9世纪中叶都还未消失，堕和罗与白头国（波剌）以及哥罗舍分（瞿折罗）的战争亦未止息。由此不妨认为，西迁后的扶南，不但在曼谷湾西岸继续存在，而且足有300年之久。名蔑国方位一定，真陀洹就绝对不会是在德林达依海岸的土瓦了①。根据同样的理由，去检测主张陀洹在古曼谷湾东岸巴真河的说法②，不但与苏莱曼关于陀洹的描述难以一致，而且也有悖于唐代史书中陀洹位于堕和罗西北、陀洹的东南与堕和罗邻接的记载。黎道纲指为巴真河畔的陀洹，据上文研究，正是阇婆国的地盘。陀洹也同样不会是在碧武里③，因为碧武里是堕和罗的本土，在它的东部沿海。这样的一个陀洹国，也和处在堕和罗西北的位置不相吻合。

陀洹一词在孟语和泰语中都与"他湾"（Duawwa）一词相近，意思是桥梁、孔道、水陆交通要冲。就地理区域而言，位置与地处古曼谷湾与莫塔马湾之间交通枢纽的素攀府相符合。但作为扶南王室西迁后国名的耨陀洹、真陀洹、乾陀洹，它的意义便大不相同了。耨陀洹、真陀洹、乾陀洹在隋唐史籍中先后出现，年序分明。耨陀洹在6、7世纪之际的隋朝已是一个与真腊敌对的国家，在泰国中部占有重要地位，这个名称和扶南王室在西迁以前最后一个国王留陀跋摩（Rudravarman）的名字相近，"耨"译出了 Ru，陀跋摩（dravarman）和陀洹相通，于是耨陀洹正好代表的是一个王朝。尽管留陀跋摩从514年登位，大约到560年左右便已不在人世，但是作为一个王系，他的继承者仍在相当长的时期中以留陀跋摩相称，在武德、贞观时派使者与唐联络，因而这时在曼谷湾西岸重新立国的扶南王室便成了耨陀洹。

到661年陀洹的西邻名蔑国派使者入唐时，这时的陀洹已不再是耨陀洹，而是真陀洹了。真陀洹是扶南王朝的 Chandravarman 世系，可能维持了100多年。这个王朝名称

① 沱洹为土瓦说，见许云樵《堕罗钵底考》，载于《南洋学报》第4卷第1辑。

② 黎道纲《泰国古代史地丛考》，中华书局2000年版，第12—13页，第124页。黎道纲以为沱洹的古名保存在他真府尖竹堪县（Prachantakham）。他说："陀洹一词，唐以前的古音类似 Da Huan，是 Takham 的对音，而都昆、都军、都君，亦类 Takham。而其他写法，如真陀洹、乾陀洹，以及屈都昆，也是 Chantakham。"（第13页）又说："我以为，其对音是 Prachantakham。质是之故，古书里的真陀洹、乾陀洹、陀垣、屈都昆、都军、都君，乃至屈都干、都干，甚至《汉书》的都元国，都是其对音。"（第124页）这样的结论未免下得太匆忙。他列举的这些名词中，独独少了一个最重要的"耨陀洹"。

③ 谢光《泰国与东南亚古代史地丛考》，中国华侨出版社1997年版，第41页。谢光还推论，碧武里的古称素堪陀奇里转为乾耨陀洹，再省译成乾陀洹、耨陀洹、陀洹，得出陀洹即汉代的都元国的结论。

也许在638年（贞观十二年）以后便已使用。因为638年堕和罗第一次向唐派使者，同时泰东北的僧高、武令和泰国中部的迦乍（北碧）都和唐通使。据《新唐书》，此后，富那王（扶南王）又派使者到中国，可以查到有644年（贞观十八年）、647年（贞观二十一年）、651年（永徽二年）陀洹使者入唐。《新唐书·南蛮列传下·投和传》称"贞观中遣使以黄金函内表，并献方物"，应即644年的那一次。《通典·投和传》说，投和"大唐贞观中遣使奉表，以金函盛之。又献金榼、金锁、宝带、犀象、海物等数十品"。这一年正是在陀洹名下向唐朝派出了使节。直到8世纪中叶以后，泰国中部经过骠国的东扩，随后是南诏的势力向萨尔温江下游拓展，于是陀洹又出现了新的王朝，这个王朝是现在我们可以知道的最后一个王朝，它使用的是历史上扶南的名王阇耶跋摩（Kaundinya Jayavarman，484—514年在位）的世系。可能有了一个阇耶跋摩二世的国王，更有其相连续的王位继承者，《新唐书》因此称作乾陀洹了。苏莱曼东游时所见到的陀洹，应该就是这个乾陀洹王朝。

在骠国的属国名单中有一个叫多归的国家，很可能就是陀洹的骠语译名。

五、堕和罗与弥臣国、南诏国

堕和罗的西部边疆直抵海边。但在661年前，其西部边疆还是名蔑国的地盘。后来名蔑国归入堕和罗，于是和堕和罗西境接壤的便是早先名蔑以北的坤朗和弥臣了。名蔑是和弥臣邻接的国家。

《新唐书·南蛮列传下·骠国传》有弥臣到禄羽的道程，记述从缅甸锡当河口到大昆仑王国要经过坤朗，大昆仑王国就是堕和罗：

> 由弥臣至坤朗，又有小昆仑部，王名茫悉越，俗与弥臣同。由坤朗至禄
> 羽，有大昆仑王国，王名思利泊婆难多珊那。川原大于弥臣。

同书又记，自昆仑小王的住地经过半日，便可到磨地勃栅（莫塔马）登舟航海，可见小昆仑王所居的坤朗大致就在比林河以南的直通。弥臣国位于萨尔温江以西，占有锡当河下游至勃固河的平原，川原之大，仅有大昆仑王国所在的曼谷湾西部平原可以胜出。弥臣国的东南有两个国家，其西是坤朗，其东及南是名蔑（多蔑）。弥臣国的国境在7世纪尚未向东扩展到他念他翁山地区。

794年，唐与南诏异牟寻（779—808年在位）在点苍山神祠结盟，之后，唐与云南

的关系有了明显的改善。据《册府元龟》卷九七二（《旧唐书·德宗本纪》同），贞元二十年（804年）十二月，南诏、弥臣国都向唐派过使者，《册府元龟》卷九六五记贞元二十一年（805年）四月，弥臣嗣王道勿礼受唐册封为弥臣国王。

808年11月异牟寻死，子寻阁劝（808—809年在位）立。寻阁劝便自称骠信，加强了对骠国的控制。但寻阁劝在位不过一年便死去，继承王位的劝龙晟便开始他荒唐的统治。到829年南诏劝丰佑（824—859年在位）在位期间，便有蒙嵯巅率兵攻破成都。832年，南诏更入侵骠国，将掳掠的骠民三千迁到柘东（昆明）。835年攻破弥臣国，劫金银，"掳其族三二千人，配丽水淘金"（《蛮书》卷十）。这一次南诏攻弥臣国，向达《蛮书校注》卷十以为是南诏破弥诺国。《蛮书》卷十又称"小婆罗门与骠国及弥臣国接界，在永昌北七十四日程"，这里的弥臣国同样是"弥诺国"之讹，校注本未更正。《唐会要》卷三十三称"骠一作僄，其西别有弥臣国"，也因此而讹。今人才将弥臣国与弥诺国一起列入缅甸西部若开山地。陈序经在《骠国考》（《中山大学学报》社会科学版1962年第4期）中以为骠国西边是弥臣、弥诺，大秦婆罗门在小婆罗门之南，位置颠倒。弥臣应在骠国之南。《蛮书》卷二记禄卑江（伊洛瓦底江）与弥诺江（钦敦江）合流入海：

> 又弥诺江在丽水西，源出西北小婆罗门国，南流过泏腜苴川。又东南至兜弥伽木栅。分流绕栅……合流正东，过弥臣国，南入于海。

伯希和因而以为弥臣国在伊洛瓦底江口，然而这里正好是波斯国（Pathein）的地方。《蛮书》卷十称，骠国在"蛮永昌城南七十五日程"，又说骠国"与波斯及婆罗门邻接"。波斯在骠国都城之南，婆罗门在其西，其西面的北部有大秦婆罗门，其西面的南部则是小婆罗门。据《新唐书·南蛮列传下》，弥臣具有广阔的川原，其国土应从勃生河向东伸展到莫塔马湾的西部锡当河入海处，再往东便是小昆仑王所在的坤朗了。12世纪时的《岭外代答》卷三记波斯国："西南海上波斯国，其人肌理甚黑，鬓发皆拳，两手钤以金串，缦身以青花布，无城郭。"这波斯国在伊洛瓦底江三角洲，是孟族所建国家。

《蛮书》卷十称：

> 弥诺国、弥臣国，皆边海国也。呼其君长为寿（Chao）。弥诺面白而长，

弥臣面黑而短……弥臣王以木栅为居，海际水中。以石狮子为屋四足，仍以板盖，悉用香木。百姓皆楼居……在蛮永昌城西南六十日程。太和九年（835年）曾破其国，劫金银，掳其族三二千人，配丽水淘金。

弥诺国的位置应在伊洛瓦底江西面勃生河以西的若开邦沿海，直至钦敦江（Chindwin R.）的地方。《蛮书》卷十称："大秦婆罗门国界永昌北，弥诺国江西，正东与安西城楼接界。"（原文"与"在"弥诺国江西"之前，下句作"正东安西城楼接界"。今据向达校注本改正）弥诺国江，照伯希和解释是钦敦江，阿萨密（大秦婆罗门）正好与钦敦江上游邻接，阿萨密以南的那加兰、曼尼普尔邦（小婆罗门）就不可能与弥臣国相接，因为弥诺国、弥臣国都是濒海之国，否则弥诺国便只能是个内陆国家了。此其一。那么，弥臣国是否可能还在弥诺国之西，诸如卡拉坦河的沿海呢？弥臣国离南诏较骠国与南诏的交通线还要短15日程，若假定弥臣国在伊洛瓦底江口，或更西的沿海处，便难以解释永昌到滨海的弥臣国都只需60日程，居然短于从永昌到骠国都城舍利弗75日程的距离。此其二。因此弥臣国只能在勃生河以东，甚或伊洛瓦底江以东的沿海。换句话说，《蛮书》中波斯民族的居地一定就是弥臣国的国土，或至少弥臣国的一部分也就是称作波斯的地方。《蛮书》说"小婆罗门与骠国及弥臣国接界"，应该正作"小婆罗门与骠国及弥诺国接界"。夏光南将弥臣国置于锡当河口[①]，是对《蛮书》原文的正确理解。更确切地说，在804年，弥臣国一定跟着骠国东扩，将它的疆域伸展到伊洛瓦底江入海口一带了。由《蛮书》卷六记述开南水路下弥臣国只需30日便可南至南海可以确定，弥臣国都在9世纪确已迁到了直通。直通的西面是莫塔马湾，东面紧靠萨尔温江下游西支阿塔兰河，开南水路因此可以通达无阻。

《蛮书》记录835年南诏攻占弥臣国都，并将其族氏三千人迁到伊洛瓦底江去淘金。由于从大理有陆路（或部分借助怒江水道）通往骠国南方的弥臣国，所以南诏能一举战败弥臣国。《蛮书》卷六称："开南城（云县，一说在镇沅境），在龙尾城南十一日程……陆路去永昌十日程，水路下弥臣国三十日程，南至南海，去昆仑国三日程。"龙尾城是今日的大理，南去开南城走水路，由云县取南汀河（南定河）入怒江，到萨尔温江入海口后，离昆仑便只有三日程了。这昆仑国，似乎不是昆仑国都的佛统，而是指三塔山口。9世纪，泰境南北交通有三条路线：青香木山路为中道，量水川（凉水）

---

① 夏光南：《中印缅道交通史》，中华书局1948年版，第41页，第44页。

路为东道，青木香水路（即开南城水路）属最西一道。

弥臣国的东面，跨过莫塔马湾，本是名蔑（多蔑）国所在，然而此国在8世纪便不见有什么对外活动，也未列入骠国的十八个属国名单中，所以在9世纪初，曾和唐朝通使的弥臣国极有可能已经吞并了名蔑，成为跨越莫塔马湾东西两岸的一个国家，其东疆早已抵达甚或越过了萨尔温江入海口。换句话说，那时缅甸孟邦的北部已经归了弥臣国，弥臣国的东境越过比林河，向南便是直通，这里素称小昆仑部，亦即唐代的坤朗。直通或勃固的孟人常被称作得楞子（Talaing），得楞应该就是堕和罗二属国中的昙陵（另一个是陀洹）。《新唐书·南蛮列传下·堕和罗传》说"昙陵在海洲中"。直通一带滨海，附近江川纵横，说是海洲完全符合，莫塔马港西南的比卢岛更是个大海岛。其南德林达依海岸，北有莫斯科斯群岛，南有丹老群岛，都属昙陵。昙陵既为堕和罗属国，这些地方当然都归属了堕和罗。弥臣国因此成了堕和罗的西方邻国。陈序经在《猛族诸国初考》中，不肯定"昙陵"二字是否是Talaing的对音，且怀疑说"Talaing这个名词，不见得这么早已经采用"。其实Talaing可以上溯到张衡《西京赋》中的都卢寻橦。至于昙陵是否只是曼谷湾西边一个小城Ban Laem的古译[1]，便值得怀疑了。昙陵更不会是洛坤，因为昙陵的原音不是Tambralingam，也不是Thammarat[2]。洛坤地方有限，不在海洲中。在堕和罗立国之初，这里是盘盘国的地盘。

无论《旧唐书》还是《新唐书》，都说堕和罗的西面是大海。《旧唐书》称堕和罗"西邻大海"，《新唐书》说堕和罗"西属海"。然而在7世纪时，在曼谷湾立国的堕和罗的西疆还没有到达德林达依海岸。只要看玄奘和义净这两位熟知印度及其周邻国家地理的高僧的记录便可知晓。玄奘《大唐西域记》卷十记三摩呾吒国"东北大海滨山谷中有室利差呾罗国，次东南大海隅，有迦摩浪迦国，次东有堕罗钵底国"，义净《南海寄归内法传》卷一记蜀川西南有大黑山（若开山脉），"次此南畔逼近海涯，有室利察呾罗国，次东南有郎迦戍国，次东有社（杜）和钵底国，次东极至临邑国"。照玄奘说，在莫塔马湾东部和德林达依海岸立国的是迦摩浪迦国，其东才是堕罗钵底国。依义净，在同样的地区立国的是郎迦戍国，其东是杜和钵底国。郎迦戍即迦摩浪迦，杜和钵底亦即堕罗钵底、堕和罗。照前文论述，这迦摩浪迦所占的地方应是名蔑国的国

---

[1]　参见黎道纲：《泰国古代史地丛考》，中华书局2000年版，第123页，第133页。

[2]　说洛坤从642—671年中，居然同时称县陵、卢君、佛逝（谢光：《泰国与东南亚古代史地丛考》，中国华侨出版社1997年版，第41页，第135–136页），实际上是考订者本人的误会，其中"卢君"国一名是对《新唐书·南蛮列传下·多摩苌传》中经萨卢、都诃卢、君那卢、林邑到交州路程的破读。

土。到了9世纪，同一地区已经成为弥臣国和堕和罗的国土。名蔑的消失，似乎正是弥臣国东扩、堕和罗西进的结果。

南诏国在9世纪向南方扩张，战胜了骠国和弥臣国，之后又和陆真腊、女王国、堕和罗发生冲突，然而丝毫未能占到便宜。

《蛮书》卷十记："水真腊国、陆真腊国，与蛮镇南相接。蛮贼曾领马军到海畔，见苍波汹涌，怅然收军却回。"这"海"是湄公河。南诏军所抵达的湄公河，大致在湄公河折曲处最难通航的一段，在琅勃拉邦（Louangphrabang）以南经孟萨纳坎（Muang Sanakham）至万象（Vientiane）的一段。"海"（Ho'i）是泰老语中对大江的称呼，在内地向来指称湄公河。

《蛮书》卷十又记："女王国去蛮界镇南节度三十余日程。其国去骥州一十日程，往往与骥州百姓交易。蛮贼曾将二万人伐其国，被女王药箭射之，十不存一，蛮贼乃回。"女王国离南诏镇南节度驻所景东有三十多天路程，这是条从景东通过难河流域抵达曼谷湾的大路，也就是通常所称的青木香山路。女王国的疆土从南奔、清迈一直向东延伸到永河流域的清莱、帕尧，和南诏接界。《新唐书·南蛮列传上》说南诏东南是交趾，南边是女王国，西南是骠国。清木香路中段的重镇大银孔城，正好在南诏和女王国交界的地方。这里是庸那迦昌盛国的中心地区，南诏当然不会轻易放弃，于是南诏和女王国便发生了冲突。

女王国的开国君主，是华富里地方的一名公主。在传说中她是罗斛国的公主，但罗斛族那时尚未正式建国。据1516年清迈僧侣罗丹那班那用巴利文编集的《佛陀时代诗选》（Jinarkalamalini）追述的女王国历史，创建者女王名叫占提威（Cham Tewi），又称Chama Devi，Samatevi。她嫁给直通的孟族国王，在663年率领部众离开国王，迁居南奔，重新立国。663年可能正是弥臣国入侵直通的时间。后来传说女王怀着身孕一路北迁，在南奔城正式登位，建立哈利本猜国（Haripunjaya）。不久就生下一对孪生兄弟，哥哥叫摩诃若，弟弟名因陀翁。长大后，摩诃若在南奔城为王，因陀翁在新建的南邦城为王，到唐玄宗开元二十九年十二月（742年1月至2月），因陀翁派他的儿子到唐朝进贡。《旧唐书·玄宗本纪下》记这一年"女国王赵曳夫及佛逝国王、日南国王遣其子来朝献"。因陀翁即中国史册中的赵曳夫（Chao Inthowon），赵是Chao，意即国王，曳夫是因陀翁的唐译。由于哈利本猜国的开国君主是位女王，因此唐朝便以女国相称，俗称女王国。崔志远《桂苑笔耕集》卷十六称安南"水之西南，则通阇婆、大食之国；陆之西北，则接女国、乌蛮之路"。女国即女王国，乌蛮指南诏。《册府元龟》卷九六六称作东女国，"本西羌之别种，俗以女为王，号为宾就。唐武德中其王汤滂氏，垂拱二年（686年）其王敛臂，天授三年（692年）其王俄琰儿尔并遣使朝贡"，又说"天宝元年（742年）封其王赵曳夫为归昌王，是后以男子为王。贞元九年（793年）其王汤立悉内附，授归化州刺史"。敛臂即占提威，其夫应即汤滂，"汤"是孟语中的国王（Dung），可能就是直通王。敛臂在686年受唐册封为左玉铃卫员外将军（《册府元龟》卷九六四）。到796年，一直有这种册封的关系，见于史册（《册府元龟》卷九七二）。后来中断，可能是南诏从中阻隔。女王国直到元初才消亡。

女王国，《太平御览》卷七八九引《南夷志》（即《蛮书》）说：

> 女王国，去骠州十月程，往往与骠州人交易。蛮尝伐之，中其药箭，百不存一。

《太平御览》的引文与《蛮书》有出入。最突出的是，《蛮书》说女王国到骠州（越南德寿）只需十天，而《南夷志》却说女王国去骠州十月程，两者相差三十倍。女王国显然不会近到离骠州只十天路程，但研究者也怀疑不至远到十个月的路程。有人将它改为三十日程。从女王国到骠州，中间直线距离虽不足800公里，但实际却并无坦途可取。若按青木香山路的日程，大约50天便可以了。但此路路况非同寻常，中间多半须横越山川、河流，沿湄公河折曲处更系无人居住区，历来为行者所忌。从南奔出发南下，唯有西起宾河的金刚城（甘烹碧），向东经过巴塞河上游的峡谷，迂回至色军盆地，越过湄公河之后，才能接上骠州通文单（乌汶府）道，到达骠州。其间须费时十月，虽非实际通行日程，但包括必要的停留与间隔时间，却是必不可省的时间表。因此走这条路所费时间，便难以和从骠州经文单国都抵达曼谷湾头的大路同日而语了。所谓"十月程"，连下来是与骠州人交易，极可能是每隔十月有一次定期交易之意。

《蛮书》指出，南诏的南扩，同样遭到女王国的抵制，以损失惨重而作罢。

如此，南诏要控制青木香山路，劫夺居中南半岛水陆要冲的昆仑国的财宝，唯有从领土已日益扩展到萨尔温江下游的弥臣国下手了。《蛮书》卷十记：

> 昆仑国，正北去蛮界西洱河八十一日程。出青木香、檀香、紫檀香、槟榔、琉璃、水精、蠡坯等诸香药、珍宝、犀牛等。蛮贼曾将军马攻之，被昆仑国开路放进军后，凿其路通江，决水淹浸，进退无计。饿死者万余，不死

者，昆仑去其右腕放回。

南诏军队能侵入昆仑国国境，一定在835年占领弥臣国之后，这地方必在萨尔温江口到三塔山口之间。南诏的马步军定然渡过了萨尔温江口西部支流阿塔兰河，向南进发，但是大军远未到达三塔山口，便被堕和罗军队挖开了通往扎米河及其支流的河道，向下游放水，这使本来自北而南进发的南诏军队陷于进退无路的境地，不战而败，其惨况似乎更甚于攻打女王国的战争。

南诏国与昆仑国的战争，实与弥臣国的历史息息相关，由此并可追溯到名蔑消亡的一段已被湮没的古史。弥臣国在恢复其半独立的状态后，在咸通三年（862年）又向唐朝派出了使节，恢复了双方的邦交。

12世纪的中国帆船和
印度洋航路

宋朝是我国远洋航业大发展的时期。11世纪以后，特别是熙宁、元丰（1068—1085年）之后，造船业的规模、海船设计水平和航海技术都有长足的进步，揭开了远洋航业史上新时期的序幕。宋朝和亚非各国陆续建交，互通使节，海外贸易更有巨大的增长。中国远洋帆船业已频繁出现在印度洋上。印度洋各地，包括斯里兰卡、印度次大陆、波斯湾和阿拉伯半岛，甚至非洲沿海，都有中国帆船的踪迹。

这个时期，在印度洋西部地区正在经历一场新的动乱。整个伊斯兰世界面临着西欧十字军东征的严峻考验。塞尔柱突厥人已经替代阿拔斯哈里发和波斯人成为两河流域的主人；埃及的法蒂玛王朝（Fatimid，909—1171年）和继承它的阿优布王朝（Ayyubid，1171—1250年）开始成为伊斯兰国家抗击十字军侵略势力的中流砥柱。穆斯林商人在印度西海岸建立贸易站，经营地中海和亚洲之间的转口贸易，并且成批地移居东非。在印度洋东部地区，随着南印度朱罗王国（Chol，Cola）海上霸权的消失，统治苏门答腊和马来半岛的塞仑德拉王国已经陷于支离破碎的境地。不论是斯里兰卡还是南印度各国，都没有一支强大到足以控制孟加拉湾东西交通的海上力量。中国的远洋航业就是在这样的条件下深入印度洋沿海各地，参与印度洋贸易网，以一支劲旅登上历史舞台的。

一、麻离拔航线和印度洋贸易

宋代中国帆船在印度洋各地定期往返，所以船长和海员熟悉印度洋的海上交通。周去非在1178年写成的《岭外代答》中，按照不同的航行方向，把南海以远的国家划分成三个区：正南和东南分别以三佛齐（苏门答腊）和阇婆（爪哇）为中心，西南则以占城（越南中、南部）、真腊（柬埔寨）、窊里（缅甸南部）为中心，"远则大秦（波斯）为西天竺诸国之都会①。又其远则麻离拔国（哈达拉毛）为大食诸国之都会。又其外，则木兰皮国（穆拉比特）为极西诸国之都会"（《岭外代答》卷二"海外诸蕃国"）。

波斯湾、阿拉伯海和地中海是苏门答腊以西三个主要的海上贸易区。波斯湾、哈达拉毛和摩洛哥各有著名的港口西拉夫、佐法尔和丹吉尔，都是中国商人熟悉的地方。但只有印度马拉巴海岸的故临（今奎隆）才是宋代中国远洋帆船在印度洋上最大的寄

---

① 唐宋时代的"大秦"已由原来的拜占庭派生出另一个含义，渐和"波斯"相混。唐代长安崇化坊的祆寺，号大秦寺，又名波斯寺（见宋人姚宽《西溪丛语》卷上），即是一例。宋代的"大秦"有两重含义：一指小亚细亚塞尔柱突厥所立鲁姆国的拂菻（《文昌杂录》卷一，《宋会要辑稿·蕃夷四》）；一指脱离阿拔斯哈里发而独立的波斯人诸王朝。867年，雅库比·伊本·萨法尔（Ya'qub ibn al-Saffar）在波斯东部建立萨法尔王朝（Safavid，867—1002年），宣布脱离阿拔斯政权。10世纪以后，波斯贵族势力继续向东扩展。903年，兴起于中亚的萨曼王朝（Samaniyya，874—999年）吞并了萨法尔王朝在伊朗高原的大部分领土，成为统治伊斯兰东部世界的巨大埃米尔国。945年，波斯什叶派在阿赫默德·伊本·布韦希（Ahmad ibn Buwayh）率领下占领巴格达，废黜阿拔斯哈里发穆斯塔克菲（al-Mustakfi），另立新哈里发穆提（al-Mutī）。但实际权力掌握在布韦希家族手中，史称布韦希王朝（Buwayhid，945—1055年）。阿赫默德原有封号"诸王之王"（Amir al-Umarā'），音译"麻啰弗"。所以《岭外代答》卷三说："大秦国者，西天诸国之都会，大食蕃商所萃之地也。其王号麻啰弗。"962年，萨曼王朝的突厥将领阿尔普特勤（Alb Tikin）在阿富汗另建伽色尼王朝（Ghaznavid，962—1186年），领土包括五河流域。伽色尼城，9世纪时的段成式译作"伽阇那国"，以为"即北天竺也"（《酉阳杂俎》卷十八）。所以《岭外代答》又说"天竺国，其属也"，认为天竺是大秦的属国。"大秦"的对音出自波斯湾北岸的Ardashir（阿尔达希尔），省略了开唇音[ar]，成为"大秦"。阿拉伯地理学家在10世纪时说，"阿尔达希尔地区最重要的城镇是西拉夫（Siraf），和设拉子（Shiraz）一样大"，那儿的进口货中有纸。同时期的马克迪西（al-Muqaddasi）说："西拉夫是巴士拉的商业对手。"继伽色尼兴起的是阿富汗人将领建立的古尔王朝（Ghurid，1148—1215年），也曾统治北天竺。《诸蕃志》"大秦国"条承袭《岭外代答》，又以大秦都安都城，将古代关于罗马帝国的材料混杂一起。萨珊波斯王朝（Sassanid，224—651年）的创建者阿尔达希尔·帕帕坎（Ardashir Papakan，224—240年在位）最早于3世纪在菲罗扎巴德（Firuzabad）建立都城，其继承者沙普尔一世（Shapur I，240—270年在位）继续营构，现遗址已被发现。

航港和中转站。从广州出发的中国帆船，每年11月乘东北季风，经过40天的连续航行，到苏门答腊北端的蓝里（亚齐）进行交易，翌年继续开航，经过一个月便可到奎隆[①]。中国商船在这里和印度人、穆斯林商人以及叙利亚人、犹太人进行大宗贸易。中国海外贸易商可以从南印度接运波斯湾、亚丁湾和地中海运来的乳香、没药、木香等名贵香脂和香料，还有象牙、犀角、玳瑁、珊瑚、珍珠、玻璃、毛绒、皮革和镔铁。前来中国和东南亚的阿拉伯船也在奎隆中转。《岭外代答》卷三"航海外夷"说："大食国之来也，以小舟运而南行，至故临国，易大舟而东行。至三佛齐国，乃复如三佛齐之入中国。"大部分阿拉伯单桅船只到奎隆为止，再向东行，便得租用大型的中国船了。中国海外贸易商要到波斯湾和阿曼，也在奎隆换船。《岭外代答》卷二"故临国"说："中国舶商欲往大食，必自故临易小舟而往。虽以一月南风至之，然往返经二年矣。"周去非所说的大食指阿拔斯哈里发的都城巴格达（白达）。12世纪中叶时，埃及阿优布王朝尚未建立，巴格达的重要地位仍未动摇，这时"有白达国，系大食诸国之京师也"（《岭外代答》卷三）。所以《岭外代答》中所说中国舶商要到的大食是波斯湾航线，这条航线由于必须在奎隆换船，往返一次要跨上两年之久。

12世纪中国商人能够很方便地往返的阿拉伯港口究竟在哪里呢？这答案还得在《岭外代答》中去寻找。该书卷三指出，这海港叫麻离拔。书中记载："大食者，诸国之总名也，有国千余，所知名者特数国耳。有麻离拔国，广州自中冬以后发船，乘北风去，约四十日，到地名蓝里，博买苏木、白锡、长白藤。住至次冬，再乘东北风，六十日顺风方到此国。"

根据直航距离推算，麻离拔比奎隆要远30天以上。麻离拔在官方档册中译作麻罗拔，1088年已经派使者来华[②]。麻离拔并非是过去讹传的南印度马拉巴海岸[③]。在《诸蕃志》卷上"南毗"条中，马拉巴另有麻哩抹的译名（卷下"胡椒"条原注又译"南

---

① 参见《岭外代答》卷二"故临国"，《诸蕃志》"故临"条。

② 参见《宋会要辑稿·蕃夷七》。《岭外代答》卷三已指出，这个通使中国的麻罗拔国，"即此麻离拔也"。

③ 认定麻离拔的所在是考证麻离拔航线的关键。《诸蕃志》的译注者夏德和柔克义曾误认麻罗拔是米尔巴特，参见夏德、柔克义：《诸蕃志译注》（F. Hirth and W. Rockhill, The Chu-fan-chi of Chau Ju-Kua），圣彼得堡1911年版，第120页。但《诸蕃志》所记大食属国中已有勿拔，专译米尔巴特（冯承钧：《诸蕃志校注》，中华书局1956年版，第49页），不能复出。张星烺更把麻罗拔、麻罗抹和麻离拔一概当作南印度的马拉巴海岸（张星烺：《中西交通史料汇编》，中华书局1977年版，第2册，第171页，第261页，第262页）。冯承钧校注《诸蕃志》，也认为麻罗抹和南毗条的麻哩抹同是麻罗拔（冯承钧：《诸蕃志校注》，中华书局1956年版，第95页注2），都指马拉巴（第21页注2，第31页注1，第135页注2）。

毗无离拔国",是后人所加)。把《岭外代答》卷三中的广州—麻离拔航线和《诸蕃志》卷上"大食国"条中的泉州—大食航程加以比较,就知道起点虽不同,但路程相同,故知终点绝非马拉巴。从广州或泉州到亚齐,大约2400海里的航程只要40日,从亚齐到奎隆至多不过1200海里,30天航行已经足够,根本无须60天之久。如果从亚齐起航,到达南印度后继续北上,那么1200海里的航程至少可以到达印度河口或阿拉伯香岸。所以周去非的麻离拔是大食的属国。由麻离拔可以经陆路到达麻嘉(麦加)和阿拉伯各国,这就更可明白麻离拔不会是南印度的马拉巴,而只能在阿拉伯半岛。

　　阿拉伯半岛南部哈达拉毛(Hadramawt)沿海盛产香料香脂,自古有"香岸"(Shir Lūbān)之称。希腊史家希罗多德(Herodotus)所著《历史》(The Histories)早就称南阿拉伯是"香国",中国在公元初也已知道"香岸"。《魏略·西戎传》说大秦国产薰陆。薰陆后来被当作乳香的别名,其实就是阿拉伯"香岸"(Shir Lūbān)的汉译名称。因为"香岸"盛产乳香,所以最初中国人就把乳香称作薰陆。哈达拉毛在亚丁以东,古代包括席赫尔(al-Shir)和马赫拉(Mahrah)[①]。中世纪的佐法尔(Zafār)一直是香岸最大的香料贸易港。那时的佐法尔是濒临马赫拉的卡马尔湾的一个港口,后来又成为马赫拉以东的一个地区。《诸蕃志》卷上大食属国中的施曷就是"香岸"(al-Shir),包括哈达拉毛和马赫拉。另有奴发(Zafār)专指马赫拉以东、阿曼西南的沿海地区。哈达拉毛是著名的乳香产地,也盛产没药、苏合香和龙涎香,佐法尔正是香脂香膏贸易的中心[②]。非洲之角所产的各种珍贵香料,如乳香、没药、木香、芦荟、血竭、芸胶、苏合香也都集中到佐法尔运销世界。马赫拉是中国人所熟悉的地方。中国对阿拉伯各国习惯以大食称呼,《宋史·外国列传六·大食传》说:"其国部属各异名,故有勿巡,有陀婆离,有俞卢和地,有麻啰跋等国,然皆冠以大食。"《宋会要辑稿》屡次记载"大食麻啰拔国"派使者到中国。马赫拉是中国人从海上远赴阿拉伯世界的第一个地方,所以中国人称为"阿拉伯马赫拉"(Mahrah al-'Arabi)[③],或马赫拉州(Barr al-Mahrah),按中文读法是勿拔或麻离拔(粤音)、麻啰拔。所以《诸蕃志》卷上大食属国中有勿拔而无麻啰拔(麻离拔),麻离拔是勿拔地区最著名的港口。《永

---

　　① 香岸简称席赫尔。现代香岸泛指席赫尔(哈达拉毛)、马赫拉和佐法尔。有同名海港席赫尔。参见希蒂:《阿拉伯史》(Philip K. Hitti, The History of the Arabs),伦敦1970年第10版,第36页。

　　② 参见雅库特:《地理辞典》(Yāqūt, Mu'jam al-Buldān),第3卷,开罗1906年版,第576-577页;《西洋番国志》"祖法儿"条;《瀛涯胜览》"祖法儿"条;《星槎胜览》卷四"佐法儿"国。

　　③ 以阿拉伯为冠词的地区,同样有专指下美索不达米亚的阿拉伯伊拉克(al-'Iraq al-'Arabi),以别于波斯伊拉克(al-'Iraq al-'Ajami),古代的米太(Media),阿拔斯哈里发初期所划的乔贝勒(al-Gibāl)省。

乐大典》卷卷一一九〇七"广"字册"广州府三"引《南海志》中也有勿拔，而无麻离拔[1]。

麻离拔是中世纪印度洋海上贸易最大的吞吐港之一，是亚丁兴起以前最繁荣的阿拉伯港口，是"巨舶富商"汇聚的地方。物产有乳香、龙涎、真珠、琉璃、犀角、象牙、珊瑚、木香、没药、血竭、阿魏、苏合油、没石子、蔷薇水等货，"皆大食诸国至此博易"（《岭外代答》卷三）。在12世纪，中国帆船常到的第一个阿拉伯港口就是麻离拔。麻离拔有发达的水陆交通，陆路可通白达（巴格达），"自麻啰拔国约陆行一百三十余程[2]，过五十余州乃到"（《诸蕃志》卷上）。这条路经过阿拉伯半岛东部，见于《诸蕃志》大食属国中的有奴发（Zafār）、瓮篱（Lahsa el-'Umanī）、白莲（al-Bahrayn）[3]。西去经过八十余程可到麻嘉（麦加）[4]，这条路经过阿拉伯半岛西南部，见于《诸蕃志》大食属国中的有施曷（al-Shihr）、罗施美（al-Yaman）[5]。再向西经过三百余程可到芦眉国（马拉喀什）[6]。由麦加北上的商路，连接巴勒斯坦和苏伊士地峡，

---

[1]　解缙、姚广孝等：《永乐大典》卷一一九〇七，中华书局1960年影印本，第二十函。

[2]　"程"是波斯计程单位法拉申（Farasang）的汉译名称。一程的长度，陆上等于马行一小时，水上是顺风船行一小时的路程。不过具体计算很有出入。古代一程比现在伊朗通行的法尔散（Farsakh）略大，约在5.4公里到9.6公里之间。

[3]　参见《诸蕃志》卷上"白达国"，《岭外代答》卷三外国门下"大食诸国"。瓮篱，冯承钧《诸蕃志校注》以为是瓮蛮（阿曼）之讹。瓮篱指哈萨海岸（Al-Ahsa），是位于波斯湾南岸直至卡塔尔半岛的一片绿洲，共计6.6万平方公里，现有居民150万人，枣椰树250万棵，是世界上最大的绿洲。有新石器时代以来到现代海湾的各种人类活动的遗迹，包括花园、城市、水井、运河等。联合国教科文组织在2018年将其正式列入世界文化遗产名录。

[4]　参见《诸蕃志》卷上"麻嘉国"。

[5]　罗施美，夏德旧考作花剌子模。《诸蕃志》最熟悉的是阿拉伯世界沿海各地，在阿拉伯半岛中却独缺也门，是不可思议的。何况《诸蕃志》卷下"栀子花"条说罗施美产栀子花。也门确产此花，《西洋番国志》"阿丹"条叫檐葡花，古称番栀子（Gardenia florida），也即9世纪以后讹传的西域檐葡花。al读如"罗"；施美，闽南话读作"歇咪"，即也门。

[6]　《诸蕃志》有专条，"亦名眉路骨国"。《岭外代答》卷三作"眉路骨惇"。眉路骨惇，冯承钧解作阿拉伯语"异教徒"（mulhidūm），以芦眉为君士坦丁堡或罗马城。芦眉原音，夏德考作Rūm，以为塞尔柱王朝都城康尼叶（Kūniyah）。然与《诸蕃志》所志距离麦加的路程都不相符。《诸蕃志》又说"斯加里野国（西西里）近芦眉国界"，这芦眉当然不在小亚细亚，也并非罗马，因为罗马在12世纪并非重要国家。而且芦眉居民"皆缠头塌项"，产物中的"摩娑石、无名异、蔷薇水、栀子花、苏合油、鹏砂、上等碾花琉璃"也都是伊斯兰国家的特产。芦眉城内高80丈、内有360间房的高塔，就是马拉喀什城中北非最优美雄壮的建筑库杜比亚高塔，耸高67米以上，在周去非写作《岭外代答》时业已建立。见泰拉斯：《13世纪前的西班牙—摩尔艺术》（H. Terrasse, L'Art Hispano-Mauresgue des Origines au XIIIe siècle），巴黎1932年版，第308页。芦眉又被称为七重城。马拉喀什城虽到1062年才建成，但其围墙早在1020年就已修建。七重城马拉喀什是连同附近的阿迈尔高和塔斯吉穆城堡的总称。古代中国用"七"代表众多，并非城有七重。

就是在罗马共和时代业已闻名的由南阿拉伯通往地中海的"香料之路"。从苏伊士地峡有一条古老的驿道向西一直通到摩洛哥的塔札和非斯[①]，向南直通高阿特拉斯山麓的穆瓦希特古都马拉喀什。从麻离拔经过一百二十程还可抵达阿富汗和五河流域的吉慈尼（吉兹尼），但要水陆兼程，所以《诸蕃志》不说是陆道还是水路。所有这些国家几乎已经包括了整个伊斯兰世界。

《岭外代答》卷三说大食有国千余，所知名的不过几国，麻离拔是其中的魁首，其次还有麻嘉、白达、吉慈尼、眉路骨惇和勿斯离五国。这五国的辖境正好包括了阿拉伯半岛、伊拉克、叙利亚、波斯、阿富汗以及埃及和北非。勿斯离（Misr）[②]在《诸蕃志》中写作"勿斯里"，专指埃及。眉路骨惇则是"马拉喀什"（al-Marrākush）[③]。马拉喀什在1062年由塔士芬开始修建城堡，后来成为柏柏尔人统一王朝穆拉比特的首都，便具有代表"马格里布"的含义。阿拉伯人最初征服北非时，"马格里布"常和广义的"阿非利加"（阿拉伯语 Ifrikīya）同义，泛指埃及以西的东起巴尔卡、的黎波里，西至丹吉尔的地中海南岸地区。从11世纪起，阿拉伯地理学家把马格里布的极西地区单独称为"马格里布"（贝克里）或"西马格里布"（阿布·菲达，伊本·赫尔敦）。西马格里布（Maghrīb el-'Aksā）就以它的首都马拉喀什著称，并由"马拉喀什"转成安达卢西亚语中的摩洛哥。芦眉国就是以马拉喀什为首都的穆瓦希德王朝，是"马拉喀什"（眉路骨惇）的节译。所以赵汝适说芦眉国"亦名眉路骨国"。"眉路骨"等于周去非所译的"眉路骨惇"省略了尾唇音。

随着世界政治形势的变化，亚丁湾在亚非欧三大洲的交通地位已经越来越重要。伊德里西（al-Idrisi）在1154年所著的《地理志》这本不朽名著中列举中国帆船常到的港口，除了印度西海岸的巴罗哈、印度河口和幼发拉底河口以外，就有亚丁。在东北季风期末，到达佐法尔的中国帆船可以很方便地顺风开往亚丁。亚丁之所以在12世纪走上繁荣之路，中国帆船经常来访显然是一个有力的原因。15世纪初的费信在所著《星搓胜览》卷四说，从古里（科泽科特）启碇的中国船到佐法尔不过二十昼夜，到亚丁也仅二十二昼夜。《瀛涯胜览》则说从古里到亚丁一个月可到。按照12世纪帆船的航

---

① 伊斯塔赫里：《道路和王国》（Istakhrī, Kitāb Masālik al-Mamālik），莱顿1870年版，第37页。

② 《诸蕃志》中的勿斯离，夏德以为是西亚的莫苏尔，其实是赵汝适抄袭《岭南代答》之文，所以既有勿斯里（埃及）又有勿斯离。勿斯离地产"火浣布、珊瑚"，绝非莫苏尔。

③ 参见德·塞尼瓦尔等：《伊斯兰百科全书》（P. de Cenival etc., Encyclofédie de l'Islam），第3卷，"马拉喀什"条，巴黎1908—1937年版，第345-352页。

速，以每小时 60 海里计算，从佐法尔开往亚丁不过两三天路程。在 12 世纪十字军东侵，利凡特和波斯湾之间的商路阻滞，苏哈尔因此衰落之后，远航信德、印度和中国的阿拉伯船也都从亚丁启碇。印度和中国运去的锻铁、刀剑、丝绒、沉香、瓷器、胡椒、高良姜、樟脑、布匹、锡等货物都集中在亚丁[1]，然后运到红海西岸的艾特伯港（今哈拉伊卜）[2]，由陆路送阿斯旺或库斯，经尼罗河转运亚历山大港，远销威尼斯和热那亚[3]。曾在阿拉伯征服初期被关闭的由克尔松（今苏伊士）联结红海和尼罗河的运河，虽然在法蒂玛王朝统治时期重又开放，但和艾特伯的运输线相比，在 14 世纪以前仅占次要地位。因此在 1058 年至 1368 年间，艾特伯港在红海和地中海之间的转口贸易上一直是最重要的港口。莅临亚丁的中国帆船确已叩响了遥通尼罗河运输线的大门。

从 11 世纪末或 12 世纪起，由广州或泉州到阿拉伯各国一般有两种走法。最快的一条航线是麻离拔航线。每年 11 月或 12 月乘东北风出发，经 40 天到苏门答腊的亚齐，住到翌年，仍乘东北风，经 60 天的长途航行，横越印度洋，到达佐法尔或继续南航亚丁，取得亚丁湾、红海、北非和东非的货物，然后在西南季风期返航，次年 8、9 月间可以回到泉州，往返一次不足一年[4]。还有一种走法，出发的时间相同，也在亚齐过冬，赶在东北风季节到达南印度的奎隆；如在东北季风结束前不能越过阿拉伯海到达哈达拉毛各港，则在西南风起后北航，到达阿拉伯半岛的苏哈尔或米尔巴特，换得波斯湾和阿曼的货物后，在马拉巴过冬，下年西南季风期返航。往返一次费时 18 个月以上。由于要在西南季风期赶往波斯湾，所以必须在奎隆换乘较小的中国船或阿拉伯单桅船，以进入霍尔木兹海峡，而大型远航船只则可以从奎隆迅速返航。在南印度和波斯湾之间最活跃的是阿拉伯单桅船，它们善于沿印度西海岸北航佐法尔或阿曼。在亚丁和马拉巴之间来回的阿拉伯船大都采取这条航线。1011 年，三麻兰国（泽拉）船长聚兰曾

① 伊德里西：《地理志》（al-Idrīsī, Nuzhat al-Mushtāq fī IkhtirĀq al-Āfāq），若贝法译本（P. A. Jaubert, Géographie d'Edrisi），第 1 卷，巴黎 1836—1840 年版，第 51 页。

② 卡梅利尔：《红海》（A. Kammerer, La Mer Rouge, L'Abyssinie et L'Arabie Depuis L'Antiquité），第 1 卷，开罗 1929 年版，第 73-77 页。

③ 伊德里西：《地理志》（al-Idrīsī, Nuzhat al-Mushtāq fī Ikhtirāq al-Āfāq），若贝法译本（P. A. Jaubert, Géographie d'Edrisi），第 1 卷，巴黎 1836—1840 年版，第 132 页；奎特利梅：《埃及史地论丛》（E.Quatremère, Mémoires Géographiques et Historiques sur L'Egypte），第 2 卷，巴黎 1811 年版，第 162-172 页。

④ 泉州港返航时间是南风盛期的农历六、七、八三个月（《宋会要辑稿·职官四十四》），公历大致相当于 7、8、9 月；广州港返航时间以农历五、六两个月为宜（《萍洲可谈》卷二），公历大致相当于 6、7 月。

和勿巡（苏哈尔）、婆罗（康契普腊姆）①的商船同时到达中国（《宋会要辑稿·蕃夷七》），是因为三麻兰的船取道阿拉伯半岛北上，再南下绕过科摩林角，经保克海峡在康契普腊姆停靠后，才进入马六甲海峡，抵达中国。

三麻兰在亚丁湾南岸，是索马里民族的最早译名。13世纪伊本·赛德提供的哈维耶人向梅尔卡聚居的材料被当作索马里民族的最早记录②，但中国人由于和亚丁湾早有直接联系，所以熟悉索马里民族。三麻兰国的船长聚兰不是人的姓名，而是一个地名，这在宋代曾有一些例子。聚兰就是亚丁湾南岸的泽拉（Zayla'）港。在希腊佚名著作《厄立特里海环航记》中叫阿瓦里特（Avalites）③。三麻兰国的中心是泽拉。泽拉的商船和阿曼湾的苏哈尔、科罗曼德的康契普腊姆商船同时来华，就是因为他们处在同一条航线上。1071年，层檀（吉达）使者层伽尼来华④，也经过苏哈尔、奎隆和占卑才到广州（周辉《清波别志》卷中；《宋史·外国列传六》）。

层檀位于红海之滨，是麦加的外港吉达。宋人庞元英《文昌杂录》卷一指出，层檀"东至海（Bahr al-Habashah），西至胡卢没国（Wādi al-Hammāmat），南至霞勿擅国（Bilād al-Habashah，原文"擅"误作"檀"），北至利吉蛮国（al-Yamāmah）"。层檀处于阿拉伯中部也门默之南，和努比亚的瓦迪·哈曼默隔海相望，南邻埃塞俄比亚，向东出曼德海峡可以直通印度洋。"东至海"专指亚丁湾以外的大海洋，而将红海当作

---

① 婆罗，《新唐书·南蛮列传下》说："赤土西南入海得婆罗。"赤土在苏门答腊岛，西南越孟加拉湾就是南印度的科罗曼德海岸。婆罗即帕拉瓦（Pallava），康契普腊姆是它的都城和港口。唐高宗总章二年（669年），婆罗王旃达钵（Chandravarman）所遣使节曾和环王（占城）使者同时来华。到了16世纪，张燮误以为"文莱即婆罗国"（《东西洋考》卷六），把婆罗当作加里曼丹岛的国家，将《新唐书》旃达钵派使者到中国移栽到文莱的古史上，完全是由于张燮借用古译造成的错误。《明史·外国列传四》又据此误袭。

② 刘易士：《索马里近代史》（M. Lewis, The Modern History of Somaliland），纽约1965年版，第24页。

③ 索夫译注：《厄立特里海环航记》（W. H. Schoff, The Periplus of the Erythraean Sea），纽约1912年版，第24-25页。

④ 层檀，过去夏德因不明所在，擅自改为层拔（桑给巴尔）。由于荷兰汉学家戴闻达1949年在伦敦大学的讲演《中国对非洲的发现》（China's Discovery of Africa）重申了这一看法，于是英文著作中都盛行此说。巴兹尔·戴维逊在《古老非洲的再发现》（Basil Davidson, Old Africa Rediscovered，伦敦1960年版）中因此把层檀使者当作来华的第一个非洲国家使节。理查·潘古斯特的《埃塞俄比亚经济史导论》（Richard Pankhurst, An Introduction to the Economic History of Ethiopia，伦敦1961年版，第364页）也同样误入歧途。藤田丰八在《宋代的层檀国》一文中把层檀当作塞尔柱突厥的"苏丹国"，但又不知其北的利吉蛮之所在（《东西交通史研究·南海篇》，东京1932年版）。关于层檀的所在，几十年来成了中西交通史上误会最深的问题之一。

海湾（khalīdj）。所以周辉《清波别志》说，层檀"城距海二千里"①。从吉达到曼德海峡确有二千里之遥。《文昌杂录》说从苏哈尔顺风二十昼夜可以直航吉达。吉达和阿曼湾、阿拉伯香岸都定期通航。和红海对岸的艾特伯、苏伊士湾的克尔松也往来频繁，遥通地中海。它的使船由于采取沿岸航行，中间辗转停留，等待季风，所以实航数高达160多天，费时很久，往返一次非两年不可。

按照曼苏地于10世纪中叶所著《黄金草原和宝石矿》（Murūj al-Dhahab wa Ma'adin al-Jawhar）中的叙述，每年从马斯喀特启航，或由西拉夫出发的船只，常在东北季风期到达马拉巴，继而东赴马来半岛的卡拉（塔库巴），乘南风到达广州度夏，10月再在东北风季节返航，翌年3月可以由南印度的奎隆返归阿拉伯半岛的赖苏特。到达赖苏特的船只可在4月初起的西南风北航阿曼；如在东北季风末期，也常有被吹往亚丁的②。往返一次，费时也需一年半之久③。而中国帆船却可以一次完成横越印度洋、由佐法尔到达亚丁的壮举，定期开航，这在世界航海史上也是一件大事。

1171年，以抗击十字军享有盛名的萨拉丁（Salah-al-Din，1169—1193年在位）在开罗建立阿优布王朝，占有埃及、巴勒斯坦和叙利亚，它的领土跨过希贾兹，在也门建立了宗主权。埃及一跃而成伊斯兰国家的政治、经济中心。巴格达的阿拔斯哈里发早已徒有虚名，龟缩在两河流域附近。所以1225年赵汝适撰写《诸蕃志》，大食的国都一变而成国际交通枢纽的蜜徐篱（Mashriq）了④。蜜徐篱（马什里克）原意"东方"，和"马格里布"（"西方"）相对，意指埃及。马什里克有时也指伊拉克和叙利亚。对马格里布（北非）而言，埃及也是马什里克。《诸蕃志》大食国条中的描述都是阿优布的宫廷生活和开罗市容⑤。书中另有白达国，专指巴格达，它的地位已降到"系大食诸国之一都会"。曼德海峡北岸的亚丁正是埃及的大门，也是伊斯兰世界通向中国的门

---

① 《宋史·外国列传六·层檀传》擅改为"城距海二十里"，不确。

② 苏莱曼：《中国印度见闻录》（Ahbār as-Sīn wa l-Hind），萨瓦杰法译本（J. Sauvaget，Relation de la Chine et l'Inde，Redigée en 851），巴黎1948年版，第11节。

③ 曼苏地：《黄金草原》（al-Masūdi，Les Prairies d'or），梅纳尔和科蒂勒（B. de Meynard and P. de Courteille）法译本，第1卷，巴黎1865年版，第325-327页；胡拉尼：《古代和中古早期阿拉伯的印度洋航业》（G. F. Hourani，Arab Seafaring in the Indian Ocean in Ancient and Early Medieval Times），普林斯顿1951年版，第74-75页。

④ 《诸蕃志》卷上"大食国"条。蜜徐篱下原注"麻罗拔"，是辑录此书的《永乐大典》编者或清代李调元所加的，不足为据。蜜徐篱在同书中译作勿斯里国，别有专条。

⑤ 《诸蕃志》的校注者由于不明白这一时代的变化，以致不知道大食国都指开罗还是巴格达抑或大马士革（见冯承钧：《诸蕃志校注》，中华书局1956年版，第48页）。

户，所以中国帆船云集在这里。

同时宋朝政府对往来海外的船只采取缩短航期的政策，客观上刺激了印度洋航线的周航效率。从此到达马拉巴的中国船也很少北上阿曼湾了。据《宋会要辑稿》，宋孝宗隆兴二年（1164年），两浙市舶司提出一项规定，出海商船五个月内返航的可以从优饶抽税，六个月至一年内归国的不在饶税之限，返期越过一年的则要查明原委，加以惩罚。条例得到朝廷的批准（《宋会要辑要·职官四十四》）。"饶税"就是减免税收。麻离拔既在一年之内可以往返，自有一定的优越性。而且广州鼓励海商长年在外经营远洋航业。《萍洲可谈》卷二说："广人举债总一倍，约舶过回偿。住蕃虽十年不归，息亦不增。富者乘时畜缯帛陶货，加其直与求债者计息，何啻倍蓰。广州官司受理，有利债负，亦市舶使专敕，欲其流通也。"海商所到的地方越远，所得的利益自然越大。附舶远航的商人可以长时期在外经商，开赴印度洋的中国帆船既力求和遥远的阿拉伯国家直接成交，而且也争取迅速返航，以加快资金的流转和船舶出航率。

在周去非写作《岭外代答》时，中国帆船通常在奎隆取得印度、波斯湾和阿曼的货物，而从亚丁得到非洲之角、埃及、红海沿岸以及阿拉伯南部的物产。到了赵汝适写作《诸蕃志》时，时间又过了近50年，这时开罗早已凌驾于巴格达之上，亚丁湾也替代波斯湾成为中国帆船主要的贸易方向，红海地区和东非乃至北非流入中国的货物也越来越多了。如果说《岭外代答》中的广州—麻离拔航线仍以佐法尔为主要目的港，那么在《诸蕃志》中的泉州—大食国的航线就以亚丁为最终停泊港了[①]。既然当时的亚丁在阿优布王朝的控制之下，赵汝适便毫不含糊地把它当作中国帆船到达埃及的终点。红海礁多流急，风向无定，船只夜间时常停航，对来自中国的大型帆船颇为不利。加上12世纪末十字军在莱诺·德·凯狄龙（Renaud de Châtillon）率领下洗劫了杰贝勒沙马尔西北的坦依曼（Taymā），1282年更派兵巡弋红海，进攻艾特伯港，窥伺麦地那，红海北部也处于频遭军事骚扰的局面下[②]。所以中国船宁肯只到亚丁，也不上吉达或克尔松，力求在风信顺利和海上安全的条件下一年内返归中国东南沿海。

中国远洋帆船选择从亚齐绕过南印度横渡阿拉伯海的路线，是一条航程很短的安全航线。直到19世纪航海界正在进行空前变革的年代，这种走法仍然是印度洋中最有

---

① 《诸蕃志》的校注者由于不明麻离拔的所在，以致误认为书中中国帆船通航的大食港口可以是麻离拔，也可以是蜜徐篱（开罗）或者报达（巴格达）。见冯承钧：《诸蕃志校注》，中华书局1956年版，第48页。

② 牛波特：《十字军在红海和苏丹》（D. Newbold, The Crusaders in the Red Sea and the Sudan），载于《古代》（Antiquity）1946年第20卷。

效的远洋航路①。中国的航海家在吸取印度人、马来人和阿拉伯人航海经验的同时，从事自己创造性的活动，经过几个世纪的探索，积累起丰富的深海航行知识。中国人也开始认识到，这种横越印度洋北部的最短路径只能在冬季采用，而到夏季，由于南半球的东南信风越过赤道变成西南风，因此在阿拉伯海海区，特别是索柯特拉岛东北的海面上，常多风暴，从5月起帆船就难以通行了。从亚丁湾返航的船只在索柯特拉以东只有采用偏南的弧形航线，才能减轻北纬8°到15°之间的赤道风暴区强流的袭击，这就使返航船只取道马尔代夫群岛，成为有效的安全航程。因此马尔代夫在印度洋西部海域的航线上显得重要起来了。

当时定期到达佐法尔和亚丁的中国帆船，在季风期间络绎不绝。在宋哲宗元祐三年（1088年）麻离拔使者到达中国之后，朝廷就十分重视远洋航业。此后，吉达就没有再向中国派过使节，这在很大程度上正是由于中国帆船经常开航佐法尔和亚丁，逐渐减少了阿拉伯单桅船从红海和亚丁湾开往中国的需要。不论在航海技术、航行周期还是货位方面，阿拉伯帆船都无须也无法再和中国远航船在中国和亚丁湾之间的同一条航线上并驾齐驱了。事实上，阿拉伯船在12世纪下半叶或13世纪初已经"艰于直达"国际贸易大港泉州了，通常只到苏门答腊的三佛齐（占卑）②。阿尔·卡兹维尼（al-Qazwīnī，1203—1283年）在《人物志》中说："到中国贸易的商人只能到达阇婆格（苏门答腊），此外中国各地都因路远而难以抵达。"③所以阿拉伯地理学家常把马六甲海峡当作中国的门户。中国到阿拉伯的船只也在三佛齐间休，然后远航④。大致从11世纪下半叶起，中国帆船的印度洋货运线在航程上超过了穆斯林商人经营的东方贸易线。

麻离拔航线的开通，使中国帆船经营的印度洋贸易蒸蒸日上。中国船在12世纪时不仅是阿拉伯半岛的常客，而且还是印度洋远洋安全航路的最早使用者。中国船是否在12世纪以前已经通航阿拉伯香岸的问题因此显得毫无意义了⑤。而且早在拉苏里（Rasūlids）家族在也门执政（1228—1446年）之前，中国就已经和南阿拉伯有使节交

---

① 印度洋帆船航线，可参阅英国海军部：《世界远洋航路》（British Admiralty，Ocean Passages for the World），1950年版，第三编，第二部分，印度洋东部诸岛和红海。

② 宋代时的三佛齐国都常有变迁，在12世纪时，它的国都是占卑。

③ 费琅：《苏门答剌古国考》，冯承钧译，中华书局1955年版。

④ 《萍洲可谈》卷二说，三佛齐"是国正在海南，西至大食尚远。华人诣大食，至三佛齐修船，转易货物，远贾辐凑，故号最盛"。

⑤ 胡拉尼是这种怀疑论的代表。见胡拉尼：《古代和中古早期阿拉伯的印度洋航业》（G. F. Hourani，Arab Seafaring in the Indian Ocean in Ancient and Early Medieval Times），普林斯顿1951年版，第50页，第75-76页。

往了①。当时中国的海外贸易商早已摆脱了阿拉伯帆船在南印度进行的转口贸易，能够在最短的航行周期中以最大的货位和阿拉伯各国直接交往，使得中国可以和红海、地中海以及东非建立更加广泛、密切的联系。

二、中国帆船开航非洲

麻离拔航线的畅通，使中国船队经常出没在索柯特拉海面——紧靠着瓜达富伊角以南东非大陆的墙根。伊德里西的《旅游证闻》提到过，在桑给海岸对面的印度洋中分布着茫无边际的桑奈建（Zanej）群岛。他说："桑给海岸的对面是范围广大、岛屿众多的桑奈建群岛。它们的居民极黑，他们种植的任何东西，诸如蜀黍、甘蔗、樟脑等等都是黑的。其中一岛叫室尔佛岛（Sherbua）……桑奈建群岛中还有一个叫安扎比（al-Anjebi）的岛屿，它的主要城镇在桑给巴尔语中叫翁富贾（al-Anfuja）。那儿的居民虽系混居，但大多是穆斯林。……该岛人口众多，村落稠密，六畜兴旺，种植稻米。那里商业颇盛，市场各色货物俱全。"②

在费琅根据巴黎抄本翻译的另一法译本中，和以上若贝的译文不同，说桑奈建群岛中的安扎比岛叫安示巴（Andjuba）岛，它的主要集镇在桑给巴尔语中叫翁古贾（Unguja）③。据说该岛距离桑给海岸的波纳居民点只有160公里④。翁古贾离非洲大陆很近。经考古发掘，确定就是现在桑给巴尔岛南部古老的移民点翁古贾·库乌（Unguja Kuu），简称翁古贾。翁古贾可以代表桑给巴尔岛。雅库特（Yāqūt）在1224年编纂的《地理辞典》（Mu'jamal-Buldān）中把桑给巴尔岛称为朗古贾（Languja），是根据翁古贾的斯瓦希里语发音指称的。桑奈建群岛的意思和桑给（Zanj）群岛相同，专称"黑人群岛"。黑人群岛分布极广，起自桑给海岸的拉穆群岛、奔巴岛、桑给巴尔岛，乃至它南面的美菲亚群岛，向东包有塞舌尔群岛、苏门答腊、爪哇及其附近诸岛，甚至还

---

① 这在欧洲和美国是很流行的说法，参见博斯沃思等：《伊斯兰百科全书》（C. E. Bosworth etc., The Encyclopedia of Islam），第1卷，伦敦1960年版，第553页。

② 伊德里西：《地理志》（al-Idrīsī, Nuzhat al-Mushtāq fī Ikhtirāq al-Āfāq），若贝法译本（P. A. Jaubert, Géographie d'Edrisi），第1卷，巴黎1836—1840年版，第59页以下。

③ 费琅：《阿拉伯波斯突厥人东方文献辑注》（G. Ferrand, Relations de Voyages et Textes Géographiques Arabes, Persans et Turks Relatifs a l'Extrême-Orient），第1卷，巴黎1913年版，第173-174页。

④ 波纳是古代埃及人对希米雅尔人的称呼，见戈蒂埃：《北非往昔》（E. F. Gautier, Le Passé de L'Afrique du Nord），巴黎1946年版，第143页。

可兼有赤道以北的马尔代夫群岛①。伊德里西还讲道，桑奈建岛民早就和莫桑比克的索法拉有大宗货物的交易，他们到索法拉收购印度大陆和沿海岛屿大量需要的缤铁，转手高价出售。分布在印度洋南部和赤道附近的桑奈建群岛是印度洋航行中的大小星座，因此成了中国和印度乃至莫桑比克进行贸易的跳板。所以伊德里西指出："中国人每遇国内骚乱，或者由于印度局势动荡，战乱不止，影响商业往来，便转到桑奈建及其所属岛屿进行贸易。由于他们公平正直，风俗醇厚，经营得法，因而和当地居民关系融洽。该岛（翁古贾岛）人丁兴旺，外来者也多能安居乐业。"②翁古贾既在桑给巴尔岛上，那么中国人当时已在那里经商，是言之有据的了。换句话说，伊德里西早就指出，整个黑人群岛东起苏门答腊和爪哇，西至桑给巴尔岛，都有中国商人的足迹。

不仅如此，而且还有个叫曼德（al-Maid）的岛屿，也是中国船经常停靠的地方③。曼德岛正是肯尼亚沿岸拉穆群岛中的曼达（Manda）。早在8世纪，曼达岛就有了阿拉伯移民。据斯瓦希里语的《帕特史》，伍麦叶哈里发阿布笃·马力克（'Abd al-Malik，685—705年在位）曾派人向东非移民，建立了一些沿海城镇。除了帕特、马林迪、桑给巴尔（桑给巴尔岛西岸）、蒙巴萨、拉穆和基尔瓦之外，还有曼达等许多居住点④。在阿拉伯语的《基尔瓦史》中，设拉子人哈桑·伊本·阿里（Hasan ibn Ali）在975年率领六个儿子各自驾舟移民东非，所到七处中也有曼达（Mandakha）⑤。曼达处在肯尼亚北部塔纳河走廊的出海口，东非大陆沿着印度洋向南伸展的陆路是以曼达为起点的。中古时期的肯尼亚腹地通过帕塔和曼达出口象牙和豹皮，12世纪正是曼达的全盛时期。

拉穆群岛和马尔代夫群岛之间早就有船队往来。这种联系最初是由苏门答腊的马来民族向东非和马达加斯加岛的移民建立的。作为中国海员的先驱，苏门答腊的马来人在室利佛逝初起的公元5世纪前就开始向莫桑比克海峡的非洲大陆和岛屿经商移民

---

① 有人推测扎奈基是坦桑尼亚沿岸不远的美菲亚群岛，此说见莱维顿：《关于美菲亚群岛》（T. M. Revington, Some Notes on the Mafia Island Group），载于《坦噶尼喀汇刊》（Tanganyika Notes and Records）1936年第1卷，第33页。但此说和伊德里西所说的千屿万岛明显不合。

② 伊德里西：《地理志》（al-Idrīsī, Nuzhat al-Mushtāq fī Ikhtirāq al-Āfāq），若贝法译本（P. A. Jaubert, Géographie d'Edrisi），第1卷，巴黎1836—1840年版，第59页以下。

③ 伊德里西：《地理志》（al-Idrīsī, Nuzhat al-Mushtāq fī Ikhtirāq al-Āfāq），若贝法译本（P. A. Jaubert, Géographie d'Edrisi），第1卷，巴黎1836—1840年版，第89页以下。

④ 史蒂格：《桑给国》（C. H. Stigand, The Land of Zinj），牛津1913年版，第29页以下。这批城镇除上举几处外，据说还有摩加迪沙等29处，见原注。

⑤ 参见弗里曼-格伦维勒：《东非沿岸史料》（G. S. P. Freeman-Grenville, East African Coast），牛津1962年版，第35页。《基尔瓦史》原稿约写成于1520年，1872年英国驻桑给巴尔领事约翰·柯克（John Kirk）将手稿送英国博物院收藏。

了①。印度洋中的赤道流是推动这种海上航行和移民的巨大动力。北赤道流从爪哇、苏门答腊沿岸经孟加拉湾，在东经66°到97°间向南越过赤道，流向非洲的德尔加多角。南赤道流又使他们可以回到马来群岛。苏门答腊和爪哇的近海居民因此每年都可漂洋过海去非洲。据伊德里西提供的材料，12世纪时，苏门答腊的马来人经常驾驶大小船只来到桑给海岸交易，和当地的班图居民能够互通言语。在苏门答腊、爪哇和非洲大陆之间的茫茫大海中，马尔代夫群岛和塞舌尔群岛的大小岛屿和岩礁是航海者必须寄碇的处所。印度尼西亚移民到非洲，大致通过印度洋北部边缘的航路，逐步进入东非，最后才到科摩罗群岛和马达加斯加岛②。直接横渡大洋的是少数，最初使用康-提基木筏航海来到莫桑比克海峡。

马尔代夫群岛既然是赤道移民的必经之处，可见它在印度洋西部地区的航线上，特别是亚洲南部和东非大陆的海上联系中的地位之重要。阿拉伯人和波斯人都把马尔代夫和南印度当作船舶修建的场所。马尔代夫群岛和拉克代夫群岛出产的椰子树一直是阿拉伯和当地船只的主要用材，从船体、篷桅到缝索和风帆，都用椰子树制作，并且向阿曼和波斯湾输出③。经营亚丁湾航线的中国人自然也注意到马尔代夫群岛，知道从南印度附近可以通达索马里南部贝纳迪尔海岸（Barr al-Banādir）。换句话说，经过马尔代夫海域的航线，既是孟加拉湾和亚丁湾之间安全航行必须遵循的途径，又是通向贝纳迪尔的捷径。贝纳迪尔海岸被赵汝适译作麻罗抹，汪大渊则称作班达里④。宋代早已知道麻罗抹是个盛产象牙的地方，象牙"积至十余株，方搬至大食"（《诸蕃志》卷下）。麻罗抹和麻罗拔不同，它在《诸蕃志》卷上所列大食二十四属国中列居第一，是富产没药、木香的地方。从苏门答腊或斯里兰卡经过马尔代夫群岛西航，在东北季

---

① 参见罗兰·奥立弗和费奇合著的《非洲简史》（Roland Oliver & J. D. Fage，A Short History of Africa），伦敦1962年版，第96-98页；德尚普：《马达加斯加史》（H. Deschamps，Histoire de Madagascar），巴黎1960年版，第26-29页。

② 德尚普：《马达加斯加史》（H. Deschamps，Histoire de Madagascar），巴黎1960年版，第26-29页。

③ 布索格：《印度珍异记》（Buzurg bin Shahriyar，Kitab 'Adja'ib al-Hind），马赛儿·戴维斯法译本（Marcel Devic，Le Livre des Merveilles de L'Inde），莱顿1883年版，第189页；雷诺编译：《阿拉伯、波斯有关印度和中国的航行记》（J. T. Reinaud，Relation des Voyages Faits par les Arabes et les Persans dans L'Inde et la Chine），第1卷，巴黎1845年版，第130-131页。

④ 索马里南部的贝纳迪尔，《诸蕃志》译作"麻罗抹"，见该书卷上"大食国"条，卷下"没药""木香""象牙"条。汪大渊《岛夷志略》称作"班达里"，有专条，意指摩加迪沙域。

风期内可以顺着赤道流到达贝纳迪尔海岸，顺流南下直抵桑给巴尔海峡。

马尔代夫群岛和索马里南部的联系因此由来已久①。而马尔代夫和摩加迪沙的海上往来只是印度以及印度尼西亚的索法拉贸易中的一个链条。每年12月到次年2月间，赶在东北季风期从阿拉伯半岛和印度来到东非的船只，顺流可抵南纬5°的地方。季风强流大致只到马林迪附近②。在印度洋西岸，当2、3月间东北季风转弱时，北赤道流随之增强。有一支由北而南活动的赤道旋流，其主轴在南纬7°附近海面，北界可以达到南纬5°附近，正好和来自亚丁湾的北赤道流汇合③。所以南纬5°附近是东非安全航行的一个界限。南下船只为了避免返航时遭遇西南季风期间的大风浪，在5月中旬到8月中旬总有很长的间断，向例只在4月和8月以后才能北航④。因此，从也门南下的阿拉伯船通常仅有较短的贸易季节，只到桑给巴尔岛为止，以便及早北返。而由亚齐出发的中国帆船也能在东北风止息前赶到摩加迪沙、曼达或桑给巴尔的翁古贾进行交易。从4月到9月是采集乳香的时间，到达索马里和肯尼亚的中国船正好装运乳香和象牙，然后在西南季风盛期的8、9月东返马拉巴或苏门答腊。

在中国帆船和东非建立海上联系的航路中，经过苏门答腊和马尔代夫群岛到达贝纳迪尔的可以称为北线。凡是从亚齐直航马尔代夫的船只，大都要停靠马累岛⑤。只有从马拉巴前往的才通过它北面的肯迪科卢岛⑥。从1349年刊刻的《岛夷志略》"北溜（马累岛）"条可以推测中国航海者早在两三个世纪前就探索东非航路的情景。该书说马尔代夫"地势居下，千屿万岛。舶往西洋，过僧加剌（斯里兰卡）傍，潮流迅急，

---

① 迪马斯基（al-Dimashiq，1256—1326）在他著于1325年的《世界志》中明确指出，牒斡岛（马尔代夫）和桑给大陆的摩加迪沙有商业上的联系。

② 弗立普：《关于中古时期的中非贸易》（C. E. Fripp, A Note on Mediaeval Chinese-African Trade），载于《南罗德西亚内政部年鉴》（Annual of the Native Affairs Department, Southern Rhodesia），1940年第17期。

③ 斯维特罗普等编：《海洋》（H. U. Sverdrup etc., The Oceans），纽约1942年版，第696页；约翰·格莱：《桑给巴尔史》（John Gray, History of Zanzibar from the Middle Ages to 1856），牛津1962年版，第2-6页。

④ 马克麦斯特：《东非的单桅船深海贸易》（D. N. McMaster, The Ocean-going Dhow Trade to East Africa），载于《东非地理评论》（The East African Geographical Review），1966年第4期。

⑤ 马累岛，明代航海家称作官屿溜。《郑和航海图》中，锡兰海面的航路在印度次大陆以西的，都指向官屿溜。

⑥ 参见《岛夷志略》"针路"条。"针路"就是肯迪科卢岛，明代称为加平年溜（《西洋朝贡典录》误作加半年溜），列为马尔代夫八大处之一。摩洛哥大旅行家伊本·白图泰在1343年和1346年两次到马尔代夫，列举有12个岛屿，其中的卡那罗岛（Kannalus）应是肯迪科卢岛。张星烺把该岛考作官屿溜（《中西交通史料汇编》第二册，中华书局1977年版，第50页），不确。

更值风逆，辄漂此国。候次年夏东南风，舶仍出溜"。这是赤道附近印度洋北部航路。

北线之外，还有一条未曾受到注意的南线。《诸蕃志》卷上"阇婆国"条说，阇婆（爪哇）"南至海三日程，泛海五日至大食国"。原文"泛海五日至大食国"中的"五日"是"三月"或"五月"的刊误。从爪哇向南可以到大食，明明指的是一条通过巽他海峡到达阿拉伯各国的航线。据庞元英《文昌杂录》卷一，阇婆"在大食之北"，和《诸蕃志》阇婆南航通大食吻合。根据印度洋南部海流情况推断，经过巽他海峡到达的大食不会是淡马锡（Tamasik），也不是阿拉伯半岛，而是东非海岸线附近岛屿的阿拉伯人移民地。这些移民地或者就是拉穆群岛和桑给巴尔岛上阿拉伯人、波斯人建立的贸易城镇。庞元英在11世纪80年代接待过的大食使者也是东非阿拉伯城镇的代表。他说："大食，本波斯之别种，在波斯国之西，其人目深，举体皆黑。"（《文昌杂录》卷一）在《宋史·外国列传六·大食传》中，宋太宗太平兴国二年（977年）的大食使者的"从者目深体黑"，被称为"昆仑奴"，不是闪族人。这些"目深体黑"的大食人是中国古史上南海大食的居民，在民族成分上和马来波斯相近，同属所谓"昆仑"民族。这里的"波斯"可能是那些在975年后从波斯湾渡海到东非建立移民点的哈桑和他的七个兄弟，所以这个大食也是指南海大食。东非当地班图居民确实"目深体黑"，他们号称自己是"波斯之别种"。斯瓦希里贵族喜欢标榜自己是设拉子人，其语言来源之一便有波斯语[1]。在庞元英之后半个世纪的伊德里西提到桑给巴尔（"黑人国"）王居住在蒙巴萨，那么在11世纪下半叶到达中国的正好是蒙巴萨的使者，他们是从东非横渡大洋，由爪哇北上中国的。

从广州或泉州到爪哇的海路一直是仅次于苏门答腊和印度洋航线的重要通道。《岭外代答》卷三说："阇婆之来也，稍西北行，舟过十二子石，而与三佛齐海道合于竺屿之下。"同书卷二又说："三佛齐国在南海之中，诸蕃水道之要冲也。东自阇婆诸国，西自大食、故临诸国，无不由其境而入中国者。"不但经过马六甲海峡的印度洋航线要通过三佛齐，就是由东非横渡印度洋，从巽他海峡到爪哇，三佛齐也是必经之地。虽然中国帆船并不采取经由爪哇的东非航路，但爪哇的居民却确实曾由那里横渡大洋。这条海路尽管风险很大，却由来已久，并且直到13世纪仍然是莫桑比克海峡和爪哇之间取得联系的一种方式。

印度洋南部非洲沿岸和东南亚的海上交通，使得非洲南部和亚洲大陆的距离在地

---

① 弗里曼-格伦维尔：《中世纪坦噶尼喀沿岸史》（C. S. P. Freeman-Grenville, The Medieval History of the Coast of Tanganyika），柏林1962年版，第28页。

理概念上显得接近起来。加上对于非洲大陆倒三角形的南端缺乏实际知识，因此直到14世纪为止，在中世纪具有权威的阿拉伯地理学家和制图学家绘制的世界地图上，非洲大陆的南部始终呈现出向着亚洲延伸的奇特现象。不但德尔加多角附近的非洲海岸和印度西海岸成了平行线，就连莫桑比克海峡也似乎与马六甲海峡相距不远了。穆罕默德·阿尔·卡兹维尼（al-Qazwīnī，1203—1283年）绘制的地图是如此[1]，即使比卡兹维尼晚了几十年的波斯天文学家杜西（Nasir al-Din al-Tūsi）遗留于1331年的手稿也不例外[2]。这种错误直到14世纪末才由中国的地图学家纠正过来[3]，这足以显示中国的航海家对印度洋南部地区也了如指掌。

宋代中国和爪哇的关系十分密切，而且把爪哇当作大食以外最富庶的地方，在一定程度上反映了爪哇和东非大陆之间确实有过直接交通和经常贸易的传统。换句话说，中国和爪哇的往来并不限于它的本土，而和苏门答腊一样，也包括它遥通印度洋彼岸的非洲阿拉伯各国。

中非海上交通的南北两线，北线自然成为航运界经营的目标。在11世纪中国对外贸易急剧上升的过程中，中国的船舶所有人和海外贸易商当然希望开辟更加广大的商品来源地，尤其要和东非这样的香料和象牙贸易极为丰富的地区进行直接交易。

三、俞卢和地使者来华和中非友好往来

11世纪末叶，南印度的政治局势发生重大的变化，给中国的印度洋航业带来了新的刺激。在称雄海上的朱罗帝国（Chola，前3世纪—1279年）后期，库罗通伽一世（Kulottunga I，1070—1122年在位）已经无力管辖拉克代夫和马尔代夫以及其他海外领地[4]。此后南印度各地相继分立，连年争战。约在同一时期，宋朝受到北方女真民族的压迫，逐渐退向黄河以南和长江流域。1138年南宋王朝迁都临安（杭州）以后，大批汉族居民南迁，开发了岭南，促进了东南沿海地区的繁荣，海运业蒸蒸日上，社会经

---

① 萨尔顿：《科学史入门》（G. Sarton, Introduction to the History of Science），第2卷，巴尔的摩尔1931年版，第868页。

② 李约瑟：《中国科学技术史》（J. Needham, Science and Civilisation in China），第3卷，剑桥1959年版，第563页。

③ 初见于1402年李荟、权近合编的《混一疆理历代国都之图》。所据《混一疆理图》约绘于1344年。见李约瑟：《中国科学技术史》（J. Needham, Science and Civilisation in China），剑桥1959年版，第3卷，第554-555页；第4卷第3分册，第449页以下。

④ 沙斯特里：《南印度史》（N. A. Sastri, A History of South India），牛津1958年版。

济迅速发展。

作为国家财政收入的一项重要来源，海外贸易受到国家的重视。大约就在11世纪下半叶以后，中国的海外贸易商不但在苏门答腊建立了牢固的贸易基地，而且也在马尔代夫群岛、桑给巴尔岛和曼达岛设立了新的贸易站。宋代中国开辟东非航路就在这一时期。至晚在11世纪下半叶，中国帆船就已经通航非洲了。宋神宗熙宁六年（1073年），肯尼亚的俞卢和地（Kilepwa Gedi）派使节到达广州。按照宋代的向例，通常是华船到过那里以后才有他们的回访。

《宋会要》记道："（熙宁六年）十二月十六日，大食俞卢和地国遣蒲啰诜（Abu al-Hassan）来贡乳香等。诏：香依广州价回赐钱二千九百贯，别赐银二千两。"（《宋会要辑稿·蕃夷四》）庞元英列举熙宁、元丰年间接待过的外国使节，在南方十五国中也有俞卢和地："其十五曰俞卢和地，在海南。"（《文昌杂录》卷一）列入"海南"的只有俞卢和地一处，顾名思义，应该是在印度洋南部沿海地区的基卢普和格迪。这两处阿拉伯移民地是马林迪以南近海的相邻城镇，詹姆士·柯克曼于1952年到1953年在这里进行过发掘工作。发掘者认为该城在12世纪时就已存在[①]。其实大约11世纪就已出现了。基卢普发现的华瓷数量之多堪与摩加迪沙相比，确非寻常。格迪城出土宋宁宗（1194—1224年在位）和宋理宗（1224—1264年在位）钱币各一枚[②]，并有华瓷残片。这些都是中国帆船和这个地方继续往来的遗物。

俞卢和地使者到中国，在中世纪中国和斯瓦希里海岸关系的历史上翻开了友好往来的光辉卷册。这些使者大多是侨居东非的阿拉伯海外贸易商，他们不远万里，横跨印度洋，奔赴广州，给中国送来了最受欢迎的乳香等香脂、香药。这些非洲的远客在广州受到隆重接待，深受宋朝的重视。宋代中国和非洲各国的往来就是同索马里（三麻兰）、肯尼亚（俞卢和地、蒙巴萨）互通贸易、交换使节开始的。

在12世纪东非伊斯兰化的过程中，中国海外贸易商也成了东非的重要客商。12世纪正是阿拉伯人和波斯人成批向斯瓦希里海岸移民的时期，这些侨居的商人扩大了摩加迪沙、梅尔卡、曼达、马林迪、格迪、蒙巴萨和基尔瓦的居住区和贸易站。索法拉的象牙和黄金吸引着亚洲的商人和船只，但是索法拉远在深海航行的安全区和季风贸

---

① 柯克曼：《阿拉伯城市格迪》（J. Kirkman, The Arab City of Gedi），牛津1954年版；柯克曼：《基卢普考古》（J. Kirkman, The Excavations at Kilepwa），载于《考古学报》（Antiquaries Journal）1952年第32卷，第168页。

② 柯克曼：《阿拉伯城市格迪》（J. Kirkman, The Arab City of Gedi），牛津1954年版，第149页。

易点以外，出口货物只能运往基尔瓦南面的圣吉·亚·卡提、桑给巴尔岛的翁古贾·库乌、奔巴岛和拉穆群岛中的帕塔或曼达，再转运亚非各地。尽管基尔瓦在12世纪已经无可非议地在东非主要城镇中名列前茅，但在13世纪下半叶最终成功地取得了索法拉的贸易大权以前，东非沿岸腹地贸易的货物，包括索法拉的黄金和象牙，由于南下阿拉伯船只受到季风的限制不能直接开赴基尔瓦，仍然大都集中到索马里的摩加迪沙[①]。所以13世纪初的赵汝适已知道东非的麻罗抹是个出产象牙最多的地方。摩加迪沙出土的华瓷极为丰富，宋代铜币也颇可观，正是中国帆船巡航该地的证据。

《诸蕃志》中记录了这些中国航海者的见闻，其中中理国是哈丰角附近的索马里，麻罗抹的贸易重镇是摩加迪沙，层拔国是桑给巴尔岛。还有昆仑层期国（《岭外代答》卷三），它的中心是基尔瓦·基西瓦尼。葡萄牙文的《基尔瓦纪年》提供的材料说，苏莱曼·本·哈桑（Suluiman bin Hassan，1191—1215年在位）担任基尔瓦苏丹时，北起奔巴岛和坦噶尼喀沿海，直到赞比西河以南的索法拉，都在他的统治之下。这就是宋代的昆仑层期国。周去非说："西南海上有昆仑层期国，连接大海岛。"（《岭外代答》卷三）又说海岛上的黑人都被成批贩卖为奴。关于昆仑层期国，《岭外代答》与赵汝适《诸蕃志》唯一的不同是，后者将前者的"海岛多野人"改成了"西有海岛，多野人"。赵汝适既然知道有层拔国（桑给巴尔及其附近沿岸），那么"西有海岛"确实是桑给巴尔以西的基尔瓦·基西瓦尼。因为基尔瓦正是鲁伍马河上游和尼亚萨湖岸区的奴隶集中地，也是昆仑层期国的统治中心。基尔瓦岛原来和大陆地岬相连，苏丹为防大陆部族入侵，凿为海峡，基尔瓦才成岛屿。从基尔瓦到尼亚萨湖旁的曼达有一条通道，经过马坦杜河和卢韦古河附近伸向内陆；另一条路沿鲁伍马河通向尼亚萨湖。这昆仑层期当然不会是曼苏地的甘巴卢岛，也不能是马达加斯加岛了。

凡是中国帆船到过的地方，都留下了宋代的铜币。在摩加迪沙和布腊伐发现的中国钱币有自宋真宗咸平（998—1003年）至南宋时期的[②]。1944年在桑给巴尔岛东南卡金瓦发现窖藏钱币，共有176枚，属于北宋的108枚，多于南宋时期的56枚[③]。此地离

---

① 马克麦斯特：《东非的单桅船深海贸易》（D. N. McMaster, The Ocean-going Dhow Trade to East Africa），载于《东非地理评论》（The East African Geographical Review）1966年第4期。

② 弗里曼-格伦维勒：《摩加迪沙发现的钱币》（G. S. P. Freeman-Grenville, Coins from Mogadishu, C.1300 to C. 1700, but including Chinese Ones from the 10th to the 19th Centuries），载于《钱币学年刊》（Numismatic Chronicle）1963年第3卷，第179页以下。

③ 弗里曼-格伦维勒：《葡萄牙时期以前的东非钱币》（G. S. P. Freeman-Grenville, Coinage in East Africa before Portuguese Times），载于《钱币学年刊》（Numismatic Chronicle）1957年第17卷，第151页。

中国帆船常到的翁古贾很近。从这些钱币可以想象当年中国海员和商人从事各项交易的景象。特别是熙宁、元丰通宝共有48枚，首屈一指，暗示当时到达该地的中国船特别多。肯尼亚的格迪城遗址出土过二枚宋代铜币。基西马尼·美菲亚也曾出土三枚宋钱，其中1916年出土的一枚是宋神宗（1067—1085年在位）时期的[①]。在基尔瓦也发现过淳化（990—994年）通宝一枚，熙宁（1068—1077年）通宝四枚，政和（1111—1118年）通宝一枚[②]。在肯尼亚和坦桑尼亚沿岸业已发现的1800年以前的506枚外国钱币中，属于中国的达294枚以上[③]，其中多半是13世纪以前的。也就是说，在1200年基尔瓦苏丹自铸金币以前，中国铜币在东非是流行的通货。这些钱币理应当作中国船上人员在当地使用的遗存。它向我们显示中国帆船在东非是仅次于阿拉伯海商的主顾。

12世纪时，基尔瓦苏丹尚未铸造本地的钱币，东非各地通用阿拉伯金银币。很多地方常用媒介物充作硬通货，例如索马里人用骆驼来计算货值。虽然靠近基尔瓦和赞比西河的腹地富有铜矿，早经开采，但铜币始终没有在东非流行。铜锭作为通货只限于赞比亚和津巴布韦这些产铜区。阿拉伯商人在大部分场合使用姆潘得贝壳作为主要的通货，无须借助于中国铜币。所以中国钱币就像当初访问斯瓦希里沿海的中国海外贸易商在非洲大陆上留下他们的足迹一样，特别富有历史意义。

值得提出的是，东非出土的"开元通宝"给研究者造成了断代上的混乱。据《新唐书·食货志四》，唐高祖武德四年（621年）初铸"开元通宝"，亦即二铢四参钱，成为唐朝通用的货币。其后虽盗铸渐起，而二铢四参钱仍是标准币。开元（713—741年）年间，宰相宋璟提出禁恶钱，行二铢四参钱。738年后，虽曾铸开元通宝钱，然盗铸益甚，货币贬值，而"开元通宝"一直是通用的货币。一些研究者不清楚这一段史实，对于"开元通宝"的铸造时间，有的认定在700年[④]，有的认定在713年[⑤]。史徒尔曼也

① 皮尔斯：《桑给巴尔：东非的岛屿大都市》（F. B. Pearce, Zanzibar, The Island Metropolis of Eastern Africa），伦敦1916年版。

② 华尔克：《基尔瓦出土钱币》（J. Walker, Some Coins from Kilwa），载于《钱币学年刊》（Numismatic Chronicle）1939年第19卷；华尔克：《新发现的基尔瓦钱币》（J. Walker, Some New Coins from Kilwa），载于《坦噶尼喀汇刊》（Tanganyika Notes and Records）1956年第61期。其中"熙宁通宝"一枚系皮尔斯发现，其余由史密士（C. S. Smith）获见。

③ 弗里曼-格伦维勒：《东非出土钱币的历史意义》（G. S. P. Freeman-Grenville, East African Coin Finds and their Historic Significance），载于《非洲历史学报》（Journal of African History）1960年第1期，第31页以下。

④ 罗戚：《东非史》（R. Reusch, History of East Africa），纽约1961年版。

⑤ 罗兰·奥立弗、杰弗士·马修：《东非史》（R. Oliver & G. Mathew, History of East Africa），牛津1963年版，第1卷。

同样把"开元通宝"当作713年所铸。潘古斯特甚至将唐高祖（618—626年在位）当成了宋高宗[1]，张铁生又改为唐高宗（649—683年在位）[2]。这些误会都起源于不了解铸造"开元通宝"的历史背景。但总而言之，中国铜币流入东非的历史，大约从7、8世纪之际中国帆船到达三兰国后不久就开始了。

中国帆船的行踪也由它们散布在非洲土地上的精美华瓷得到印证。为数众多的中国瓷器和碎片分布在亚丁湾附近和直到德尔加多角的东非各地[3]，甚至由于阿拉伯商人的转运而深入津巴布韦内地[4]。肯尼亚沿岸出土的青瓷的年代最早到了8世纪末[5]。坦桑尼亚境内，从北部边境到美菲亚附近的鲁菲基河，在30处遗址中出土了数达400件之多的中国瓷器。这些发现使得英国著名的考古学家穆歇·韦勒相信，坦噶尼喀早被湮没的10世纪以后的中世纪史，靠这些中国瓷器可以重新加以连缀[6]。流入非洲腹地津巴布韦和德兰士瓦的瓷器，时间可以早到11世纪。赞比亚的马庞古布韦出土过两块瓷片，经鉴定属于12世纪到13世纪[7]。从13世纪起，越来越多的瓷器见于寺院、居室和坟墓的遗址中，它们或者是日常用具，或者被当作装饰和陪葬品，成为斯瓦希里人民生活中不可或缺的一种器物。

瓷器是宋代中国远洋帆船的重要压舱物。《萍洲可谈》卷二说："舶船深阔各数十丈，商人分占贮货，人得数尺许，下以贮物，夜卧其上。货多陶器，大小相套，无少隙地。"到达非洲的中国船也是如此。东非和亚丁湾沿岸各地出土瓷器的增多，和12世

---

① 潘古斯特：《埃塞俄比亚经济史导论》（R. Pankhurst, An Introduction to the Econmic History of Ethiopia），伦敦1961年版，第407页。

② 张铁生：《中非交通史初探》，三联书店1973年版，第51页。

③ 莱尼、萨金特：《亚丁沿海的瓷器和玻璃残件》（A. Lane & R. B. Serjeant, Pottery and Glass Fragments from the Aden Littoral, with Historical Notes），载于《皇家亚洲学会会刊》（JRAS）1948年，《亚丁文物管理处通讯》（Aden Dept. of Antiquities Bulletin）1965年第5期重刊；柯克曼：《肯尼亚历史考古》（J. Kirkman, Historical Archaeology in Kenya），载于《考古学报》（Antiquities Journal）1957年第37卷，第16页以下；弗里曼-格伦维勒：《坦噶尼喀的华瓷》（G. S. P. Freeman-Grenville, Chinese Porcelain in Tanganyika），载于《坦噶尼喀汇刊》（TNR）1955年第41期。

④ 史笃克士：《津巴布韦》（F. M. C. Storkes, Zimbabwe），载于《地理杂志》（Geographic Magazine）1935年第2卷，第142页以下。

⑤ 马修：《东非和南阿拉伯沿岸的华瓷》（G. Mathew, Chinese Porcelain in East Africa and on the Coast of South Arabia），载于《东方艺术》（Oriental Art）1956年第2期。

⑥ 韦勒：《东非考古》（R. E. M. Wheeler, Archaeology in East Africa），载于《坦噶尼喀汇刊》（TNR）1955年第40期，第43页。

⑦ 巴兹尔·戴维逊：《古老非洲的再发现》（Basil Davidson, Old Africa Rediscovered），伦敦1960年版。

纪以后印度洋上阿拉伯与中国在航业上的相互消长形成明显的呼应。这时中国船已闯过马尔代夫群岛，出没在亚丁湾东南的哈巴希海面上。而阿拉伯船的东方航行图正逐渐紧缩到马六甲海峡以西。运到东非的瓷器完全可以由那些沿途很少停靠的中国大型船舶一次成批运去。这些华瓷绝非像一些外国学者想象的那样，完全是阿拉伯中介商的作用[①]。它们也是常到亚丁的中国帆船运去的，而且也是那些航行在斯瓦希里海岸的中国商船装载的货物。

中国帆船究竟早在什么时候就已经开辟了东非航路？这一问题虽然尚难断定，但至少不是像皮尔斯所说的那样，要到1270年左右才有一支中国船队开航东非海岸[②]。可以相信，到了12世纪，中国船已在直到桑给巴尔岛的东非沿海常来常往了。而且毫无疑问，中国船也到过基尔瓦·基西瓦尼。

四、装备精良的中国海船

在赤道附近北赤道流活动区，选择弧形走向从亚丁湾返航或开往贝纳迪尔的船只，必须通过马尔代夫礁岩棋布的海域。马尔代夫群岛中，除了八大处以外，"其余小溜尚有三千余处，水皆缓散无力，舟至彼处而沉。故行船谨避，不敢近此经过。古传弱水三千，即此处也"（巩珍《西洋番国志》"溜山国"）。印度洋盐度通常在3.5%以下，但东经70º以西洋面由于受到红海流的影响，含盐度特别高，具有低氧的特征，所以称为"弱水"。要通过60天的连续航行穿越这一海域，首先必须具备对这一海域海流和航道的精确知识。掌握高水平的航海技术，并且要有坚固和灵巧的船舶，才能抵御非洲之角附近海面的强风暴。只有体制宏大、设备周全、性能良好的远洋帆船才能胜任这样的航行任务。宋代航行印度洋的中国船，大多可容五六百人，船中贮备一年粮食，甚至"豢豕酿酒其中"，以便定期返航。《岭外代答》卷六说，广东制造的广舶，"浮南

① 弗里曼-格伦维勒：《中世纪坦噶尼喀沿岸史》（G. S. P. Freeman-Grenville, The Medieval History of the Tanganyika Coast），牛津1962年版，第36页；柯克曼：《中世纪的中国和非洲》（J. Kirkman, China and Africa in Mediaeval Times），载于《非洲历史学报》1963年第4期。

② 皮尔斯：《桑给巴尔：东非的岛屿大都市》（F. B. Pearce, Zanzibar, The Island Metropolis of Eastern Africa），伦敦1916年版。且不说皮尔斯的根据到底是什么，宋人著作和伊德里西的材料都已从文献上直接或间接地指出了中国船队到过非洲的事实。皮尔斯可能是从马可·波罗提到元代中国派船出使马达加斯加岛而作的推论。但《马可·波罗游记》中的马达加斯加（Madeigaecar）在主要稿本中读如Magelasio，为摩加迪沙的音讹。书中所述也都是摩加迪沙。见玉尔：《马可·波罗游记》（H. Yule, The Book of Ser Marco Polo），第2卷，伦敦1912年版，第413-414页；伯希和：《马可·波罗游记校注》（P. Pelliot, Notes on Marco Polo），巴黎1963年版，第780页。

海而南，舟如巨室，帆若垂天之云，柂长数丈。一舟数百人，中积一年粮。豢豕酿酒其中。置死生于度外，径入阻碧，非复人世。人在其中，日击牲酾饮，迭为宾主，以忘其危。舟师以海上隐隐有山，辨诸蕃国皆在空端。若曰往某国，顺风几日，望某山，舟当转行某方。或遇急风，虽未足日，已见某山，亦当改方。苟舟行太过，无方可返，飘至浅处而遇暗石，则当瓦解矣。盖其舟大载重，不忧巨浪而忧浅水也。"广舶如此，福建制造的"海舟"尤其精良，比之广舶更加坚实，又称"南船"①。

这些远涉重洋、从事海外贸易的海船通称"舶船"，载重量可以达到550吨到660吨②。宋代元丰（1078—1085年）年间是我国远洋航业大发展的时期，在近代以前，仅有明代永乐（1403—1424年）年间才可与之相比。当时出使高丽的二艘"神舟"就是由明州（浙江宁波）制造的万斛船③。次于"神舟"的"客舟"容量达二千斛，也有110吨上下。

近代中国帆船方首、高尾、斛形、四角帆的设计原则，早在11世纪就已形成。这些早期设计的海船适合深海航行，和平底"沙船"不同，仍然"底尖如刃"，足以经受恶浪惊涛。它们所特具的方首、高尾、横梁宽大等特点，在设计上具有印度和阿拉伯船只所欠缺的优越性，可以减轻大海航行中产生的摇首、纵摇和升降运动，便于操纵和提高航速。尾舱高耸，增加了船只在载重水线以上水密部分的体积，得以在载重水线以上保持一定的船体高度。船上主桅高度略低于船体和桅高所形成的正方形平面，保证船舶具有良好的稳性和充足的储备浮力。为了船只安全航行，船体设计普遍采用防水舱的原理，将船体分隔成若干个水密舱室。通常有13个舱室④。船只长度可以达到

---

① 参见《宋会要辑稿·食货五十》《宋会要辑稿·刑法二》。《三朝北盟会编》卷一七六说："海舟以福建为上。"

② 沈括《梦溪笔谈》卷三指出，当时"以粳米一斛之重为一石，凡石者以九十二斤半为法"。宋代92斤半约合55公斤，万斛船相当550吨载重量。更有高达12000斛的。

③ 《宋史·外国列传三》："元丰元年，始遣安焘假左谏议大夫、陈睦假起居舍人往聘。造两舰于明州，一曰凌虚安济致远，次曰灵飞顺济，皆名为神舟。"徐兢《宣和奉使高丽图经》卷三十四记有"神舟"的形制。推算"神舟"型海船的载重量在280吨以上。参见吴自牧《梦粱录》卷十二浙江海商之舰"大者五千斛"的说法。

④ 1974年在泉州湾后渚发掘一艘宋代大型海船，残长24.2米，残宽9.15米。复原后长34.55米，宽9.9米，深3.27米。船的形制，头尖尾方，船身扁阔，平面近似椭圆形，是一艘三桅尖底"客舟"型海船，推算载重量在110吨左右（发掘者原推算载重量在200吨以上）。有13个舱室。一千斛以下海船一般分成11个隔舱。后渚宋船出土木牌中有"哑哩"一件，哑哩和下里是同一地。《岛夷志略》说下里"国居小唄喃、古里佛之中"，在梵答剌亦纳和奎隆之间的卡里科特（科泽科特），北距梵答剌亦纳32公里。足见该船是开航南印度的远洋帆船。

百米，而长宽幅比则在3~3.5比1[①]。考虑到多方使用风力，需要随时改变航向，以及在深海航行中保持稳性的需要，这些海船"方正若一木斛，非风不能动，其樯植定而帆侧挂，以一头就樯柱，如门扇。帆席谓之'加突'，方言也。海中不唯使顺风，开岸就岸，风皆可使。唯风逆则倒退尔，谓之'使三面风'。逆风尚可用，碇石不行。"（朱彧《萍洲可谈》卷二）船只航行，各方风力都能利用，所谓"风有八面，唯当头不可行"（徐兢《宣和奉使高丽图经》卷三十四）。即使逆风也能调戗行驶。宋代开始使用平衡舵[②]，更加有利于掌握航向。与印度洋中大都仰仗季风一日千里[③]，"一遇朔风，为祸不测"（《岭外代答》卷三）的外国船相比，中国帆船既安全又便利。

中国帆船之所以能够经受南海中的台风和印度洋热带纬区的飓风，掌握正确的航向，不仅因为具有先进的船体结构和风篷、尾舵，而且因为它们最早在深海航行中使用罗经导航，使航路趋于精确。中国人在航海中使用指南针的时间可能要早到9、10世纪[④]。北宋元符、崇宁年间（1098—1106年），广舶确已使用指南针。《萍洲可谈》说，舟师"昼则观日，阴晦观指南针"，比过去观察日月星辰的天文导航已经沿物理途径跨出了一大步。12世纪时发展到使用浮针的罗经[⑤]，用二十四向定位法，正针之外又有缝针，共有四十八向。于是"风雨晦冥时，唯凭针盘而行"，精确到"毫厘不敢差误"（吴自牧《梦粱录》卷十二），可以昼夜行驶，远涉重洋，不致有失。当时出海船只已经备有记录沿途地点和里程的航海地图，航海者可以依图计程。所以赵汝适也能看到关于南海外国各地的地图（《诸蕃志自序》）。根据航海地图，便可用罗经标明航向。航海罗经的使用引起世界航运业的巨变。波斯语、阿拉伯语中表示罗经方位（通常使用二十四分向法）的 Khann 就是闽南话中罗针所示方向的"针"字。罗经在印度洋航行中的

---

① 后渚宋船的形制是一个实物的典型。

② 李约瑟：《中国科学技术史》（J. Needham, Science and Civilisation in China），剑桥1959年版，第4卷第3分册，第655-656页。

③ 胡拉尼曾推算苏莱曼航程中由马斯喀特到奎隆，奎隆到卡拉的时速分别是2.1节、2.3节。只有布索格东游航程中卡拉到香岸的时速超过3.3节。平均日航数60到70海里。至于马尔瓦西（al-Marwazi）列举的日航数则高达150海里。参见胡拉尼：《古代和中古早期阿拉伯的印度洋航业》（G. F. Hourani, Arab Seafaring in the Indian Ocean in Ancient and Early Medieval Times），普林斯顿1951年版，第111页。不过这种航速通常都在阿拉伯半岛沿岸才能达到。

④ 李约瑟：《中国科学技术史》（J. Needham, Science and Civilisation in China），剑桥1959年版，第4卷第3分册，第563页。

⑤ 曾三异《因话录》最初用"地螺（罗）"这个名称。吴自牧写于1265—1274年间的《梦粱录》称"针盘"。16世纪时，李豫亨《青乌绪言》称"旱罗经""水罗经"。

广泛使用，提高了中国帆船的竞争能力，确立了华船在印度洋航海界中的领先地位。

中国的大帆船以它先进的技术装备，创纪录的续航距离，高容积的货位，深海高速航行的能力，催生了中国远洋航业蓬勃发展的新时期，在12世纪的印度洋航行界博得了世界声誉。从广州或泉州启碇的船只能够在100天的长途航行中完成6000到6400海里的航程，平均日航里程达到64海里。这样的航行周期是12世纪世界航业界同类航线中最短的。而在最短的航行周期中，中国帆船赢得了相对较长的贸易季节和最大的运行范围，因而在印度洋贸易中名列前茅，在当时世界航运业中遥遥领先。所以史密士赞扬中国人在古代是世界上最灵巧和最勇敢的航海者[1]。

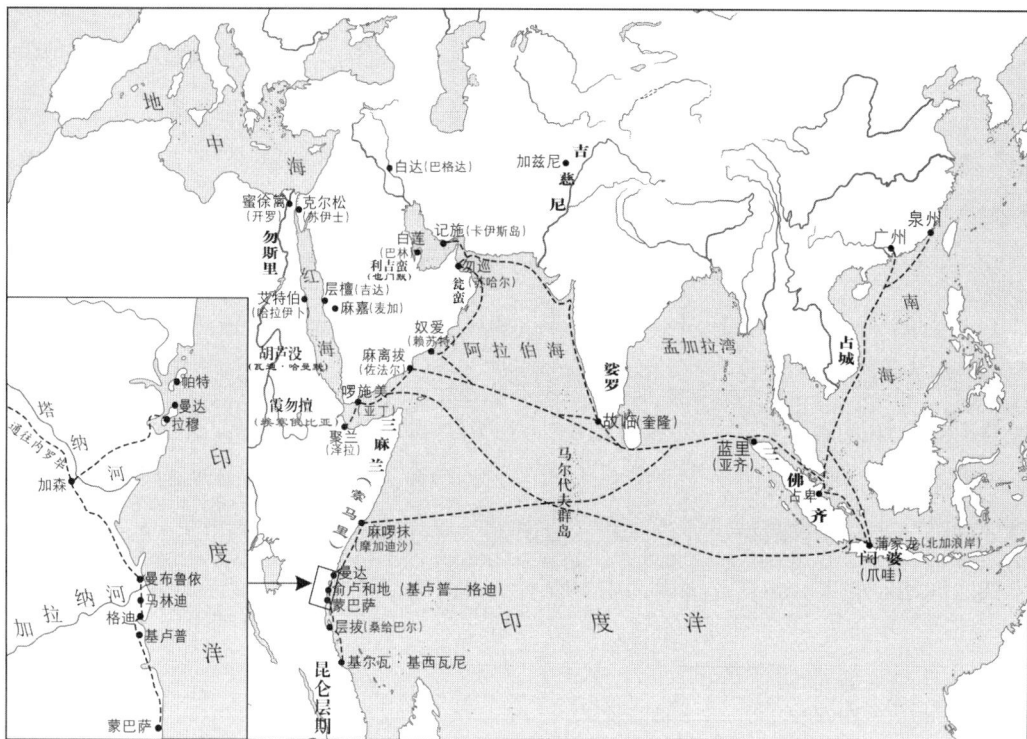

12世纪的中国帆船和印度洋航路

拥有高超的航海技术、丰富的远洋航行经验和精良的海船的中国航海家，也是航行印度洋的老手。中国帆船不但在印度洋东部的航运界完全处于优势地位，就是在印度洋西部海域，包括东非在内，也早已具有一定的优势。在南印度和亚丁湾之间，中国帆船是阿拉伯航业界的强有力的同行和竞争对手。在苏门答腊和东非之间，中国航

---

① 史密士：《欧洲和亚洲的桨与帆》（H. W. Smyth，Mast and Sail in Europe and Asia），爱丁堡1929年版，第346页。

海家也以精力充沛、生气勃勃的姿态出现在印度洋南部海区。这一变化是十字军东侵对东西方贸易途径产生影响所表现出的一个重要侧面。它最初由开罗法蒂玛王朝的繁荣和巴格达塞尔柱突厥统治下的伊拉克和波斯经济的衰退所导致，而在十字军运动以后进一步明朗化了。这种影响使得波斯湾在转口贸易上的重要性大为减弱，阿曼的远东航业因此收缩，阿拉伯和波斯的移民和商人成批拥向东非，加速了当地的伊斯兰化。与此同时，亚丁湾成为东西方贸易的主要通道，对华贸易空前繁荣。对非洲犀象、玳瑁、香药和皮革需要量的激增，吸引了大部分中国帆船远航亚丁湾和斯瓦希里海岸，直接参与这一贸易。波斯和伊拉克农业的凋敝，叙利亚商业的衰退，和东非贸易的勃勃生机形成强烈的对比。中国、印度和地中海世界日益增长的对外贸易，像两股巨大的引力彼此会合在阿拉伯"香岸"和也门。中国远洋帆船更是一股实力雄厚的推动力量。所以在15世纪以前，早到12世纪甚或11世纪，中国帆船就经常来往于亚丁湾和东非沿海了。中国和东非之间的贸易不但在10世纪到17世纪一直在赓续进行[1]，而且在直到15世纪上半叶为止的好几个世纪中，大部分货物确实是由到达那里的中国帆船运送的。至于中国和斯瓦希里海岸开始进行贸易的时间，更是早于10世纪。在860年以前完成的《酉阳杂俎》卷四中有"仍建国"，就指桑给海岸。早在9世纪以前，中国就和东非有来往了。有了与东非早期交往的经验，到了11世纪下半叶以后，中国远洋航业终于在非洲的土地上开出了更鲜艳的花朵，结出了更丰硕的果实，促进了东非社会的进步，谱写了中国与非洲友好交往的壮丽史诗。

---

① 廷达尔：《中非史》（P. E. N. Tindall, A History of Central Africa），伦敦1970年版，第一章"中国人的贸易"。

14至15世纪中国帆船
的非洲航程

从1405年郑和率领宝船队首次远航印度洋以来，时间已过去600多年了。其中，学术界对茅元仪《武备志》附录的航海图（通常称作《郑和航海图》）的研究是郑和研究的一个重要方面。《新编郑和航海图集》有古今地名对照，提供了从船队起航的南京龙江船厂经太仓刘家港出海直至非洲东海岸的全部航路和经过的地名[1]。非洲航程之所以特别重要，就在于它是郑和宝船队抵达的航程最远的地方，是探索宝船是否越过非洲南端进入大西洋的关键。

目前至少有四个问题尚未完全解决：第一，在郑和时代以前的元代，中国帆船曾航抵非洲哪些地方？第二，目前从《郑和航海图》中所能辨认的非洲地名一共有14个，其中最南面的一个地名是麻林地，也就是《明太宗实录》卷一七○和《明史》卷三二六《外国列传七》中的麻林国，阿拉伯语全称是Bilād al-Mahādila。"地"这个词相当于阿拉伯语中的"国土"（al-Bilād）。麻林国就是以基尔瓦·基西瓦尼为都城的马赫迪

---

① 参见朱鉴秋、李万权主编：《新编郑和航海图集》，人民交通出版社1988年版。

里王朝（Mahādila，Mahdali）①。但是14个地名尚未全部求得确切的答案②。第三，现在我们借助1459年弗拉·毛罗绘制的地图上的注记，可推断郑和时代宝船已经有了远航莫桑比克海峡，甚至进入大西洋的记录。而且经过仔细辨认，至少部分答案可以从《郑和航海图》本身求得，只是现有的地图在阅读上难免有误导的地方。如果予以适当的修正，便能对宝船是否曾经远航坦桑尼亚和莫桑比克提供直接的依据。第四，宝船对南印度洋进行过探测，是否进入了好望角海域？以下拟就这四个问题提出一些看法。

一、元代中国人对印度洋国际贸易的参与

14世纪20年代，和中国航海家汪大渊周游印度洋同时，摩洛哥的大旅行家伊本·白图泰也开始了他持续30年的亚非之行。伊本·白图泰在南印度马拉巴的奎隆旅行时，在那里见到很多中国人。他说中国船已经操纵了从中国到马拉巴之间的航业，外国使者和商人到中国和东南亚各国的，都搭乘中国帆船。伊本·白图泰在印度见到的中国船共分三种：最大的是"船"（Junk），中等的称"柴"（Zao），再次名叫"客舫"（Kakam）。这三种船就是元朝规定由政府发给"公凭"准许出海贸易的船只。据《元史·刑法志四》，每大船一艘可以带柴水船、八橹船各一。闽南话读船如"艚"（Junk），所以伊本·白图泰说中国有船、柴和客舫三种海舶。他见到的中国海船所备风帆，自三帆至十二帆不等。大船的橹，长度和桅相近，需用船工10人到30人。每船容纳的人员多达1000人，其中包括400名武装士兵。每艘海船还随带大小不等的小艇三只。这些航行在印度和中国之间的远洋帆船便是元人文集中称颂的"挂十丈之竿，建八翼之橹"，装备有指南车、磁罗经，并测绘了渡海方程，制订了专用航线针路的航海大舶。元代从事沿海漕运的大船载重量达八九千石，相当于六七百吨，远洋航行船只吨位至少也在三五百吨以上。

中国帆船的活动促进了印度洋国际贸易的繁荣。由中国远航的船只大都从泉州和广州启程，集结在南印度马拉巴的国际贸易港奎隆、柯枝和科泽科特，和来自埃及、阿拉伯或伊朗的船只交换商货。中国帆船也常常开赴波斯湾的霍尔木兹、阿拉伯半岛的亚丁和东非的摩加迪沙。苏杭色缎等各种丝绸和生丝，以及中国东南各地出产的青瓷、白瓷和新产品青花白瓷，构成了中国帆船从事印度洋贸易的畅销货，牙箱、花银、

---

① 沈福伟：《郑和宝船队的东非航程》，原载于《郑和下西洋论文集》（一），人民交通出版社1985年版；朱鉴秋、李万权主编：《新编郑和航海图集》，人民交通出版社1988年版，第74页。

② 参见朱鉴秋、李万权主编：《新编郑和航海图集》，人民交通出版社1988年版，第67页，第74页，第75页；沈福伟：《中国与非洲：3000年交往史》，山西教育出版社2021年版，第357-359页。

铜、铁、麝香、苏木也是从中国和中转港运销亚非各国的重要货物。这些中国船返航时便带回了胡椒、香药、象牙、珠宝、棉布和呢绒等印度和阿拉伯国家的特产。

从13世纪末叶起，中国东南沿海每年都有许多汉人和蒙古人出海到"回回"（伊斯兰教国家）和"忻都"（印度次大陆）地方自由居住，有的从事海外贸易，有的经营航业，有的则被贩卖出国。印度、波斯湾、阿拉伯半岛、非洲东北部和穆斯林商业势力所及的东非沿岸都有中国帆船和中国人的踪迹。大德（1297—1307年）年间编成的《大德南海志》列举和广州通商的国家和港口，不仅遍布东南亚、印度次大陆和阿拉伯半岛，而且也包括东非沿海在内，其中的麻加里便是坦桑尼亚境内的基尔瓦苏丹国马赫迪里的首都基尔瓦·基西瓦尼。这个地方在元代周致中写的《异域志》（一名《嬴虫录》）中称为三佛驮国，也就是中世纪阿拉伯地理学家盛传的出产黄金、象牙的索法拉国（辖境包括坦噶尼喀和莫桑比克），它的中心仍是基尔瓦·基西瓦尼。至晚从1330年起，基尔瓦就已替代索马里的摩加迪沙完全控制了索法拉的象牙、黄金和奴隶贸易。那时中国的远洋帆船便已到过坦噶尼喀南部的海港了。

二、元代通使非洲和中国帆船的非洲航路

元代中国帆船在印度洋西部的活动，对15世纪初宝船之进入东非海域提供了直接的航海经验和地理知识。《通制条格》提供的材料表明，元代已有许多中国人移居阿拉伯半岛，并有经商的中国帆船进入索马里、肯尼亚和坦桑尼亚海域[①]。元朝在1285—1322年间推行的官本贸易船制度下，与民间资本争夺海外贸易的利权，广泛开展远洋贸易，许多使团乘坐本国船只直接和印度洋彼岸的东非国家通好。

元朝在至元十九年（1282年）二月第二次派杨庭璧出使南印度的俱蓝（奎隆），同时又去了东非的那旺，说服那旺的国主将早先中国和阿曼的传统友好往来在新环境下加以拓展。那旺是肯尼亚沿海帕特岛的那佛尼王国。据《帕特纪年》，在基尔瓦苏丹哈桑·伊本·苏莱曼（Suluiman bin Hassan，1191—1215年在位）统治期间的1203—1204年，马斯喀特叶莱比贵族伊本·莫达法尔·那佛尼（ibn Mudhafar en-Nebhani）逃亡到帕特，在那里建立了延续5个世纪以上的那佛尼王朝统治。杨庭璧到达那旺，正是艾哈曼德·伊本·穆罕默德（Ahmad ibn Muhammad，1271—1291年在位）执政时期。由于设拉子人于1275年入侵阿曼，赶走了统治者奥莫尔·伊本·那佛尼（Omar ibn en-

---

① 完颜纳丹等：《通制条格》卷十八，黄时鉴点校，浙江古籍出版社1986年版，第226-240页。

Nebhani），那佛尼的后代便亡命东非，统治了帕特及其沿海地区。杨庭璧在出使那旺时，路经索马里的新兴城市摩加迪沙，于是便有了1285年摩加迪沙使者到中国的访问。根据《马可·波罗游记》的描述，大汗曾派使者到达过马达加斯加（Madeigascar）。照马可·波罗的叙述，马达加斯加在索科特拉岛和桑给巴尔岛之间。这个"马达加斯加"在《马可·波罗游记》的主要手稿中读作 Mogelasio，来源于 Magadicho 或 Mogdicho[1]。由于摩加迪沙的居民是纯正的阿拉伯人，阿拉伯语将摩加迪沙读作 Makdashau 或 Maqdasau，当地人的斯瓦希里语读法是 Mogadiso，常习惯读成 Mogedaxo，Mogedascio。元代档册中将摩加迪沙译成"马答"，是按照阿拉伯语的读法。马可·波罗指出大汗使者到过马达加斯加岛，实际上指的是摩加迪沙[2]。

此后，摩加迪沙在至元二十二年（1285年），那旺在至元二十三年（1286年）九月，都派使者远航中国。和那旺使者一起前来中国的还有肯尼亚的马兰丹（马林迪）使者。马兰丹，伊德里西在1154年写成的《旅游证闻》中，根据当地读法写作 Mulanda，[t][d]本有音转，因此译作马兰丹。这时马兰丹已是一个以制铁闻名的东非重镇，辖境包括塔纳河和萨巴基河，移民来自伊拉克的库法。至元二十八年（1291年）九月，元朝派特使到俱蓝、马八儿和于马都三国，马八儿和俱蓝是南印度东、西两岸的重要国家，于马都则远在红海西岸的埃塞俄比亚。于马都的原音指埃塞俄比亚基督教会崇奉的圣者塔克拉·海马诺特（Tekla Haymanot，1215—1313）。海马诺特家族世代信奉基督教。13世纪下半叶，海马诺特领导教会支持年轻的叶海诺·阿姆拉克（Yekunno Amlak，1270—1285年在位）推翻了阿高人已有133年历史的扎格维王朝（Zagwe，1137—1270年），恢复了古代所罗门世系的王朝，从此海马诺特成为重建所罗门光荣的象征。随着当地商人远赴大都，元朝也派出使团，前往亚丁湾上的埃塞俄比亚贸易港泽拉。

1300年，连通苏门答腊—马尔代夫—蒙巴萨的航路已经畅通。这一年（大德四年），醮八（桑给巴尔）和爪哇、暹国等国家的使节22人一起到北京进谒元成宗铁木耳。次年，马来忽（马尔代夫）等海岛国家也派使者到中国。在基尔瓦苏丹苏莱曼·伊本·哈桑（Suluiman bin Hassan，1294—1308年在位）统治马赫迪里王朝期间，蒙巴萨作为帝国最繁荣的城邦试图摆脱苏丹的羁绊。苏丹在巡视蒙巴萨时，竟遭当地叛党

---

① 格兰迪迪耶：《马达加斯加地理史》（A. Grandidier, Histoire de la Géographie de Madagascar），巴黎1892年版，第26页。

② 伯希和：《马可·波罗游记考释》（P. Pelliot, Notes of Marco Polo），第2卷，巴黎1963年版，第779-781页。

刺杀。这时的蒙巴萨已替代摩加迪沙，起而和基尔瓦争夺索法拉象牙和奴隶贸易，所以阿拉伯地理学家伊本·赛德（ibn Said，1214—1275年）在13世纪下半叶以为蒙巴萨为桑给国的首都①。蒙巴萨使者远赴北京，是印度洋南部地区积极开展对华贸易的一个表示。在元代，蒙巴萨是东非各地和中国互通使节的国家中最南的地方，所以有"热南回回"之称。元代周致中《异域志》中有入不国，即《元史》中的蘸八，宋代的层拔。周致中记述这里"有城池，种田，出胡椒。其地至即热南回回也。其国颇富商贾之利"（周致中《异域志》卷上）。蒙巴萨商人是南至基尔瓦、北去摩加迪沙和亚丁的常客。14世纪时，蒙巴萨当地经济的富足程度已差可和摩加迪沙相比。

在"热南回回"稍北的肯尼亚沿岸，还有一个叫作"南海回回"的黑暗国。《异域志》卷上称黑暗国"地产犀牛。与回鹘同。即南海中回回也。未尝入中国。其俗皆与西洋同"。文中说这里"与回鹘同"，又说"其俗皆与西洋同"，是抄本讹植。总之，这里的移民都是伊斯兰教徒，尤其是什叶派教徒。他们大多从事商业活动。"黑暗"二字代表了基卢普-格迪（Kilpwa-Gedi）两个相邻的海滨城镇的第一个音节，在1073年宋朝接待的外国使节中称作俞卢和地国②。"俞卢和地"是基卢普-格迪的早期译名。格迪距米达湾仅3公里，北距马林迪15公里。"格迪"是个盖拉语名词，意思是"贵城"，全称格迪·基利马尼（Gedi-Kilimani），意思是"山丘上的贵城"。在格迪南面3公里的基卢普，建立在米达湾的一座小岛上，是格迪的外港。根据基卢普考古出土的华瓷，发掘者坎克曼认为，该城兴起于13世纪初，维持到16世纪末。但当地出土的大量五彩釉陶说明早在13世纪前便有很多居民了。格迪附近有珍贵金属、象牙和奴隶输出，南部米达湾拥有良好的水源，是马林迪和蒙巴萨之间唯一供应淡水的处所。有人推论从10世纪到16世纪，这里都处于海外贸易的繁荣期。当地出土的中国瓷器，有越州余姚窑、龙泉窑青瓷，景德镇青白瓷，数量可观的广东佛山青瓷、宋元白瓷、14—16世纪的青花瓷，甚至还有元代的釉里红，以及许多多色和单色釉陶③。格迪的居民信奉伊斯兰教，所以"与回鹘同"。风俗与南印度西海岸的"西洋"国相仿。从南宋到明初，"南海回回"无论名称如何有变，但格迪在印度洋南部航线上确是一处热门的海港，重

① 费琅：《阿拉伯波斯突厥人东方文献辑注》（G. Ferrand, Relations de Voyages et Textes Géographiques Arabes, Persans et Turks Relatifs a l'Extrême-Orient），第2卷，巴黎1913年版，第321-322页。

② 参见《宋会要辑稿·蕃夷四》，另见沈福伟：《中国与非洲：3000年交往史》，山西教育出版社2021年版，第205—209页。

③ 柯克曼：《肯尼亚海岸，作为印度洋贸易和文化中的一个因素》（J. S. Kirkman, The Coast of Kenya as a Factor in the Trade and Culture of the Indian Ocean），巴黎1970年版，第247-253页。

要的原因是，格迪正好处在从苏门答腊或西爪哇往西，经马尔代夫群岛直航肯尼亚沿海的中国和阿拉伯帆船航线上。

这条跨越印度洋南部的航线，在《文昌杂录》述及南海中的阇婆（爪哇）"在大食之北"（《文昌杂录》卷一）时就已经提示过，后来在《诸蕃志》阇婆条和汪大渊《岛夷志略》针路条中更进一步明确了。针路是汪大渊在1336年左右亲自游历过的马尔代夫群岛中的肯迪科卢岛，明代称加平年溜[①]。针路条说："自马军山水路，［或］由麻来坟（马拉巴）至此地，则山多卤股，田下等，少耕植。民种薯及葫芦、西瓜，兼采海螺、螃蛤、虾食之。"[②]当地使用贝子（贝币）。汪大渊在这里记述的是从西、东两个不同方向通向肯迪科卢岛的航线，西边从索马里海岸的马军山东航，"马军"译自梅尔卡（Muljan），在摩加迪沙以南索马里沿海，马军山指谢贝利河下游沿海崖岸。另一条航路是从马拉巴（卡利卡特）西航，到达马尔代夫的肯迪科卢岛。该岛可以东通斯里兰卡西岸的别罗里，为别罗里—梅尔卡航线的中转港。而从巽他海峡西航的航路一定还在肯迪科卢岛或马累岛以南，因此基卢普-格迪早已被中国航海家所熟知。然而这一段残缺的历史因格迪历史的中断而被遗忘，中国典籍中备载的这些地名也长期被扬弃或误释作别的处所。因此，格迪和基卢普的发掘，在东非历史和印度洋西部文明的研究中具有重要的价值。

汪大渊到过马林迪。他将马林迪看作桑给地区最重要的城市，因此就用了"层摇罗"这个名称。"层摇罗"今译桑给巴尔，是根据阿拉伯人的通称。首次使用这一名称的是雅库特，他写作Zanga-bār。据阿布·菲达《地理志》（Abū al-Fidā', Taqwīm al-buldān），当时桑给王就住在马林迪。汪大渊说当地出产红檀、紫蔗、象牙、龙涎、生金和鸭嘴胆矾（含水硫酸铜），中国船带去的牙箱、花银、色缎数量亦很可观。元代中国船常到的桑给口岸正是这个马林迪。但在明代就不同了。汪大渊往南到了姆纳拉尼，他称作曼陀郎，也就是伊德里西提到的Madouna。其遗址在现在的古基里菲（Kilifi），曾出土精美的伊斯兰寺院、墓葬。这里有铸铁业，物产有麦、棉花、西瓜、石榴等，还有名贵的犀角。交换的货物有中国的青瓷和从印度、马来群岛运去的丁香、豆蔻、荜茇、五色布、斗锡、酒以及棉布。汪大渊还到了蒙巴萨的古城基林迪尼（Kilindini），他译作加里那。那里的人因地瘠而弃农经商，青白花碗、细绢、苏木、铁条、水银都

---

① 朱鉴秋、李万权主编：《新编郑和航海图集》，人民交通出版社1988年版，第73页，与"格尔贝尼岛"相当。

② 苏继庼：《岛夷志略校释》，中华书局1981年版，第126页。

是受欢迎的进口货。

汪大渊在坦桑尼亚到过重要的商业都会麻那里和加将门里。麻那里是汪大渊对马赫迪里苏丹统治地区的译名。他说麻那里在一个叫"垣角"的绝岛上。"界迷黎（Mrima，姆里马地区）之东南，居垣角之绝岛。石有楠树万枝，周围皆水。"那里的居民生活奢侈，"臂用金丝，穿五色绢短衫，以朋加刺布为独幅裙系之"。岛民都穿着孟加拉布裁制的衣裙，色绢短衫也多从印度和中国运去。无论阿拉伯船还是中国船，这里都是远航船只的最后一站了。再往南去，直到德尔加杜角为止，因季风愈来愈弱，几个世纪以来，至少对中国帆船来说，再没有以商业著称的岛屿了，因此称作"绝岛"。而"垣角"一名，正好是桑给巴尔岛的原名翁古贾（Unguja）最初的译名。汪大渊可能是搭乘中国船前去的，这里是元代华船经营东非贸易最南的地方了。

最后，汪大渊从基林迪尼经过2000多里到了他寻访的基尔瓦古国的都城基尔瓦·基西瓦尼（Kilwa Kissiwani），"基西瓦尼"用闽南话译作加将门里。那里农业发达，一年可收三次谷。"通商贩于他国。"基尔瓦·基西瓦尼位于紧靠大陆的一个小岛，三面环水，只有西北面可通内地。这是一个穆斯林都会，"丛杂回人居之"，说明当地有来自波斯湾、亚丁湾和斯瓦希里沿海的穆斯林商人。从基尔瓦有陆路遥通内地象牙贸易的两大中心——恩扬英布（塔波拉）和乌季季。在摩洛哥大旅行家伊本·白图泰造访基尔瓦时，这里已有陆路可以贯通西非，所以基尔瓦正是南方索拉法黄金、象牙贸易的中心，又是内陆输出铜、铁、奴隶、毛皮的一大海港城市。

阿拉伯地理学家将东非沿海分成四个地区。最北面从亚丁湾到索马里南部谢贝利河和朱巴河口是巴巴拉地区，再往南是桑给地区（Bilād az Zanj），向南一直到瓦米河，和索法拉地区相接。雅库特的《地理辞典》明白指出，摩加迪沙是巴巴拉地区和桑给国接壤的边界城市[1]。在桑给地区以南的是索法拉国或索法拉地区（Bilād az Sufāla），大致北起瓦米河口，南至林波波河流域，今天坦桑尼亚和莫桑比克沿海都在它的范围以内[2]。统治者居住的散纳（Sayūna）在赞比西河口。连接索法拉地区和苏门答腊之间的许多岛屿则被概括在韦韦地区（Ard al-Wāq-Wāq）内。

在14世纪，基尔瓦·基西瓦尼是索法拉地区最重要的城市。自976年波斯人将它建成设拉子王朝苏丹国首都后，它就开始兴旺起来。这里也是坦桑尼亚境内最南的良

---

① 胡史登菲尔编：《雅库特地理学辞典》（F. Wüstenfeld ed., Jacut's Geographisches Wörterbuch），第4卷，莱比锡，1924年版，第602页。

② 奇蒂克编：《东非和东方》（N. Chittick ed., East Africa and the Orient），纽约1975年版，第120页；沈福伟：《中国与非洲：3000年交往史》，山西教育出版社2021年版，第362-363页。

港，来自鲁伍马河上游和马拉维湖岸地区的奴隶都被集中到这里，再从海上转贩他国。元代中国帆船虽然通常只到基卢普-格迪或桑给巴尔岛，基尔瓦处于这种远程贸易航线之外，但基尔瓦位处季风贸易的极限德尔加杜角以北，是印度洋西部近海贸易的终点站，从14世纪以后特别是1330年以后大量输入华瓷，因此也被中国海外贸易商所注意。在《大德南海志》这部广州地方志中，列入贸易对象的海外港，东非地区有弼琶罗（巴巴拉）、层拔（桑给地区）和麻加里。麻加里即《岛夷志略》中的麻那里，这是最接近Mahādila原音的译法，[k]与[h]的音转在粤语与闽南话中表现得非常明显。可以得出一个结论：自元代以来，马赫迪里苏丹已正式替代早先在坦桑尼亚通行的"索法拉国"，形成了斯瓦希里文化。这是马赫迪里苏丹统治日益强大的结果。从中国文献看，"索法拉"这个区域性地名在14世纪已不再使用，因为中国帆船已有相当一批东非港口可以停靠，并与之进行贸易。到了15世纪，"索法拉"的概念便完全向南推移到莫桑比克南境了。此时中国帆船正常营运的范围转向马赫迪里统治的心脏地区，因此麻那里又有了一个新译名麻林国。

三、《郑和航海图》中的麻林地以北海域

从明代《郑和航海图》（以下简称《航海图》）中，可以识读许多非洲地名。到目前为止，从《航海图》中所能辨认的东非海岸，是从"哈甫泥"开始向南延伸到"麻林地"的那部分，一共有14个地名。在朱鉴秋、李万权主编的《新编郑和航海图集》（以下简称《航海图集》）上列入第64页。令人费解的是，原图上14个地名居然分成前后两列排列，每排地名之前均有作为岸线标记的线条，东非大陆俨然成了一大半岛。第一排（原图北部）列出的地名有黑儿、卜剌哇、慢八撒、门肥赤、麻林地，共5个。第二排（原图南部）列出的地名有哈甫泥、木儿立哈必儿、剌思那呵、抹儿干别、木骨都束、木鲁旺、起苔（芥）儿、者即剌哈则剌、葛答干，共9个。实际上，第二排地名濒临的岸线是一条表示东非大陆沿海河流的墨线，这些河流中最有名的当推尼罗河，尼罗河因此成了东非地名中位居其西的一条岸线。除了麻林地，所有13个地名无论怎样排列，其实际位置都在索马里和肯尼亚的印度洋沿岸。

《航海图》为什么要将东非地名分作两列？换句话说，这种画法的实际意义和真实目的何在？这些地名的一个特点是，前后两组地名实际上是互相交错的。它们之所以被列作两列，显然是出于航线的实际需要，取决于航行船只交易的商品货流。第一排的5个地名，除了带有特殊标记的麻林地，由黑儿至门肥赤，船只出入的港口实际上是

4个。第二排9个地名，由哈甫泥至葛答干，船只可以出入的港口共有9个。

确定这些港口的具体位置，除了对照各种航海地图之外，还可参考弗里曼-格伦维勒编集的《东非沿岸史料——1到19世纪早期文献选编》①附录的古移民点和古城镇分布图给以定位。第一排地名可定位如下：

黑儿（Eyl）

卜剌哇（Brawa）

慢八撒（蒙巴萨，Mombasa，Manfasat）

门肥赤（符贝奇，Vumba Kuu）

麻林地（麻林国）

第二排地名可定位如下：

哈甫泥（Hafuni）

木儿立哈必儿（贝拉港，Barr el-Beyla）

剌思那呵（Ras al-Assuad）

抹儿干别（梅雷格港，Mareeq Bandar）

木骨都束（麻加迪沙，Mogadaxo，Mogadasho）

木鲁旺（梅尔卡，Marka）

起苔（芥）儿（Gedi Kilimani）

者即剌哈则（贝）剌（奔巴岛，Jazirat Kanbalu）

葛答干（蒙巴萨西南，旧址Kilindini-Tuaka）

第一排地名中的黑儿，今译埃尔，是瓜达富伊角以南的主要港口。索马里沿海航行以春天和秋天为风向转换的静风时期。在这段换航期中，单桅船可以在阿拉伯和索马里间往返航行。冬季东北信风不稳定，海流流速为每昼夜60海里。夏季（6—10月），索马里处在赤道季风将气流由南半球输往北半球的地区，风向与海岸线平行。称为索马里海流的夏季海流比冬季海流更明显，流速为可达每昼夜60~80海里，有时达

---

① 弗里曼-格伦维勒：《东非沿岸史料》（G. S. P. Freeman-Grenville，East African Coast），伦敦1975年版。

到120海里。强劲的"哈里佛"西南风在贝纳迪尔州沿海引起强大的岸流，常给东岸航行造成困难，小船难以出港①。由马尔代夫群岛西航船只，多在西南季风期开赴索科特拉岛，黑儿为一处补给港。

卜剌哇，原图讹作十剌哇，今布腊瓦。宝船第三次下西洋（1409—1411年）时开辟了由斯里兰卡的别罗里至卜剌哇的新航线，为宝船进入坦桑尼亚沿海创造了条件。

慢八撒，是蒙巴萨（南纬4°4′）的对译。阿拉伯文《基尔瓦编年》将蒙巴萨拼作Manfia，原稿又可读作Manfasat，亦即慢八撒②。

门肥赤，在《航海图》与慢八撒都标明为华盖七指，推断相距极近。《航海图集》将门肥赤考作马夫塔哈湾（Maftaha Bay）。魏特莱以为门肥赤是马菲亚岛的另一写法Monfiyeh的译音③。但Monfiyeh只能对上"门肥亦"。而且门肥赤既和慢八撒在同一纬度上，不能差到3°以上，只有索马里海岸夏季风速特大，属于例外。所以门肥赤不能是马菲亚岛，只能是在蒙巴萨以南的蒂维西南附近的古镇符贝奇（Vumba Kuu）④。其遗址在曼哈梅雷勒（Mehamalale，Msemelale），处在坦桑尼亚和肯尼亚边界，属一支地方势力所有。该城在17世纪初抗击印度达波尔人（瓦达波尔）移民的历史上曾叱咤风云。

第二排地名起自哈甫泥。哈甫泥，阿布·菲达写作Khafuni，伊本·赛德写作Hafuni，今译哈丰角（Ras Hafun），是瓜达富伊角以南突出在海中的地岬。

木儿立哈必儿，《航海图集》认作贝拉港，以"木儿立"译Bandar（港），不如对译Barr el-Beyla.

剌思那呵，《航海图集》考作阿苏阿德角。大约和伊德里西的恩·那吉（An-Najā）相当。

抹儿干别，《航海图集》考作梅雷格港。"别"的对音是Bandar，将"别"字放在语尾，纯粹出于中国式译法。

木骨都束，今译摩加迪沙，是东非北部最大海港。宝船队第三次下西洋已开通了从小葛兰（奎隆，Quilon）直航摩加迪沙的航线。

木鲁旺，《航海图集》以为Bur Gao，不如梅尔卡适当。梅尔卡亦是一处古港，元

---

① 克拉克（D. M. Clarke）描绘索马里东岸海流的文章，刊于《海船》（Seagoer）1956年第21卷第4期。

② 罗威：《东非史》（R. Reusch，History of East Africa），纽约1961年版，第128页。

③ 奇蒂克编：《东非和东方》（N. Chittick ed.，East Africa and the Orient），纽约1975年版，第112页。

④ 柯普兰列举中世纪东非自摩加迪沙到索法拉的15个移民点中有符贝奇。参见柯普兰：《东非及其入侵者》（R. Coupland，East Africa and It's Invaders），牛津1956年重印版，第25页。

代称马军山。

起苔儿，或当作起答儿、起吞儿，或以为是起若儿。李约瑟考订起答儿是Chyula山丘。《航海图集》以蒙巴萨以北的基托卡角（Ras Kitoka）相当，但对音不合。这里是前已论述的古港格迪（Gedi Kilimani），原图"起苔儿"与木刻图上"葛苔干"的"苔（答）"字写法不同，极可能是"起若儿"或"起芥儿"之讹，"起"译出了"格迪"（Gedi），[di][ki]重音，[di]被略去，"若儿"或"芥儿"都能对上[kili]。这里南距蒙巴萨84公里，为季风强风最南的一处海港，是马林迪的外港。这个港口在中国有多处记载，但向来未被识读。坎克曼在20世纪对遗址进行多次发掘，已发现了精美的清真寺和许多中国瓷器。14—15世纪正是格迪的黄金时代，青花瓷在至15世纪末的输入品中一直处于突出的地位。格迪瓷器的历史，在1529年遭到蒙巴萨远征队毁灭性的攻击后结束。这里在明朝和中国直接通使，官方档册中译称"奇剌泥"。"奇"即Gedi，"剌泥"对译Kilimani的首末两个音节。

者即剌哈则（贝）剌，《航海图集》以乞力马扎罗山相对，向达认作布腊瓦和朱巴河口间的Djogiri①。但"哈则剌"一词确有刊误，原名是"哈贝剌"。者即剌是阿拉伯文jazirat（岛屿）的音译。哈贝剌是历史上有名的甘巴罗岛，今称奔巴岛（Pemba）。曼苏地在10世纪曾亲历其地。雅库特写作Mkenbulu（Mekenebulu）。奔巴岛在东非沿海航行上是阿曼船南航的终点站，西部姆肯皮角（Ras Mkumbuu）突出在海中，成为西南季风期良好的避风港。坎克曼在这里发掘，见有礼拜寺，评作肯尼亚、坦噶尼喀和桑给巴尔岛三处第二个最壮丽的寺院（jami）。还有柱墓、住宅和13世纪以来伊斯兰黄釉彩陶。据雅库特，这里的苏丹是库法的阿拉伯人，有一批阿拉伯人移居此地。姆肯皮的商业到15世纪中叶告终。姆肯皮和桑给巴尔岛西北端的小岛通巴图（Tumbatu）的居民至今以设拉子人自诩，以为他们的祖辈是来自波斯湾的伊朗人。

葛答干，《航海图集》以奔巴岛对岸坦噶尼喀沿岸的贸易港坦噶（Tanga）相当。坦噶兴起较晚，可对"答干"而无"葛"音。密尔斯释作莫桑比克以北16公里康杜西湾中的奎塔哥尼亚岛（Quitangonia）②，失之偏远，不如以基林迪尼（Kilindini）适当。基林迪尼在蒙巴萨西南附近，是蒙巴萨的古址，又名图卡（Tuaka）。两名相合，于是有了"葛答干"。

---

① 向达：《郑和航海图》，中华书局1961年版，第12页。

② 李约瑟：《中国科学技术史》（J. Needham，Science and Civilisation in China），第4卷，剑桥1971年版，第498页。

在门肥赤之后，最后一个地名麻林地，阿拉伯语意思是"麻林国"（Bilād al-Mahā dila）。《明太宗实录》和《明史》称麻林国。早先曾被西方历史学界简单地认作马林迪的对音①，现在仍有人这样提出。可是难以解释的是，为什么马林迪在《航海图》上竟被排在慢八撒、门肥赤之南？是《航海图》的绘制者全不知道这些地方怎么排列吗？《航海图》上的麻林地前面有一个特殊的标志，被认为是东非所特有的柱墓（pillard tomb）。有人说这来自索马里阿高人的男根崇拜，恐不尽然。《航海图》将麻林地列在华盖星五指的地方，和蒙巴萨相距二指。一指距离约在1°30′到2°30′之间，多数学者研究后得出的数据是1°9′。但因帆船受海流和季风制约，这个数据只能是个参照系数。二指的距离在4°以上。蒙巴萨（4°4′S）以南的基尔瓦·基西瓦尼（8°56′S）正好在二指的航程以内。《航海图集》将麻林地释作基尔瓦·基西瓦尼，本无不妥。问题是此处的麻林地用一个标记列出，表示再往南便是麻林国的心腹地区，它的实际位置是用"在华盖星五指内去到"指明的，经航海天文学计算证明，与基尔瓦岛相当，并无大错。换句话说，在符贝奇以南的坦桑尼亚境域，不但在东非航行上处于一个新的海域，而且也进入了马赫迪里苏丹的政治和经济中心，进入了麻林国的直属领地。照伊本·白图泰的说法，蒙巴萨距斯瓦希里地区只有两天路程，当时斯瓦希里地区正是麻林国的直属领地，这就更加接近索法拉黄金、象牙和奴隶贸易的境域了。《航海图集》关于已龙溜的考订，改为塞舌尔群岛才妥。

东非沿海季风航行，可分四类地区。一是格迪以北，是强风区；二是格迪向南至桑给巴尔岛，是次级季风区；三是桑给巴尔岛向南至基尔瓦岛，是弱风区；四是德尔加杜角以南，属于无季风区。这就是为什么在15世纪进入这一海域的中国帆船通常以蒙巴萨、符贝奇和奔巴岛作为南航的往返港，而较少进入桑给巴尔岛以南海域的重要原因。因为来自印度和苏门答腊的远航船只到基尔瓦·基西瓦尼，不但路途遥远，而且受到季风的限制，只会延长航行周期，降低经济效益。

麻林地的柱墓为马赫迪里苏丹统治区所特有，象征着在肯尼亚、坦桑尼亚和莫桑比克由伊斯兰商业运作维系的经济和文化的机制，与苏丹的国运有着牢不可破的极其密切的关系。在肯尼亚沿海，墓地前常竖有四角或六角、八角形的刻有花纹的柱子，

---

① 此说从徐继畬《瀛环志略》开始，为劳费尔、戴闻达沿用。参见戴闻达：《中国对非洲的发现》（J. L. Duyvendak，China's Discovery of Africa），伦敦1949版，第26页，第31页。弗里曼-格伦维勒甚至认为，郑和船队在马林迪以南无访问记录，参见弗里曼-格伦维尔：《中世纪坦噶尼喀沿岸史》（G. S. P. Freeman-Grenville，The Madiaeval History of the Coast of Tanganyika），伦敦1962年版，第38页。向达在《郑和航海图》序言亦认为："把慢八撒放在麻林地上面，当然是错误的。"

上面镶嵌着中国制造的青花瓷盘。在曼布鲁伊，用陶碗作柱子的装饰，柱高常达5米。东非最早的柱墓属于13世纪，实物见于基卢普和奔巴岛的姆肯皮角，柱顶常用瓷瓶覆盖。早在15世纪就有用青花瓷装饰的柱墓，且多达20余处，传说是下西洋的中国船员所建，后来成为当地的习俗。在印度洋东岸，木质的柱墓可以在沙捞越见到。此习俗越洋而西，进入东非沿岸地区，若非受到横越印度洋的航路在一个时期中形成的热潮所推动，就难以解释它的由来了。

麻林地以北海域既已标明在《航海图》上，那么是不是还有其他的佐证可以提供中国帆船直航坦桑尼亚，甚至远到莫桑比克境内的港口呢？这是下面要讨论的又一问题。

四、《郑和航海图》中的坦桑尼亚和莫桑比克航程

《航海图》所能辨认的东非大陆岸线，到麻林地便遽然消失在图卷的底部。然而仔细辨认，图卷在苏门答腊岛的南部（实际方位为西部）确有一条岸线，似乎和麻林地岸线遥相呼应。在《航海图集》第65页上，起自苏门答腊北端的帽山（韦岛，Pulau We）、龙涎屿（龙多岛，Pulau Rondo）的航路向南转向虎尾礁西的无名岛屿，折入图卷下部。大陆岸线自无名岛东南与苏门答腊并行展开，直至《航海图集》第56页的凉伞屿才消失。在这条岸线与苏门答腊之间，既有航路，而且在航路以南靠近大陆岸线陆续分布着一些岛屿，这些岛屿自虎尾礁向右一直伸向凉伞屿、南傅山，直到相当于苏门答腊中部甘巴港南岸的白沙。

大陆岸线自虎尾礁西无名岛开始，向东延伸，中经标为石城山的岛屿，逐渐消失在图卷下部。凉伞屿以下直到白沙为止的岛屿，其南部是否尚有岸线，至少在图卷上是看不到的。这是第一个问题。

虎尾礁、石城山、凉伞屿、南傅山、沉礁、金屿、双屿、九屿、沙糖礁、白沙，一共10处地名，在《航海图集》中都被当作苏门答腊岛西岸沿海诸岛加以排比，也与苏门答腊岛西岸航线的实际有所不符。苏岛西岸常年汹涌变幻莫测的拍岸浪，高达6米，可以延伸到1000米以外的海面，直到18世纪尚被航海者视为危途[①]。照《航海图集》的解释，航路是在这些岛屿的东侧通过的，离岸极近，这是十分令人费解的。据《航海图》，这条航路到虎尾屿以北既可转向帽山方向，也可转入相反的航向，即通过

---

① 马斯登：《苏门答腊历史》（D. W. Marsden，The History of Sumatra），伦敦1783年版，第28-29页。

虎尾礁左的无名岛折入岸线。因此可以推想，这些大小岛屿都应该在靠近大陆岸线的一边，而不是在离苏门答腊极近的沿海。从虎尾礁西的无名岛起到石城山为止，在图上尤其与大陆岸线相近。这是第二个问题。

如果认定这些岛屿确是苏门答腊西岸的岛屿，那么一定会有针路的指引。而现在图上却只有航路，不见针路，这是第三个问题。因此可以断定，这些岛屿的实际方位与目前的考释不相符合，应该另行解释。

起自巽他海峡，经一系列岛屿从虎尾屿折向大陆岸线的航路，清楚地表述了宋元以来通向非洲东岸的南海大食、南海回回、热南回回的航路，而且是现在能看到的中国古航海图上描绘这条印度洋南部航路的唯一的一次。《航海图》上哈甫泥到麻林地的图幅，表示的是非洲季风航行中的一二类地区，即强风和次级季风区；《航海图》上虎尾礁到金屿的图幅，表示的是非洲季风航行中的三四类地区，即弱风和无季风区。

《航海图》上靠近南印度洋岸线的第一个岛屿名虎尾礁。当年下西洋队伍中有许多江浙人，照江浙方言念虎尾礁是"虎尼礁"，"虎尼"即斯瓦希里语中翁古贾岛（Unguja）的"古贾"，"翁"这个开口音是喉音，被省略。雅库特称作兰古贾（Languja）。"礁"是阿拉伯语的"岛"（jazirat）的音译，按汉语习惯，放在词尾。虎尾礁即桑给巴尔岛。该岛左边一个无名岛，是通巴图岛。航路从通巴图岛北转，可以衔接肯尼亚境内的门肥赤。虎尾屿东北的无名小岛是莱瑟姆岛（Latham），在达累斯萨拉姆东南。其右边注"有人家"的小岛，是夸莱岛（Kwale），也是个古移民点。夸莱岛右边山形岛，是马菲亚岛，为坦桑尼亚沿海三大岛之一（另外两个即奔巴岛、桑给巴尔岛）。岛西部有著名港口基西马尼·美菲亚（Kissimani Mafia）。

马菲亚岛以后有一段岸线，附近没有岛屿。直到注"有人家"的地方，其右边是一个大岛石城山。石城山是基尔瓦·基西瓦尼，"有人家"的小岛相当于松戈松戈岛（Songo Songo）。基尔瓦·基西瓦尼为隔断大陆异族的侵入开凿河道，切断陆路，基尔瓦才成为一个岛屿。岛上有农田，宫室、城堡都在岛的北部。奇蒂克在这里发掘了星期五清真寺和胡苏尼宫，以及后面的仓库，都是14世纪前后的建筑。这里是设拉子皇室的首都。巨大的仓库标志着那时基尔瓦已成功地从摩加迪沙手中夺取了索法拉黄金、象牙、奴隶贸易，海外贸易路线也逐渐转向东非南部沿海。《航海图》上的岸线顺着石城山转向右方，消失在图卷的底部。

此后的岛屿首先是凉伞屿，这里应是坦桑尼亚沿海的米金达尼湾和纳通达角（Ras Natunda）。纳通达角呈"丁"字形伸向海中，它的北面是米金达尼湾的南岸，有海港姆特瓦拉（Mtwara）。纳通达角右边的大岛南傅山，可与德尔加杜角（Ras Delgado）相当，其北面鲁伍马河口有纳穆伊兰加（Namuyilanga）。南傅山右边的小岛沉礁，是莫桑比克沿海的马特莫岛或其稍南的伊博岛，伊博岛在基桑尼东边的海中。

沉礁右边是一个大岛金屿，只有莫桑比克岛可当。莫桑比克岛是15世纪莫桑比克北部最主要的一个港口。在瓦斯伽·达·伽马（Vasco da Gama）的阿拉伯领航员马季德（Ahmad ibn Madjid）的三份《航海志》（即《索法拉颂》）中写作 Musanbidji，斯瓦希里语写作 Musambiki。按照《伊斯兰百科全书》解释，莫桑比克岛最早的名字是 Bilād al Sufāla，即"索法拉国"或"索法拉地"①。此地在南纬15°4′，就是"金屿"得名的由来，因为几个世纪以来人所共知的黄金国正是索法拉国。但索法拉国并非只限于莫桑比克岛。说得确切一些，是莫桑比克岛"早先曾被当作索法拉国的所在"。而在14世纪时，中国人还把莫桑比克岛当作索法拉国，根据是周致中在《异域志》卷上把这里叫作三佛驮，三佛驮译自阿拉伯语的黄金国（Sufālat adh-Dhahab），"三佛"译出了黄金国"索法拉"，"驮"是黄金（Dhahab），三佛驮即"黄金国索法拉"。《异域志》描述三佛驮国形势险峻，到那里去要经过一处叫"大铁围山"的海岛。海岛屹立海中，像陡峭的山，海流到此"环流千里"。那地方已在德尔加杜角以南，就是大科摩罗岛上海拔2560米的活火山卡尔塔拉（Kartala）山。要到那里，只有一条孔道可以出入。据说从海的南面也无法进去，也就是指绕过马达加斯加岛再逆流而上。可是由于海流冲击，或船只到达时适逢无风时节，因此只有按当地导航指示才能进入这个要塞地区。入境后便可见到许多"良田珍宝"了。这个莫桑比克港是索法拉黄金国北部阿拉伯人建成的海港，受到基尔瓦苏丹的控制。

对阿拉伯人来说，莫桑比克岛在14世纪以前就被当作索法拉国的一部分了。到过基尔瓦岛的伊本·白图泰曾记下当地商人告诉他的索法拉路程，说是离基尔瓦岛还有一个半月的路程。一个半月的陆路至少在1000公里以上，那就不是莫桑比克岛了。莫桑比克岛差不多刚好处在基尔瓦到索法拉港的半程。可见索法拉港作为赞比西河以南布齐河口的一个黄金、象牙输出港（位于南纬20°12′）应该早在13世纪时便已崭露头角了。

莫桑比克岛和索法拉港构成了莫桑比克境内一北一南两大贸易港，为13世纪起建立的莫诺莫托帕国（Múanomutapah）的对外窗口。金屿应该是因黄金贸易而得名的，

---

① 博斯沃斯编：《伊斯兰百科全书》（C. E. Bosworth ed., The Encyclopedia of Islam），莱顿1990年版，第7卷，第245页。

是个中国名词，不见于阿拉伯文献。阿拉伯文中的索法拉国又称黄金国（Ard at-Tibr, Ard adh-Dhahab），本来范围极广，由于沿海贸易线随着腹地贸易的深入而不断向南推移，逐渐由坦桑尼亚向莫桑比克本部拓展。到郑和时代，比剌和孙剌因此也成了中国帆船所到非洲东岸最远的两处海港，而见于《航海图》的，只有这个以"金屿"译出的比剌。比剌的对音是Bidji，Biki，是莫桑比克岛的省译，后来葡萄牙语、法语、英语中的莫桑比克都由此而出。《航海图》上的麻林地因此不会是李约瑟曾经拟议的这个莫桑比克港。"金屿"不可能是苏门答腊岛西岸附近的岛屿，也是十分清楚的。古代苏门答腊虽有"金洲"之称，但从未见到称作"金屿"的岛屿。《航海图》上另有一处"金屿"，在翠兰屿（尼科巴岛）的北面，是楠考里岛。

《明史·外国列传七》记述："又有国曰比剌，曰孙剌。郑和亦尝赍敕往赐。以去中华绝远，二国贡使竟不至。"肯定了这两个国家虽然绝远，但宝船确实到达过。据谈迁《国榷》卷十五，宝船队到比剌和孙剌这两个远国的时间是1412—1413年间："太监郑和赍敕往赐满剌加、爪哇、占城、苏门答剌、阿鲁、柯枝、古里、喃渤利、彭亨、急兰丹、加异勒、忽鲁谟斯、比剌、溜山、孙剌诸国。"比剌、孙剌和溜山在一条航线上，所以谈迁将他们归到一起，列在最后，属于南印度洋最边远的国家。郑和第四次下西洋的命令于永乐十年（1412年）十一月就下达了，但实际起航时间是永乐十一年十二月至十三年七月之间。《国榷》的这项记录出自《明太宗实录》卷一三四，证实宝船第一次到达摩加迪沙等索马里港口的时间是第三次下西洋期间[1]。不久，第四次船队中便有直赴基尔瓦以南的比剌和孙剌之举。基尔瓦及其以南地区之列入宝船营运圈，正是从1413年开始的。

比剌（ki）因被讹作"比剌（ra）"，一直难以对号入座，情况和《明史》中的"奇剌（ki）泥"容易被当作"奇剌（ra）泥"一样。最新的一种解释，以为这个词的对音是Bilād，只是阿拉伯语"索法拉国"这个词汇中一个平常之极的"国"字[2]。可是中国帆船曾经到过那么远的非洲，难道不知道以一个早已成为历史的代名词"国"字来指称一个海港或国家，而且这个"国"还只能是索法拉国，而不能是同一地区的巴巴拉国、桑给国或麻林国？这是一种很容易引起疑窦的说法。其实，这个Bilād在《航海图》上正是译作"地"的，早见于"麻林地"一名中了。至少从元代到明代，以

---

① 沈福伟：《郑和宝船队的东非航程》，原载于《郑和下西洋论文集》第一集，人民交通出版社1985年版，第454-459页。

② 金国平、吴志良：《郑和航海的终极点——比剌及孙剌考》，载于《澳门研究》2002年。

"国"作单独的地名译出,迄今还未见到有类似的通例可以举证。莫桑比克岛有"索法拉国"之称,不是郑和时代的现实。郑和时代的中国人既到过莫桑比克岛,又到了索法拉港,他们把这两个国家或海港作为重要的出访对象,千里迢迢前来贸易,并且至少有两次希望与之建交,互派使节,然而事与愿违,"以去中华绝远,两国贡使竟不至"。如将"比剌"看作"比剌"之讹,则无论是以江浙方言还是以闽粤方言释读,以"莫桑比克"中的"比克"为"比剌(ki)"的对音,实在无懈可击,而且并非硬要去改字,只是"勘讹"或"正读"而已。古籍中的这种讹刊,可以《名山藏·王享记三》为例,书中将外国地名一律用"剌"(ki)字印出。而《大明会典》卷一〇五则将外国地名一律用"剌"(ra)字印出。尤为甚者,这样一来,也不必去为"孙剌"这个更远的国家设计一个在索法拉国以南的Sūlan来对号了,因为这个Sūlan直到15世纪末马季德的报告中也还只是一处浅滩。郑和的宝船若非要到厄加勒斯角去探险,又何必避开索法拉港而到一处"有名的浅滩"去靠岸呢?《剑桥非洲史》(The Cambridge History of Africa)中的地图,在16世纪以前的莫桑比克境内就标列了莫桑比克港和索法拉港,这两处也正是郑和时代的比剌(Biki,Bique)和孙剌(Sufala)。

《航海图》从凉伞屿到金屿,应该可以看到一条表示非洲大陆的岸线,但目前可以见到的《航海图》却将岸线淹没在凉伞屿的南边,此后就不再有岸线出现了。这一点可能是识读这张举世绝无仅有的航海图至为关键的地方,然而在图面上此线已被截去,于是从凉伞屿到白沙都变成了远离大陆岸线的印度洋岛屿。其实这正是原图刊刻上一处被忽视而又十分重要的地方。

《航海图》从金屿以下的双屿、九屿、沙糖礁到白沙,展示的是一条从莫桑比克海峡北端通过科摩罗群岛、阿尔达布拉群岛、阿加莱加群岛经查戈斯群岛抵达巽他海峡的航路。这是在16世纪大航海时代以前印度洋南部航路在地图上的唯一记录。

双屿,指科摩罗群岛中的大科摩罗岛(Grande Comore)和它南面的莫埃利岛(Moheli)。《航海图》上北面一岛(印有"屿"字的岛)是大科摩罗岛,图上南面一岛(印有"双"字的岛)是莫埃利岛。两岛南北相对,处于莫桑比克岛正东航路上。"双屿"之名由此而起。大科摩罗岛南部有活火山卡尔塔拉山,海拔2560米,为群岛最高峰。

九屿,是科摩罗群岛以东的印度洋中位于南纬9°~10°、东经46°~51°间的许多岛礁的总称。自西而东为阿尔达布拉群岛、阿桑普申岛、科斯莫莱多群岛、阿斯托夫岛、普罗维登斯群岛、塞尔夫岛和它南边的法夸尔群岛,今属塞舌尔。为塞舌尔阿米兰特群岛西南诸岛的合称。这些岛礁半数为珊瑚礁。九屿是中国海员对其中主要岛屿的称谓。弗拉·毛罗地图中的绿色群岛可与九屿的位置相当。

沙糖礁，是法夸尔群岛以东属于阿加莱加群岛的一些岛礁，处于中印度洋海岭北端。

白沙，为阿加莱加群岛东北的查戈斯群岛，北连溜山洋，在马尔代夫正南400公里，处于南纬 5°~8°，东经 71°~73° 之间，由迪戈加西亚等 5 个环礁岛屿和一些小岛组成。居民多黑人。其东为中印度洋海盆。此地与巽他海峡纬度相同，相当于从基尔瓦东航巽他海峡的中途，往东为东印度洋海岭所在的一片汪洋。手抄本《针位编》中记："永乐十九年奉圣旨，三宝信官杨敏，字佛鼎，泊郑和、李恺等三人，往榜葛据（剌）等番邦，周游三十六国公干。至永乐二十三年，经乌龟洋中，忽暴风浪。"永乐二十三年即洪熙元年（1425年）。出使的时间是永乐十九年，正好是郑和第六次率领下西洋船队出航期间。这一次郑和宝船自1421年农历二月起航，1422年农历八月返航。杨敏率领一支船队到孟加拉（榜葛剌）执行任务，但归航时间已晚到1425年。由于孟加拉和基尔瓦之间长期有着海上贸易关系，推测杨敏的船队在抵达孟加拉之后，也执行着在西印度洋海域的官方任务，至少到过基尔瓦。返航时进入查戈斯群岛洋面（即乌龟洋）时，遭逢赤道逆流的袭击。而对于这支船队来说，此时距离巽他海峡的揽邦港尚远，至少还有一半的路程。同样，在郑和第六次下西洋期间，据《明太宗实录》卷二六三永乐二十一年九月条，周鼎掌管的一支开赴孟加拉的分遣队也是在郑和宝船队返航一年后的1423年农历九月才回到太仓刘家港的。这些船队如果前往东非，必然以斯里兰卡为中转的枢纽。

《航海图》上"白沙"的画法与其他各岛不同，不是画作石山的岩岛，而是用细密的黑点表示的环礁，这和查戈斯群岛全由珊瑚礁构成完全符合。而且在这些细密的黑点中有五个特大的黑点，正好显示了迪戈加西亚岛等5个环礁岛屿。这对于确定白沙之为查戈斯群岛实在是极为难得的注记。《航海图》上从白沙到揽邦港的航路经过之处是一段空白，并无岛屿标列，同样符合巽他海峡直到查戈斯群岛的印度洋海域是一片汪洋的事实。这一段航距略长于从凉伞屿到白沙沿途岛屿绵延的海域，《航海图》正确反映了这种比例关系，显示出绘图者具备的缩尺比例的理念。这在图轴的绘制上确是十分难能可贵的。

当西南季风席卷印度洋北部时，在南纬20°以北常年由东向西的南赤道流在赤道以南直接转成东南贸易风①，查戈斯群岛正当贸易风形成区，从东非返航的船只因此多选这条航路向苏门答腊东航。杨敏于1425年在乌龟洋遭遇的风暴可以断定发生在农历八、九月间自东非返航途经查戈斯群岛时。这时刮起西南季风，赤道流越过赤道，沿东非海岸南下的赤道逆流因此消失，东非海流从南纬10°直向北流，到达莫桑比克岛和基尔瓦的帆船可以顺风破浪迅速东返。

从杨敏在郑和第六次下西洋时经孟加拉直航基尔瓦等东非南部港口的周期可以见到，一次出航，从1422年起算，到1425年为止，要拖上四个年头。这与每次下西洋船队从刘家港到科泽科特，连同返航时间在两年以内相比，要延长一倍时间。因此周转在孟加拉、基尔瓦与刘家港之间的船队，可以说是下西洋船队中航程最长的一支，其周航的范围囊括了印度洋东西两岸间的广大海域。为了有效地节制各支航程不同的船队，宝船每次出航都要有不止一两名的正使太监，以便分头统率各支船队，在季风航行季节以最快的速度分赴各自的目的港，分别将印度洋上各不相同的区域贸易纳入每支船队各自的航程之中。马欢以通译身份参与了第四次下西洋。据《明太宗实录》和《国榷》，这一次也是宝船首次通航比剌（Biki）、孙剌的那次。另据福建藏书家徐（火勃）（1570—1642年）《续笔精》抄本题马欢《瀛涯纪行诗序》中所记，第四次下西洋动用了宝船63艘，士兵26800名，官员868员，正使太监7员，总计27675员名②。这次由7名正使太监主持的使团，至少可以分成6~7支船队，分头前往各国。郑和统率的第四次下西洋船队在1415年农历七月刚刚返国，十一月便有"麻林与诸蕃使者以麟及天马、神鹿诸物进，帝御奉天门受之"（《明史·外国列传七》）。麻林国使团当然是随宝船到中国的。次年，麻林和摩加迪沙、布腊瓦、阿丹等国的使节又到南京。第五次下西洋（1417年农历十二月—1419年农历七月）是郑和奉命伴送科泽科特、摩加迪沙、基尔瓦使团回国之举，宝船这次又去了基尔瓦，并深入到莫桑比克海峡。第六次下西洋（1421年农历二月—1422年农历八月）也有船去摩加迪沙。杨敏统率的孟加拉船队也加入了莫桑比克海峡的探险，甚至远抵非洲南端的厄加勒斯角。

五、谁最先发现好望角？

公元1497年6月8日，瓦斯伽·达·伽马率领一支由四艘船组成的舰队，从葡萄牙

---

① 斯维尔德鲁普等：《海洋》（H. U. Sverdrup etc., The Oceans），纽约1942年版，第695–696页。

② 徐恭生：《郑和宝船尺度32字解读》，载于《海交史研究》2004年第1期。

的德古斯河口启程，在圣诞节前夕绕过南非好望角，找到了通往印度的航路，被称作开辟了通向东方的新航路。这条在好望角以东的航路本来早已有中国，也许还有其他东方国家的船只通航过。所以达·伽马在马林迪依靠一位阿拉伯人艾哈默德·伊本·马季德领航，才顺利越过印度洋，在 1498 年 5 月 20 日抵达印度的卡利卡特。而前一段大西洋航行，则是借鉴了葡萄牙早先一名航海家巴托洛梅·迪亚士（Bartolomeu Dias）的航海经验。

照葡萄牙人说法，第一次发现好望角的是巴托洛梅·迪亚士。虽然大家知道，希罗多德提到过公元前 600 年，埃及法老尼科二世（Necho II，约前 609 年—前 593 年在位）派腓尼基人驾船环航非洲，这些腓尼基人在三年后从直布罗陀海峡回到了埃及，然而探险的实况却始终无人能够知晓。葡萄牙国王约翰二世（João II，1481—1495 年在位）为了打开通往印度的海路，在 1486 年决定派迪亚士率领一支舰队前往探测。当时的葡萄牙人在亨利亲王（Henry the Navigator）及其后继者组织下，不断沿非洲海岸南下，到了南纬 22°纳米比亚的克罗斯角。再往南去，要多久才能绕过非洲的南端，却仍是个未知数。

迪亚士在组织舰队的过程中十分重视使用罗盘导航。他筹集到三艘 50 吨的船以后，于 1487 年 8 月奉命从里斯本启程，开始了他十分艰巨的航行。这一次船队将在未知底细的海洋中航行，成败还不得而知。四个月以后，他们向南驶过了南回归线，甚至望到了荒凉的海岸越来越向东南延伸出去。1488 年 1 月 6 日，迪亚士遇到了大西洋上寒冷和多风暴的天气，船队被汹涌的海浪冲离海岸，一直向南冲去，滔天巨浪几乎将船队吞没。暴风雨一连持续了 13 个昼夜。风暴止息后，船队继续向东，然而找不到岸线。迪亚士估计已经航过非洲的南端，于是改变航向，向北驶去。几天后，他们望见了远处的高山，便朝着高山驶去。2 月 3 日，他们发现海岸线已呈东西走向。到 2 月 6 日，迪亚士的船队进入一个开阔的海湾。他们才恍然大悟，知道船队已经冲过了非洲的最南端，从西海岸到了东南海岸，抵达现在伊丽莎白港附近的阿尔戈阿湾。此后船队继续向东航行，到了一条大河的河口。迪亚士在那里立下了一块石标，作为葡萄牙在发现的土地上享有优先占领权利的标记，并将这条位于南纬 32°60′的河流起名英方提河，就是现在的大鱼河。经过半年的海上航行，海员们已经筋疲力尽。他们认为往前行驶风险可能更大，觉得这次航行的预定目标既已达到，就应该返航了。

迪亚士于是只得下令掉转航向，沿着海岸一路向西开航。5 月的一天，船队到达南非西南端，发现了现在叫好望角的险峻的岬角。好望角是南非西南端一个长 4.8 公里的岩石岬角，这里的崖岸向南伸向大海，礁石密布，风大浪险，不时有暴雨来袭。迪亚士船队的海员因此称这里是风暴角。但当年与迪亚士返航时在普林西比岛邂逅的航海家帕西库·彼莱拉却说，迪亚士本人在经历了几个月海上漂泊后，终于踏上胜利的归途，大有苦尽甘来、祸去福临的感慨，因此将这个风暴时生的岬角命名为好望角，以示对前程充满美好的希望。诚然，好望角确是世界上最险恶的海域之一，几百年来并未有所变化。有人统计，从1647年到1821年，在这里有61艘帆船沉没。好望角代表了欧洲统治者当年对通航印度的追求，同时又反映了多数航行者祈望沟通大西洋与印度洋安全航行的愿望。

在迪亚士到达好望角后三百年，英国在1792年派爱尔兰人乔治·马戛尔尼为大使，率领一支由三艘船组成的船队出访中国。船队在经过好望角时并没有驶进好望角90海里以内的海域，因为在好望角东西两边3°以内，海流向西倾注，力量很强。为了避开附近的沙洲和几个小岛，船队向南沿南纬40°的方向开。在驶近圣保罗岛200海里的地方，船队才重新回到南纬38°40′的航线上航行。1793年2月1日，船队望见了圣保罗岛和阿姆斯特丹岛。船队在这段航程上只在马达加斯加东部遭到一次巨大的风浪。这股风最初是东北风，随后转为西南风，风向随时变化，翻江倒海，使后甲板和船舷降到水面下，桅杆与海面斜成50°的倾角。在这段海路上还遇到了一次不明原因的西南向的巨浪。据用小船测量，一天有32公里的北距纬度差，当时海流以每小时1.6公里的速度倾向正南。这次航行使英国人明白，使人愉快的季节在这里是12月，而不是5月，同英国的情况正相反。在这里是寒冷季节时，北方正是温暖的时候。

好望角不是大西洋和印度洋两大海洋的分界处。好望角的南端已达南纬34°22′，然而两个大洋的分界处还在好望角以东200多公里的厄加勒斯角。但好望角确是两股海流的汇合处，一股来自非洲东部印度洋低纬度地带的莫桑比克—厄加勒斯暖流，另一股是从南极地区涌向大西洋东岸西非地区的本格拉寒流。两股海流正好在好望角附近汇合，因此这里寒暖无常。暖流形成湿润多雨的气候，寒流带来阴冷干燥的天气。在好望角以东，水温要比好望角以西高4℃。好望角不时会受到西北风或西南风的侵扰，寒暖变化无常。

且不说上古时代的腓尼基人，难道真的是迪亚士和他的葡萄牙同伴才第一次到过这个好望角附近的水域？

在郑和时代，下西洋的宝船在1414年已经闯过桑给巴尔海区，沿着非洲大陆继续南航，越过德尔加杜角，进入莫桑比克岛和赞比西河以南南纬20°的索法拉港。而且在

1415年绘制的《郑和航海图》上确已绘出了从桑给巴尔岛直至莫桑比克岛的东非沿海岛屿与地名，有一条岸线表示这些地名都在东非沿海。莫桑比克岛因输出黄金著称，所以航海图上标明叫"金屿"。航海图上标明的航线从金屿直指巽他海峡，这是葡萄牙人绕过好望角以前中国远洋帆船横越印度洋时早已航行过的路线。我们在对航海图上这一部分的非洲地名解读后，对宝船环航印度洋便一清二楚了。他们航行的区域，是他们的前辈未曾到过的未知之地。

中国帆船在15世纪初是如何完成这一使命的呢？他们最远是否航过了比索法拉港还要遥远的海区呢？答案必须要从1459年弗拉·毛罗（Fra Mauro）在威尼斯绘制的地图上来寻找。威尼斯图书馆收藏的1459年地图的副本，曾被收进玉素甫·卡米勒编集的《非洲和埃及地图集》第4卷第4册中，地图在非洲南端附近绘上了与西方式样不同的帆船，还有两处注记，有文字说明，其中之一在迪布角旁（即在马达加斯加岛北端旁）："约在1420年，来自印度的一艘中国帆船（Junco）横越印度洋，通过男、女岛，绕过迪布角，取道绿色群岛和黑水洋，向西和西南方向连续航行40天，但见水天一色，别无他物。据随员估算，约行2000海里。此后情况不妙，该船便在70天后回转迪布角。海员们曾登岸求食，见大鹏卵，一如鼓腹的双耳罐。此鸟之大，展翅可达60步（pace，1步合76厘米），能随意衔象和一切巨兽，对当地居民极为有害，且飞翔尤速。"在弗拉·毛罗绘制的地图上，男岛（Mangla）和女岛（Nebila）在桑给巴尔岛以南，附近有一大岛叫马哈尔（Mahal），画在男、女岛以北，恰好是马尔代夫群岛中的马累岛，《郑和航海图》中叫官屿溜，是溜山（马尔代夫）洋中的大岛。航船通过的绿色群岛在桑给巴尔以南的塞舌尔群岛、科斯莫莱多群岛和阿尔达布拉群岛一线。迪布角在马达加斯加岛北部。过去都相信非洲的南端向东弯曲伸展，可以接连苏门答腊岛。绕过迪布角西南航行，却可发现莫桑比克海峡，那里常年有向南的强劲海流直抵厄加勒斯角。这艘Junco返航时，海员也曾在马达加斯加上岸休整。黑水洋或称黑暗海，指莫桑比克海峡南部，特别是南回归线以南厄加勒斯暖流通过的洋区。从马尔代夫南航的船只一直是顺风航行。此后一段时间，即航船在进入厄加勒斯角海区时，受到来自大西洋和南极的寒流干扰，情况就起了变化。又航行了30天，他们止于风暴角，由于寒流的袭击掉头返航，回转到迪布角。这样推算航程，在70天中总共向南航行了3000海里以上，已经进到好望角。前段40天航行，估算2000海里，平均日航数不过50海里。这段东非沿海航行可细分成两段，前段自溜山洋到莫桑比克海峡北部，日航数可高达60~70海里；后段自莫桑比克海峡南部南纬20°到南纬32°左右，因无季风，南航船只依靠暖流推动，日航数约为25~30海里，行程600海里要花费20天。当船只驶过大鱼河口，进入阿尔戈阿湾以西海域后，受到本格拉寒流的影响，情况便开始不妙，此后30天航行估计只行驶600海里。但即使这样，也足以进入并越过好望角海域了。再往西去，情况更糟，于是掉头返航。"水天一色，别无他物"，正是好望角海域的景观。那么最早发现好望角、进入好望角海域的不正是这艘中国帆船吗？

毛罗地图上的另一处注记提出在索法拉角和绿色群岛的外海，也就是在马达加斯加岛以东的海域，也有中国帆船先是西南向航行，然后向西越过厄加勒斯角，同样对大西洋进行了探索，往返航程达4000海里。这一定是在上一次探索之后的又一次更加大胆的环航印度洋、试图进入大西洋的壮举。这次壮举的执行者很可能就是在《针位编》中记录的由杨敏率领的直到1425年在乌龟洋（查戈斯群岛附近海域）遭到赤道风暴袭击的中国船队。李约瑟将这次航行标在马达加斯加岛以东的海域，先西南再向西[①]。估计已越过厄加勒斯角，到达好望角。两次航行都绕过马达加斯加东西两岸。

非洲东部海域十分宽广，面向整个印度洋，大部分地区处在赤道以南。来自印度洋东部的中国帆船可以从不同的地点起航，开赴非洲，从事三角贸易或远洋贸易，用中国的丝绸、瓷器、花银、铁器和从中途运去的大米、香料、布匹换取当地出产的乳香、没药、龙涎香、紫檀木、铜、胆矾、钴料、象牙、犀角等物品，以及最有名的索法拉黄金。《航海图》展示的非洲航程大致有六种走法：

一、小葛兰—摩加迪沙（或布腊瓦）—葛答干（基林迪尼）—小葛兰；

二、锡兰山—摩加迪沙（或布腊瓦）—葛答干（基林迪尼）—锡兰山；

三、帽山—葛答干—基尔瓦—帽山；

四、帽山—符贝奇（或蒙巴萨）—基尔瓦—莫桑比克岛—科摩罗群岛—查戈斯群岛—巽他（揽邦）；

五、帽山—符贝奇（或蒙巴萨）—哈丰角—马累岛—帽山；

六、巽他（揽邦）—查戈斯群岛—科摩罗群岛—莫桑比克岛—基尔瓦—符贝奇—帽山（或基尔瓦—桑给巴尔岛—帽山）。

郑和宝船队进行的非洲航程，若从本国的海运基地刘家港计程，最远到达莫桑比克港和索法拉角，已有12000海里，相当于1498年瓦斯伽·达·伽马从直布罗陀直航印度卡利卡特的航程，可是时间早了70多年！

---

① 李约瑟：《中国科学技术史》（J. Needham, Science and Civilisation in China），剑桥1971年版，第4卷，第3分册，第560页后图989。

达·伽马的印度航行，对他和他同时代的许多西方航海家来说，不但要在大西洋中闯过许多未知的海域，就是在非洲东海岸，也是同样全无知识和经验可言。直到1470年，葡萄牙人才刚刚弄清楚非洲西海岸到比夫拉湾，之后便向南继续伸展到十分遥远的地方，于是才有1487年迪亚士的奉命南航。在迪亚士尚未回转里斯本以前，葡萄牙国王约翰二世第二次派人走陆路到印度去搜集有关情报，这次派去了能说流利的阿拉伯语的科维尔汉和佩瓦。他们奉命弄清胡椒和肉桂的产地，以及摩尔人（指伊斯兰国家）运往威尼斯的其他各种香料，还有一项重要任务是要打听到是否能通过非洲的南端航行到印度，以及收集各种有关印度洋航行的资料。二人启程时随身带着罗德里戈和莫塞斯专门为他们绘制的地图。罗德里戈和莫塞斯发现印度洋地区的人多多少少已经知道有一条驶往葡萄牙西部海域（指大西洋）通道的材料，并告知了科维尔汉。这无疑就是弗拉·毛罗地图上那两条有关Junco航行的消息。阿拉伯人的远航船只通常不进入莫桑比克岛以南的地区，因为那里强劲的海流往往使他们那些较小的船只不能北返。科维尔汉和佩瓦在1487年5月离开里斯本，经亚历山大港到亚丁。分手后，佩瓦中途遇害，只有科维尔汉一人到了印度的卡利卡特和果阿，搭船到了索法拉港，然后到开罗给葡萄牙使者带回一份报告，声称"沿着几内亚湾继续南航的船只必定可以绕过非洲南端，当他们进入东边的海洋（莫桑比克海峡）后，必须打听索法拉和月亮岛（指马达加斯加岛）"。

现在我们知道，索法拉和月亮岛正是郑和时代中国帆船已经去过不止一次的地方。科维尔汉的报告再加上迪亚士的航行，坚定了葡萄牙国王派达·伽马东航。而作为这一行动先驱的，正是半个多世纪前的那些中国航海家。

以上的研究，明确了下面几个问题。

一、元代中国船最远经常到达的非洲港口是桑给巴尔岛，汪大渊译作麻那里。但是至少那时中国人已去过基尔瓦·基西瓦尼和莫桑比克岛了。

二、《航海图》绘制于1415年，即第四次下西洋结束的当年。其下限不晚于1420年。《航海图》上的"麻林地"确是指"马赫迪里苏丹国"，特指蒙巴萨、符贝奇以南的苏丹国腹心地区。因为当时图上已标明了从亚齐到金屿，再转往巽他海峡的航线，而金屿可以确证是莫桑比克岛。

三、宝船自第三次下西洋访问索马里各港，以后在第四、五次到过基尔瓦、莫桑比克岛和索法拉港。第六次宝船也到了基尔瓦以南的非洲海域。

四、第五次下西洋期间，宝船闯过非洲南端厄加勒斯角，进入大西洋。中国帆船最先进入了好望角海域，比迪亚士早60多年发现好望角。

五、郑和时代，中国的海外贸易已将非洲沿海提升到第四类地区，次于东南亚、马拉巴海岸和霍尔木兹海峡，其地位的重要性超过了阿拉伯地区，将阿拉伯船在非洲对华贸易中的中介地位减小到最低程度，在1453年土耳其人攻占君士坦丁堡以前构筑起一个具有中华特色的印度洋贸易网。

六、《航海图》展示的各条航路，确证中国帆船在15世纪上半叶已将环航印度洋的计划付诸实施。郑和及由他统率的一批中国航海家，分别从斯里兰卡、亚齐和巽他海峡三个不同方向，开辟了直通非洲东海岸所有重要海港的直达航路，将北起摩加迪沙、南至索法拉港的非洲海港列为中国帆船的贸易目的港，为中国帆船开创了空前广大的航海天地。而生活在大西洋滨的欧洲人，直到那时，对大西洋却并不具有多少知识。留下来供人谈论的，只有在公元前600年由埃及国王尼科派出腓尼基人从红海绕过非洲由直布罗陀返航的那一次。葡萄牙王子亨利从1415年占领休达起就盼望对非洲的西海岸一探虚实，可是直到1444年，葡萄牙制造的船只在越过博哈尔多角，进入毫无人烟和草木的撒哈拉海岸后便有去无回了。到亨利亲王去世的1460年，他派出的船队最远还只到达北纬9°的塞拉利昂。说世界历史上的大航海时代是由1415年中国宝船从索法拉港返航回到刘家港揭开序幕的，实在并不夸张。

元代海外贸易家汪大渊
周游非洲

元朝是个疆域空前广袤的帝国，它的出现使得世界地图发生了巨大的变化。由于版图辽阔，壁垒减少，加之海陆交通发达，中国和亚、非、欧三大洲许多国家的交往效率大为提高，使节、商人、传教士、学者和各种专门人才相互往来，络绎不绝。海上航路的畅通，使得那些运量巨大、航行安全、航速迅捷的中国帆船可以在很短的周期内走遍整个印度洋，中国的印度洋航业因此进入了一个前所未有的大发展时期。

元代海外贸易家汪大渊，字焕章，出生于江西南昌，在1328年到1339年间的十多年中，曾经两次从世界著名的国际贸易港泉州启航，遍游东南亚和印度洋各地。他的足迹东至菲律宾、马鲁古，西到埃及和摩洛哥，北抵巴士拉，南及坦桑尼亚的基尔瓦·基西瓦尼。他到过亚非两大洲的很多地方，不但向东一直进入了马鲁古海和班达海，而且熟悉整个印度洋，向西一直闯过红海，连地中海南岸的杜米亚特和丹吉尔港都一一亲历其境，直抵大西洋滨。丰富的航海经验，渊博的地理知识，热忱而又诚挚的商业活动，使他成为直到近代以前我国历史上行踪最广的伟大旅行家。

一、汪大渊两次出航的年代

汪大渊生活的时代，中国东南沿海居民正成批移居海外，积极投身于繁荣的印度洋国际贸易。元朝政府非常重视海外贸易，竭力推行官本贸易，以轻于平常一半以上的低息八厘，由斡脱总管府发放给从事对外贸易的海商，同时采用官办方式，由政府配备船只、资金，选拔人员出海经商，所得利润70%归公，贸易商则分得30%的好处。随着欧洲商业城市的兴起，地中海和印度洋之间的国际贸易，不论通过两河流域和波斯湾，还是取道埃及和红海，都呈现出欣欣向荣的局面。海外的经济繁荣吸引着居住在中国东南沿海的汉人和蒙古人。很多人驾舟出海，到印度次大陆和阿拉伯各国侨居。元朝政府公文对这些地方统称"忻都"和"回回"，"忻都"指印度次大陆，"回回"范围更广，包括波斯湾、阿拉伯半岛、东北非洲，以及穆斯林移民成批迁居的东非沿岸。元朝政府为了抑制私人商业资本和人口的外流，颁发过各种禁令，但仍难以阻挡蓬勃发展的印度洋航业。13世纪下半叶以后，中国帆船已在印度马拉巴以东的海域中跃居航运界的魁首。在印度洋西部海城，中国帆船也是阿拉伯和印度同行强有力的竞争者。

到了14世纪初，伊儿汗合尔班答（1304—1316年在位）执政期间，伊儿汗国和欧洲的商业关系急剧发展，熟悉中国和伊儿汗国国情的意大利商人操纵了两河流域的东西方贸易[①]。在埃及，拥有巨额资本的卡里米经纪商和金融家依靠沟通地中海和印度洋的中转贸易发家致富。他们的商业活动不但囊括了红海两岸和印度次大陆，而且势力一直伸展到印度尼西亚和中国沿海。他们中的一些富有者拥有的资金竟在100万第纳尔以上。在印度洋上的卡里米船只成百上千，代理商行遍各个重要城市和海港。欧洲商人云集埃及。继威尼斯和热那亚商人之后，在14世纪，佛罗伦萨、马赛和巴塞罗那的商人接踵而至，在亚历山大港不但建有专门的货栈，而且还有城邦政府派驻的领事，负责经管有关事宜。马木鲁克苏丹和这些欧洲城邦都订有商约，特意派遣军队加以保护[②]。1301年2月以后，马木鲁克和伊儿汗在叙利亚的军事冲突开始接近尾声，实际上双方都已无力进行。到了1323年，马木鲁克苏丹纳赛尔·穆罕默德（al-Nasir Muhammad，1294—1341年在位）正式和伊儿汗赛伊德（1317—1335年在位）签订和约，双

①　西纳尔：《蒙古人和西欧》，收于西纳尔：《中亚和中世纪欧洲的关系》（Denis Sinor, Inner Asia and Its Contacts with Medieval Europe），伦敦1977年版，第513-544页；又见塞顿主编：《十字军史》（K. M. Setton ed., A History of the Crusades），第8卷，麦迪逊1975年版。

②　罗兰·奥利弗主编：《剑桥非洲史》（Roland Oliver ed., The Cambridge History of Africa），第3卷，剑桥1977年版，第50-51页。

方一直遵守到赛伊德去世。长期的和平使印度洋和东西方贸易畅通，欣欣向荣。1322年，马木鲁克派希贾兹的使者到中国，《元史》译称押挤思。翌年，元朝便正式撤销海禁，从此对海外贸易采取开放政策，听任私商驾船自由出国贸易。这一系列外交活动都是马木鲁克和蒙古人统治下的伊朗与中国积极改善双方关系，为进一步畅通中西方商业往来所作的努力，并在一段时间内成为印度洋国际事务中卓有成效的行动准则。

汪大渊正是在这样一股浪潮的推动下决意投身航海事业，积极从事国际商业活动的一位具有远见的活动家。汪大渊也是这样的一个航海家，他既资助本国的远洋帆船远抵印度、波斯湾和东非各地，同时也借助于阿拉伯帆船考察了红海、地中海的国际贸易。他从事的航海事业和贸易活动大大超过了他的前辈。他的渊博知识和精细观察都在1349年初次刊刻的《岛夷志略》这部书中得到了再现。

汪大渊从20岁开始①两次出航的实况都在《岛夷志略》中得以记叙。汪大渊在后序中声明，书中所述"皆身所游览，耳目所亲见。传说之事，则不载焉"。全书按照所到的地方或国家分成100个条目。除最末一条"异闻类聚"仿照《事林广记》体例收集了一些笔记中对外国的传闻外，其余99条尽是亲身所历各个地方的专篇。汪大渊每经一地，除记载当地山川、土俗、风景之外，对航路、物产和贸易的货物甚至货流的方向也都十分注意。但两次出航，每次到过哪些地方，《岛夷志略》并未加以区分，因此航行的开端、间歇和终止的年代还是个值得研究的问题。

《岛夷志略》的写作前后有过两次。元至正九年（1349年），偰玉立任泉州路达鲁花赤，委托吴鉴编纂《清源续志》二十卷。该年冬季，汪大渊正好路过泉州，应吴鉴之请，写成《岛夷志》一书，附在《清源续志》之后，加以刊刻。时隔一年，1350年，汪大渊回到故乡西江（南昌），又在西江将这本书单独铸版刻印，后来所传各种抄本都出于西江刊本，书名也改成了《岛夷志略》。而在1349年农历十二月《岛夷志》书成之后，《清源续志》的主编吴鉴写了一篇序言，介绍汪大渊"附船以浮于海者数年"，"其目所及，皆为书以记之。较之五年旧志，大有径庭矣"。"五年旧志"指汪大渊第一次写作的《岛夷志》，这是了解汪大渊两次出航最后归期的关键。鄂卢梭、伯希和对"五年旧志"有过误解，以为费时五年整理成书，固然不对，认作汪大渊以前已有的书，也极费解。至于主张那是汪大渊第一次航海，因为往返费时五年，而称为五年旧志②，

---

① 1350年西江本张翥序，说汪大渊"当冠年，尝两附舶东西洋"。汪大渊首次出航在1328年，依此上推，当生于1309年。

② 苏继庼：《鸟夷志略校释》，中华书局1981年版，第7页。

也只是出于虚构。且不论第一次远航是否有五年之久。据自序，"大渊少年尝附舶以浮于海。所过之地，窃尝赋诗以记其山川、土俗、风景、物产之诡异，与夫可怪可愕可鄙可笑之事"，可见每次游历各地都写作诗稿以记叙是汪大渊的习惯，并非第一次远游所特有。1349年书成后的汪大渊追忆当年出航远游还是"少年"之时，现在已经过去一二十年了。"五年旧志"便是第二次返国时所作。五年只能是年代学上的某个五年，在1349年前的20年中，只有1345（至正五年）、1339（至元五年）可以相当。再往前推，则是1318（延祐五年），显得过于遥远。汪大渊既称远游是"少年"时的经历，每次出航又有整理记录的习惯，那么"五年旧志"该是1339年的旧作。那时一定是第二次远航返国刚刚结束，足迹已经遍及亚非各地，于是决定将笔记编辑成书，写成《岛夷志》一稿，推想该年夏季6、7月回到泉州，几个月后，《岛夷志》初稿便告完成。十年以后，又应吴鉴之请，将旧稿重新修订，内容更加精当，面目为之一新，于是前后相比，便"大有径庭"了。

汪大渊两次出航的时间不足十年，吴鉴在序中说他附舶浮海"数年"，然后归国。据《岛夷志略》揣测，两次费时约有九年，航行地区由近而远，起先游历南海、印度洋，再远抵红海、地中海和东非。第一次航行从1328年冬启航，到1332年夏返国，目标是周游南海和印度洋北部。占了《岛夷志略》大半篇幅的东南亚各地大致是他在第一次出航时游历所及。根据"大佛山"条，又知道至顺庚午（1330年）冬汪大渊曾在斯里兰卡西海岸大佛山停泊过。既然汪大渊向东最远去过苏禄群岛、马鲁古群岛，那么，要实现这样的航行周期，他必定早在1328年冬的东北季风期便从泉州南航了。元朝和伊儿汗一直保持着频繁的海上往来。忽必烈时，丞相孛罗从海路到达伊儿汗首都大不里士，后来杨枢在1307年又经海上前往霍尔木兹。汪大渊的首次航行也必定遵循传统的航程，最后到了波斯湾的霍尔木兹和巴士拉。巴士拉是他首次航行的终点港，由此返航，在1332年7月回到泉州。

汪大渊的第一次航行，以五年计算，可以推测航行日程如下：1328年冬季至1329年，他到了菲律宾的马尼拉（魔里青）、吕宋（麻逸）、明都洛（明多朗）、巴拉望（三岛）、苏禄，印度尼西亚的马鲁古（文老古）、班达（文诞）、帝汶（古里地闷），爪哇岛上的北加浪岸（爪哇）、井里汶（遐来勿）、杜板（打板）、戎牙路（重迦卢），文莱的万年港。1330年，他去过泰国的吞武里（罗斛）、洛坤（单马令）、北大年（龙牙犀角），马来西亚的彭亨（彭坑）、吉兰丹、丁家奴（丁家庐）、柔佛（罗卫），新加坡的龙牙门，苏门答腊的巨港（巨港）、占卑和亚齐，经过亚齐以西的朗多岛（龙涎屿），横渡南巫里洋（锡兰海），到达斯里兰卡的科伦坡（高浪阜），然后在1331年沿着马拉巴海岸北航，最后到了卡伊斯（甘埋里）和巴士拉（波斯离）。该年冬季便由巴士拉返航，在翌年夏回到泉州。

南海各地和直到波斯湾的印度洋航线都在中国帆船的运行范围以内，汪大渊可以顺利地依靠到处都可搭乘的中国船往返行驶，如期完成他的第一次航行。第一次航行的成功，使少年汪大渊得以精通印度洋国际贸易的基本业务，获得深海航行的丰富知识。并且通过亲身见闻，他了解到促使印度洋航业发展的两股新的动力，知道来自更为遥远的非洲：首先是埃及经济的繁荣，沟通了印度和西欧城市之间的商业往来，促使通过苏伊士湾的红海航路具备了胜过波斯湾的运输活力；其次是波斯湾政局的不稳，推动大批穆斯林商人和移民涌向蕴藏着黄金、象牙和铜块等具有硬通货价值的经济资源的东非沿岸。他们的最终目标是追求莫桑比克境内索法拉的黄金、大象牙和沿海地区的黑奴，因此发展了像摩加迪沙、马林迪、桑给巴尔岛、基尔瓦·基西瓦尼这样的对外贸易中心。这股浪潮也吸引着以汪大渊为代表的中国海外贸易商和航业界人士。因此，汪大渊的第二次印度洋航行便是以非洲之行为特色的一次远洋航行。

汪大渊的第二次航行所花的时间略长于上一次，总共费时六年。1332年他返国后，有一年多的时间稍事休整，接着在1334年冬又从泉州踏上征途，开始实现他规模更加宏大的周游非洲的计划。1334年冬到1335年夏，他一路到过越南中部（占城），经过新加坡，沿着缅甸海岸的土瓦（淡邈）北航孟加拉（朋加剌），顺科罗曼德海岸到了奎隆（小唄喃）。1335年冬，他继续西航，前往麦加朝圣，之后，便通过艾特伯港（阿思里）到了开罗（马鲁涧）和丹吉尔（挞吉那），记下了东北非和北非的四个城市和海港。1337年，在南下红海、前往东非的途中，又去过非洲之角的纳卡塔（哩伽塔），然后在冬季顺东北季风南去摩加迪沙和肯尼亚各地，最后在1338年春到达坦桑尼亚的基尔瓦·基西瓦尼（加将门里）。该年夏季便乘船北返，在1339年7月重返泉州。前后12年内两次出航，汪大渊的历程遍及旧大陆的南部。当时海上航行所能到达的地方，除了欧洲各国和日本外，他全都以亲身的航海实践考察和领受过了。

二、汪大渊所到的非洲国家

汪大渊一生的航海业绩所以大大超过他的前辈，就是因为他周游了非洲，到过非洲的许多地方，考察了作为印度洋国际贸易网中不可或缺的一个组成部分的非洲市场的商业关系，展望了中国和非洲（不论是在红海和地中海方面，还是在东非沿岸方面）

在现有基础上的贸易前景，并且预见到按照东非市场的客观需要，双方的关系将会出现一个新的高潮。这个高潮确实在15世纪上半叶得到了实现。

对《岛夷志略》中地名的考证，过去有沈曾植的《岛夷志略广证》（1912年）、藤田丰八的《岛夷志略校注》（1914年），并有柔克义的《14世纪中国与南洋群岛及印度洋沿岸的交往和贸易》[①]，伯希和新版《〈真腊风土记〉译注》[②]的比较研究，1981年又出版了苏继庼的《岛夷志略校释》，大大推动了对《岛夷志略》的研究。但一些非洲地名依然难以考定，常被当作印度或伊朗地名加以附会。汪大渊非洲之行的真相仍未大白于世。只知道他去过桑给巴尔（层摇罗），到了杜米亚特（特番里）[③]。

实际上，汪大渊在《岛夷志略》中列举的非洲地名广及地中海南岸、红海西岸、亚丁湾南岸以及东非沿海的许多国家，几乎包括了所能通航的所有非洲重要港口、沿海城镇和岛屿。他到过埃及、摩洛哥、苏丹，游历了索马里、肯尼亚和坦桑尼亚。汪大渊周游非洲，是他对伊斯兰世界国际贸易网所作考察的一个重要组成部分。为了达到这个目的，他不但乘着阿拉伯船游历了红海，而且深入地中海滨的北非。

比如，汪大渊将伊斯兰国家马木鲁克（Mamluk，1250—1517年）译作"马鲁涧"，列入世界大国的行列之中。他亲自到它的首都开罗，瞻仰这个国际都市的繁华景象。他称颂马木鲁克是个国境广达18000多里的大国，控制着地中海和红海各国，商业势力更遍及印度洋各地，以致汪大渊认为"西洋国悉臣属焉"。自从12世纪抗击欧洲基督教十字军的东侵以来，埃及便成了伊斯兰世界的中流砥柱。1171年，萨拉丁（Saladin Yusuf ibn Ayyub，1171—1193年在位）建立阿优布王朝（Ayyubid，1173—1250年），利凡特和叙利亚的局势才告稳定，埃及在伊斯兰国家中的声威大振，从此开罗在伊斯兰世界中便代替巴格达，成为政治和经济中心。1250年，突厥奴隶推翻阿优布王朝，建立马木鲁克王朝，巴赫里家族仍以开罗作为首都，领土不但包括利凡特和叙利亚，而且直接控制了红海东岸的希贾兹和也门，又和努比亚基督教王国、埃塞俄比亚所罗门王国订立盟约。在马木鲁克的抗击下，十字军运动只得在1291年告终。马木鲁克奖励海外贸易，保护民间买卖，和威尼斯、热那亚等意大利城市以及西班牙基督教国家商

---

①　柔克义的《14世纪中国与南洋群岛及印度洋沿岸的交往和贸易》（W. W. Rockhill, Notes on the Relations and Trade of China with the Eastern Archipelago and the Coast of Indian Ocean during the fifteenth century），载于《通报》（T'oung Pao）1913年第14卷，1914年第15卷，1915年第16卷。

②　伯希和：《〈真腊风土记〉译注》（Paul Pelliot, Mémoires sur les Coutumes du Cambodge de Tcheou Ta-Kouan），巴黎1951年版。

③　参见藤田丰八《岛夷志略校注》，《雪堂丛刊》1914年本。

务繁忙，外交关系密切。埃及从东方向欧洲转运胡椒、丝绸、瓷器、棉布、香料，从中获取大利，因此国家强盛，居民生活宽裕，出现了"民乐业而富"的局面。

汪大渊又到过当时埃及在地中海的最大港口杜米亚特（特番里），看到了海口建设的水利工程，找到了尼罗河三角洲这块"乐土"常年得以丰收的奥妙。

从杜米亚特出发，汪大渊搭乘阿拉伯船直航摩洛哥的丹吉尔港。丹吉尔（Tangier）的尾音[r]在闽南话中常读成[n]，因而念作"挞吉那"。丹吉尔位于直布罗陀海峡的西南岸。出了直布罗陀海峡便进入另一个浩瀚的大洋——大西洋了。游历丹吉尔的汪大渊已经抵达旧大陆的边缘，到了阿拉伯人所称的马格里布，用汪大渊的话来说"即古之西域"。阿拉伯人最初用马格里布称呼伊弗里基亚往西直到大西洋滨的北非。在11世纪以后，阿拉伯地理学家更把木卢亚河以西的马格里布单独称为马格里布[①]。到了14世纪上半叶，阿布·菲达更明确地称之为"西马格里布"，从此马格里布分成了东、中、西三部分。在大部分场合，"马格里布"便等于"西马格里布"，成了摩洛哥的专称。

丹吉尔是达里萨人的居住地，汪大渊称这里"国居达里之地"，这是中国文献中对于达里萨人的最早记录。达里萨是构成游牧民布特尔人的四大部族之一，它的许多支族遍布摩洛哥各地。散布在北非各地的扎纳塔牧民也是达里萨族的分支。在西马格里布，沿着乌季达、非斯和塔扎走廊，直到伸向大西洋的广大平原，都是他们活动的地区。汪大渊对达里萨部族的知识和使用阿拉伯语中的"西域"这个地理名词，都是他亲身抵达大西洋滨，确实到了丹吉尔的铁证。当地的居民"身面如漆，眼圆"，说的正是柏柏尔人肤色黝黑的特征。该地"气候半热，天常阴晦"，是因为摩洛哥处于地中海气候区，汪大渊在1336年冬到达这里时，正当温和多雨的天气，大西洋滨尤其如此。《岛夷志略》列举的当地名产有安息香、琉璃瓶、硼砂、栀子花。那里纺织业极盛，"女资纺绩为生"，丝锦产量很高，居民习惯"笼软锦为衣"。

《岛夷志略》中的丹吉尔和《诸蕃志》中的芦眉国"有四万户织锦为业"，出产各种绞绡、丝织锦绮、栀子花、硼砂和上等碾花琉璃，物产完全相同。芦眉（al-Marrākush）便是马拉喀什的最早译名。在柏柏尔人穆拉比德王朝（al-Murabitun，1061—1147年）和穆瓦希德王朝（al-Muwahid，1147—1269年）统治时期，这里既是政治中心，又是西马格里布的大都会，后来欧洲人便讹读成摩洛哥[②]。《诸蕃志》中的

---

① 贝克里：《伊弗里基亚和马格里布轶闻》（al-Bakri, Description de L'Afrique Septentrionale），斯兰（G.de Slane）法译本，巴黎1913年版，第76页。

② 沈福伟：《12世纪的中国帆船和印度洋航路》，原载于《历史学》1979年第2期。

芦眉国"亦名眉路骨国",眉路骨正是摩洛哥一名最早的汉语译法。摩洛哥的丹吉尔便是汪大渊周游非洲所到最西之处。这一次长途旅行,使汪大渊成为有史可据的第一个到达大西洋滨的中国人。

北非的旅程甫告结束,汪大渊便重返红海。他在往返途中,大约都曾在红海西岸著名的港口艾特伯停留过。《岛夷志略》中"阿(音乌)思里"的原音是埃及伍曼西拉(Humaithira),14世纪时是艾特伯荒野①,遗址在哈拉伊卜北面20公里。非洲穆斯林到麦加朝圣大多经由此地渡海,到吉达登岸。在1426年被埃及苏丹毁废前的三个世纪中,艾特伯一直是上埃及最重要的对外贸易港。当地有深井可做水源,居民大多是贝贾族穆斯林。《岛夷志略》描述这里"风起则飞沙扑面","半年之间多不见雨,掘井而饮,深至二三百丈②,味甘而美","男女编发","以鸟羽为衣","地产大绵布、小布匹"。

从艾特伯往南,出曼德海峡,汪大渊开始实现他前往基尔瓦苏丹国的漫长航行。他在进入东非沿海以前,曾在亚丁湾南岸索马里的哩伽塔滞留。哩伽塔,便是伊德里西所说的纳卡塔(Nacati,Bacati),位于瓜达富伊角以西,柏培拉以东。《岛夷志略》非常确切地指出此地"国居辽西之界,乃国王海之滨"。辽西是阿拉伯语的奴隶角(Ras Aser)。瓜达富伊角又有香角、奴隶角之称,纳卡塔在它附近非洲之角的界限以内,才称"辽西之界"。"辽西"二字已将阿拉伯语汉字化了。至于"国王海"的得名,大概是al-Bahr al-Muhit(环海)这个词中的muhit和malik(国王)在发音上相混的结果。亚丁湾,阿拉伯人称作巴巴拉海(Bahr al-Barbara),是环海(大洋)的一部分,纳卡塔便成了濒临国王海的海港了。当然,"国王海"更可能是"圆海"一词在刻本和钞本中被讹读、窜改的结果。由此可以知道,汪大渊在他的出国生涯中,一定学习过阿拉伯语,甚至精通阿拉伯语,才能顺利周游伊斯兰世界,了解国情,考察商务。

重返印度洋后的汪大渊循着贝纳迪尔海岸,在东非的七个港口和滨海城镇进行访问。这些地方自北而南有索马里的摩加迪沙(班达里),肯尼亚的马林迪(层摇罗)、格迪(千里马)、姆纳拉尼(曼陀郎)、基林迪尼(加里那),坦桑尼亚的基尔瓦·基西瓦尼(加将门里)、麻那里、桑给巴尔岛西南石头城,旅程所及,一直抵达南纬9°的地方。

在东非,汪大渊首先注意的重要海港是贝纳迪尔的摩加迪沙。贝纳迪尔(Bana-

---

① 伊本·白图泰:《伊本·白图泰游记》(Ibn Battuta, The Travels of Ibn Battuta, 1325—1354),吉柏(H. A. R. Gibb)英译本,第1卷,伦敦1958年版,第24页,第68页。

② "丈"代表阿拉伯肘尺,1肘尺合0.5883米。

dir)，他译作"班达里"。伊德里西《地理志》在贝纳迪尔条下注明有个海港城市Badana，[na]可转作[la]。班达里是根据摩加迪沙居民的习惯称呼直接译出的。据伊本·莫杰维（Ibn al-Mujawir）提供的材料，1229年时，由亚丁到昆尔（马达加斯加），阿拉伯船要分三个季节航行，摩加迪沙和基尔瓦是不可或缺的中间环节。摩加迪沙又是重要的对印贸易港，和元朝早有使节往还。

《岛夷志略》所记肯尼亚城镇，最重要的是层摇罗，这里"国居大食之西南，崖无林，地多淳，田瘠谷少，故多种薯，以代粮食"。居民多以捕鱼和狩猎为生。"层摇罗"，或以为是层拔罗之误①，实则是"层摇拔罗"脱一"拔"字。现在译作桑给巴尔。雅库特《地理辞典》（1224年）最早使用这个词，他写作Zangabar，指的便是肯尼亚及其附近沿海的黑人国。阿布·菲达（Abu al-Fidā）在14世纪上半叶十分明白地提到，桑给王住在马林迪②。马林迪就是汪大渊去过的黑人国的都城。

《岛夷志略》描述层摇罗沿海是一片空旷的原野，也正是肯尼亚北部沿海遍布荒凉悬岩的写照。在肯尼亚和坦噶尼喀北部，从东北向西南，有一条雨量稀少和萃萃蝇分布的荒野地带，马林迪正好在这片横贯内陆的莽原附近，所以土地贫瘠，多盐卤。但马林迪是季风强流所到的南界，阿拉伯单桅船（Dhows）经营的沿海贸易使它成为一个重要的城邦。在设拉子王朝统治时期，马林迪成为基尔瓦苏丹管辖的一个省。马赫迪里王朝建立以后，马林迪像其他肯尼亚沿海城镇一样，多半处于独立的地位。在汪大渊抵达以前，它也早已和元朝通使往来了。

汪大渊要到马林迪，必须在它南面16公里的格迪登岸。格迪濒临米达湾，是马林迪和蒙巴萨之间唯一的淡水供应处，所以航海者对这座小城非常关注。从20世纪50年代起，考古工作者发掘了该城的遗址，发现了历经四五个世纪的大批中国瓷器，才知道这片废墟在历史上曾经非常热闹，海湾中也有各国船只出入。这座阿拉伯城市和中国更是关系密切，宋代已有"南海大食"之称，所以14世纪中国航海家也曾在这里进出。

"曼陀郎"和"加里那"是肯尼亚南部沿海的两个城镇。《岛夷志略》中的"曼陀郎"和伊德里西的Madouna完全一致，便是姆纳拉尼（Mnarani）的古址，位于基利菲南面，是个古老的移民点。那里出产棉花，四斗棉花可重一斤。西瓜五十斤重有余。

---

① 参见沈曾植《岛夷志略广证》、藤田丰八《岛夷志略校注》"层摇罗"条。

② 阿布·菲达：《地理志》（Aboul-Féda, Geographie d'Aboul-Féda），雷诺（M. Reinaud）法译本，第1卷，巴黎1848年版，第206页。

石榴大如斗。蒙巴萨的古城基林迪尼（Kilindini），汪大渊译作"加里那"，他描述该地"国近具山"。具山是坦噶尼喀北部和肯尼亚邻接地区的乞力马扎罗山，海拔5895米，位居东非最高峰。当地出产的大肥羊每到春天割去羊尾，用药敷搽，下年又再生如故，在《岛夷志略》中传为美谈。

最后，在1338年的春天，汪大渊终于到达了他南航中最后造访的一个大城市——马赫迪里苏丹的首都基尔瓦·基西瓦尼（Kilwa Kisiwani）。和伊本·白图泰访问这里不过相隔六年。汪大渊把它称作"加将门里"①，根据闽南话译出了Kisiwani。基尔瓦·基西瓦尼原和大陆连接，后为防御外族入侵，截断地岬，才成了一个小岛。基尔瓦在13世纪末由也门移居的阿布尔·莫瓦希布（Abūl-Mawāhib）家族建立了马赫迪里王朝的苏丹国，坦噶尼喀沿海和桑给巴尔岛、马菲亚岛都在它的直接管辖之下。此后，基尔瓦完全控制了索法拉的象牙、黄金和奴隶的买卖，在对外贸易上开始凌驾于摩加迪沙之上，成为东非最大的海港。汪大渊根据他亲身的航海经验，指出基尔瓦距离基林迪尼2000多里，地方富饶，土地肥沃，米谷一年三熟，海外贸易非常繁荣，和印度洋各国都有来往。来自也门、希贾兹、波斯湾和印度达波尔、古查拉特等地的穆斯林都聚集在基尔瓦，《岛夷志略》称为"丛杂回人居之"。基尔瓦的商人也靠贩卖黑人幼童致富。据汪大渊的报道，孟加拉是这项交易的一个主要输送地。象牙、兜罗绵、花布，可称基尔瓦的三大特产，是印度洋西部最南端的一个棉纺织基地。象牙和黑奴一样也是基尔瓦和通向内地的陆上商贩的主要交易项目，有相当可观的部分来自莫桑比克。

汪大渊在基尔瓦苏丹达乌德·伊本·苏莱曼（Dawud ibn Suleiman，1333—1356年在位）执政时访问了这个昆仑层期古国的政治和经济中心。在他周游非洲的历程快要结束时，他到了马赫迪里苏丹居住的桑给巴尔岛。他说这个地方"界迷黎之东南，居垣角之绝岛"，这个"垣角"就是桑给巴尔岛的本名，在斯瓦希里语中叫"翁古贾"（Unguja），属于滨海区（Mrima）。当时的桑给王正好居住在这里，和波斯湾以及亚丁湾都有密切的海上贸易往来。从波斯湾和亚丁湾过来的船只通常凭借季风贸易，因而到此就为止了。再往南去便进入东非沿岸的无风区了，所以这里成了商界的一个绝岛。

14世纪上半叶，特别是30年代，基尔瓦正处于全盛时期，不但摩洛哥的旅行家伊本·白图泰在1332年到这里游历过，而且中国的海外贸易家汪大渊也以这里作为他第二次出航的主要目的港。东方和西方的旅行家在同一个时期内相继来到这个新兴的业已跃居东非最大都会和海港的城市，无疑给基尔瓦苏丹国的历史增添了光华，留下了

---

① 苏继庼《岛夷志略校释》改作"加捋门里"，不确。

弥足珍贵的记录。汪大渊留下的这些材料，经过发掘，其价值得以重新认识，尤其难能可贵。汪大渊周游非洲的理想也在基尔瓦最终得到了实现。

三、汪大渊环航非洲的意义

汪大渊到过非洲12个城市和海港，航程所到之处，将非洲的北部、东北部和东海岸尽收眼底。在葡萄牙殖民者开始沿着非洲西部向东航行之前，他已力所能及地周游了非洲，在不足十年的时间中闯过惊涛骇浪，迈越沧海汪洋，从泉州跨向丹吉尔，又奔赴基尔瓦，在中国和非洲架起友谊的桥梁。

汪大渊以亲身的无比广泛的实地经历写下《岛夷志略》这部14世纪最有价值的印度洋航行指南和贸易手册，其价值超越赵汝适的《诸蕃志》，更大大地胜过了公元1世纪初希腊佚名航海家的《厄立特里海环航记》。他见到的世界起自西南太平洋，止于大西洋。在汪大渊生活的时代，他不仅应该被认为是见识最广的中国航海家，而且足以胜任世界上最伟大的海洋世界旅行家的称号。

汪大渊之周游非洲，使中国人对非洲的知识大为丰富。汪大渊不仅熟悉非洲沿海的城市和港口，而且也非常注意各地的不同民族。他在丹吉尔地区注意到达里萨部族，在艾特伯见到编发、发梢接上牛毛绳的贝贾族，在纳卡塔留心居民是形体瘦长、发长二寸的索马里人和库施人的混血儿，在摩加迪沙看到了附近的迪基尔人。姆纳拉尼的阿拉伯移民和黑人桑巴拉居民相处融洽，"累世结姻"，博得了汪大渊由衷的赞扬。汪大渊的非洲知识甚至扩展到西非，对贯通非洲大陆东西的交通，在阿思里条下加以说明：从艾特伯有两条陆路，一条通往尼罗河畔的库斯，往西经哈尔加绿洲可通库夫拉和西苏丹；一条通到阿斯旺，向西可接上由阿西尤特通向达尔富尔的骆驼队商大道。两条大路的终点是西苏丹的黄金国加纳，这就是汪大渊指出的"极西南达国里之地"。"国里"是中国历史上首次提及的西非古国"加纳"，那时正是曼萨·穆萨（Mansa Mūsā，1312—1337年在位）统治下马里王朝（1235—1611年）的盛世。

元代航海家和贸易商非常熟悉非洲，反映在当代地理学家编绘的世界地图有惊人的进展。1402年，由朝鲜的李荟和权近合绘的《混一疆理历代国都之图》，现在日本京都尚有公元1500年左右的复本可见，图上绘出了欧洲和非洲。原图是根据元朝的地理学家李泽民的《声教广被图》和释清濬的《混一疆理图》绘成的，前者约成于14世纪30年代，后者大致在14世纪70年代编制。图上的非洲被毫无先例地、非常正确地画成一个倒三角形，尖端向着南方的大洋，共有35个非洲地名。北部的撒哈拉沙漠用表示戈壁沙漠的黑色线条标出。在非洲西北还列出了亚速尔群岛[1]。亚速尔群岛是在1394年后才被葡萄牙人正式发现的，伊德里西以及和汪大渊同时代的伊本·卡尔敦都没有提到过这个群岛。同样，13、14世纪的阿拉伯地图一律将非洲的南端画成向东伸展的图形，只有14世纪的中国地图才纠正了这个错误。欧洲到15世纪中叶的弗拉·毛罗地图才有类似的绘法。元代地图学家之所以取得这些成就，可能是因为他们直接从汪大渊及其他中国航海家获得了第一手资料，而不是像李约瑟博士在《中国科学技术史》中以为的那样，是通过和阿拉伯人、波斯人、土耳其人的接触得来的，更不可能取材于扎马鲁丁1267年带到北京的地球仪[2]。

《岛夷志略》也对非洲历史提供了印证或补充。其中"马鲁涧"条提到移居马木鲁克的中国将领，原是临漳陈姓，既有文才，又精军事，元初镇守甘州，后来随旭烈兀大军西征，从此留在马木鲁克。陈将军本是汉人，在蒙古军中服役，极可能是在1260年9月3日在耶路撒冷以北的阿因·扎卢特战役中战败被俘的。在这次决战中，旭烈兀麾下的大将怯的不花统率的蒙古军全军覆没，马木鲁克苏丹古突兹（Saif ad-Din Qutuz，1259—1260年在位）指挥的穆斯林军队大获全胜，蒙古人的西征就此遭到抵制，从此马木鲁克和伊儿汗国各以幼发拉底河为界，形成僵持的局面。马木鲁克禁卫军中本有不少蒙古人，其或也有像陈将军这样的汉人，和埃及客商侨居中国可以相互辉映。《岛夷志略》中的千里马条，就对格迪的早期历史提供了文字记载。在20世纪50年代发掘之前，格迪的历史早已湮没无闻。然而从历史上看，此地早在宋代就已和中国有了往来，《宋史》上称俞卢和地（基卢普-格迪，Kilpwa-Gedi），汪大渊早在郑和宝船队之前就去过那里了。

非洲的对外贸易，在《岛夷志略》中也可见到比较完整的概貌。尤其对中国帆船是否参与东非贸易的史实，汪大渊通过他的亲身航海实践作了肯定的回答。元代时，中国帆船确实已进入基尔瓦地区。《岛夷志略》中记载有摩加迪沙航线，由印度马拉巴经过马尔代夫直接开赴东非，因此，中国帆船得以参加基尔瓦—亚丁—马拉巴的三角贸易，通过转口贸易获得航运业的利益。东南亚的丁香、豆蔻、铅锡，印度的棉布、

---

[1]　福克斯：《元代朱思本地图和广舆图》（W. Fuchs, The "Mongol Atlas" of China by Chu Ssu-pen and the Kuang-yu-t'u），辅仁大学出版社（Fu Jen Catholic University）1946年版；中村拓志：《存于朝鲜的古代中国人世界地图》（Hirosi Nakamura, Old Chinese World-maps Preserved by the Koreans），载于《世界地图史杂志》（Imago Mundi）1947年第4卷。

[2]　李约瑟：《中国科学技术史》（J. Needham, Science and Civilisation in China），第3卷，剑桥1959年版，第555-556页。

荜茇（胡椒），亚丁的绸绢、白钢，坦噶尼喀的黄金、米谷，都是中国帆船在印度洋西部贸易网中进行转口贸易的主要商货。米谷是其中相当可观的一项贸易项目。不但在阿拉伯史料中可以知道基尔瓦的米谷曾经北运亚丁，而且汪大渊在东非的商业考察也证实了这是一项获利颇高的交易。在马林迪，汪大渊就指出过当地极需米谷，依靠这项贸易可以获得大利。

运往非洲的中国货，像在印度洋各地一样，有绸缎（包括五色绸缎、色绢、绵缎、南北丝）、瓷器（包括青白瓷、青瓷、青白花瓷）、各色烧珠和铁器，这些都是经常出入摩加迪沙的中国帆船运去的大宗货物，可以称为四大出口货，其中尤以青白花瓷、青瓷为多。青花瓷器初盛于元，数量还不是很多。摩加迪沙、基林迪尼的青花瓷器都是中国帆船直接运去的。在杜米亚特和丹吉尔，五色绸缎都风行一时。摩加迪沙的中国货中也有诸色缎。马林迪非常欢迎中国的五色缎。在基尔瓦·基西瓦尼，中国的苏杭五色缎、南北丝足以胜过阿拉伯生产的土绸绢。中国四大出口货在非洲南北畅销。另外，高良姜、铜鼎等中国货在非洲也拥有一定的市场。这些中国货，特别是运到东非各地的，大都由中国帆船直接运去，绝非阿拉伯船的中转贸易所能包揽，这是完全可以由《岛夷志略》中的东非条目充分证实的。

近700年前，汪大渊周游非洲，也为中非关系史写下了光辉的篇章。这是继8世纪中叶唐代杜环游历东北非埃及、苏丹、埃塞俄比亚三个国家之后中国航海家更加广泛深入非洲各地的伟大壮举。汪大渊的航海事业，特别是他在非洲的访问，给15世纪初的郑和下西洋开创了先例。汪大渊，作为中国古代航行经验最丰富、足迹最广泛的海洋贸易家，即使被称为中国历史上最伟大的航海家和旅行家也并无丝毫夸张。他的经历，给郑和下西洋准备了条件；他的事业，给郑和提供了范例。

汪大渊和他同时代的摩洛哥大旅行家伊本·白图泰交相辉映。他们以各自的渊博知识和史无前例的冒险意志走遍了亚非两大洲的许多地方，亲眼饱览了大半个世界。《岛夷志略》也和伊本·白图泰的《亚非游记》一样，是14世纪的一部不朽名著。特别耐人寻味的是，汪大渊于1336年访问了伊本·白图泰的故乡丹吉尔，十年之后的1346年，伊本·白图泰也在几经周折之后到达元朝的大都北京。中非旅行家在同一时代的互相访问，正是在印度洋交通发达，中国和非洲的距离日益缩短的形势下出现的一段足以脍炙人口的佳话。它在中非友好关系史上竖立了一个划时代的里程碑，终于在15世纪迎来了中非关系史上的新高潮。

汪大渊对印度洋西部海港的商务考察

——以古里佛、甘埋里、麻呵斯离、麻那里为例

从很早时候起，印度洋就是航海家、贸易商前仆后继地探险的广阔海域，其中也有中国的航海家。1309年出生于江西南昌的汪大渊，自1328年冬开始，由泉州登舟启动他的第一次远洋航行，考察西太平洋、南海和印度洋贸易，到1339年7月重返泉州，中间在1332年秋到1334年秋有过短暂的休整。他在短短12年中前后两次出航，考察了东起班达海、西至大西洋和坦桑尼亚的海上贸易，其结晶便是有100条记事的一册《岛夷志略》。在16世纪葡萄牙人将传统的印度洋贸易网打乱以前的200年间，汪大渊这本书是对印度洋贸易网留下的极其可贵的记录。

汪大渊生活的时代正是欧洲和阿拉伯商人纷纷东来，到印度、马来半岛和中国开展广泛的经济交流的时代。与汪大渊出航印度洋和地中海几乎同时，阿拉伯世界伟大的摩洛哥旅行家伊本·白图泰（1303—1377年）也在他几十年的长期旅游中到了印度、爪哇和中国。汪大渊在印度洋地区的足迹可说是与伊本·白图泰前后接踵，他们留下的游记也足以在东方和西方相互辉映。

《岛夷志略》自1349年初次刊刻以来，历经沈曾植、藤田丰八、柔克义、夏德以及

冯承钧、苏继庼等各家的研究，到1981年苏继庼《岛夷志略校释》由北京中华书局出版，书中多数地名业已可以指认，其中许多非洲地名经过重新考订有了新的认识。不过，还有一些有争议，或现有的解释颇易使人产生疑窦的条目，仍有必要作进一步的研讨。

现在将印度洋地区的古里佛、甘埋里、麻呵斯离、麻那里四处作一番论证，因为这些海港城市各自在周边海域中作为区域贸易中心和海运业的枢纽，在亚洲西部和非洲东部的国际贸易中起着牵动全局的作用。

一、古里佛

元代中国人将南方广大海域划分成小东洋、大东洋、小西洋和西洋。苏门答腊和马来半岛分属小西洋。由此向西，印度洋及其迤西的海域都被划入西洋的范围。西洋的中心是西洋国，西洋国在元代是以科泽科特（Kozhikode，阿拉伯语读作卡利卡特Calicut）和它北邻的梵答剌亦纳港为中心的国家。当时中国帆船已操纵了从福建、广东经马六甲海峡到西洋国的远洋航业，西洋国因此成为中国远洋帆船在印度地区最大的贸易国和转运港。中国帆船航线还可以从这里延伸到波斯湾的卡伊斯岛、也门的佐法尔港和东非的摩加迪沙或哈丰角。

《岛夷志略》的大八丹（Darfattan）条、甘埋里（卡伊斯岛）条、天堂（麦加）条提到过西洋国，但都省称"西洋"。汪大渊到过西洋国，按照当地人称呼译作古里佛（Kollam Pantālayini，Colam Pandarani）。"古里"对译 Kollam。因阿拉伯语以[f]代[p]音，Pantālayini，Pandarani 采"佛"音代替省略的 Pan。古里佛简称 Pantalayini，通常写作 Fandārīna，Fandarina[①]。元代将这里称作梵答剌亦纳，在科泽科特以北16公里处。南印度西海岸的梵答剌亦纳和它南面的唄喃（奎隆）、东海岸的马八儿（坦朱尔）一起，是中国帆船常来常往的海港，1296年，元朝曾"禁海商以细货于马八儿、唄喃、梵答剌亦纳三番国交易"（《元史·食货志二》）。梵答剌亦纳是三国中最远的一国，在1304年刊印的《大德南海志》中用粤语译作宾陀兰纳（Fandaraina），列为和广州通商的四十五国中的第17个国家。

"古里佛"一名，柔克义以为是科泽科特（卡利卡特），苏继庼表示赞同。然而Ca-

① 那纳尔：《阿拉伯地理学家所知的南印度》（S. Muhammad Husayn Nainar, Arab Geographers' Knowledge of Southern India），马德拉斯（金奈）大学1942年版。

licut 可对"古里",而无"佛"音①。汪大渊到过的古里佛,当时属于卡利卡特苏丹管辖,是卡利卡特的外港,但不是卡利卡特城。比汪大渊稍晚,伊本·白图泰到卡利卡特游览,是从北方沿海的曼格鲁尔(Mangalur)往南,经两天路程到了希里(Hili)城,这里是德利山(Mount Delly)所在,在坎纳诺尔(Cannanore)西北约24公里的岸边。伊本·白图泰认为希里是位于一大港湾上的一座大城,他说:"港湾可容大船进出。中国船最远到这里便为止了,只在此城港口和奎隆、卡利卡特港口停泊。"②他又到了离希里城只有3法尔申(1法尔申为6.24公里)的哲法丹(Jurfattan)和另一个海港城市布尔法丹(Baliapatam),然后到了有花园和市场的大城梵答剌亦纳。他指出:"中国船只多在这里过冬。"不久,就出发到卡里科特城去。他说:"这里有来自中国、爪哇、锡兰和马赫拉的人,以及也门人和波斯人,真是各方商人荟萃之地。这里的港口是世界巨港之一。"③卡利卡特的海港在卡拉叶河(Kallayi River)北岸,至今仍是南印度西海岸重要的贸易港。从伊本·白图泰对这几个海港城市的描述可以知道,中国船在马拉巴海岸停靠的港口实际上有四个,自北而南是希里(《郑和航海图》称歇立)、梵答剌亦纳、卡利卡特和奎隆。

希里,《岛夷志略》东淡邈条写作希苓(与爪哇的希苓不同),是原名(Eli)的一种读法。

梵答剌亦纳,《岛夷志略》完整地译作古里佛,有专条:

> 当巨海之要冲,去僧加剌密迩,亦西洋诸马头也。山横而田瘠,宜种麦。
> 每岁藉乌爹(Pegu)米至。行者让路,道不拾遗,俗稍近古。其法至坦,盗
> 一牛,酋以牛头为准,失主仍以犯人家产籍没而戮之。官场居深山中,海滨
> 为市,以通贸易。
>
> 地产胡椒,亚于下里(Chaliam),人间俱有仓廪贮之。每播荷三百七十五

① 柔克义认定古里佛是卡利卡特,参见柔克义:《14世纪中国与南洋群岛及印度洋沿岸的交往和贸易》(W. Rockhill, Note on the Relations and Trade of China with the Eastern Archipelago and the Coasts of Indian Ocean during the Fourteenth Century),载于《通报》(T'oung Pao) 1913—1915年。苏继庼《岛夷志略校释》(中华书局1981年版,第327页,第268页)表示赞同。

② 伊本·白图泰:《亚非游记》(Ibn Battuta, Travels in Asia and Africa, 1325—1354),吉柏(H. A. R. Gibb)英译本,伦敦1929年版,第234页。

③ 伊本·白图泰:《伊本·白图泰游记》,马金鹏译,宁夏人民出版社1985年版,第489页。另见伊本·白图泰:《游记》(Ibn Batoutah, Voyages, 4 toms),德弗雷(C. Defrémery)、桑桂那蒂(B. R. Sanguinetti)编译,巴黎1922—1949年版,第4卷,第89页。

斤，税收十分之二。以下次加张叶、皮桑布、蔷薇水、波罗蜜、孩儿茶。其珊瑚、真珠、乳香诸等货，皆由甘理（甘埋里，即卡伊斯岛——引者）、佛朗（Farang，即利凡特——引者）来也。去货与小唄喃国同。畜好马，自西极来，故以舶载至此国。每匹互易，动金钱千百，或至四十千为率。否则番人议其国空乏也。

汪大渊指出，古里佛当阿拉伯海（中世纪阿拉伯人称作印度海，Bahr al-Hind）的要冲，又与僧加剌接近。僧加剌，伊本·郭大贝写作 Sinjli，在公元9世纪已经存在。1226—1242年间，迪曼希基在他那篇名为《中古世界便览》（Nukhbat al Dahr fi 'Aja'ib al-Barr）的论著中，详细列举了印度西海岸的海港城镇，将 Sinjli 写作 Shinkli。他在梵答里纳（Fandārīna，即梵答剌亦纳）之后提到 Shinkli[1]。《大德南海志》将此地译名政期离国，列作第14个国家。这里是克拉格诺尔（Cranganore），亦即 Kodangulur 或 Kodungalur[2]，在卡利卡特以南。早在罗马东方贸易盛期，这里便是著名海港莫席里的所在。迪曼希基指出 Shinkli 的居民是犹太人。所以汪大渊特地要提到这个僧加剌。元代又称作僧急里。这里是卡拉米商人云集的地方。所以马拉巴海岸既是北通波斯湾、与利凡特水陆联运的枢纽，又是西连亚丁湾、红海，和地中海开展胡椒贸易的要地。

古里佛既不是卡利卡特，那么汪大渊是否到过卡利卡特呢？《岛夷志略》提到古里佛和小唄喃之间的下里，是汪大渊亲自访问过的地方。换句话说，汪大渊既到过小唄喃，又去了古里佛，还在上述两地之间的下里停留过。小唄喃，《岛夷志略》有专条，元代又称俱蓝（Kawlam，Kūlam）或阁蓝，《诸蕃志》译作故临，《云麓漫钞》根据阿拉伯航海家译作嘉令麻辣（Kulam-Malé），是 Kulam 海口外8公里的一座 Malī 岛，就是现在的奎隆（Quilon）[3]。9世纪中叶到过这里的阿拉伯商人苏莱曼称作 Kulam-Malī，从马斯喀特到这里是一月路程。阿拉伯地理学家伊德里西亦称这里是 Kūlam Mah，雅库特称 Kūlam 岛。迪曼希基以为 Kūlam 是胡椒国的最后一座城市，伊本·赛德也有同样的说法，写作 Kawlam，并说，从那里他们便回到亚丁去了。据汪大渊，小唄喃也是华船

① 参见梅仑法译本《中古世界便览》（M. A. F. Mehren, Manuel de la Cosmographie du Moyen Age），巴黎1874年。

② 那纳尔：《阿拉伯地理学家所知的南印度》（S. Muhammad Husayn Nainar, Arab Geographers' Knowledge of Southern India），马德拉斯（金奈）大学1942年版，第76—77页。

③ 苏继顾已指出藤田丰八的错误。藤田以为元代小唄喃并非明代小葛兰，指认小唄喃是梵答剌亦纳，而将小葛兰作为元代的俱蓝，将两者南北互易。参见苏继顾：《岛夷志略校释》，中华书局1981年版，第322页。

过冬的港口，"或风信到迟，马船已去，货载不满；风信或逆，不得过喃哑哩洋，且防高浪阜中卤股石之厄，所以此地驻冬，候下年八九月马船复来，移船回古里佛互市"。到达这里的华船，如果赶不上波斯湾马船的交易，或因到马尔代夫群岛等地做买卖，返回马拉巴时已错过了前往苏门答腊的季风，就只得在小唄喃过冬，等待来年再做买卖，然后返国。

　　下里在古里佛与小唄喃之间。汪大渊记述道："国居小唄喃、古里佛之中，又名小港口。山旷而原平，地方数千余里。民所奠居，星罗棋布。家给人足，厥田中下……地产胡椒，冠于各番，不可胜计。椒木满山，蔓衍如藤萝，冬花而夏实，民采而蒸曝，以干为度……他番之有胡椒者，皆此国流波之余也。"过去藤田丰八既认小唄喃是梵答剌亦纳，古里佛是奎隆，于是在两地中间的下里便被认作卡利卡特[1]。苏继顾既以古里佛为卡利卡特，以小唄喃为奎隆，于是根据下里是马拉巴盛产胡椒的地区推测这里是柯枝（Cochin），"下里"是柯枝以北32公里的小港阿尔瓦耶（Alwaye）的对音，并且以为《诸蕃志》南毗国属国中的哑哩嗒国即是Alwaye[2]。然而哑哩嗒与其指作Alwaye，还不如指作Alwaye以北位于卡拉叶河北岸的卡利卡特更符合实情。卡拉叶正是12世纪初的哑哩嗒。此国又可省作哑哩。在1974年泉州湾后渚港出土的宋末沉船货物的标牌中便有这个哑哩，而在当时，考释者尚难以指认其含义。在印度学者那纳尔绘制的阿拉伯地名的印度地图上，在Pantalayini Kollam以南并无卡利卡特，仅有班布尔河（Beypur River）口的Chaliam，而此城的位置正在11°15′N，75°46′E的卡利卡特，其南邻接的海港城市是Kadalundi[3]。汪大渊到过的下里，它的对音正好是Chaliam，亦即13世纪华船常到的哑哩。这是已有考古实物可以作证的记录。因此，不妨认为，卡利卡特在13世纪被中国海员称作哑哩，而在14世纪的元代又被称作下里。这个结论虽然与1914年为《岛夷志略》作校注的藤田丰八关于下里的推测基本一致，然而其支点及前提却是完全两样的。后来，藤田丰八因为找不到这个论点的依据，在写作《大小葛兰考》时又改变初衷，将下里定作介于古里佛与小唄喃之间的柯枝[4]，尽管完全没有对音与地形的证据，然而由于当时柯枝盛产胡椒，算是找到了符合胡椒国的证据。此说得到苏

①　藤田丰八：《岛夷志略校注》，《雪堂丛刊》1914年版，1935年北平《国学文库》重印。
②　苏继顾：《岛夷志略校释》，中华书局1981年版，第268-269页。
③　那纳尔：《阿拉伯地理学家所知的南印度》（S. Muhammad Husayn Nainar, Arab Geographers' Knowledge of Southern India），马德拉斯（金奈）大学1942年版。地图参见爱丁堡出版的《哥仑布地图》（The Columbus Atlas，1953年）中的南印度，将卡利卡特置于小镇Beypore（11°11′N，75°47′E）以北。
④　藤田丰八：《中国南海古代交通丛考》，何健民译，商务印书馆1936年版，第81页。

继顾赞同，后者找出了 Alwaye 作为下里的译音，但是上面已经说明，这是不足以支撑其说的。下里的历史，正好记录了卡利卡特仰赖胡椒贸易从一个水势弥漫的小港口发展成一个海港城市的漫长过程。到 1498 年葡萄牙海军在瓦斯伽·达·伽马统率下，由阿拉伯导航员马季德引领进入卡利卡特，抵达他东方航路的目的港时，卡利卡特已是一个赫赫有名的大城市了。

至于胡椒国的范围，本来也随着时间的推移在拓展，所以阿拉伯地理学家也有不同的说法。最早提出这个胡椒国（Manībār）的是伊德里西。12 世纪的伊德里西认为梵答剌亦纳建立于来自胡椒国的一条河口。稍后，雅库特将胡椒国写作 Malībār，指出那是有许多城市的大国，这些城市有法克纳（Fāknūr）、曼格洛尔（Manjarūr）和达赫沙（Dahsal）。它的边界邻接木尔坦（Multan）省，胡椒从那里输往世界各地[1]。迪曼希基列举胡椒国（Manībār）的城市最多，他说胡椒国北接狠诺尔（Hunnūr），城市有法克纳、赛莫尔（Saymūr）、曼格洛尔、哈克里亚（Harqilya）、希里（Hīlī）、哲法丹（Jurfattan）、大八丹（Dahfattan）、佛法丹（Budfattān，即伊本·白图泰的布尔法丹——引者）、梵答里纳（Fandārīna）、僧急里（Shinklī）、俱兰（Kūlam）。俱兰是胡椒国最远的城市了。迪曼希基没有提到卡利卡特。照伊本·白图泰，马拉巴是胡椒国，沿海岸伸展有二月路程，北起赛达普尔（Sindābūr），往南直到俱兰为止[2]。和伊本·白图泰同时代的阿布·菲达所列举的胡椒国的城市也相仿。对于 14 世纪的中国航海家和贸易商来说，梵答剌亦纳（梵答里纳）无疑是最大的航业中心了。这里和卡利卡特相连，因此明代仍以卡利卡特为古里国，作为下西洋船只的大本营。卡利卡特相对说只是个小港口，尚非胡椒最大的出口港。因此直到明代，梵答剌亦纳仍有使团到中国，史称西洋剌泥国。永乐年间档册中，凡是西洋都与古里并列，这西洋便是指西洋剌泥[3]。

苏继顾所以要将下里往南推向柯枝，理由虽然与藤田丰八不同，但也是由于找不

---

[1]　伍斯滕菲尔德：《雅库特地理辞典》（Heinrich Wüstenfeld, Kitab Mujam al-Buldan），莱比锡 1873 年版，第 4 卷，第 639 页。冯承钧《诸蕃志校注》（中华书局 1956 年版）以为马拉巴即该书的麻啰拔、麻哩抹（第 124 页），同时又以麻啰抹是麻啰拔的别译，在阿拉伯哈德拉毛，前后抵牾（第 48 页，第 49 页）。

[2]　伊本·白图泰：《亚非游记》（Ibn Battuta, Travels in Asia and Africa, 1325—1354），吉柏（H. A. R. Gibb）英译本，伦敦 1929 年版，第 231 页。另见伊本·白图泰：《游记》（Ibn Batoutah, Voyages, 4 toms），德弗雷（C. Defrémery）、桑桂那蒂（B. R. Sanguinetti）编译，巴黎 1922—1949 年版，第 4 卷，第 71 页。

[3]　《明太宗实录》卷一一二"永乐九年正月辛未"条，《明太宗实录》卷二六三"永乐二十一年九月戊戌"条。另参见本书《郑和时代的东西洋考》，原刊于《郑和下西洋论文集》（二），南京大学出版社 1985 年版。

到汪大渊对梵答剌亦纳的译名，相信梵答剌亦纳是被汪大渊称作班达里的。班达里，伯希和以为是伊本·白图泰到过的梵答剌亦纳，冯承钧、苏继庼都持此说①。然而这地方"男女丫髻，系巫仑布，不事针缕纺绩"，不像是胡椒国居民。胡椒国居民与这里大不相同。大八丹"男女短发，穿南溜布"，下里"男女削发，系溜布"，放拜"编发为绳，穿斜纹木绵长衫"，天竺"手帕系额，编发垂耳，穿细布长衫"。班达里的物产也不像是胡椒国，"地产甸子、鸦忽石、兜罗绵、木绵花、青蒙石"，独独不见胡椒。所举甸子（绿松石）、鸦忽石（刚玉）、兜罗绵（各色棉布）、木绵花（棉花）、青蒙石（蓝宝石）五种特产中，据《印度矿产志》②，印度根本不产绿松石，此物多产在埃及、土耳其和中亚细亚。若班达里在印度，那么只能算是转运港。鸦忽石又写作鸦鹘，元代又译亚姑，指各色刚玉，译自阿拉伯语 Yaqut。青蒙石，则是东北非洲柏来米蓝宝石。就语源而言，班达里也对不上梵答里纳（Fandaraina）。班达里是伊德里西在索马里的贝纳迪尔沿岸（Barr al-Banādīr）标出的专名 Badūna③。这里最大的海港摩加迪沙是东非和索法拉黄金贸易的转运港，为东非和红海、阿拉伯海各地海上贸易的一大枢纽。因此，班达里是索马里地名，和南印度的胡椒国全无干系。

中国帆船从马拉巴运回胡椒、槟榔、乳香、马匹、棉布、宝石和溜鱼（马尔代夫鱼干），去货用金、银、青白花器、五色缎、八丹布、铁器；运到大八丹（即希苓）的有南丝、铁条、白糖以及紫粉、木梳等化妆用品。苏杭色缎和景德镇的青花瓷已经是风靡印度洋各地的热门货了。

二、甘埋里

汪大渊记述甘埋里，是西亚地区的重要国际贸易枢纽：

> 其国迩南冯（Bahr al-Lārawi）之地，与佛朗（Farang）相近。乘风张帆二

---

① 伯希和：《马可·波罗游记考释》（P. Pelliot, Notes of Marco Polo），第3卷，巴黎1963年版，第20页；冯承钧：《中国南洋交通史》，商务印书馆1936年版，第88页；苏继庼：《岛夷志略校释》，中华书局1981年版，第255页；海军海洋测绘研究所、大连海运学院编：《新编郑和航海图集》，人民交通出版社1988年版，第73页。

② 勃朗、戴主编：《印度矿产志》（J. C. Brown, A. K. Dey ed., India's Mineral Wealth），牛津1955年第3版，第641-642页。

③ 沈福伟：《中国与非洲：3000年交往史》，山西教育出版社2021年版，第299页；博斯沃思等：《伊斯兰百科全书》（C.E. Bosworth etc., The Encyclopedia of Islam），第1卷，伦敦1960年版，Berberā条。

月可至小唄喃。其地船名为马船，大于商舶，不使钉灰，用椰索板成片。每舶二三层，用板横栈，渗漏不胜，稍人日夜轮屋水不使竭。下以乳香压重，上载马数百匹，头小尾轻，鹿身吊肚，四蹄削铁，高七尺许，日夜可行千里。

所有木香、琥珀之类，均产自佛朗国，来商贩于西洋互易。去货丁香、豆蔻、青缎、麝香、红色烧珠、苏杭色缎、苏木、青白花器、瓷瓶、铁条，以胡椒载而返。椒之所以贵者，皆因此船运去尤多，较商舶之取，十不及其一焉。

汪大渊对波斯湾中的马船贸易描绘得真可算有声有色。马船行驶缓慢，从波斯湾到奎隆要走两个月，比正常的日程多出三分之一。甘埋里近靠南冯。对南冯的考证在过去是个难题，现在可以确定是拉尔海，即阿曼湾①。

甘埋里，沈曾植、藤田丰八都以为是忽鲁模斯（Hormuz），藤田还指认波斯湾东岸的克尔曼（Kerman）是甘埋里的对音。苏继庼则以为甘埋里出于《马可·波罗游记》写本中的一种写法 Charmusa，是"甘里埋"的倒置，以此对上 Hormuz②。汪大渊记述甘埋里马船，通常都认为是马可·波罗所说的霍尔木兹马船。苏继庼根据霍尔木兹新、旧城市的历史，推测元朝派海运千户杨枢在1307年抵达的霍尔木兹已非伊朗南部埃其尔河旁的米纳布（Minab），而在波斯湾中的哲朗岛（Jiran，Jerun）。当年霍尔木兹城主为躲避蒙古人统属下波斯东部的不安定，向卡伊斯岛主租赁哲朗岛，率领旧城居民将商馆迁移到离旧城24公里以外的哲朗岛，继续开展海外贸易，于是商务愈加繁忙。

从对音来说，甘埋里无论如何也不会是元代史册中的忽鲁模斯或忽里模子，《大德南海志》中的阔里抹思，现在通译的霍尔木兹；更不会是柔克义指认的科摩罗。夏德与柔克义合译《诸蕃志》③时，便以甘眉是非洲东岸印度洋中的科摩罗群岛。到1914年柔克义译注《岛夷志略》时，又以甘埋里是甘眉，注称科摩罗。迄今西方学者所知道的也就是柔克义的译文，德维斯（J. Devisse）在联合国教科文组织编八卷本《非洲通史》第4卷第26章《非洲与外部世界的关系》中，只是简单地写道："1440至1449年

---

① 苏继庼：《岛夷志略校释》，中华书局1981年版，第364页。龙本、藤田丰八校注本均作"其国居西南冯之地"，"西"是衍文。

② 苏继庼：《岛夷志略校释》，中华书局1981年版，第364-367页。

③ 夏德、柔克义：《诸蕃志译注》（F. Hirth and W. Rockhill, The Chu-fan-chi of Chau Ju-Kua），圣彼得堡1911年版，第122页注。

间，中国汪大渊写了一本书，其中提到科摩罗群岛和马达加斯加。"①对"科摩罗"的考释是个误会，但由于柔克义译注本《岛夷志略》是迄今英文译本中唯一的一本而流传甚广。此外，甘埋里也不是阿拉伯地理学家提到的 Khalīdj al-Berberī（巴巴拉湾），后者指的是亚丁湾②。亚丁湾的主港是亚丁，这样马船的运输成了亚丁和印度马拉巴海岸的贸易。可是伊本·白图泰只提到过佐法尔和印度之间的马船贸易，可见甘埋里不是亚丁。

甘埋里的真正所在是波斯湾中的卡伊斯岛。该岛有一个很长的全称 Qais ben 'Umaira，卡伊斯（Qais）是它的简称③。甘埋里正是这个名词的一种译法，"甘"译出了 Qais，"埋里"的对音则是'Umaira。阿拉伯地理学家雅库特在他著名的《地理辞典》（Mujam al-Buldan）中指出，Qais ben 'Umaira 岛自11世纪"殖民以后，便成为对印度贸易的转运站，波斯湾头的西拉夫（Siraf）港从此就不再那么重要了"。西拉夫的故址在东经52°20′的塔希里（Tahini）村，由甘扬尼王朝的凯·卡乌斯（Kei Kaus）建造，在10世纪时是安达希地区仅次于设拉子（Shiraz）的城市。西拉夫的规模和设拉子不相上下，房屋都由橡木或其他从非洲桑给海岸运来的木材构筑。据伊斯塔克里（Istakhri）在10世纪留下的记录，西拉夫的进口货中"有芦荟、琥珀、樟脑、奇石、竹子、象牙、乌文木、纸张、檀木、各种印度香料、织物和饰品"。当时的西拉夫是巴士拉港的竞争对手，但977年遭地震后，便难有昔日雄风。自1055年左右起，西拉夫逐渐走上衰败之路。

伊本·巴尔基（Ibn al-Balkhi）明确提到，代替西拉夫的是卡伊斯岛④。卡伊斯的位置正好在波斯湾的中点，和西拉夫一样可以停泊来自中国和印度的大船，同时又好接运从巴士拉港出口的货物，遗址哈里拉（Harira）曾出土宋元瓷器。据10世纪的波斯手稿，这里古称 Keis。在12世纪初，伊德里西称，从苏哈尔走海路两天便可到达卡伊斯，它是也门和马斯喀特的附庸。雅库特记录卡伊斯的波斯名称是 Kish，也就是《诸蕃志》大食属国中的记施，《大德南海志》亦称记施。卡伊斯港和岛屿同名，在雅库特时代已是阿曼君主的驻跸之处。稍后，迪曼希基在他献给哈里发曼苏尔·穆斯坦绥尔（al-Mansûr al-Mustansir，1226—1242年在位）的著作中，对卡伊斯岛专列一章，

① D. T. 尼昂：《非洲通史》（D. T. Niane, General History of Africa），第4卷，中国对外翻译出版公司1992年版，第539页。

② 沈福伟：《中国与非洲：3000年交往史》，山西教育出版社2021年版，第199页。

③ 威尔逊：《波斯湾简史》（Sir Arnold T. Wilson, The Persian Gulf, An Historical Sketch from the Earliest Times to the Beginning of the Twentieth Century），伦敦1954年版，第95页。

④ 斯特里奇、尼克尔逊编：《巴尔基著法尔斯纪年》（G. Le Strange & R. A. Nicholson ed., The Fársnáma of Ibnu 'l-Balkhí），伦敦1921年版。

因为卡伊斯无疑是波斯湾最具实力的海上王国，它的全称是 Qais ibn Zubair。当时卡伊斯的税收属于巴格达的哈里发，哈里发专门派员驻岛，加以监督。但卡伊斯苏丹还是垄断了陶瓷和竹器的买卖。

《诸蕃志》卷上记施国条对卡伊斯进出口货有完整的记述，当地土产珍珠、好马，除此之外，伊拉克每年将蔷薇水、栀子花、水银、白铜、生银、朱砂、紫草、细布等货物从巴士拉港运到卡伊斯，再由这里转销各国。汪大渊在波斯离（巴士拉）条记当地出产琥珀、软锦、驼毛、腽肭脐、没药、万年枣，其中像琥珀都从北欧、地中海运去，腽肭脐产在红海两岸，没药以阿拉伯香岸、马赫拉和索马里为主产地。巴士拉正好是阿拉伯沿岸和两河流域各种物产的汇集地。这些货物到了卡伊斯，又成了印度船和中国船贩运的货物。

卡伊斯与亚洲、东非以及地中海世界都有广泛的商业联系，证据之一是，迪曼希基说那里的居民居然穿上了用摩洛哥的马赫迪亚（Mehdiye）布料制作的服装。照汪大渊在《岛夷志略》中对亚洲地区居民使用棉布的观察，这种马赫迪亚布被译作麻逸布，但这里的麻逸显然并非宋代以后菲律宾的麻逸国（Mait）。汪大渊在龙牙犀角（北大年）、特番里（埃及杜米亚特）记录了麻逸布作为商货在当地通用的情况。由于印度洋区域贸易的繁荣，摩洛哥的棉织品在那时已经由北非通过亚丁湾、波斯湾进入了具有悠久历史的印度洋棉纺织业的中心地区。八都马（爪哇）的居民则穿上了甘理布[①]，接受了卡伊斯的棉织服装布料。中国商人还将甘理布销到了丹马令（泰国）。

霍尔木兹王室迁都哲朗岛后，建设了新霍尔木兹城。霍尔木兹的历史可以追溯到萨珊波斯，本是克尔曼的地方市场。从 1000 年起，开始有从阿拉伯半岛移入的小朝廷，创建者沙·穆罕默德·迪尔汗·古伯（Shah Muhammad Dirhem Kub）是个阿拉伯酋长，传到第 15 世米尔·巴廷·阿叶兹·莎芬（Mir Bahdin Ayaz Sayfin，1301 年继位）时，因为当地的大宗货易是向印度出口马匹，而这项买卖常被鞑靼的马贩子独占，阿拉伯商人不断遭受杀掠，莎芬才决意从米纳布迁往格什姆岛（Qishm）。该岛是霍尔木兹海峡中最大的岛屿，面积达 1336 平方公里。继而迁都哲朗岛。在《郑和航海图》上的忽鲁谟斯是座屹立于波斯湾中的大岛，无疑是格什姆岛。《新编郑和航海图集》的释文称：

---

① 八都马，旧考作缅甸的莫塔马（Martaban），参见苏继顾：《岛夷志略校释》，中华书局 1981 年版，第 132 页。但元代通常将"八"对译[b]音，从未译[m]开首音的。八都马产胡椒"亚于阇婆"，汪大渊书中重迦罗条亦以该地"田土亚于阇婆"，可见八都马也在爪哇，是爪哇西部的万丹（Bantam），又称下港，印度尼西亚语作 Bandar Dibawah，因其地处印度洋季风以东、为风下而得名。"八"即 Bandar（港口），"都马"是 Dibawah（风下）的音译。

"原图所注是迁岛上后的海港，似为今之格什姆岛。"①对照霍尔木兹历史，确实如此。由此更可显出航海图的历史真实性。

和汪大渊同时的阿拉伯学者阿布·菲达称，新霍尔木兹岛叫Zarun岛，这是哲朗岛的另一种写法。在西方文献中，意大利人奥多立克（Friar Odoric）在1330年左右到过新霍尔木兹城，被认为是对这座著名海港的第一次访问记录。然而汪大渊到达甘埋里也差不多是同时，至晚也不至于到1331年。因为1332年夏、秋之际，汪大渊便结束了他的第一次海外航行，从波斯湾、阿曼湾搭船返回泉州了。摩洛哥大旅行家伊本·白图泰从1325年起开始他历时24年的第一次旅行，他到达新霍尔木兹的时间要比汪大渊晚。他明确指出，新霍尔木兹"是个岛屿，城名哲朗，是一座美丽的城市，有热闹的市场"。他到达新霍尔木兹时，正好霍尔木兹苏丹古图本丁·台赫曼坦（Kutbuddin Tahamtan）准备和他弟弟尼赛门丁的两个儿子作战。古图本丁是新霍尔木兹的第四任君主，他在1320年占领了卡伊斯岛，打败了巴林，从此便和卡伊斯结下冤仇。仰赖一支海上舰队，独霸海湾贸易达200年之久的卡伊斯从此就被霍尔木兹替代。尼赛门丁是个亲近卡伊斯苏丹的人物，早先乘古图本丁前往霍尔木兹旧城时自立为苏丹，并几次打败了以卡勒哈特为根据地的古图本丁。后来古图本丁设计派人毒死尼赛门丁，杀回哲朗，尼赛门丁的两个儿子只得逃亡卡伊斯岛。卡伊斯位于西拉夫和巴林之间，居于珍珠潜场的要冲，每年从过境贸易和珍珠采集业取得巨大利益。卡伊斯苏丹常住在西拉夫，和霍尔木兹的关系十分微妙。所以伊本·白图泰到达西拉夫时竟说卡伊斯城又叫西拉夫城。看来由于元朝和伊儿汗国的特殊关系，中国帆船仍有许多前往卡伊斯经商的。但从汪大渊造访卡伊斯后，新霍尔木兹便蒸蒸日上，足足繁荣了200年。

汪大渊在甘埋里条记下卡伊斯通过马船贸易将大批马匹运往南印度，并有木香、琥珀等来自利凡特和巴林的货物转送到西洋国，是转运佛朗（泛指欧洲）货物的一大海港。据同书古里佛条："其珊瑚、真珠、乳香诸等货，皆由甘理、佛朗来也。"这里的甘理，与佛朗对仗，恐非阿拉伯半岛上的卡勒哈特（Kalhat），而是甘埋里条中记述转运佛朗货物的卡伊斯。很清楚，对于南印度货物来说，卡伊斯尚非终端港，只是南印度—卡伊斯—佛朗货运线中的重要中转港，所以"甘理"无非就是"甘埋里"的别写，等于是甘埋里的简称"甘里（理）"。《岛夷志略》丹马令（今泰国洛坤）条中用作贸易物的甘理布，正是卡伊斯出产的一种细棉布。

---

① 海军海洋测绘研究所、大连海运学院编：《新编郑和航海图集》，人民交通出版社1988年版，第82页。

卡伊斯不但是马拉巴和利凡特之间的最大中转港，同时还通过马拉巴运销大批中国货物和中国帆船从东南亚运去的香料（丁香、豆蔻）。中国货有青缎、苏杭色缎、青白花瓷、瓷瓶、铁条、红色烧珠和名贵的麝香。著名的丝绸产品从苏州、杭州等产地由中国帆船直销波斯湾，或由马船从马拉巴运去。从元代起由景德镇精制的一种新产品青花瓷也由汪大渊详细记下了它的运销地，使人不难明白，这种瓷器在元代便已名闻印度洋各地了。青花瓷，汪大渊称作青白花器，在甘埋里条之外，并见于苏洛鬲（马来西亚）、小唄喃（印度）、古里佛（印度）、天竺（印度）、朋加剌（孟加拉）、天堂（沙特阿拉伯）诸条，在丁家卢（马来西亚）条更明确写成"青白花磁器"，是印度洋区域贸易中为穆斯林和印度教徒喜闻乐见的瓷器精品。青白花器与称作青白瓷（班达里条）的产品不同，是元代新兴的一大瓷系。汪大渊在同书中分别用青白瓷（班达里条）、青器（青磁器）、处州磁器、青白花器来称呼各类瓷器。书中又多处提到青白花碗，通用于菲律宾、泰国、印度尼西亚、马来西亚、肯尼亚各地，是一种花纹简约，用国产青料作呈色剂的青花粗瓷，适合大众消费。在上述国家的考古发掘中都可以见到元代的青花瓷，尤以菲律宾出土的早期青花瓷（即元青花瓷）最引人注目。柬埔寨古都吴哥也曾出土元青花瓷和青白瓷。泰国、印度尼西亚的爪哇和马来西亚的马六甲发现的青花瓷中也有元代制品。肯尼亚出土的元瓷不但有青花，更有罕见的釉里红。这些产品在印度洋东部地区的都由中国船直接运去。中国船已在元代直接通航卡伊斯。阿拉伯船参与其事，至多是在马拉巴与波斯湾之间的一段。甘埋里的正确考释，有助于我们今天了解收藏于伊朗阿达比尔神庙、德黑兰博物馆和土耳其各地的元代青花瓷的悠久历史和运输途径。约翰·波普在他的《阿达比尔神庙的中国瓷器》[1]中提到神庙的瓷器都应由海路运到伊朗，以为根据《诸蕃志》和郑和下西洋的资料，阿拉伯人在这种瓷器贸易中的作用更胜过中国人。研究泰国瓷器的查尔斯·史宾克斯（Charles Spinks）在对波普所作的书评中，从泰国的角度推测，元瓷从曼谷湾经墨吉运往印度、中东和欧洲[2]，路径更为偏颇，这是由于"八都马"的误释引起的以偏概全之说。

三、麻呵斯离

在汪大渊到过的海港城市中还有麻呵斯离，考释者从藤田丰八到冯承钧、苏继顾

---

① 约翰·波普：《阿达比尔神庙的中国瓷器》（John Pope, Chinese Porcelains from the Ardebil Shrine），华盛顿1956年版。

② 查尔斯·史宾克斯（Charles Spinks）对约翰·波普《阿达比尔神庙的中国瓷器》的书评参见《暹罗学会杂志》（Journal of Siam Society）1958年11月号。

都以为是伊拉克北部内地的摩苏尔（Mosul），阿拉伯语读作毛绥里（al-Mawsil，Mausini）。但汪大渊明明说这里"煮海为盐，酿茗叶为酒"，而且与一个名叫鲸板奴国的相近。而鲸板奴，柔克义、藤田丰八都没有考订是什么地方。

且看汪大渊的原文：

> 去大食国八千余里，与鲸板奴国相近。由海通溪，约二百余里。石道崎岖，至官场三百余里。地平如席。气候应节。风俗鄙俭。男女编发，眼如铜铃。穿长衫。煮海为盐，酿茗叶为酒。有酋长。地产青盐、马乳葡萄、米、麦。其麦粒长半寸许。甘露每岁八九月下，民间筑净池以盛之，旭日曝则融结如冰，味甚糖霜。仍以瓷器贮之，调汤而饮，以辟瘴疠。古云，甘露王如来即其地也。贸易之货，用刺速斯离布、紫金、白铜、青琅玕、阇婆布之属。

麻呵斯离的一个特点是"煮海为盐"，类似的记载在汪大渊笔下有好多处。因为汪大渊到过的地方几乎都在沿着海岸线和有河流的地方，能不能"煮海为盐"便成了当地食盐能否供应充足的重要依据。不但如此，麻呵斯离还是出产米、麦的地方，有一种以奇长的麦粒见称的小麦。且每年八九月有甘露降临，可以制成冰糖。这样的一个麻呵斯离一定是在波斯湾或阿拉伯海的近海区，不会是远离波斯湾的毛绥里。用毛绥里对译麻呵斯离很牵强，与阿拉伯语法不合。在巴林海岸（又称哈萨海岸）和阿拉伯沿海，出产米、麦的地方很多，哈萨和阿曼都产稻，小麦出产在也门和一些绿洲，大麦是用来喂马的。马、骆驼和椰枣、乳香是阿拉伯享有世界声誉的四项动物和植物产品，和阿拉伯社会生活息息相关。但既产麦又产稻的只有阿曼。在阿曼北部哈贾尔山脉东西两侧的平原，土地最为肥沃，是发展种植业的最佳地方。由此可知，米、麦在阿曼湾沿岸（西起苏哈尔以北的席纳斯，东至马斯喀特的巴提纳地区）和波斯湾南部的布赖米绿洲都有种植。布赖米绿洲联结着阿曼和阿布扎比的村庄。

鲸板奴这个名词和波斯湾南端的腊斯杰贝勒（Ras Jabal）半岛音近，也和佐法尔（阿拉伯音"采法尔"，Zufar）的发音近似。佐法尔是著名的乳香与没药产地，与马赫拉（Mahra，或译麦海赖）及阿曼左右相邻。所以麻呵斯离要么是与腊斯杰贝勒相邻的马斯喀特海岸（Shihr al-Masqat），要么是与佐法尔邻接的马赫拉海岸（Shihr al-Mahra）。在中古时代，佐法尔不过是马赫拉海岸的一部分。佐法尔的主要粮食是大米，但从伊本·白图泰游记可以知道，那是从印度运去的，当地只产小麦和大麦。

汪大渊到达麻呵斯离的官场要走山路，"由海通溪，约二百余里"。然而阿拉伯半岛全境因雨量稀少，土地干旱，并无一条常年可以通航的河流，只有少数干涸或季节性的溪流。在10世纪末用波斯文编写的《世界境域志》（Hudad al-Alam）第37章中，关于阿拉伯国有这样的论述："该国全境只有一条发源于蒂哈玛山（Tihama）的河，经雅兰（Jaulan）地区和海德拉毛地区注入大海，是一条小河。"①难怪汪大渊只用"溪"来描述当地的流水。阿曼地区采用波斯人引用地下水的办法，用法拉杰渠灌溉，很有点像中国西北地区的坎儿井。在12世纪，伊德里西已经表示，从苏哈尔走陆路到巴林要20天，十分艰辛。而在伊本·白图泰时代，从阿曼到巴林的陆上交通已完全中断②，汪大渊要到那个既产米又种麦的阿曼，只有先到马斯喀特，从马斯喀特向内地的官场进发，要翻越腊斯杰贝勒半岛以东与海岸线并行的哈贾尔山脉。从哈贾尔山发源有一条季节性的溪流，是南流入沙漠的哈勒芬河的北支。这条河约有200多里。要到尼兹瓦，必须在溪流以西翻山越岭，这段山路"石道崎岖"，共300余里，然后抵达阿曼首府尼兹瓦。尼兹瓦"风俗鄙俭"，但却"穿长衫"。穿长衫的国家，在汪大渊笔下只有重迦罗（爪哇），朋加剌（孟加拉），印度的天竺、华罗、放拜，阿拉伯的天堂，以及东非的加里那、加将门里少数几处地方，属于讲究衣着、文明程度较高的国家。在阿拉伯国家中，天堂（麦加）之外，唯有阿曼了。虽然据《瀛涯胜览》，佐法尔人也是穿长衫的，但在伊本·白图泰时代，那里的人并不穿长衫，而用披巾代裤子，甚至背上也披一巾，因此麻呵斯离不会是与佐法尔邻接的马赫拉，而是马斯喀特海岸，当年这里属于霍尔木兹苏丹管辖。在4000年前，美索不达米亚人称阿曼叫马干（Magan），Ma是苏美尔语中的"船"。"摩诃"也可能是"马干"的音转，因为闽南话将[k]读作[h]，而且[g][k]不分。

汪大渊的这段见闻，可以和伊本·白图泰的经历作一比较。伊本·白图泰从佐法尔乘船去阿曼，途中经历一度磨难。到了卡勒哈特（Kalhat），之后在沙漠中走了六日，第七日才到阿曼首府尼兹瓦，四周有许多花园流水，市场亦很美观。汪大渊经过300余里到达的官场也只能是尼兹瓦，所以离海边很远。从这里推测，汪大渊登岸的地方若非卡勒哈特，便是马斯喀特了。

伊本·白图泰从印度和中国归来后，在1347年4月再去阿曼，曾亲自到过马斯喀

①　米诺尔斯基英译本：《世界境域志》（V. Minonky, The Regions of the World），伦敦1970年版；王治来、周锡娟译，新疆社会科学院中亚所1983年版。

②　威尔逊：《波斯湾简史》（Sir Arnold T. Wilson, The Persian Gulf, An Historical Sketch from the Earliest Times to the Beginning of the Twentieth Century），伦敦1954年版，第91页。

特，那时的马斯喀特只是一个小镇。或者正因如此，所以汪大渊只以麻呵斯离统称霍尔木兹属下的阿曼，而"麻呵"正是马斯喀特（Masqat）最早的一个汉译名。马斯喀特在10世纪已是波斯湾重要的中转港，所以曼苏地在《黄金草原》第362节中记述："波斯湾开始于巴士拉的海滨栅状突堤……从那里到阿曼的马斯喀特（那里拥有水井，可供海员前往汲取淡水）有50多古里的距离。从马斯喀特到朱姆朱迈角的距离也相仿，后者是波斯湾的最远边界。"但其间的距离据航海者计算有400古里。照曼苏地解释，腊斯·朱姆朱迈角是经过席赫尔（ash-Shihr）和艾喀夫（al-Anqaf）地区和也门相连接的一座山，伸向海中很远的地方。尽管曼苏地在实际距离计算上前后矛盾，但马斯喀特在该地区（今波斯湾、阿曼湾）地理上的重要地位总算是清楚的。"麻呵斯离"这个名称可能早已在该地流传，所以汪大渊才有这样的称呼。

汪大渊认为麻呵斯离古称"甘露王如来"，这个译名太中国化，容易使人困惑费解。其实它的原音是"卡尔马特极端派分子"。870年在巴士拉参加黑奴暴动，皈依伊斯马仪教派的伊拉克农民卡尔马特，在伊斯马仪教派教义的基础上发展新的教义，创建了卡尔马特派，主张建立人人平等、财产公有的社会。从9世纪一直到12世纪，卡尔马特及其信徒持续不断地掀起席卷穆斯林世界的社会运动。卡尔马特于899年正式建国，将哈萨定为国都。他们信奉阿里甚至胜过先知穆罕默德，因此被认为是极端派（g'hulāh），连构成什叶派主干的伊玛目派也认他们是极端派。汪大渊因此以"甘露王"对译卡尔马特，用"如来"称呼"极端派"。

汪大渊亲访尼兹瓦的时候，正当阿曼国王空位期间（1153—1406年）。阿曼沿海受到波斯的入侵，阿曼对外贸易先后处于卡伊斯和霍尔木兹统治者的控制。从汪大渊列举阿曼进口的货物便可知道海上贸易对当地经济是如何重要了。

这些被中国贸易商用来交易的商品中，有刺速斯离布和阇婆布。刺速斯离布①是哈萨（al-Hasa）海岸所产的棉布。刺速的对音就是Lahsa（Hasa，al-Ahsa），斯离是shihr（海岸）。纳赛尔·科斯老（Nasir-I-Khusraw）在1051年亲自去了Lahsa，这地方在巴林岛（Awal岛，今木哈腊克岛）上。巴林群岛是哈萨海岸的一部分，又称巴林地区，包括阿拉伯半岛东海岸的大部分，北起朱拜勒城南的卡最麦，南抵麦什哈特阿曼（今阿拉伯联合酋长国的东部）及其附近各岛。汪大渊提到的阇婆布，应是借用爪哇的阇婆译出阿拉伯语的祖巴尔。祖巴尔亦即卡塔尔半岛，阿布·曼苏尔的《地理志》称当地

① 苏继顼《岛夷志略校释》（中华书局1981年版，第372-373页）将此布拟作razaki cīni，为一种麻布。

居民以捕鱼、采珠为业，尤以出产纺织品著称。以上两种布匹都是当年汪大渊考察波斯湾贸易时当地的重要商品。毫无疑问，中国贸易商也参与了波斯湾和阿曼的海上贸易，这些货物都是卡伊斯或霍尔木兹市场上的热门货。

汪大渊提到的货物中还有紫金和青琅玕。紫金是产自印度的紫磨金，初称阎浮檀金，即阎浮河金，为亚穆纳河的沙金提炼。以色分青、黄、赤、紫磨四等。紫磨金具有众色，为贵。魏晋以后，由于印度黄金大量输入中国，为社会所重，便以上金称为紫磨金。青琅玕是印度西海岸出产的绿柱玉（beryl），结晶成长柱状，常有纵行细纹，有赭色、水绿色、黄绿色、淡绿色等各种玻璃光泽，印度自古以产这种宝石著称。呈绿色玻璃光泽的就是绿宝石（emerald）。斯特拉波已知道印度用绿柱玉作酒杯的花纹。南印度科因巴托县的云母矿中有这种矿石，东部奈洛尔县亦有出产。拉贾斯坦有大量的粗矿，常被查坡尔（Jaipur）的珠宝商琢成饰珠出售[①]。紫磨金和青琅玕是中国海外贸易商在当时参与印度洋北部区域贸易的两项贵重物品。

至于白铜一项，可能直接由中国运去。阿曼自古产铜。在公元前二千纪，乌尔第三王朝已从阿曼进口铜，曼苏地还特地提到阿曼产铜。后来铜矿枯竭，经济停滞。阿曼现在没有铜矿，但苏哈尔附近位于基西干河上游的马阿丹山以及古尔干河等地还有旧铜矿，在尼兹瓦和比尔卡特·毛兹附近也有废弃不用的矿场。对美索不达米亚使用的铜和马阿丹山的矿坑进行矿石鉴定，两地都含有百分比相同的镍[②]。这种铜就是通常所称的白铜。中国云南自古出产白铜，汉代已运到巴克特里亚。看来到元朝，云南白铜还通过云南和伊洛瓦底江从海上转运到印度古里佛和阿曼。欧洲人知道镍白铜最早也是17世纪的事了[③]。18世纪初，耶稣会传教士到云南测量地图，才正式知道云南白铜，遂向欧洲报告。然而早在元代，云南白铜就已向阿曼出口。汪大渊在天堂条指出，云南有路通天堂（麦加），就是浓缩的这条海运路线，此路经南印度又将一些云南特产运到了阿曼。

从汪大渊对阿曼物流的考察看，他去了卡伊斯和巴士拉，回程再经卡伊斯到马斯

① 勃朗、戴主编：《印度矿产志》（J. C. Brown, A. K. Dey ed., India's Mineral Wealth），牛津1955年第3版，第598页。

② 李曼斯：《古巴比伦的对外贸易》（W. F. Leemans, Foreign Trade in the Old Babylonian Period as Revealed by Texts from Southern Mesopotamia），莱登1959年版，第122页。

③ 沃拉尔：《白铜：中国对欧洲的镍黄铜贸易》（E. Worrall, Paktong: The Trade in Chinese Nickel Brass to Europe），载于大英博物馆《贸易和发现》（Trade and Discovery）1995年版；塔姆：《巴克特里亚和印度的希腊人》（W. W. Tam, The Greeks in Bactria and India），剑桥1951年版，第87页；张资琪：《略论中国的镍质白铜和它在历史上与欧亚各国的关系》，载于《科学》1957年第3期。

喀特，直至内地的尼兹瓦，然后由马斯喀特登舟去印度，踏上归途，结束了他的第一次出国考察活动。

四、麻那里

汪大渊在他第二次出国经商期间（1334—1339年）曾到过麦加和北非、东北非，以及东非沿海的许多地方。在印度洋西部的东非，继伊本·白图泰于1332年南航坦桑尼亚的基尔瓦之后不久，汪大渊也去过基尔瓦·基西瓦尼（Kilwa Kisiwani），这个地方被他译作"加将门里"。他还到过摩加迪沙（班达里）、马林迪（层摇罗）等许多城镇。他考察过的东非海港城市中，有一个是麻那里：

> 界迷黎（Mrima）之东南，居垣角（Unguja）之绝岛。石有楠树万枝，周围皆水。有蠔如山立，人少至之。土薄田瘠，气候不齐。俗侈。男女辫发以带捎，臂用金丝。穿五色绢短衫，以朋加剌布为独幅裙系之。地产骆驼，高九尺，土人以之负重。有仙鹤，高六尺许，以谷为食。闻人拍掌，则耸翼而舞，其容仪可观，亦异物也。

麻那里由于出产骆驼和仙鹤（鸵鸟），被柔克义、藤田丰八指认在东非某地，苏继庼才以肯尼亚北部沿海的马林迪相当，以为麻那里是马林迪的讹转[①]。然而马林迪在汪大渊笔下却是以层摇罗（桑给巴尔，黑人国，Zangabār）相称的，当时桑给王就住在马林迪[②]。又或以为麻那里在澳洲北部，现在的达尔文港以东，原意是马来语或印度尼西亚语中的Ma'rani（Maharani，女王）[③]。好在汪大渊曾明确指称麻那里的社会风气崇尚奢华，是个讲究衣着饮食、商业繁忙的地方。汪大渊每到一处，都留意当地社会风气，分别以"俗尚朴""俗尚礼""俗尚节义""俗直""俗鄙薄""风俗尚怪""风俗劲悍""俗淳""俗厚""俗质""俗陋""俗尚俭""俗节俭"等词语评说，而称"俗尚华侈"（真腊）、"俗尚侈"（淳泥）、"风俗侈丽"（波斯离）、"俗侈"（麻那里）的仅有四处。

---

① 苏继庼：《岛夷志略校释》，中华书局1981年版，第295-296页。

② 参见本书《元代海外贸易家汪大渊周游非洲》，原载《西亚非洲》1983年第1期；另见沈福伟：《中国与非洲》，中华书局1990年版，第400-401页。该书第404-405页指认基尔瓦东南的小岛松戈·姆纳拉是麻那里译名的依据，此说欠妥。

③ 韩振华：《元朝有关澳洲的几个地名名称及其风土人情的记述》，收入韩振华《中国与东南亚关系史研究》，广西人民出版社1992年版，第101-112页。该文又把汪大渊的罗婆斯一地改为罗婆斯（印尼语Nusa-su）的对音，作为最末之岛（绝岛），考作澳洲北部的基培利台地。

对于"百物皆廉""田畴极美"的朋加剌，也只说"风俗最为淳厚"；对于"宫室壮丽""道不拾遗"的爪哇，民风亦只是"俗朴"，并无侈丽之说。那时的澳洲，无论是西部还是东部，都还处于蛮荒之境，有这样侈丽之风的麻那里绝不在澳洲，是十分清楚的。

麻那里地处东非，该地的侈丽之风实由波斯湾头素盛海外贸易的波斯商人带来。汪大渊记风俗侈丽的巴士拉人"穿驼褐毛衫，以软锦为茵褥，烧羊为食"。麻那里则是"男女辫发以带捎，臂用金丝。穿五色绢短衫，以朋加剌布为独幅裙系之"。麻那里的男女流行臂上穿戴金钿，因为远在东南非洲的索法拉就是著名的黄金国，以输出黄金而闻名于世。麻那里人身上穿的五色绢短衫，也都由波斯、印度甚或中国运去，孟加拉布更是深受喜爱的裙料。这么多的舶来品都是麻那里人日常生活中不可缺少的物品，当地与波斯湾及印度之间季风贸易的繁忙，于此可见一斑。

麻那里的位置正好在迷黎的东南。迷黎是斯瓦希里的姆里马地区，在坦噶尼喀的北部沿海。"居垣角之绝岛"一句，若将垣角视作一处地名的音译，则最合适的对音便是桑给巴尔岛的古称翁古贾（Unguja）了。翁古贾是斯瓦希里名称，照雅库特《地理辞典》，阿拉伯文的写法是Languja。雅库特描写桑给巴尔岛："这是桑给国的一个大岛，为国王的居住地。从事沿海贸易的小船来往其间。有几种藤蔓植物，一年可以三次结实。该岛的居民曾向另外一个叫通伯特（Tumbat）的岛移民，这些居民都是穆斯林。"通伯特（又作Tumbatu）是桑岛西北角上的一个小岛，那里的居民原是10世纪的设拉子移民的后代。据阿拉伯文《基尔瓦编年》，10世纪末设拉子苏丹阿里·伊本·哈桑（Ali ibn al-Hasan）和他的儿子率领七艘船到了奔巴岛、桑给巴尔岛和基尔瓦·基西瓦尼，从此加强了这些地方和波斯湾地区的联系。后来阿拉伯人陆续到达那里经商。东非沿海地区在12世纪以后便和波斯湾、亚丁湾建立起季风贸易关系了。葡萄牙文《基尔瓦编年》记述，1178—1195年，基尔瓦第十一世苏丹苏莱曼·本·哈桑（Suluiman bin Hassan）征服了沿海地区，将奔巴岛、桑给巴尔岛、马菲亚岛以及索法拉和沿岸地区的大部分贸易处于他的控制之下。这就是东非历史上出现的基尔瓦苏丹统一王朝马赫迪里（Mahdali，Mahadila），汪大渊译作麻那里，[d][n]有音转。

马赫迪里是也门西南地区赛义德的望族马赫迪里在东非沿海建立的基尔瓦王朝（975—1505年），或称阿布尔·莫瓦希布。汪大渊既然将基尔瓦·基西瓦尼译作加将门里，那么"居垣角之绝岛"的麻那里，当然不会是基尔瓦了。麻那里也和蒙巴萨以北的Mnarani音近，这地方在格迪和蒙巴萨的中间，它的东北沿海有基利菲（Kilif）和基托卡（Kitoka）两个集镇，考古发现都有许多来自亚洲的贸易物。但Mnarani在历史上并非一大重镇，无法和翁古贾岛相提并论。翁古贾所以会成为一个"绝岛"，是由于它正好是波斯、阿曼和印度船南航东非进行季风贸易的一个极限①。再往南去，不但会使返航时间拉长，而且还会冒更大的风险，因此奔巴、桑给巴尔以南的海上贸易大多转由从事区间贸易的小船进行。在基尔瓦全盛时期的14世纪，中国帆船确已参与了东非贸易②，因而使东非沿岸各地对中国传统产品（绢缎、瓷碗、铁器、花银）的进口有显著的增加。汪大渊虽然并未提到麻那里进口些什么货物，但当地和中国交易的繁忙程度可以从桑给巴尔岛卡金瓦出土的藏有中国宋钱176枚的窖藏和瓷片得到印证③。伊德里西在12世纪上半叶已叙述过中国人在这里经商的情景④。从12世纪初蒙巴萨总督直接继位为基尔瓦第七世苏丹哈桑·伊本·达乌德（al-Hassan ibn Dawud，1083—1106年在位）起，蒙巴萨、桑给巴尔等地与基尔瓦的关系就更加密切了⑤。1332年，伊本·白图泰经摩加迪沙、蒙巴萨到了基尔瓦，他见到基尔瓦是一座滨海的大城，当地居民多数是黑人。他称赞城市美丽，宫室庄严。当时基尔瓦苏丹哈桑·阿布尔·莫瓦希布（Hasan Abu'1-Muwahib，1310—1333年在位）正在发动对异教徒的战争⑥。汪大渊大致在四年后到达桑给巴尔和基尔瓦，那时基尔瓦苏丹已在桑给巴尔铸造自己的钱币，通行东非⑦。据阿拉伯地理学家记录，在13世纪到14世纪初，桑给王驻地不是在蒙巴萨，便是在马林迪。蒙巴萨、奔巴岛、桑给巴尔岛是马赫迪里苏丹国最富有的地方。可是到1336年汪大渊抵达桑给巴尔和东非沿海时，桑给巴尔已处于一种非同往常的政治背景之下。《帕特纪年》宣称，帕特苏丹奥莫尔·本·摩罕默德（Omar bin Muhammad，1331—1348年在位）曾侵袭所有斯瓦希里的城镇，占有了从帕特直到德尔加多角以南克林巴群岛的全部城镇，东部边疆一直扩展到索马里沿岸的瓦希克人居住地，"这些地方都臣服于他，除了桑给巴尔。他当年未能统治桑给巴尔；那里还未达到要拥有一个

① 乔·葛莱：《桑给巴尔史》（John Gray，History of Zanzibar，from the Middle Ages to 1856），牛津大学1962年版，第5页。

② 沈福伟：《中国与非洲》，中华书局1990年版，第368-373页。

③ 弗里曼-格伦维尔：《中世纪坦噶尼喀沿岸史》（C. S. P. Freeman-Grenville，The Medieval History of the Coast of Tanganyika），柏林1962年版，第222页。

④ 沈福伟：《12世纪的中国帆船和印度洋航业》，原载于《历史学》1979年第2期。

⑤ 罗戚：《东非史》（Richard Reuch，History of East Africa），纽约1961年版，第128-129页。

⑥ 伊本·白图泰：《游记》（Ibn Batoutah，Voyages，4 toms），德弗雷（C. Defrémery）、桑桂那蒂（B. R. Sanguinetti）编译，巴黎1922-1949年版，第2卷，第192-193页。

⑦ 弗里曼-格伦维尔：《葡萄牙时期前的东非钱币》（G. S. P. Freeman-Grenville，Coinage in Africa before Portuguese Times），载于《钱币学年鉴》（Numismatic Chronicle），1957年第17卷，第151-175页；英格姆：《东非史》（Kenneth Ingham，A History of East Africa），伦敦1962年版，第6页。

国王的地步"①。在那些明显夸张而相互抵牾的史料中，桑给巴尔得以置身于动荡的大陆沿岸政局之外，却是个十分突出的事实。所以汪大渊将此岛称作麻那里，来指认当地和马赫迪里王朝的关系。汪大渊称这里的居民"辫发以带捎"，只有天堂（麦加）的习俗相似。由于汪大渊没有去过亚丁，所以他不了解这是典型的斯瓦希里化了的亚丁人的打扮。当地人穿五色绢短衫，用朋加剌布作独幅裙，清楚地说明了桑给巴尔和马尔代夫及孟加拉之间的贸易联系。这些具有经营印度洋贸易实力的也门人，操纵着桑给巴尔的经济，是控制了大陆沿海政权的地方势力无法摆布的。

和麻那里同在一个地区的罗婆斯，当然也绝非澳洲之地。这里是伊德里西提到的波尼（al-Benes）。伊德里西说，基尔瓦苏丹在他的北方建立了两处军事据点，其中一处叫波尼，从蒙巴萨到波尼陆行要六天，水路才240公里，所到的地方是坦噶尼喀当年从内地贩运奴隶的口岸乌通德维（Utondwe）。还有一处叫杜纳（Tuhnet），是在波尼向南走水路240公里的地方②。前者便是罗婆斯。罗婆斯在西方学者的著作中被定在潘加尼到萨达尼、巴加莫约的大陆沿海③，都只是出于推测。汪大渊却向我们提供了一个确切的地点，他说："（罗婆斯）国与麻加那之右山联属，奇峰磊磊，如天马奔驰。形势临海，风俗野朴。不织不衣，以鸟羽掩身。食无烟火，惟有如茹毛饮血、巢居穴处而已。"

这地方是元代周致中《异域录》中的担波国，在巴加莫约之北，萨达尼以南。萨达尼的南面有姆利加吉河（Mligaji River），自西而东入海，"麻加那之右山"指西面的东非高原诸山，其东北是乞力马扎罗山的南支乌桑巴拉（Usambara）山，南联潘加尼河（鲁武河）下游。麻加那是Mligaji的对译。看来，汪大渊在到基尔瓦之前就到了这个地方，而这里不过是当年苏丹为对付黑人奴隶和象牙贸易而设置的一个军事据点，现今则被桑给巴尔的酋长所控制，难怪当地经济仍停滞在"茹毛饮血"的阶段，使汪大渊体验到文明差异之大，以致感慨万分了。

---

① 乔·葛莱：《桑给巴尔史》（John Gray，History of Zanzibar，from the Middle Ages to 1856），牛津大学1962年版，第22页。

② 伊德里西：《地理志》（al-Idrīsī，Nuzhat al-Mushtāq fī Ikhtirāq al-āfāq），若贝法译本（P. A. Jaubert，Géographie d'Edrisi），第1卷，巴黎1836—1840年版，第57-58页。

③ 波尼（罗婆斯），汉译本《非洲通史》（第4卷，中国对外翻译出版公司1992年版，第379页）译作巴纳斯，以为是坦噶以南潘加尼河口的潘加尼（Pangani），此说是弗里曼-格伦维尔《中世纪坦噶尼喀沿岸史》（G. S. P. Freeman-Grenville，The Madiaeval History of the Coast of Tanganyika，柏林1962年版）的主张。

郑和宝船队的东非航程

　　15世纪上半叶，在明代永乐（1403—1424年）、宣德（1426—1435年）年间，中国的海外贸易有过重大的进展。从1405年起到1433年止，由政府派出以郑和为首的宝船队前往印度洋各国开展官方贸易，进行了声势浩大的七下西洋的海上活动。

　　由郑和、王景弘等多次组织的宝船航行，对于发展中国和亚非国家的政治关系，畅通印度洋航路，活跃中国和东南亚以及印度洋各国的经济往来，曾有过卓越的贡献，产生了深远的影响。根据明代谈迁的《国榷》卷十三，宝船队从第一次下西洋（1405年农历七月—1407年农历九月）起，航程便远达波斯湾的忽鲁谟斯（霍尔木兹）、印度洋西部的溜山（马尔代夫）、阿丹（亚丁）和天方（吉达）。这些海港自12世纪起就已是中国远洋帆船经常出没的地方。值得注意的是，谈迁的记载使得我们必须重新审视伯希和、戴闻达对于郑和船队第一次到第四次下西洋航程所作的推算。在李约瑟《中国科学技术史》所标示的郑和航海图上，其中对到达亚丁（1417年）、马尔代夫（1413年）、摩加迪沙（1417年）、布腊瓦（1417—1421年）、朱巴（1420年）等地的年代都不妥帖①。

　　从13世纪下半叶起，中国帆船不但航行到南海和印度洋东部地区，而且积极参与南印度、亚丁湾和斯瓦希里海岸之间的三角贸易，成为印度洋西部地区从事中转贸易

---

①　李约瑟：《中国科学技术史》（J. Needham, Science and Civilisation in China），剑桥1971年版，第4卷，第3分册。

的一支生力军。郑和和他的副手追随着前代航海家开创的远洋航行的业绩，在发展印度洋航运业方面承前启后，继往开来，多次统率规模巨大的宝船队开赴亚非各国，将中国的远洋航运事业推向了一个前所未有的高度，在国际政治舞台上开创了光辉灿烂的新局面。由于广泛使用罗经导航，配备了精确的航海地图，宝船队在延伸原有的航路，测定更加可靠安全的新航线方面都取得了巨大的成就。

一、宝船队去过几次非洲？

11世纪以来，中国远洋帆船便以南印度马拉巴海岸各港作为印度洋航运中的枢纽和最大的寄泊港。明初宝船队在印度洋上的航行基地同样也在马拉巴海岸，科泽科特成为下西洋宝船在印度洋上最大的停泊港。定期往来的宝船必须在东北季风期内开赴科泽科特，同时在印度洋上派出分遣船队，分赴阿拉伯半岛、霍尔木兹海峡和东非各地。何乔远《名山藏·王享记三》甚至以为郑和船队只有到了科泽科特才算是开赴外国的开始，将中国宝船队在印度洋西部地区的活动称为"下番"。

郑和宝船队第一次出航，航程最远限于北纬5°以北的印度洋海域，曾抵达马尔代夫，但没有进入索马里南部的贝纳迪尔海岸。第二次下西洋仅到科泽科特为止。从第三次起，宝船队便通过马尔代夫抵达摩加迪沙，首次通航东非。自此以后，宝船每次出航都将东非各港列入航程以内。自第三次至第七次下西洋，先后连续五次开赴摩加迪沙、布腊瓦等东非重要海港，使该航线成为足以和霍尔木兹航线、亚丁航线并列的主要航线。

宝船队五访东非的过程大致如下：

第一次（即第三次下西洋），1409年农历十二月出发，1411年农历六月返国。郑和船队到达南印度奎隆后，开始分艅，一支船队越过马尔代夫群岛的马累岛，第一次开赴贝纳迪尔的摩加迪沙、布腊瓦。另一船队由奎隆、科泽科特（《明太宗实录》卷八十三）前往吉达和霍尔木兹（陆容《菽园杂记》卷三）。

第二次（即第四次下西洋），1413年农历十二月出发，1415年农历七月返国。大艅宝船直抵霍尔木兹[1]，并去过亚丁、吉达，到过埃及的港口艾特伯[2]。然后继续开往摩

---

① 娄东刘家港天妃宫《通番事迹记》，载于钱谷《吴都文粹续集》卷二十八"道观"；长乐南山寺《天妃之神灵应记》，参见冯承钧：《中国南洋交通史》，商务印书馆1937年版，第104—106页。

② 马欢《瀛涯胜览》卷首纪行诗云"忽鲁谟斯近海傍，大宛米息通行商"，表明这次航行到过米息（埃及）。

加迪沙、布腊瓦，而且深入到基尔瓦（麻林）[①]，进入季风航行区外的莫桑比克（比刺）和索法拉（孙刺）。莫桑比克和索法拉同霍尔木兹、科泽科特、柯钦、马尔代夫一起被列为中国使节所到印度洋西部地区的六国。由于这次航行到达了《明史》认为"去中华绝远"的比刺和孙刺，超越了德尔加多角，深展到了印度洋沿岸航线的最南端，找到了几个世纪以来传说的印度洋索法拉黄金和象牙贸易的心脏地区，因而成为七次下西洋中航程最长的一次，也是中国远洋帆船通过莫桑比克海峡的风暴区，而在印度洋航行中具有创新意义的一次。

第三次（即第五次下西洋），1417年农历十二月出发，1419年农历七月返国。郑和奉命护送科泽科特、亚丁、霍尔木兹、马尔代夫等来华的十九国使团回国（《明太宗实录》卷一八三），其中也有摩加迪沙、布腊瓦和基尔瓦等国的使节。船队再次深入东非沿海，远抵基尔瓦苏丹国的首都基尔瓦·基西瓦尼。由于明朝与这十九国之间的贸易正处于高潮时期，所以在1419年郑和船队返航回国时，霍尔木兹随船进贡狮子、金钱豹、大西马，亚丁向中国奉献麒麟（长颈鹿）和长角马哈兽（大角斑羚或非洲大羚羊的统称），摩加迪沙向中国馈赠花福禄（斑马）和狮子，布腊瓦进献千里骆驼和驼鸡（鸵鸟），爪哇和科泽科特使者带来了麋里羔兽（印度羚羊）[②]。印度洋各国与中国的外交关系和经济合作都显得生机勃勃，盛况空前。

第四次（即第六次下西洋），1421年农历二月出发，1422年农历八月返国。郑和继续率领庞大的船队护送霍尔木兹、科泽科特、亚丁、马尔代夫、摩加迪沙、布腊瓦等十六国使团返国，分遣船队同时进入贝纳迪尔沿海。

第五次（即第七次下西洋），1431年农历十二月出发，1433年农历七月返国。明宣宗仿效永乐时的宝船贸易，又派遣郑和动用宝船61艘，率领官兵27550名，遍历霍尔木兹、亚丁、吉达、马尔代夫等二十二国[③]。这次宝船到了索马里的摩加迪沙、布腊瓦和朱巴。

---

① 冯承钧：《中国南洋交通史》，商务印书馆1937年版，第97页，第106页注9。但冯承钧也将麻林当作马林迪。

② 参见娄乐刘家港《通番事迹记》："永乐十五年，统领舟师往西域，其忽鲁谟斯国进狮子、金钱豹、西马，阿丹国进麒麟，番名祖刺法，并长角马哈兽，木骨都束国进花福禄并狮子，卜刺哇国进千里骆驼并驼鸡，爪哇国、古里国进麋里羔兽，各进方物，皆古所未闻者。"

③ 《明宣宗实录》卷六十七和《国榷》卷十七都说这次下西洋经历二十国和旧港宣慰司，而列举国名只有十七国。巩珍《西洋番国志》举这次所历二十国，而其中有旧港、暹罗、那姑儿、黎代、阿丹、天方，却都不见于《实录》和《国榷》。旧港直属明朝，其余五国都应列入这次下西洋所历各国中，共得二十二国。

郑和指挥的宝船队，最晚从第三次下西洋起，便已将东非沿海各国列入中国海船的航程以内，直接受驻扎在南印度的大本营统率和调遣。在第三次至第五次下西洋期间，宝船不但进入了索马里南部的贝纳迪尔沿海，而且深入到坦桑尼亚的基尔瓦苏丹国和莫桑比克境内。自基尔瓦·基西瓦尼以北直到瓜达富伊角的东非沿海各地都在宝船定期航行的范围以内。

宝船究竟从哪一次下西洋开始进入东非，各家说法尚不一致。1933年，伯希和撰写研究郑和的长篇论文，指出在头两次的航程未过印度，第三次进至波斯湾，第四次才横跨印度洋远达非洲①。当时伯希和还未见到郑和在太仓刘家港和长乐南山寺所立的碑记，不知在第一、二次下西洋之前，还有一次到印度的航行。伯希和因掌握的史料不足，才提出第五次下西洋时宝船才到东非的说法。戴闻达后来修改了伯希和的结论，认为第一到第三次，郑和未出印度，第四次到了霍尔木兹，第五次船队抵达亚丁和马林迪，第六次到过摩加迪沙和布腊瓦，第七次又去霍尔木兹②。此后，国外便流行第五、第六两次到过非洲之说③。但是根据《国榷》的记载，郑和船队第一次下西洋时，便已经航抵霍尔木兹和阿拉伯半岛了。第七次下西洋船队去东非的史实，在《明太宗实录》和《国榷》上都有明白的记述。至于第四次下西洋，在《明太宗实录》卷一三四和《国榷》卷十五上都记有比刺（莫桑比克港）、孙刺（索法拉港）这些非洲地名。又据《明太宗实录》卷一六八、卷一六九、卷一七〇等几处记载，在永乐十三年（1415年），麻林国曾两次向明朝通好。《明太宗实录》卷一八二又在永乐十四年（1416年）十一月列举和明朝通使的国家中有木骨都束（摩加迪沙）、卜刺哇（布腊瓦）和麻林（基尔瓦），可以推断宝船队一定已先去那里访问过，才招引了这些国家和中国发展外交和贸易关系。

第三次下西洋宝船队首次航抵东非的事实，最详细的记载出于陆容所著的《菽园

---

①　伯希和：《郑和下西洋考》（Paul Pelliot，Les Grands Voyages Maritimes Chinois au Début du XVe Siècle），冯承钧译，中华书局1955年版，第47页，原文载于《通报》（T'oung Pao）1933年第30卷；伯希和：《关于郑和下西洋的补充说明》（P. Pelliot，Notes Additionnelles sur Tcheng Houo et sur ses Voyages），载于《通报》1934—1935年第31卷。

②　戴闻达：《15世纪初中国人海上探险的真实日期》（L. Duyvendak，The True Dates of the Chinese Maritime Expeditions in the Early Fifteenth Century），载于《通报》（T'oung Pao）1938年第34卷；戴闻达：《中国对非洲的发现》（L. Duyvendak，China's Discovery of Africa），伦敦1949年版，第30页。

③　魏特莱：《中非关系述略》（P. Wheatley，Analecta Sino-Africana Recensa），载于奇蒂克编《东非和东方》（H. N. Chittick ed.，East Africa and the Orient，Cultural Syntheses in Pre-colonial Times），纽约1975版，第90页。

杂记》。该书卷三说："永乐七年，太监郑和、王景弘、侯显等统率官兵二万七千有奇，驾宝船四十八艘，赍奉诏旨赏赐，历东南诸蕃以通西洋。是岁九月，由太仓刘家港开船出海。所历诸蕃地面，曰占城国，曰灵山，曰昆仑山，曰宾童龙国，曰真腊国，曰暹罗国，曰假马里丁，曰交阑山，曰爪哇国，曰旧港，曰重迦逻，吉里地闷，曰满刺加国，曰麻逸冻，曰彭坑，曰东西竺，曰龙牙加邈，曰九州山，曰阿鲁，曰淡洋，曰苏门答刺，曰花面王，曰龙屿（龙涎屿），曰翠岚（兰）屿，曰锡兰山，曰溜山洋，曰大葛阑，曰阿枝国，曰榜葛刺，曰卜刺哇，曰竹步，曰木骨都束，曰阿丹，曰刺撒，曰佐法儿国，曰忽鲁谟斯，曰天方，曰琉球，曰三岛国，曰浡泥国，曰苏禄国。至永乐二十二年八月十五日诏书停止。诸蕃风俗土产，详见太仓费信所上《星槎胜览》。"

伯希和说陆容只是照抄通行本《星槎胜览》（《古今说海》本、《纪录汇编》本等均分作四卷，共列四十国），而未见较早的天一阁抄本。该本分作前后二集，前集亲览目识之国，共二十二国；后集采辑传译之国，亦二十二国。但伯希和的说法未必确实。天一阁本（《国朝典故》本，罗以智校本同）所录琉球、三岛、浡泥、苏禄四国在四卷本上都不见收录。"重迦逻"的写法也仅见于天一阁本，而四卷本写作"重迦罗"。但以上五国之名都见于《菽园杂记》，这些足以证明陆容所据的是早于通行本的一种传抄本。据《星槎胜览》序文后题，书成于正统元年（1436年）丙辰春正月吉日，这一年陆容正好出生。陆容（1436—1497年）字文量，太仓人，和费信同籍，1466年进士，以博学著称。祝允明在《甘泉陆氏藏书目录序》中十分推崇陆容，说他"雅德硕学，伟才高识，立功立言于宪、孝两朝（1464—1505年）间，平生蓄书甚富"。《弘治太仓州志》卷六也介绍陆容由进士任南京吏部验封司主事，后任北京兵部职方郎中，管理过国家档册，并且负责兵部对外交涉事务。郑和下西洋的档册在1480年被毁前，他可能见到过。至少，他所见的《星槎胜览》该是最早的抄写本，为后来各种通行刻本的祖本。不过陆容在抄录时脱漏了费信亲自去过的小葛兰和古里，和采自传闻的龙牙门，因此四十四国只有四十一国了。陆容将郑和宝船队所历四十一国完全系于第三次下西洋，末句"至永乐二十二年八月十五日诏书停止"表示受郑和统制的船队所历以上各国都是永乐年间的事，与宣德年间最后一次出航无关。因此，陆容所据的费信在郑和第三次下西洋时虽未亲至索马里南部沿海，但他采辑的东非三国见闻一定是由第三次下西洋时去过那里的船员提供的。陆容记述这次下西洋使用宝船48艘，也可由《明太宗实录》卷七十五所记"（永乐六年正月丁卯）命工部造宝船四十八艘"得到证实。

总之，陆容关于第三次下西洋的这段文字，无论从船只所到的地点，还是使用宝船的数字，甚至统领者的名字，都由第一手材料作为根据，绝非随意抄袭，信笔增删。因此，《菽园杂记》卷三关于宝船第三次下西洋经历国家的记录是言出有据、可以证引的材料。换句话说，第三次下西洋船队的航行范围已遍及南海、苏禄海和印度洋。如果说以后几次航程更有发展，那便是在东非沿海向南深入到肯尼亚、坦桑尼亚和莫桑比克海峡。

二、《郑和航海图》中的非洲地名

麻林这个地方，过去都解作今肯尼亚的马林迪。其实马林迪在明代被称作入不国（桑给国），与明朝之间有来往。《三才图会》称此国"至应天府行三年"。马林迪在元代译称马兰丹，早在至元二十三年（1286年）九月就派使者随印度、斯里兰卡、苏门答腊等十国使团一起到过中国。在15世纪，马林迪只是基尔瓦苏丹统属下的一个省，与麻林并不是一个地方。麻林在1415年曾两次通使中国，这个麻林是13世纪末叶继承基尔瓦的设拉子王朝的马赫迪里王朝（Mahdali，Mahādila），当时只译了马赫迪里的首尾两个音节，因而由马里便转音成为"麻林"。明初，正是基尔瓦国处于强盛时期的马赫迪里王朝苏丹侯赛因·伊本·苏莱曼（Husain ibn Sulaiman，1392—1416年在位）统治时期，这时就是摩加迪沙能否和中国通使都有待于苏丹的最后决定。侯赛因死后，他的弟弟穆罕默德·伊本·苏莱曼（Muhammed ibn Sulaiman，1416—1425年在位）继承苏丹之位，但大权落入宰相和各地埃米尔之手，沿海各省和城邦各自为政[1]。因而1416年农历十一月，摩加迪沙、布腊瓦竟和基尔瓦的使者同时来到南京（《明太宗实录》卷一八二）。从此以后，再也没有出现过麻林的使者，1416—1423年间就只有摩加迪沙和布腊瓦与明朝通使了。

麻林在《郑和航海图》中写作"麻林地"，位置在门肥赤（蒙巴萨附近的古镇符贝奇）以南。《郑和航海图》上的麻林地，过去和麻林一样被误认作马林迪，因此以为《郑和航海图》将马林迪和蒙巴萨的位置南北倒置了。其实"麻林地"是"麻林"原文马赫迪里的音译，"地"又兼有意译，麻林地即等于马赫迪里国。《郑和航海图》在"麻林地"名下画上一个纪念碑的标记，以示该国在东非沿海处于拥有最高主权的地位。麻林地早有人怀疑并非马林迪。李约瑟便提出过或者是南纬15°的莫桑比克港[2]。

---

① 罗威：《东非史》（R. Reusch，History of East Africa），纽约1961年版，第178-180页。

② 李约瑟：《中国科学技术史》（J. Needham，Science and Civilisation in China），剑桥1971年版，第4卷，第3分册，第495页。

但对音既不相合，也未见另外的论证。更有以为麻林地的"麻"是斯瓦希里语"格麻"（这个）的省称，据此认为是指坦噶尼喀南部的林迪区。但此说也很难和"麻"字的原意吻合。"林迪区"是近代后起的名称，与古地名毫不相关。因此，"麻林地"只能是明代官方档册中的"麻林国"，即当时的基尔瓦苏丹国。1338年到过基尔瓦·基西瓦尼的元代航海家汪大渊曾将基西瓦尼译作"加将门里"，明代又改以王朝相称，意味着对基尔瓦苏丹国作为一个主权国家的尊重。在蒙巴萨以南，包括奔巴和桑给巴尔两岛，都是苏丹直接统辖的地区，所以《郑和航海图》上笼统地标以"麻林地"三字。

《郑和航海图》绘成的时间可能在1413年左右。图中的非洲部分绘出了东非沿海北起瓜达富伊角，南至基尔瓦·基西瓦尼的图形，共列地名14个。按照标列的位置，可以分成前后两排。前排地名紧靠海岸，都是郑和船队必经的重要港口，是中国宝船实际停泊过的海港，计有七个地名，由北而南，序列正确，都有相当的今地可以考订。它们是：黑儿（埃尔）、木骨都束（摩加迪沙）、卜剌哇（布腊瓦）、慢八撒（蒙巴萨）、门肥赤（符贝奇）、葛答干（基林迪尼）、麻林地（基尔瓦）。这些地名，明显刊讹的有两处，木骨都束刻成"木骨都东"，卜剌哇刊作"十剌哇"，当代学者更将慢八撒和门肥赤分别当作蒙巴萨的陆上和海岛部分[1]。在萨巴基河口北岸的曼布鲁伊，和蒙巴萨相距不足1°，同在华盖七指的地方，这里也出土过明代的青花瓷[2]，和明朝有过商业往来。而蒙巴萨，据阿拉伯文《基尔瓦编年》，可以读作Manfasat，与"慢八撒"相当，《郑和航海图》译作"门肥赤"的地方是它南边的符贝奇（Vumba Kuu）。但魏特莱却将门肥赤考作马菲亚岛[3]，这是没有根据的。

《郑和航海图》上的葛答干，密尔斯释作莫桑比克港以北16公里康杜西湾中的Ouitangonia岛。但图上的葛答干标在麻林地以北，列入前排地名，应是一处比较重要的海港。在基尔瓦和蒙巴萨之间，有一个地点叫作基林迪尼，曾是蒙巴萨的故地，过去也是肯尼亚沿海的一个文化中心，又称托加（Tuaka）。葛答干是将基林迪尼省译作"葛"，再加上托加（答干）而得名的。基林迪尼在《明史》中有一个正式译名，叫作"千里达"。《明史·外国列传七》提到千里达曾在永乐十六年（1418年）派使者到过中

---

①　张铁生：《中非交通史初探》，三联书店1973年版。

②　费莱西：《中世纪中国和非洲的关系》（T. Filesi, Le Relazioni della Cina con l'Africa net Medio-Evo），米兰1962年版，图16。

③　魏特莱：《中非关系述略》（P. Wheatley, Analecta Sino-Africana Recensa），载于奇蒂克编《东非和东方》（H. N. Chittick ed., East Africa and the Orient, Cultural Syntheses in Pre-colonial Times），纽约1975版，第112页。

国，明朝赠给使者冠带、纻丝、纱罗、采帛和宝钞。使者回国时，明朝更向对方国王赠送大批礼物。明初，中国和蒙巴萨、基林迪尼的关系已超过一般的贸易往来，在政治上结有盟约，足以和摩加迪沙、布腊瓦、朱巴、基尔瓦同时列入和中国建立外交关系的东非五国之中。

《郑和航海图》上的后排地名也有七个。其中第二个地名木儿立哈必儿，第六个地名起苔儿，第七个地名者郎剌哈则剌（"者郎"是"者即"之讹，"则"应为"贝"），和由北而南的序列不合。但图上后排所有地名的实际位置都和前排地名呈交错状态。如第一个地名哈甫泥（哈丰角）便列在木儿立哈必儿（霍尔迪奥）和黑儿（埃尔）之前，起苔儿（伊塔拉）列在卜剌哇（布腊瓦）之南，慢八撒之北，者即剌哈贝剌（加勒哈加尔）排在慢八撒和门肥赤之间。

《郑和航海图》上的14个非洲地名，如按由北而南的顺序全部列出，是：木儿立哈必儿（霍尔迪奥），哈甫泥（哈丰角），黑儿（埃尔），剌斯那呵（拉斯阿诺德），者即剌哈贝剌（甘巴罗岛），抹儿干别（梅雷格），起苔儿（格迪-基卢普），木骨都束（摩加迪沙），木鲁旺（梅尔卡），卜剌哇（布腊瓦），慢八撒（蒙巴萨），门肥赤（符贝奇），葛答干（基林迪尼），麻林地（基尔瓦）。

过去有些学者对这些古地名作过一些考释工作，但有些也不尽确当。如黑儿的位置和埃尔相当，和哈丰角只差一指，菲立普斯却随意将它当作黑人国，解释成"索法拉"[1]。魏特莱同样以为"黑儿"是意译名称，改作"桑给国"[2]。这些解读都与海图所标位置相差太远。哈甫泥在东非顶端，显然是哈丰角，但菲立普斯却将它拼作 Ha-pu-hsi，当作 Habash 的汉语读法，一变而成了埃塞俄比亚国[3]。者郎剌哈则剌，向达读作"者即剌哈则剌"，考订它是布腊瓦和朱巴河口中间的 Djogiri[4]，实际只对上了末尾的"则剌"。起苔儿，读法最多，或读作起吞儿，或读作起若儿。李约瑟以为是 Chyula

① 菲立普斯：《印度锡兰海港考》（G. Philips, The Seaports of India and Ceylon, Described by Chinese Voyagers of the 15th Century），载于《皇家亚洲学会中国分会》（Journal China Branch Royal Asiatic Society）1885年第20卷。

② 魏特莱：《中非关系述略》（P. Wheatley, Analecta Sino-Africana Recensa），载于奇蒂克编《东非和东方》（H. N. Chittick ed., East Africa and the Orient, Cultural Syntheses in Pre-colonial Times），纽约1975版，第112页。

③ 理查·潘古斯特：《埃塞俄比亚经济史导论》（Richard Pankhurst, An Introduction to the Economic History of Ethiopia, form Early Times to 1800），伦敦1961年版，第317页。

④ 向达：《郑和航海图》，中华书局1961年版，序言第12页。

山丘①，也未见合适。至于《郑和航海图》上的刺撒，有人将它列作红海西岸的地名，柔克义读成Sa-la，解作泽拉（Zeila）②，柯克曼又根据肯尼亚考古事业的进展把它当作蒙巴萨③。据《郑和航海图》，刺撒在阿拉伯半岛阿丹以南，戴闻达考订是波斯湾南岸的哈萨（al-Ahsa）④，不能当作非洲地名。但这里和《星槎胜览》中所记由小葛兰（奎隆）启航的帆船顺风二十天可到，物产有乳香、龙涎香、千里驼三大名产的情况完全不合。此地也有考作阿丹附近的伊萨角或其他地方的，但也十分可疑。刺撒应该在汪大渊所记的"辽西"（Ras Aser，奴隶角）附近，可能是现在的阿赛尔角。

《明史》所记和中国互通使节的东非五国中，朱巴河口的竹步（朱巴）和蒙巴萨附近的千里达（基林迪尼）都是《郑和航海图》未列入的港口。此外《明史·外国列传七》还列举永乐年间曾和中国通使而未详所在的十国，其中五国也在东非。这五国自北而南的顺序是：奇剌泥（Kilimani，格迪），夏剌比（Kilepwa，基卢普），彭加那（Pangani，潘加尼），八可意（Bagamoyo，巴加莫约），窟察泥（Kisimani Mafia，基西马尼·马菲亚）。肯尼亚境内的格迪，在马林迪以南16公里处，和邻近的基卢普相距仅3公里，二地同滨米达湾。从宋代起，华瓷便已畅销格迪，明瓷在格迪和基卢普都有发现。格迪出土华瓷之多，仅次于摩加迪沙⑤。潘加河口的潘加尼，和桑给巴尔岛对岸的巴加莫约，都是坦噶尼喀北部沿海的阿拉伯移民点。巴加莫约南面的卡奥莱（Kaole）也发掘出15世纪的华瓷⑥。基西马尼则是鲁菲基河入海处对面的马菲亚岛上的主要海港城镇。这些地方同样也可以列入《郑和航海图》所标示的中国帆船停泊的港口。

所以《明史》提到的东非国家不像过去一般所说的只是摩加迪沙、布腊瓦、朱巴

---

① 李约瑟：《中国科学技术史》（J. Needham, Science and Civilisation in China），剑桥1971年版，第4卷，第3分册，第498页注g。

② 柔克义：《14世纪中国与南洋群岛及印度洋沿岸诸港的交往和贸易》（W. W. Rockhill, Notes on the Relations and Trade of China with the Eastern Archipelago and Coasts of Indian Ocean during the Fourteenth Century），载于《通报》（T'oung Pao）1915年第16卷。又见郑鹤声、郑一钧：《郑和下西洋资料汇编》（上），齐鲁书社1980年版，第301页。

③ 柯克曼：《中古晚期肯尼亚沿岸文化》（J. Kirkman, The Culture of the Kenya Coast in the Later Middle Ages），载于《南非考古通讯》（The South African Archaeological Bulletin）1956年第11卷第44期。

④ 戴闻达：《"西洋记"札记》（L. Duyvendak, Notes on the Hsi-yang-chi），载于《通报》（T'oung Pao）1953年第42期。

⑤ 柯克曼：《肯尼亚历史考古》（J. Kirkman, Historical Archaeology in Kenya），载于《考古学报》（Antiquities Journal）1957年第37卷。

⑥ 费莱西：《中世纪中国和非洲的关系》（T. Filesi, Le Relazioni della Cina con l'Africa net Medio-Evo），米兰1962年版，第89页。

和马林迪四处①，而是十二处，还没有算上很重要的剌撒港。其中索马里南部三处，是摩加迪沙、布腊瓦和朱巴；肯尼亚三处，是格迪、基卢普、基林迪尼；坦桑尼亚四处，是潘加尼、巴加莫约、基西马尼·马菲亚和基尔瓦·基西瓦尼；莫桑比克二处，是莫桑比克港和索法拉港。这些地方都是郑和船队通航和停泊的港口。

三、非洲针路和南印度洋航路的探索

宝船队历次下西洋，通过航海实践，对印度洋纵横交错的航路作了周密的调查和测量，编制成实用的航海图，供船舶出航之用。清人黄叔璥《台海使槎录》卷一说"舟子各洋皆有秘本，云系明王三保所遗，余借录，名曰洋更"。王三保便是与郑和同时出洋的王景弘，历次去非洲的宝船队大约也是由王景弘具体指挥或直接统率的。

由中国通往东非各港的航路，首先集中在摩加迪沙。摩加迪沙正好处于中国海船去亚丁、埃及以及基尔瓦的分艜港口。埃尔和布腊瓦是印度洋航路的另外两处重要寄泊港。《郑和航海图》记录了宝船从南京龙江宝船厂启航，经由太仓刘家港、福建五虎门正式开洋后，首抵越南中部的新州（归仁），经昆仑山（康道尔岛），通过淡马锡（新加坡）对岸的长腰屿（万岛），出龙牙门（石叻门）到满剌加（马六甲），航线沿苏门答腊岛北岸甘杯港、巴碌头抵巴昔河口的苏门答腊港，"用乾戌针十二更船平龙涎屿（朗多岛）"。西航船队由此分航，一去孟加拉，一去斯里兰卡。"用丹辛针四十更，船又用辛酉针五十更"，到唐特拉岬。另一线通过帽山（韦岛）直航马尔代夫。由斯里兰卡用庚酉针四十五更，停泊马累岛，过马累便直抵摩加迪沙了。根据《郑和航海图》标记的针路，从福建五虎门到马六甲共126更，往西到苏门答腊港42更，过海到斯里兰卡南部的皮林格102更，由此经马累岛到摩加迪沙195更。总计自福建五虎门到摩加迪沙共有465更。以60里为一更计算，总数为27900里，合7300海里。比之现代轮船航线5300海里约长2000海里。在15世纪，由中国东南沿海到贝纳迪尔，实际只需60天便可完成一次从太平洋西部到达印度洋彼岸的长途航行，这是创纪录的行动。如果以最方便的直线航行距离计算，在中国和贝纳迪尔之间往返的中国帆船，只需在马六甲、苏门答腊、皮林格和马累四处停泊，进行贸易，取得给养，便可安抵索马里。中国帆船即使在沿途停靠，从事商业活动，也可以在下一个东北季风期内迅速到达东非

---

① 魏特莱：《中非关系述略》（P. Wheatley, Analecta Sino-Africana Recensa），载于奇蒂克编《东非和东方》（H. N. Chittick ed., East Africa and the Orient, Cultural Syntheses in Pre-colonial Times），纽约1975版，第90-91页。

沿岸。

《郑和航海图》绘出的东非航路主要有三条：一条由苏门答腊港开赴斯里兰卡南部别罗里（皮林格），经马累岛到摩加迪沙；另一条由别罗里到马累岛后，西北折向埃尔和瓜达富伊角；还有一条南印度马拉巴和马累之间的航线，据《星槎胜览》，从小葛兰（奎隆）通过马累也是开赴摩加迪沙所取的航路。同样，在科泽科特、柯钦和马累之间的航线也都可用于通航摩加迪沙。

三条航线以外，《郑和航海图》针路更列出南起麻林地（基尔瓦）、北至葛儿得风（瓜达富伊角）的沿岸航线。瓜达富伊角以东另有针路通往科泽科特。瓜特富伊角处于科泽科特—亚丁航线、东非沿岸航线和亚丁—马尔代夫安全航线的弧形走向的交叉角。亚丁—马尔代夫—斯里兰卡的捷径是取道哈丰角，东南折向马累岛；反之，北上船只取同一航线的也可在瓜达富伊角转向，进入亚丁湾。根据图列针路，中国海船凡从东非沿海北上返航的，大都取瓜达富伊角东转科泽科特，运载着东非的大批乳香、没药、血竭、芦荟和龙涎香，这样既可避免亚丁的转口，又可开赴南印度，在大舰宝船集结的科泽科特从事中转贸易而取利。这一条航线对于了解中国海船在印度洋西部地区经营的东非贸易具有关键的意义。摩加迪沙、布腊瓦以北诸港所以在《郑和航海图》上被赋予醒目的地位，便是由于它们正好处在连续进行的贸易季节内可以迅速返航的三角区内。

参加第三次航行的费信在《星槎胜览》中还记有另一条东非航线：从锡兰山国别罗里南去，顺风二十一昼夜，可到卜剌哇国。参加第四次航行的马欢在《瀛涯胜览》中又列有一条绕过斯里兰卡的长途航线，这条航线从苏门答腊国开始，过小帽山（韦岛）投西北，好风行十日，可到溜山国（马尔代夫）。驶抵马尔代夫的中国帆船既可北上埃尔或亚丁，也可直航摩加迪沙。

中国帆船在印度洋海域通往东非各地的主要航线，可以以摩加迪沙为中心分成南北两大系统：北区航线以埃尔、瓜达富伊角和亚丁为目的港，南连马尔代夫，东通科泽科特；南区航线以摩加迪沙、布腊瓦、蒙巴萨、基尔瓦·基西瓦尼为目的港，南通莫桑比克海峡，东接马尔代夫。其具体的主要航线有：

一、苏门答腊—马尔代夫—埃尔—亚丁线。

二、苏门答腊—马尔代夫—瓜达富伊—科泽科特线。

三、别罗里—马尔代夫—埃尔线。

四、苏门答腊—马尔代夫—摩加迪沙—基尔瓦线。

五、别罗里—马尔代夫—摩加迪沙线。

六、别罗里—马尔代夫—布腊瓦线。

七、小葛兰（奎隆）—马尔代夫—摩加迪沙线。

第三次下西洋的宝船队开始了别罗里（皮林格）—布腊瓦线和小葛兰（奎隆）—摩加迪沙线的航行。接着，在第四次下西洋时，又新辟了苏门答腊—马尔代夫—摩加迪沙的新航线。这条航线便于迅速到达贝纳迪尔，并在最短的航期内通航基尔瓦·基西瓦尼，甚至越过德尔加多角。正是在第四次下西洋时，宝船队开通了基尔瓦航线，并且深入到了莫桑比克境内的索法拉。苏门答腊—摩加迪沙直达航线的通航，使中国到索马里贝纳迪尔的航程缩短到6800海里，中间只需在马六甲、苏门答腊港和马累岛三处停靠。在到达摩加迪沙的同一个东北风季节内，仍可继续南航，直通坦桑尼亚的基尔瓦苏丹国，甚至深入莫桑比克海峡，目的很明确，即找到黄金的最终生产地索法拉国才罢休。

通过斯里兰卡和南印度马拉巴经由马尔代夫到达摩加迪沙的航线，是在14世纪上半叶汪大渊周游印度洋的时代之前就已出现的，并非郑和宝船队在第四次下西洋时才开辟。所以在第三次下西洋时，便出现了另外由斯里兰卡直达布腊瓦的新航路。

1414年冬季，第四次下西洋的分遣船队便曾在基尔瓦·基西瓦尼停靠，向马赫迪里苏丹致意。接着中国帆船又进入莫桑比克海峡，直奔索法拉黄金、象牙的主要产区，先后在比剌（莫桑比克港）和孙剌（索法拉港）进行贸易活动。《明史》指出，这两个国家由于"去中华绝远"，以后竟没有派使者到中国来。罗荣邦解释"比剌"是赞比西河口的Zembere，或德拉戈阿湾旁的Belugaras。这里已在南纬26°，接近洛伦索·马贵斯了[①]。

比剌、孙剌既然都和麻林一样，属于"去中华绝远"的地方，推测它们和基尔瓦同在中世纪阿拉伯地理学家所称的索法拉国境内。索法拉国北起桑给巴尔岛对岸的潘加尼，南至林波波河以北，几乎相当于现在坦桑尼亚和莫桑比克的全境[②]。16世纪以

---

① 罗荣邦：《葡人东来前中国人对印度洋的探索》（Lo Jung-pang, Chinese Explorations of the Indian Ocean before the Advent of the Portuguese），西雅图1960年版。

② 特莱明汉：《阿拉伯地理学家和东非海岸》（J. S. Trimingham, The Arab Geographers and the East African Coast），参见奇蒂克编《东非和东方》（N. Chittick, East Africa and the Orient），纽约1975年版，第120页；费奇编：《非洲历史地图》（J. D. Fage, An Atlas of African History），伦敦1978年版，图8《阿拉伯观念中的非洲》，图23《东非沿海和东南非》；罗兰·奥利弗主编：《剑桥非洲史》（Roland Oliver ed., The Cambridge History of Africa），第3卷，剑桥1977年版，第191页图6《东西海岸移民点》，第221页图7《索法拉和马达加斯加》。

前，莫桑比克境内的重要海港仅见两处，一是南纬 15°4′ 的莫桑比克港，一是南纬 20°12′ 的索法拉。比剌相当于莫桑比克，译出了末尾的音节；孙剌则是索法拉的音译。两处海港都在德尔加多角季风航行区外，那里是中国帆船从未莅临的热带风暴和漩流横行的航行禁区。1414 年的远航标志着中国帆船决心向印度洋南部未知海域进军，向通往他们的先辈所未曾到过的未知之地开辟新的航路。

两次航行，宝船队都到达了南非，先后越过了索法拉国，进入阿拉伯地理学家所称韦韦（Waq Waq）附近的海域。中国帆船在南非附近的活动，都是第四次下西洋到过索法拉以后的远航的继续，可以看作是第五次、第六次下西洋船队在南印度洋进行的海上探险。这两次航行都是郑和奉命伴送印度洋各国使团回国而组织的。第六次大䑸宝船队于 1422 年农历八月返国，一年后的 1423 年农历九月，科泽科特、亚丁又和马尔代夫、摩加迪沙、布腊瓦等十六国派员远航中国，以 1200 人的庞大使团前往朱棣的新都北京朝贡。这一次使团乘坐的船只，大约仍是第六次下西洋出航印度洋期间延迟一年返回的分遣船队，其中一定有远航南印度洋的海上先锋在内。

中国贸易船队在印度洋各地进行非常广泛的活动，使中国帆航享有很高的声誉。中国航海家对南印度洋进行的海上探索，更显示了他们具有非凡的才干和卓越的航海知识，因而能够在葡萄牙人东航以前首先英勇地闯过好望角的风暴，到达非洲西海岸，进入大西洋。这些航海事迹表明，在 15 世纪初叶，中国帆船无论在技术装备、形制规模、适航性能还是驾驶技术等方面，都已经达到了超过世界同行的登峰造极的地步。

古代东西洋区划考源

中国人是擅长航海的民族。特别是东南沿海居民，久和海洋相处，在长期的航海实践中接触海洋，认识海洋，了解海洋，从而形成了种种与海、与洋相连的观念，东、西洋的区划便是其中之一。论述东、西洋的著作，以明末张燮《东西洋考》最有名，而东、西洋观念的形成却久有来历。世界各地近海的民族对于海洋的知识在古代便有过交流的事实，通过对东、西洋区划的研究，也能找到一定的依据。

中国的航海事业到唐代开始进入发展时期。同一时期，阿拉伯人通过伊斯兰教的传播，在地跨亚、非、欧三洲东起印度洋、西抵大西洋滨的广大地区建立了强大的哈里发帝国。对航海事业有着优秀传统的阿拉伯人、波斯人因此得以在相当长的一个时期内向广阔的海域伸展他们的才智和力量。而在西面和哈里发帝国接壤、领土纵横六千公里的唐帝国，便是在这一国际条件的催发下努力发展远洋航业，加强和南亚、西亚甚至东非的联系，向印度洋西部地区开拓海外市场的。宋元时代，东南沿海经济的发展更促进了航运业的飞跃。航海和外贸像一对孪生兄弟，相互诱导和推动着向前发展。随着海外地理知识的扩大，航海天文、气象和海洋水文知识的积累，中国人对海洋的认识也有了新的变化，导致了东、西洋地理观念的产生。

一、《岭外代答》的海外地理观念

完成于南宋孝宗淳熙五年（1178年）冬的《岭外代答》首先对围绕亚非大陆的海洋作了概括的叙述。作者周去非，字直夫，原籍浙江永嘉，曾任桂林通判，熟悉岭南及海外情况。归寓后作《岭外代答》，分十卷二十门。卷二"海外诸蕃国"和卷三"航海外夷"可称得上是中国历史上现存的系统论述海外地理的最早文献。

卷二"海外诸蕃国"对海外地理作了周详的描述：

> 诸蕃国大抵海为限界，各因方隅而立国。国有物宜，各从都会以阜通。正南诸国，三佛齐其都会也。东南诸国，阇婆其都会也。西南诸国，浩乎不可穷。近则占城、真腊，为窊里诸国之都会；远则大秦，为西天竺诸国之都会；又其远则麻离拔国，为大食诸国之都会；又其外则木兰皮国，为极西诸国之都会。

> 三佛齐之南，南大洋海也，海中有屿万余，人莫居之，愈南不可通矣。阇婆之东，东大洋海也，水势渐低，女人国在焉；愈东则尾闾之所泄，非复人世。稍东北向则高丽、百济耳。西南海上诸国不可胜计，其大略亦可考。姑以交趾定其方隅：直交趾之南，则占城、真腊、佛罗安也；交趾之西北，则大理、黑水、吐蕃也；于是西有大海隔之，是海也，名曰细兰。细兰海中，有一大洲名细兰国。渡之而西，复有诸国：其南为故临国，其北为大秦国、王舍城、天竺国。又其西有海曰东大食海，渡之而西，则大食诸国也。大食之地甚广，其国甚多，不可悉载。又其西有海名西大食海，渡之而西，则木兰皮诸国凡千余。更西则日之所入，不得而闻也。

周去非根据海洋的分布将世界分成四大海区：东北区、东南区、正南区和西南区。东北区，南与东南区相接，向北止于朝鲜半岛的高丽、新罗。东南区以阇婆（爪哇）为界，往东是东大洋海。正南区以三佛齐（苏门答腊）为限，向南是南大洋海。西南区范围最广，自东而西，又分五区：窊里、细兰、西天竺、东大食、西大食。窊里，在交趾以南，包括占城（Campa，越南中南部）、真腊（Kamboja，柬埔寨）、佛罗安（Beranang，马来半岛），相当于南海西部。细兰，在佛罗安以西，包括细兰海（孟加拉湾），有蒲甘国（Pegu，缅甸白古）、细兰国（Silan，Sirendib，斯里兰卡）和南印度科罗曼德海岸各国。西天竺，包括印度西部海岸各国，南起马拉巴的故临国（Kūlam，奎隆），北至恭伽海岸的大秦国（Dakṣiṇāpatta，古查拉特的坎贝），印度河三角洲的天竺国（Sind，信德的达波尔）。东大食，大食诸国都在东大食海（阿拉伯海）以西，属于东大食区的有波斯湾、红海、亚丁湾和阿拉伯香岸，以及东非各国，以麻离拔（Mah-rah al'Arabi，香岸的佐法尔港）、麻嘉（Mekka，麦加）、白达（Baghdād，巴格达）、吉慈尼（Ghazni，坎大哈）为最著名。西大食，包括西大食海（地中海）附近各国，数凡千余，总称木兰皮（穆拉比特），最有名的是眉路骨惇（al-Marrākush，马拉喀什）、勿斯离（Mashriq）。勿斯离原意"东方"，泛称叙利亚、埃及、巴尔克。自摩洛哥而南，进入撒哈拉地区，抵达大西洋滨，便到了极西区的边缘，中国人称为日落国地区。

《岭外代答》四分法的海洋观念，来自南海航行和海外贸易的实践。以海外贸易而论，大食（阿拉伯）、阇婆（爪哇）、三佛齐（苏门答腊）代表了海外各国中最繁富的国家；就航海而论，三个大国各自处于一个不同的海区，而有共同的航路可以连贯。《岭外代答》卷三"航海外夷"对这一点有精辟的列论：

> 诸蕃国之富盛多宝货者，莫如大食国，其次阇婆国，其次三佛齐国，其次乃诸国耳。三佛齐国者，诸国海道往来之要冲也。三佛齐之来也，正北行，舟历上下竺与交洋，乃至中国之境。其欲至广者，入自屯门；欲至泉州者，入自甲子门。阇婆之来也，稍西北行，舟过十二子石，而与三佛齐海道合于竺屿之下。大食国之来也，以小舟运而南行，至故临国，易大舟而东行至三佛齐国，乃复如三佛齐之入中国。其他占城、真腊之属，皆近在交趾洋之南，远不及三佛齐国、阇婆之半，而三佛齐、阇婆又不及大食国之半也。诸蕃国之入中国，一岁可以往返，唯大食必二年而后可。

南海帆船海程，不论船只来自阿拉伯还是苏门答腊或爪哇，主航线都要通过马六甲海峡以东的上、下竺（Pulo Aor，竹岛），上、下竺又称东、西竺（《诸蕃志》）。自爪哇北上船只，则通过加里曼丹西南海岸的十二子石（Karimata Islands，卡里马塔群岛）[①]驶往上、下竺，再经昆仑岛（Pulo Candore，康道尔岛）进入广州或泉州。

南海和孟加拉湾常年吹刮季风。在东北季风盛期的12月和1月，海流由东北方越

---

① 《诸蕃志》译作胡芦曼头，《南海志》称呼卢曼头，见苏继庼《岛夷志略校释》，中华书局1981年版，第203页。

过赤道转入东南方。同一时期，在南纬10°以南，海流呈西北走向，特别在1月份，以爪哇和苏门答腊之间的巽他海峡为界，海峡以东处于西南风地区，海峡以西则处于西北风地区①。在西南季风盛期的6月和7月，来自赤道以南的东南风越过赤道便转向东北和偏北方向。但在两股季风转换期的4月和10月，在马六甲海峡和巽他海峡以东和以西，季风和海流都有一种天然的分界。以4月为例，在上述以东地区，来自菲律宾群岛以东的海流分别进入西北方广东沿海和西南方印度支那半岛、加里曼丹地区。来自孟加拉湾和苏门答腊以西的海流，则越过印度南部和斯里兰卡海域，分别由东北向进入中南半岛西部沿海，西南向进入赤道附近海域。以10月为例，来自太平洋西部的海流，西南流向南海北部和菲律宾群岛。在斯里兰卡海域，来自阿拉伯海的东南风，和来自赤道以南印度洋的西北风，分别向东进入马六甲海峡，越过赤道，由亚齐向苏门答腊西海岸迂回，在苏门答腊西海岸形成旋流②。在上述4月和10月的季风间歇期，印度支那半岛以南的南海南部海域，风信不定。而在北起暹罗湾、南至巽他海峡的海面上，季风和海流也常不相同。暹罗湾海流常年不定，海湾中心部海流一般较弱或不规则③。因此，南海西部和孟加拉湾东部的陆岛分布和季风态势，使暹罗湾以南，廖内群岛、林加群岛、邦加岛一线以东的南海南部海域，和马来半岛东部沿海、苏门答腊以西海域形成一种天然的界限。这种自然界限决定了这一地区航道的基本走向。

12世纪编绘的地图标示中国西南地区和南海西部海域的衔接。现存西安碑林的《禹迹图》是一幅刻石于1137年的精度很高的全国地图，地图显示的西南边疆相当完善。可惜全图只展示到北纬16°附近的印度支那半岛。古称交趾洋的南海北部地区在图上照例被省略了。

在阿拉伯著作中，对于南海地理的知识当然比之同时代的中国人大为逊色，但在《岭外代答》对海外地理作出四分法的叙述以前，阿拉伯、波斯著作家已经使用了包括东洋、西洋在内的七海的概念。他们沿袭公元前1世纪希腊地理学家波帕尼亚·梅拉的观点，将太平洋和大西洋称为东洋和西洋④，还对其他五个海洋列举名字和境域。阿拉

① 格里姆士：《法显自锡兰至广东的路程》（A. Grimes，The Journey of Fa-Hsien from Ceylon to Canton），载于《英国皇家亚洲学会马来亚分会学报》（JMBRAS）1941年第19卷第1期。

② 格里姆士：《法显自锡兰至广东的路程》（A. Grimes，The Journey of Fa-Hsien from Ceylon to Canton），载于《英国皇家亚洲学会马来亚分会学报》（JMBRAS）1941年第19卷第1期。

③ 英国海军部测量局编：《中国海导航》（Hydrographic Dept. Admiralty，China Sea Pilot），伦敦1950年第2版，第2卷，第16页。

④ 哲维斯：《地图上的世界》（W. W. Jervis，The World in Maps：a Study in Map Evolution），伦敦1938年版。

伯人关于七海的观念实际上也是一种在东洋、西洋之外，更加上大洋（印度洋）和罗姆海（地中海）的四分法的海外地理观念。

在伊斯兰作家所写的著作中，比较有代表性的是一部作者佚名的波斯文著作《世界境域志》（Hudūd al-‘Ālam），序文说这本书在回历372年（公元982年，北宋太平兴国七年）开始编写。作者供职于布哈拉萨曼王朝（Samanid，874—999年）统治下的阿富汗西北部的胡实健法里功王朝。作者在这部著作中编集了10世纪时的阿拉伯地理知识。书中第三章专叙海洋，对东洋和印度洋有专论。它说：

> 绿海，我们曾称作东洋。目前已知，此海从南方农耕区的极边向赤道伸展，经韦韦（Waq Waq）岛、韦韦人地区到中国（Chinistan）、黠戛斯和九姓古斯的边境。（3，1）[1]

韦韦岛，米诺尔斯基解释为苏门答腊。但苏门答腊在本书中有很多名称，除拉米岛之外，照英译者解释，金岛、阇婆格（Zabag）都可兼指该岛[2]。韦韦岛作为极南的一个大岛，应该是爪哇，这里和东非海岸隔洋相望，居民以农耕、航海见称于中世纪的阿拉伯地理书。

关于东洋以西的印度洋，《世界境域志》的作者称为“大洋”，说在东洋、西洋之外“另一个海洋叫‘大洋’，它的东部衔接东洋，赤道的近三分之一通过此洋。它的北海岸始于中国，经过印度和信德、克尔曼、法尔斯、库齐斯坦、萨马腊的境域。它的南海岸起自直布罗陀，越过阇婆格国到桑给国和阿比西尼亚。此海西端是环绕整个阿拉伯国的海湾”（3，3）[3]。

这里的直布罗陀，米诺尔斯基注称“方位不详”。作者借用地中海通往大西洋的直布罗陀海峡来称呼东洋和印度洋衔接处的水道，对于确定“大洋”南部岸线的起点是一项很重要的依据。这条岸线既由阇婆格直指桑给国，而阇婆格在这里与前文中的韦韦岛有别，因而可以确定，东方的“直布罗陀”是介于韦韦岛和阇婆格岛，即处于爪

---

[1]　佚名：《世界境域志》，王治来、周锡娟译，新疆社会科学院中亚研究所1983年排印本。英译本参见：The Regions of the World，米诺尔斯基（V. Minorsky）译，伦敦1970年第2版。

[2]　金岛或称金洲，格利尼《托勒密东亚地志研究》（E. Gerini，Research on Ptolemy's Geography of Eastern Asia，伦敦1919年版）以为又可兼称马来半岛。阇婆岛，既可指苏门答腊，又常被认作爪哇或加里曼丹。

[3]　佚名：《世界境域志》，王治来、周锡娟译，新疆社会科学院中亚研究所1983年排印本。英译本参见：The Regions of the World，米诺尔斯基（V. Minorsky）译，伦敦1970年第2版。

哇和苏门答腊之间的巽他海峡。

《世界境域志》不仅将印度洋的东西两端确定在巽他海峡和红海、东非沿岸之间，而且明确指出北海岸起自中国，按照10世纪的情况，也就是从海南岛和印度支那半岛开始，向西往印度延伸。这样，在波斯地理学家心目中，被称为"大洋"的海域也就相当于《岭外代答》中的西南海区和正南海区，不过它的西界仅到周去非所指的"东大食海"（阿拉伯海）为止，不包括"西大食海"（地中海）在内。

《世界境域志》第九章"关于中国所属各地"的论述，也有助于了解关于南海海域的区划。作者在该章开首便说："中国以东是东洋，南方是韦韦地区、锡兰山（Sarandib）和'大洋'，西方是印度、吐蕃，北方是吐蕃、九姓古斯和黠戛斯的国土。"在这里，周去非的东南海区和正南海区都被包括在中国的南部海域中了。显然，穆斯林作家对于南海的了解程度远远不如中国航海家。

《世界境域志》的作者曾经利用了他的前辈地理学家的著作。其中关于南海和印度洋的知识借用了9世纪中叶伊本·郭大贝（Ibn Khordadhbah）和10世纪初伊斯塔克里（al-Istakhrī）的著作。而阿拉伯航海家对于印度洋东部特别是南海地区的知识却又相当简括，因此，阿拉伯人关于海洋的四分法观念和宋代中国人对海洋的四分法观念实际上很不相同。尽管如此，这两种海洋观之间也有一些共同之处。周去非关于东南海区和东北海区的划分，和阿拉伯、波斯地理学家关于"东洋"的观念完全吻合；西南海区和正南海区的境域又和阿拉伯、波斯地理学家关于"大洋"（印度洋）的观念大致相当。

阿拉伯地理学著作中的"东洋"和"大洋"，由于地理环境的关系，是中国航海家和地理学家特别熟悉的海区。所以在"东洋"的范围内，周去非将它分成东北海区和东南海区；在"大洋"的区划中，周去非又分成西南海区和正南区。东南区和正南区的分界，由于航行上的方便，为中国航海家所谙熟。《岭外代答》卷二阇婆国说："阇婆国又名莆家龙（北加浪岸），在海东南，势下，故曰下岸。广州自十一月、十二月发舶，顺风连昏旦一月可到。"广州和爪哇北岸的北加浪岸之间的水路在12世纪时是贯通南海的一条主要航线，这种情况和唐代贞元年间（785—805年）贾耽记录的"广州通海夷道"中由广州通向室利佛逝的航路中间又有开赴诃陵（爪哇）的分线并无多大区别。

东南区和正南区诸岛，自10世纪曼苏地起，对于穆斯林航海家来说，都是中国海中的岛屿，但由于移民和文化、经济关系，阿拉伯人所称的大洋（印度洋）东部常被当作印度和中国的分界线。比鲁尼《印度志》（al-Bīrūnī, India）称："大洋以东各岛，远距印度，近接中国。"①加里曼丹这个被称为阇婆格的大岛，位于中国海中，便成了中国边境的大岛。雅库特（Yāqūt）著于1224年的《地理辞典》（Mu'jamal-Buldān）指出："阇婆格这个海岛，位于印度之东，哈康海（孟加拉湾）之后，中国以西。"同时代的卡兹维尼《人物志》（al-Qazwini, 'Ajā'ib al-Makhlūqāt）则以为："爪哇（Jawa）是中国近海的国家，和印度邻接。"②在另一处又说："阇婆格岛是中国边境大岛，和印度相接，出异物，国大王强，王号摩诃罗阇（Maharaja）。"③这阇婆格岛正好和苏门答腊岛相当。在阿拉伯著作中，尤其是中世纪早期曼苏地、比鲁尼的论著里，阇婆格这个名称常常指加里曼丹岛。比鲁尼《天文学与占星学原理》（al Qānūnal Mas'ūdi al Hay'ah wal Nujūm）以为它在卡拉岛（Kallah）和室利佛逝岛（Srivijaya）之间，显然指加里曼丹。而13世纪的地理学家，如伊本·赛德、卡兹维尼，则都以阇婆格岛是摩诃罗阇的统治中心，按照经度，明确指出是苏门答腊岛。1325年迪曼希基《世界志》（al-Dimashqi, Nukhbat ad-Dahr）则认为："赤道经马尔代夫（Dibajat）、锡兰岛南岸和室利佛逝之间，再经接近中国南岸的阇婆格岛，止于东方极境。"这个被阿拉伯著作家称为接近中国南岸的阇婆格岛，不论它的位置是加里曼丹还是爪哇，可以肯定的是，它正好处于由大洋（印度洋）通往东洋（南海）的交界地方。

比之阿拉伯同行，中国海员在南海航业方面自要精明得多。元代，中国航海家根据南海海流和航路正式提出了"东洋"和"西洋"的概念，特别是开辟了从泉州经菲律宾到加里曼丹北部浡泥的新航路，使东南沿海和浡泥的交通不必取道占城，菲律宾和加里曼丹北部便形成了一个新的航区。

二、元代和明初东、西洋的区分

元大德八年（1304年），陈大震、吕桂孙的《南海志》20卷正式刊行，又称《大德南海志》。现在仅有北京图书馆藏卷六至卷十残本。卷七物产篇，附列舶货、诸蕃国④，录有和广州通商的南海、印度洋国家45处，列举的各国地名，除去细兰重名外，共有

---

① 比鲁尼：《印度志》（Al-Beruni's India），萨库（E. C. Sachau）英译本，伦敦1910年版；又见费琅：《苏门答剌古国考》，冯承钧译，中华书局1955年版。

② 费琅：《苏门答剌古国考》，冯承钧译，中华书局1955年版。

③ 费琅：《苏门答剌古国考》，冯承钧译，中华书局1955年版。

④ 《永乐大典》卷一一九〇七"广"字"广州府三"收录。参见《永乐大典》中华书局1960年影印本，第20函。

100处，国名和地名总计145个。涉及的地区，东起麻叶（吕宋）、苏录（苏禄）、文鲁古（马鲁古）、盘檀（班达）、地漫（帝汶），西至弼施啰（巴士拉）、勿斯离（埃及开罗）、芦眉（马拉喀什）、茶弼沙（加纳）、麻加里（基尔瓦），自西南太平洋、班达海向西到印度洋、红海、地中海，乃至大西洋各国，都被网罗在以广州为中心的海外贸易网内了。

《大德南海志》反映的海洋观念已比宋代更进一步，确立了东、西洋的区划。在东洋之中，又分成小东洋、大东洋，在西洋之中并有小西洋。山本达郎《东西洋称呼的起源》（载于《东洋学报》1933年第21卷第1号）和冯承钧《中国南洋交通史》（商务印书馆1937年版）都未见到《南海志》，因而前者认为元代西洋仅指印度南部，后者则认为明代以前"今日南海以西之地，今名印度洋或南洋者，昔概称为南海或西南海，唯于暹罗湾南之海，特名涨海而已"。不过古代涨海并非如伯希和所说指南海西部，而是五岭以南大海的泛称。

《南海志》在交趾国、占城国、真腊国、罗斛国、暹国以外，自六至十，所列各国管辖地区中都标有海区：

单马令国管小西洋：日啰亭、达剌希、崧古啰、凌牙苏家、沙里、佛啰安、吉兰丹、晏头、丁伽芦、迫嘉、朋亨、口兰丹。

三佛齐国管小西洋：龙牙山、龙牙门、便塾、榄邦、棚加、不理东、监篦、哑鲁、亭停、不剌、无思忻、深没陀啰、南无里、不斯麻、细兰、没里琶都、宾撮。

东洋佛坭国管小东洋：麻里芦、麻叶、美昆、蒲端、苏录、沙胡重、哑陈、麻拿啰奴、文杜陵。

单重布啰国管大东洋：论杜、三哑思、沙啰沟、塔不辛地、沙棚沟、涂离、遍奴忻、勿里心、王琶华、都芦辛、啰帏、西夷涂、质黎、故梅、讫丁银、呼芦漫头、琶设、故提、频底贤、孟嘉失、乌谭麻、苏华公、文鲁古、盟崖、盘檀。

阇婆国管大东洋：孙条、陀杂、白花湾、淡墨、熙宁、啰心、重伽芦、不直干、陀达、蒲盘、布提、不者啰干、打工、琶离、故鸢、火山、地漫。

小东洋分属东洋佛坭和它以东的岛屿。东洋佛坭即渤泥（《诸蕃志》）、勃泥（《岛夷志略》），古都在加里曼丹西北部的文莱，唐代称婆利（Puri，Burni）。小东洋包括菲律宾群岛的麻里芦（波利略）、麻叶（吕宋）、苏录（苏禄），加里曼丹东部的沙胡重（生瓦生瓦），和周去非所划分的东南海区的北境相当。

大东洋分属单重布啰和阇婆。单重布啰，《诸蕃志》作丹戎武啰或丹重布啰，是爪哇人称加里曼丹"岛国"（Tanjongpura）的音译。《南海志》中的单重布啰分指爪哇海以北各岛，西起加里曼丹西北的三哑思（三发）、沙啰沟（沙捞越）、频底贤（坤甸）、呼芦漫头（卡里马塔），中经苏拉威西的孟嘉失（望加锡），东至文鲁古（马鲁古）、盘檀（班达），直到巴布亚岛西北的盟崖（马卑耶）。阇婆，是爪哇，所辖大东洋分指爪哇海以南各岛，西起爪哇西端孙条（黄他），东至琶离（巴厘）、地漫（帝汶）和阿鲁群岛的故鸾（Gunong Trangan，特琅干岛），接近巴布亚岛的西南海岸。

小东洋、大东洋以西，是小西洋。小西洋分属单马令国和三佛齐国。单马令国都即在马来半岛东岸的六坤。据1230年斜仔石柱梵铭，六坤梵名 Tambralinga。其所辖小西洋包括克拉地峡以南马来半岛东西两岸的附近海域。三佛齐，唐代据梵名 Śri Vijaya 译作室利佛逝，宋代依爪哇名 Sambhoja 改译三佛齐[1]。所辖海域东起苏门答腊附近新加坡岛南的龙牙门（石叻门）、龙牙山（林加）、便塾（廖内，Tandjoengpinang）、棚加（邦加）、不理东（勿里洞）等岛屿，经苏门答腊东西两岸，包括马六甲海峡、安达曼海、孟加拉湾，直到细兰（斯里兰卡）东南沿海，都属小西洋。

小西洋以西都属大西洋。但现存《南海志》中未见正式提名，只是从第十一南毗马八儿国所属国名，有"细蓝、伽一、勿里法丹、差里野、括拨的、侄古打林"。细蓝或细兰既见于南毗马八儿国，又见于三佛齐国，原因是小西洋和大西洋的分界即在细兰。细兰以西，印度科罗曼德海岸各地已属大西洋境。

《南海志》所称"南毗马八儿国"，南毗（Namburi）原是马拉巴婆罗门种姓。既称南毗马八儿，足见南毗并非仅指印度西海岸各国，而兼包南印度东海岸。夏德、柔克义《请蕃志译注》（F. Hirth & W. Rockhill, Chau Ju-Kua）和冯承钧《诸蕃志校注》均以南毗指印度西海岸[2]，苏继庼《岛夷志略校释》更以南毗为古里佛国[3]，均未中鹄的。《诸蕃志》中的南毗，"国都号篾阿抹，唐语曰礼司"。篾阿抹即马八儿最早的译名，"礼司"之意，特指国门，《岛夷志略》称沙里八丹。马八儿，阿拉伯语 Ma'bar（Maa-

① 苏继庼：《岛夷志略校释》，中华书局1981年版，第143页。

② 冯承钧：《诸蕃志校注》，中华书局1956年版，第31页。

③ 苏继庼：《岛夷志略校释》，中华书局1981年版，第327—328页。

bar）原意指"渡口"，指斯里兰卡西北和南印度间的罗摩桥（或亚当桥）渡口，后泛称南印度科罗曼德海岸。所属伽一（Kayal）、勿里法丹（Kaveripattanam）、差里野（Kila-karai）、括拨的（Negapatam）、佺古打林（Gangaikongacolapuram），都是南印度东海岸地名，位于小西洋之西。汪大渊《岛夷志略》初刊于1349年，其中"大乌爹"条提到"国近巴南之地，界西洋之中峰"，则小西洋和大西洋的分界也依印度东海岸而定，印度次大陆东岸便包括在大西洋中了。

苏继庼《岛夷志略校释》对元代西洋的范围曾有解释："元代殆指南中国海西部、榜葛剌海、大食海沿岸与东非沿岸各地。"又说："本书西洋一名，其含义广狭不一。广义之西洋殆指西南海区域：狭义之西洋则指大食海区域。"[①]前者的解释大致和当时航海界的观念相符，但《南海志》将交趾、占城、真腊、罗斛、暹国另列一类，不属西洋或东洋，也就是说，南中国海西部的北境各国不在西洋范围以内。后者的解释则和前者相凿枘。他说"广义的西洋"等于西南海区域，但自《新五代史·四夷列传附录第三》将占城置"在西南海上"起，所谓"西南海"一名的范围便开始不定。照《岭外代答》的说法，西南海起自占城，经马来半岛而至印度、阿拉伯，甚至包括地中海，属境过于广泛，所辖及于南海北部沿海各国，和元代"西洋"的观念不合。说"狭义的西洋"指大食海区域，局限于阿拉伯海和东非沿海，而置印度东海岸于不顾，更将地中海排斥于外，和元代"西洋"的观念也不相符。其实，元朝西洋的西界，北部已包括地中海，南部则深入到东南非洲。前者可以以《岛夷志略》"马鲁涧"条为证。马鲁涧是统治埃及、叙利亚、希贾兹的马木鲁克（Mamluke）王朝，《岛夷志略》称之为西洋大国，它的境域包有地中海和红海沿岸。后者有《岛夷志略》"万里石塘"条的论述为证。汪大渊认为从岱屿门启航，"至西洋或百日之外"，其间地脉历历可考，"一脉至爪哇，一脉至勃泥及古里地闷，一脉至西洋遐昆仑之地"。西洋遐昆仑，苏继庼《岛夷志略校释》考作马达加斯加岛（Jazirat al Qumr），所涉海域已及莫桑比克海峡。

按照《南海志》，元代将昆仑岛（康道尔岛）以北，即北纬9°以北，克拉地峡以东各国当作西南沿海国家，而不将它们归入西洋的范畴之中，自有其地理和航行上的根据。以地理而论，宋代以前，海、洋不分，统称为海。宋代在"海"之外，始更有"洋"。12世纪上半叶赵德麟所著《侯鲭录》卷三对海洋的区分已有界说："今谓海之中心为洋，亦水之众多处。"昆仑岛以北各国，相当于周去非的窊里，自海南岛经越南中

---

① 苏继庼：《岛夷志略校释》，中华书局1981年版，第340页，第281页。

部至纳土纳群岛以北，海深一般在200米以下，这片区域处于交趾洋以西，昆仑洋以北，只能属于近海区，由海南岛通往这些国家无须过洋。《岭外代答》虽称越南东部沿海为交趾洋，但也可称为交趾海。至于昆仑洋，元代又称混沌大洋，在昆仑岛以南（《元史》卷一六二《史弼传》）。所以元代既有东、西洋之别，却未便将占城、真腊、罗斛、暹国归入西洋各国。以航行而言，南海地区不论通往东洋还是西洋，离印度支那半岛南部湄公河口仅80公里的昆仑岛都是航行的枢纽。唐代贾耽记录的"广州通海夷道"也要通过昆仑岛，称为军突弄。昆仑山或军突弄，都是Poulo Kundor的音译，意即冬瓜岛。汪大渊对昆仑岛在南海航行上的重要地位有足够的论述："山高而方，根盘几百里，截然乎瀛海之中，与占城、东西竺鼎峙而相望。下有昆仑洋，因是名也。"（《岛夷志略》"昆仑"条）由此可以明白，元代正是以昆仑岛—东西竺—假里马打—孙剌一线，也就是从康道尔岛西南经竹岛、卡里马塔岛和巽他海峡，作为东、西洋的分界，康道尔岛以西称西洋，康道尔岛以东称东洋。

元代所述西洋有小西洋，却无大西洋。大西洋在元人著作中通常简称"西洋"。汪大渊《岛夷志略》中常用西洋一名，如昆仑："舶泛西洋者，必掠之。"龙牙门："舶往西洋，本番置之不问。"大乌爹："界西洋之中峰。"古里佛："亦西洋诸番之马头也。"马鲁涧："西洋国悉臣属焉。"在这里，"西洋"的含义都与印度以西，包括阿拉伯海、红海、波斯湾、印度洋、地中海的广大海区相当。

明初，东、西洋的区划沿承元朝，无大变化。东、西洋的分界线仍在康道尔岛以南通过卡里马塔前往爪哇、勿里洞和苏门答腊的航线附近。跟随郑和宝船队第四次出航的马欢在1416年初稿的《瀛涯胜览》卷首纪行诗中称扬宝船的航行，有"阇婆又往西洋去，三佛齐过临五屿，苏门答剌峙中流，海舶番商经此聚，自此分綜往锡兰"的诗句。苏门答腊便成为由东洋进入西洋的门户，同书因称苏门答剌"其处乃西洋之总路"。至于郑和下西洋，则是指西洋国，是以科泽科特和它以北26公里的梵答剌亦纳为中心的国家，前者亦即明代所称的古里，后者则是称作剌泥的地方。这个西洋正是位于西洋中心，换句话说，处于印度洋正中的国家。对于西洋的地理观念，明初和元朝基本上并无两样。

东、西洋观念本来是罗马、阿拉伯、波斯地理学家提出和使用的一种海域观念。元代中国帆船出没于印度和阿拉伯沿海，元朝和伊尔汗国进行过广泛的文化科技交流，于是将波斯人的海洋观念应用到中国航海家所熟悉的南海和印度洋海域，出现了东、西洋的区划法。

元至元四年（1267年），波斯人扎马鲁丁（Jamāl al-Din）在大都仿照马拉格天文台制作天文、地理仪器七具，其中有地球仪，名苦来亦阿儿子（Kura-i-ard），用木制圆球，分用绿、白二色表示水、土，绘制世界地图。东、西洋的观念一定由此传入中国。在1273年以前，托勒密的《行星体系》（或称《天文大集》）一书的精华录已译成阿拉伯文，藏于秘书监，取名《麦者思的造司天仪式》（Khulāsat al-Mijisti）。著名的《伊尔汗天文表》（al-Zij al-īlkhāni）也同时入藏于秘书监，书名改称《积尺诸家历》。元朝为了编纂包括伊尔汗国、钦察汗国、察合台汗国在内的《大元一统志》，曾搜集了回回图子。在1287年更派人到福建沿海，就航海回回商人采访海外地理资料。中外海图的搜集，天文测量的渐趋完善，为《南海志》根据东、西洋的区划提出新的海外地理观念提供了很大的方便。从朝鲜在1402年由李荟、权近根据元朝地图重绘的《混一疆理历代国都之图》可以约略见出元朝已经绘制了比较精确的包括亚、欧、非三大洲的世界大地图。因此，采用东、西洋的观念，已能比之过去更加具体、更加正确地反映海外世界的实际情况。

三、《东西洋考》与东、西洋观念的变化

自从由西欧绕过非洲到印度、中国的航路发现以后，世界形势起了根本性的变化。原先的印度洋贸易网被欧洲海盗商人摧毁，东西方航路的焦点也随之逐渐向地中海转移。耶稣会士来华后，将欧洲对五大洲的观念输入中国，于是自16世纪起，中国人在海外地域观念上，对东、西洋也有了新的区划。自利玛窦起，欧洲人对世界地图自有一种不同于中国传统的绘法，传入后，引起了政府官员和士大夫的注意。艾儒略《职方外纪》卷首的地图大致依照利玛窦在1602年刊刻的《万国坤舆全图》绘制，在印度以东列出榜葛剌海，将小西洋置于印度之西，在马达加斯加岛东南的洋面上标列西南海，非洲西南是利未亚海，在北非和欧洲西海岸是大西洋。明末清初已将地中海欧洲国家称作大西洋国家。这种世界地理观念的变化，和新航路诸如葡萄牙人、荷兰人绕道好望角直赴巽他海峡的捷径的开辟，都使西洋的观念越加开阔，于是张燮在《东西洋考》（著于1617年）"西洋列国考"中便将交趾（卷一）、占城、暹罗（以上卷二）、下港、柬埔寨、大泥、旧港（以上卷三）、麻六甲、哑齐、彭亨、柔佛、丁机宜、思吉港、文郎马神、池闷（以上卷四）划入西洋，"东洋列国考"中有吕宋、苏禄、猫里务、沙瑶、呐哔啴、美洛居、文莱（以上卷五）。西洋各国交趾、占城、暹罗、柬埔寨在明初只作近海国家，思吉港（苏吉丹）、文郎马神（马辰），池闷（帝汶）、爪哇在元

代本属大东洋，而张燮划入西洋，所以《东西洋考》中的东洋各国只和元代的小东洋相当，但又多出原属大东洋的美洛居（马鲁古）。可见明末航海家对东、西洋又有新的划分，大致将东经110°以东、赤道以北的海域划作东洋，以西以南概称西洋。于是有所谓以文莱为界划分东、西洋的观念出现："文莱，即婆罗国，东洋尽处，西洋所自起也。"（《东西洋考》卷五）明末将淳泥改称婆罗，此时文莱已向西扩展，占有加里曼丹北部，故以文莱即婆罗。但张燮误把唐代的婆罗国当作明代加里曼丹的婆罗，将《新唐书》婆罗王旃达钵（Chandravarman）所派使者算作文莱王的使节。据《新唐书·南蛮列传下》"赤土西南入海得婆罗"，赤土在中南半岛克拉地峡附近，由此入海西南所至的国家实际上是南印度东岸的帕拉瓦王朝（Pallava）。

明末西洋区划的扩大和东洋区划的缩小，代表了中国人在17世纪时海外地理观念的变迁。这一变迁既和世界政治与商业地图的变化有关，又与15世纪末欧洲人的地理观念难分难解。在利玛窦绘制的《万国坤舆全图》上，大爪哇（爪哇）被置于苏门答剌（苏门答腊）和波尔匿何（加里曼丹）之间的海区，位于东经100°到111°，波尔匿何大部分在赤道以北，位于东经109°到114°。地处波尔匿何北端的文莱和隔海相望的占城、甘波牙（柬埔寨）沿海正好都在东经110°以东，昆仑岛（未见标名）则在东经110°线以西。因此图示昆仑岛以西以南海域，包括加里曼丹西海岸，都在西洋的范围以内。华列拉岬到昆仑岛之间，也即黄衷《海语》所述外罗至崑屯山一线，自然成为东西洋的分界线了。古称万里石塘、万生石塘屿或石塘的南沙群岛便属东洋，柬埔寨西南则属西洋。由于通往西洋的航路经过安南、占城及真腊附近海面，于是正式把这些国家列入西洋的范畴中。明末东、西洋观念的最后形成，受到西方传教士输入的亚洲地理观念和经纬测量的制约，因而造成西洋区划的无限扩展和东洋区划的相对缩减。

中国航海界关于东、西洋区划的传统观念直到欧洲传教士东来以后的一个世纪内仍在流传。但由于中国帆船远洋航业的衰退，这种观念实际上已只适用于南海和马六甲海峡的航行中了。一个严峻的事实是：西洋观念向东西两方的扩展，正好是中国帆船远洋航业圈收缩的结果。

郑和时代的东西洋观念

东、西洋概念起源于罗马时代，13世纪下半叶经中古阿拉伯传入中国。元代《大德南海志》残本和《岛夷志略》中已有小东洋、大东洋、小西洋和西洋的称谓。东、西洋的划分，自康道尔岛迤南经加里马达海峡至巽他海峡为界，以东称东洋，以西称西洋。在康道尔岛以北的占城、真腊、暹、罗斛是中国近邻国家，不在东、西洋范围以内，直到15世纪上半叶郑和下西洋时仍是如此。

郑和奉使的"西洋"含义有二，一是泛称海外各国，二是七次出使中，每次至少必到一个西洋国。因此郑和本人不将1424年航海旧港（Palembang）的那一次计入下西洋之列。西洋国在元代已见之文献，是以科泽科特和它附近的梵答剌亦纳为中心的国家，《岛夷志略》中把这两个地方分别称作下里（Chaliam）和古里佛（Kollam Pantalay-ini），明初改称古里和西洋剌泥。广义的西洋国指古里和剌泥（《航海图》作番答里纳），狭义的西洋国仅只剌泥可当。

一、郑和时代的东、西洋

郑和下西洋，自1405年起至1433年为止，前后七次，所历国家不限于西洋，也遍及东洋。所以称下西洋，理由不外有二：一是西洋范围既广，又是历次宝船队主要航行的区域，因此当时习称郑和统率的宝船队为"下西洋"；二是西洋一名，不仅与东洋相对而言，泛指昆仑岛以西广大海域，而且更可当作国名。下西洋的船队每次必到西洋国，于是称郑和宝船队为"下西洋"。因此，就地理含义而言，郑和下西洋便有其二重性，一则关系海洋区划的观念，一则关系海外国家的观念。

郑和时代的东、西洋和元朝的东、西洋有何异同？元朝西洋的西界可分南、北二部，北部包括地中海，已见《岛夷志略》"马鲁涧"条；南部则深入到东南非洲，可以以《岛夷志略》"万里石塘"为据："俗云万里石塘。以余推之，岂此万里而已哉！舶由岱屿门挂四帆，乘风破浪，海上若飞，至西洋或百日之外。以一日一夜行百里计之，万里曾不足，故源其地脉历历可考，一脉至爪哇，一脉至勃泥及古里地闷，一脉至西洋遐昆仑之地。"自泉州岱屿门启航的帆船，经一百天以外的航行便可到达印度洋的西岸。这条航线可和12世纪《岭外代答》中自广州到麻离拔的航线，或13世纪初《诸蕃志》记述的自泉州到大食的航线相并列。在元代，也可以从泉州抵达东非沿海的桑给国，汪大渊称作层摇罗，他莅临的港口是马林迪。至于西洋遐昆仑，和南洋中的昆仑岛相对，考作马达加斯加岛（Jazirat al Qumr）[①]，正中鹄的，所涉海域已及于莫桑比克海峡。

郑和下西洋，西洋包括整个印度洋，而起点仍在苏门答腊以东的卡里马达海峡。从第四次下西洋起随宝船出海的马欢于1416年著《瀛涯胜览》，卷首有纪行诗，对宝船航程有概括的叙述："占城港口暂停憩，扬帆迅速来阇婆。……阇婆又往西洋去，三佛齐过临五屿。苏门答剌峙中流，海舶番商经此聚。自此分綜往锡兰、柯枝、古里连诸番。弱水南滨溜山国，去路茫茫更险艰。……忽鲁谟斯近海傍，大宛、米息通行商。"从爪哇向西往苏门答腊便进入西洋，卡里马达海峡是必经之地。《郑和航海图》竹屿以南有十二子山。假里马达，针路分别在十二子山以东、假里马达以西通往爪哇、勿里洞[②]。东、西洋的分界仍和元代无甚区别。

东、西洋北部的分界却不甚明了。明初是否已将昆仑岛以北各国列入西洋范围？虽无直接的史料可举，却有许多迹象足以说明这些国家不在东、西洋的概念以内。黄衷《海语》（1536年）卷下"畏途"条叙述南海航行："分水在占城之外罗。……由马鞍山抵旧港，东注为诸番之路，西注为朱崖儋耳之路。天地设险，以域华夷者也。由外罗历大佛灵，以至崐屯山。自朔至望潮东旋而西，既望至晦即西旋而东，此又海中

①　苏继顾：《岛夷志略校释》，中华书局1981年版，第320页。

②　苏继顾《岛夷志略校释》（中华书局1981年版，第204页）以卡里马塔岛西南16公里的赛鲁土岛（Sarutu）当十二子山，但《航海图》以假里马达在十二子山以西。

潮汐之变也。"外罗在越南南部，灵山位于华列拉岬（Cape Varella），崐屯山即汪大渊所称昆仑山。外罗，黄衷视作东、西航路分水的界线，所谓"华夷分界之处"。因此，作为中国近海国家，占城、真腊都不列入外洋。直到明崇祯十年（1637年），温体仁、张至发等在纂修的《熹宗哲皇帝实录》卷十一天启元年六月丙子条也以暹罗不在东、西洋之列："先是，暹罗、东西洋、佛郎机诸国入贡者，附省会而进，与土著贸迁，设市舶提举司税其货。"十分明显，暹罗、真腊属于中国边海区，东洋、西洋另成一区，大西洋的佛郎机又成一区，这是17世纪明朝人的海洋观念。

1383年，明朝实行勘合贸易，限定暹罗、占城、真腊和明朝使者往还，明确给以特惠待遇，其理由也在于这些国家都算作中国沿海的近邻。郑和七次下西洋，到达的地方除西洋各国外，见于《明实录》《国榷》和刘家港天妃宫《通番事迹记》、长乐南山天妃宫《天妃之神灵应记》记载的，还有占城、暹罗、爪哇三国。爪哇仅第六次未见，占城仅第二、第六、第七次未见，第一、第二、第三次出使国中都有暹罗。爪哇属于东洋，暹罗、占城是否列入西洋？这些南海国家，在郑和同代人的著作中都不见当作西洋国家，而称作东南诸国。陆容《菽园杂记》卷三提到永乐七年郑和等"历东南诸蕃，以通西洋"。郎瑛《七修类藁》卷十二更略作："永乐丁亥（1407年）命太监郑和、王景弘、侯显三人往东南诸国。"严从简《殊域周咨录》卷六、卷七、卷八以为安南、占城、暹罗"东至东海"。慎懋赏《四夷广记》也有同样的提法。郑晓《皇明四夷考》则对三佛齐、暹罗、渤泥、彭亨一概称为"在东南海中"，而不立东、西洋之说，只有到了苏门答腊岛以西，才算是进入了西洋。这从《瀛涯胜览》认为苏门答剌"其处乃西洋之总路"可以看出。《殊域周咨录》卷九更指锡兰"在西洋，与柯枝国对峙"。严从简关于海外地理有东、西、中三路之说："自广州舶船往诸番，出虎头门，如入大洋，分东、西、中三路①。东洋差近，周岁可回；西洋差远，两岁一回；宋于中路置巡海水师营垒。"（《殊域周咨录》卷八）在东、西洋以外，更有所谓中路，中路正是那些不属东洋，而又难以归于西洋的西南邻国，占城、真腊、暹罗都在其列。《殊域周咨录》卷八以为"暹罗国在占城极南"，而不在其西，只有像苏门答腊岛北部的苏门答剌国才被认为"在占城之西洋中"。总之，马六甲海峡以西各国，才得列于西洋。所以直到明代中叶，"西洋"的观念约略和《岛夷志略》中的西洋相仿，而不取小西洋、小东洋、大东洋的区划，明确将"西洋"的观念放大到马六甲海峡以西的印度洋。

占城、暹罗这些中国近邻国家，因为不属西洋，所以在列举下西洋的国家时常被

---

① 　原文为"分东、西三路"，脱"中"字。

忽略。以第七次下西洋而论,《明宣宗实录》卷六十七和《国榷》卷十七都说郑和率领宝船遍历二十国,但列举的国名仅十七个。另有旧港宣慰司,直属明朝,不算一国。这十七国是:忽鲁谟斯、锡兰山、古里、满剌加、柯枝、不剌哇、木骨都束、喃渤利、苏门答剌、剌撒、溜山、阿鲁、甘巴里、阿丹、祖法儿、竹步、加异勒。据祝允明《前闻记》"下西洋"所述宣德五年(1430年)第七次下西洋大舿宝船日程,大舿宝船来去都经占城,还到过爪哇,这两国一定在二十国之中。另有史料说明,宣德八年(1433年)闰八月随宝船入贡的十国使团,到正统元年(1436年)才回国,同时返国的有真腊、爪哇使者,可见真腊也是这次宝船所到的国家。宣德时曾随宝船下西洋的应天人巩珍著有《西洋番国志》,所录二十国,国名及文字都与《瀛涯胜览》类同,所志国家有八国都不见于《明宣宗实录》。但巩珍的记录出自通译马欢,而马欢曾三次出洋。《瀛涯胜览》早在1416年便已写作,因此,正如伯希和所说:"巩珍所志诸国,并不仅是1431至1433年一役所历之国,也不是他所经历的国家的一种完整的记录。"[①]巩珍所著《西洋番国志》中虽有占城、爪哇、暹罗三国,却不足以作为这三国列入西洋各国的依据。相反,《明实录》所举二十国中偏偏漏掉爪哇、占城、真腊,正是由于这些国家并不属于西洋诸国。

《明实录》记录的郑和宝船队到达的国家有三十多个。结合《明史·郑和传》总计有三十七国,其中西洋琐里与古里重出,实举三十六国。"西洋"作为国名,在元明之际的14世纪本指"剌泥"(番答里纳),琐里又是一国,班普尔河口的Chaliam(卜里)在汪大渊造访时还只是一个"小港口"。到15世纪时,随着政治形势变迁,小港口成了"国都",得到拓展,"剌泥"反倒退居其次,形成西洋琐里与古里两地。下里是在中国的扶持下得到发展的。

这三十六国中,只有渤泥和爪哇属于东洋。占城、暹罗、真腊之外,三十一国都属于西洋。宣德六年(1431年),郑和亲自在长乐南山天妃宫立碑《天妃之神灵应记》,总结历次下西洋之举:"自永乐三年奉使西洋,迨今七次,所历番国,由占城国、爪哇国、三佛齐国、暹罗国,直逾南天竺锡兰山国、古里国、柯枝国,抵于西域忽鲁谟斯国、阿丹国、木骨都束国,大小凡三十余国,涉沧溟十万余里。"碑文涉及东洋的国家也仅爪哇而已。所以郑和出使海外,从敕书、实录到随从记录,都称"下西洋"。后来更以"西洋"泛称海外各国。正德十五年(1520年),黄省著《西洋还朝贡典录》,所

---

① 伯希和:《郑和下西洋考》(Paul Pelliot, Les Grands Voyages Maritimes Chinois au début du XVe Siècle),冯承钧译,中华书局1955年版。原文载于《通报》(T'oung Pao)1933年第30卷。

录国家二十三，占城、真腊、暹罗之外，更有渤泥、苏禄、琉球、爪哇，举此，便可想见一斑了。

二、郑和下西洋与西洋国

郑和时代，"下西洋"指通航印度洋固无疑问。但"下西洋"还有另一重含义。所谓西洋，也可指国名，就是南印度马拉巴海岸的科泽科特。西洋称国，始见于元代。元至元二十六年（1289年），徐明善著《天南行记》，有"西洋国黄毛皮子"的记录。元人周致中《异域志》卷上有西洋国："在西南海中，地产珊瑚、宝石等物，所织绵布绝细，莹洁如纸。其人髡首，以白布缠头，以金为钱交易，国人至富。"元代的西南海，与宋代、明代不同，特指阿拉伯海、波斯湾。如《岛夷志略》甘埋里："其国迩西南冯之地。"（藤田丰八校注本）西南冯，藤田无考，苏继庼《岛夷志略校释》仅录"南冯"，以为霍尔木兹附近格什姆岛，都是完全不理解原文"西南冯"的"冯"即阿拉伯语的"海"（Bahr），西南冯即西南海。周致中的西洋国确在阿拉伯海中。《真腊风土记》（1297年）、《岛夷志略》（1349年）提到西洋布、西洋丝布。西洋布就是产于西洋国的细棉布。科泽科特因出产棉织品精细而哄传一时，称Calico，马可·波罗称为Calicot。7世纪时，穆斯林中的莫帕拉（Moplahs）人移居这里，经营海外贸易。到14世纪时，这里已成重要的商业都会。《岛夷志略》"淡邈"条的西洋丝布就是这里所产，"丝"的对音是波斯语sāl，是一种毛布[1]。《瀛涯胜览》称为扯黎布，指出此布"出于邻境坎巴夷（Koyampadi）等处，每匹阔四尺五寸，长二丈五尺"。

《岛夷志略》中涉及西洋国的有多处。大八丹（法城，Darfattan）"国居西洋之后，名雀婆岭，相望数百里"，这个"西洋"就是国名。大八丹在科泽科特以北，特利切里（Telli Cherry）和坎纳诺尔（Canaore）之间，因在西洋国之北，故称"西洋之后"。同书甘埋里（卡伊斯岛）"所有木香、琥珀之类，均产自佛朗国来，商贩于西洋互易"，天堂条称"西洋亦有路通"，这里的西洋也指国名。

元代西洋国是《岛夷志略》中的古里佛。《岛夷志略》指出其地是西洋的重要都市："当巨海之要冲，去僧加剌（Sinjli）密迩，亦西洋诸番之马头也。"元代的古里佛，马可·波罗称作马里八儿国（Melibar），故址在科泽科特北26公里处。这个地方，元

---

[1]　柔克义：《14世纪中国与南洋群岛及印度洋沿岸诸港的交往和贸易》（W. W. Rockhill, Notes on the Relations and Trade of China with the Eastern Archipelago and Coasts of Indian Ocean during the Fourteenth Century），载于《通报》（T'oung Pao）1915年第16卷。

代又根据阿拉伯语译作梵答剌亦纳（Fandarīna），马拉耶拉语原名Pandarani，通常当作Pantalāyini或Pantalāyini Kollam，在奎莱迪（Quilandi）以北，是马拉巴最古的地名，也是佩纳特（Payanad）的古里王（Kollam Raja）的首府①。伊德里西指出，从特纳（Tana）到梵答剌亦纳是四马赫拉（marhalas），亦即四天路程，从梵答剌亦纳到哲法丹（Jurbatan）是五马赫拉。他记述梵答剌亦纳坐落在来自马拉巴的一条大河口。从印度和信德来的船都在这里停泊，居民富庶，市场繁荣，贸易兴旺。城北的高山上有树林、村落和羊群，豆蔻生长在山坡上，向各国出口，是一宗可观的买卖。胡椒生在秣罗岛（Malī）的和梵答剌亦纳、哲法丹的一样。但除了这三处以外，别的地方都未见过胡椒的记录。迪曼希基提到梵答剌亦纳的居民多数是犹太教徒、印度教徒和穆斯林，基督教徒极少。到过那里的伊本·白图泰称梵答剌亦纳（Fandaryna）"是一个大而美丽的城市，拥有果园和商场，穆斯林占四分之三。每区都有一处清真寺。中国船在这里住冬"②。这种情况，可以和《岛夷志略》小唄喃条"所以此地驻冬，候下年八九月马船复来，移船回古里佛互市"互相呼应。

《岛夷志略》古里佛一名就是从Pantalāyini Kollam译出的。Pantalāyini Kollam又称Kollam Pantalāyini，Colam Pandarani。"古里"译出Kollam，"佛"对Pan，阿拉伯语以[f]代[p]，《岛夷志略》中的"佛"，如佛朗、佛来安，都从[f]或[b]发音，绝非卡利科特（Calicut，Kalikut）中的cut或kut的对音。Kollam和Kūlam、Kawlam相近，元代译作唄喃、俱蓝、故蓝，即宋代的故临，现在的奎隆。离奎隆8公里有秣罗岛，出产胡椒，和城市邻接。伊德里西、迪曼希基都称这里是胡椒国的最后一处城市，总称Kūlam Mālī，亦即大故蓝国，《南海志》首见此名。至于梵答剌亦纳，柔克义、伯希和以为是《岛夷志略》中的班达里③。冯承钧《中国南洋交通史》、苏继顾《岛夷志略校释》也采此说④。但班达里与鬼屈波思（恩）国为邻，地产甸子（绿松石），并非印度西海岸地名，而是索马里贝纳迪尔海岸的商业城市摩加迪沙。梵答剌亦纳在《南海志》中非常正确地译作宾陀兰纳。

---

① 那纳尔：《阿拉伯地理学家所知的南印度》（S. M. Husayn Nainar, Arab Geographers' Knowledge of Southern India），马德拉斯（金奈）大学1942年版，第35页。

② 伊本·白图泰：《伊本·白图泰游记》（Ibn Battúta, The Travels of Ibn Battúta, A. D. 1325—1354），吉柏（H. A. R. Gibb）英译本，剑桥1958年版，第1卷，第234页。

③ 伯希和：《马可·波罗游记校注》（P. Pelliot, Notes on Marco Polo），巴黎1963年版，第3卷，第20页。

④ 冯承钧：《中国南洋交通史》，商务印书馆1937年版，第88页；苏继顾：《岛夷志略校释》，中华书局1981年版，第255页。

　　《岛夷志略》中的古里佛，藤田丰八在《岛夷志略校注》（雪堂丛刊1914年版）中以为是奎隆，柔克义则认作科泽科特，苏继顾也同意科泽科特，这样一来却使《岛夷志略》中"下里"一地的考订陷于扑朔迷离之中。

　　古里佛并非卡利科特。卡利科特，汪大渊另有一名，称下里。藤田丰八因为将小唄喃和古里佛的考释南北互易，于是"居小唄喃、古里佛之中，又名小港口"的下里，只能是梵答剌亦纳以南、奎隆以北的卡利科特了。但藤田丰八在《大小葛兰考》中又以下里为柯枝，苏继顾《岛夷志略校释》同此①，而以"下里"对音是柯枝北32公里的小港 Alwaye，非常牵强。下里的特点是"地产胡椒，冠于各番，不可胜计"。胡椒本是马拉巴的特产，马拉巴一名首见伊德里西《旅游证闻》（1154年），写作 Manibār，意即胡椒国。雅库特、卡兹维尼、迪曼希基、阿布·菲达写作 Malibār②。中世纪阿拉伯地理学家中，迪曼希基列举的马拉巴城市最多，有法克纳（Fāknūr）、塞莫尔（Saymūr）、曼加洛尔（Manjarūr）、哈克里亚（Harqilya）、下里（Hīlī）、哲法丹（Jurfattan）、大八丹（Dahfattān）、佛法丹（Budfattān）、梵答剌亦纳（Fandarīna）、政期离（Shinklī）、俱兰（Kūlam）。这些城市中不见卡利科特之名，仅有下里可当。马可·波罗所记下里（Eli）也应该是这里，而非现在通常认为的坎纳诺尔西北25公里的德利山（Mount Delly）。马可·波罗也说此地距科摩林480公里，而从马八儿到俱蓝也不过800公里，两相比较，下里并非德利山。马可·波罗又说，下里有中国船去，但停留时间极短，因这里仅有河口浅滩，而无港口。河口既宽且深，是指班普尔河入海处，这和汪大渊称下里又名"小港口"的情况相符。在阿拉伯地理学家所志南印度地名中，相当于班普尔河口的有 Chaliam。此名和闽南话"下里"十分相合。当时马拉巴的要港，北有梵答剌亦纳，南有俱蓝，这两地都是中国商人常到的地方。元成宗元贞二年（1296年），朝廷曾"禁海商以细货于马八儿、唄喃、梵答剌亦纳三番国交易"（《元史·食货志二》）。元朝在南印度仅举这三处为贸易要地。梵答剌亦纳便是马拉巴国的中心，也就是马可·波罗笔下的马里八儿国（Melibar），伊本·白图泰的马拉巴国。至于俱蓝，元代更有大故蓝和小唄喃两个大小含义不同的名称。元代的大故蓝、小唄喃，明初改称大葛兰、小葛兰，译名算是统一了起来。因此，费信《星槎胜览》虽保留了大葛兰国，而内容只是抄袭《岛夷志略》小唄喃条，只是略加改动而已。藤田丰八因《星槎胜览》

　　① 苏继顾：《岛夷志略校释》，中华书局1981年版，第269页。

　　② 玉尔、伯纳尔编：《语源辞典》（Henry Yule，A.C. Burnell，Hobson-Jobson：a Glossary of Colloquial Anglo-Indian Words and Phrases，and of Kindred Terms，Etymological，Historical，Geographical and Discursive），伦敦1903年版，第541页。

大葛兰条文字类似《岛夷志略》小唄喃，因疑本无此国。但《南海志》已有大故蓝国，明初此名犹存，不过改称大葛兰罢了，大葛兰国并非子虚乌有。

明初西洋国名略作西洋，常被采用，并见之于政府档册。洪武二年（1369年），朱元璋宣布15个不征夷国中有西洋一国（《皇明祖训·箴戒章》）。西洋是各国中最西的国家。洪武三年（1370年）六月，朱元璋向各国派出使者，"戊寅，遣使持诏谕云南、八番、西域、西洋、琐里、爪哇、畏吾儿等国"（《明太祖实录》卷五十三）。同年九月的一条记录中又见西洋、琐里："西洋国王别里提遣其臣亦迭纳瓦里沙等来朝，进金叶表文……先是尝遣刘叔勉等颁即位诏于西洋等国，至是遣其臣偕叔勉入贡。"（《明太祖实录》卷五十六）西洋本是一国，琐里又是一国。洪武五年（1372年）春正月有一条记录："琐里国王卜纳的遣其臣撒马牙茶嘉儿斡的亦剌丹八儿山……先是三年六月遣塔海帖木儿持诏谕其国，至是始与俱来。上谓中书省臣曰：'西洋、琐里世称远番，涉海而来，难计年月，其朝贡无论疏数，厚往而薄来可也。'"（《明太祖实录》卷七十一）西洋和琐里这两个南印度国家在明初就已被视为远国，特别受到明政府的尊重。迪曼希基指出，在俱蓝（Kawlam）之后便是琐里国（Sūliyān，Sūliyāncolās），包括大小两个马八儿（Ma'bars），二者都在沿海，货物都从西部各城汇集于此。又说小马八儿是国都。小马八儿即阿布·菲达的比叶·达瓦尔（Biyyar Dāwal）或比尔·杜尔（Bīr Dhul），在泰米尔文中的意思是"比尔的市镇"，比尔就是伐拉·潘地亚（Vīra Pāndya）王子[①]。

永乐初，郑和下西洋以前，西洋一国仍单独出现于官方记录中。《明太宗实录》永乐元年（1403年）八月记载："癸丑，遣官往赐朝鲜、安南、占城、暹罗、琉球、真腊、爪哇、西洋、苏门答剌诸番国王绒锦、织金、文绮、纱罗有差。行人吕让、丘智使安南，按察副使闻良辅、行人宁善使爪哇、西洋、苏门答剌……"（《明太宗实录》卷二十二）九月记载："庚寅……遣中官马彬等使爪哇……命彬等赍诏谕西洋、苏门答剌诸番国王，并赐之文绮纱罗。"（《明太宗实录》卷二十三）十月记载："甲戌，西洋剌泥国回回哈只马哈没奇剌泥等来朝贡方物，因附载胡椒与民互市，有司请征其税。上曰：'商税者，国家以抑逐末之民，岂以为利？今夷人慕义远来，乃欲侵其利，所得几何，而亏辱大体万万矣。'不听。"（《明太宗实录》卷二十四）

这个西洋国，到郑和下西洋一个世纪之后便被误解成西洋琐里国了，究其原因有

---

① 那纳尔：《阿拉伯地理学家所知的南印度》（S. M. Husayn Nainar, Arab Geographers' Knowledge of Southern India），马德拉斯（金奈）大学1942年版，第54页。另见迪曼希基《世界志》法译本（al-Dimashqi, Manuel de la Cosmographie du Moyen Age），梅伦（A. F. Mehren）译。

二：一是西洋、琐里在明初诏谕、奏文所举各国中，常前后连缀，而西洋自元代以来又被当作特定的海域，忘记了它原来也是一个国名，因此出现了西洋琐里国。其实，西洋国名也常和西洋各国相连，如西洋、邦哈剌（《明太祖实录》卷二五四），西洋、苏门答剌（《明太宗实录》卷十二上），其中"西洋"均指"西洋国"①。二是西洋国所在的马拉巴，沿岸居民和统治者多琐里（Soli，Čola）人，《瀛涯胜览》小葛兰国："国王、国人皆锁（琐）里人氏。"国人分五等，一等名南毗（Namburi），二等回回人。据该书，回回人占了多数。古里国王也是南毗人。民俗婚丧之礼，"锁俚（琐里）人、回回各依自家本等体例不同"。因此，西洋马拉巴便被称为西洋琐里了。

在郑和下西洋之后，黄省曾所著《西洋朝贡典录》尚未误解西洋和琐里的关系，卷三仅录古里国。1564年，郑晓撰《皇明四夷考》，古俚之外又有琐里、西洋琐里。到1574年严从简写《殊域周咨录》时，琐里便被当作西洋琐里②，而另有一个古里或西洋古里国。卷八琐里、古里："琐里国又曰西洋琐里国，古里国又曰西洋古里国。或为二国，或为四国，会典诸书所载各异，皆西海诸番之会。"又说："其国与伽蓝洲、狮子国相邻。或云南距柯枝，西濒海。"严从简对琐里、西洋琐里已毫无分辨的能力，以为"西洋"二字只是表明该国为"西海诸番之会"而加上的。从此以后，这种误解便纠缠了四个多世纪之久。

自1561年郑晓《皇明四夷考》起，琐里、西洋琐里便重复出现不已。罗曰褧《咸宾录》（1591年）卷四有古里，又有琐里、西洋琐里，卷六更有柯枝、大唄喃、小唄喃、小葛兰。程百二《方舆胜略》（1610年）的体例和《咸宾录》相同。茅瑞徵《皇明象胥录》（1629年）在古里之外也有西洋琐里、琐里。郑晓《皇明四夷考》卷下"古俚"条："古俚，大国，西洋诸番之会，去中国十万里……永乐元年，王马那必加剌满遣马戌朝贡焉。五年，遣太监郑和赐王诰币，升赏其将领有差。""西洋琐里"条："西洋琐里，近琐里，视琐里差大，物产大类琐里。洪武三年，使来，以金叶表文贡方物。上喜王敬中国，涉海道甚远，赐甚厚。永乐元年，复遣人朝贡。上曰：'海外远夷，附载番货，勿征。'二十一年，西洋十六国遣使千二百人贡方物，至京师，西洋琐里贡独

---

① 郑鹤声、郑一钧编《郑和下西洋资料汇编》（齐鲁书社1980年版）上册第91、92页对这些"西洋"均未当作国名，第116页在"永乐五年"下，更有"是年复命郑和等第二次出使西洋爪哇、古里、柯枝等国"的错误。爪哇并非西洋国家，西洋与古里更显重叠。

② 方豪：《中西交通史》（香港中华文化出版事业社1968年版，第3册）第208页指出："尤侗《外国传》有琐里及西洋琐里二国传，盖误分也。《明史》卷三二五因之。"这说法便以琐里和西洋琐里本为一地。

丰美。"洪武三年的使者便是《明太祖实录》中的西洋国王别里提所遣,永乐元年的使者就是上引古俚国王马那必加刺满所遣,郑晓将古里、西洋琐里析作二国,是出于对明初档册和《瀛涯胜览》的误解,不知西洋琐里本无此国,应称西洋国①。郑和下西洋,亲历其国,为免和西洋各国相混,才改称古里国。古里亦即汪大渊笔下的下里。

西洋国的中心固在科泽科特,郑和译作古里,但直到永乐元年十月朝廷派中官尹庆出使满剌加、柯枝诸国时,中国人还未对西洋国细分成小葛兰、柯枝、古里、刺泥等国。西洋刺泥和古里关系最密,此国就是元代的梵答刺亦纳,刺泥即刺亦纳。《郑和航海图》在古里国北注有番答里纳,正是此地。古里和番答里纳相距只有26公里,可以视作一地。《明史·外国列传六·西洋琐里传》将刺泥国视同西洋国:"成祖颁即位诏于海外诸国,西洋亦与焉。永乐元年,命副使闻良辅、行人宁善使其国,赐绒锦、文绮、纱罗已,复命中官马彬往使,赐如前,其王即遣使来贡。附载胡椒与民市,有司请征税,命勿征。二十一年,偕古里、阿丹等十五国来贡。"末句显然将西洋琐里与古里当作二国,是因循郑晓的误会。亲自到过那里的马欢称古里"即西洋大国",它的境界,"西临大海,南连柯枝国界,北边相接狠奴儿地面。西洋大国正此地也。"明确指出西洋国境,包括科泽科特北面的番答里纳在内。这是广义的西洋国。狭义的西洋国就是刺泥。正是由于政治形势的变化,原本在14世纪中叶汪大渊访问时还是"小港口"的卡利卡特(科泽科特)成了西洋大国的都会。永乐元年十月辛亥,"上谓礼部臣曰……近西洋回回哈只等,在暹罗闻朝使至,即随来朝"(《明太宗实录》卷二十四)。这是西洋刺泥可以省作西洋的实例。实录中凡西洋与古里并列,这里的西洋便指刺泥。如永乐九年正月辛未,"升锦衣卫百户马贵为本卫指挥同知,录其使西洋、古里等处劳绩也"(《明太宗实录》卷一一二);永乐二十一年九月戊戌,"礼部奏西洋、古里、忽鲁谟斯、锡兰山、阿丹、祖法儿、刺撒、不剌哇、木骨都剌、柯枝、加异勒、溜山、喃渤利、苏门答剌、阿鲁、满剌加等十六国遣使千二百人贡方物至京"(《明太宗实录》卷二六三)。

郑和下西洋,历次都到古里。古里既是西洋大国,自然成为下西洋的首要目标,所谓"下西洋"首先就是"下古里"。《明实录》中屡见"遣使西洋诸国""备使西洋诸国"的记录,即指以西洋为首的海外各国。因为只有古里才是西洋地区的大国。在1405年由郑和统率宝船队开展广泛的海上活动以后,明朝更是频派使者,在东起日本、

---

① 张星烺《中西交通史料汇编》(中华书局1977年版)第六册第408页将西洋琐里与琐里考作南印度东岸二国,其误亦同《明史》。

西至古里，包括浡泥、满刺加、锡兰山、柯枝等国，册封镇国之山，以象征明朝和海外各国的宗藩关系。郑和航海，按照 1431 年他亲自在太仓刘家港、长乐南山所撰的石刻碑文，一共是七次。这七次和《明实录》《明史·郑和传》所记的七次并不一致。《明实录》和《明史》都将第二次下西洋脱漏，而将第六次下西洋后的 1424 年郑和到旧港册命施进卿的儿子济孙继承宣慰使的一次列入七次之中。《明太宗实录》卷二六七记永乐二十二年正月甲辰，"旧港故宣慰使施进卿之子济孙遣使丘彦成请袭父职，并言旧印为火所毁。上命济孙袭宣慰使，赐纱帽及花金带、金织文绮袭衣、银印。令中官郑和赍往给之"。

《明史·郑和传》是这样记载的："二十二年正月，旧港酋长施济孙请袭宣慰使职，和赍敕印往赐之。比还，而成祖已宴驾。"冯承钧评述郑和这次航海："殆以是役仅赴旧港，而非遍历诸番，碑文故不列于七次旅行之内欤。"[1] 这话只能算说对了一半，原由不在于未"遍历诸番"，而在于未去号称西洋大国的古里，因此郑和不将这一次列入"奉使西洋，迨今七次"之内。十分清楚，"奉使西洋"，与其说是指与东洋相别的西洋，毋宁说是称西洋国的西洋。1983 年 10 月在太仓发现的《明武略将军太仓卫副千户尚侯声远墓志铭》也可成为佐证。尚声远原名周闻，自第三次下西洋起六次出海，铭云："永乐己丑（1409 年）命内臣下西洋、忽鲁谟厮等国。""辛丑（1421 年）继往，而中道取回。"第六次下西洋时，周闻也在其列，但因未到古里，致有"中道取回"之词。所谓中道，即仅到苏门答腊岛而止，未过亚齐与斯里兰卡之间的那没嗹洋。《瀛涯胜览》"南浡里国"条记述西北海内有山，"名帽山（韦岛），（其山）之西大海正是西洋也，名那没嗹洋"。因此郑和下西洋或郑和出使西洋不存在七次、八次说的差别[2]，更没有九次的道理。

永乐三年（1405 年）以前，郑和是否出航过南海呢？尽管《敕封天后志》说："永乐元年，差太监郑和等往暹罗国。"[3] 但永乐元年是否为永乐六年之误，尚值得斟酌。"元""六"二字互易，在明人刊本中不乏其例，《明史》即有此类史实上的伪讹。据碑文，永乐五年第二次下西洋，郑和到过暹罗。推断日程是永乐五年冬启航，七年八月返国，六年正好到暹罗。《明实录》记载永乐元年出使暹罗共三次。第一次，二月"遣

① 冯承钧：《中国南洋交通史》，商务印书馆 1937 年版，第 100 页。

② 《辞海》1979 年版"西洋"条说："明永乐至宣德时，郑和七次（一说八次）率领船队远航南海，通常即称为下西洋。"这一解释殊不贴切，"南海"范围尤其狭小。

③ 郑鹤声《郑和遗事汇编》（中华书局 1948 年版）第 207 页"天妃灵异与郑和"项下录有该书，而在永乐元年下注有"？"号。

使赍诏谕暹罗国王昭禄群膺哆罗谛剌,并赐之驼纽镀金银印"(《明太宗实录》卷十七);第二次,六月,因上太祖、孝慈皇后谥号,"布告天下,咸使闻知,分遣给事中杨春等十二人为正副使,颁诏安南、暹罗诸国,仍赐其王彩币"(《明太宗实录》卷二十一);第三次,八月癸丑遣官分使各国中,又有"给事中王哲、行人成务使暹罗"(《明太宗实录》卷二十二)。九月乙未,"赐暹罗国使者奈霭剂剌等钞及金织文绮袭衣"(《明太宗实录》卷二十三)。三次遣使中,第一次在二月颁诏的使者姓名不详,该年九月暹罗的来使似与以上各次中国使者之去暹罗并无直接关系。因为直到永乐二年九月,暹罗国王昭禄群膺哆罗谛剌才"承玺书赐劳,遣使奈必等奉表谢恩,具贡象牙、诸品香、蔷薇水、龙脑、五色织文丝缦、红罽毯、苾布等物",明政府则"命礼部宴赍其使,遣还"(《明太宗实录》卷三十四)。暹罗国王昭禄群膺哆罗谛剌亦即昭禄群膺哆罗多谛剌。这次奉命伴送暹罗使者还国的是中官李兴。李兴的出使时间,《明史·外国列传五·暹罗传》误作永乐元年九月[1]。《殊域周咨录》卷八记永乐二年暹罗遣使坤文现表贡方物,"诏内使李兴等赍敕往劳之,并赐文绮纱帛"[2]。永乐元年派出的使者,以中官尹庆官阶最高,曾出使满剌加、爪哇、柯枝。如果二月出使暹罗赐印的是中官郑和,为什么《明实录》竟会漏记?何况《郑和家谱》已说:"公和始事于永乐二年正月初一,御书郑字,赐以为姓,乃名郑和,选为内官监太监。""始事"二字意味着正式出任。永乐元年三月丁亥,朱棣对参加靖难之役的将士补功,晋级的几百名将士中有李兴,升为指挥同知(从三品),而不见郑和之名(《明太宗实录》卷十八)。李兴到宣德六年随郑和出使西洋,职衔是副使太监,而郑和在建文四年(1402年)十一月时已是正四品的太监(《明太宗实录》卷十四),可见永乐元年二月出使暹罗的不会是郑和,而是按察副使闻良辅。《殊域周咨录》卷八:"按别志又载,永乐初,海外诸国来禀声教,良辅奉命往谕,自暹罗、爪哇以至西洋、古里。"闻良辅虽在永乐元年八月才奉命往爪哇、西洋、苏门答剌,但在二月已先出使暹罗,只是《实录》未具其名。

若以永乐元年的这次航行作为"《明史》关于永乐三年六月郑和始行西洋的说法已非全备之论"[3]的佐证,更有违郑和时代"下西洋"的本意。《实录》中屡次提到派郑和"往谕西洋诸国","通西洋诸番"。试看《明太宗实录》卷四十三,永乐三年六月初次诏命下西洋:"己卯……遣中官郑和等赍敕往谕西洋诸国,并赐诸国王金织、文

---

① 郑鹤声、郑一钧编《郑和下西洋资料汇编》(齐鲁书社1980年版)上册第112页亦同此错误。

② 张燮《东西洋考》卷二记录相同,但该书又误把永乐二年九月的暹罗使者误为四年事。

③ 潘群:《郑和使日问题初探》,载于《文史哲》1982年第3期。

绮、彩绢各有差。"《实录》并未列出这次下西洋所到的国家，倒是《国榷》卷十三记录了占城、暹罗、爪哇直至古里、阿丹、天方等二十一国名。很明显，爪哇不在西洋的范围，而占城、暹罗近在外罗洋一带海面，在明初也不属西洋。因此，往谕"西洋诸国"的确切含义是"以西洋国为首的海外各国"。《明实录》中凡提到"使西洋""下西洋"时，都更应理解作"出使西洋国"。

总之，郑和奉使西洋，不论照明政府的官方文书，还是依郑和本人的算法，都只能是七次。七次之外，郑和也出过海，但那只能说是郑和航海有八次，而绝非下西洋有八次。

苏州刘家港的历史变迁

一、刘家港的形成

长江下游三角洲的刘家港，位于长江口南岸刘河入海处，是元明时期重要的海港和海军基地。刘河，或称刘家河，古称娄江，又名下江，是三江之一。宋代将西南来自太湖的松江、东南去白蚬湖的东江（上江）和东北由刘家港入海的娄江（下江）合称三江。三江汇合在苏州东南30里处的三江口。宋代凌万顷《边实》已称三江中东北入海的下江叫娄江。娄江起自苏州东北娄门，经昆山至刘河口天妃宫入海。由苏州娄门到昆山东门35公里的一段又名昆山塘，宋代至和二年（1055年）修浚，便以年号命名，称至和塘①，现在又称苏州塘。昆山东门到太仓18公里的一段，又称太仓塘。娄江东流到太仓城西郊凝碧桥折向城南，环城而东，和南盐铁塘汇合，这一段旧称张泾②，南盐铁以东才称刘河。明代以来习称刘家港，计38公里③。娄江从苏州娄门起至海口，

---

① 《昆新两县续补合志》卷三以娄江西段为苏州塘，娄江东段为太仓塘，总称致和塘。又引郑霖《重修昆山塘记》说自苏州娄门至昆山72里称至和塘。

② 王祖畬：《太仓州志》卷二十七，杂记上；桑悦：《弘治太仓州志》。

③ 《娄地全图》（道光十四年版）十都，据顺治十四年太仓知州白登明修治刘河时议复督抚按，里长180丈，共长13500丈。参见吴伟业：《开浚刘家港记》，载于《吴郡文编》卷三十一。桑悦《弘治太仓州志》卷一以刘家港为娄江之尾，在州东100里，计算不同。

总长90里。明代又俗称娄江为刘家港①。因而刘家港一名在明初至少已有三种含义，它既是刘河入海处的海港，又可兼指太仓以东的刘河，又可统称起自苏州娄门至刘河口的娄江。

12世纪前，刘河入海处口岸宽阔，呈现一片汪洋，尚未形成海港。唐代娄江水流减弱，太仓以东河道暗沙渐积，拖长16公里左右，直到海口。宋代沙积日高，娄江被冲分二，偏南的成娄塘，偏北的是刘河。南宋建炎（1127—1130年）时，娄江偏南的河水都由娄塘东南各支流并向吴淞江出海。娄塘以北河水更加无力，海口暗沙越积越多，将太仓以东20多公里塞成平陆。长江口崇明西沙刘姓、东北沙姚姓居民的粮食货物无从过渡，于是刘姓族人将娄江下流自太仓以东20余公里开成巨港，引河水直注于海，从此才有刘家河之称。此后刘家河日渐宽阔，娄塘逐渐淤塞②。

刘家港附近成陆年代极晚。现在刘河口陆地大致到6世纪以后才形成。长江南岸，西北起自常熟福山，有东南走向的沙堤140多公里，经支塘、太仓、方泰、马桥直到金山的漕泾。沙堤有并列的几条，总称冈身。太仓境内有太仓冈身、上冈身、下冈身、归胡冈身。冈身是过去的海岸。直到4世纪前，海洋仍在冈身附近。4世纪以后，海岸逐渐向东推进。在6世纪以前，太仓东北20公里七丫河以北的穿山还是海岛。成书于6世纪的《临海记》叙述穿山："山昔在海中，下有洞穴，高广各十余丈，舟帆从穴中过。"因名穿山。明代正统年间（1436—1449年），有人在山坡附近掘得船桅，桅梢直径有一尺二寸上下，确证6世纪前这里还在海中。刘河入海处以东的崇明岛成陆历史亦很短。15世纪以前，现在崇明岛的西部尚未形成岛陆，岛西南有小沙洲横陈海口。

8世纪时，东南粮食有部分可能已由刘河海口向渤海湾转运。杜甫《后出塞》诗有"云帆转辽海，粳稻来东吴"之句。其《昔游》也称："幽燕盛用武，供给亦劳哉。吴门转粟帛，泛海凌蓬莱。"天宝年间（742—756年），吴郡漕粮已由长江口北运渔阳（河北蓟县）。

12世纪以来，太湖流域进行水利开发，泄洪量大为增加。到13世纪中叶，吴淞江由于入海不畅，分成三股分别注入刘河支流，归入刘河入海：一股由新洋港归入娄江，一股由盐铁港（今称盐铁塘）注入刘河，另一股由南翔镇穿越嘉定城直北出刘河入海。于是刘河入海处日渐深阔，两江水流几乎归而为一。因此元代海运得以通畅，而无浅

---

① 朱氏《昆山续志》。

② 刘湄、金端表：《刘河镇记略》卷一，上海图书馆藏。

阻之虑[1]。

刘河口刘河镇便兴起于元代。镇南有将台，相传是宋建炎韩世忠所筑。元代海潮后退，巨舶可以出入港内。1287年发生水涝，负责督运海漕的朱清由苏州娄门导水，经刘河入海，大大减轻了涝情。16世纪中叶后，刘河才逐渐淤塞。刘家港作为一个海港崭露头角，实起始于元代。

二、刘家港与元代漕运的兴衰

（一）元代海运兴旺时期

唐宋以来，全国的经济重心已由北方黄河流域向南转移到长江流域。元朝建都于北方的大都，军事力量也偏重在黄河以北，政府机构和相当一部分官办手工业都集中在那里，离南方经济发达地区过于遥远。北方亟需南方农副产品和手工业品。以粮食一项而论，元朝岁入粮总计12 114 708石，江浙省就占4 494 783石，几乎接近总数的40%，在腹里和九个行省中位居第一。江南三省（江浙、江西、湖广）夏税钞数，总计中统钞近149 273锭，江浙省也居各省首位，达57 834锭。秋税、夏税只在江南施行。元朝初年，江东、浙西已征收两税，其他各地则仅征秋税。长江下游三角洲一跃而成为元朝最重要的经济区域，是全国赋税负担最重的地区。

"苏湖熟，天下足"的谚语早在宋代就已经流传。吴中地沃物多，一年之中，刈麦可以种禾，稻有单季、双季。元朝蒙古统治集团要把江南的粮食运往北方，满足大都的经济需要，利用贯通南北的大运河已经难以实现。海道运输具有运量大、运期短的优点。在海运发展的前提下，海运漕粮便应运而生。1276年元军攻陷临安（杭州）后，丞相伯颜起用朱清、张瑄等人，从崇明州由海道运送南宋库藏图籍到达直沽（天津），获得成功。1282年，伯颜借鉴此经验，决定从海上运送漕粮。忽必烈命上海总管罗壁、张瑄、朱清等造平底海船60艘，装载粮食46 050石，从平江（苏州）刘家港取海道直达直沽。第一次官办海运，缺少经验，沿山求屿，难免风信失时，以致到1283年才到达直沽，运到的粮数是42 172石。然而初次航行的成功，已经提供了海运安全、运量可观的先例。

元初漕运起自杭州。直到1292年，南起杭州、中经济宁、北抵燕京的大运河才告畅通。但河运漕粮每年不过数十万石。海运量远胜河运数倍，1290年已经突破百万大关。该年发运粮数1 595 000石，实际到达粮数是1 513 856石，途中损耗不过5.1%，比

---

① 刘湄、金端表：《刘河镇记略》卷一，上海图书馆藏。

之海运初创时的耗损8.4%要低得多。

刘家港由于元朝举办海运开始了它的兴旺时期。刘家港和附近各港汊，涨潮时都可停泊万斛海船。刘家港发运的漕粮，从至元二十年（1283年）运到天津算起，到天历二年（1329年）为止，总共47年中，每年都有精确的统计，大致呈现出递年增长的趋势。尤其是1290年突破100万石，1309年超过200万石，1319年猛增至300万石以上，成为海运史上三次空前的记录。在1329年，更达到了发运3 522 163石的最高数，实到的漕粮也有3 340 306石，比1326年实运数3 351 362石仅少11 000多石。

自1283年到1334年后至元改元前，刘家港海运漕粮在52年中一直蒸蒸日上。江南粮运分春、夏二次运送，初期粮船每年运输，往回二次，约需8个月。《海道经》记1289年的粮运："正月装粮在船，二月开洋，四月到于直沽交卸，五月回还，复运夏粮，至八月，又回本港，一岁两运。"1291年以前，海运船只出刘家港后采取径直北行，绕过崇明岛西端（当时崇明西部尚未形成岛屿），沿海门沿岸北上的航线。沿海滩多沙浅，只能使用载重量1000石以下的船只。1292年和1293年后，两次改变航线，粮船驶出崇明西端以后，改用外洋航线，利用信风直抵山东半岛东端的成山，再沿岸线西航直沽。使用的船便可以大到载重八九千石，小的也有2000多石。海运初期300石左右的运粮船只都被淘汰了。

据《续文献通考》卷三十一，14世纪以后，海运船只大致固定在900多艘，运输漕米数达300多万石，船户有8000多户。实际使用的船只常在此数一倍以上。《大元海运记》卷下列举1314年和1330年的海运用船多至1800艘左右，其中半数是临时征集。8000多船户中，既有直接投入海运的船民，也有在刘家港从事驳运和内河接运的船户。

船只型号的增大和外洋航线的采用，使航期大为缩短。14世纪初，《大元海运记》卷下所记海运船到直沽的时间是农历四月十五日以后。明人叶子奇《草木子》卷三则说："四、五月南风至，起运，得便风，十数日即抵直沽交卸。"世居太仓的元人马麐（字公振）《醉渔集》有《沧江八景》诗，其中《娄江馈饷》七绝描述了船队开航的盛况[①]：

> 海波不动绝奔鲸，万斛龙骧一叶轻。
>
> 三月开洋春正好，南风十日到神京。

---

① 桑悦：《弘治太仓州志》，卷十上。

开船的日期是三月底，到达直沽是四月上旬。大致二月装粮，三月自刘家港启航北上，四月到直沽，月底即可返航。

元代刘家港入海口岸也经过整治。至元二十四年（1287年），宣慰使朱清开刘家港，引导娄江入海，使航道一畅，使得漕粮运量在1289年有显著增长，超越90万石。刘家港入海处在崇明西南，航运最忌暗水浅沙。1311年，常熟州船户苏显提出在刘家港西北方的甘草沙附近设立"指浅号船"，元朝便委派苏显充任"指浅提领"，在号船船桅上高悬旗缨，作为航标，指引船只运行。

每年二月至七月，刘家港处于海运繁忙季节，月吞吐量以发运数计算，高达25万吨左右。但刘家港并非仅仅是平江（苏州）府的外港，它装运的粮食也不限于苏州地区。开往刘家港的船只不仅有来自太湖流域各内河水道运输的粮船，而且还有从长江中、下游和东南沿海各地输送到刘家港，等候装船北运的漕粮。

长江中、下游海运漕粮都以刘家港为集结港。1311年，中书省派专员到江浙省视察海运。当时江东宁国、池、饶、太平、建康等处及长江中游的湖广、江西省发送的粮食都汇集在真州泊水湾（今江苏仪征县附近），海船都从长江逆流而上，到泊水湾接运。由于江流湍急，江中又多走沙石矶，体积大、吃水深、底尖小的海船年有损伤。于是从这年起，朝廷决定改变运输办法，免去仪征以上长江中、下游粮船的运输，改以嘉兴、松江二府秋粮，加上江淮、江浙二总管府所收财赋，办粮充运。新的办法采用后，刘家港免去了每年发送海船溯江接运的任务，可以就近装运江淮和嘉兴、松江的漕粮了。

东南沿海浙东、福建的粮船也都汇聚在刘家港。南起福建梅花所（长乐县东，闽江口南岸），包括温州、台州（今临海）、庆元（今宁波）等20多处的船户都运粮到平江①，再由刘家港出海。1312年，后来升任显武将军、海道都漕运万户、昭毅大将军、平江路总管府达鲁花赤的黄头提出福建、温、台运粮客舟都改在庆元停泊，由海船装粮，从烈港（今定海县沥港）入海，免去了南方运粮船先入浙西，又还浙东入海的冗费②。在庆元装粮北运的海船大约有一部分仍从刘家港南下接运，而相当一部分海运船只则由当时拥有建造海船能力的庆元就地承担了。

刘家港的繁荣始于朱清、张瑄创办海运，刘家港因此一跃而成为全国第一流的海

① 参见郑开阳《杂著》卷九《海运图说》；袁裒《金声玉振集》卷十四所载延祐七年《海运则例》；宋濂等撰《元史·食货志一》。
② 根据虞集《道园学古录》卷四十一《黄头公墓碑》，这个办法是黄头提出的，这项改革也是1311年中书省视察江浙海运后决定的。

港。同时外国客商也都云集此地。太仓因而成为新兴市镇，由海滨僻壤而成万家之邑。"市民漕户云集，雾瀹烟火数里。久而外夷珍货棋置，户满万室。"①高丽、日本等国由海上到刘家港交通市易，因获"六国马头"的雅号。明初桑琳写有《重过太仓》五律，末句称"马头通六国，曾泊岛夷船"。1314年昆山州治改迁太仓时，太仓已是万户之邑，是平江府昆山州最热闹的市镇。

海运创办人朱清、张瑄全家都由崇明迁到太仓，仰赖海运而发迹。朱清升到昭勇大将军、河南行省参知政事、大司农，张瑄充任明威将军、江西行省参知政事、海道运粮万户。1283年海运万户府初办时，朱清是中万户，张瑄不过是千户，任万户府达鲁花赤的是蒙古人忙兀斛。后来都漕运万户府成立，由朱清、张瑄二人独占鳌头。朱清儿子朱虎升到副万户，专门管理年粮助征交趾，又当上都元帅，出征琉球②。张瑄儿子张文虎由千户擢升户部尚书领漕事。二人的弟侄甥婿尽享高官厚禄，下属中佩金虎银符的以百计。部属随朱、张自崇明迁居太仓从事海运漕粮的有朱清养子朱日新、徐兴祖（运粮副万户）、刘必显（海漕副万户）、柏良辅、黄成、朱明达、杨茂春、范文富，以及上海人何敬德等。时人形容朱、张二族"田园宅馆遍天下，库藏仓庾相望"。其侈靡可与元载、石崇相比，民间流传："元载胡椒八百斛，未满朱张半间屋。石崇锦帐五十里，未比朱张半床褥。"朱、张二人又自派巨艘大舶出海经商，贿赂公行，遍结权贵，仅枢密院副使吴元珪不和朱、张交结。1302年，元成宗命御史台宗正府委官处死二人，籍没家资，发送大都，军器、海舶充公，子孙流放远方。到了1310年，朱、张的儿子朱虎、张文龙又东山再起，专管海运，获得籍没的邸宅一区，田百顷。朱、张的后裔又重回太仓，世守北门外先祖坟墓。刘家港的海运事业和朱、张二族关系之深，竟与元代相始终。

（二）元末经济停滞时期

1330年后，刘家港海运漕粮仍继续维持了五年之久。海运和河漕相比，国家得益既多，民间挽输也轻，随之而来的是沿海地区货物相通，居民也分享了一点经济繁荣的好处。但海运弊端丛生，地方豪右和官僚相互勾结，欺压贫苦船民，大批船民无以得生，不愿出海。

自1335年（后至元元年）以后，海运便每况愈下，不但水陆转运漕粮使东南沿海民力困疲，而且海运本身又成地方官和豪门富户发财的源泉，押运官的贪污、出纳吏

① 桑悦：《弘治太仓州志》，卷十下。
② 另一子朱旭，任中显校尉、海道千户，后退居田野。

的敲剥更是层出不穷。特别是脚价付偿无期。江浙行省所拨水脚钱大都由平江官库经手，钞多不堪用，钞贯常不足数，船舶经纪人常以新船伪称补置，抢夺无力更新船只的贫苦船户的份额①，以致一般船户收支无法平衡。受害最深的自然是直接运送漕粮的多数船民了。加上风涛不测，盗贼出没，运送粮食时无时不受剽劫和覆舟的威胁。海运数额因此逐渐下降。

元末红巾军发动起义以后，方国珍占有浙东，张士诚盘踞浙西，割地自据。至正十二年（1352年）三月十三日，方国珍率领起义军船只1000多艘，从海上突入刘家港，烧毁了元朝的大批海运船，占领太仓。张泾桥和武陵桥一带的冲要之地都被方国珍部下控制。以后两年，方国珍在沿海作战，元朝专门设立水军万户府来对付。海道万户李世安鉴于当时情况，提出停止夏粮海运，于是海运不通。

1354年农历二月，方国珍部下又驾海船千艘驶入长江。江浙行省参知政事、水军副万户董搏霄率战舰迎战，将战俘数百名在刘家港和半泾枭首示众。此后，方国珍再次投降元朝，充任海道防御万户。1356年春，张士诚由苏北渡江改占平江。元朝利用方国珍去攻打张士诚，命方国珍统率温、台、明三州水军克复太仓。张士诚部下吕珍驻守子桥，修筑工事。漕户倪蓬头起而内应，三月二十日出城北古塘，自西袭击吕珍，吕珍单身逃出。三月二十七日，张士诚为报此仇，派史文炳屠太仓，结果千门万户都成一片废墟。

方国珍部撤退后，张士诚招集流民复业。1357年，张士诚派高智广驻守太仓，修筑围城。于是太仓始有城墙，周围十四里五十步。张士诚为抵挡方国珍部下的侵扰，防止海船直入，下令堵塞至和塘尾，阻拦海潮，另开九曲河，只通太仓东门。太仓附近半泾、陈泾、古塘等河港因此都涨塞成平地、田畴。元代刘家港海运的兴旺时期也随之告终。

张士诚于1357年被朱元璋击败后投靠元朝。元朝叫张士诚出粮，方国珍出船，重办海运，接济大都。平江的粮食辗转运输，改在澉浦装船北运。第一批于1260年农历五月运抵北京②。从1260年到1263年连续运了四年，到1263年农历五月算是最后一次海运漕粮。每年最多仅运13万石。此后几年，张士诚向四邻扩充势力，再也不肯向大都运粮了。

---

① 郑元祐：《前海道都漕运万户大名边公遗爱碑》，载于《吴郡文编》卷一四七。

② 《海道漕运记》，载于袁裘《金声玉振集》卷十四。

三、刘家港与明清海外贸易的兴衰

（一）明初海运的继续

自从1253年元朝在太仓设立水军都万户府，在刘家港建立水军基地后，武装舰船便出没太仓。明初正式设立太仓卫，1379年另立镇海卫，维持海疆安全。刘家港作为首都应天（南京）的外港，正式成为一个名副其实的军港。

洪武初年，为适应北方军饷的需要，刘家港再度成为漕粮转输定辽的港口。1370年，明政府正式开办海运，供给北平、辽东军饷。1372年规定每年运粮70万石饷辽，成为制度。此后40多年中，刘家港重又成为海运要港。

明初漕运共有十总，每年由内河过吕梁洪（徐州东南25公里）的船有12 143只[①]，江南粮运过于微小，远非海运所能相比。于是有再兴刘家港海运漕粮之举。

洪武二年（1369年），户部在苏州太仓储粮20万石，派都督张赫督办海运，自刘家港取海道北运辽东。1370年起，由官军输送漕粮，动用了大量的人力和物力。1374年，靖海侯吴桢在太仓建立海运总兵公馆，设置船场和甲仗库，海运规模逐步稳定。例如1388年的一次，航海侯张赫督率江阴等卫官军82 000多人出海运粮，当年由辽东转回刘河。到1397年农历十月，由于辽东军人已能屯田筹粮自给而停运。

明成祖朱棣继位后，为保证北京军饷，仍用官军从事海运。永乐元年（1403年）起，由长江入海，出直沽白河运到通州。同时也由淮河运粮北上。据《明太宗实录》卷二十二，永乐元年八月，平江伯陈瑄总督海运粮492 637石，输送北京、辽东，供应年需。海船每艘运粮大的可载千石。这一年苏松大水。四月，由户部尚书夏原吉主持，动用民夫50万疏治刘河，先自昆山夏驾浦挈吴淞江水北抵刘河。翌年冬，又开浚嘉定西顾浦，南引吴淞江水北贯吴塘，也由刘河入海，附带疏浚了致和塘[②]。于是刘河有吴淞江水，水势大增，和元初一样，为扩大海运提供了方便。

永乐年间，和河运相比，海运过于靡费，且险恶，民不乐运，每年船只受损极多。由于限修有期，匆促赶工，船多不坚，甚至惨遭剽没。海船一艘用百人运千石的费用，

① 《吕梁洪志》，载于袁褧《金声玉振集》卷十四。
② 《明太宗实录》卷三十四永乐二年九月条，参见《明太宗实录》卷二十二永乐元年八月条，《明太宗实录》卷二十七永乐二年春正月条，《昆新两县续补合志》。

相当于载重200石的河船20艘，只用十人便可运4000石①。因此明政府于1415年决定停罢海运，采用支运法。刘家港从此也成了内河运输漕粮的重要港口，官运、民运交替进行。成化八年（1472年），运输量常年定作400万石，称长运法。其中南直隶正粮只占180万石，苏州一府却有70万石（加耗在外）之多。浙赋比苏州减数万，江西、湖广又在其次。苏州的漕粮大都由刘家港北运。

（二）下西洋宝船的停泊港

明初，刘家港也是重要的对外贸易港。洪武元年（1368年）十二月，明政府设置市舶提举司，以浙东按察司陈宁兼任提举。一年以后，便在1370年农历二月撤废了太仓、黄渡市舶司，规定"凡番舶至太仓者，令军卫有司同封籍其数，送赴京师"（《明太祖实录》卷四十九），由守军直接处理。洪武时，明政府实行勘合贸易。洪武四年九月，高丽海舶曾到太仓入贡，贸易物受到免税的特惠待遇。太仓商人常到日本对马岛或早弥岛贸易②。太仓人杨皓也在明初出海经商。海盐人陈思恭由太仓到泉州经商，和庄氏结婚，后出海经商遇难。其子陈宝生（字彦廉）和泉州人孙天富（字维善）结为兄弟，由泉州出海，到高丽（今朝鲜）、阇婆（今爪哇）、罗斛（今泰国）等国经商，十年后返国。二人以孝友信义在国外颇有威望，外国人赞为"泉州两义士"。二人晚年回到太仓居住（《弘治太仓州志》卷七、卷八）。陈宝生将母亲庄氏由泉州迎到太仓，筑春草堂奉养。

太仓原有张士诚的海船和富有航海经验的士兵，他们常与海盗相通，倭寇乘机内侵。郑和下西洋船队的军士中有一部分便来源于这些江南水军③。

永乐、宣德年间，郑和七次奉使西洋，宝船都在刘家港停泊，然后出海。太仓城东刘河万斛船可以乘潮进退，下西洋宝船也常停泊港口。明初陈伸《娄江夜泊》诗开首便有"古娄江上浪掀空，万斛楼船苇叶同"之句。出洋船只自南京龙湾试航，都在刘家港集结，采备各项供应物资和外销货物。从刘家港装船的有苏杭色缎、纻丝纱锦、

---

① 《续文献通考》卷三十一。刘家港也曾设有船厂，建造海运船。如《明太宗实录》卷二十二所记永乐元年八月癸亥，京卫及浙江、湖广、江西、苏州等府卫造海船200艘，卷六十所记永乐四年十月乙未，浙江、江西、湖广及直隶、徽州、安庆、太平、镇江、苏州等府卫造海运船88艘，卷八十五所记永乐六年十一月庚戌，江西、浙江、湖广及直隶、苏松等省府造海运船58艘，其中苏州府所造海运船便由刘家港承建。

② 谈迁《枣林杂俎初集》，见谢国桢：《明代社会经济史料选编》（中），福建人民出版社1980年版，第149页。

③ 朱国桢：《皇明大政记》卷九。从时间上看，相隔已有40年，朱国桢所记应是张士诚旧部及其后代。

青瓷器、土布、土印花布以及船用物资。自1405年起到1422年止，在永乐年间，下西洋宝船先后举办六次。第一次由郑和统率27 000多名军士，海船208艘（《嘉靖太仓州志》卷二十四），由刘家港出海，浩浩荡荡，前往苏门答腊和印度洋各国。1424年朱棣去世，该年农历八月十五日，新继位的明仁宗诏书宣布："下西洋诸番国宝船悉皆停止。如已在福建、太仓等处安泊者，俱回南京，将带去货物仍于内府该库交收。"（《明仁宗实录》卷一）这次准备下西洋的大型船仍有不少集结在刘河口和崇明岛之间的江面。康熙《崇明县志》记："永乐二十二年八月，诏下西洋诸船悉停止。船大难进刘河，复泊崇明。"刘家港和崇明在当时属镇海卫水军驻守，在郑和下西洋期间一直是仅次于南京，而和长乐太平港相并列的水军重要基地。

由于刘家港是这样一个接近首都、位于长江口的基地，所以历次下西洋船只都得在这里整饬待发。第一次下西洋的情况也是这样的。据晋江县图书馆发现的《西山杂志》抄本记载："王景弘，闽南人，雇泉州舟，以东石沿海名艜导引。从苏州刘家港入海。"每次出航，向例在九月出海。以郑和第三次下西洋为例，九月由刘家港开船，十月到福建长乐太平港，十二月于福建五虎门开洋，张十二帆，顺风十昼夜便可抵达越南半岛南部的占城（《星槎胜览》前集"占城国"条）。然后继续航行，遍及东南亚和印度洋各国。

宣德五年（1430年），明政府又举办了盛况空前的第七次下西洋。郑和在这一年闰十二月六日率领船队由南京龙湾开船，十日到太仓徐山打围（围猎），二十日出太仓附子门（北门）、二十一日到刘家港，驻留一月。郑和率领兴平卫指挥、千户、百户和苏州府、昆山县官员，修整刘家港北漕漕口天后宫，举行祭典。由正使太监郑和撰文《通番事迹记》，由正使太监郑和、王景弘，副使太监朱良、周满、洪保、杨真，左少监张达等刻石立碑，叙述历次下西洋经过（祝允明《前闻记》）。原碑在抗战期间遗失，碑文收录在《吴都文粹续集》卷二十八，得以保存。碑文开头就点明了刘家港是宝船队每次出海的集结港："和等自永乐初奉使诸番，今经七次，每统领官兵数万人，海船百余艘，自太仓开洋，由占城国、暹罗国、爪哇国、柯枝国、古里国，抵于西域忽鲁谟斯等三十余国，涉沧溟十万余里。"

宝船队回国时，刘家港也常是船员集结驻扎、接受皇帝慰劳的地方。随从郑和出洋的士卒，太仓、镇海二卫的就占了相当的数目。在第三次下西洋船队返国的永乐九年六月戊午，"上以官军从郑和自番国还者远涉艰苦，且有劳效，遣内官赵惟善、礼部郎中李至刚宴劳于太仓"（《明太宗实录》卷一一六）。这一次有锡兰山之役，郑和将锡兰国王亚烈苦奈儿押送到中国。朱棣命令礼部征询随往中国的锡兰军士，另立新王，因此特意派心腹大臣在太仓庆功行赏。同年六月，朱棣也派行人在太仓迎接榜葛剌（今孟加拉）使者。榜葛剌国王霭牙思丁自永乐六年（1408年）以来连年派使者到中国，这一年更向朱棣呈金叶表，此后两国关系便蒸蒸日上了。

作为水军基地，刘家港不但为各种海船提供维修，而且也曾就地制造一定数量的海船，充实船队。宝船队第三次出航时的1409年农历十月壬戌，曾由江西、湖广、浙江和苏州等府卫造海船35艘（《明太宗实录》卷九十七）。这种海船自与平底沙船型的海运船不同，而是仿照浙江或福建的尖底海船制造的，以供远洋航行。根据《西山杂志》所记，王景弘招募泉州尖底船从刘家港启航，打开了刘家港仿造福建海船的历史。刘家港和泉州在明初关系之深，是当时沿海各兄弟港之间并不多见的。

（三）明中叶后海运的阻塞

刘家港自海运停办、宝船停止出海后，便逐渐衰落。沿海居民又勾结倭寇出没海上，屡屡侵扰崇明沿海，更直接打击了刘家港的海上运输和贸易活动。成化十八年（1482年），都指挥郭铉在刘河口北岸筑刘河城，周围三里，建东、西、南三门和东西水关。他将东至海三里，南至刘家港半里建成堡砦，称刘河城，镇称天妃镇。刘河口加强了军事守备。

嘉靖三十一年（1552年），倭寇大肆劫掠沿海州县，秋天侵入吴淞、七鸦港、崇明沙。1553年农历闰三月，汪直勾结倭寇由烈港走白马庙掠宝山，突入刘河。四月，海寇肖显自浙西入侵刘河，骚扰太仓，操江都御史蔡克由苏州率军入太仓城抵御17天。倭寇烧毁东、西、南三门城外民居，抢劫乡镇和仓库积粮后才退却。

嘉靖三十三年（1554年）正月，汪直、肖显等攻掠嘉定上海。四月，倭寇分二路抄袭，一路由吴淞江绕道青浦白鹤港北出攻太仓，一路自刘河侵入昆山。五月，各方始解围，倭寇由刘河退出，有船数百艘。六月，倭寇陈东自淞江越太仓进掠苏州，被挫败后，由鲇鱼口出太湖向嘉善退走。

嘉靖三十六年（1557年），兵部侍郎胡宗宪总督浙江军务，总兵俞大猷统率水师驻扎刘河口附近海面及茶山东北，曾击沉东驶贼舟60余艘。

在抵抗日本丰臣秀吉对朝鲜的侵略中，刘家港也是中国海军援朝的基地之一。万历二十五年（1597年）九月，都司武懋功曾领沙船二十艘，统兵五百，自刘河出海。次年二月直抵首尔天顺门。在该年十月十三日的战斗中损失了三条船。十一月一日再度投入战斗，获得胜利。日本侵略者退却后，这支海军便班师回国，1599年农历九月重返刘家港。

刘家港自永乐、正统二次开浚以后，到明末崇祯年间，已有100多年未经整治。万历以后，上流已渐淤塞，娄江故道几成平陆。太仓东南尽多石田，连年水旱频仍，港口潮沙壅积，仅存一线[①]。明朝面临危亡局面，已无力顾及河道的整修。

清初顺治九年（1652年），清政府开始对刘河作小规模的疏浚。顺治十四年（1657年），西起盐铁塘，东至石家塘，长60里的刘河得到全面疏导。康熙十年（1671年）再次开浚刘河，并在天妃镇建闸。此后，刘家港的海上运输才又渐有起色。18世纪末，刘河口横沙迅速增长，大帆船不能收港，于是商船突然减少。加上战祸连绵，刘家港便一落千丈了。

---

① 严如煜：《洋防辑要》卷五"江南沿海舆地考"。

海上交流篇

论中国的译名源出"姬周"

一、西周国和新疆的玉石贸易

先秦时代，中国作为一个大国崛起于东亚，通过北方游牧民族的中介，已逐渐越过天山、昆仑山，被葱岭以西和青藏高原外部的周边民族所认识。居住在中国西北的许多草原牧民是传递这一信息最重要的中介民族。

希腊历史之父希罗多德（前484—前425）的巨著《历史》根据希腊诗人阿里斯提士记述他旅行见闻的长诗《独目人》（Arimaspea）转录了公元前7世纪中叶以后欧亚草原上的一次民族迁移运动。在这次草原民族涌动的浪潮中，原先居住在天山东端阿尔泰山的阿里麻斯比亚人将居住在它西边的伊赛顿人（Issedones）赶到了伊犁河和楚河流域。被伊赛顿人抢占了地盘的斯基泰人（Skythia）于是只得西奔，将居住在黑海海滨的西梅里安人（Cimmerian）赶出了原先的家园。

草原民族的涌动同样在黄河中、上游的广袤牧区展开，从北方和西方对中原王朝构成威胁，于是有东方的齐桓公（前685—前643年在位）的西征，晋文公（前636—前628年在位）、秦穆公（前659—前621年在位）在河套地区抗击北狄、西戎。一连串战争的结果，是在商代武丁时已侵入河套地区的鬼方民族逐步西徙，到公元前4世纪时，终于散居于阿尔泰山以西的准噶尔盆地。

希罗多德记述了从黑海北岸直到锡尔河、伊犁河流域的草原民族。差不多同时，中国北方的燕人也留下了他们撰写的《山海经·海内经》四篇。经考订，《海内经》四篇是在公元前334年到前306年间完成的作品。作者颇有条理地叙述了河西地区直至塔里木盆地的民族分布："流沙出钟山，西行又南行昆仑之墟，西南入海黑水之山。"（《海内西经》）"国在流沙外者，大夏、竖沙、居繇、月支之国。西胡白玉山在大夏东，苍梧在白玉山西南，皆在流沙西，昆仑虚东南。昆仑山在西胡西。皆在西北。"（《海内西经》）

这段话中的大夏、竖沙、居繇、月支，又见于3世纪的《魏略·西戎传》，写作"大夏""竖沙""属繇""月氏"，被解作大夏（吐火罗）、坚沙（贵霜）、属繇（粟弋）、月支，成了西汉时代的中亚民族。所以有人主张，《海内经》四篇是汉代的作品。究竟是《魏略》沿袭《海内西经》，还是《海内西经》中有后来添加的文字，这个问题可以根据四个民族的居住地域解答。

大夏，是早在商周时期就已经出现的国名。"夏"古音读似"虎"，指散居河西的吐火罗人（Tukhara，Tochari）。吐火罗人逐水草而徙，受到羌族和戎族的压迫，到公元前4世纪已迁至天山南麓各地。

竖沙或坚沙的对音是斯基泰（Skythia）。《史记·五帝本纪》称"渠廋"，在葱岭西五百里的锡尔河上游地方，就是希罗多德提到的伊塞顿人。有人将"坚沙"当作"贵霜"的对音，是很勉强的。

居繇，是"居延"的异写。早先居延海和黑水流域是天山与河套地区交通的咽喉，那里自古就是西戎民族的牧地，隗姓之戎的鬼方以及稍后的猃狁和允姓之戎的塞人都曾游牧其间。在《海内北经》中有位于鬼国东南的贰负之尸，"贰"读似腻，指希罗多德提到过的在阿里麻斯比亚人以南以东的游牧民族希帕波里亚人（Hyperborean）。《海内北经》称："鬼国在贰负之尸北，为物人面而一目。一曰贰负神在其东，人面蛇身。"贰负之尸的南面是犬封（犬戎）国。《海内北经》中的鬼国，和古希腊人阿里斯提士笔下的独目国是一个民族。三百年间，大戈壁、居延海和阿尔泰山为他们的牧区。在它东南面的希帕波里亚人，据说向东一直分布到海边。这希帕波里亚人显然是对河套以北以西散居宗周王朝北方许多戎、狄和东胡民族的统称。总之，《海内西经》中的居繇相当于希罗多德所说的希帕波里亚人。

月支，汉代写作月氏，在居繇以南，当然不是希腊人所说的希帕波里亚人。换句话说，希罗多德在他的时代还根本不知道在天山以东的月支人。中国的古文献一向对月支和大夏（吐火罗）分得很清。月支在《管子·轻重乙》篇中又称禺氏，是个在公元前7世纪就已被东方的齐人所熟知的西方民族。《轻重乙》篇称："玉出于禺氏之旁山，此皆距周七千八百余里。其途远，其至阨。"禺氏之旁山指昆仑山，亦即《山海经》中的昆仑之虚、西胡白玉山。《轻重甲》篇将"八千里之禺氏"和"八千里之昆仑之虚"相提并论，以为那是周室可以获得白璧与璆琳、琅玕的来源地。用八千里来指称那条东起成周都城洛阳，北上山西中部勾注山，再西出河套，继而通往塔里木盆地南缘著名的和田玉产地的玉石贸易大道，是一个无可指摘的数据。因此有人要把先秦时代文献中的昆仑当作阿尔泰山看待，是完全说不通的。那么靠控制玉石贸易而闻名的月氏到底分布在哪些地方呢？据《史记·大宛列传》称："始月氏居敦煌、祁连间，及为匈奴所败，乃远去。"敦煌应指《山海经·北山经》中的敦薨之山、敦薨之水，在罗布泊以东；祁连，按《汉书》颜师古注，是匈奴语中的天山，并非河西的祁连山。因此，月支民族在公元前2世纪被匈奴驱赶、西走以前的世居之地，应是塔里木盆地南缘、昆仑山北麓向东北直抵库鲁克塔格和甘肃西北部的疏勒河流域，而不是在汉代才出现的敦煌和现今的祁连山之间。到公元前3世纪匈奴崛起，月支才成为匈奴的劲敌，发生激烈的大战，关键就在于他们都想控制河西走廊北端以及更北的居延海之间的两条横贯东西方的交通线。可见，实际上，至晚在公元前5世纪或公元前4世纪，在天山南麓，沿着塔里木盆地的南缘和北缘，在汉代被称作南道和北道的两条丝绸之路便已形成，月支（禺氏）无疑是丝、玉贸易最重要的中介商。

照上面的叙述，《海内西经》所记流沙以外的四国全在葱岭以东，中国的西北境内，并未涉及葱岭以西的锡尔河、阿姆河流域，没有理由将这四国解读成阿富汗的大夏、中亚细亚的贵霜、粟弋（粟特）和大月氏。这只要从《海内西经》的叙述范围不同于周边更广的《海外西经》便可以明白。

《海内西经》记述的"流沙外"涉及的区域，从它描述流沙出钟山（祁连山、冷龙岭）、"西行又南行"的情况中不难知道，是将河套以西的腾格里沙漠向西直至塔克拉玛干沙漠都概括在内了。《海内西经》更说西胡白玉山在大夏东，因为吐火罗人居住在疏勒至龟兹、焉耆一带，出产密尔岱玉的白玉山便在它的东南了。白玉山的西南则是苍梧，亦即葱岭。白玉山与苍梧的位置都交代得一清二楚。难怪有人不相信这可以代表公元前4世纪末中国人关于西域的知识，而要将它推后到汉代了。然而和田玉交易的历史却愈来愈清楚。新疆境内产玉的地方，照《五藏山经》的记载，是有不少，但最著名、最具规模的优质玉石几乎全产在和田附近，自西而东，有莎车、叶城、皮山、墨玉、和田、于田等县。皮山的密尔岱玉矿是目前新疆发现最早的原生玉矿，半岭以上纯玉无石，是南疆玉矿之最。墨玉县境内有古绿玉河、乌玉河，和田则有古白玉河流经其间。和田玉以质地细腻、纯净的白玉、青玉、黄玉、墨玉、碧玉著称，和田玉和叶尔羌玉在商代就已成为王室大量采用的玉料来源。《殷墟玉器》（中国社会科学院考古研究所编，文物出版社1982年版）一书记录了1976年在河南安阳殷墟商王武丁配偶妇好墓中出土的750多件玉石雕刻品，据鉴定，几乎全是产在新疆的和田玉。这就是先秦古籍中常称道的昆山之玉。自从史托利茨格1874年在英国《地质学报》第13卷上发表文章，提出"要等张骞通西域之后中原才有和田玉"的观点[1]，后来法国汉学家沙畹、美国芝加哥的东方学家劳费尔，甚至比他们更晚的英国科学史家李约瑟，全都沿袭这样的观点，脱不了这个窠臼。然而科学鉴定的结果，却重新证实了中国古史记录的真实。

从周王朝开始，昆山之玉就是王室竭力追求的西方宝货了。周人的根据地在渭河上游和泾河之间，是个非常重视养马的族群。他们依靠这项新兴产业拓展了和远方的联系。并且在立国以前，西伯昌便在周边的羌、戎族群中具有崇高的威望，因此他们能够沿着玉石贸易之路向昆仑山北麓的昆仑丘进行移民，在那里建立一个名为赤乌氏的国家。

古本《竹书纪年》和《史记》都录有周穆王（前976—前922年在位）西征昆仑丘、见到西王母的史事。《竹书纪年》还将这件事记在周穆王十七年（前960年）。无独有偶，公元前4世纪末的魏国人写了一本《穆天子传》的小说，记述周穆王西巡到达葱岭以西西王母部落的故事。这本书和《竹书纪年》都是279年在河南汲县发掘的魏襄王（前318—前296年在位）墓中出土的，至晚在公元前296年前便已写成了。书中用文学描绘手法记录了穆王从洛阳出发，经山西出河套后，向西转了一个大圈，到了葱岭以东出产玉石的赤乌氏的地方。赤乌氏的祖先和周宗室同出一系。《穆天子传》卷二说："赤乌氏先出自周宗。大王亶父之始作西土……封其璧臣季绰于春山之虿（侧），妻以元女，诏以玉石之刑，以为周室主。"春山，因"边春之山多葱"（《山海经·北山经》）而得名葱岭。大王亶父是周族的先祖，是周武王的曾祖父。照此推算，在公元前12世纪以后就已有陕西人移居叶尔羌一带了。这段历史，后来被公元10世纪的波斯诗人费

---

① 史托利茨格：《关于在新疆南部卡拉卡什山谷出现的玉的说明》（F. Stoliczka, Note Regarding the Occurrence of Jade in the Karakash Valley on the Southern Borders of Turkestan），载于《伦敦地质学会季刊》（Quarterly Journal of the Geological Society of London）1874年第13卷。

尔杜西（Abu'l-Qāsim Firdows）写入他的长篇史诗《帝王纪》（Shahnameh）。

周的宗室和羌人关系密切。《诗经·大雅·生民》追寻周人的先祖是一位姜姓的妇女："厥初生民，时维姜嫄。"《史记·周本纪》说，姜嫄践上了巨人脚印的大拇指，"履帝武敏"，感而怀了孕，生了后稷，便是周族的先祖。后稷的母亲姜嫄之"姜"，本与"羌"通。姜姓的郑国也可作羌，有"郑羌伯作季姜尊鬲"可验。周人的先祖是姜嫄，原意是羌族聚居地的一名妇女。这是周人的先祖具有羌人血统的证明。羌人不但分布在河套地区和山西境内，它的西支更沿祁连山而西，繁衍于青海境内和塔里木盆地南缘地区。周穆王姬满到了赤乌氏的居地，就像回到了他的先祖那里，在那块瑶玉所在的美人之地大量选购玉石。"取玉三乘……载玉万只"，意思是光是可以作圭的玉版就装了三车，另外还运走了多以万计的玉料。赤乌（Tcheou）氏的读音，和陕西话念起来的"周"非常相近，所以赤乌氏无非就是周人在叶尔羌、和田一带建立的国家，一边从事农耕，以求自立，同时更重要的是，直接掌握着玉石的采伐。他们所开玉石主要是为了供应内地的需求，以致迄今在新疆各地发掘的古墓葬中，玉制品居然十分稀少。许多新疆古玉就这样流入了黄河中下游的城市。

这个赤乌氏的国家，在公元前6世纪末由齐人写成的《山海经·大荒西经》中叫作西周之国。《大荒西经》："有西周之国，姬姓，食谷。有人方耕，名曰叔均。帝俊生后稷，稷降以百谷。稷之弟曰台玺，生叔均。叔均是代其父及稷播百谷，始作耕。有赤国妻氏。有双山。"帝俊生后稷出于晋人追托，因此姜嫄成了帝俊的配偶，生下了后稷。后稷的后代是个农耕民族，妻族出于赤国，就是《穆天子传》中的赤乌氏。双山与春山同音，亦即苍梧、葱岭。《大荒西经》明明是说，在东周时代，远到葱岭的东侧有一个姬姓王族创立的西周国。这个西周国，到了二百年以后楚人整理《海外经》时便不见了，取而代之的是在《大荒西经》中已经出现过的轩辕之国。

《海外西经》描述："轩辕之国在此穷山之际，其不寿者八百岁。在女子国北。人面蛇身，尾交首上。穷山在其北，不敢西射，畏轩辕之丘。"无论《大荒西经》还是《海外西经》，一致认为轩辕国人少说也有八百岁，意思是，轩辕国立国甚久，至少已有八百年。这句话印证了从公元前12世纪季绰西迁算起，周室的后裔在穷山（葱岭）的边际已生活那么久了。轩辕是黄帝的氏族，黄帝也是姬姓，和周室同姓。但黄帝姓姬，是晋人编造的。《国语·晋语》说"黄帝以姬水成"，所以黄帝姓了姬。据说黄帝的25个儿子中有14人得姓，其中也有姬姓。总之，这主要是姬姓的晋国国君想与黄帝族拉宗亲关系。但也可以知道，出于黄河中下游的轩辕氏也有在南疆的穷山之际立国的。这轩辕国是否就是早先的西周国，虽不清楚，但是在密尔岱山以西，由中原地区移民建立的国家确实不止一处。

年代久远的轩辕国位于穷山的南侧，女子国的北面。女子国就是印度史诗《摩诃婆罗多》中的女国（Striraja），在克什米尔东南境的拉达克附近。唐代玄奘回国，路过塔什库尔干，特地提到过这个以产黄金闻名的女国苏伐剌瞿呾罗。《大荒西经》《海外西经》都表示轩辕台所在的峡谷地势险要，谷中常年刮西风，使人无法向西射箭。这似乎是说，黄帝族的中国人为了对付来自北方的入侵者，最后迁到了帕米尔南侧的塔什库尔干（Tashkurgan），依靠北面的一座轩辕台作为天然屏障，在塞勒库尔平原上过着农牧兼顾的生活。轩辕台的遗迹现在还可以找到，是在塔什库尔干以北十多公里处的一座石方堡，当地塔吉克人称作公主堡，耸立在塔格敦巴什河的深谷中，控制着古丝路的咽喉地段。传说这里是2000多年前中国公主下嫁波斯时中途居住的地方。

二、古波斯人眼中的中国

玄奘在643年抵达塔什库尔干时，见到了这个"周二千余里"、当时称作揭盘陀国的国家的国王。国王自称是至那提婆瞿呾罗（原注：唐言汉日天种）。玄奘在《大唐西域记》卷十二中记下了当地的开国传说："昔波利斯国王娶妇汉土，迎归至此，时属兵乱，东西路绝，遂以王女置于孤峰。"并在周围加以警卫。然而"每日正中，有一丈夫从日轮中乘马会此"。三个月后战乱平息，波斯国王派使臣来迎亲，发现王女已有身孕。臣属们在进退维谷之时，终于决定就地待命，在石峰上筑起宫城，"立女为主，建官垂宪"。后来产下一男儿，才华出众，声教远洽，于是威服周邻国家。"以其先祖之世，母则汉土之人，父乃日天之种，故其自称汉日天种。然其王族，貌同中国，首饰方冠，身衣蕃服。"塔什库尔干的开国传说虽已不明年代，但结合轩辕国的材料考察，毋宁说是中国王女在揭盘陀立国时就已信奉波斯传说中的日神密特拉（Mithra）了。从时间上看，有可能上推到波斯阿赫美尼德王朝的大流士（前522—前486年在位）时期。当时的波斯帝国拓地广袤，跨越亚、欧、非三洲，东部边疆已临近葱岭和印度河上游。因此，世界上最早提到中国这个东亚国家的是伊朗。

公元前5世纪出现在费尔瓦丁神颂辞中的Čini，和以后古波斯文中称呼中国使用Činistan，Činastān都是一个意思，那就是中国。这个词玄奘译作"支那"或"汉"，不妨改译"支尼"，正是移居新疆和田、叶尔羌、塔什库尔干等地周室后裔的自称，也就是"周"国或"姬"国的对音。如果认这个"姬"国是"秦"国，以为在秦始皇统一六国前西域（包括新疆和其西邻国家）人就以秦人称呼中国人了，那么对照葱岭东部地区周人移民的历史发展便完全说不通了，因为这个自季绰以来由赤乌氏、西周国、轩辕国展开的系统，跟泾渭流域的秦人毫无关系。下面还要提到印度的古文献也只支持这个西周国的存在，而不是秦国。

费尔杜西《帝王纪》中也有这个"姬"国。费尔杜西记下一则吐兰国王将女儿下嫁波斯王子肖伍希的故事，似乎就是玄奘在塔什库尔干听到的当地开国传说的翻版。故事说，当时"姬"国与和田作为吐兰王女的陪奁转赠波斯王子，肖伍希夫妇从此十分欣慰地定居在和田东北的宫城。这件事据说发生在公元前5世纪波斯王薛西斯（前486—前465在位）登位以前。这个"姬"国在和田以西的墨玉或莎车一带。这里的居民中操吐火罗语的民族属于印欧语系的西支Centum，是比较古老的语言。西方有些学者如汉宁甚至主张月支也是吐火罗人的一支①。然而月氏人和吐火罗人的民族起源并不相同，而且先秦古籍中一直对两者分得很清，毫不含糊。两者的民族混居，当是月氏人西迁以后的事。吐火罗人最初从西亚迁入中国新疆，到公元前2世纪又迁入阿富汗，主宰大夏，他们和操北伊朗语的塞人都是春秋、战国时代在欧亚草原上传递东西方文化信息最活跃的民族。波斯人则至晚在公元前5世纪就已经和吐火罗人居住的吐兰国有了交往，更和葱岭附近的姬国以及有很多羌人居住的和田和亲。周人和羌人都属于藏缅语系，但这里的居民不需要通过中介民族便可与波斯人打上交道，原因是巴克特里亚人（大夏）和印度人都早已是波斯帝国的臣民②。照希罗多德《历史》（第3册，第97—98章），印度是波斯帝国的第20个州，巴克特里亚是第12个州，巴克特里亚东北锡尔河上游的塞迦是第15个州，在公元前522至前518年的比希斯坦铭文中有犍陀罗州。这些地方都毗邻中国的新疆。巴克特里亚州包括粟特的北部，东面和帕米尔地区连接，东南通印度河上游的犍陀罗。因此波斯人甚至要比印度人更早接触中国人，道理就在葱岭的东侧便是周王朝的领地。

三、早期印度文献中的中国

印度也是最早与闻中国的国家。阿赫美尼德王朝在公元前5世纪占领粟特、巴克特

---

① 汉宁：《历史上的第一个印欧人》（W. B. Henning, The First Indo-Europeans in History），载于《社会与历史：纪念卡尔·奥古斯特·维特福格尔的文章》（Society and History: Essays in Honor of Karl August Wittfogel），乌尔曼（G. Ulmen）编，巴黎、海牙1978年版。

② 塞诺芬：《远征记》（Xenophanes, Cyropaedia），第1册，第1—4章，伦敦1914年版。

里亚和旁遮普以后，便向东方的新疆派遣商队，其中就有印度人①。两大史诗《摩诃婆罗多》和《罗摩衍那》中都有Cīna国。两大史诗都形成于公元前4世纪到公元前3世纪，但要到公元2世纪才有梵文定本。《摩诃婆罗多》列举周邻国家有39个，其中有Daradas（达罗陀）、Tukhāras（吐火罗）、Cīnas（中国）、Hūnas（匈奴），许多学者普遍认为这里的匈奴并非后来的白匈奴，所以《摩诃婆罗多》至晚在公元前3世纪初就已经形成了。《摩诃婆罗多》精校本分两部，第二部《大会篇》（Sabhāparva）由艾格顿校刊，于1943—1944年在浦那出版，书中有Cīnas，列在波地婆以西，吐火罗、达罗陀以东的地方。照史特拉波《地理志》（第11册，第8章），吐火罗人从锡尔河上游迁入吐火罗斯坦（阿富汗东北部）的年代不会超出公元前3世纪。吐火罗在大雪山北，其中心昆都士处于塔什库尔干和巴尔克之间的交通线上。吐火罗以东的达罗陀，汉代译作悬度，玄奘《大唐西域记》称达丽罗，也是塔什库尔干到克什米尔和印度河上游的必经之地。汉代葱岭南道便经过这些地方的古道，和安息、印度相通。因此《摩诃婆罗多》中在达罗陀以东的Cīnas可以确定在克什米尔以北的中国新疆的皮山、莎车一带，为乌秅、罽宾道所经。

另外一部史诗《罗摩衍那》，过去认为出现在公元前3世纪，但各篇经过不断修订，形成目前通行的本子的时间大约已迟到公元2世纪末了②。桑卡里亚主张这篇史诗早于《摩诃婆罗多》③，但学术界多半认为书中的地理篇是晚出之作。《罗摩衍那》的精校本由曼迦德校刊，1956年在巴罗达出版，其中第4卷《猴国篇》第39—42章记述妙项王被迫践约，派猴群向四方搜寻悉多。第39章记东方各国，第40章记南方各国，第41章记西方各国，第42章是北方各国，共列名26个。诗颂称："要一再访问支那人，外支那和尼诃罗。你们搜遍了达罗陀，再到那雪山去搜索。"这一节中的支那当然在印度的北方，靠着大雪山（兴都库什山）的中国新疆境内。《罗摩衍那》甚至还知道有天山（Deva-Sakhā），那是苏立伐使团到过的北方最远的处所了。苏立伐的使者到过的北方国家中有一个茧国(Kiskindhākānda)，之所以这样称呼，是由于这个国家会养蚕、结茧、

---

①　顾希：《梵文 Cīna 为中国考》（M. M. Ghosh, Origin and Antiquity of the Sanskrit Word Cīna as the Name of China），载于《班达卡尔东方研究所年鉴》（Annals of Bhandarkar Oriental Research Institute）1963年第42卷。

②　马金达编：《帝国一统时代》（R. C. Majumdar ed., The Age of Imperial Unity），第2卷，孟买1954年版，第246页。

③　桑卡里亚：《罗摩衍那研究》（H. D. Sankalia, Ramayana, Myth or Reality），新德里1973年版，第1-3页。

抽丝。这个"茧国"（Kosakaras）早就被认作是"中国"①。如果是在新疆境内，那就不是疏勒便是于阗了。但这些地方开始养蚕、缫丝都晚于高昌，所以有关的记事都已迟至公元2世纪以后了。怎样看待《罗摩衍那》中的支那和外支那（又译"极远支那"）呢？从印度人的视野出发，北方的支那是与他们相邻的葱岭地区，这个支那正是源出于历有年数的"姬"国，在汉代以来的中国文献中常译作"汉"。《罗摩衍那》中的北方诸国，在2至3世纪写成的佛典《正法念处经》（由北魏般若流支在538—544年间译成70卷本）第七品转述《罗摩衍那》时仅有20个，在摩醯沙之后、都伐之前，"次第十五，名曰汉国"。"汉"的原音是"支那"（Cīna）。《罗摩衍那》的"外支那"原本写作Paramacina，《正法念处经》作Aparamacina。梵文parama，apara都有"边远"的意思，parama更有"高峻"的含义，apara又指西边、西部，Aparamacina指中国本土以外的西部边疆，也就是汉代以来中国常用的"西域"。狭义的西域不过指天山以南的南疆。这个词比Cīnas当然要晚了好几百年，最早也在公元前2世纪了。

在印度孔雀王朝月护大王（前324—前300年在位）宫廷中任职的侨底利耶（Kautiliya）写过一本《政事论》（Arthaśāstra）②，书中有Cīnapattāsca，这个词可以分解成Cīna和patta，合起来的意思是"中国产的成捆的丝"，大约相当于中国古代所说的缟素，一种白色的生绢③。这个词用了Cīna，这是在公元前4世纪末的事情，比中国人写作《海内经》四篇、《海外经》四篇晚不了多少年。这算是记录中国的古印度文献中有确切年代的一本了。在相当于汉代的印度，Cīna一词已见于《摩奴法典》《素室罗多经》等许多典籍中。公元前2世纪的佛典《那先比丘经》中也记有中国人，经文颂扬巴克特里亚的城市奢羯罗（Sāgala，巴基斯坦锡亚尔科特）是个巨大的商贸中心，从中国来的侨民，以及斯基泰、巴尔克、巴里格柴、摩揭陀、巴连弗和亚历山大、犍陀罗等地的商人都会聚于此④。

中国的西南地区和印度东北境相连，公元前印度移民已经越过伊洛瓦底江逐渐进至澜沧江以西的地方。公元69年，汉代正式在永昌设郡。《华阳国志》说永昌有闽濮、鸠獠、僄越、裸濮、身毒（印度）之民，说明确有印度人东徙。永昌辐员东西3000里，

---

① 莫坎吉：《印度航运史》（R. K. Mookerji, A History of Indian Shipping and Maritime Activities），孟买1912年版，第55-56页。

② 萨斯特利编译：《侨底利耶的〈政事论〉》（R. Shama Sastri, Kautiliya's Arthaśāstra），迈索尔1923年版。

③ 任大椿：《释缯》，《皇清经解》卷六十五。

④ 莱斯译：《弥兰陀问经》（T. W. Rhys Davids trs., The Question of King Milindapanho），第2卷，《东方圣书》（Sacred Books of the East）丛书第36册，第11页，第27页，第211页。

南北4800里，辖有怒江以西直至亲敦江以东的广袤地区，与阿萨姆、阿拉干山区毗连，当地人从事五谷蚕桑，有"蚕桑、绵绢、采帛、文绣"。《摩诃婆罗多》中既有在新疆境内的Cīnas，还有另一处和羯罗陀（Kirātas）并列的Cīnas，确在中国西南的今日滇西缅北境内。羯罗陀位置在阿萨姆和孟加拉境内的布拉马普特拉河流域①，Cīnas便应该在滇西了。《摩诃婆罗多》的《大会篇》第23章第48—49颂中提到"他们中有伟大的福授王，他曾和高贵的般度之子激战一场。野人、支那人还有许多滨海之民都来支援东辉国的大军"。东辉国（Pragjyotisha）是阿萨姆地方（包括缅甸西北部）的一个古国，据说在公元前4世纪这里已是丝业中心，由藏缅语系的民族生产后，跟着移居者运去②。这段材料分明是从《华阳国志》或《后汉书》等中国典籍引取的，但是否可以上溯到公元前4世纪并非毫无疑问。东辉国在公元前4世纪末写成的《海外西经》中称作"女丑之尸"，读作"汝丑之尸"，这是东辉国的译音。缅甸北部气候干燥，大部分地区终年炎热，所以有"十日居上，女丑居山之上"的传说。

《山海经》中的《大荒西经》和后出的《海外西经》都早已有了印度恒河平原的知识，《大荒西经》中的寿麻国（Sauma）即是中印度大国摩揭陀，寿麻国"正立无景，疾呼无响。爰有大暑，不可以往"。"正立无景，疾呼无响"说的是寿麻国正处在北回归线的恒河平原，这里天气常年酷热。寿麻国人敬仰的寿麻就是印度司收获的苏摩神，《黎俱吠陀》中已有这种祭仪了（第10卷）。《大荒西经》中的灵山十巫更是最早由印度直接传到中国的佛教信息。《大荒西经》说："有灵山，巫咸、巫即、巫盼、巫彭、巫姑、巫真、巫礼、巫抵、巫谢、巫罗十巫从此升降，百药爰在。"这段话乍看犹似神话，实际上是东方的齐人记述的印度地理。灵山，应即佛陀常年在摩揭陀国首都王舍城东北宣扬佛教的灵鹫峰，在比哈尔西南，古称耆阇崛（Grīdhrakūta），是佛教圣地之一。十巫实是十佛，分指佛陀十大弟子。巫咸又可作佛陀最宠信的随从侍者阿难的译名，"咸""难"同声，他是佛陀临终遗言的受托付者。自巫咸以下，各人相当于目犍连、舍利弗、优波离、阿尼律陀、迦㫰延、富楼那、须菩提、迦叶、罗睺罗。罗睺罗是佛陀的亲生儿子，也是十大弟子之一。灵山十巫在《海外西经》中便直称巫咸国了。巫咸列佛陀十大弟子之首，当然就可以代指印度佛国了。书中称："巫咸国在女丑北，右手操青蛇，左手操赤蛇。在登葆山，群巫所从上下也。"巫咸国在东辉国西北，那里

---

① 钱德拉：《〈摩诃婆罗多〉中的地理和经济研究》（Moti Chandra, Geographical and Economic Studies in Mahabharata: Upayana Parva），新德里1945年版，第85页。

② 乔杜里：《阿萨姆民族文明史》（P. C. Choudhury, The History of Civilization of the People of Assam to the Twelfth Century A. D.），新德里1959年版，第365页。

的图腾崇拜是青蛇和赤蛇。蛇神是龙。公元前6世纪在塔克西拉和恒河流域相继兴起的北方磨光黑陶（Northen black polished ware）中，有一类图像是女性的下体化作蛇身，以瓦腊纳西东南的普拉勒帕尔（Prahladpur）出土的图像最典型[①]。还有一种龙的图像，身披尖领衣，上有五条蛇的头巾，有伐萨利（Vaisali）的出土物为证。在瓦腊纳西周边地区极为盛行这类祭祀祖先的龙图腾，是恒河中游平原文明的象征。印度神话中，蛇就是龙，龙（Vrtrahan）代表印度河土著居民，他们远在雅利安人进入印度河以前便已在北印度和中印度定居了。巫咸国可以是这个Vrtrahan的音译，又通转佛陀的大弟子阿难。在巫咸国有一座山叫登葆（Dharma）山，意思是护法山，护法山也就是更早的《大荒西经》中的灵山。早先的灵山十巫到公元前4世纪末便悄悄地改成护法山，是佛祖宣教的圣地，"十巫"一改而成"群巫所从上下也"，为佛教徒顶礼的圣地。足见"巫"之通"佛"，对于南方的楚人和滇人来说是由来已久的事了。

据考订，《大荒西经》是在佛陀（前565—前486年）在世时便已写成的作品。在那么早的时候，中印两国的人民在滇、藏边境便有了往来。那时秦国的势力还未进入四川。秦国是在惠文王在位的公元前316年才派兵入蜀灭亡开明氏的。侨底利耶正好在那时写下了《政事论》，可以说是第一次比较明确地在印度文献中提到中国。要说Cīnas这个词就是将势力伸向西南地区的秦国也是十分勉强，不如说在《大荒西经》那样早的时候，在云南一带便有中国南方的移民和商人进入印度的东北地区，因而将中国的称号传了过去。那么Cīnas就一定指周朝，而不是那个据说在秦穆公时代便由于向西拓展领地，按传统说法又在中原称过霸，因而"威名远扬"的秦国了。何况现代史学界都不承认秦穆公在中原有过什么霸业。当年秦穆公要"尊王攘夷"，打出的旗号也只能是维护周室的尊严。倒是在葱岭的东边，确实存在过打着宗周旗号的赤乌国、西周国，在其西边还有个轩辕国，与印度相毗邻。

四、"赛里斯"刍议

希腊、罗马人称呼中国，与波斯、印度体系的称呼有所不同，在文献上出现的时间也较后者为晚。希罗多德并未听说有中国。尽管黑海北岸的希腊城邦早已由于斯基泰人的转运而得到了中国美丽飘逸的丝绸，然而由于运输由沿途各个民族分段赓续进行，所以希腊人弄不清丝绸产自中国。截至目前，在德国西南部巴登-符腾堡的荷米歇

[①]　纳雷恩和罗伊：《普拉拉德普尔考古：1963年3月至4月》（A. K. Narain and T. N. Roy, Excavation at Prahladpur, March-April, 1963），瓦纳那西1968年版，第46页。

尔（Hohmichele）6号墓中出土的中国丝是中国境外最早发现的丝织品。在这座公元前6世纪中期的贵族墓葬中出土了一件当地制造的羊毛衣，羊毛和装饰纹样都有中国家蚕丝和织物的风格，伴同出土的还有许多希腊和地中海地区的器物[1]。在雅典西北郊外的富豪阿尔西比亚斯家族墓葬中也有中国织物，共出土6件丝织品，一束分成三股的丝线，经鉴定都是公元前430—前400年中国家蚕丝的产品。在20世纪，学者们曾经相信一个在公元前416—前398年间来，克泰西斯的这条材料又引起了怀疑，被认为是出于跟随亚历山大东征的奥尼锡克里多斯（Onesicritus）的假托。不用说，奥尼锡克里多斯是从波斯人那里知道的。然而由于中国丝织品在德国和希腊的发现，这种疑虑看来变得并不重要了。

希腊语的"中国"现在通译"赛里斯"，应该正作"赛勒斯"，和波斯语的"支那"同出一源，因此不必去模拟赛里斯是"丝"或丝织品的音译。

一个明摆着的事实是，希腊世界和中国之间被大流士开创的阿赫美尼德帝国无情地隔开，希腊人在公元前4世纪实在没有东亚知识可言。即使到公元前327年亚历山大率领大军东征，进军锡尔河和印度河之时，希腊人关于亚洲的知识也仅限于大流士一世的帝国。在希腊人美伽西尼士报导印度以前，欧洲尚无人知道这个国家。亚历山大当时只知道从伊朗大陆向东，有一个突出在海中的印度半岛，这个半岛的北边是巴尔纳苏斯山，药杀水（锡尔河）东端的海洋冲刷着山脉的北麓，径向半岛流去。所以对希腊人来说，中国和它的西陲地区完全是个未知的世界[2]。

在亚历山大东征后的二百多年中，留在粟特和巴克特里亚的希腊人继续发挥着在东方传播希腊文明的巨大作用。巴克特里亚王欧多台墨即位后，巴克特里亚和中国西陲的新疆关系更加密切。阿帕洛杜勒斯（前130—前87年）记述欧多台墨王的领土在公元前201年后已扩展到赛里斯与无雷（Phryni），和赛里斯接壤（史特拉波《地理志》第11册第5章）。无雷，《嘉庆重修一统志》卷五二五称作阿刺楚勒，唐称护密国，在塔什库尔干以西的瓦罕谷地。赛里斯人的形貌是碧眼红发，也就是中国史书上提到的塞人。他们是些伊朗化的斯基泰人。"赛里斯"也就是波斯语Čīnastan的音转，是希腊语的拼音，后来又经那些在公元前2世纪从伊犁河和裕勒都斯谷地大举南下、移居锡斯坦和旁遮普、操塞伽语的塞人的传递而转读出来的"中国"。在公元前2世纪，天山西

<hr />

[1] 勃里德：《欧洲青铜时代》（J. Briard, The Bronze Age in Europe），伦敦1979年版，第213页。

[2] 刘易斯等编：《剑桥古代史》（D. M. Lewis ed., The Cambridge Ancient History），第6卷，第13章，剑桥1997年版。

南的乌孙和帕米尔高原已到处有塞人的足迹，即《汉书·西域传》称"自疏勒以西北，休循、捐毒之属，皆故塞种也"。公元前60年，汉在乌垒设立西域都护府，统一管理这些地方。那时，希腊地理学家史特拉波在《地理志》（第15册第1章）第一次提到印度的树上生长一种羊毛（即树棉，亚洲棉），和印度邻接的赛里斯也出产一种用长在树上的羊毛制作的精美织物赛里卡（serica）。史特拉波说："赛里卡也是同一类的，巴则布（byssus）确由树皮晒干。"巴则布，有人以为是丝①，和史特拉波的原意不合。史特拉波以为赛里卡和印度棉布同类，长在树上。"赛里卡"这个词一见便会使人想起梵文的Cīnapattāca，可以译作"中国绸"，用当时的话来说，叫"帛"或者"缯"，细密的缯称作缣。梵文中既可作"丝"解，也可称"绢"的patta恐怕最初便是从汉语中的"帛"字借去的，都指丝织物的初级产品。罗马时代从中国进口的丝织品，走陆路多半要经过波斯人之手，所以有米底亚衣料闻名于世；走海路的，离不了罽宾、乌弋山离道和巴里格柴港，要经过印度次大陆，于是有赛里卡的美名蜚声海外。

公元1世纪，罗马普林尼在《博物志》中还以为蚕丝出产在赛里斯人居住的树林中，而赛里斯人居住在天山边。当时罗马作家都将斯基泰人、赛里斯人和印度人列在一起，表示他们在黑海以东。关于赛里斯和蚕丝的知识，罗马人无非是从斯基泰人和操塞语的商人那里得来的，因此他们也像希腊人一样使用"赛里斯"这个词。但在公元1世纪60年代，一名到过印度和斯里兰卡的佚名希腊船长将他的航行经历写成一本《厄立特里海环航记》，书中说："过了克利斯国，抵达中国（Thinae）后，便到了海的尽头。有同名的都城Thinae，还在内地，远处北方。从那里生丝、丝线和丝织品由陆路经过巴克特里亚运到巴里格柴。又可以经过恒河的水路运到利米里斯（泰米尔）。"②这位船长对丝绸之国的国都及国名都采用Thinae的新名词，这个词和印度人称呼中国用Cīna不同，前者是阴平声，后者是阳平声，对音自然也就不同了。印度人称中国用"姬"，这位希腊船长在公元1世纪用泰米尔语音读Cīna，因时代背景不同，变成Thin，

① 琼尼斯（H. L. Jones）译史特拉波《地理志》第7册[洛布古典丛书（Loeb Classic Lib.）版]第33页注2引里希特《希腊的丝绸》[G. M. A. Richter, Silk in Greece, 载于《美国考古学杂志》（American Journal of Archaeology）1929年1—3月]的解释是不对的。自达伦堡等编《古希腊罗马辞典》（C. Daremberg, etc., Dictionnaire des Antiquités Grecques et Romains, 巴黎1875—1919年版）以来，都以为巴则布是棉布。巴则布又被当作海西布（埃及毛布），但《魏略》中所记大秦出产物中既有海西布，又有巴则布，可见两者并非一物。出土物中多见有羊毛、棉线混纺，或羊毛、丝线混纺的，古已有之。巴则布属于前一种。

② 索夫译注：《厄立特里海环航记》（W. H. Schoff, The Periplus of the Erythraean Sea），纽约1912年版，第216页。

Thinae，于是晚近的学者纷纷以"滇""日南"或"荆""秦"去揣测它的对音。然而当时已经是汉代，都城在洛阳，中国周边民族以"秦"称呼汉人的，除了新疆和日本以外，尚未见于其他场合。在新疆，这种例子也仅见于《史记》《汉书》和拜城东北喀拉达格山岩壁《刘平国作亭诵》（158年）石刻，讲的都是秦、汉两代汉人在西北地区的活动，所谓"秦人"有秦代遗民的含义，和日本使用"秦人"的内涵相仿。十分明显，难以将涉及的时间前推到公元前5世纪。

至于吐火罗、佉卢文书中的"秦"人都是现代学者翻译用字，不足为据。总之，希腊文Thinae（或Thin）不如Cīnas一词有更长的历史背景，它只是公元1世纪才从海上传入西方的一个新名词。此后的罗马作家，例如公元150年写了《地理学》的希腊人托勒密，他干脆用赛里格（Serica）称中国，而将中国的都城叫赛勒（Sera）。赛里格后来在781年竖立在陕西周至的《大秦景教流行碑》中写作叙利亚文Sarag，梵语Saraga。据义净《梵语千字文》，Saraga的汉语对应正是洛阳[①]。这个名词原本出于Cīna，是波斯人称"周"代以来的中国，那时成周时代的都城是洛阳，最后转到希腊文、叙利亚文和梵文中的Saraga还是洛阳。若说是巧合，就颇令人费解了。

早期佛典译本曾将有关"中国"的梵文直译作"脂那""支那"，如汉代《德护长者经》便译称脂那。但东汉译《大方广大庄严经》时已将脂那还原成"秦"。"秦"又往往被译作"汉"。六朝时的佛典翻译常按照朝代的更迭改译成"晋"或"隋"。到了唐代，从玄奘以后，见到这个梵文"中国"时便统译作"汉"。总之，自秦、汉以来译名的更变，为的是适应一定的历史年代，而并未探究此词发生的来历。近代学者从17世纪意大利耶稣会士卫匡国（Martino Martini，1614—1661年）起，把"支那"返译成"秦"，是由于耶稣会士都谙熟拉丁文，难免由后起的拉丁文读音秦尼（Sinae，Thinae）去附会中古波斯语和印度梵语中称呼"中国"的真实来历。到法国汉学家鲍提埃、伯希和相继以春秋、战国以来秦国国威远扬西域为由解释此词的来历，以致迄今仍是一种通行的说法。然而对照周代以来汉族在新疆发展的历史，实在有更多的理由可以相信，"中国"一词的古译出自"周"或"姬"，应该长于"秦"或"秦尼"说。

---

① 伯希和：《景教碑中叙利亚文之长安与洛阳》（Paul Pelliot，L'évêché Nestorien de Khumdan et Sarag），载于《通报》（T'oung Pao）1927年第25卷。

璧流离和印度宝石贸易

古代中外经济交流，宝石贸易是其中一个重要项目。汉代桓宽《盐铁论·力耕篇》曾列举"璧玉、珊瑚、瑠璃，咸为国之宝"。三者之中，琉璃（一作流离、瑠璃）是汉代以来对玻璃的专称；珊瑚生于海中，来自南海。至于璧玉，是用来制璧的玉石。璧是平圆中孔的礼器，战国以来逐渐变成佩饰，应用更加普遍，所以汉代的璧玉是应用极广的璧流离。《汉书·地理志下》"粤地"条记述汉武帝刘彻（前141—前87年在位）曾派使者冒着数年来回的极大风险，带着受到印度欢迎的"黄金杂缯"，到科罗曼德的黄支国去购求名贵的"明珠、璧流离、奇石、异物"。这黄支国早被认为是建志补罗，中心在现在的康契普拉姆。因为南印度东部的科罗曼德正是古代璧流离和珠宝交易的中心。

一、璧流离是青玉

汉代中国的海外贸易商在科罗曼德和斯里兰卡拥有自己的商栈，可以和来自埃及的希腊船只交换货物，和当地居民成交买卖。普林尼的《博物志》已提到中国商人在斯里兰卡的活动。从那里输入中国的宝石和真珠是古代重要的贸易物。古代黄支国境内，现在本地治里以南三公里的阿里卡曼陀（Arikamedu），现称维拉柏特南的地方，曾是公元初科罗曼德和北印度、阿拉伯香岸、埃及以及斯里兰卡、中南半岛贸易的主要港口。经过1937—1948年多次发掘，出土了很多属于公元1—2世纪时的罗马雕刻品和陶器、铜制灯盏，证实这里就是《厄立特里海环航记》提到的波杜契（Podouke）。在公元初的二百年中，此地是南印度的宝石雕琢中心，制陶工业和对外贸易曾经盛极一时。出土物中有罗马铜灯和公元24年左右从托斯卡尼的阿雷兴运来的陶器残片，以及大量宝石和琉璃珠①。它的附近盛产各种宝石，北面那洛尔的庆地（Chundi）和散达普伦（Saidapuran）出产青色的蓝晶石（Kanyite）。这种蓝晶石在科因巴托的锡托陀（Sittodu）和辛格普姆（Singhbhum）也有出产，至于喜马拉雅山区那就更多了。古代印度一直把它当作蓝宝石（Sapphire）②，也即"青玉"，只是到了15世纪初的《瀛涯胜览》才把斯里兰卡出产的蓝晶石叫作青米蓝石，以别于古代的青玉。这种被称作"青玉"的蓝宝石或蓝晶石，正是汉代视作国宝的璧玉或璧流离。魏人孟康对《汉书·西域列传上·罽宾传》罽宾（克什米尔）的璧流离的解释是："（璧）流离，青色如玉。"③这"青色如玉"的璧流离就是喜马拉雅山中的蓝宝石和蓝晶石。

蓝宝石是在印度深受珍重的宝石。大约成书于4—5世纪的佛陀伯他《宝石志》（Buddhabhatta, Ratnapariksa）曾列举九种宝石，依次是金刚石、真珠、红宝石、蓝宝石、绿宝石、锆石、黄玉、猫睛石、红珊瑚，前五种被充作"大宝"，后四种算是"次宝"。蓝宝石在九宝中序列第四，充作"大宝"，久已名闻世界。所以西汉时代中国已派使者用黄金和各色缯帛去换取黄支的璧流离和明珠。在罗马东方贸易的高潮时期，来自埃及的希腊商船也常以阿里卡曼陀作为他们东方贸易的终点和返航港。中国人和来自埃及的希腊商人就在阿里卡曼陀沟通两国贸易，但最主要的还是从当地运走蓝宝石（包括蓝晶石）、明珠等各种宝石、珍贵香料和精美的纺织品。

汉代的璧流离长久以来还是一个谜④。璧流离就它的梵文语源鞞稠利夜而言，原指一种青色有光的自然宝石，佛典中常写作"青瑠璃""吠瑠璃""毗瑠璃""青毗琉璃"

① 莫歇·韦勒、戈奇、德瓦：《阿里卡曼陀，印度东海岸的印、罗贸易站》（R. E. M. Wheeler, A. Ghosh, K. Deva, Arikamedu, an Indo-Roman Trading Station on the East Coast of India），载于《古代印度》（Ancient India）1946年第2期，第17页以下。

② 勃朗、戴主编：《印度矿产志》（J. C. Brown, A. K. Dey ed., India's Mineral Wealth），牛津1955年第3版，第607页。

③ 《汉书·西域列传上·罽宾传》王先谦集解。原文漏"璧"字，因而后人有误析《汉书》卷二十八下原文为"明珠、璧、流离、奇石、异物"的，见罗宗真《试谈南京出土东晋玻璃杯和金刚指环的来源》，载于《海交史研究》1980年第2期，第64页。

④ 有的专门著作干脆对璧流离不作说明，如1960年史坦因写的《古代中印关系》（B. M. Штейн, Зкономические и Културнье Свяэи Между Китаем и Индией в Древиоети До ш в. н. э., 莫斯科1960年版，第168页）所提到的璧流离就未见何解释。

或"青玉",是刚玉中的蓝宝石。慧琳《一切经音义》卷二十四解释《阿毗达磨俱舍论》卷十一"吠瑠璃":"皆梵音讹转也。从山为名,鞞头梨也。山出此宝……青色。一切宝皆不可坏,亦非烟焰所能熔铸。"明确指出吠瑠璃是青色宝石。"鞞稠利夜"是梵文雅语 Vaidūrya 的译音,吠瑠璃是梵文俗语 Verulia 或巴利文 Veluriya 的对音,原指青色大宝,产在克什米尔圣杰姆(Sumjam)西北4公里的层斯加尔(Zangskar)岭南麓的配达地区(Padar area),海拔高达4500米[1]。这就是佛典中生在须弥山的青色宝。《一切经音义》卷二十三对《摄大乘论》卷十"瑠璃"条的解释是:"吠瑠璃也,亦云毗瑠璃,又言鞞头梨。从山为名,谓远山宝。远山即须弥山也。"魏人孟康所说"青色如玉"和唐代颜师古认为"自然之物"的"琉璃"(实际是毗琉璃,亦即璧流离)也正是这种青色宝。《正法念处经》卷六十八说:"须弥山侧,毗琉璃面,有山名优陀延……阎浮提国,毗琉璃故,其影青色。"正是说喜马拉雅山南麓乌仗那(Udayāna)出产青玉。所以《汉书》说罽宾出璧流离。汉代罽宾疆域广大,现在的克什米尔、巴基斯坦北部和阿富汗的东部都在辖境之内,国都修鲜城在喀布尔河下游的卡散达(Charsadda)。它所产的青玉是生在粗面岩隙中的磷酸矾土,富有光泽,一如油脂。古代印度又把普遍出产于喜马拉雅山地区,包括五河流域和比哈尔的蓝晶石当作青玉,所以喜马拉雅山南麓成了"毗琉璃面"。

佛教故事中常常提到的璧流离或毗琉璃,是"七宝"之一。"七宝"说法不一,但都包括金、银、琉璃,其他则车渠、马脑、玻璃、真珠、琥珀、水精、珊瑚、赤珠互有出入。印度"七宝"都是自然宝石,"琉璃"应是"吠琉璃"或"毗琉璃"的讹略。七宝说法虽多,而金、银、琉璃(璧流离)始终处于前列。三道宝阶故事中的中阶,法显说是七宝阶,慧超则以吠瑠璃为中阶[2],作为众宝的代表。

既然青玉在古代印度如此名贵,犍陀罗都城的佛钵就以青玉琢成。《艺文类聚》卷七十三引《诸国志》:"佛钵在乾陀越国,青玉也。受三斗许,彼国宝之。"东晋《佛图调传》说:"佛钵,青玉也。受三斗许,彼国宝之。"(《水经注》卷二)竺法维《佛国记》则说:"佛钵在大月支国,起浮图,高三十丈,七层,钵处第二层,金络络锁悬钵,钵是青石。"(《水经注》卷二)支僧载《外国事》说:"佛钵在大月氏国,一名佛律婆越国,是天子之都也。起浮图,浮图高四丈,七层。四壁里有金银佛像,像悉如

---

① 勃朗、戴主编:《印度矿产志》(J. C. Brown, A. K. Dey ed., India's Mineral Wealth),牛津1955年第3版,第589页。

② 藤田丰八:《慧超往五天竺国传笺释》,泉寿东文书藏版1931年版。

人高。钵处中央，在第二层上。作金络络体，链悬钵。钵是石也，其色青。"（《艺文类聚》卷七十三）乾陀越、大月氏国都指犍陀罗都城弗楼沙（现在的白沙瓦）。佛钵所成，或称青玉，或称青石①。法显游历弗楼沙国②，见该国所供佛钵"可容二斗许，杂色而黑多，四际分明，厚可二分，莹彻光泽"（《佛国记》）。所谓"杂色而黑多"，是指青玉具有从浅蓝到苍色的多重色泽，而以苍色为底。

璧流离并不是过去一向认为的青金石（lapis lazuli）③。英国专门研究埃及古矿的罗卡斯认为，齐奥夫拉斯托《石志》和普林尼《博物志》中的Sapphiros也是青金石④，这一巧合表明古代的青玉最易和青金石相混。青金石不产在印度。古代世界中青金石几乎全都来自阿富汗的巴达克山⑤。埃及古王国时期的墓葬中最早出现的青金石也来自中亚细亚。青金石在传入中国后，是被称为璆、琳的。璆、琳是碧色玉石最早的总称。青金石、绿松石是璆、琳中的一种。璆、琳，《尚书·禹贡》原作球、琳。孔安国以为"球、琳皆玉名"。郑玄却说："球，美玉也；琳，美石也。"球和琳显然有别，两者形体大小和玉石品质不同。司马相如《上林赋》有"玫瑰、碧琳"，张衡《西京赋》有"珊瑚、琳碧"，都以"琳"是碧色美石。青金石最初应包括在碧琳之中。

璧流离也不是绿柱石（beryl）或蓝绿玉（aquamarine）⑥。因为梵语绿柱石另有专称，雅语vaidizga，俗语vecuzga。中国也早能鉴别绿柱石，起名琅玕，在战国时代已经通用。《禹贡》雍州的琅玕，是它最早传入中国的名称⑦。文献中有青琅玕（《神农本草

---

① 参见玄奘《大唐西域记》卷二"健驮逻国"弗敌沙城。

② 玄奘《大唐西域记》卷二译作布路沙布逻（Purusapura）。

③ 参见夏德《大秦国全录》（F. Hirth, China and Roman Orient，上海1885年版）第229页引格尔士的解释。

④ 罗卡斯《古埃及工矿》（A. Lucas, Ancient Egyptian Materials and Industries），伦敦1948年第3版，第455页。

⑤ 参见阿斯坦那：《印度对外交通史汇编》（Shashi Asthana, History and Archaeology of India's Contacts with Other Countries），德里1976年版，第67页；《英国百科全书》（Encyclopedia Britannica）第15版，第7卷，第973页。

⑥ 玉尔、伯纳尔编《语源辞典》（Henry Yule, A.C. Burnell, Hobson-Jobson: A Glossary of Colloquial Anglo-Indian Words and Phrases, and of Kindred Terms, Etymological, Historical, Geographical and Discursive，伦敦1903年版）第89页，维生·史密斯《牛津印度史》（V. A. Smith, The Oxford History of India，牛津1923年再版本，第143页）和白鸟库吉（载于《东洋史论丛·市村博士古稀纪念》，东京1933年版）都赞成此说。章鸿钊《石雅》（中央地质调查所1927年版，卷上，第1-2页）也解释是青金石或蓝绿玉。蓝绿玉是绿柱石的碧色或透明蓝色变种。

⑦ 章鸿钊误以琅玕是巴喇（红宝石），产于中亚细亚（《石雅》卷上，中央地质调查所1927年版，第12-15页）。文献上各色琅玕实与红宝石不类。参见陶宗仪《辍耕录》卷七。

经》）、翠琅玕（曹植《美女篇》）、金琅玕（张衡《四愁诗》）、黄琅玕（汉简）^①，都是绿柱石或它的明蓝色变种蓝绿玉。《山海经·大荒西经》中指出昆仑山有琅玕树，正好是北印度拉贾斯坦著名的绿柱石矿，这个矿至少在公元前400年时就已经开采，不久后产品当已运销中国。绿柱石在迈索尔、安陀罗和泰米尔纳德的科因巴托都有出产，所以普林尼说印度是绿柱石的主产国。但佛陀伯他所举九宝，并无绿柱石。绿柱石在印度虽然产区甚广，在古代独树一帜，但它的地位尚在九宝之下。甚至在九宝之外附列的五宝中也不见绿柱石，而只有金绿玉（chrysoberyl）。

那么璧流离怎么又会被当作绿柱石的呢？那是因为有人把绿柱石的英语名称beryl，拉丁名称beryllos，和梵语以及阿拉伯语、波斯语 billaur 连缀起来^②加以比附，于是璧流离便变成了绿柱石。此说因为出于误会，所以实难成立。且不说阿拉伯语、波斯语的 billaur 另有所指，不是专称绿柱石，而是泛指具有玻璃光泽的晶石，就说梵语绿柱石既另有专名，则璧流离与绿柱石之毫不相干也是十分清楚的了。何况绿柱石在佛典中也另有一个名称青宝（nilamani），一称青珠^③。足见绿柱石和佛典七宝中的璧流离自无共同之处。从《正法念处经》更可证明璧流离和绿柱石绝非一物。《正法念处经》所举七宝别成一说，青宝之外又有大青宝。汉本作青宝（nilamani）、大青宝玉（mahānilamani）、金刚、青毗琉璃、车渠、赤莲花宝和诸宝，藏本作青宝（indranila）、大青宝（mahanila）、金刚、璧流离、车渠、赤莲花宝、柔软大宝。青宝、大青宝外更有青毗琉璃或璧流离。所谓"大青宝"必定和"青宝"极为相似，两者定有密切的关联，这种关联只有在绿柱石和绿宝石之间才能找到，因为绿宝石就是绿柱石中明绿色宝石的变种。据汉本，青宝、大青宝之外，更明白指出毗琉璃亦具青色，故称青毗琉璃，这毗琉璃（璧流离）显然只能是青玉了。

璧流离的实物早经著录。1821年冯云鹏、冯云鹓兄弟编纂的《金石索》第十九册石索四中录有山东嘉祥县紫云山武梁祠石刻中的"璧流离"图形和刻词，是圆形中孔、面有方罫文的玉璧。原石上有题词："璧流离，王者不隐过则至。"足见"璧流离"一名不可以析作"璧"和"流离"二物。而原编纂者下注"《金石志》云，流离与琉璃

① 沙畹：《新疆发现的汉简》（E. Chavannes, Les Documents Chinois Découverts par Aurel Stein dans les Sables du Turkestan Oriental），牛津1913年版。

② 玉尔、伯纳尔编《语源辞典》（Henry Yule, A.C. Burnell, Hobson-Jobson: A Glossary of Colloquial Anglo-Indian Words and Phrases, and of Kindred Terms, Etymological, Historical, Geographical and Discursive，伦敦1903年版）第89页。

③ 左思《蜀都赋》，载于《文选》卷四。《旧唐书·舆服志》中衮冕垂青珠九旒，也是绿柱石。

同"，业已把"璧流离"误作"流离璧"。这种称为"璧流离"的玉璧，现在已有实物可以对照。曾经在1942年出土著名缯书的长沙子弹库战国木椁墓地，在1973年又出土一批文物，其中有青玉质地的玉璧一件，两面都饰谷文，形制和武梁石刻璧流离相同[①]。1976年在湖北鄂城鄂钢53号战国墓中出土一件玉璧，两面都作圆圈纹，每面有四层[②]。同类青玉璧还见于河北定县43号汉墓[③]、江苏铜山县小龟山西汉墓（年代为前118年—前69年）[④]，此外还有长沙咸家湖西汉曹𡠅墓出土的12件玉璧[⑤]。这些青玉璧凡属汉代以前的，大都出在长江以南，汉代以后才遍及南北，也隐约显示了青玉多半来自南海，远从印度洋运入。这是璧流离原指青玉璧的铁证。

二、璧流离并非琉璃璧

古代的青玉璧正是璧流离所成，因而"璧"字兼有音义，"璧流离"的含义已类似流离所成的璧，实际则是"璧流离璧""青玉璧"。不过璧流离所琢成的佩饰远不止璧一种，出土物中已见有青玉环、青玉璜、青玉槌等，所以"璧"和"流离"就此分了家。这种青玉璧在先秦时代统称苍璧，苍璧就是苍碧色的玉璧[⑥]。苍璧在战国末期已成常用的佩饰，《吕氏春秋·孟春纪·重己》以苍璧、小玑和昆山之玉、江汉之珠对比，以为传世普遍。可见最初青玉来自昆仑山邻近地区，大致从喜马拉雅山附近运进。长沙子弹库楚墓出土的青玉璧当时应该是称作"苍璧"的佩饰。西汉以来和印度有了直接交通，才知道借用梵语音译名称璧流离。换句话说，在汉代以前中国早已知道用璧流离琢成玉璧了，这种璧叫苍璧，也就是后来使用的"青玉"璧。汉代已有用青玉雕琢的碗，张衡《四愁诗》中便有"何以报之青玉案"的诗句。青玉珠从汉代起又大量用于冕旒，《后汉书·舆服志》说，皇冕十二旒用白玉珠，三公诸侯九旒（依蔡邕《独断》）用青玉珠，卿大夫七旒（依蔡邕《独断》）用黑玉珠。据《周礼》郑注，九旒用玉二百一十六。这些青玉珠大都从南亚次大陆进口，也就是用罽宾和黄支所出的璧流离琢成。

---

① 何介钧、周世荣、熊传新：《长沙子弹库战国木椁墓》，载于《文物》1974年第2期，第39页，第42页，图14。

② 鄂钢基建会文物小组：《湖北鄂城鄂钢53号墓发掘简报》，载于《考古》1978年第4期，图版捌，图4。

③ 定县博物馆：《河北定县43号汉墓发掘简报》，载于《文物》1973年第11期，图版贰，图1。

④ 南京博物院：《铜山小龟山西汉崖洞墓》，载于《文物》1973年第4期。

⑤ 肖湘、黄纲正：《长沙咸家湖西汉曹𡠅墓》，载于《文物》1979年第3期。

⑥ 滨田耕作：《古玉概说》，胡肇椿译，中国书店1992年版，第19页。

璧流离在佛典中又称"青色宝"，这是很确切的翻译。马来语中的猫儿眼（猫睛石）叫mata kutjing，别名biduri，baiduri，就借自梵文vaidurya这种青宝。璧流离之属于宝石，和玻璃无关，是很清楚的。

可是长久以来，人们却习惯于把璧流离、璧环和琉璃混为一物。实际上璧流离既不是泛指晶石的"璧琊"，更不是琉璃璧。汉代许慎《说文解字》卷一"玉部"中的"琉"是"石之有光者，璧琉也，出西胡中"。这里有错简，应正作："璧琉也，石之有光者，出西胡中。"段玉裁注："璧琉，即璧流离也。"又说："古人省言之曰璧琉，琉与流、瑠音同，扬雄《羽猎赋》'椎夜光之流离'，是古亦省作流离也。"这样一来，汉代的璧琉似乎就等于流离或璧流离了。滨田耕作的《古玉概说》以为璧流离是琉璃璧，也即玻璃璧，错误也在于因循段玉裁的说法。其实璧琉（billaur）是从伊朗语系中借用的"晶石"，和专指宝石的"颇黎"意义相仿。唐代又将璧环译作"颇罗"。《新唐书·西域列传上·龟兹传》记上元（674—676年）中素稽献银颇罗、名马，"颇罗"一名是从吐火罗语B（龟兹语）中的bolor译出的。

至于琉璃，则是中国土生土长的名称，汉代已见正式使用，专指人工烧制的硅酸盐化合物，语源不同，含义也大相径庭。1965年湖北江陵望山一号楚墓出土的越王勾践（前497—前464年在位）铜剑，剑格正面兽面纹嵌蓝色琉璃珠，背面兽面纹嵌绿松石，琉璃面未见磨错，绿松石则磨错痕迹显著，就是由于琉璃珠并非自然宝石，而是人工铸品[1]。直到汉代，古人从未把璧流离用来称呼玻璃这种人工烧制的硅酸盐化合物，因此把《汉书》中从黄支国输入的璧流离当作玻璃，完全是误解[2]。

流离（瑠璃或琉璃）之被当成璧流离的省称，起因在于把璧流离所制的璧即"璧流离"璧省称为流离璧，致使误解根深蒂固。孟康解释璧流离又简称为"流离"，虽然是出于误刊，但参照同时代万震的《南方异物志》，流离和璧流离之可以混同，已是当时的惯例，以致璧流离可以省称为流离竟成了有根有据的学说。万震既明白讲到琉璃如何烧制，同时又把琉璃列入"七宝"之中。万震所以有这种混淆，大约因为最初的琉璃器都和璧流离同具青色。起初琉璃在于替代玉器，所以器形色泽大致与玉雷同，而多青绿、翠绿、浅绿、黑色等与璧流离相近的色彩。而且琉璃的得名也借助于"璧

① 湖北省文化局文物工作队：《湖北江陵三座楚墓出土大批重要文物》，载于《文物》1966年第5期，彩图见《人民中国》日文版1973年6月号别册。

② 狄克希塔：《南印度和中国》（V. R. R. C. Dikshitar, South India and China），载于《中印研究》（Sino-India Studies），第2卷，加尔各答1946年版，第160页；潘尼迦：《印度和中国》（K. M. Pannikar, India and China），加尔各答1957年版，第18页。

流离"一名中的"流离"。古代印度既产璧流离，也能制造琉璃。在中国的近邻中，印度是个物产富饶而多各种宝石的大国，色泽凝厚莹润、具有胎质的玻璃器尤难和自然宝石雕琢而成的器皿区分，以致传到中国，两者便难分难解了。

熟知梵语的谨严的翻译家并没有接受这种混淆。玄应《一切经音义》卷二十四解释吠琉璃时就未曾相混。但稍后的慧琳（737—820年）编纂《一切经音义》时，毗琉璃便和琉璃成了同一名称的不同写法，如卷一释《大般若波罗蜜多经》卷四十九吠瑠璃："或云毗琉璃，或但云瑠璃，皆讹略声转也。"外国翻译家也有这种误解，南齐（479—502年）僧伽跋陀罗译的《善见律毗婆沙》卷十二，陈（557—589年）真谛译的《立世阿毗昙论》卷二，都将毗琉璃改作琉璃。慧琳编集《一切经音义》时对这一误会非但没有纠正，反而加以默许，可见社会上此种互通的说法从3世纪以来直至9世纪初已经风行。由于这种名称上的混淆，唐代学者对青色宝石的毗琉璃和人工烧造的琉璃已难分辨，所以颜师古注《汉书》，反而以为孟康"不博通"："《魏略》云，大秦国出赤、白、黑、黄、青、绿、缥、绀、红、紫十种流离。孟言青色，不博通也。此盖自然之物，采泽光润逾于众玉，其色不恒。今俗所用，皆销冶石汁，加以众药灌而为之，尤虚脆不贞，实非真物。"其实，"虚脆不贞，实非真物"的琉璃都是铝钠所制的薄玻璃，汉代对这种低温烧成的薄玻璃惯用"火齐"（sphatika）一名，因为最初从印度传入的就是这种琉璃珠和琉璃饰物。而大秦流离则是辉耀古代世界的埃及和叙利亚的玻璃，在罗马时代已由铸造进入吹制阶段。由于它色彩缤纷、技术高超，成分尤以硅铝为主，因而坚贞浑厚，于是颜师古便误认作"自然之物"了。

当代的研究者同样也不能分辨青色的自然宝石和化学合成的琉璃，因而才有琉璃可以兼有宝石和玻璃的"两重说"，以及"泛琉璃说"的应运而生。"两重说"不过是重复魏晋以来直至隋唐时期社会上以为琉璃和毗琉璃（璧流离）同出一源的误解，而在实物上却又难以将两者加以糅合，以致陷于困境而不能自圆其说①。而后人杜撰的"泛琉璃说"则进一步把琉璃当成是碧色珠的代称，章鸿钊以为"其称碧色珠者，亦犹言琉璃耳"②。照章氏的意见，"青色如玉"的璧流离也算碧色珠，和"木难"一样，都成了琉璃珠，而琉璃据说又必须是青金石。此说之无可取用，仅从推理上的含混已可见一斑。不仅这样，琉璃又进而成为一切青、碧色宝石的总名，推而广之，竟将璲

---

① 韩槐准：《琉璃及瓷珠之研究》，载于《南洋学报》1941年第2卷第3期。
② 章鸿钊：《石雅》，卷上，中央地质调查所1927年版，第33页。

琳、琅玕、火齐，连同木难、瑟瑟都一概当作琉璃珠的异名了①。

实际上，璧流离只是来源于印度的蓝宝石和蓝晶石，和琉璃并无干系。璧流离所琢磨的宝饰也不仅限于璧这一种。到了唐代，由于海上运输大都通过波斯人之手，因而伊朗语系中的"颇黎"一名逐渐替代了璧流离。唐代有从西域输入的红、碧颇黎，红颇黎即红宝石，碧颇黎正是蓝宝石。碧颇黎在6世纪时业已出现。唐代张说《梁四公子记》讲述梁武帝（502—549年在位）时，柬埔寨船从印度西部运来的碧颇黎镜竟有四十斤重："扶南大舶从西天竺国来卖碧颇黎镜，面广一尺五寸，重四十斤。内外皎洁，置五色物于其上，向明视之，不见其质。问其价，约钱百万贯。文帝令有司算之，倾府库，当之不足。"（《太平御览》卷八〇八，《太平广记》卷八十一同）。这样重的碧颇黎镜，只有尺寸巨大的蓝宝石才足以充当。印度的璧流离到了6—7世纪便成了碧颇黎，来源仍是南亚次大陆，但名称却已大有变化。

对璧流离的语源和含义进行探讨，大致可以明白以下三点：（一）从战国到秦汉，社会上层普遍使用的佩饰玉璧，大都取材于璧流离，因而璧流离在汉代又称璧玉。此种佩饰在战国时代通称苍璧，汉代才改称璧流离，意即"璧流离"璧。（二）璧流离是南亚次大陆所产的蓝宝石和蓝晶石。璧流离这个名词是从梵语或巴利语中借用的音译名称，稍后出现的青玉或青石是它的汉语名称。（三）从魏晋南北朝到隋唐，璧流离开始和作为玻璃的琉璃（流离）在名称上混同起来，以致二者可以相通。唐代又将璧流离改译碧颇黎，以别于玻璃。

---

① 韩槐准：《琉璃及瓷珠之研究》，载于《南洋学报》1941年第2卷第3期。

结绿和埃及宝石贸易

古代埃及是各种宝石的宝库，宝石的雕琢、镶嵌业十分发达。作为装饰品的宝石成为财富的象征，并且常被认为是一种具有魔力（mana）的石头，对人们生活中的吉凶祸福起着主宰的作用。埃及人用孔雀石涂抹眼皮，抵御干燥的荒漠气候中强烈的阳光，消除热带苍蝇传染的眼疾。这种实际上起到了药物作用的美丽的石珠便出产在西奈半岛和努比亚东部沙漠中。古代埃及人曾到世界各地去寻求他们喜爱的黄金、红玉髓、猫睛石、蓝宝石和青金石，同时也输出他们所开采的各种宝石，其中就有埃及出产的绿松石和绿宝石。正是通过这种宝石贸易，埃及和中国有了最早的接触。两个古老民族之间的这种交往至少可以追溯到战国时代（前476—前221年）。

一、结绿和木难、祖母绿

公元前6世纪，波斯阿赫美尼德王朝的大流士一世（前522—前486年在位）取得了政权，在葱岭以西建立起一个地跨亚、非、欧三洲的大帝国。在这个帝国统治下的埃及，由于大一统的政治力量，可说一变而成了中国西部边疆的近邻。居住在河西走廊和天山南北的骑马民族月氏人和塞人，使用着当时最迅捷的交通工具，在并无明显国界的广大草原地区充当了中国和她西邻国家之间最早的中介商。

先秦时代，早有埃及宝石传入。西周以来，青碧色的玉石一直在中国从西方输入的宝石中占据显著的地位。要了解最早的宝石贸易，除了对考古发现的实物进行科学鉴定和比较研究以外，对古籍中遗留的宝石名称加以追溯，也是一个必不可少的途径。

最早传到中国的埃及宝石名叫结绿。《战国策·秦策三》《史记·范雎蔡泽列传》都录有范雎向秦昭王（前306—前251年在位）陈述中原各国珍藏的宝石名称。范雎所举四宝，其中就有结绿。《史记》记范雎说："且臣闻周有砥砨，宋有结绿，梁有县藜，楚有和璞，此四宝者，土之所生、良工之所失也，而为天下名器。"四宝之中，只有和璞是中国土产绿色拉长石，来自湖北的荆山。当时卞和认定它是玉璞，而良工却不以为然。砥砨、县藜、结绿都是从域外输入的名贵宝石，当然更加新奇。

砥砨是梵语金刚石（vadjra）的古译。砥可琢玉磨刀，粗者称砺，细者称砥，《尚书·禹贡》《诗经》《山海经》屡次提到。用"砥砨"一名来翻译印度"帝释天的宝石"伐阇罗，既表明金刚石具有无比的坚硬度，又正确地译出了印度的原名。后世所传的"钻石"也具有同样的含义。古代世界以印度所产钻石最富，发现也最早，大约公元前800年时已在哥尔康达附近开始采掘。公元前4世纪到1世纪编纂成书的《政事论》（Artha'sāstra）中有金刚石，公元1世纪的《厄立特里海环航记》更明白指出，金刚石从印度向世界输出[1]。砥砨一名该是金刚石最早的译名，这一记载比缅庆-海尔芬找到的2世纪初的材料要早得多了[2]。中国人对金刚石的知识要比过去劳费尔推崇的萨珊波斯还要早些。

县藜，一作悬黎，也是一个音译名称。《史记集解》引薛综："县藜，一曰美玉。"以优质玉石来概括。实则悬黎是种发光的宝石。班固《西都赋》有"悬黎垂棘，夜光在焉"。张衡《西京赋》也说："流悬黎之夜光，缀随侯以为烛。"悬黎这种美玉和随侯明珠一样，都能发出夜光。能放光的宝石很多，而音读和悬黎相类的却只有梵文称蛋白石的upala。upala原意"大石"，但也可衍称"宝石"[3]，在印度专指蛋白石，悬黎便是一种能发光的贵蛋白石。这种乳色蛋白石出在印度孟买的浦那县。据《别国洞冥记》，公元前116年（元鼎元年），刘彻起招仙阁，曾以悬黎、火齐为床。蛋白石属含水硅酸，和硅酸盐的火齐在化学成分上相近，前汉时已用它们作帝王之床。8世纪中叶，

---

① 索夫：《厄立特里海环航记》（W. H. Schoff, The Periplus of the Erythraean Sea），纽约1912年版，第45页。

② 缅庆-海尔芬：《金刚石入华考》（O. Maenchen-Helfen, Two Notes on the Diamond in China），载于《美国东方学会会刊》（JAOS），1950年第70卷，第187页以下。

③ 勃朗、戴合编：《印度矿产志》（J. C. Brown, A. K. Dey, India's Mineral Wealth），牛津1955年第3版，第624页。

元载造芸辉堂，内设悬黎屏风、紫绡帐。屏风原先是杨国忠的宝器，"屏上刻前代美女伎乐之形，外以玳瑁水犀为押，又络以真珠、瑟瑟，精巧之妙，殆非人工所及"（苏鹗《杜阳杂编》卷上）。

四宝之中的结绿，有一个波斯语名 zumurrud，阿拉伯语写作 zummurud，samurod，希腊语称 smaragdos，就是现在的绿宝石（emerald）。结绿这种晶莹澄清、色泽鲜艳的绿宝石，既可和光泽明丽的金刚石媲美，和具有夜光的悬黎相仿佛，又足以和随侯明珠并列。左思《吴都赋》描述 3 世纪后东南沿海和印度、埃及的海上航路沟通以后，印度和非洲的珍货奇宝都充溢孙吴的都城建业（南京），因而战国时代名闻天下的随珠、结绿也难以独占鳌头了。赋中有"随侯于是鄙其夜光，宋王于是陋其结绿"的妙句。随侯的国宝明月珠，《西都赋》称为"随侯明月"，也就是后世所谓的夜明珠，是种能发强光的蚌珠。宋王拥有的结绿，更以它晶莹的翠绿成为稀世之珍。结绿在古代所以名重一时，也由于它来自遥远的西极。绿宝石是埃及最有名的宝石，埃及也是古代世界中绿宝石的最大产地。埃及开采绿宝石已有 3000 年以上的历史，红海西岸锡开-苏倍拉（Sikait Zubara）丘陵地区的宝石矿早已名扬各国，著名的埃及绿宝石就产在这里。它最早经过波斯人之手输送到中国，因此中国一开始就使用了"结绿"这个波斯名词。

埃及的绿宝石在罗马时代又被列入东方贸易的货单之中，向印度、中国输出。因此，东汉时传入中国的这种绿宝石，却另有一个印度名称，叫"木难"。尽管罗马作家知道印度宝石种类繁富，也是运销埃及的重要项目，不过木难的老家却并非印度，而是大秦。

3 世纪时的《玄中记》明白指出："木难出于大秦。"（《太平御览》卷八〇九）具体说是出在罗马帝国东方贸易的中心、罗马东部最富饶的省区埃及。大诗人曹植（192—232 年）创作乐府四首，其中的《美女篇》最早描述了名贵的木难珠，有"明珠交玉体，珊瑚间木难"的诗句。明珠、白玉本是一色，珊瑚、木难却是间色。和红色的珊瑚相衬的木难应该是什么色彩？从汉代诗赋中"珊瑚碧树"（班固《西都赋》）、"珊瑚琳碧"（张衡《西京赋》）的运用，可以知道木难是种碧色珠。但崔豹《古今注》卷下却说："莫难珠，一名木难，色黄，出东夷。"郭义恭《广志》也说："莫难珠，其色黄，生东海。"《古今注》《广志》都是 4 世纪左右写成的，略晚于《玄中记》。二书异口同声说木难出东夷或东海，正好指明木难是由东南沿海运进的，不仅来自西北陆道。碧色的木难一变而成黄色，显示出古人已知绿宝石的木难和绿柱石有亲缘关系，所以将黄色的绿柱石也当作了木难。明代方以智《物理小识》也因循旧说，误以黄鸦鹘是古代的莫难。明代流行的黄鸦鹘实是黄色刚玉（corundum）的阿拉伯名称。

绿宝石确由绿柱石衍生而成。绿柱石是铍铝的硅酸盐，色彩缤纷，不限于绿色。黄色的绿柱石可以充作黄金，在商业上另有一个专门名称"金绿柱石"（heliodor），因而崔豹和郭义恭认木难是"黄色"。明绿色的绿柱石则变成了绿宝石。绿宝石杂于花岗岩、片岩中，是氧化铝和氧化铍的斜方长柱状或片状的结晶[1]，和铍铝硅酸盐构成的绿柱石既相近又不同。绿柱石在先秦时代已有"琅玕"之称，同时又有专称绿宝石的结绿。三国时代《魏略》列举大秦宝石，有琅玕，无木难，而曹植却作诗盛赞木难，琅玕之可以包括木难是十分明显的。这些都充分表明古代中国对绿柱石和绿宝石分辨之精，常将二者时合时分。

木难这种绿宝石在5—6世纪时已经带有浓厚的佛教色彩。沈怀远《南越志》曾将古代传说加以糅合，他说："木难，金翅鸟沫所成碧色珠也，大秦国珍之。"（《文选注》卷二十七）金翅鸟传说是印度佛教故事，大秦国的木难一变而成印度故事，提醒我们，木难从大秦运到中国，必须经过印度，因此前半段走的是海路。这正是后汉以来埃及积极发展印、中贸易时绕过波斯而采取的最主要的贸易途径。

佛典《大智度论》中有一种摩罗伽陀珠，和《南越志》中的木难最相像。法云《翻译名义集·七宝第三十五》对摩罗伽陀珠的解释是："《大论》云，此珠金翅鸟口边出，绿色，能辟一切毒。"玄应《一切经音义》卷二十一对《解深密经》卷二"末罗羯多"的解释："亦言摩罗加多，绿色宝也。"《大智度论》在3世纪初由龙树编纂，鸠摩罗什在402—405年译成汉语。沈怀远的生活年代略晚于鸠摩罗什，显而易见，《南越志》中的金翅鸟传说不外根据佛典的经文。摩罗伽陀、摩罗伽多自然都是同名异译，它的梵名可还原成 mērukūta（marakatah），意思是"须弥顶"，摩罗伽陀珠就是须弥顶珠，象征喜马拉雅山（须弥山）中的奇宝。但印度自古极少出产绿宝石，文献上还不知道古代印度出产过这种绿色宝。20世纪拉贾斯坦的乌达普（Udaipur）矿的发现，才稍微暗示印度也有可能在中世纪已拥有自己的绿宝石矿。

古代印度所知的绿宝石大都来自埃及。虽然如此，印度却自古珍视绿宝石，生活在4—5世纪的佛陀伯他（Buddhabhatta）在《宝石志》中列举九宝，绿宝石在金刚石、真珠、红宝石、蓝宝石之后，进入前五种"大宝"的行列。印度关于绿宝石的知识最

---

① 勃朗：《印度绿宝石》（J. C. Brown, Emeralds in India），载于《宝石学家》（Gemmologist），1953年第22卷，第133–136页，第165–168页。

初大致是由西亚传入。劳费尔在他广博的研究中曾经指出，梵语摩罗伽陀出自希腊语maragdos，希腊语又来自闪语。公元前430年的一份巴比伦文书中有亚述语的bārraktu，希伯来语是bareket或bārkat①。不过，劳费尔以为阿拉伯语、波斯语zummurud似乎是直接根据希腊语加上当头"嘧"音而来的，却未必可信。无论如何，埃及绿宝石开采历史之久，照魏金森的说法，在阿门诺菲斯三世时就已经开始②。也就是说，在公元前1408—前1372年之间，锡开-苏倍拉矿就已挖到了绿宝石，那么，阿拉伯语或波斯语名倒是应该来自一个更加相近的含语名称。

尽管古代埃及人使用的绿宝石也常常是绿长石，托勒密时期以前出土的埃及绿宝石最早的属达赫希（Dahshur）宝饰。稍后的是第二十王朝物，经罗卡斯的鉴定，大多是绿长石③。至晚在希腊、罗马时代，锡开-苏倍拉的绿柱石矿确已成批开采，史特拉波《地理学》（第17册第1章第45小节）和普林尼《自然史》都有记载。这是当时埃及唯一的一处绿柱石矿，绿宝石也产在同一矿区。希罗多德《历史》（第2册第44章）提到的故事说，这种绿宝石在腓尼基海岸提尔的赫克里斯庙中用作柱子，因为能在夜里发出强光、招致鱼类而名扬四方。罗马帝国初期，在埃及南部也有绿宝石矿，普林尼《自然史》（第37册第5章）说，绿宝石就产在埃及科帕托附近的山岩中，所以极便于从红海西岸的米渥斯·霍尔莫斯或乌姆克塔夫湾的贝仑尼塞港外运。科帕托便是联络这两个红海贸易港的都会。印度最初知道这种绿色宝，除了通过亚述人从陆上传入外，也由南阿拉伯人从海上运去。在公元前2世纪到公元2世纪最后编订的印度史诗《摩诃婆罗多》（Māhābhrāta）中已见有绿宝石了。至少可以肯定的是，在罗马大力发展对印贸易后，印度便从红海一道输入埃及宝石了。

曹植所见的木难，就《大智度论》提供的金翅鸟传说来看，正是摩罗伽陀的别译。在汉代古音中，木难（makna）一名的"木"字保有[k]的收声，和梵语muktā，巴利语muttā（宝珠）音最近。"难"字[na]可转成[ra]，在澳大利亚-马来西亚语系中[l]或[r]转为[n]是通例，梵语[r]有时也可转为巴利语中的[n]，suvarna（金）变成巴利语中的suvanna便是这种变例。所以"木难"无疑出自印度的"摩罗伽陀"，木难珠实系摩罗伽陀珠的省称。白鸟库吉在《大秦的木难珠》一文中主张木难一名出于波斯语称呼绿

① 劳费尔：《中国伊朗编》（B. Laufer, Sino-Iranica），芝加哥1919年版，第519页。

② 魏金森：《古代埃及人》（G. Wilkinson, The Ancient Egyptians），第2卷，伦敦1890年版，第237页。

③ 罗卡斯：《古埃及工矿》（A. Lucas, Ancient Egyptian Materials and Industries），伦敦1948年第3版，第446-447页。

宝石的"弥诺"（mînō）①。但无论就对音还是就历史而言，木难和波斯语 mînō 实在并无共同之处。

绿宝石在东汉时代传入中国后，蒙上了一层金翅鸟传说的外衣，正好显示出大月氏贵霜王朝统治下的北印度在中国和罗马贸易上所起的桥梁作用。梵语金翅鸟称 garuda，译作揭路荼，俗语和巴利语称 garula，汉译迦留罗、迦楼罗。西晋竺法护译《贤劫经》《普曜经》，最早便从梵文俗语译作迦留罗，后来又从梵文雅语改译揭路荼。慧琳《一切经音义》卷一注《大般若波罗蜜多经》卷四十九"揭路荼"："正梵音云蘖噜拏。古云迦娄罗，即金翅鸟也。"同书卷二十七注《音妙法莲花经序品第一》"迦楼罗"又说："揭路荼，此云妙翅鸟。"金翅鸟原本称作妙翅鸟，是印度神话中的鸟王，又称迦楼罗王。传说金翅鸟栖息在须弥山（大雪山）大铁树上，生有金色的翅膀，伸展可达 336 里，绕山飞翔四海，和龙（nāga）相斗。这个传说在公元前 1 世纪已经传入中国，《神异经》中的"希有大鸟"是金翅鸟故事的演变，"希有"不过是"迦楼"的音转。《神异经·中荒经》说，昆仑之山"上有大鸟，名曰希有，南向，张左翼覆东王公，右翼覆西王母，背上小处无羽，一万九千里。西王母岁登翼上，会东王公也。"这一神话象征着居住在东荒山大石室中的东王公和遍布在葱岭以西、波斯湾以东、被称为西王母的塞人部落之间通过大雪山中的谷道相互得以沟通和交往的历史。东王公无非是华夏民族的代称，《墨子·兼爱》以冀州为东方的代称，汉代冀州又成了中土。《淮南子·地形训》所列九州，以"正中冀州曰中土"。中土就是早先的东方。《神异经》中的东王公、西王母正是黄河下游的汉族和印度河流域的塞人部落。两大民族之间经济上的联系，通过金翅鸟传说得到了重现。宝石贸易便是其中值得注目的一项，埃及的绿宝石正是这样不断运入中国的。

唐宋时代，绿宝石的输送也没有中断过。《通典》卷一九三"大秦"条特别提到大秦的木难珠："又有木难，金翅鸟口中结沫所成碧色珠也，土人珍之。"10 世纪时的阿拉伯史地学家曼苏地也说到由于中国人用绿宝石作陪葬品，埃及绿宝石的市场需要量越来越大②。而中国进口这种绿宝石，不论从陆道还是直接从海上运输，都要经过印度，所以 3 世纪以后便只知道它的印度名称了。

章鸿钊以为木难和琉璃相同："且自《后汉书》以下，皆称大秦土产有琉璃，而

---

① 白鸟库吉：《大秦的木难珠》，载于《东洋史论丛·市村博士古稀纪念》，东京 1933 年版；中译文见白鸟库吉：《塞外史地论文译丛》第 1 辑，王古鲁译，商务印书馆 1940 年版。

② 曼苏地：《黄金草原》（al-Masūdi, Les Prairies d'Or），梅纳尔和科蒂勒（B. de Meynard and P. de Courteille）法译本，第 3 卷，巴黎 1861—1877 年版，第 44 页以下。

《唐书》拂菻国传但言木难，不及琉璃，愈疑木难即琉璃也。其称碧色珠者，亦犹言琉璃珠耳。"[1]他说的琉璃实是璧流离的省称，照他的解释是青金石（lapis lazuli）。琉璃作为宝石，固属璧流离，但却是蓝宝石（sapphire），并不能包容一切碧色珠，更和绿宝石的木难毫不相干。

明代杨慎《升庵外集》说碧色的木难是祖母禄，确实可信。祖母禄之出自波斯语、阿拉伯语是一目了然的。元代陶宗仪在1366年编成的《辍耕录》卷七译作"助木剌"。陶宗仪列举绿石头三种：助把避（上等暗深绿色）、助木剌（中等明绿色）、撒卜泥（下等浅绿色）。助木剌这个词过去只知道元代时才出现，其实在公元前4—前3世纪的战国时代已经有了。元明以来，贩运绿宝石的都经过阿拉伯人和波斯人之手，绿宝石的阿拉伯和波斯名称又流行起来。跟随郑和到过印度洋各国的阿拉伯语翻译马欢在《瀛涯胜览》"忽鲁谟厮（霍尔木兹）"条中将绿宝石译作"助母剌"，这本书的又一版本《胜朝遗事》本写作"祖母禄"。在郑和第七次下西洋时去过阿拉伯各国的巩珍在《西洋番国志》"忽鲁谟厮国"条写作"祖母绿"，后来方以智著《物理小识》也用这个名称。张应文的《清秘藏》又另译一名"子母绿"。祖母绿或子母绿，可说是音义两佳的译名。

明代时，中西交通已经十分发达，但运到中国的祖母绿仍然价值奇昂。《清秘藏》提供的一则故事说，明代宦官刘瑾有祖母绿绦环，重一斤许，花了黄金1250斤才买进。朱宁收藏的祖母绿佛像，价值也不相上下，值黄金千余斤。

明代的祖母绿确是埃及的绿宝石。文献上说祖母绿形似玻璃而晶莹过之，"内有蜻蜓翅光耀者为真"（《清秘藏》卷上）和印度阿伽斯蒂鉴别的绿宝石"纯者似莲叶上的滴水"是一个意思。阿伽斯蒂是印度10世纪时的博物学家，他著的《宝鉴》（Agasti-yamstam）已分绿宝石为八种，鉴别之精，在当时首屈一指。在埃及绿宝石的传播和鉴别、雕琢方面，印度确实起到了极大的作用。

二、璓玟、玫瑰和瑟瑟、甸子

在早期从西方运到中国的宝石中，青碧色的玉石一开始便占有突出的地位。《尚书·禹贡》记录雍州所产的璆、琳，可以说是商、周以来青碧色玉石的总称。璆、琳原作球、琳，孔安国传："球、琳皆玉名。"《尔雅》亦以为："璆、琳，玉也。"《说文》同样以为两者都是美玉，不同在于球是玉磬，琳是美玉，形状、大小和用途各异。只

---

[1] 章鸿钊：《石雅》，卷上，中央地质调查所1927年版，第33页。

有郑玄认为："球，美玉也；琳，美石也。"认为两者的区别在于球是玉，琳是石。古代以球为磬材，未成器的称天球。《尚书·顾命》疏引郑注："天球，雍州所贡之玉，色如天者。皆璞，未见琢治，故不以礼器名之。"胡渭《禹贡锥指》因此解释琳"乃玉之青碧色者"。汉代诗赋中也常见碧琳、琳碧连称。

战国时代以前，古人难以分辨西来的碧色玉石，便一概以璆、琳相称。璆琳所指宝石，既可包括绿松石（turquois），也可泛指绿长石（green feldspar）、玉髓（chalcedong）、橄榄石（peridote）、绿帘石（epidote）、透辉石（diopside）、蛇纹石（serpentine）和孔雀石（malachite）、硅孔雀石（chrysocolla）。

绿松石常和褐铁矿、玉髓、高岭土等共生，多产于干燥地区的富铝火成岩或沉积岩中。由于岩石的蚀变作用，绿松石和正长石、磷灰石极为类似。绿松石属于以天蓝色为主的半宝石，是从新石器时代便被黄河流域的居民所喜用的装饰物。1959年在山东泰安、宁阳间的大汶口10号墓中发现的绿松石串饰，约在公元前2000年[1]。甘肃永靖大何庄遗址出土的绿松石珠20枚，约在公元前1800年[2]。兰州青岗岔3号墓出土的绿松石饰四件和永靖、武威等地所得绿松石珠，同属齐家文化[3]。在新石器时代晚期，绿松石又被用作镶嵌饰品，大汶口遗址中见有镶嵌绿松石的骨筒形器。同一遗址还发现有绿松石镶嵌的圆筒器。商代以来，绿松石更是常见的玉器、铜器的嵌饰。河南偃师二里头商代早期宫殿遗址出土一件现存最早的铜爵，便嵌有绿松石[4]。但古代东方的绿松石都出产在伊朗东北部的内沙布尔西北的阿里米尔萨库山，以及撒马尔罕以南的卡拉鸠比山。1904年庞伯来和施米特对土库曼斯坦安诺遗址的发掘，在第二期文化层中发现有绿松石。安诺文化的时限，据苏联库夫廷划分的纳马兹加文化校正，其第二期应在公元前3500年左右。过去以为在公元前2000年至前1500年[5]，现已证明不确。甘肃齐家文化和山东大汶口文化晚期出土的绿松石，在时间上晚于安诺第二期1000多年，有可能从中亚细亚运入。古文献中所见国内的绿松石矿，就目前所知，最早只能上推到元代陶宗仪《辍耕录》中的襄阳甸子，产于湖北竹山、郧西、郧县。甘肃齐家文化

① 山东省文管处、济南市博物馆：《大汶口》，文物出版社1974年版。
② 中国科学院考古研究所甘肃工作队：《甘肃永靖大何庄遗址发掘报告》，载于《考古学报》1974年第2期，第54页。
③ 甘肃省博物馆：《甘肃兰州青岗岔遗址试掘简报》，载于《考古》1972年第3期。
④ 中国科学院考古研究所二里头工作队：《河南偃师二里头遗址三、八区发掘简报》，载于《考古》1975年第5期。
⑤ 此说见阿尔纳：《河南石器时代之着色陶器》，载于《古生物志》1925年丁种第1号第2册，第16—17页。

和山东大汶口文化遗址中的绿松石珠，若非其他绿色石珠，就很难说并非来自中亚。

绿松石，西欧称为土耳其玉，古代中亚细亚是这种半宝石传入欧洲的主要来源。绿松石的定名初见于《清会典图考》，但在中国的使用却远溯新石器时代。那么古代所称的璆琳或碧琳一定也包括绿松石在内。在中国的西邻，虽有中亚细亚和伊朗的绿松石矿，但埃及却拥有世界上最古老的绿松石矿。埃及人也是最早使用绿松石的民族，公元前4000年至前3000年的新石器时代遗址中已有绿松石出土[①]。西奈半岛西南部的西拉比·埃·伽丁（Serabit el Khadim）和瓦迪·马伽拉（Wadi Maghara）是世界上最古老的绿松石矿。这两处古矿又是埃及历史悠久的铜矿所在，同时出产孔雀石、硅孔雀石，至晚在古王国时期便开采了[②]。至于绿松石和孔雀石在埃及的使用，则更要久远。勃伦顿和卡通–汤普逊的研究表明，在新石器时代的白达里时期已见采用了[③]。古代运到中国西北的璆、琳，其中也应有埃及绿松石在内。

这种推测，可以从战国晚期使用的"玫瑰"一名找到根据。在古埃及，绿松石叫mafkat，这个词最和楚国所产"玫瑰"相近。玫瑰这种宝石初见于《韩非子·外储说左上》，韩非子讲了一个寓言，说长江流域的楚人卖珠于郑，特制木兰之柜，薰桂椒之椟，"缀以珠玉，饰以玫瑰"，郑人于是买其椟而还其珠。战国晚期，玫瑰已成南方特有的一种宝石，用于镶嵌，为中原各国所重。《说文》和《仓颉篇》都说"玫瑰，火齐珠"，和火齐这种进口的薄玻璃同属一类，是含水硅酸盐类宝石。用火齐珠解释玫瑰，不仅因为两者化学成分相仿，而且由于它们同样来自域外。这种称谓的玫瑰其实就是长江流域所传的埃及绿松石。玫瑰由"玫"和"瑰"二字合成。玫，《说文》作"玫"，从"王"，"文"声，上古音读如"文[mjuən]"，入"文"部。玫又可写作"珉""碈"，虽原本不与"珉"同，但久已相通。珉本是一种美石。瑰，《诗经集传·秦风》解释："石而次玉。"《说文》仅释："一曰圜好。"绿松石在藏语中便叫gyu，与"瑰"古读[kuəi]音相类，表明这个名称有一个较为古老的起源。先秦时代，新疆南部特别是塔里木盆地南缘居民都是操原始藏语的民族。绿松石的传播应当是有相当历史的了。

玫瑰又可写作"闵瑰"，完全是个翻译名词。公元45年的一件镶嵌绿松石的鎏金铜

①　卡顿–汤普森、加德纳：《法雍沙漠》（G. Caton-Thompson, E. W. Gardner, The Desert Fayum），伦敦1934年版，第53页，第56页，第87页，第90页。

②　罗卡斯：《古埃及工矿》（A. Lucas, Ancient Egyptian Materials and Industries），伦敦1948年第3版，第231–232页。

③　勃伦顿、卡通–汤普逊：《白达里文化及白达里附近的前王朝遗存》（G. Brunton, G. Caton-Thompson, The Badarian Civilisation and Predynastic Remains near Badari），伦敦1928年版，第27页，第41页，第56页。

斛上，刻有"建武廿一年，蜀郡西工造乘舆一斛承旋，雕蹲熊足，青碧闵瑰饰，铜承旋径二尺二寸"的铭文①。据报道，镶孔所饰是绿松石和水晶。绿松石就是铭文所说的闵（玫）瑰。汉代诗赋中也有玫瑰，司马相如《上林赋》有："玫瑰碧琳，珊瑚丛生。"张衡《西京赋》则说："珊瑚琳碧，瑀珉璘彬。"前者以玫瑰和碧琳并列，后者则有琳碧和瑀珉。玫瑰是碧色的绿松石已很显明，玫瑰之和瑀珉相类也是可以肯定的事实。司马相如《子虚赋》称"其石则赤玉玫瑰"。玫瑰是与赤玉相对的碧色宝石。赤碧或朱绿、青红是古代最理想的配色，所以诗文中常取玫瑰作譬喻。朱绿在西周以前已成文色的象征，《礼记·礼器》："礼有以文为贵者……天子之冕朱绿藻十有二旒。"注："朱绿似夏殷礼也。"足见其起源之早。扬雄《羽猎赋》有"青云为纷，红蜺为缳"。班固《西都赋》则说："翡翠火齐，流耀含英。"张衡《西京赋》也称"翡翠火齐，络以美玉"，"襄以藻绣，文以朱绿"，都具体表现了这种思想。在这里，碧玉、翡翠都是碧色，赤螭、火齐则代表赤色。赤碧或青红在西汉时正是最常用的间色。《上林赋》中的"玫瑰""碧琳"都是绿色宝石，旨在和下文"珊瑚丛生"相对。公元前3世纪以后，由于长江流域的楚国首先从南方传入埃及的绿松石，因此绿松石的埃及名称"玫瑰"便在南方流行起来，并且进入了中原地区。于是玫瑰作为一种名贵的外国宝石，便不再包括在原先泛称碧色玉石的璆、琳之内了。由于玫瑰来自遥远的埃及，因此它的来源充满神奇的色彩。《广雅》说："神灵滋液，百宝用，则玫瑰出。"（《太平御览》卷八〇九）和东汉山东武梁祠石刻中盛传璧流离（蓝宝石）"王者不隐过则至"②同样富有隐喻的气息。

玫瑰和瑀玟（珉）确很类似。绿松石大都呈致密块状，具有柔和的蜡状光泽，呈现出天蓝、蓝绿、明绿和绿灰等多种色彩，晶体则具有蓝色玻璃光泽，外表上和孔雀石、硅孔雀石相似。在埃及，孔雀石有个古老的名字 shesmet，这个字和先秦时代中国所用的瑀玟在语音上有一定的关联。

瑀玟由"瑀"和"玟"二字合成。瑀是次玉石。玟同"珉"，也是一种半宝石。"瑀"见于《礼记》，和"玟"相连。"瑀"和"碝"通，《管子》记有阴山碝珉。在《山海经》中，瑀又写作"礝"。《文选·西都赋》李善注引《说文》，碝，如充切；段玉裁注《说文》，而沇切。碝，上古声母属"泥（n）"母。段玉裁以"碝"入十四部（元寒桓删山仙），按"元"部"仙"韵，上古音作[niwan]。上古泥母和《切韵》中的

---

①　方国锦：《鎏金铜斛》，载于《文物参考资料》1958年第9期，第69-70页。

②　冯云鹏、冯云鹓：《金石索》第十九册，石索四上。

“审（ś）”母谐声，从这里不难推测瑞玟古读和古埃及绿松石名称的音转关系。

商周时代，瓀玟在佩玉中品位最低。《礼记·玉藻》列举佩玉的等级，依次而下，天子佩白玉，公侯佩山玄玉，大夫佩水苍玉，世子佩瑜玉，士佩瓀玟。瓀玟，其色青绿。与公侯、大夫相较，士人数最多，多用瓀玟而缊组绶。缊，郑注：“赤黄。”也是以青绿配赤黄。张衡《西京赋》描绘：“珊瑚琳碧，瓀珉璘彬。”李善注：“珊瑚瓀珉已见《西都赋》。”而班固《西都赋》仅见“碝磩彩致，琳珉青荧”。《子虚赋》中有“碝石碔砆”。张揖解释：“碝石，白者如冰，半有赤色。”磩，李善注：“碝类也。”《上林赋》有“蜀石黄碝”，郭璞说：“碝石，黄色。”则碝石至少有白、赤、黄三类。埃及第十八王朝（前1580—前1314年）的一则法老铭文指称，努比亚人进贡的礼物中有红色的shnemet和黄色的neshmet两种宝石。二者据说都借自希伯来语[1]。碝磩应是这类石头。从语音上可以见出，对这类分布在世界各地、色泽非同一般的石头的知识，因经中国北方散居欧亚草原的骑马民族的传递，所以有某些发音上的类似。

由此推测，瓀玟作为佩玉的起源很早，解释《礼记·玉藻》所述是殷周仪礼大致可信。作为一个复合名词出现之后，瓀玟便具有不同的含义，所指矿石绝非原来的碝磩，而是青荧的琳珉之类了。《礼记·玉藻》又有“一命缊韨幽衡，再命赤韨幽衡，三命赤韨葱衡”的说法。俞樾《玉佩考》以为幽衡便是佩上之横者。因瓀玟是石，色泽不能如玉之光明，所以才为幽衡。所以《礼记》中瓀玟的“瓀”不作“碝”，也不用“礝”，并非如段玉裁认为的那样是出于传讹。瑞玟在战国以前已广泛用于佩玉，数量之大，当然绝非白玉、山玄玉、水苍玉、瑜玉可比。

瓀玟“石而次玉”，正是色泽艳丽的经过琢磨的孔雀石。孔雀石常和铜伴生。埃及人既是世界上最早知道提炼铜矿的民族之一，孔雀石名称的传播一定也有非常悠久的历史。埃及从第十八王朝开始，也从国外输入铜矿石，以供日益增长的需要。进口的铜来自叙利亚的莱特纳（Retenu）和柴希（Zahi），也有从美索不达米亚柴布河二条支流间的阿拉帕契提斯（Arrapachitis）运进的[2]。这些地方的人们一定充当了传播瓀玟名称的中间人。

从“瓀玟”一名使用的历史可以知道，大致从公元前11世纪的西周以来，瓀玟这种埃及孔雀石便被当作宝石从西北传入黄河流域了。不过孔雀石和绿松石如此相像，

① 麦克斯·缪勒：《埃及学研究》（W. Max Miller, Egyptological Researches），华盛顿1906年版，第24页。

② 勃莱斯特：《埃及古代史料》（J. H. Breasted, Ancient Records of Egypt），第2卷，芝加哥1906—1907年版，第512页。

以致古代埃及人常常分辨不清。就像希腊时期以前埃及的绿宝石大多是绿长石一样，在埃及，孔雀石又常被当成绿色的绿松石、绿长石，甚至被充作绿柱石[①]。在对埃及古文献的解读上，连绿松石（mafkat）这个名称也曾被错译成了孔雀石[②]。先秦时代的中国，对绿松石和孔雀石、绿长石同样缺乏严格的区分。今天考古发掘的大量绿松石珠并未进行矿物学鉴定和化学分析，对它的真伪很难作出肯定的结论。其中有一部分绿松石也必定是孔雀石。1972年发掘云南江川县（今玉溪市江川区）李家山古墓群，在属于战国末的11座古墓中出土几万枚"绿松石"珠，经昆明工学院（今昆明理工大学）地质系初步鉴定，是孔雀石[③]。古代的瑶玟同样也难以确定是绿松石还是孔雀石。但至少可以相信，现在我们所知道的绿松石的称呼，最早便得算瑶玟了，这种名称的原意正是埃及的孔雀石。中国古人的孔雀石知识似乎很早便和埃及有过联系，证据便是瑶玟这个复合名词竟和埃及的孔雀石如此相像。在铜矿的开采和炼制过程中，我们的祖先有可能和葱岭以西的更有经验的同行有过接触，瑶玟的使用便是这种接触留下的痕迹。到了公元前3世纪，由于中国南方又传入了埃及的绿松石，于是大家都熟知"玫瑰"这个埃及名称了。

东汉时代，恰当印度洋贸易处于旺盛时期，从埃及运到中国的宝石也越来越多。它们名目繁多，需要加以新的分辨，于是又有泛指青碧色玉石的"青碧"出现。《后汉书》列举的大秦宝石中就有青碧。《说文》解释碧："石之青美者。"青碧或称碧琳、琳碧。琳，照张揖的解释，是"珠也"（《文选·子虚赋》郭注）。郭璞则以琳为玉名，胡渭《禹贡锥指》卷十也依照郭说："乃玉之青碧色者。"实际上，青碧或碧琳也包括石英中的玉髓（chalcedony）和碧玉（jasper）在内。"碧"或"碧琳"原是波斯语中绿松石（feerūza）的音译[④]。换句话说，狭义的青碧、碧琳是波斯绿松石。《上林赋》的玫瑰、碧琳，分指来自埃及和伊朗的绿松石，两者来源不一，品位也不相同。

广义的青碧，则和璆、琳相仿，泛称青碧色的玉石。历史上凡记述有青碧（《后汉书·西域列传》）、金碧（《后汉书·乌桓鲜卑列传》《梁书·诸夷列传》）的，就不见有璆、琳。东汉以来，青碧、金碧可以替代璆、琳，足见璆、琳并非章鸿钊认为的那样

①　罗卡斯：《古埃及工矿》（A. Lucas, Ancient Egyptian Materials and Industries），伦敦1948年第3版，第461页。

②　勃莱斯特：《埃及古代史料》（J. H. Breasted, Ancient Records of Egypt），第5卷，芝加哥1906—1907年版，索引，第143页。

③　云南省博物馆：《云南江川李家山古墓群发掘报告》，载于《考古学报》1975年第2期。

④　瓦特士误以汉语"碧绿"是firūza的对音，见所著《汉语论丛》（Thomas Watters, Essays on the Chinese Language），上海1889年版，第352页。

仅指巴达克山的青金石①。关于建武二十一年鎏金铜斛上的"青碧闪瑰"，绿松石应指闪瑰，而不是原鉴定者指称的青碧。原来认为是闪瑰的"水晶"，应该是正长石（orthoclase）或微斜长石（microcline）所琢成的宝珠，也可能是其他青碧色宝石（包括绿松石在内）长期暴露在干燥空气中而导致褪色的结果，因为不但绿松石有这种现象，甚至绿宝石也同样难以幸免。

6世纪以后，和青碧不同，又出现了名为"瑟瑟"的碧色宝石。瑟瑟一名大约来自阿拉伯语jaza。劳费尔对此虽然表示怀疑，却也未提出更有力的来源。自瑟瑟出现之后，就不见有"青碧"之名。陶宗仪《辍耕录》已有专称绿松石的"甸子"，有回回甸子（你舍卜的）、河西甸子（乞里马泥）、襄阳甸子（荆州石）。劳费尔因而认为中国人能鉴别绿松石是从元代才开始的，最早也只能从契丹人算起②。并且劳费尔推断，唐代的瑟瑟绝非绿松石，而是绿宝石③。实际上他的说法只是沿袭了罗马人关于斯基泰纯绿宝石的传说。

历史上记载瑟瑟产在波斯和康国、石国。《北史·西域列传》《周书·异域列传下》都说波斯产瑟瑟，《隋书·西域列传》说瑟瑟出在康国（撒马尔罕）和波斯，《新唐书·西域列传下》说石国（塔什干）出瑟瑟。吐蕃、南诏妇女都流行瑟瑟，以为上等饰物，四川等地也有这种习惯（《新唐书·西域列传上》，《蛮书》卷八，《太平寰宇记》卷八十七）。吐蕃官吏章饰以瑟瑟为最高等级（《新唐书·吐蕃列传上》）。瑟瑟也是一种建筑石材。《新唐书·西域列传下》特别指明瑟瑟矿产在康国药杀水（锡尔河）东南。这种矿并非绿宝石，而是绿松石。勃朗和戴合编的《印度矿产志》认为西藏当作至宝的就是绿松石④，看来非无根据。唐代瑟瑟都从国外运进。《旧唐书·德宗本纪上》记载786年陕州卢氏山冶出瑟瑟，"上曰：瑟瑟不产中土，有则与民共之，任人采取"。在河南冶炼铜铁，发现瑟瑟（绿松石或孔雀石），被当作稀罕的事情。印度古代也不产这种半宝石，拉达克的纳里·科尔申绿松石矿的开采也非年代久远。由于运输困难，费用浩繁，以致上品的绿松石在10世纪的西藏成了"马价"珠（《新五代史·四夷附录第三》）。据文献记载，唐代瑟瑟来自中亚细亚的康国、石国和波斯。波斯绿松石，既

---

① 章鸿钊：《石雅》，中央地质调查所1927年版，卷上，第12—15页。

② 劳费尔对普克《绿松石》（J. E. Pogue, The Turquois）一文的评论见《美国人类学家》（JA）1916年第18卷，第589页。

③ 劳费尔：《东方绿松石考》（B. Laufer, Notes on Turquois in the East），芝加哥1913年版。

④ 勃朗、戴主编：《印度矿产志》（J. C. Brown, A. K. Dey ed., India's Mineral Wealth），牛津1955年第3版，第641页。

有内沙布尔出产的，也有克尔曼的，而且由于波斯商人是中世纪亚洲最大的宝石商，所以埃及绿松石也都由波斯人从海、陆二道运入中国。《新唐书·西域列传下·拂菻传》中既有木难，又有瑟瑟为宫殿柱子，木难、瑟瑟各不相同，进一步证实了瑟瑟绝非绿宝石。而《新唐书·拂菻传》的取材完全是在642年阿拉伯人占领叙利亚和埃及以前，它所说的拜占庭的木难和瑟瑟也就是埃及的绿宝石和绿松石。

瑟瑟品位不一，上品的绿松石来自内沙布尔，那里出产上等的绿松石恩果希塔利（angushtari）和巴尔干希（barkansh），更有来自埃及的，10世纪以来都属马价珠。次等的孔雀石、硅孔雀石也属于瑟瑟。元明以来，绿松石均称甸子，对孔雀石则另有碧甸子（碧靛子、碧瑱）的专名①，显示了当时矿物学知识的进步。《元史·食货志二》列举碧甸产地，一在和林（今蒙古国乌兰巴托西南），一在云南会川（今会理），《大明一统志》卷八十六所载出碧瑱的地方有云南安宁州（今安宁市）、孟养军民宣慰司（今缅甸孟养）。劳费尔赞同纪尔德（Geerts）解释马价珠是祖母绿，认为马价珠是元明时代的翠靛（甸），以翠靛为绿宝石，碧甸为绿松石②。曹昭于1387年所著《格古要论》卷中指出"（碧靛子）好者颇与马价珠相类"，劳费尔却误解了原意，以为《格古要论》把马价珠和碧甸相区别，实则是明代的宝石鉴别家已将绿松石和孔雀石都包括在广义的"碧甸"之中了。

至于《本草纲目》卷九中的翠靛，也不是绿宝石，倒更像是翠榴石（贵橄榄石，peridote）。翠榴石见于伊朗哈马丹遗址。哈马丹，古称爱克巴坦那（Ecbatana），曾出土金绿色宝石晶体，经光谱分析，证明是翠榴石。因此有理由推测，古代罗马作家普林尼《自然史》中称为斯基泰金绿色宝石的祖母绿实际上是从乌拉尔运入西亚的翠榴石③。罗马人称道的斯基泰纯绿宝石大约就是这种翠榴石。翠靛也产于缅甸木谷以北16公里的勃那茂（Bernardmyo）山谷。唐代风行西南的瑟瑟宝一定也包括价值昂贵的翠榴石在内。缅甸密支那县产玉区所出一种"宝石绿"色的柘榴石，虽晚到元明时代才有记载（元李京《云南志略》、明杨慎《滇载记》、清师范《滇系》）④，但它的开采和使用一定要早得多，也可能是南诏所用瑟瑟的一种。

① 章鸿钊：《石雅》，中央地质调查所1927年版，第87-88页；夏湘蓉、李仲均、王根之：《中国古代矿业开发史》，地质出版社1980年版，第434-435，440页。但《中国古代矿业开发史》又认为明代兴安州（今陕西安康）的碧钿是硅孔雀石，青碌是孔雀石，见该书第439页。

② 劳费尔：《中国伊朗编》（B. Laufer, Sino-Iranica），芝加哥1919年版，第516页注8，第519-520页。

③ 费尔斯曼：《宝石的故事》，中国青年出版社1957年版，第79-80页。

④ 齐贝尔：《缅甸矿产资源》（L. Ckhibber, The Mineral Resources of Burma），伦敦1934年版。

方以智《通雅》卷四十八说"（瑟瑟）真者至宝透碧"，是指上品的绿松石和翠榴石。绿松石在古代早就是可和绿宝石媲美的一种宝石。希腊作家泰奥弗拉斯托斯（Theophrastus，前370—前285年）已经提到一种赝品的绿宝石，和铜伴生，体积巨大，林兹说是孔雀石①，却也像是绿松石。绿松石和绿宝石、绿柱石极易混同，在古代埃及已然如此。清代胡渭《禹贡锥指》也有类似的看法："琅玕（绿柱石）又颇与瑟瑟（绿松石）、木难（绿宝石）相似，瑟瑟即今宝石中之碧色者，木难亦碧色似珠，但瑟瑟出坑井中。"绿松石常和磷铜铁矿或褐铁矿（如内沙布尔阿里米尔萨库山的绿松石）伴生，因开矿提出，所以有"出坑井中"的说法。

元代，埃及的绿松石从海上源源不断地运到中国。去过摩加迪沙的航海家汪大渊在《岛夷志略》"班达里（Barr al-banādir）"条中记述当地"产甸子、鸦忽石、兜罗绵、木绵花、青蒙石"。班达里正是索马里南部贝纳迪尔海岸的最早译名，所产甸子是绿松石。鸦忽石，《辍耕录》译作鸦鹘，明代又译亚姑，是刚玉，阿拉伯作家常分为红、蓝、黄、白四种。青蒙石是古代的青石、青玉（蓝宝石），罗马时代已经驰名印度洋的柏来米宝石就是这种称为bahri的蓝宝石。粤音[b]常转读[m]，译称蒙石，十分贴切。14世纪时的摩加迪沙和埃及在贸易、宗教和文化关系各方面都很密切。摩加迪沙处于印度洋海上交通的中心，地位的重要性已不下于亚丁。贝纳迪尔沿海从竹步河和谢贝利河谷都有陆路通往埃塞俄比亚②。汪大渊记述的宝石中，鸦忽石来自斯里兰卡和亚丁湾，青蒙石由努比亚输入，甸子则远从埃及运进。东非内地铜矿开采还在伊斯兰教兴起以前，摩加迪沙的甸子一定也有东非所产的孔雀石在内。元代人大量使用的甸子，除在国内开采外，也从中亚和埃及进口。

摩加迪沙在中国和埃及之间处于重要的枢纽地位，中国和埃及正是摩加迪沙对外贸易的两个主要方向。这种情况不用等到明代，早在元代就如此了。所以摩加迪沙也是元明海运发达时期埃及绿松石输入中国的主要中转站。

元代的埃及正处于马木鲁克王朝的盛期，汪大渊也曾亲访它的首都开罗，译称马鲁涧。他看到的马木鲁克"民乐业而富"。埃及卡里米商人的足迹遍及印度洋，远至中国。当时中国帆船通航印度洋各地，流寓"忻都"（印度）、"回回"（阿拉伯世界）的

---

① H. O. 林兹：《希腊罗马的矿产》，参见劳费尔《中国伊朗编》（B. Laufer，Sino-Iranica），芝加哥1919年版，第518页。

② 苏顿：《东非沿岸》（J. E. G. Sutton，The East African Coast），内罗毕1966年版，另见《赤道非洲经济史论文集》（Z. A. Konczacki，J. M. Konczacki ed.，An Economic History of Tropical Africa），伦敦1977年版，第1卷。

蒙古人、汉人为数可观。埃及宝石贸易更是两国贸易商极为热衷的项目。埃及商人在泉州、杭州都有代理商行，他们也是可以和波斯商人相并列的珠宝商。

元秘书监在至元十年（1273年）十月收藏的23部阿拉伯文"回回书籍"中，在天文、历数、占星、医学、化学、历史、诗集之外，也有一部鉴别宝石的专书《者瓦希剌别认宝具》。这部书便是1253年死于开罗的希哈卜丁·帖法希的名著《关于宝石的思想之花》（Azhār al-Afkār fi Jawāhir al-'Ahjār），它是风行穆斯林世界的宝石手册，在中国也成为国家图书馆收藏的阿拉伯书籍，自不足为奇了。

三、《魏略》中的埃及宝石

公元1至3世纪，罗马东方贸易正处于全盛时期，各种罗马货物都由埃及外运。通过贸易往来，中国知道埃及是个宝国，《史记正义·大宛列传》引3世纪初康泰所著《外国传》说："《外国》称，天下有三众，中国为人众，大秦为宝众，月氏为马众。"建国于阿姆河流域和恒河流城西部的月氏是中国和埃及之间的商业桥梁，在中埃贸易中起到了枢纽的作用。正始、嘉平年间（240—254年）写成的《魏略·西戎传》[①]详细列举了大秦的物产，是一张极为难得的罗马亚历山大省（埃及）的出口货单。货单对矿物、动物、珠宝、织物、香药、各色玻璃都分门别类，一一举出，这些货物也都是运到中国的罗马物产。其中珠宝一项，涉及的宝石就有玛瑙、符采玉、琥珀、珊瑚、璆琳、琅玕、水精、玫瑰、碧五色玉等九种。各种宝石多是埃及和地中海、红海之滨的名产[②]。

玛瑙，原作马脑，多成粒状。古代玛瑙产地有三：一是大秦（《魏略》），二是月氏（《玄中记》），三是西南诸国（《广志》）。尤以西域为主。玛瑙广泛产于埃及各地，东部沙漠的瓦迪·艾布·杰里达（Wadi Abu Gerida）的山巅也有和玉髓、碧玉共生的璧状玛瑙[③]。

符采玉，是古代中国对大理石的美称。左思《蜀都赋》刘逵注："符采，玉之横文（纹）也。"这种玉上的横形纹饰，王逸《正部论》有解释。他指出玉符有赤、黄、白、

---

① 全书散佚，仅见《三国志·魏书》卷三十裴松之注文引用。

② 齐思和在《中国和拜占庭帝国的关系》（上海1956年版，第28-31页）中提出玛瑙、水晶、琅玕等大秦物产都只是由拜占庭商人所转运的印度和南海产物，未免失误。原因有二，一是不明了这些物产的真正来源，二是曲解了其中一些物产的品名，如以颇黎为玻璃，琅玕为巴喇等，以致真情难明。

③ 休谟：《埃及地质》（W. F. Hume，Geology of Egypt）第2卷第3编，开罗1934—1937年版，第862页。

黑等色，正是大理石所特具的美丽条纹。大理石系石灰石的结晶质。埃及自古盛产大理石，多分布在红海西岸沙漠，瓦迪·迪布（Wadi Dib）、杰贝勒·洛伽姆（Gebel Rokhim）和曼法罗（Manfalut）对面的贝尼·萨伦（Beni Sha'ran）都有出产。普林尼《自然史》（第36册第1章）所说的亚历山大大理石有白色条痕，呈波浪形起伏，所具斑点各不相同，也就是中国所传的符采玉。

琥珀，最早译作育沛[①]，又称虎魄、虎珀，转作兽魄。是松柏科植物埋藏地层中经久而成的化石树脂，外有裹皮。传说松脂入地千年化成茯苓，再成琥珀（张华《博物志》）。古籍所记琥珀产地不外二类，一类出在西南金沙江地区，另一类出在西域各国，先有《汉书》中的罽宾（卡散达），后有《魏略》和《后汉书》中的大秦，另外汉唐之间盛传波斯产琥珀，《北史》所举琥珀产地更有呼似密国（花剌子模）和伏卢尼国（拜占庭）。所述琥珀产地，伏卢尼和罽宾、波斯一样，不过是波罗的海和地中海西部所产琥珀东运的中转站。古代世界琥珀产地，在波罗的海和地中海西部西班牙、西西里以外，还有亚丁湾所产的桑给琥珀。汉晋之际进口琥珀大都来自地中海西部，经过埃及或西亚运往印度和中国，所以普林尼《自然史》（第37册第2章）引证尼西阿斯，误将埃及当作琥珀产地。埃及所产琥珀为数当极微小。其中由埃及东运的琥珀都要经过五河流域转入葱岭以东，罽宾因而也成了琥珀贸易的重要市场。6世纪后波斯参与印度洋西部地区的贸易竞争，琥珀运输也多转经波斯流入中国西部。无论从罽宾还是从波斯运入的琥珀，当然都有桑给琥珀在内。

珊瑚，古译苏胡。汉初赵佗初献珊瑚，大约来自南海中的西沙群岛和南沙群岛。但至晚汉代已从地中海和红海运进珊瑚。《魏略》以后，文献上都说大秦西海产珊瑚。《玄中记》说珊瑚"生水中石上，初生白，一年黄，三年赤，四年虫食败"（《太平御览》卷八〇七）。徐衷《南方草物状》也说："珊瑚出大秦国，有洲在涨海中。"（李善《文选注·美女篇》引）珊瑚也是埃及运往印度的重要输出物[②]。大秦珊瑚分别出在地中海和红海，地中海西部阿尔及利亚和突尼斯沿海所产红珊瑚为实心杨枝（corallium nobile, corallium rubrum），宜于雕琢宝饰，从托勒密时期到拜占庭帝国一直是一宗重要的商业项目，早已专门培植、采集，有铁网珊瑚的传说。《通典》卷一九三"大秦"条叙述："大秦人常乘大舶，载铁网，令水工没，先入视之，可下网乃下。初生白，而

① 章鸿钊：《石雅》卷上，中央地质调查所1927年版，第25-28页。

② 索夫译注：《厄立特里海环航记》（W. H. Schoff, The Periplus of the Erythraean Sea），纽约1912年版，第128页。

渐渐似苗坼甲。历一岁许，出网目间，变作黄色，支格交错，高极三四尺者，围尺余。三年色乃赤好，后没视之，知可采，便以铁钞发其根，乃以索系网，使人于舶上绞车举出，还国理截，恣意所作。若失时不举，便蠹败。"红海自古也出产珊瑚，大多是空心珊瑚（tubipora musica），产于红海之滨。早在白达里时期，埃及就已用珊瑚作珠子，相当于古王国时代的努比亚古墓中也已经有了。8世纪时的《大秦景教流行中国碑》有"大秦国南统珊瑚之海"之语。那时红海已被称为珊瑚海，比之后来突厥人称红海为"珊瑚海"（shāb deñizi，sap denizi）要早得多。红海珊瑚大都在阿拉伯半岛的柳奇·柯姆（哈瓦拉）港采集，然后运往印度，由海陆两道分别转送中国。

琭琳，在这个碧色玉石的总名下包含的埃及宝石至少有绿长石、玉髓、橄榄石、蛇纹石、孔雀石。绿长石的古矿常见于埃及东部的杰贝勒·米其夫（Gebel Migif）以西的瓦迪·海立格（Wadi Higelig），在哈发（Hafait）山岗的下坡可以见到无数大块的绿长石[1]。玉髓，是古埃及常用的装饰物，产于瓦迪·萨格（Wadi Saga）附近，东部沙漠的瓦迪·阿布·杰丽达（Wadi Abu Gerida），西部沙漠布哈里（Baharia）绿洲，阿布·辛贝尔（Abu Simbel）西北64公里处，以及法雍省和西奈半岛各地[2]。古埃及所用珠饰、耳珰、蜣螂符都由玉髓制作，上起史前时期，下迄罗马时代，比绿松石的运用还要普遍。橄榄石中，以贵橄榄石（翠榴石，peridot）最有名，产于红海泽贝尔盖特岛（Zerberged）和红海沿岸的金绿色蛇纹岩中，是一种黄绿两色的宝石。在唐代，它有一个正式名称叫"绿金精"。643年拂菻（拜占庭）使者向唐太宗进献的绿金精便是久享盛名的翠榴石[3]。这种翠榴石至晚也是中古初期便传入中国的埃及和苏丹所产的绿色宝石。蛇纹石也产于西奈半岛和埃及东部沙漠。孔雀石和铜伴生，出在西奈半岛西南部的西拉比·埃·伽丁和瓦迪·马伽拉。这里也是古老的埃及铜矿区。古代埃及所产的孔雀石极易与其他绿色宝石相混，由此更可推见，古代由葱岭传入中国的琭琳的来源十分复杂，大致是以上所举这些具有不透明脂肪光泽或半透明玻璃光泽的碧色宝石。

琅玕，是绿柱石的古称。《尚书·禹贡》孔安国注："琅玕，石而似玉。"孔颖达疏："琅玕，石而似珠者。"《说文》："琅玕，似珠者。"琅玕是一种似玉的宝石，本出

---

① 罗卡斯：《古埃及工矿》（A. Lucas，Ancient Egyptian Materials and Industries），伦敦1948年第3版，第451页。

② 罗卡斯：《古埃及工矿》（A. Lucas，Ancient Egyptian Materials and Industries），伦敦1948年第3版，第449页。

③ 《旧唐书》卷一九八，《新唐书》卷二二一下，原文作"绿金精"，二十四史标点本校作"绿金、水精"。"金精"之名用于刘桢《清虑赋》，又见《广雅》。

昆仑山，《山海经·大荒西经》说昆仑山北有琅玕树。又或称为珠树、碧树。据《山海经》《淮南子》，都说产在开明山北或昆仑山北。胡渭《禹贡锥指》解释："珠树、碧树即琅玕也，乃石之精液凝结成树形，人截断其枝刊之，使圆若珠，状与珊瑚相类。"绿柱石结晶常呈长柱状，并有纵行细纹，杂生于粗面岩和云母岩中，古人形容琅玕"森挺若树"。印度是绿柱石的主产地。埃及主要从托勒密时期才开始使用绿柱石。科帕托虽也出土过绿柱石饰品，但并不可观。倒是苏丹境内奎斯托尔发现的银制首饰中杂有大批绿柱石。古代埃及红海西岸锡开·苏倍拉丘陵地区的绿柱石矿专产绿色的绿柱石，至少在希腊罗马时代就已开采[①]。古代的琅玕当然也包括埃及绿宝石在内。

水精，在西奈半岛和埃及西部北起法雍、南至布哈里绿洲的广阔地区的石灰岩中都有出产。水精又称石英、水玉。《广雅》说："水精谓之石英。"《山海经·南山经》指出："堂庭之山……多水玉。"郭注："水玉，今水精也。"水精在古代既属宝石，所以可和"颇黎"（颇梨）相通。《正法念处经》汉本颇梨峰犹言水晶山，是可信的[②]，藏本颇梨峰作水晶峰可以作证。古代中国所知的水精产地有三。一是上缅甸伊洛瓦底江上游的堂庭之山或哀牢夷居地（《山海经·南山经》《续汉书》）。二是南印度科罗曼德的黄支国（《广志》）。印度的水精琢磨业集中在克什米尔和马德拉斯，所以中国古称昆仑山和黄支有水精。《十洲记》说："昆仑山上有水精阙。"（《太平御览》卷八○八）《天竺记》叙述大雪山中生高峰的颇梨宝，似指层斯加尔山脊和蓝宝石伴生的水晶。其实印度各地都产水晶。如石英水晶出在比哈尔、南印度那洛尔和北印度拉贾斯坦；玫瑰色的石英出在曼地亚·普拉蒂什的庆韦来县（Chhindwara）；安陀罗的斯里卡胡拉（Srikahulam）县更有浅红色的石英矿；紫水晶产在德干和巴夏尔的苏特莱查河谷；著名的猫睛石来自马拉巴和拉贾皮拉。除了印度和中缅边境，埃及是中国古代所知道的第三个水晶产地。史前期埃及已见使用，第十八王朝图坦卡蒙墓中有水晶的花瓶和无数镶嵌物[③]。水晶用作柱饰也是由来已久。

玫瑰，是古老的埃及绿松石。

碧五色玉，即埃及出产的具有红、绿、褐、黑、黄五种色彩的碧玉，尤以红色的

---

① 休谟：《埃及地质》（W. F. Hume，Geology of Egypt）第 2 卷第 1 编，开罗 1934—1937 年版，第 107-125 页。

② 列维：《正法念处经阎浮提洲地志校勘记》，冯承钧译，商务印书馆 1935 年版，第 73 页。

③ 霍华德·卡特：《图坦卡蒙之墓》（Howard Carter，The Tomb of Tutankhamen），第 2 卷，伦敦 1923—1933 年版，第 135 页。

碧玉为多，产区分布在东部哈德拉比（Hadrabia）山脉附近[①]。

上述各种埃及宝石，都是公元2世纪前后对中国的出口货。这些埃及宝石在罗马东方贸易中占了相当的份额，大都经过努比亚和厄立特里亚西部的贝贾人转送，由红海各港向中国输出。埃及宝石一直是古代中国进口宝石的一个重要来源，其重要性仅次于印度的宝石贸易。

埃及和中国的宝石贸易源远流长。西周以来的璠玟起源于埃及孔雀石的古称，璠玟名称的传播和铜的开采有着一定的关联。绿松石和孔雀石常难分辨，所以中国古代最早对绿松石的称呼应该就是璠玟。到了战国晚期，由于埃及绿松石的输送，中国人开始对绿松石采用“玫瑰”这个新名词，同时更有埃及绿宝石“结绿”的传入。古代埃及对中国的宝石贸易中，始终居于前列的是绿色宝石和半宝石的输出，直到元明时代仍然生生不息。

① 罗卡斯：《古埃及工矿》（A. Lucas, Ancient Egyptian Materials and Industries），伦敦1948年第3版，第454页。

"颇黎"释名

　　"颇黎"是一个外来语，传入我国的时间很早。在古代，颇黎作为宝石的代称，和近代玻璃绝不相同。但由于颇黎和玻璃名称上的类似，因而在性质上也被人误解。直到1970年西安南郊何家村唐邠王府遗址出土银罐中的储藏物被发现，才解开了颇黎之谜。银罐盖里题记"颇黎"，罐内实物计有蓝宝石七块，玫瑰紫二块，绿玛瑙六块，黄精一块。另外一处题记"琉璃杯碗各一"，已发现有圆圈纹玻璃碗①。这一发现十分生动地向我们指出，直到唐代为止，玻璃制品一概称为琉璃，而宝石则称为颇黎。

　　颇黎，唐代又写作玻瓈。陈藏器《本草拾遗》有一段话，明确说玻瓈是玉石之类的宝石："玻瓈，西国之宝也，玉石之类，生土中。"（《本草纲目》卷八引）唐邠王府遗址的出土物证实了陈藏器的说法，一扫过去的疑窦②。但颇黎的语源尚未完全弄清，由颇黎贸易所反映的中西交通的历史事实也有进一步探讨的必要。至于颇黎转成玻瓈和玻璃的历史演变，更有许多未尝明了的地方。因此，对颇黎的名称要加以阐释。

---

　　① 陕西省博物馆：《从西安南郊出土的医药文物看唐代医药的发展》，载于《文物》1972年第6期。

　　② 藤田丰八曾以为"玻瓈始见《唐书》，乃吠瑠璃之省。此传吠瑠璃，盖谓水精，与《西城记》同"（藤田丰八：《慧超往五天竺国传笺释》，北平泉寿东文书藏1931年版）。韩槐准更以颇黎、颇胝、玻瓈均出梵文吠瑠璃（vaidurya），与琉璃同质异名，而他所说的琉璃既是璧流离这种宝石，又是玻璃（韩槐准：《琉璃珠及瓷珠之研究》，载于《南洋学报》1941年第2卷第3期），于是颇黎、琉璃和璧流离三者竟可混为一谈了。

一、"颇黎"的语源

最早提到颇黎这种宝石的是《十洲记》，它说："昆仑山上有红碧颇黎宫，名七宝堂是也。"（《太平御览》卷八〇八引）稍后的《天竺记》也说："大雪山中有宝山，诸七宝并生取可得，唯颇黎宝生高峰，难得。"（《太平御览》卷八〇八引）"七宝"是佛典中的说法。《十洲记》的作者尽管难以肯定就是东方朔，但写作时代不会晚于佛教传入中国，它所知道的颇黎并非从佛教典籍中而来，这是可以肯定的。至于"名七宝堂是也"一句，当为后人羼入之文。

更加重要的是，《十洲记》中的颇黎几乎和琉（瑠）璃这个名称同时出现："方丈山上有瑠璃宫。"（《艺文类聚》卷八十四引）作者对琉璃和颇黎分得很清，彼此截然不同。琉璃是一个土生土长的名称，用来称呼人工制作的玻璃。颇黎则是来自其他民族的外来语，指称生在自然界的各色宝石，不过这个外来语并非从佛典中借来的。甚至晚到4世纪的《玄中记》也比汉译佛典中出现"颇黎"的时间要早些。《玄中记》提到"大秦国有五色颇黎，红色最贵"（《太平御览》卷八〇八引），是说叙利亚和埃及生产各色刚玉，而以红宝石为最贵重。汉译佛典要到5世纪初才见到"颇黎"一名。后秦（384—417年）鸠摩罗什译《大智度论》卷十和《妙法莲华经》卷一都有"颇梨"，北凉（397—439年）昙无谶译《大般涅槃经》卷一也有"颇梨"，都是佛典中颇梨的最早译名。颇黎的梵文雅语是颇胝迦或娑破致迦。玄应《一切经音义》卷二十四解释《阿毗达磨俱舍论》卷二中的颇胝迦："亦言娑破致迦（spatika），西国宝名也。旧云颇梨者，讹略也。"玄应算是找到了颇黎的梵名。但早先颇黎这个译名却是佛教东传以前已经进入中国的波斯语billaur，汉代通译"璧瑠"。《说文解字》解释"瑠"："石之有光者，璧瑠也，出西胡中。"璧瑠并非像段玉裁误认的那样是璧流离，而是晶石的泛称，和东伊朗语中的bolor、belor兼指水晶和玻璃不同。

东伊朗语中颇犁的含义和梵语娑破致迦相同，兼指晶石和玻璃。玻璃最初发明时，就被当作一种人造宝石，所以明代把这些玻璃饰品称为假宝石。古代印度对玻璃这种人造宝石和晶石并不细分。娑破致迦的俗语"颇梨"（phaliha）并不专指玻璃，因为佛典所列"七宝"中有颇黎宝，这颇黎宝都是自然宝石，尤指各色刚玉。佛典中颇梨又可通作水晶，汉文本《正法念处经》中颇梨峰等于水晶山，藏文本干脆译作水晶峰[1]。

① 列维：《正法念处经阎浮提洲地志校勘记》，冯承钧译，商务印书馆1935年版，第73页。《正法念处经》有6世纪元魏般若流支七十卷译本。

也可举加里曼丹南部的马来人为例，他们至今还把未经琢磨而具天然闪光的金刚石叫podi，读如poli（颇梨），这个名称就从梵文俗语中借来。但颇梨确也可以兼有玻璃的含义，因为娑破致迦另有一个译名"火齐"通行于汉唐之间，而"火齐"正是一种低温烧制的透明或半透明的薄玻璃。汉人杨孚《异物志》对火齐的性状有过确切的描述："火齐如云母，重沓而可开，色黄赤，似金，出日南。"汉代火齐都从越南半岛的日南郡运进，它的来源地是南印度。由此可见，古代印度对晶石和玻璃并未严格区分，以致佛典翻译也含糊不清。

而在古代中国，颇黎却向来只是晶石，不兼指玻璃，两者分得很清，这就表明它另有一个不同于印度和东伊朗语的语源。颇黎原来是一种宝石的名称。曼苏地在947年完成的《黄金草原》这部巨著中讲到一种厄立特里亚的柏来米人叫作颇黎（bahri）的蓝宝石，从阿杜利港运到印度巴里格柴后，再由陆路经乌浒水（阿姆河）转运中国，用作印度和中国皇冕上的华丽宝饰[1]。柏来米人就是含族的贝贾人，以游牧为生，散居在今日苏丹共和国的东北沿海直到厄立特里亚之间，尼罗河附近的商路正好通过他们的居住区。贝贾人最南的一支贝尼·阿密人分布在厄立特里亚西北，埃塞俄比亚高原北部。贝尼·阿密人使用库施语，但也有一部分操提格雷语。他们进行的颇黎贸易在阿克苏姆王国兴起时已很发达，科司莫斯在535—547年间写成的《基督教列国志》中说："印度人深好蓝宝石，王冕都镶宝石。埃塞俄比亚人从柏来米人那里收购宝石运往印度，因此获利甚多。"[2]中国又从印度转运柏来米蓝宝石和绿宝石，一直到8、9世纪仍然如此。唐代宗有上清珠，《杜阳杂编》卷上说："上清珠，即开元初罽宾国所贡，其珠光明洁白，可照一室，视之则出仙人玉女云鹤绛节之象，摇动于其中。"上清珠系柏来米蓝宝石所琢，运输须经迦毕试（罽宾），由印度河越兴都库什山进入中国。上清珠是此种蓝宝石的神品。

颇黎开采和交易的历史可以向前追溯到公元前1000年左右。埃及古墓中出现蓝宝石的时代和青金石相仿，这些蓝宝石别无其他来源，都从努比亚运到尼罗河三角洲。公元前6世纪，波斯大流士时期，埃塞俄比亚沿海已和波斯湾有经常的往来，每三年要向波斯王进呈一百株乌文木的贡礼。波斯湾头的布什尔也出土过库施文书。这是埃塞俄比亚最早向海外出口颇梨的路线。中国最早关于颇黎的知识也是从波斯人那里得来

① 曼苏地：《黄金草原》（al-Masūdi, Les Prairies d'Or），梅纳尔和科蒂勒（B. de Meynard and P. de Courteille）法译本，第3卷，巴黎1861—1877年版，第44页。

② 马克林德：《科司莫斯的基督教列国志》（J. W. Mc Crindle, The Christian Topography of Cosmos Indicopleustes），伦敦1897年版，第371页以下。

的。颇黎这种珍贵的宝石，最主要的是二种：蓝宝石和绿宝石。尤其是绿宝石，古代仅有埃及开采。埃及在公元前2000年已经开采了红海西岸锡开·苏倍拉（Sikait Zubara）丘陵地区的绿宝石矿。在先秦时代，埃及绿宝石已经波斯人之手传入中国，至少那时中国业已接触到颇黎这种宝石了。

到了大月氏贵霜王朝时期，中国和埃及的贸易又绕过波斯湾，都由印度河流域或巴里格柴北运天山南路。罗马时代，绿宝石曾名重一时，宫殿、寺庙都用它装点门楣。在亚历山大港水下八米的克里奥佩特拉的宫殿，宫门就以绿宝石镶嵌。普林尼《自然史》（第37册第5章第66节）讲到塞浦路斯岛上大理石狮子的双眼都用绿宝石，入夜光耀四射，群鱼毕集。罗马的绿宝石在2—3世纪运到中国，称作"木难"。

同一时期从这条海路运到中国的还有海西青石。《魏略·西戎传》说："阳嘉三年（134）时，疏勒王臣槃献海西青石、金带各一。""海西"是大秦别称。青石一称青玉，因为它和来自印度的璧流离（青玉）不同，特称海西青石。海西青石毫无疑问是蜚声世界的柏来米蓝宝石。

这一条从中国西北经过印度通往埃及的海路，也是罗马东方贸易盛期中国丝货水运埃及的路线。在《魏略》所记安息南北（水陆）两道中，它是从安谷城（瓦尔卡）南航，出波斯湾，沿着阿拉伯半岛向西直到红海西岸的乌丹，然后北上埃及的水路。其中必须停靠的乌丹港，是乌姆克塔夫湾的著名贸易港贝伦尼塞，贝贾人从那里把货物运到努比亚，通过尼罗河北运地中海。从《魏略》可以知道，柏来米人的蓝宝石运到中国之早，是史有明文的了。

罗马史家普罗柯庇斯也曾说过，3世纪末贝贾人是黄金和绿宝石（应该还有蓝宝石）的转运者。当时贝贾人的居住地还直接处于罗马军队的控制之下[①]。贝贾人从事的宝石和黄金的出口贸易是罗马时代亚历山大（埃及）东方贸易不可或缺的一个组成部分。贝贾人的宝石贸易是罗马和中国之间繁荣的经济往来的一个重要项目。

二、古代颇黎国

颇黎早就传入中国，后来中国人还知道有个颇黎国。颇黎国，顾名思义，是盛产颇黎的国家。16世纪时，李时珍曾经指出"颇黎"是因颇黎国而得名的。《本草纲目》卷八说："（玻璨）本作颇黎。颇黎，国名也。其莹如水，其坚如玉，故名水玉，与水精同名。"（谷应泰《博物要览》卷九同）颇黎作为国名，虽晚至16世纪才明确提到，

---

① 普罗柯庇斯：《波斯战史》（Procopius，De Bello Persico），英译本，第一册，伦敦1954年版。

但它由于出口颇黎而名扬中国，当是早有来由的了。柏来米的蓝宝石可能得名于蓝色的海洋，在阿拉伯语中bahr是"海"，bahr-i是"海"的阴性变格。蓝色的颇黎和海洋是一致的[①]。颇黎国也就是古代的"海"国，这"海"国在古埃塞俄比亚语（盖伊兹语）中叫摩邻国，其名来源于埃塞俄比亚人信奉的海神摩邻（Mahram）。8世纪中叶，杜环到过这个国家，在所著《经行记》中留下一段宝贵的记录。唐代的摩邻国和后来的颇黎国都是"海"国、"西"国，所以颇黎早在唐代就被当作"西国之宝"。这"西"国并非西天竺，而是古代"大秦"的一部分，现在的埃塞俄比亚和努比亚。

摩邻国的蓝宝石、绿宝石早在唐代以前就已运销中国，中国人是完全了解红海之滨的这个"海"国或"颇黎"国的。何况3世纪时中国帆船便经常往返于摩邻国的阿杜利港（Adulis）了。7世纪以后，除了阿拉伯船、印度船和斯里兰卡船以外，非洲宝石也可以直接由中国船只运到广州。和泽拉极近的塔朱腊湾附近的金恩山，至今仍有精细的石器制造业和宝石雕琢业，也是从古代流传下来的。

明代的李时珍把借自"颇黎"的"玻璃"仅在形状上作了比较，以为具有胎质的透明玻璃"水玉"和水晶这种古代的"颇黎"（宝石）类同，而没有把人工制作和自然宝石性质上的不同作为分辨的准则。然而李时珍指出颇黎来源于颇黎国，一定另有所据。它向我们提示，古代中国传说中的颇黎国不在亚洲，而是现在埃塞俄比亚北境的柏来米人居住区。

埃塞俄比亚高原居民对玻璃和宝石分得很清，阿姆哈拉语中的玻璃叫borjooke，提格雷语叫birchiqo[②]，不同于宝石的"颇黎"。汉语中的"颇黎"是从库施语系的贝贾语中借来的，又和阿拉伯语"颇黎"（"海"）相混，因而唐代只知有"海"国、"西"国，尚无"颇黎"国的称谓。唐人所谓"西国之宝"，也就是"海西"（大秦）的宝石。汉魏时代的大秦，从《魏略》可以知道是兼指红海两岸的，唐代又把这"海西"国简化成"海"国或"西"国，泛称红海西岸和亚丁湾南岸各国。"海"国在古埃塞俄比亚语中是"摩邻"国，在阿拉伯语中则是"颇梨"国，"颇梨"又和出产宝石的"颇黎"相通，一语双关。分布在厄立特里亚北部、以贩运宝石著称的贝尼·阿密人的居住地也就成了颇黎国的象征。

埃塞俄比亚也是有名的黑曜石产地。埃塞俄比亚高原的古代居民在石器时代就知

---

① 此处承厦门大学南洋研究所韩振华先生相告。

② 理查·潘古斯特：《埃塞俄比亚经济史导论》（Richard Pankhurst, An Introduction to the Economic History of Ethiopia），伦敦1961年版。

道使用黑曜石这种黑色的火山玻璃制造工具，大到生产工具和矛头，小至薄薄的刀片和珠子。这种传统一直继续到现在。埃塞俄比亚西南部的湖泊区和绍阿的瓦查查大火山，以及大裂谷地区，都是出产这种黑曜石的地方。公元1世纪初的《厄立特里海环航记》提到黑曜石出产在阿杜利港以东800罗马里的哈瓦基尔海湾沿岸[①]，用来雕琢珠饰或供还愿的献礼（普林尼《自然史》第36册第67章）。埃塞俄比亚东部哈瓦希低地通称巴里（Bali）。中古时期，在埃瓦萨湖和谢贝利河之间曾经建立穆斯林商业国[②]。这一带也富有出产黑曜石的沉积砂岩，并且邻近泽拉，从唐代起和中国有直接往来。埃及在古王国时期以前就已输入黑曜石。据研究，埃及出土的黑曜石大多来自埃塞俄比亚[③]。开罗博物馆收藏的希腊罗马时代的假面，眼睛的镶嵌物大都已用不透明的黑色玻璃，间或也有沿袭古例使用黑曜石的。黑曜石和黑玻璃之十分近似，于此可见一斑[④]。总之，这些都使我们更加相信古代传说的颇黎国就在埃塞俄比亚。

古代颇黎国很早和中国有外交往来。《魏略》译作泽散的阿杜利港，在公元1世纪中译作兜勒国。甘英在公元97年到达波斯湾后，虽然前往埃塞俄比亚和埃及的计划未能实现，但见识了当时波斯湾和红海交通之盛。所以《后汉书·和帝本纪》卷四中记录了公元100年（永元十二年）到达洛阳的第一个非洲使节，是和蒙奇（Mocha）国同来的兜勒国使者。阿杜利使者的来华正是汉魏时代非洲对中国积极进行宝石、玻璃、香料贸易的一个侧影。从此以后，中国的颇黎进口贸易便有增无已了。

三、颇黎名称的演变

10世纪时，颇黎的名称起了变化，出现了一种可以制作玻璃的玻璿母。这种玻璿母最初由阿拉伯使者或商人带到中国，大致就是黑曜石的玻璃岩。蔡绦《铁围山丛谈》卷六说政和四年（1114年），"时于奉宸中得龙涎香二琉璃缶，玻璿母二大筐。玻璿母者，若今之铁滓然，块大小犹儿拳，人莫知其方，又岁久无籍，且不知其所从来。或云柴世宗显德（954—960年）间大食所贡，又谓真庙朝（997—1022年）物也。玻璿母

---

① 索夫译注：《厄立特里海环航记》（W. H. Schoff, The Periplus of the Erythraean Sea），纽约1912年版，第259—260页。

② 乌马里：《列国志》，第1卷《埃及以外的非洲》（L'Afrique Moins l'Egypte），冈德夫罗-德蒙比译注本，1927年，第2页，第18页。

③ 罗卡斯：《古埃及工矿》（A. Lucas, Ancient Egyptian Materials and Industries），伦敦1948年第3版，第473-474页。

④ 罗卡斯：《古埃及工矿》（A. Lucas, Ancient Egyptian Materials and Industries），伦敦1948年第3版，第133-142页，第143页。

诸珰，以意用火煅而模写之，但能作珂子状，青、红、黄、白随其色，而不克自必也"。这种玻璃母实际上是多数岩石中所含的硅酸钾，如以石英碎末和碳酸钾熔解，就可制成无定形的玻璃块。若研末加水溶化，可得浓溶液，又叫水玻璃。珂子正是似玉非玉的宝石珠，玻璃母可以制作各色珂子，然尚难以控制其形状。从那时起，"玻璃"这个名词就开始具有人工烧炼的玻璃制品的含义了。玻璃母的来源当也不出亚丁湾南岸的非洲国家。赵汝适《诸蕃志》说细兰产红玻璃脑，是指斯里兰卡出产玻璃母一类的红玉髓，也可锻铸玻璃。宋人周辉《清波别志》列举层檀物产中有玻璃。层檀是麦加的外港吉达，过去夏德曾认为是"层拔"的讹刊，当作桑给巴尔，但从庞元英《文昌杂录》所述层檀四邻国家，可以知道层檀是吉达。层檀的玻璃，来源不外乎埃及、努比亚和厄立特里亚。但这种"玻璃"已不同于唐代纯粹称呼宝石的颇黎或玻璃了，而是用来和中国自制琉璃相区别的外国水晶琉璃器[①]，是透明玻璃器。因为直到南宋末年，中国的玻璃制品还被称为琉璃，而都"虚脆不贞"，属于低温烧结的料器；阿拉伯琉璃则"滋润不烈""宿水不坏"，是高温烧炼的耐高温透明玻璃器，两者差别很大。由于这种差别，中外玻璃在相当一段时间中都有不同的称谓。南宋时期的玻璃或玻璃都是对外国透明玻璃制品的称呼和写法。《武林旧事》卷二中的玻璃球也是《铁围山丛谈》中的玻璃母一类。《武林旧事》卷九中还有玻璃圆盘子、玻璃花瓶、玻璃碗，都是来自国外的玻璃制品。在同一书中，琉璃、玻璃（玻璃）确各有所指，参照《西湖老人繁胜录》中既有琉璃泛子，又有玻璃盘、玻璃碗，可见琉璃和玻璃既不相同，又相类似。"玻璃"这个名称已开始用来专称那些具有高度透明的烧结玻璃，和唐代的颇黎或玻璃具有自然宝石的性质完全不同了。

和"玻璃"具有的新含义相对，具有胎质或薄片状的玻璃制品在宋代仍然被称为琉璃。宋代可说是玻璃和琉璃并行的时代。二者逐渐都具有人工制造的硅酸盐化合物的内涵。

玻璃可以兼包琉璃，是从10世纪出现了来自红海和亚丁湾的玻璃母才开始的，但要到明末谷应泰编《博物要览》时才明确。他说："琉璃，亦名火齐，出南天竺国，状如云母，色如紫金，重沓可开，拆之则薄如蝉翼，积之则如纱縠，即玻璃之类也。"（《博物要览》卷九）这里明确指出，琉璃中薄如蝉翼的半透明制品就是近代意义上的玻璃一类硅酸盐化合物。

---

① "水晶琉璃器"或"琉璃水精器"的名称见于熙宁三年（1070年）、熙宁五年（1072年）大食和大食勿巡国使者的赠礼，参见《宋会要辑稿·蕃夷七》。

玻璃名称在10至12世纪所起的变化引起了两方面的后果。一是琉璃和火齐、玻璃的合一。16世纪末，李时珍还只是认火齐是"琉璃之类"，而在17世纪中叶以后，谷应泰则进一步以琉璃、火齐本一物，"即玻璃之类也"。透明的铅硝玻璃自宋代大量发展，使火齐已成琉璃的别名，成批用作灯彩，其结果是火齐已不兼指硅酸类宝石，而专称人造硅元素制品。与此同时，玻璨或玻璃已不仅是宝石的译名，而兼指透明的烧结玻璃，所以琉璃也不再指具有胎质的玻璃，而逐渐和火齐、玻璃合而为一了。元代因此不再有"火齐"的称谓。二是代替颇黎一名，出现了"宝石"这个新名词。宋代既用玻璨专称透明玻璃，因而对那些天然透明的各色晶石便改称"宝石"了。于是颇黎这个外来语开始有了它的汉语名称。据《宋会要辑稿·食货五十二》"内香药库"（旧名香药库），"天禧五年（1021年），徙今库，掌出纳蕃国贡献，市舶香药宝石"，"宝石"一名已在1021年正式出现。从此"宝石"逐渐替代了原来的"颇黎"。宋代文献中凡"珠宝""药石"连称，均含有"宝石"之意。

在10世纪，凡是可以锻铸而未经加工的透明玻璃都称为"玻璨母"，后来则随着玻璃工艺的改进而简称"玻璨"。从这一意义上说，"玻璨母"的出现表示"玻璨"一名已经开始由自然宝石的专称转而成为人工制作的玻璃，特别对那些和自然宝石十分类似的透明或半透明玻璃而言更是这样。这一过程，从10世纪起一直延续到14世纪，长达四个世纪之久。

13至14世纪时的"硝珠"，是在这个转变期中出现的对琉璃珠的不同称呼。1349年刊刻的《岛夷志略》，淡邈、啸喷、暹、爪哇诸条中的"硝珠"，彭坑、吉兰丹、针路、三佛齐条的"焇珠"（硝珠）和占城、真腊、罗卫、旧港、班达里、阿思里、甘埋里等条的"各色烧珠"，显然都是"药烧玻璃珠"，简称"药珠"。这种"药珠"有二重意义，一指入药之珠，如宋代《宝庆四明志》中自日本输入的药珠是蚌珠；另一则指烧珠，如《宋史·舆服志四》有"贯以药珠"，明代西南妇人以"药珠结缨络为饰"的药珠（田汝成《炎徼纪闻》卷四）。

到了15世纪，从阿拉伯传入了烧炼玻璃的新法，从此正式改称琉璃为玻璃。《正字通》"玻"字条说："三保太监出西洋，携烧玻璨人来中国，故中国玻璨顿贱，烧者有气眼而轻。"这种药烧玻璃"入手轻，有气眼，与琉璃相似"（《格古要论》卷中"玻璨"条）。又称假宝石，"宝石有伪者，用料药烧成，好者与真无异，但红色者岁久则淡，中有冰裂纹，所以可辨也"（《博物要览》卷六）。只是到了明代，玻璃才完全替代了古代的琉璃，结束了10世纪以来玻璃（玻璨）和琉璃并列的历史。在这一段时间中，颇黎（玻瓈）早已不再是原来的宝石，而是透明玻璃或假宝石了。"琉璃"这个汉语名称虽然仍被保存下来，但已用来专称那些以琉璃釉烧制的料器和装饰材料了。从这段历史可以看出，颇黎这个原称晶石的名称，经过唐宋时期改译的"玻瓈"，转入现代意义上的化学玻璃，是经历了漫长而曲折的演变过程的。

中世纪华瓷风靡三大洲

　　中国是世界上最早发明瓷器的国家，并且也是在较长的时间中唯一生产瓷器和在相当长的时期中（大致从公元1世纪到18世纪为止）在瓷器制造业中保持着优势地位的国家。距今3000多年前的商代已经出现了由烧结的瓷胎和高温玻璃釉相结合的原始瓷器①，郑州出土的一件完整的青釉印纹尊上便施有五块深绿色厚而透明的玻璃釉。原始青釉器的出现开辟了通向瓷器生产的道路。中国南方在江苏、浙江、江西、福建、广东、广西、湖南等省的新石器时代遗址和墓葬中出土了大量的印纹硬陶，特点是火候较高，为以后烧制带釉的瓷器创造了条件。春秋、战国时期，南方烧造的原始瓷器数量特别多，出现了逐渐替代青铜器成为主要的日用器皿的趋势。两汉时代，陶瓷生产取得了划时代的成就。两汉时，南方各地已将用高岭土烧造、火候较高、质地硬脆的印纹硬陶器取名为"资"，长沙马王堆汉墓木简中的"资"便是最早出现的"瓷"字②。

　　公元1世纪，在东南沿海首先烧造了世界上最早的瓷器——青瓷。1976年，在浙江上虞县（今上虞市）的小仙坛、畚箕岙和帐子山发现的东汉瓷窑是最早生产青瓷的古窑，帐子山窑也生产黑瓷。小仙坛窑青瓷的烧成温度达1310±20 ℃，瓷胎烧结不吸

---

　　①　周仁等：《我国黄河流域新石器时代和殷周时代制陶工艺的科学总结》，载于《考古学报》1964年第1期。

　　②　参见《座谈长沙马王堆一号汉墓》（载于《文物》1972年第9期）唐兰的发言。另见湖南省博物馆、中国科学院考古研究所：《长沙马王堆一号汉墓》，上册，文物出版社1973年版，第122页。

水，胎釉结合紧密①。同时发现的东汉青瓷窑址还有宁波郭塘岙、余姚上林湖和永嘉等地。三国、两晋、南北朝时期，以越窑为主的青瓷窑址遍布浙江沿海，成为江南瓷业生产最集中的地区。北齐年间，在北方诞生的白瓷，更为瓷器的丰富多彩打开了新天地。

一、唐、五代的外销瓷

唐和五代制瓷工艺有长足的进步，瓷窑数量有大幅度的增长。东南沿海地区仍然是瓷业生产的主要地区。中世纪初期，唐朝和阿拉伯帝国是旧大陆东西两大强国。在陆上，唐朝的西疆和哈里发帝国控制下的中亚接壤；在海上，由于远洋航业的发展，中国帆船的印度洋航线已通达波斯湾的奥波拉和坦桑尼亚沿海的索法拉，阿拉伯和波斯帆船也经常出入于广州、明州和扬州。航业的发展刺激了东南沿海的青瓷生产。体制宏大、航期迅速、运行安全的中国帆船可以把精美的瓷器运往环绕中国和伊斯兰世界的沿海各地。瓷器从唐代中晚期开始列入外销的大宗货物中，分别从西北陆道和东南沿海的国际贸易港运往西亚和亚丁湾、红海各地。瓷器的外销直接推动了海运业的发达，迎来了海外贸易的大发展时期。

自唐代开始，和陆上的丝绸之路相并列，又出现了海上的陶瓷之路。日本学者三上次男把通往西亚的海路称为陶瓷之路②。陶瓷之路起自中国沿海的扬州、明州和广州，向西跨越印度洋，一直到达坦桑尼亚的基尔瓦和埃及的亚历山大里亚，并且进入地中海。

在唐代，中国瓷器生产的基本特点是"南青北白"，即南方出青瓷，北方产白瓷。因此，从海道外销的便以青瓷为主，由陆路外运的多半是白瓷。阿拔斯王朝时期，伊斯兰世界开始大量输入精美的中国瓷器。阿布·法德尔·贝哈基（Muhammad ibn al-Husain Abu'l-Fadl Baihaki）在1059年写成的著作中提到过早期中国瓷器运往巴格达的情景：在哈里发哈仑·拉希德（Harūn al-Rashid，786—809年在位）执政时，"呼罗珊总督阿里·伊本·伊萨（'Ali ibn 'Isa）向哈里发哈仑·拉希德进献过20件精美的中国御用瓷器，以及数达2000件的中国民用陶瓷。这在哈里发宫廷中是从未见到过的"。这些瓷器中有碗、杯、盏、瓶、壶，是由骆驼队商运去的。

9世纪以后，华瓷的输出已见诸阿拉伯著作。伊本·郭大贝（Ibn Khurdādhbih）在

---

① 李家治：《我国瓷器出现时期的研究》，载于《硅酸盐学报》1978年第6卷第3期。

② 三上次男：《陶瓷之路》，东京1969年版，第219-230页。

846年左右完成的《省道志》（al-Masālik wa'l-Mamālik）中历数中国沿海四大海港，在出口货中提到北景（越南半岛顺化东南灵江口）出瓷器、米和镔铁。博学多产的阿拉伯学者查希兹（al-Jahiz，约779—869年）曾在巴士拉活动，所著《生财有道》一书也提到一份换货的协议，其中一款是从中国进口瓷器。瓷器成了中国出口货中不可缺少的项目。地理学家伊本·法基（Ibn al-Faqīh）在903年所著的《地方志》（Mukhtasar Kitāb al-Buldān）中，将中国丝、中国瓷器和中国灯并列为三大名牌货。

一些阿拉伯商人从事贩运瓷器的业务，因此致富。一本流行于西亚的《印度浪迹记》散文集记述一个犹太商人凭着极少的资金，在883—884年到东方经商，913年回到阿曼后变成巨富。他赠给阿曼城（苏哈尔）的统治者"一件顶端镶金的深色瓷壶"。这是一件精制的青瓷壶，产地应属越窑。这位犹太商人便因拥有大批中国丝绸和瓷器而致富。在占有红海东岸哈里、亚丁、席赫尔、阿伯阳、米尔巴特等地的伊本·齐亚德（Ibn Ziyad）977年的财政收入报告中，除上百万货币外，还有大批麝香、樟脑、龙涎香、檀香和华瓷。华瓷在波斯湾、阿拉伯半岛沿海已成畅销货。1001年，巴格达哈里发在赠给当地一个官员的礼物中便有华瓷300件。

中国瓷器由于色彩、纹饰的美丽和极好的实用性在阿拉伯极受尊爱。9世纪时，坦纳基（Tanukhi）赞赏30多件中国瓷罐，说它们由于储存香料，香气历久不衰。其中尤以哈里发瓦蒂克（al-Wathik，842—874年在位）时代的一件遗物品类绝佳。846—861年之间，一位诗人因喂养的公羊撞碎了一件中国瓷器而十分懊恼，他表示极度惋惜那些"纹饰中凝结着非凡才智的中国瓷碗"。

有史可据的最早到中国游历且亲眼见证瓷器制造过程的阿拉伯商人是苏莱曼（Sulaimān al-Tājir）。他在851年所写的《中国印度见闻录》（Akhbār as-Sin wa'l-Hind）中说："中国人能用一种优质陶土制造出各种器皿，透明可比玻璃，里面加酒，外头可以看见。"苏莱曼不但为中国瓷器的精美倾吐他的钦慕之情，而且也注意到瓷器的制造方法[①]。生活在11世纪初的波斯伊斯兰作家塔利比（ath-Th'alibi）在一本关于珍宝的著作里叙述了中国瓷器，他说："有名的中国瓷器是些透明的器皿，有能制煮食物的罐，煎食物的锅，也有能盛食物的碗。以杏色的为上，胎薄、色净、音脆。奶白色的次之。"[②]所谓杏色的瓷器，应该是唐代著名的外销瓷长沙铜官窑的产品。1975年发掘扬

① 苏莱曼：《中国印度见闻录》（Ahbār as-Sīn wa l-Hind），萨瓦杰法译本（J. Sauvaget, Relation de la Chine et I'Inde, Redigée en 851），巴黎1948年版，第16节，第57页。

② 保罗·卡勒：《伊斯兰国家的华瓷》（Paul Kahle, Chinese Porcelailn in the Land of Islam），载于《东方陶瓷学报》（Transaction of the Oriental Ceramic Society）1940—1941年。

州唐城遗址，其中一件唐釉下彩云纹双系罐是长沙窑的代表作，底色便是杏黄色①。1974年发掘长沙长坡垅遗址，在遗址中层获得元和三年（808年）纪年罐系印纹范模，表明此窑起于初唐，止于五代，有五代贞明纪年的釉下褐绿彩长方枕为证②。长沙窑瓷器式样之多，冠绝唐代瓷窑，且在装饰艺术上有特殊成就。它以模塑贴花褐色彩斑上施青釉为特色，首创釉下彩绘，有釉下褐、绿两彩，突破了青瓷的单一青色，各种纹样大量出现。于是长沙窑瓷器深受国外特别是经济极为发达的伊斯兰国家的重视。长期住在印度的伽色尼学者比鲁尼（al-Biruni，973—1050年）不但称赞中国瓷器举世无双，而且指出瓷器是从甬江出口的。他几次引述到过印度和斯里兰卡采购宫廷珠宝的哈氏兄弟的话："杏黄色瓷器最佳，胎薄、色净、声脆；奶白色次之；各种浅色的又次之。"这种品评，显然将长沙铜官窑釉下彩列于首位，其次则白瓷、青瓷，黄釉、褐釉又居其次。

青瓷历史最久，外销数量最大。日用器皿多数是越窑系青瓷。长沙铜官窑彩瓷和邢窑白瓷也是唐和五代时期重要的外销瓷。根据考古发掘材料，越窑青瓷在晚唐、五代曾运销日本、菲律宾、印度尼西亚、马来西亚、斯里兰卡、印度次大陆、伊朗、伊拉克、巴林，远至埃及和坦桑尼亚。长沙铜官窑的输出地区和越窑青瓷相仿，东起朝鲜、日本，西至伊朗、埃及都有它的产品出土。越窑青瓷和长沙铜官窑彩瓷都从海上外销，数量之大、范围之广，都非北方白瓷可比。瓷器的外销直接推动了海运业的发达，陶瓷之路因此成了唐代中西交通的新的动脉。

东邻日本、朝鲜曾出土唐代长沙釉下彩绘瓷和三彩陶器，日本并发现唐代邢窑系白瓷、越窑系青瓷。出口物都从明州或扬州启运。盛唐三彩也销往日本，不久日本也烧制出"奈良三彩"。

1935年前后，日本冈野繁藏、山尾薰明便在印度尼西亚的爪哇、苏门答腊、加里曼丹南部和西里伯斯发掘，出土物中有公元2至8世纪的中国陶器。瓷器的年代主要是唐末以后，有唐越窑、长沙窑器和三彩陶器。主要发掘品有冈野氏所集数千件，和雅加达国立博物馆搜集的德·佛莱士藏品数千件③。

东马来西亚的沙捞越河口各遗址中，著名的尼亚大窟也出土过9—10世纪的越窑青瓷，和11世纪以后的中国各色瓷器。西马来西亚的彭亨发现过唐代四耳青瓷尊。

---

① 参见《文物》1978年3期，图版壹（下）《扬州出土唐长沙铜官窑彩釉罐》。

② 肖湘：《唐代长沙铜官窑址调查》，载于《考古学报》1980年第1期。

③ 冈野繁藏：《兰领东印度诸岛遗存陶磁工艺品图谱》（E. W. Van Orsoy de Flines，Gidsvoor de Keramische Verzameling），巴达维亚1949年版。

在斯里兰卡科伦坡和夏都康提之间的凯格拉（Kegaila）以南十公里的达迪伽摩（Dadigama）窣堵婆中，经1947—1954年连年发掘，出土10世纪前后的越窑系青瓷钵多件，另有长沙窑褐斑贴花壶。

印度科罗曼德海岸的阿里卡曼陀（Arikamedu）古址，在本地治里以南3公里，是罗马时代南印度的对外贸易港。英国政府于1937年和1945年在这里发掘过，法国政府于1947—1948年再次发掘，出土过9—10世纪的越窑瓷器，以及龙泉青瓷小壶一件、青白瓷残片。1945年，英国考古学家莫歇·韦勒主持系统发掘三个月，在上层出土14片宋瓷、越窑瓷、龙泉青瓷残片，还有磁州窑残片。同时出土的有11—12世纪朱罗铜器。

伊朗出土我国古瓷极多，遗址遍布东北、中部、西北部和南部沿海。东部古城内沙布尔（Nishapur）在1267年和1280年遭大地震毁坏。美国纽约大都会博物馆在1936年、1937年、1939年连续三次发掘，集中在9—13世纪的城塞、清真寺、学校、邸宅和窑址，但遗址几经盗掘，藏品四散。发掘品和传世品中有9—13世纪唐、宋瓷器，其中有唐万年壶一件，唐邢窑白瓷壶一件，长沙窑壶残存上部，晚唐越窑瓷罐一件，并有德化窑、广东窑白瓷钵、碗残件，青白瓷、青瓷碎片[①]。出土白底绿釉陶钵残片，同类器形、釉色残片也见于埃及福斯塔特遗址，为晚唐宋初中国绿釉陶器。中部的赖依（Rayy）在1934年和1935年两次由美国波士顿美术馆和宾夕法尼亚大学共同发掘，出土物流散在伦敦、巴黎和波士顿。有唐后期越窑内侧划花钵残片，巴黎基迈博物馆收藏的唐菱花白瓷碗、邢窑蝴蝶纹贴花白瓷匣，唐白瓷鱼形杯，以及北宋青瓷，南宋、元初龙泉青瓷残片。苏萨（Susa）经法国考古队发掘，科克林（Koechlin）在1928年见到过一件唐代铜官窑白地彩绘瓷。南部沿海的沙利-达奎纳（Shari-Daquinus）遗址在扎格罗斯山脉以北哈里尔山谷的贾鲁夫（Jiruft）附近，华瓷经斯坦因采集有9—10世纪越窑青瓷，10世纪的青瓷、青白瓷。米纳布（Minab）也出土过越窑瓷片。同样由斯坦因搜集的有古港蒂兹（Tiz，查赫巴尔）以北的卡拉-查姆希特（Qalat-i-Jamshid）出土的许多北宋官窑散冰纹白瓷片和晚唐越窑青瓷。古代著名的海港西拉夫（Siraf）是后来出土华瓷的重要遗址。1965年和1966年英国伊朗考古研究所、大英博物馆搜集的出土物有越窑青瓷、邢窑白瓷，并有大量的铜官窑瓷器。

伊拉克境内自南到北都出土了许多唐宋古瓷。巴格达东南60公里的阿比达

---

① 魏金森：《内沙布尔考古》（C. K. Wilkinson, The Excavations at Nishapur），第32卷，1937年；三上次男：《陶瓷之路》，东京1969年版，第143页，第144页。

（Abirta）兴建于伍麦叶王朝希沙姆（Hisham，724—743年在位）时，于阿拔斯王朝拉迪（Radi，934—940年在位）时废弃。1957—1958年，经芝加哥大学调查，在600平方米的发掘层内出土了9—10世纪的褐色越窑瓷、南方各窑白瓷残片，由东京出光美术馆收藏。曾在836—892年成为阿拔斯王朝都城的萨马腊（Samarra）南距巴格达120公里，古城遗址是现存阿拔斯王朝古迹中最富丽堂皇的。直到20世纪，经过三次发掘，这座昔日古都的遗物才重见于世。第一次发掘在1911—1913年，由萨雷（F. Sarre）和汉尔兹福（E. Herzfelt）主持；第二次由伊拉克政府考古部主持，在1936—1939年进行；最后在1963—1964年又发掘了一次。第一次试掘，在稚萨克（Djausaq）宫旁的库藏中便出土了唐三彩三足盘，铜官窑褐绿釉、黄釉壶、碗残片，白瓷、越窑青瓷器皿残件，上起晚唐，下至北宋前期[1]。所见北宋前期越窑瓷的纹样与慈溪上林湖窑北宋器物相同。此后的发掘，唐三彩及10—13世纪的龙泉青瓷、青白瓷和白瓷都续有发现。巴格达阿拉伯博物馆搜藏的萨马腊出土物中有9—10世纪的越窑青瓷。巴黎伊朗博物馆也藏有这里出土的9—10世纪越窑青瓷和白瓷碗残片。

阿拉伯半岛的巴林也发现过越窑青瓷碎片。

叙利亚的哈马遗址，在1931年和1938年经大马士革国立博物馆调查发掘，在950—1400年的地层中出土青瓷、白瓷和青花瓷碎片。

中国瓷器早在外销的初期便已远达非洲沿海各地。19世纪起，上埃及尼罗河畔的底比斯、库斯、库夫特和红海西岸的库赛尔港都发现过华瓷[2]。出土物中以玉璧底碗的越窑青瓷为最早，同类器物已见于后来发掘的越窑遗址中，年代属于中唐晚期的8、9世纪之际。埃及古都福斯塔特（al-Fustat）出土的华瓷数量在非洲位列首位。该城建于642年阿拉伯征服埃及之后，到第二次十字军东征时被毁。古址在1912和1920年接连发现一批越窑青瓷和釉下饰有莲花、凤凰的刻花瓷器以及唐三彩。1964和1966年更在遗址中央发现窑藏，出土了陶瓷残片60万片，分属9世纪到16、17世纪各个不同历史时期。据日本小山富士夫的分类，有一次出土的中国陶瓷就有10106片，其中唐、五代越窑占637片。所见唐代陶瓷有唐三彩，邢州白瓷、黄褐釉瓷，长沙铜官窑瓷和越州窑瓷[3]。越窑青瓷尤其多，有可以确定年代的9世纪越窑玉璧底碗，四圈尚留有支烧印痕。还有五代北宋鄞县窑和慈溪上林湖窑所出，底部刻有莲花瓣的撇圈足浅腹碗和刻纹细

① 萨雷：《萨马腊瓷器》（F. Sarre，Die Keramik von Samarra），柏林1925年版。

② 温莱特：《东非早期国际贸易》（G. A. Wainwright，Early Foreign Trade in East Africa），载于《人类》（Man）1947年，第146页。

③ 三上次男：《陶瓷之路》，东京1969年版，第14-15页，第22-23页。

致的双凤盘。

红海西岸苏丹境内的艾特伯港（今哈拉伊卜附近）古址，在10世纪该港初露头角时，华瓷便是当地经营的一项重要进口货，成为埃及输入瓷器的要地。1912年后连续出土唐末以来的华瓷残件、残片一千多件。已发现唐末宋初越窑系青瓷。甚至远到坦桑尼亚南部，在季风贸易极南端的基尔瓦岛，也出土了10世纪时唐末到宋初的越窑青瓷[①]。

这些外销瓷多从东南沿海的瓷窑外运。除长沙铜官窑外，唐代广东外销瓷窑主要分布在今潮州、梅州梅县、佛山南海、江门新会、佛山三水和廉江，福建有今南安和将乐的青瓷窑。浙江外销瓷窑多集中在慈溪上林湖、杜湖和白洋湖一带，五代、北宋时更有今宁波鄞州的东钱湖兴建许多窑场，窑口北起今绍兴、嵊州，南至今象山、临海，而以越州（今绍兴）的慈溪、上虞和明州（今宁波）的鄞县（今鄞州区）三处为主，外销数量之大冠于全国。

二、宋元瓷器风行海外

宋代以来，广州、泉州、明州成为三大海港，瓷器外销多从三大港分运亚、非各地。宋代华瓷不但已遍布整个亚洲和非洲东部沿海，甚至进入了地中海和欧洲。埃及阿优卜苏丹萨拉丁（Salah ad-Din，1172—1193年在位）以富有青瓷名噪一时。欧洲人最初便是通过这位和十字军常打交道的具有传奇色彩的苏丹知道中国瓷器的，所以青瓷在欧洲被叫作萨拉顿（Saladon）。宋元时期是中国外销瓷极为旺盛的时期。外销瓷从南宋到明代中叶处于欣欣向荣的阶段，从12世纪至15世纪延续了四个世纪。

北宋以来，中国海舶都用瓷器作为理想的压舱物。"舶船深阔各数十丈，商人分占贮货，人得数尺许，下以贮物，夜卧其上。货多陶器，大小相套，无少隙地。"（宋朱彧《萍洲可谈》卷二）中国帆船常常往来于日本、朝鲜、东南亚和印度洋各地。12世纪开辟的麻离拔航线可以在一百天内直航阿拉伯香岸马赫拉的古港佐法尔，中间只在苏门答腊的亚齐停泊一次。华瓷于是可以迅速运往西亚和非洲，海外市场越来越宽广。阿拉伯和印度商人也多到中国收购瓷器。阿曼商人常到广州贩运瓷器，13世纪时改从苏门答腊转运华瓷。南毗人时罗巴、智力干父子是当时居住泉州经营华瓷的印度富商。

宋代外销瓷以越窑、龙泉窑青瓷为主。越窑青瓷历史悠久，9世纪起大量外销，到

① 普伯：《非洲区报告》（Alexander John Pope，Area Report on Africa），马尼拉贸易陶器研讨会（Manila Trade Pottery Seminar）1968年版。

11世纪末告终。代兴的是龙泉青瓷，最早的产品大约始于10世纪末或11世纪初，从12世纪到15世纪连续四个世纪都是畅销时期。宋元时代，外销瓷中次于龙泉青瓷的是景德镇和福建、广东各窑制造的青白瓷、白瓷。元代新兴的青花器大量用于外销，国内反属少见。宋元之际，泉州窑和德化窑产品运销的国家和地区也很广泛，包括印度支那半岛、菲律宾、印度尼西亚、马来半岛、印度、巴基斯坦，以及阿拉伯半岛和波斯湾沿岸。

自从瓷器成为海上运输的主要外销货后，广州便是最大的瓷器输出港，自唐至明，历久不衰。阿拉伯商人都知道广州产瓷，其实广州瓷器来自东南沿海和长江中游各地窑场。宋代著名的越窑、龙泉窑、景德镇窑、耀州窑和磁州窑瓷器都通过这里运送东南亚、印度、西亚和东非地区。宋代广东的外销瓷窑主要分布在潮州、惠州、佛山、廉江和遂溪。广州西村窑也是一处外销瓷窑，但不见方志记载。1956年对遗址进行发掘，烧瓷有青白釉、青白釉彩绘、青釉和黑釉等几种，印花青瓷可能使用耀州窑印模，专供南海各地使用。近几十年的国内外考古发掘显示，该窑产品大多见于东南亚各国，国内绝少见到。在元代，据《大德南海志》所述，和广州有联系的国家和地方共计145处，东起菲律宾的吕宋、印度尼西亚的班达群岛，西至摩洛哥的马拉喀什、坦桑尼亚的基尔瓦都是广州输出瓷器的市场。伊本·白图泰（Ibn Battúta）在1346年到过广州，他赞扬秦克兰（广州）是和刺桐（泉州）一样盛产瓷器的城市："秦克兰是世界闻名的大城，市场繁荣，最大的是陶瓷器行业。商人从这里将瓷器运到中国各地，又行销印度、也门。"[①]

泉州在五代时便出口陶瓷，"陶瓷、铜铁远泛于蕃国，取金贝而返，民甚称便"（《清源留氏族谱》）。著名的处州瓷器（哥窑、龙泉窑）、泉州青瓷器从这里外销，在国外享有盛名。建阳的建窑以黑釉闻名，所产品茶用的兔毫盏称鹧鸪斑点花纹，阿拉伯人专称为建瓷（Ghazar-Sini）。阿拉伯地理学家伊德里西（al-Idrīsī）在1154年所著《旅游证闻》里称赞泉州（Susah）："建筑华丽，买卖兴隆，商务信誉驰名于世。所产瓷器极其精美，中国所称的建瓷尤其别致。"他提到建瓷名声之大，因别具一格而驰名遐迩。福建与外销有关的窑址发现很多。闽北有建阳水吉窑、崇安窑等；闽中有闽清、闽侯、福清、仙游、莆田、德化、永春等；闽南有南安、安溪、晋江、泉州、同安和厦门等。泉州附近各县，外销窑尤其集中，德化就有48处窑址，在宋元之际已在国外

① 伊本·白图泰：《伊本·白图泰游记》（Ibn Battúta, The Travels of Ibn Battúta, A. D. 1325-1354），吉柏（H. A. R. Gibb）英译本，剑桥1958年版，第70页。

崭露头角。马可·波罗特别提到刺桐城附近的泉州（Tiunguy）："制碗和各种瓷器，既多又美，价格便宜。除这个港口外，其他港口都不出这种东西。"他说的泉州（闽南话译音）瓷便是供外销的泉州青瓷（土龙泉），但著名的德化瓷也使用这个名称。

《诸蕃志》列举泉州运出的瓷器共销售到24个地方，这些地方分属亚洲的越南、柬埔寨、马来西亚、印度尼西亚、菲律宾、斯里兰卡、印度和非洲的肯尼亚。青白瓷在阇婆（爪哇）、青瓷在渤泥（加里曼丹西部）尤受欢迎。《岛夷志略》中涉及瓷器外销的处所更多，共有44个地方。汪大渊提到的外销瓷可分为青白花瓷器、青白瓷、青瓷和处州瓷器四类。青白花瓷器、青白瓷都以江西景德镇为主，包括东南沿海地区瓷窑在内。青瓷和处州瓷，以龙泉青瓷为主，包括浙江、福建沿海地区仿龙泉制品。汪大渊在各地见到的外销瓷，东起琉球、菲律宾、印度尼西亚，西至麦加和肯尼亚，都和泉州港有联系。

明州在宋元时期一直是对朝鲜、日本的重要贸易港，和中南半岛各国也有直接来往。瓷器的外销数字有大幅度增长，尤以龙泉窑青瓷出口最多。1978年，宁波宋元市舶库附近的东门口海运码头遗址便出土了大批宋元龙泉瓷。龙泉瓷在宋代以夹层碗、莲瓣盘、直口盅、葵口洗、鱼耳瓶、贯耳瓶为最，元代以莲花碗、宽圈足碗、高足碗、双鱼洗、云草洗、大宽沿仰莲盘、菊瓣盘、堆花瓶为著，产品风靡印度洋。

瓷器自11世纪以后已跃居出口货中的第一位。国内各窑口生产的青瓷、白瓷、青白瓷、彩瓷和青花瓷都广销世界各国。亚洲国家如日本、朝鲜、菲律宾、马来西业、泰国、文莱、印度尼西亚、斯里兰卡、印度、巴基斯坦、阿富汗、伊朗、伊拉克、叙利亚、沙特阿拉伯、也门，非洲国家如埃及、苏丹、埃塞俄比亚、索马里、肯尼亚、坦桑尼亚，甚至远到津巴布韦和南非联邦，都出土了数量不等的中国陶瓷。尤以日本、菲律宾发现的最多，沙捞越、伊朗和埃及出土物也很可观。

日本除了鸿胪馆遗址出土大量越窑青瓷之外，平安后期到镰仓时期的龙泉青瓷也遍布九州博多附近、濑户内海沿岸各地、畿内和镰仓附近。出土物以莲瓣纹碗最多。

朝鲜出土的宋瓷有耀州窑、景德镇青白瓷。1976年在木浦市新安海底发现13世纪初的元代沉船一艘，打捞出瓷器11000多件，其中龙泉窑青瓷约3000多件，景德镇青白瓷数量也多，另有江西吉州窑、赣州窑、河北磁州窑瓷。

菲律宾出土华瓷数量可观，窑口也很复杂。有一些产品更是国内少见。古遗址的发掘从19世纪80年代便已开始。奥托莱·拜耳教授发掘了许多遗址，收集的古陶瓷都有年代可考。20世纪50年代后期，罗伯特·福克斯在八打雁的卡拉塔甘地区进行发掘①，60年代初洛克辛夫妇在马尼拉的圣安娜发掘。1967年，洛克辛夫妇和宿务的圣卡洛斯大学协作，清理了马尼拉东南雷库那湖西侧的内湖遗址②。这些考古调查出土了大约4万件瓷器，除少数由马尼拉国立博物馆、菲律宾大学、人类学研究所搜藏，多数发掘品分储于桑托斯（Arturo de Santos）、洛克辛（Leandro Locsin）和罗伯特·维拉诺瓦（Roberto Villanneva）三个私人收藏馆③。洛克辛藏华瓷约7000件，桑托斯和维拉诺瓦收藏的各有万件以上。出土瓷器属于宋代的较少，有越窑系刻花青瓷，龙泉窑刻花五管瓶、梅瓶，福建泉州、德化的刻花青白瓷、青白褐斑瓷，以及福建地区黑瓷。元代瓷器出土数量最多，主要是景德镇产品，有青白、青花、釉里红等品种。青白瓷有带褐斑装饰的，都属小件器皿，或者是专供菲律宾的外销瓷。景德镇古窑址中目前尚未发现它的标本，在国内和其他国家很少见到。还有一种画折枝菊花纹的青花双系小罐，发现很多，也见于景德镇湖田窑址④。浙江龙泉青瓷也以小件占多数，有壶、罐、炉等器。福建德化窑产品有印花瓶、壶、盘、洗、盒等。泉州窑的低温绿铅釉印花盘、军持等器很多，军持是定烧器；也有仿剔红剔黑工艺特征烧制的黑釉剔花瓶、罐、炉等器⑤。菲律宾出土瓷器的一个特点是相当完整，且数量大，在东南亚国家中首屈一指。

20世纪以来，在东马来西亚的沙捞越河三角洲的圣土邦（Santubang）及其附近的桑吉布亚（Sungei Buah）、桑吉加昂（Sungei Jaong）和尼亚大窟（Great Cave at Niah）周围发掘，获得宋、元、明瓷器很多，仅沙捞越古晋国立博物馆十几年间发掘所得瓷片便有100多万片。宋瓷有来自福建德化、泉州和广东潮州潮安、广州西村的青白瓷，福建、浙江沿海瓷窑的青瓷，黑瓷以建窑为多。磁州窑系刻花瓷器与福建、广东瓷窑产品相近。元代德化窑出土物也很多。西马来西亚的吉打出土过宋龙泉瓷器。莫尔包河口南岸布吉巴土林登（Bukit Batu Lintang）也出土了宋元时期景德镇和德化窑青白瓷印花标本。

和沙捞越毗邻的文莱，20世纪50年代初在首都附近的古都柯打巴都（Kota Batu）

① 福克斯：《卡拉塔甘考古》（R. B. Fox，The Calatagan Excavations），载于《菲律宾研究》（Philippine Studies）1959年第7卷第3期。

② 泰纳札斯：《皮拉发掘报告》（Rosa C. P. Tanazas，A Report on the Archaeology of the Locsin-Univ. of San Carlos Excavations in Pila，Laguna），马尼拉1968年版。

③ 艾迪思：《菲律宾发现的中国瓷器》（Sir John Addis，Chinese Porcelain Found in the Philippines），载于《东方陶瓷学会年报》（TOCS）1967年第37卷；洛克辛夫妇：《菲律宾发现的东方陶瓷》（Leandro and Cecilia Locsin，Oriental Ceramics Discovered in the Philippines），马尼拉1968年版。

④ 中国硅酸盐学会：《中国陶瓷史》，文物出版社1982年版，第354页。

⑤ 冯先铭：《元以前我国瓷器销行亚洲的考察》，载于《文物》1981年第6期，第71页。

发掘，出土12世纪至16世纪的华瓷残片，宋瓷有广东、福建各窑的青白瓷，南方磁州窑系黑色或深褐色瓷，以及圈足外露胎处呈米红色的龙泉窑系青瓷。

印度尼西亚各地，在苏门答腊、爪哇、西里伯斯、马鲁古都出土过青瓷和青白瓷，景德镇和德化窑器尤多，后者在爪哇和西里伯斯出土不少。

伊朗一直是中国瓷器的重要销售市场。波斯湾沿海的巴士拉、奥波拉、希拉、记施等遗址都有龙泉窑残片。霍尔木兹海峡附近的卡拉敦（Kalatun）出土12世纪的宋代精瓷残片。中部古城赖依发现过南宋、元初龙泉青瓷片，被大英博物馆收藏。北宋磁州窑钵、青白瓷钵分别由巴黎基迈博物馆和宾夕法尼亚大学收藏。东北部马什哈德博物馆陈列品中有10件在呼罗珊发现的宋、元至明中叶的龙泉钵、碟。

伊拉克巴格达阿拉伯博物馆搜藏有10世纪至13世纪龙泉青瓷、青白瓷和白瓷。阿拔斯宫博物馆藏品中有库特（Kut）东南70公里的瓦西特（Wasit）出土的南宋龙泉钵和元代菊花纹龙泉盘残片。在黎巴嫩地中海沿岸的巴勒贝克（Baalbeck）发现过莲瓣纹宋代龙泉钵残片。

阿拉伯半岛各地也出土华瓷。亚丁附近的库达·赛拉（Kand am Saila）、哈里尔（Al Halil），亚丁东北56公里处阿培恩（Abyan）港废墟都发现过中国瓷器。卡迪夫（Katif）出土过北宋咸平、绍圣和南宋绍定钱币，发现12世纪到16世纪的中国陶瓷。阿曼首都苏哈尔旧市街遗址中也见过青瓷。巴林首都南400米废墟出土华瓷残片，多属14世纪下半叶至15世纪菊纹龙泉瓷，并有明中叶以后制品。

埃及福斯塔特这座地下宝库出土有宋元明白瓷、宋元龙泉瓷以及元代以后青花、彩瓷，蔚为大观。龙泉窑瓷片数达964片。还有福建建窑、广东阳江广窑烧造的青瓷，景德镇青白瓷，德化等南方各窑的白瓷，以及北方定窑系白瓷。开罗东郊爱资哈尔清真寺不远的小丘坦尔·卡·马拉（Tel Qatet Mara）、巴布·达布·马哈鲁克（Bǔb Darb el Mahruq）都曾出土南宋、元、明时期龙泉瓷和景德镇青白瓷，以及元明清时期青花器和明清五彩瓷器。亚历山大里亚在1964年找到了12世纪至14世纪的龙泉青瓷残片。埃及南部阿斯旺附近哈伊达姆出土过12至14世纪上半叶南宋和元代的青瓷。

非洲出土宋元瓷器的地点很多，可以亚丁湾为界分成南北两区。埃及、苏丹、泽拉、柏培拉、哈拉尔、达加布尔为北区；南区沿印度洋西海岸由北而南，有摩加迪沙、科埃马群岛、布尔高、帕特岛、曼达岛、拉本岛、恩瓦纳、曼布鲁伊、格迪、基卢普、马林迪、基利菲、姆纳拉尼、蒙巴萨、奔巴岛、桑给巴尔岛、马菲亚岛、基尔瓦·基西瓦尼。

苏丹的艾特伯发现的宋代青瓷极多。12世纪至14世纪上半叶的南宋和元代青瓷数量很大。索马里南部摩加迪沙出土很多宋、元、明代青瓷、青花瓷。肯尼亚沿岸出土青瓷的年代最早到8世纪末[①]。古港格迪（Gedi）遗址出土的中国瓷器仅次于摩加迪沙。附近基卢普（Kjlepwa）和恩瓦纳（Ungwana）都有许多12、13世纪的瓷器。坦桑尼亚从北部边境到南方鲁菲基河下游的30处遗址出土了400件中国瓷器[②]。奔巴岛从1920年便由皮尔斯发现自宋至明的华瓷。桑给巴尔岛对岸的通戈尼也出土过宋瓷。基尔瓦从1948年开始发掘，在1958—1965年由纳维尔·奇蒂克（Neville Chittick）主持继续进行，出土的瓷器自宋龙泉窑起，延续到清代中叶，以元明时期景德镇青白瓷、青花瓷，磁州窑白釉赭花瓷、德化白瓷为多[③]。

中国瓷器更由阿拉伯商人转运，在11世纪便已流入津巴布韦和南非北部。赞比亚的马庞古布韦也获得两块瓷片，属于12世纪和13世纪南宋时的制品。

三、别树一帜的青花瓷

青花瓷在《岛夷志略》中称"青白花瓷器"。在该书提到贸易用瓷的44处地方中，提到青白花碗、青白花器的有三岛、占城（青瓷花碗）、龙牙犀角、丹马令、丁家庐、吉兰丹（青盘花碗）、戎、东冲古剌、苏洛鬲、爪哇、喃哑哩、朋加剌、乌爹、天竺、小唄喃、甘埋里、天堂、加里那，遍及菲律宾等南海各地和印度、伊朗、阿拉伯半岛、肯尼亚。青花瓷器是一种以钴为呈色剂烧成的高温蓝釉，在装饰手法上分蓝釉金彩和蓝釉白花两种。所造器皿纹饰富丽，发色明艳，已发现元代窑址的有景德镇湖田窑。这种新产品在14世纪初已首先用来满足国外的需要，特别是作为礼品分送各国，风行伊斯兰国家。主要器型有罐、瓶（梅瓶、玉壶春瓶）、执壶、碗（敞口或敛口）、高足杯、军持、盏托等。

元代青花瓷已在日本、文莱、菲律宾、印度、伊朗、叙利亚、黎巴嫩、埃及以及东非各地发现。日本有镰仓海岸聚集的青花碎片、冲绳胜连城遗址出土的元青花瓷片和冲绳岛出土的完整的元青花器。越前朝仓氏乘谷遗址中也有传世品青花瓷片[④]。文莱

① 坎克曼：《1948—1956年肯尼亚历史考古》（J. Kirkman, Historical Archaeology in Kenya），载于《考古学报》（The Antiquaries Journal）1957年第37卷第1-2期，第16-28页。

② 弗里曼-格伦维勒：《坦噶尼喀的中国瓷器》（G. S. Freeman-Grenville, Chinese Porcelain in Tanganyika），载于《坦噶尼喀汇刊》（TNR）1955年第41期，第63-65页。

③ 奇蒂克：《基尔瓦：东非海岸的一个伊斯兰贸易城市》（H. N. Chittick, Kilwa: an Islamic Trading City on the East African Coast），第2卷，内罗毕1974年版。

④ 长谷部乐尔：《日本出土的中国陶瓷》，东京国立博物馆1975年版。

古都柯打巴都已见有元青花器。菲律宾出土的青花器与景德镇湖田窑发现物相同。印度于20世纪70年代在德里菲罗兹沙宫出土67件元青花瓷残件，是菲罗兹沙出于穆斯林的虔诚命令宫廷厨房将这批绘有人物和图画的青瓷毁掉的。这批青花瓷有钻孔组成的文字，19件文字是"赠予皇室使用"，其余多属"皇家厨房"或"皇家厨房作坊"。在阿萨密，1864—1883年间也征集到一批起自14世纪中叶的中国陶瓷600多件，其中应有元青花在内[1]。本地治里西北10公里的科利曼陀（Korimedu）也出土过14世纪以来福建、广东各窑青花粗瓷盘、碗碎片。伊朗内沙布尔旧城末期遗物中有元青花钵残片一件，精品都集中在阿德比尔神庙和大不里士的阿塞拜疆博物馆中。黎巴嫩巴勒贝克遗址发现过一件元代青花钵，花纹流畅，略微残破。叙利亚哈马遗址也有元青花瓷盘，由大马士革博物馆收藏[2]。埃及福斯塔特遗址也有元代青花瓷片。同一时期在肯尼亚马林迪和蒙巴萨的遗址中，在坦桑尼亚马菲亚附近朱阿尼岛上的库阿和松戈·姆纳拉岛、基尔瓦的发掘物中，也有引人注目的青花瓷。在许多被认为是明初的青花瓷中一定有元代的产品在内。例如格迪出土了14至16世纪的青花瓷，以及元明之际的釉里红残片。

明代青花瓷大量运销亚、非、欧、美各地。青花瓷是名贵的礼品，同时又是最畅销的名牌货。海运之外，更有骆驼队商输往中亚和西亚。在西亚就有两处以收藏华瓷的精美和丰富闻名的博物馆，一个是伊朗北部的阿德比尔神庙（Ardebil Shrine），另一处是土耳其伊斯坦布尔东南的塞拉里奥宫，现称托普卡皮·萨莱伊博物馆（Topkapu Sarayi Müzesi）。

阿德比尔神庙在伊朗古都大不里士以东的阿德比尔镇，东距里海约50公里。这里是萨法维王朝祖先谢克·伊萨克·萨菲丁（死于1334年）的诞生地，筑有神庙。阿巴斯王（Abbas，1587—1628年在位）大加修缮，在1611年将珍贵的中国陶瓷1600多件献给神庙，其中1162件专辟一室搜藏（Chinī-Khāneh）。现归德黑兰考古博物馆收藏的仍有805件。藏品中有南宋、元龙泉青瓷58件，南方白瓷、元枢府窑瓷（景德镇印花白釉小足器）共80件，蓝釉7件，黄釉16件，酱釉3件，另有元明时期青花瓷618件，明代五彩23件。青花瓷中有珍贵的元青花器37件，尤其称重于世。

托普卡皮·萨莱伊博物馆原是奥斯曼帝国苏丹居住的塞拉里奥（Seraglio）宫。托

① 葛莱：《中国外销瓷在印度》（Basil Gray, The Export of Chinese Porcelain to India），载于《东方陶瓷学会年报》（TOCS）1967年12月。

② 普伯：《阿德比尔神庙的华瓷》（J. A. Pope, Chinise Porcelain from the Ardebil Shrine），华盛顿1956年版，第69页。

普卡皮·萨莱伊原意"大炮门宫"，可称胜利门宫。宫内厨房、库房、地窖中有大量瓷器，总数约达万件，华瓷约有8000件，包括宋末、元、明时期青瓷1300件，元、明青花约2600件，清代瓷器4000件。14至17世纪初的藏品主要是青花器，其中元青花80件，特别珍贵，有盖罐、葫芦瓶等。据塞拉里奥宫档案，1514年，奥斯曼帝国苏丹赛利姆一世（Salim I，1512—1520年在位）占领波斯首都大不里士后，从黑石特贝希（Heshtebesht）宫运回华瓷57件。1762—1792年的一份清单记录共有瓷器一万件。藏品大约有一部分是战利品，另有一些是外国使者的礼品。

15世纪以后，随着郑和宝船队的七下西洋，青花瓷（《星槎胜览》中的青花白瓷器）、青白瓷（《星槎胜览》中的青白花瓷器、青白瓷）已代替青瓷成为外销瓷的主流。对于中国瓷器，欧洲人最初是通过埃及递送的青瓷知道的，但只有到青花瓷盛行以后，中国瓷器才普遍为西欧社会所瞩目。具有浓重的装饰风格的各色青花瓷，特别是宣德青花器，是世界陶瓷市场上的珍品。埃及苏丹在15世纪中叶向威尼斯的执政（Dem）赠送中国青花瓷，不久又向豪贵洛伦佐·德·美第奇（Lorenzo de'Medici）馈赠更多的青花器[①]。埃及从中国输入的这些精瓷中一定有宣德瓷在内。1506年，卡斯提王腓立普因暴风雨落难，到了英国的威茅斯（Weymouth），受到特里查德爵士的优礼相待。腓立普便以两件宣德碗回报对方，其中的一件价值连城。开辟新航路的达·伽马、达·阿尔曼达都向葡萄牙国王曼纽埃尔一世（Emmanuel I，1469—1521年在位）进赠华瓷。现在里斯本科德斯（Cortes）陈列馆仍藏有宣德印记瓷碗。里斯本并藏有曼纽埃尔一世纹章的青花执壶，成为最早由中国为西欧定制的外销瓷。

1602年荷兰东印度公司成立后，开始从吧城（雅加达）和北大年转运华瓷。1604年，荷兰人攻袭葡萄牙商船圣·卡特林（Santa Caterina）号，获得华瓷60吨，运到阿姆斯特丹拍卖，法王亨利四世买得整桌餐具，英王詹姆斯一世亦购买过这批瓷器。荷兰人称这些专门为欧洲市场定制的美丽瓷器叫"洋瓷"（Kraaksporselein）。此后青花瓷成批运往欧洲，普遍到民间也都使用。1700年后，英、法继续进口大批华瓷，青花瓷于是在欧洲不胫而走。

四、华瓷的世界影响

中国的瓷器在长时期中源源不绝地运往世界各国，不断推陈出新，在世界市场上

[①] 艾伊斯：《早期明式瓷器》（John Ayers，Early Ming Taste in Porcelain），载于《维多利亚和阿尔伯特博物馆通讯》（VAMB）1966年第2卷第1期。

保持着旺盛的生命力。

华瓷成了友谊和交往的桥梁和象征。从中国沿海的明州、泉州和广州开始，陶瓷之路通过马六甲海峡和巽他海峡进入印度洋，分别由红海和绕过南非通向地中海和大西洋东岸各国。向东，这条陶瓷之路又分成两道，一道向东北伸向日本、朝鲜，一道通过菲律宾经由太平洋到达墨西哥和美国，把华瓷运往美洲。自从8世纪中国帆船和阿拉伯单桅船开辟了横越印度洋的航线以来，陶瓷之路便从亚洲伸向非洲，更通过地中海和欧洲相连。15世纪末，绕过好望角的新航路发现以后，陶瓷之路又跨过了大西洋，沟通了亚、非、欧三大洲。1423年鲁迷使节到达北京，表示一条从北京通往非斯的商路在陆上将中国和摩洛哥这两个分别在太平洋西岸和大西洋东岸的国家连到了一起。这条路可以称为陆上的陶瓷之路。1565年，西班牙正式开辟了马尼拉—阿卡普尔科航线，华瓷闯过太平洋到了美洲。陶瓷之路便从太平洋的西岸沿东西两个不同的方向和大西洋沿岸各国连成一体，成为跨越三大洋环绕全球的一条大动脉。

华瓷日益成为许多民族社会生活中不可或缺的因素。华瓷在东南亚各国成为日常生活中的普遍用具，同时又成为家家户户珍藏的器物。加里曼丹北部长屋居民将瓷罐和圣物放在一起，以示崇拜。缅甸人和菲律宾人常将精瓷埋于地下，只在节日取出使用。瓷器又可入药。缅甸丹那沙林居民和北加里曼丹的戴燕人（Dyaks）视瓷罐可以治病。印度尼西亚的一些地方用瓷碗作乐器，组成gamelan乐队。瓷器又被认为具有通神的魔力。巴拉望岛民用瓷钵盛米和槟榔，请巫师轻轻敲击，以通精灵。瓷器也被用作陪葬品，卡拉塔甘居民用中国瓷盘置死者身上，茶托放在手中。沙捞越米莱纳（Melanau）居民用大小瓷盘、瓷罐和器皿陪葬。沙捞越戴燕人墓有巨大的木柱，上面嵌有陶瓷碗。这种风俗在13世纪传到肯尼亚沿海，出现了五六米高的墓碑，顶上通常安置中国瓷瓶。在肯尼亚和坦桑尼亚各地，瓷器常被镶嵌在居室或寺院的壁龛中，或悬挂在墙上。从12世纪起，亚历山大里亚的富豪住宅便有陈设华瓷之风。瓷器既是日常生活中不可或缺的用具，同时也常常是一种永恒的纪念物。

华瓷又是重现已被湮没的历史的证据。菲律宾各岛、文莱、沙捞越、西里伯斯、马鲁古等地出土的华瓷，对研究中国与这些地区和国家的友好关系提供了物证。在东非，许多被遗忘了的城市全靠华瓷去断代。奇蒂克根据出土华瓷，将拉穆群岛的历史上推到了9世纪。格迪的发掘者詹姆士·坎克曼根据大量龙泉青瓷才能判断该城出现在12世纪。1955年英国考古学家莫歇·韦勒在坦噶尼喀56处遗址获得可喜发现后，满怀信心地预告，10世纪以来湮没无闻的坦噶尼喀沿岸的历史，将由中国瓷器重新延续成篇。

华瓷更是艺术和文化交流的命脉。输出的华瓷种类颇多，花样百出，四系罐、五管瓶、双耳瓶、梅瓶、军持、圆口盘、执壶风行海外各国。华瓷的纹样和装饰手法成了世界工艺美术中的杰作，如莲瓣纹、蕉叶纹、缠枝花卉、牡丹、菊花、松竹、梅花、海棠、山茶花图案，成为亚、非、欧各国人民喜闻乐见的艺术图像。华瓷的技术成就更是各国竞相效法的楷模。埃及从9世纪以后，伊朗从11世纪起，意大利威尼斯自1470年起，各国先后仿效华瓷。但在相当长的一段时间内，各国的仿制品仍难和中国所产瓷器匹敌。华瓷在欧洲的流行，又推动了17世纪下半叶以后洛可可艺术在西欧各国的兴起，对欧洲近代建筑和工艺美术的革新作出了贡献。

古代阿拉伯人笔下的中国

中世纪初期，阿拉伯人在亚洲西部和非洲北部建立起强大的哈里发帝国，和亚洲东部的唐帝国东西辉映。750 年，哈里发帝国伍麦叶王朝（661—750年）覆灭，阿拔斯王朝（750—1258年）代兴，开始了中阿关系史上的"新纪元"。中国经历了唐、宋、元三朝，在好几个世纪中和阿拉伯各国保持着频繁的往来。双方的使节、商人、学者互相来访，中国的巧匠曾移居阿拉伯各地，阿拉伯的传教士和移民也经常来到中国，在那里寻找诱人的财富，传布伊斯兰教和吸取异国的文明。在整个中世纪，中国高度发展的文化是值得夸耀的伊斯兰文化以外的另一棵结出丰硕果实的文明之树。在到过中国的阿拉伯人眼中，作为东方大国的中国的一切都是新鲜的，因而在他们的笔下保存了许多关于中国的政治、法制、地理、文化、艺术和风俗习惯的忠实记录。

一、中国人口繁多，十分富庶

中国最初便是作为东方终端的一个大国形象出现在阿拉伯人心目中的。伊本·郭大贝（Ibn Khordadhbah）的《省道志》成书于846年，是最早描述中国的阿拉伯著作。在这部书中，作者对于在那时新近发展起来的海上交通特别感到新奇，兴致勃勃地记述了从波斯湾向东航行抵达中国东南沿海各港的情景：中国沿海自南向北有四大海港，分别是瓦景（越南半岛的比景）、广府（广州）、越府（宁波）、江都（扬州）。这些港口都出产米、铁和瓷器。换句话说,这些都是各海港外运的产品。伊本·郭大贝对中国这个东方的文明大国是这样介绍的:"中国有三百个名都大邑,人口繁多,十分富庶。该国止于海滨,和图伯特、突厥、印度为邻。"又说:"无人能够知道过了中国再向前是哪个国家。"

穆斯林著作家眼中的中国是处于阿拉伯世界之外的最伟大的国家,直到14世纪中叶仍无变化。1346年抵达泉州的摩洛哥人伊本·白图泰(Ibn Battúta)的巨著《亚非游记》也是这样认为的。伊本·白图泰到过亚洲和非洲的许多地方,见闻十分广博。他屡屡称颂大汗治理有方,中国国土广大,人民生活富裕,城乡经济发达,俨然是当时世界上最强大的国家。

从唐朝开始,中国对外贸易的活跃、中国远洋航业的繁荣给当时在印度洋国际贸易中执牛耳的阿拉伯人留下了深刻的印象。从苏莱曼·丹吉尔(商人苏莱曼)到伊本·白图泰,他们对中国远洋帆船的突出成就都给予毫无保留的赞扬。苏莱曼是一位在早期到过中国,并在851年留下了整部游记的旅行作家,特别使他感叹的是中国欣欣向荣的远洋航业。中国帆船体制雄伟,货位充裕,航行安全,和船板用椰索捆扎、不用铁钉,只具单桅,在远洋航行中容易出事故的阿拉伯帆船形成明显的对比。他说,在南印度的故临,一艘中国船要纳的税是1000个迪尔汉(银币),其他各种船只则只需缴纳1到10个第纳尔(金币)。阿拉伯钱币迪尔汉和第纳尔的兑换率是22比1,由此推算出来中国帆船所纳过境税是其他各国船只的4.6倍到46倍,中国船所载丝绸、瓷器、铁器和药物的数量和价值就不难想见了。到了元代,中国帆船已在印度洋东部和南海航行中遥遥领先,伊本·白图泰在南印度各港见到的中国帆船就有十多艘。那时到中国来的外国商人都要在南印度换乘中国帆船。在这一时期,中国不但在陆上,而且通过海路,和世界各国特别是阿拉伯各国建立了广泛的联系。中国拥有世界上第一流的海港。伊本·白图泰不但将泉州和亚历山大里亚、苏达克等世界大港并列,甚至说,即使将泉州称为世界最大海港也不为过。这些阿拉伯著作正反映出中国在那时是一个海上强国。

中国的影响、中国的财富吸引着阿拉伯人,这正是阿拉伯侨民在中国境内大为增加的原因。在中国北方的阿拉伯侨民的情况,见于曼苏地(al-Masūdi)的《黄金草原》(著于947年)。曼苏地熟悉中亚地理,他记述图伯特国(吐蕃)人口大半为希米雅尔人,其间也有陀拔族的后裔。曼苏地的记载当然过于夸张,但在党项族居地,有也门王陀拔的遗民大约是事实。据阿卜杜勒·米撒尔(Abū Dulaf Mis'ar)所著《行纪》,这些也门遗族是帮助唐朝平定安史之乱的阿拉伯军队的后裔。这些阿拉伯军队在穆斯林著作中被说成是陀拔大军远征中国之举。在南方，阿拉伯侨民都集中在广州，阿布·赛德·哈桑（Abu Said Hasan）和曼苏地都提到879年黄巢攻占广州后屠杀当地外侨的事件。当时伊斯兰教徒、基督教徒和犹太人被杀的据说总数达到12万人。

辽国兴起后，曾和立都中亚布哈拉的萨曼王朝（874—999年）有过外交上的接触。阿卜杜勒·米撒尔在所著《行纪》中记述了这一事件。《行纪》佚文见于雅库特和卡兹维尼的引述。萨曼苏丹纳斯尔·本·阿赫默德（Nasr bin Ahmad，914—943年在位）在923年派使者到辽都上京通好，这件事见于《辽史·太祖本纪下》。又据《行纪》，那时中国国王喀林·本·沙乞尔（Kalin ibn as-Sakhir）派使团到布哈拉，要求和萨曼王朝联姻。纳斯尔不愿以女下嫁中国，却同意娶中国公主为王子配偶，派使臣随中国使团在941年启程来华。阿卜杜勒·米撒尔随团旅行，先后经哈拉汗、塔黑塔，历时9个多月，最后到达中国的都城山达比（Sandaibl）。这个中国都城是辽都上京临潢府（在今内蒙古赤峰市巴林左旗林东镇旁）。918年，耶律阿保机命令建都，名"皇都"，938年将皇都改为上京。山达比是"上都"的音译。米撒尔经过天山附近的草原，取道河西走廊到达临潢。米撒尔说上都极大，绕城一周要花费一天的工夫，从王宫起有60条街伸向四方。城中有大庙，围墙之大胜过耶路撒冷城，并有高塔一座。城内印度人、突厥人很多。辽上京遗址现在仍能见到。遗址分南北二城，北面是皇城，南面是首尔。皇城是契丹统治阶级居住处，城周长6344米。首尔是工匠和平民居住区，城周长5829米。两城总长12.17公里，大致和文献记载"幅员二十七里"（《辽史·地理志一》）相当。皇城内有辽太宗时建造的安国寺遗迹。上京城外现存砖塔两座，城南的通称南塔，是八角七檐空心砖塔，高25米。林东镇内的通称北塔。这座上京遗址当就是阿卜杜勒·米撒尔见到的中国都城，他所说的中国皇帝正是辽太宗耶律德光（927—947年在位），喀林一名是耶律的音转。as-Sakhir是上京，上京的命名和建设正是耶律德光统治时期的事。由于契丹国势兴盛，上京因此名扬中亚。米撒尔在上京办理婚约，诸事顺利，才离别返国。契丹公主下嫁呼罗珊王子挪亚·本·纳斯尔，随同奴仆200人，宫女300人。除契丹人外，大约也有擅长纺织的汉人在内。后周广顺年间（951—953年），胡峤曾到过上京西楼，见到那里的绫锦诸工匠、宦者、翰林、伎术、教坊、角抵等都是汉人。

二、中国政治清明，制度完善

920年，伊本·赛德·哈桑发表了《琐记》，书的下半部叙述到过广州并进谒唐僖宗的科莱人瓦哈伯的亲身见闻。瓦哈伯在唐朝的首都长安见到了僖宗。这本书通过记叙瓦哈伯和僖宗的对话，描绘出中国皇帝是一个精通世界历史和国际形势，并尊重各大宗教的君主。僖宗曾告诉瓦哈伯，阿拉伯、中国和突厥、印度、希腊是世界上五个大国，其中尤以国土广大的伊拉克（阿拉伯）君主和人民繁庶的中国皇帝最为尊荣，后者享有"人类之王"的尊号。在一本写于982年的波斯文佚名著作《世界境城志》中，第9章到第60章分国论述，其中第9章便是"中国所属各地"。

最早从海上来到中国的苏莱曼谙熟广州侨民的生活。他说，由于伊斯兰商人常聚集在广州，中国便在广州设立了蕃坊，由伊斯兰侨民中推选一人担任法官，按照伊斯兰教规治理侨民。被推举者都为人正直，深受侨民爱戴。移民区中有清真寺一所，蕃长常和侨民共同祈祷。侨民的宗教信仰完全受中国政府保护。对于入境的外国商船，由政府派官员代管商货，征收30%的税额。政府可以高价优先挑选珍货，发送京都，其他货物都由商人自由出售。苏莱曼对中国政府的行政设施十分赞赏。他说，学校由政府设置，并提供一切经费。每逢荒年，政府便开放公仓，向贫民救济米粮及药物。对中国的吏治，苏莱曼表示倾慕。他认为官吏办事公平，有条不紊。据说各城官长枕边备有专用的铃，直通大门之外。百姓凡有申诉，便可拉动铃绳。官员闻警，即可召见申诉者，及时处理案件。这一记述极为生动地反映出中国官吏秉公办事、体贴民情的良好品质。这种精神在世界上显然也是特有的。

在阿拉伯人看来，中国的政治一直是开明的典范。伊德里西在《旅游证闻》（著于1154年）中称赞中国的君主施政合理，胸怀宽厚，特别关心臣民的疾苦。他甚至根据传闻说，中国百姓可以不必经过官员的准许便可直接觐见皇帝。在伊本·白图泰《亚非游记》中，也可以见到关于中国法制严明，对海上贸易管理非常完善的记载。他特别注意到元朝驿政管理十分理想，以为"在中国旅行最为稳妥便利"。旅途既便利又安全，从广州到北京一路都是如此。

三、中国出产的杯、碗，透明程度可和玻璃相比

中国物产的富饶、居民手艺的精巧对阿拉伯世界具有强大的吸引力。伊本·郭大贝提到中国的出口货有棉布、麒麟竭（血竭）、芦荟、樟脑（龙脑）、帆布、马鞍、瓷

器、绸缎、肉桂、高良姜。《世界境域志》的作者十分佩服中国居民的手艺。虽然他所称道的中国人只是北方人，但他已感到"他们制品的精巧，令人惊叹不止"。中国出产大量黄金、丝绢、格子府绸、织锦缎、瓷器、肉桂、牛角刀柄，并用"出产一切珍奇异物"来总结中国的物产。

丝绸是中国的传统产品，早已行销世界。在中世纪，即便波斯、叙利亚、利凡特已能生产精美的各类丝织品，但中国丝绸仍然以它独有的特色畅销海外，成为阿拉伯各国市场上具有竞争力的商品。泉州的别称"刺桐"，由于盛产丝绸，在元代行销亚非各地，使得"刺桐"成了丝绸的代号。

在各种物产中，瓷器这种独步世界、荟萃绘画和雕塑艺术于一身的产品，由于兼具精美品质和实用性，尤其受到阿拉伯世界的尊重和热爱。瓷器既因它有实用价值而从8世纪末起便成批行销海外，而且也因品质的精美而成为观赏艺术品。据贝哈基在1059年记载，瓷器最早引起阿拉伯人注意的时间在哈仑·拉施德（786—806年在位）在位期间。当时，呼罗珊总督阿里·伊本·伊萨向巴格达进献了20件中国御用瓷器，在哈里发宫廷引起轰动。伊本·法基（Ibn al-Faqīh）的《地理志》（著于903年）曾将中国丝绸、瓷器和灯具并列为三大名产。

最早注意到瓷器制造方法的是苏莱曼·丹吉尔。他提到瓷器时说："中国出产一种优质的泥土，用来制作杯、碗，透明的程度可和玻璃相比。"死于1038年的塔里比在论述中国艺术时特别指出，中国的瓷器十分有名，这些透明的瓷制器皿有煮食物的罐，煎食物的锅，也有盛食物的碗。他说瓷器"以杏色的最佳，胎薄、色净、音脆。奶油色的次之"。长期侨居印度的阿拉伯学者比鲁尼（973—1049年）也对华瓷赞不绝口，说："中国瓷器透明、洁净，如同水晶。"他更指出这些瓷器都从甬江输出。在阿拉伯各国最受欢迎的便是以杏色为底色的唐代长沙铜官窑的彩瓷。这些瓷器和青瓷一样，至少有一部分也从甬江口的宁波港运往海外各地。和广州一样，从唐末开始，宁波也是重要的瓷器输出港。

伊德里西的《旅游证闻》也特别提到宋代新兴的海港泉州的出口货是瓷器。伊德里西称赞泉州"建筑华丽，买卖兴隆，商务信誉驰名于世。所产瓷器极其精美，中国所称的建瓷尤其别致"。中国的瓷器、丝绸和煤块，特别使伊本·白图泰感兴趣。他说瓷器产在刺桐（泉州）和秦克兰（广州）二城，并叙述瓷器如何由瓷土烧炼而成。他认为广州市场雅致，世界各大城市都无法与之相比，而其中最大的就是陶瓷市场。他专门注意到中国人将瓷器运到印度、也门，再转运到摩洛哥。这种瓷器，他认为当世确是首屈一指。伊本·白图泰非常佩服中国人民具有的高超技艺，他热情称颂："中国人是各民族中手艺最高明和最富有艺术才华的人民。""至于绘画，中国人在这方面的才能是非凡的，世界上没有一个民族——不管是基督徒或非基督徒——能与之相比。"这可以说表达了阿拉伯作家们的共同心声。

元代爱薛事迹新论

蒙古帝国版图辽阔，哈剌和林的大汗庭中聚集了来自世界各地的贵族、将领、占星家、学者、通译、医生、乐师、舞蹈家和工匠，西域拂林人爱薛是其中的一个。爱薛（又译海薛、爱绥等）生平事迹，尚有许多有待进一步探讨和认识之处。

一、爱薛的生平和原名

爱薛（1226—1308），《元史》卷一三四有传，主要依据程钜夫《拂林忠献王神道碑》（《雪楼集》卷五），只知道他原籍"拂林"，"通西域诸部语，工星历、医药"。爱薛起初应拖雷妻唆鲁禾帖尼别吉的征召，代替年迈的父亲不鲁麻失从叙利亚来到哈剌和林，由列边阿答介绍给元定宗贵由（1246—1248年在位）。爱薛的原籍拂林又作弗林，宋代是亚美尼亚的罗姆国。元代又改用佛郎这个新名词称呼欧洲人（法兰克人）仰仗十字军在地中海东部沿海建立的国家和欧洲基督教国家，叙利亚、利凡特也包括在佛郎的范畴之中。爱薛久住叙利亚，并非拜占庭人[①]。他精通好几种语言。阿拉伯语是当时西亚、北非通用的国际语，当然也是爱薛最熟练的语言。根据他的专长天文、医学和曾居住的地方，他一定也懂得希腊语、波斯语、叙利亚语。而且他供职于元朝宫廷时间极长，故也能讲蒙古语。

---

① 多桑：《蒙古史》(Mouradja d'Ohsson, Histoire des Mongols, Dépuis Tchinguiz-khan Jusqu'à Timour Bey ou Tamerlan)，第1卷，阿姆斯特丹1834年版，第377页。

爱薛最早到中国的时间还在旭烈兀西征以前,伯希和考订在1246年[①]。定宗贵由统治时期,他就在宫廷中担任要职。史载他性格"直言敢谏",一定参与了当时一些国家大政的处理。宗王忽必烈因此对他刮目相视。由于爱薛精通阿拉伯天文、历法和医学,又是一位出色的科学家,元世祖忽必烈(1260—1294年在位)执政以后,便在中统四年(1263年)任命他专管西域星历、医药二司。后来专设广惠司。《元史·百官志四》说,至元七年(1270年),广惠司始置提举二员,秩正三品;《元史·世祖本纪五》却说,1273年,改回回爱薛所创京师医药院名为广惠司,仍由爱薛主持。前后相差的时间正是广惠司筹建的时间,有三年之久。1273年农历六月,元朝决定改革天文台的管理体制,将汉儿、回回两个司天台合并,由上一年成立的秘书监统一管辖。曾经在1267年向忽必烈进呈万年历的波斯人扎马刺丁(扎马鲁丁)由回回司天台提点升任秘书监(从三品)。自从扎马刺丁负责回回天文台后,直到1273年,爱薛便主要掌管回回医疗事业了。元朝从忽必烈开始便对阿拉伯天文和医药非常重视,由政府设立专门机构加以维护、推广,主其事的便是具有业务专长的科学家爱薛。

爱薛不仅管理科学、医药事业,而且凭借忽必烈对他的宠幸,敢于主持正义,参与政治斗争。至元十三年(1276年),丞相伯颜灭南宋,班师回朝,权势臻于极顶,因而受到政敌的诽谤和攻击。爱薛却站在伯颜一边,替他的功绩辩解,终于说服了忽必烈。伯颜的声誉才得以保全。

爱薛政治生涯中的一件大事,是1283年农历五月奉命伴随孛罗丞相出使波斯,进谒伊尔汗阿鲁浑(1284—1291年在位)。这次出使,时间多久,完成了什么使命,《元史》没有交代。拉施德丁《史集》第三卷《阿鲁浑汗传》则有相应的记载。回历683年8月4日星期一(公元1284年10月16日),"阿鲁浑汗来到阿兰的撒莱·满速里牙时,大汗派来的急使孛罗丞相、爱薛·怯里赤等同时到达"[②]。爱薛在使团中的名次在孛罗之后,充当副使,职称"怯里赤"又译"怯里马赤"(Kälämči),意思是"通译"。程钜夫《拂林忠献王神道碑》记这次出使:"(爱薛)介丞相博啰(孛罗)以行。还遇乱,使介相失。公冒矢石出死地,两岁始达京师,以阿鲁辉王所赠宝装束带进见。令陈往复状。上大悦,顾廷臣叹曰:'博啰生吾土,食吾禄,而安于彼;爱绥(薛)生于彼,家于彼,而忠于我:相去何远耶!'拜平章政事,固辞。"从此孛罗长期定居伊朗,爱

①　伯希和:《蒙古人与教廷》(P. Pelliot, Les Mongols et la Papau'té),载于《基督教东方评论》(Revue de L'Orient Chrétien)1923年第3卷。

②　拉施德丁:《史集》(Rashīd ad-Dīn, Jami' al Tawārīkh),第3卷,阿帕娜(A. K. Apenae)俄译本,莫斯科1946年版,第116页。

薛则更加受到忽必烈的赏识。

爱薛回国不久，忽必烈便授以平章政事的重任。因爱薛不愿担任行政职务，一再辞谢。忽必烈考虑到他的专长，在1287年将他改任秘书监，1289年置崇福司，由爱薛任崇福司使（从二品），管理全国也里可温基督教徒。后来又调任翰林学士承旨，兼修国史。忽必烈死后，元成宗铁穆耳（1294—1307年在位）继位，对爱薛仍然非常信任，大德元年（1297年）授予爱薛平章政事的要职。1307年成宗去世，爱薛在汗位争夺中失去了靠山，不久便与世长辞了。《元史》记载："成宗崩，内旨索星历秘文，爱薛厉色拒之。仁宗时，封秦国公。卒，追封太师开府仪同三司、上柱国、拂林忠献王。"《神道碑》说爱薛在至大元年（1308年）六月卒于上都，年八十二。

爱薛的儿子，据《元史》有五个，据《神道碑》则有子六人，即也里牙、腃合、黑厮、阔里吉思、鲁合、咬难。除黑厮（Hasan）外，其他人的名字都像基督教徒。过去都以为爱薛是阿拉伯语中的耶稣（'Isā），是个信奉景教的阿拉伯人。柯提埃根据1285年阿鲁浑汗致教皇国书，将爱薛的原名复原成'Isā Tarjamān，Ise Terchiman，"通译爱薛"；又按中国传统计岁法，将他的生卒年定在1227—1308年[①]。对爱薛的生平业绩，柯提埃却很难有什么补充。

爱薛的一生，和伊尔汗有密切的关系。程钜夫《拂林忠献王神道碑》明确提到爱薛曾多次出使绝域，是办理外交夙有成效的卓识之士。"癸未（1283年）夏四月，择可使西北诸王所者，以公尝数使绝域，介丞相博啰以行。"这是爱薛在1283年以前至少已经二次出使中亚和西亚的明证。

在伊尔汗马拉格天文台工作的许多科学家中，有一个通称麦海丁·马格里布（Muhyī al-dīn al-Maghribī）的天文学家，他的生活年代和事迹有很多地方都可以和元朝的爱薛暗合。麦海丁·马格里布全名麦海·米勒·瓦丁·叶海亚·伊本·穆罕默德·伊本·阿布·舍克尔·马格里布·安达卢西（Muhyī al-Milla Wal-dīn Yahyā ibn Muhammad ibn Abī-l-Shukr al-Maghribī al-Andalusī）。他是一个出生在科尔多瓦统治下的安达卢西的西班牙穆斯林，生卒年代都不清楚，生平活动也不具体。他专长数学、天文，曾经在叙利亚居住过，然后又到马拉格。麦海丁·马格里布又称阿布·舍克尔·马格里布，据说他在马拉格研究中国的天文历法，在那里发表了专著《中国历法》

---

① 柯提埃：《中国通史》（Henri Cordier，Histoire Générale de la Chine），第2卷，巴黎1920年版，第387页；格鲁塞：《远东史》（René Grousset，Histoite de L'extrême Orient），巴黎1929年版，第465页，书中将爱薛六子说成四子。

（Risālat al Khitā' wal-Ighūr）。阿布·舍克尔这个名字正是爱薛的原名。陈垣《元也里可温教考》认为姚燧《考崇福使阿实克岱追封秦国忠翊公制》（《牧庵集》卷二）中的阿实克岱便是爱薛，但未指出原名①。abi-1-Shukr这个名字最合乎阿实克岱的译名②，中文以"阿"称"阿布"，"舍克尔"译成"实克岱"是因尾音[r]常可转作[d]或[t]。

阿布·舍克尔是作为旭烈兀的上宾应聘到马拉格天文台工作的。1259年，旭烈兀委派他的首相（Wazīr）、波斯科学家纳速剌丁·杜西（Nāsir al-din al-Tūsī，1201—1274年）在首都大不里士以南马尔米雅（Urmīya）湖东的马拉格创办天文台时，阿布·舍克尔尚未被列入参与筹建工作的科学家名单中。纳速剌丁·杜西在他的《天文表序言》中曾列举最早协同他工作的有伊本·奥玛尔·卡兹维尼（'Ali ibn 'Umar al-Qazwīnī）、乌尔迪·迪曼希基（Mu'ayyad al-dīn al-'Urdi al-Dimishqī）、梯弗里斯的法克尔·卡莱泰（Fakhr al-dīn al-Khalātī）、莫苏尔的法克尔·马拉格（Fakhr al-dīn al-Marāghī）。此外还有在巴格达解围后才出狱的伊本·富泰（Ibn a1-Fūtī，又称 Abd al-Razzaq，1244—1323年），也协助过纳速剌丁·杜西，后来成为图书馆的负责人。阿布·舍克尔和叙利亚百科全书科学家阿布·法拉杰（Abū-l-Faraj，1226—1286年）也属于早期马拉格天文研究者的行列，但并未从事天文台的筹建工作。他们二人都曾在纳速剌丁·杜西的领导下从事研究。阿布·法拉杰自1268年起便多次在马拉格讲学、研究，直到1286年在那里去世。按照乔治·萨尔顿安排的时间表，阿布·舍克尔参加马拉格科学研究工作的时间大致在1264—1265年间③。他不仅在马拉格见到过阿布·法拉杰，并且由于二人同信基督教，彼此精熟叙利亚语，因而有过紧密的合作关系。阿布·舍克尔便是这样一个祖籍西班牙，后来又由叙利亚移居中国的阿拉伯科学家。

二、爱薛和马拉格的科学研究

在中国史籍中，爱薛的业绩都发生在中国的上都（哈剌和林）和大都（北京），而在马拉格的历史宝库中，他却以麦海丁·马格里布或阿布·舍克尔·马格里布的名字留下了多达14种的极为丰富的阿拉伯语科学著作。通过科学活动，爱薛在马拉格研究

---

① 陈垣：《陈垣学术论文集》（一），中华书局1980年版，第18页。

② 韩儒林将阿实克岱复原为 Asutai，使之符合蒙古音，但却略去了"克"音。见韩儒林：《爱薛之再探讨》，华西大学《中国文化研究所集刊》1941年第1卷第3期；韩儒林：《穹庐集》，上海人民出版社1982年版，第104页。

③ 乔治·萨尔顿：《科学史导论》（George Sarton，Introduction to the History of Science），第2卷，巴尔的摩1931年版，第1015页。

天体物理和历法的国际协作中占有显著的地位。在马拉格进行的天文、历法和数学等各个方面的科学研究中，爱薛的工作也成了不可或缺的一部分，因此他的全部著作都被列入马拉格在它全盛时期所取得的成果之中，成了马拉格的宝贵财富。

在13世纪下半叶，马拉格是西亚和地中海伊斯兰世界——包括波斯的伊尔汗国、突厥的罗姆国和埃及马木鲁克王朝——中唯一具有周全的设备、雄厚的实力、系统的研究的科学中心。马拉格在纳速剌丁·杜西的精心培育和指导下建立了规模宏大的天文台。天文台位于马拉格城西的山岗上，占地137米×347米，装备有精良的仪器，其中有些是从巴格达和阿拉木图移去的[①]。马拉格还拥有一个藏书40万卷的图书馆。照伊本·夏克尔（ibn Shākir）的说法，这些图书多数由蒙古军从叙利亚、美索不达米亚和波斯搜罗而得。依靠这些优良的设备，马拉格不但一跃而成当时世界最著名的天文观测站，而且发展成当时世界第一流的科学研究中心。它在伊斯兰文化史上的重要性简直可与9世纪初在巴格达由哈里发暮门成立的"智慧宫"（Bayt al-hikma）和11世纪初哈基姆在开罗开办的"科学馆"（Dār al-hikma）相媲美。

东方和西方的许多科学家和学者都到过马拉格从事研究，进行学术交流，以促进科学事业的发展。

1272年，纳速剌丁·杜西和他的同事通力合作，如期完成了他早先认为需时30年，而旭烈兀却限令他在12年内完成的《伊尔汗天文表》（al-Zīj al-īlkhānī）的编制工作。这部用波斯文写作的《天文表》共分四卷，第一卷分纂中国、希腊、阿拉伯和波斯历法，第二卷讲行星运行，第三卷讲天文历，第四卷讲占星术。《天文表》是马拉格天文学家的主要成果，也是聚集在马拉格的各国学者各献所长、精心研究的杰作。天文表记录了许多新的天文实测数据，在以后两个世纪中成为世界各地天文测量的依据，在中亚、印度和中国广泛流传。

在《伊尔汗天文表》中，中国天文历法和希腊、波斯、阿拉伯历法并列，占有重要的地位，故其中也凝结着许多中国天文学家的心血。旭烈兀西征时，从中国带去一批学者，尤以占星学者居多。忽必烈也曾派遣中国科学家到马拉格工作，其中有个叫傅蛮子（Fao-mun-ji）的，纳速剌丁·杜西就是从他那里了解中国的天文、历法，请

---

① 米诺尔斯基：《伊斯兰百科全书》（The Encyclopaedia of Islam）"马拉格"（Marāgha）条，莱顿1930年版，第3卷，第261-266页。

教推步之术的[1]。傅蛮子当然是中国南方的汉人。在元人王士点、商企翁的《秘书监志》卷十中有个著作郎傅岩卿，至元二十五年（1288年）四月十九日从仕郎升著作郎，该书卷九记他在至元三十一年（1294年）八月二十四日更从承德郎升任秘书少监。傅岩卿应该就是这个精通天文的傅蛮子。

借助于自己的学术活动，爱薛也在马拉格进行了范围颇广，涉及天文、历法、三角、几何、占星术等各方面的研究。爱薛是那些来到中国寻求知识的许多西班牙穆斯林中的一个。伊本·穆罕默德·塔林沙尼·麦盖里曾列举了在科尔多瓦王朝统治下游学东方各地的西班牙阿拉伯医生、学者和科学家的名字，从12世纪起，他们以学术上卓越的成绩跻身于巴格达和开罗杰出的科学家的行列之中。爱薛通过他在叙利亚的经历，和埃及的阿优布王朝、巴格达的阿拔斯王朝都打过交道，后来以一个基督教徒的身份移居哈剌和林。他多次被派出使"绝域"，也是由于他在语言、宗教信仰和生活习俗等方面有许多方便之处。

爱薛在马拉格的研究可分五个方面。几何、三角是他原来的主攻科目，因为数学是天文学家，特别是继承了希腊传统的阿拉伯天文学家必须掌握的学科。其次，对希腊经典著作的校订也是他在马拉格的重要工作。此外，他还有关于历法、占星术和观象仪研制的著作。

（1）几何和三角：《算弧三角法》（Kitāb Shakl al-Qattā'），是爱薛对几何和三角的重要著述，和纳速剌丁·杜西的著作同名。纳速剌丁·杜西的《算弧三角法》是世界上对平面、球面三角形最早的系统论述，代表了希腊、印度、阿拉伯科学体系的顶峰。书中采用了曼尼劳斯用横断线切割三角形的定理。爱薛写作这本同名著作是以纳速剌丁·杜西为蓝本的，而又有所创新。例如求证球面直角三角形正弦的定理有二，其一和纳速剌丁·杜西的不同，此法后来被推广到其他三角形的求证。

（2）希腊经典著作的编选：共有欧几里德（Euclid）、阿波罗涅斯（Apollonios），齐奥多息斯（Theodosios）、曼尼劳斯（Menelaos）和托勒密（Ptolemy）五种。除了欧几里德的《几何原本》外，其他各本都被称作"精选本"（Tahdhīb）。纳速剌丁·杜西也曾从事希腊科学著作的校订，他编纂的这些同名的希腊经典著作则被称为"修订本"（Tahrīr）。托勒密的《行星体系》（一译《天文大集》）也由爱薛应阿布·法拉杰之请在

---

[1] 多桑：《蒙古史》（Mouradja d'Ohsson, Histoire des Mongols, Dépuis Tchinguiz-khan Jusqu'à Timour Bey ou Tamerlan），第1卷，阿姆斯特丹1834年版，第265页；布鲁塞：《蒙古史绪论》（E. Blochet, Introduction à L'histoire des Mongols），莱顿1910年版，第98–99页；乔治·萨尔顿：《科学史导论》（George Sarton, Introduction to the History of Science），第2卷，巴尔的摩1931年版，第1005页。

马拉格予以精选成《行星体系萃编》（Khulāsat al-Mijistī）。

（3）历法：《中国历法》（Risālat al-Khitā' wal-Īghūr），这是一份关于中国历法的具有代表性的总结之作，也是第一部对中国历法作了系统介绍的阿拉伯文著作。

（4）占星术，共有六种：

《实用阴骘入门》（Kitāb al-Madkhal al-Mufid fī Ḥukm al-Mawālid）

《星书》（Kitāb al-Nujūm）

《十二宫行星会合考》（Kitāb al-Ḥukm 'alā Qirānāt al-Kawākib fī-l-Burūj al-Ithnā 'Ashar）

《天体积年指断》（Kaifīyat al-Ḥukm 'ala Taḥwīl Sini-l-'alam）

《杂札》（Kitāb al-Jāmi' al-Saghīr）

《历算宝鉴》（'Umdat al-Hāsib wa Ghunyat al-Tālib）

（5）观星仪的研制：《星仪平议》（Tastīḥ al-Asturlāb）

爱薛在天文、历法、占星方面的独到研究受到元朝的重视。这些门类广博的著作的完成需要多年的时间。那么，爱薛在马拉格的研究又是如何安排的呢？这就涉及爱薛曾经不止一次地出使伊朗，在马拉格进行科学考察，和聚集在那里的波斯、阿拉伯、叙利亚学者广泛交换研究心得，从而推动了那里科学事业的发展。

三、爱薛三次出访马拉格

元至元二十年（1283年）五月，爱薛作为忽必烈的特使孛罗的副手前往伊朗，这是有明确记载可据的，但使团到达阿鲁浑驻地的时间已在1284年冬。爱薛参加马拉格研究中心的科学活动的时间只能从1285年算起。爱薛归国的年代史无明文，只知道他回到大都后就辞去平章政事的官职，不久就任秘书监，领崇福使。《秘书监志》卷九有哈克缴（一作海薛），下注："至元二十四年（1287）六月十四日上。"哈克缴、海薛应即爱薛。果如此，爱薛在1287年农历六月业已回国，出任秘书监。从《秘书监志》还可以找到1288年正月执掌司天台的有扎马剌丁和爱薛两个回回人。如果爱薛职位不是虚悬，那么他至晚在1287年冬应已归国。翌年，又设置崇福司。崇福司这个机构有崇福司使四名，官阶最高的秩从二品，专管马儿（主教）、哈昔（圣徒）、列班（祭司）、也里可温十字寺祭享等事。乔治·萨尔顿以为爱薛在1291年升任秘书监兼领崇福使[1]，

---

[1] 乔治·萨尔顿：《科学史导论》（George Sarton, Introduction to the History of Science），第2卷，巴尔的摩1931年版，第1021页。

是全无根据的。爱薛既在1287年回国，那么他在伊朗居住的实际时间还不足两年，因为《神道碑》说他在路上就费时两年之久。姚燧《考崇福使阿实克岱追封秦国忠翊公制》中说他出使西海，"竟怀重宝而归，已忽焉四三年之久"。出国的时间是三四年，更足见1287年一定已经回国述职。在短短的一年略多一点的时间中要完成大量的科学著作，在那时的条件下比较困难。

诚然，也存在着这样的可能，在马拉格工作的许多中国科学家，还有很多阿拉伯和波斯天文工作者，可以协助爱薛进行工作。爱薛只是作为一位有地位的访问学者在马拉格主持他热衷的各项工作，因此在短短的时间内可以完成许多项研究，取得可喜的成果。许多中国科学家，包括傅岩卿在内，都是早在1283年孛罗使团出发以前便在马拉格工作了。等到爱薛前往参与马拉格的研究活动时，毫无疑问，他一定在马拉格华籍人员中处于领导的地位，因此原先各项已有眉目的工作，诸如根据纳速剌丁·杜西的《算弧三角法》改编的同名著作，对希腊经典科学著作的选编和各种占星术的论著的完成，最后都挂到了爱薛的名下。

尽管这样，爱薛的许多著作仍难以设想都是一次性在马拉格完成的。要么，有些著作是在中国进行的，只是最后拿到马拉格去发表；要么，爱薛一定不止一次去过马拉格，换句话说，他在1283年出国以前已经有过一次甚或二次前往马拉格进行访问的经验了。《神道碑》说爱薛在1283年前已"屡使绝域"，便暗示他不止一次到伊朗访问过。

爱薛发表的阿拉伯文著作，对确定他出访马拉格提供了两项依据。一个依据是，他选编托勒密的《行星体系》是应叙利亚科学家阿布·法拉杰的请求的，因此，这一工作一定是在阿布·法拉杰参加马拉格科研工作期间完成的，换句话说，是在1267年以后写成的。阿布·法拉杰是用叙利亚文写作的最后一位伟大的科学家，到14世纪时，叙利亚文便完全被摒弃不用了。阿布·法拉杰学识渊博，一身兼具史学家、修辞学家、哲学家、神学家、天文学家、医生、散文作家的多种专长，同时又是一位阿拉伯语翻译家，很多科学著作都经他从阿拉伯文译成叙利亚文。对托勒密、欧几里德的研究更是他的杰出成就，他曾应邀在马拉格讲授这两位希腊科学家的学说，于1268年讲授欧几里德，1272—1273年讲解托勒密。他在1279年发表过一部题作《智慧的攀登》(Sullāqa Hāunānāyā) 的天文学著作，便是托勒密《行星体系》的摘编，大致是他在1272年起直到1279年离开马拉格时所作天文学讲演的讲义，也是叙利亚语中唯一值得重视的天文学教科书。1264—1277年间，他经常来往于巴格达、莫苏尔、马拉格和大不里士四处城市，参与了《伊尔汗天文表》的编制工作。1278—1279年一度留住马拉格。对托勒密著作的编选必定是在爱薛和阿布·法拉杰会见时进行的。

据《元史》，爱薛在1268年跟从忽必烈到保定狩猎，而在1268年以后直到1273年广惠司正式成立期间的事迹不明。爱薛从1263年掌管西域星历、医药二司后，到1268年前，有可能奉命出国考察，访问波斯天文学家正在筹建的马拉格天文台，和纳速剌丁·杜西会面，交流天算、历法知识，并且正是在这一段时间内结识了阿布·法拉杰。爱薛便为他选编了托勒密著作的标准本，供他研究和讲学之用。欧几里德的阿拉伯语本子可能也是在这时完成的。王士点、商企翁《秘书监志》卷七列举秘书监在1273年农历十月收藏的回回书籍中既有《兀忽列的四擘算法段数》，又有《麦者思的造司天仪式》，便是爱薛从马拉格带回来的阿拉伯文著作。前者是最早介绍到中国的欧几里德《几何原理》，后者正是爱薛自选的托勒密《行星体系》。"麦者思的"便是al-Mijistī，"造司天"是对原书的汉译，"仪式"是"萃编"（Khulāsat）的音译，省略了中间的音节。《行星体系萃编》的编选者又根据最新观测的数据编制了一份索引作为附录，内中有1264年在马拉格测得的黄道倾斜角度23°30′，这一年正是爱薛在中国大都（北京）掌管回回天文台的第二个年头。从《麦者思的造司天仪式》的收藏可以知道，该书的编写一定在1264年以后，1273年以前。此书完成后，编选者便将它交给了纳速剌丁的儿子、马拉格天文台的第二任主任阿布·哈桑·杜西（Abū-1-Hasan al-Tūsī，或称Sadr al-dīn ʿAlī）。这本书曾被阿布·法拉杰在1272—1273年间在马拉格讲课时使用过，大约是可以不致产生什么疑问的。

爱薛发表的阿拉伯文著作对确定他出访马拉格提供的第二个依据是，在《中国历法》这份专题报告中，作者向聚集在马拉格的波斯、叙利亚和阿拉伯科学家介绍了汉族和维吾尔族的历法，对于设在大都和撒马尔罕的天文台的工作成就作了精湛的科学总结。这份报告代表了参加马拉格研究工作的中国科学家的集体智慧，是中国天算学家的工作结晶。这样的报告如果不是出于一个对元朝的历史和近况，对中国历法和回回历法都有高深造诣的科学家的手笔，那是很难令人信服的。这样的科学家也只有从1246年起侨居中国近三十年，深受忽必烈宠信，掌管着大都的回回天文台的爱薛是唯一合适的。

《中国历法》的写作，和马拉格天文台最初努力实现的主攻目标即《伊尔汗天文表》的研究工作有着密切的配合。《伊尔汗天文表》的最后完成，有待于中国方面详尽无遗地向马拉格提供正确的中国历数资料，因为这是马拉格分别从希腊、波斯、阿拉伯和中国系统吸收科学遗产的四个源泉之一，也是《天文表》在1272年得以最后完成的一个必备条件。爱薛在马拉格发表《中国历法》的报告，显然是他在这次出访期间进行的一项重要活动。他的报告一定是在《伊尔汗天文表》完成前不久进行的，因此《中国历法》最合适的写作时间是在1268年以后、1273年以前。

对希腊经典著作的编译，对中国历法的介绍，都是爱薛在1273年以前完成的重要工作。爱薛最主要的著作《算弧三角法》也应该是在这段时间中参照纳速剌丁·杜西的同名著作所作的。他从他的波斯同行那里学习当时最先进的球面三角知识，同时又在求证方法上另辟新路。

从以上这些科学研究活动来看，以1268年为界，爱薛曾经两次到伊朗进行科学考察。爱薛首次出访马拉格的时间是1264年以后，那时通过中亚细亚的陆道畅通。爱薛走的是陆路，行程不满一年便可到达。在1265年到1266年间的一年多时间里，爱薛可以在异国的土地上，利用马拉格的最新观测设备，进行自己的科研计划。到1267年他便重返大都了。这一年波斯人扎马剌丁向忽必烈进呈万年历，并制造七种天文观测仪器和地球仪。扎马剌丁的这些成就似乎和爱薛的出访不无关系，说得更具体一点，扎马剌丁应该是和爱薛同时到伊朗考察科学的波斯学者。扎马剌丁可能是 Jāmal al-dīn ibn Muhammad al-Najjārī[①]，他在1258年不愿参与马拉格天文台的筹建，因而离开了伊朗。这时候，忽必烈便聘请扎马剌丁等回回天文学者到中国，当时"未有官署"（《元史·百官志六》）。1267年爱薛归国时，扎马剌丁便一跃而成为显著人物，在编制回回历、制作天文仪器方面大显身手，大约不久就升任司天台提点了。

1270—1271年是元政府在管理回回医药和天文事业上的关键时期。1270年，爱薛被委派管理广惠司，秩正三品，但1271年回回司天台成立时，爱薛便不再参与其事。尤其重要的是，元朝于1270年派使者到伊尔汗国，正式册封旭烈兀的继承者阿不哈（1265—1282年在位），爱薛因此又有机会奉派出国。1270年，爱薛奉命筹建广惠司，升任正三品官职，之后便充当使团的翻译，启程前往马拉格考察天文，协助马拉格天文台最后完成《天文表》的编制，直到1273年再度返国。

关于广惠司，据《元史·百官志四》："掌修制御用回回药物及和剂，以疗诸宿卫士及在京孤寒者。至元七年始置提举二员。"广惠司既有提举二员，出缺一名无碍于工

---

① 海特纳：《扎马喇丁的天文仪器》（W. Hartner, The Astronomical Instruments of Cha-ma-lu-ting, Their Identification, and Their Relations to the Instruments of the Observatory of Marāgha），载于《伊西斯》（ISIS）1950年第41卷。

作的主持。忽必烈是竭力推行汉化政策的统治者，皇室的医疗全由太医院（秩正二品）掌管，太医院"掌医事，制奉御药物，领各属医职"。另有秩正三品的典医，领东宫太医，无须仰赖广惠司。爱薛是精通阿拉伯医药的名医，服务对象主要是那些侨居中国的西域人士，特别是宿卫将士，和元朝宗室无关。至于元朝的回回历法，它的实际主持人当时已由扎马剌丁充任。1270年后，爱薛奉命率领一批中国学者出国，参加马拉格的国际协作。在《伊尔汗天文表》的编制工作中广泛吸收了世界各国的优秀天文学家，兼通中西天文学的爱薛应该当仁不让地是其中一员。同时，爱薛到马拉格进行科学考察，也是元朝决心改进金、宋以来历法的误差，吸收先进的阿拉伯天文学，编制更加科学的新历的需要。1272年《天文表》完成后，爱薛便在1273年重回大都。

1270年至1273年便是爱薛再度出访马拉格的时期，所以虽然《元史·百官志四》说广惠司已在1270年创立，而《元史·世祖本纪五》却说1273年才将爱薛创立的阿拉伯式医院京师医药院正式改为广惠司。爱薛在国外的科学考察正好弥补了这两处记载之间的矛盾。忽必烈于1270年派使节前往伊朗册封阿不哈，实际上也为双方交换科学技术人才提供了便利。爱薛代表中国的天文和医学方面的学者出国，和1271年忽必烈要求阿不哈派炮手亦思马因和阿老瓦丁来华（《元史·方技传》）参加元朝征讨南宋的战争，便是这种科技人才交流的实例。

1273年是爱薛重回中国的一年，这一年秘书监正式成立。秘书监中收藏了很多回回书籍，其中有些便是爱薛刚刚从伊朗带回来的。特别重要的是《积尺诸家历》四十八部。"积尺"是阿拉伯语al-Zīj（天文表）的音译。这部综合诸家的天文表便是刚刚编成的波斯文《伊尔汗天文表》，表中收录了当时最新的观测数据，还广泛吸收了希巴库（Hipparchus）、托勒密（Ptolemy）和哈里发暮门时代的天文学家的成果，以及巴塔尼（al-Battānī）、伊本·阿拉姆（ibn al-A'lam）、伊本·尤纳斯（ibn Yūnus）的星历，因有《积尺诸家历》之称。

因此，爱薛前后共有三次出访马拉格，1265—1267年是第一次，1270—1273年是第二次，《拂林忠献王神道碑》所记载的那一次，从1283年启程，到1286年返国，已经是第三次了。

四、爱薛对中国和伊朗天文历法交流所作的贡献

爱薛三次出使伊朗，对中国和伊朗的科学文化交流，对马拉格天文历法事业的国际协作都有杰出的贡献。

马拉格天文台成立之初便确定了以编制具有当代先进科学水平的《伊尔汗天文表》为它的首要目标。通过最新的天文观测，总结世界各国古今历法的成就，在纳速剌丁·杜西的主持和规划下，由伊朗、叙利亚和中国的科学家通力合作，这项工作在12年内取得了令人瞩目的进展。

爱薛在前两次出访中，为配合《天文表》的编制，编选了希腊天文学家和数学家的阿拉伯语译本，并附有一些新的天象记录。这些著作共有欧几里德、托勒密所著等五种，对研究和总结希腊天文、历法的成就，发展球面三角法起到了应有的作用。他的《中国历法》阐述了中国历法的基本理论和演算方法，提供了汉族和维吾尔族历法的翔实资料，代表了在马拉格工作的中国科学家的多年心血。这份报告集中地体现了在马拉格工作的中国科学家的基本方向，也间接显示了中国科学家所以参加马拉格国际协作的主要目的。爱薛的这些工作成为编制《伊尔汗天文表》第一卷不可或缺的环节。爱薛关于行星体系和占星术的七种著作也是《天文表》第二卷和第四卷的重要内容。尤其以《实用阴骘入门》《星书》《十二宫行星会合考》《历算宝鉴》等书对于天文表的编制、占星学理的研究起到了推进的作用。《历算宝鉴》便录有天文表和占星术原理。这些著作在1273年已经入藏于秘书监。秘书监搜藏的23种回回书籍中，至少有4种是爱薛的著作，其中编选的有《兀忽列的四擘算法段数》十五部、《麦者思的造司天仪式》十五部，著述的有《麻塔合立灾福正义》和《速瓦里可瓦乞必星纂》。《麻塔合立灾福正义》原名《实用阴骘入门》（Kitāb al-Madkhal al-Mufīd fī Hukm al-Mawālid），"麻塔合立"原意是"实用"。《实用阴骘入门》到了中国被译成《实用灾福正义》。另一种《速瓦里可瓦乞必星纂》原名《十二宫行星会合考》（Kitāb al-Hukmg'alā Qirānāt al-Kawākib fī-l-Burūj al-Ithnā 'Ashar），"速瓦里可瓦乞必"原意是"十二宫行星"（Kitāb 'Ashar al-Kawākib），应即《十二宫行星会合考》的简称。

爱薛在马拉格发表的这些著作和他在马拉格的科学活动，使他在侨居伊朗的中国科学家中名副其实地起到了骨干作用，从而使他在马拉格的学术研究中享有相当的声誉，并成为马拉格国际科学协作中的核心人物之一，并最终使《伊尔汗天文表》得以迅速完工。

爱薛长期居住在中国，他用精深的阿拉伯天文学知识丰富了中国的天文科学，并且促使中国在改革历法方面迈出了划时代的一步。正是爱薛最先两次对马拉格进行的科学考察直接推动元朝改变金、宋历法误差，编制新历。元朝历法改革的步骤可以1274年为界，分成前后两个阶段，前一阶段是酝酿阶段，后一阶段是实施阶段。

元朝对回回历本来就很重视。对大都的天文学家来说，马拉格天文台的建立使回回历法无论在天文观测、历法编制还是在仪器设备方面都成了先进的楷模。1267年和爱薛同时归国的扎马剌丁向忽必烈进呈的《万年历》是一种回回历，曾在一定范围内颁布使用。1271年元政府又专门成立回回司天台，和汉儿司天台并列。《伊尔汗天文表》完成后由爱薛携归大都，成为秘书监珍藏的《积尺诸家历》四十八部。在天文仪器的引进和研制方面，爱薛也有汗马功劳。爱薛本人精于观星仪的研制，写过有关的专门论文。扎马剌丁所造六种天文仪器，包括浑天仪（咱秃哈剌吉，dhātu al-halaqi）、经纬仪（咱秃朔八台，dhātu al-shu'batai）、天球仪（苦来亦撒麻，kura-i-samā'）、观象仪（兀速都儿剌不定，al-usturlābatai）、春秋分晷影堂（鲁哈麻亦渺凹只，rukhāmah-i-mu'wajja）、冬夏至晷影堂（鲁哈麻亦木思塔余，rukhāmah-i-mustawīya），都是为黄道系统的观测而制作的，使用360°制，和马拉格天文台使用的天文仪器相仿。元政府对这些仪器的仿造，无疑也是在爱薛的帮助和擘画下进行的。尤其重要的是，爱薛在介绍和传播希腊、阿拉伯天文知识，努力沟通中西文化方面更是中国学术界的一名急先锋。元代秘书监收藏的回回书籍中，有些是经爱薛从国外搜罗的，有些则更是爱薛本人编订的著作。前述《兀忽列的四擘算法段数》《麦者思的造司天仪式》都是爱薛在马拉格所编选的希腊科学著作。《麻塔合立灾福正义》《速瓦里可瓦乞必星纂》则是他擅长的占星术著作。通过爱薛本人在大都司天台的科学实践，这些著作使中西历法得以互相参照，彼此交融，逐步汇流成一条大河，由此完成了元朝历法改革的酝酿阶段。

以爱薛为代表的中国天文学家参与马拉格的国际科学协作直接推动了元朝的历法改革。1274年，即在爱薛第二次出访归国的下一年，元朝正式将回回、汉儿两个司天台合并为一个，1275年开始筹备改历。翌年，为改用新历广选人才。1276年，忽必烈下令设局修历，由天文学家、数学家王恂（1235—1281年）、郭守敬（1231—1316年）负责编制。经过多年的辛勤工作，新历于1280年终于完成，从1281年农历正月初一起正式颁布使用。这就是著名的《授时历》。

王恂去世之后，新历的推步之式、立成之数由郭守敬独自主持进行。他应用宋末发明的新代数学天元术，根据晷影，凭借实测，创造了用招差法推算太阳逐日运行的速度和它在黄道上的经度。《授时历》的完成使中国历法完成了第四次大改革，取得了在中国天文学和数学史上具有世界意义的成就。郭守敬一定参考过回回历法来验证他推算的正确度。清代俞正燮评述授时历是以回回历为蓝本的（《癸巳存稿》卷八《书元史历志后》），但没有提出根据。

郭守敬修历，可以参考的回回历就是秘书监收藏的《积尺诸家历》，这部回回历正是爱薛曾参与编修并带回大都的。郭守敬所处的时代使他不可能抛开回回历而孤立地改革历法。回回历经过纳速刺丁·杜西及其协作者的改进已经精益求精，具有很大的势力，在世界各地普遍采用。纳速刺丁·杜西的次子曾继承纳速刺丁和他兄长萨德尔丁·阿里主持马拉格天文台，有一个本子便是这位阿西尔丁·哈桑（Asīl al-dīn al-Hasan）写作的。14世纪初还有一个由哈桑·伊本·穆罕默德·纳赛波里（al-Hasan ibn Muhammad al-Nīsābūrī）编制的注释，题为《真道示相》（Kashf al-Haqā'iq），同时又有阿里·沙·伊本·穆罕默德·花剌子模（'Ali Shāh ibn Muhammad al-Khwārizmi）的另一个笺注本，叫《伊尔汗的支柱》（al-'Umdat al-Īlkhānīya）。《伊尔汗天文表》的这些本子都曾送到大都天文台。1313年主持回回司天台的可里马丁又进呈《万年历》，可里（Qaraite）是"教徒"的意思，所进万年历也是回回历，一定是前述纳赛波里或花剌子模的笺注本。

爱薛也对郭守敬研制和改进各种天文仪器有过帮助。郭守敬设计的13种仪器，总数和马拉格天文台的仪器相等。参与马拉格筹建的叙利亚天文学家和工程师乌尔迪（Mu'ayyad al-dīn al-'Urdī al-Dimishqī）在《天文观察的艺术和理论与实践知识，以及探索行星运行的方法须知》（Risāla fī Kaifīya al-Arsād wa Māyuhtāja ilā 'Ilmihi wa 'Amalihi min Turuq al-Muwaddiya ila Ma'rifa 'Audāt al-Kawākib）中列举马拉格装备的仪器有浑天仪、希巴库经纬仪等11种，另外还有纳速刺丁·杜西制造的黄赤道转换仪（torquetum），和死于1213年的莫札法尔·杜西发明的杜西仪。郭守敬在1276年后设计和制作的玲珑仪、浑仪、浑天象、立运仪、候极仪和简仪，在天文观测上所起的作用大致和马拉格天文台的壁象限仪、浑天仪、天球仪、希巴库经纬仪、二至仪、黄赤道转换仪相仿。特别是简仪，和马拉格的黄赤道转换仪这种新式仪器十分近似。黄赤道转换仪由纳速刺丁·杜西设计，仿自12世纪上半叶贾比尔·伊本·阿夫刺（Jābir ibn Aflah）的圜仪（Regiemontanus），用两个分度环交接。郭守敬根据中国传统应用的赤道坐标系，去掉黄道部件，制成了这件简仪。"简仪"一名表明它是对马拉格黄赤道转换仪的简化[1]。扎马刺丁并没有将这种仪器传入大都，这种仪器的设计原理一定是通过和纳速刺丁·杜西紧密合作过的爱薛介绍过去的，这才使郭守敬萌发了加以改革的信念，

---

① 李约瑟：《中国科学技术史》（J. Needham, Science and Civilisation in China），第3卷，剑桥1959年版。

创造了后来通行世界的赤道坐标系的基本仪器——简仪。

郭守敬创制的仰仪是一种半球式的日晷。对这种仪器的研制也可能是爱薛介绍日晷学所引起的一种反响。阿拉伯日晷学的巨著是一部被译作《罕里速（连）窟允介算法段目》的书，秘书监曾予以收藏。罕里连窟是13世纪最杰出的阿拉伯数学家哈桑·马拉喀什，全名阿布·阿里·哈桑·伊本·阿里·伊本·乌玛尔·马拉喀什（Abū ʻAlī al-Hasan ibn ʻAli ibn ʻUmar al-Marrākushi），又称阿布尔·哈桑·阿里（Abū-l-Hasan ʻAlī），汉译名罕里连窟的对音是哈桑·阿里·马拉喀什，马拉喀什只译出中间音节，略去首尾两个音节。哈桑·马拉喀什，生长在摩洛哥，直到1262年去世。他是马拉喀什享有盛名的天文、数学和地理学家。主要著作《始终归元论》（Jāmiʻ al-Mabādī wa-l-Ghāyat），又名《原理与答案》，中译名因称《允介算法》。原书发表于1229年，书中运用数学方法和实验方法，包括三角法、图解法和日晷仪来阐释天文学上的各项命题，成为最流行的日晷仪测时学的范本，因而被推举为中世纪实用天文学的最佳著作。乔治·萨尔顿将他列入13世纪世界五大数学家的行列，和意大利的菲波纳西、德国的内摩拉里、中国的秦九韶和李冶具有同样的承先启后的重要性。爱薛由于精通球面三角法，因而一定对《始终归元论》做过介绍，从而影响到郭守敬注意日晷仪的应用。

在天方计算方法上，郭守敬引进了类似球面三角法的公式，更和爱薛关系密切。郭守敬在《授时历》中多次应用沈括的"会圆术"，在推算"赤道积度""赤道内外度"方面创立了通往球面三角法的途径[①]。球面三角法是古希腊天文学家用来解决天方计算的方法，印度和阿拉伯的天文学在这方面也各有贡献。哈桑·马拉喀什的《始终归元论》既列有回历622年（公历1225—1226年）观测所得的240颗星表，而且应用三角法和图解法发展了球面三角法。他的书中所列三角函数表相当完备，正弦之外且有正矢、余弦、余矢。爱薛的主要著作便是《算弧三角法》，这本书既介绍了纳速剌丁·杜西在这方面的杰出成就，同时又提出了一些自己独创的新方法，这些方法毫无疑问也成了郭守敬在学习传统的"会圆术"的基础上试图运用算弧三角法切割浑圆的借鉴。尽管郭守敬运用的会圆术弧矢公式误差既大，计算圆周率也以3的整数入算，因此周天直径无法精确计算，但他已在球面三角法的应用上迈开了第一步。这一点，正是爱薛在推动《授时历》的编修中所取得的最重要的成就。

最后，在天文观测方面，爱薛的占星术著作和对行星的精细观测对郭守敬在这方面的工作也有所助益。回回历向以五星纬度计算周密著称。爱薛的许多星书都研究行

---

① 钱宝琮：《中国数学史》，科学出版社1964年版，第210页。

星运行规律，对郭守敬从事《五星细行考》五十卷的写作是最便于吸收的材料。郭守敬受到撒马尔罕天文台和马拉格天文台的启发，从事恒星观测，开始编制星表。他测量了二十八宿杂坐诸星入宿去极度，又对前人未命名的1464颗星以外的无名星编制了星表①。在这些颇具创新意义的天文观测数据的后面，便有从中架桥铺路的爱薛的一份功绩在内。

爱薛由于积极参加马拉格国际科学协作，对当时中国和伊斯兰世界的两部划时代的历书《伊尔汗天文表》和《授时历》的完成具有不可磨灭的功绩。他是推动中国和伊朗在文化交流、科学协作上开创新局面的杰出代表。他以他的科学实践，为推动世界科学事业的发展树立了光辉的榜样，回答了科学技术的发展必须在各国科学家之间通过广泛的交流和合作才能发展的问题。因为正是这种合作和交流，直接决定了世界科学事业的进展程度。

---

① 薄树人：《中国古代的恒星观测》，载于《科学史集刊》1960年第3期。

中国书法在日本的流传

日本文字借鉴使用了大量的汉字。中日两国在书法艺术交流上的历史源远流长，贯通古今，连绵两千年而不断。

一、摹刻魏晋碑铭的早期日本书法

东汉、三国时期，刻有汉字铭文的铜、铁器物流向日本。铜镜、刀铭、陶瓦、砖刻是最早从中国输向日本的书法范本。3世纪以后，双方国使来往，日本的表文、中国的国书都是双方书写文字早期交流的实物。285年，百济博士王仁受日本太子菟道稚郎子之请，带着儒家经典《论语》十卷和习字范本《千字文》到了日本。王仁是中国人后裔，由他传入日本的《论语》和《千字文》（是比萧梁周兴嗣所编撰的更早的《千字文》读本）是最早从大陆进入日本诸岛的写本书籍，但已无从推断它的书体。

日本天皇与南朝有过多次交往，所用表文可能是入籍汉人或他们的后裔所起草的。现存最早由日本人撰写的汉字铭文，书写者也仍是移居当地的汉人。被定为5世纪上半叶反正天皇（406—410年在位）时期的大刀铭文，出土于熊本县玉名郡菊水町江田船山古坟。古坟形制前方后圆。铭文铸在镶银的环头大刀刀身上，共75个汉字，末尾署名"作刀者名伊太加，书者张安也"。张安是汉人姓名。传习书法的高手，离不了来自大陆的新汉人。武烈天皇（498—507年在位）时期的503年（癸未年），由在忍坂所作，今藏和歌山县桥木市隅田八幡宫的人物画像镜，是另一件早期日本所作的有铭文器物。皇室世系、贵族谱牒在6至7世纪间逐渐问世，如《帝纪》《帝皇日继》。7至8世纪的飞鸟、奈良时代，造像铭、墓志铭、砖瓦铭刻以及佛经的抄写大多仿自六朝、北魏书法风格，深受佛教文化的熏陶。推古天皇（593—628年在位）时期的607年，奈良县斑鸠町的法隆寺金堂建成，其药师如来佛背光圈上的铭文，释迦三尊中释迦佛的背光圈铭文（完成于623年），均属六朝写经书体，书风由隶入楷。京都智恩院迄今保存着西魏大统十六年（550年）陶忤虎墨书《菩萨处胎经》的原件，字体神似3世纪时的书法大家钟繇。日本皇室收藏的《法义华疏》，相传是圣德太子（574—622年）的手迹，字形扁而丰肥，出入于汉晋木简和北魏碑刻之间，楷书兼有隶法，行、草并存，温雅而有才气。这是日本现存最古的一件墨迹。

6至8世纪，日本仿效华风，书法也随着佛经的传抄和文字记录、典章制度的推广而兴旺起来，魏碑一时流行东瀛，余风袅袅。著名作品有《伊豫道后温汤碑》（已佚）、《船首王后墓志铭》、《金井泽碑》、《宇治桥断碑》、《那须国造碑》、《多胡郡碑》。《宇治桥断碑》建于舒明天皇（629—641年在位）时期，字体瘦劲挺拔，类似北魏正光三年（522年）的《张猛龙碑》。《那须国造碑》自署永昌元年（689年），为武则天在位时年号，可以相信是唐代移民所书，或者由入唐的日本人士请唐代书家所书，仍有魏碑风貌。《多胡郡碑》被列入日本三古碑之一，建于元明天皇（707—715年在位）和铜四年（711年），字体遒劲古拙，与北魏郑道昭《云峰山论经书诗》摩崖题刻的书风不相上下。郑道昭父子在山东掖县云峰山的多种题刻，到了19世纪初才由包世臣发现，随即被中、日艺坛所尊崇。他们的书法被书家推为北碑宗匠，其实在一千多年前就已流传日本。

二、王羲之书风东传和日本"三笔"书家

奈良（710—794年）、平安（794—1192年）时代，唐文化源源不绝地输向东邻，唐太宗倡导王羲之书法的风气也跟着渡海而东。唐太宗李世民生平收藏王羲之手迹多件，以为王氏书法"尽善尽美"，已经是古今第一。书法教学又与科举制度挂钩。在政府提倡下，朝野摹习王氏书迹成为社会风气，篆、隶、真、草、行各体争艳，欧阳询、虞世南、褚遂良、张旭、李阳冰、贺知章、怀素、颜真卿、柳公权等名家辈出。日本从遣唐学问僧和请益生那里传习唐人书法、经卷，王羲之、王献之父子的大名也成了日本宫廷、贵族和知识界最熟悉的名字。王羲之在日本和歌中被称为"大王"，以与他

的儿子王献之（"小王"）相对。写于8世纪末的《万叶集》是日本最古老的一部用汉文草书写成的和歌集，所收和歌自仁德天皇（313—399年在位）至淳仁天皇（758—764年在位）间共4400首，其中七首用"羲之"，四首用"大王"作为"手师"（书家）的借喻出现在歌中，反映出在奈良时代的天平时期（724—769年），日本也掀起了摹习王羲之的书风。天智天皇（662—671年在位）时，宫廷中收藏的法帖已多达百卷，王体自然是珍品之极。

于754年到达奈良的鉴真是传递王羲之书艺、开创一代风气的大家。他在渡海时带去散逸在东南民间和寺院里的《王右军真迹行书》一帖，《王献之真迹行书》三帖，怀素《戒本疏》四卷，杂体书五十多帖，以及许多唐人写经，都被孝谦天皇（749—757年在位）收入宫廷。在756年列入《东大寺献物账》而为皇室珍藏的清单中，书法一项有：

圣武天皇（724—748年在位）书《宸翰杂集》《贤愚经》各一卷；

光明皇后（701—760年）书《头院寺碑文》《杜家立成杂书要略》《乐毅论》各一卷；

元正天皇（715—723年在位）书《孝经》一卷；

鸟毛成帖文书屏风、鸟毛篆书屏风各六扇；

王羲之书法双钩填墨本二十卷，尤以《丧乱帖》《孔侍中帖》《兰亭序》列入国宝和习字范本。

鉴真和他的弟子法进、惠云都善书法，像许多唐代书法大师一样，书风亦都源自王羲之。鉴真在奈良建造唐式庙宇招提寺，它的门额相传就是孝谦天皇所写，取法王氏书风。

进入平安时期，摹习王氏书法的风气不衰。开日本天台宗、首位获得"传教大师"谥号的遣唐学问僧最澄（767—822年）在留学唐朝一年期间努力搜求佛教经典，临摹书法，是早于"平安三笔"而学王书颇有成就的名家。他的遗墨有《传教大师将来目录》（《法门道具等目录》）、《入唐牒》、《自笔尺牍》、《天台法华宗年分缘起》等。他的笔法全由唐代奉为书学圭臬的《怀仁集王圣教序》中脱胎而出。他带回日本的书帖有十七种，其中唐拓本十三种十四枚，真迹一种，留唐临摹的三种，包括：

赵模千字文；

大唐圣教序；

真草千字文；

天后圣教序；

台州龙兴寺碑；

润州牛头山第六祖师碑；

王羲之十八帖；

开元神武皇帝书法；

欧阳询书法（二枚）；

王献之书法；

褚遂良集；

安西内书碑；

梁武帝评书（以上大唐拓本）；

天台佛窟和上书法（真迹）；

雨书本一卷；

真草文一卷；

古文千字文（以上留唐临摹）。

平安朝入唐八家的《请来目录》中，有许多来自唐朝的法帖、拓本。效法二王、欧、颜诸家的日本"唐式书法"正式宣告它的诞生，而成为主宰日本书法艺术的主流。统率这股主流的是"平安三笔"。这是日本元禄（1688—1703 年）年代的《合类节用集》对 9 世纪三位最杰出的书家的称号，他们的名字是：空海、橘逸势和嵯峨天皇。

空海（774—835 年）是日本真言宗的开山鼻祖，死后谥号"弘法大师"。他是一位入唐学问僧，804 年到长安，806 年归国，留唐二年。在出国深造以前，他曾向朝野鱼养学书。留学时师事擅长"八分"的书家韩方明，书法兼长诸体。韩方明在《授笔要说》中标榜自己是"王羲之书法真传"。空海就学韩氏颇得真谛，有"五笔和尚"之称。日人屋代弘贤认为，由于空海掌握了韩方明《授笔要说》中的五种笔法，所以号称"五笔"。另据日本《高野物语》，空海在回国前已享有书名。唐宪宗因宫廷屏风上的王羲之墨迹年久残缺，请空海补写。空海一气呵成，补上五行，与原迹不相上下，于是获赐"五笔和尚"的称号。空海的书法融王羲之、颜真卿于一炉，飘逸、雄浑别具一格，真、草、行、隶、篆无不兼通。诗人胡伯崇在《赠释空海歌》中特别赞赏他的草书出众："天假吾师多技术，就中草圣最狂逸。"回国后，空海以他学王的心得写成《执笔法使笔法》和《性灵集》等涉及书艺的文字，重视书法艺术的神韵，追求不落俗套。传世的墨迹有《风信帖》《灌顶记》《三十帖册子》《临孙过庭书谱》《临急就章》《大和州益田池碑》等多种。他和最澄讨论佛道的三封书信被集成《风信帖》，是空海行草的代表，笔势超绝，深得大王韵致。作为日本国宝，《风信帖》被保存在京都教王护国寺。空海行草实是王羲之在日本别开生面的支派。后世日本民间多以草圣视空海，民谚有"弘法不择笔""弘法亦有笔误"，都以弘法为书道的楷模，声名之广，连他所学书法的母国也对他倍加尊崇。著名的《玉烟堂帖》《戏鸿堂帖》均有传像空海手迹的墨稿。

橘逸势（778—842年）和最澄、空海同时入唐。当时最澄38岁，空海31岁，橘逸势在三人中年纪最小，只有27岁。他的性格放荡不羁，被唐代文人学者称为"橘秀才"。橘逸势曾从柳宗元学习书法。柳宗元当时32岁，诗文才华横溢，书法长于章草，为时人所重。然他的书法在后世被诗名所掩，柳碑无一存世。橘逸势得到这一位良师益友的指点，书法颇得其妙。日本《文德实录》说橘逸势长于隶书，曾在宫门题榜，流传后世。所谓"隶书"，推山田菱花《最澄、橘逸势》一书考证是"楷书"。代表作《伊势内亲王愿文》结体端庄匀整，是一篇行草杰作。《兴福寺南圆堂铜灯台铭》也是橘逸势的传世之作。

嵯峨天皇（786—842年），名神野，在位时间为809到823年。嵯峨天皇长于诗文与书法，是一位著名的汉诗人。在他的倡导下，继751年日本第一部汉诗集《怀风藻》之后，在814至827年的13年中，日本又出现了三部敕撰汉诗文集，即《凌云集》《文华秀丽集》和《经国集》，使日本的诗风开始走出殿堂，初步摆脱了汉诗一味模仿六朝、初唐文学，显得僵硬、刻板的格调，开始注意描述诗人自身的生活感受，出现了咏物、述怀、艳情、哀伤等方面的作品。嵯峨天皇的诗以追随欧体的书法录笔，堪称一绝。唐末欧书最流行，欧书宗法二王。唐人徐浩《论书》以为时人学王羲之书法，"欧得其首"，推崇欧阳询是学王高手，独得王氏风骨。嵯峨天皇所写《李峤百咏》残卷，用唐代白麻纸书写，完全追摹欧阳询，功力十分深厚。目前流传的其他书帖还有《金字法华经》《哭澄上人诗》等，也都不失欧书法度。

三、日本"三迹"与"和样"书法的发端

平安后期出现的书法"三迹"，仍以王羲之书法为基准，但已不像"三笔"那样对王书亦步亦趋，逐渐由"唐样"书法向具有一定民族风格的"和样"书法过渡。"三迹"时代，日本停止了遣唐使，两国长期处于无国交状态。"三迹"的代表人物小野道

风、藤原佐理与藤原行成，在王羲之书风感召下推陈出新，别具新风。

在"三迹"出现以前，著名的汉文学家菅原道真也以善书著称，而且迄今仍被日本公众奉为"书法和文字之神"。他生活在以醍醐天皇（897—930年在位）为中心的讴歌汉风的贵族文学勃兴的时代。他在龙门寺方丈室门上的题诗，被誉作"如白玉之盈匣，似红锦之在机"。

小野道风（894—966年）开辟了"和样"书法的新路。他对王羲之书法十分精熟，《斗诗行略记》称他书法绝妙，"羲之再生"。他不拘成法，将王氏书风变得更为圆润温雅，自成一派，在日本书法史上是具有划时代意义的大家，地位可比空海。因其姓含有"野"字，故其书有"野迹"之称。与空海、菅原道真合称日本书法三圣。墨迹传世的有《玉泉帖》《屏风土代》《智澄大师赐号敕书》《道澄寺钟铭》《秋荻帖》《灵岸帖》等。其书名远扬中国。《扶桑略记》上说，兴福寺僧宽建在延长四年（926年）到中国，就带来道风的行、草书各一卷。道风本人也以书名扬威中国为荣，曾写过"身犹虽沉本朝，隔万里之波涛，名是得播唐国"的文字。他在当年的声名已不减空海。

藤原佐理（944—998年）在精研王羲之以后的晋唐名迹上下过苦功，书体瘦劲、奔放，在小野派书风中别具一格，被称为"佐迹"，至今被人推崇备至。书迹存有《离洛帖》《诗怀纸》《尺牍》等。北宋建立后不久的988年，日僧奝然归国，派弟子嘉因向宋太宗（976—997年在位）献礼，其中就有藤原佐理手书二卷，可见"佐迹"在当时就已经流传宋代宫廷。

藤原行成（972—1027年）极其推崇小野道风的书体，又刻苦临摹王羲之草书，将"和样""唐样"书法融通成一体，字体丰腴秀美，有"当代第一名家"的雅号。宽仁四年（1020年），行成任"权大纳言"之职，故世称其书法为"权迹"。传世墨迹有《白乐天诗卷》《临王羲之草书》《本能寺切》《歌仙集切》等，长期为后世当作习字范本。他的书法传习有人，称"世尊寺流"。

"三迹"的"和样"书法宗风晋唐，不出王羲之的体系。日本古来有"道风得羲之骨""佐理得羲之皮""行成得羲之肉"的评论，将"三迹"和王书关系描述得活灵活现。小野独创圆润遒劲的书风，与唐代自号四明狂客的秘书少监贺知章的草书颇有神似之处。贺知章的真迹《孝经》竟成了日本宫廷的藏品，视作国宝，从中透露了中日两国书道同出一源的奥秘。

和平安后期"三迹"同时进入北宋的一些日本僧侣也都以善书著称。他们从日本带去一些已经在中国逸失的经卷、书籍。宋太祖时，到汴梁（开封）的日僧奝然不能讲中国话，但善隶书，用笔札回答宋太宗的问题。日僧寂昭曾进见过宋真宗（997—
1022年在位），缮写甚妙，写得一手好字，学习王字能得笔法的真传。《皇朝类苑》介
绍，日本国内多习王羲之书法。日本后一条天皇（1016—1036年在位）的弟弟野人若
愚（具平亲王）、左大臣藤原道长、治部卿源从英三人都有书信给寂昭，时人评论这些
书信学的都是二王。野人若愚的章草尤其美妙，连中国人都很少有能比得上的。到五
台山巡礼佛迹的成寻带着弟子七人到中国，在洛阳受到宋神宗（1067—1085年在位）
的接见，他的弟子赖缘等五人在1073年归国时，曾带回神宗的亲笔信和赠送日本天皇
的金泥《法华经》。成寻住在太平兴国寺传法院时，常借新译经抄写，也是善书的高
手。北宋时代，中国书艺又起新风。11世纪时，中国书法界已渐脱离唐代书艺的框架，
强调"取意"，力求另辟新路，出现了蔡襄、苏轼、黄庭坚和米芾等四大书家。他们的
书风，到了12世纪时终于被中日禅僧输入东瀛，成为吹向日本书坛的一股新风。

四、中日禅僧与镰仓书风

首传宋代书体的是入宋僧荣西（1141—1225年）。他在1169年和1187年两次入宋
学禅，归国后在镰仓兴建寿福寺，传扬临济宗佛法。在中国，他认真学习黄庭坚的书
法，归国后向日本发扬了黄氏凝练、豪放的书风。传世墨迹有《誓愿寺盂兰盆一品经
缘起》。他的弟子、日本曹洞的开山鼻祖道元在1223年入宋，修禅四年，以黄体著闻，
笔力简练遒劲。道元的门徒都擅长宋人书法。随着禅宗的兴盛，黄庭坚、苏轼、张即
之等人的书法在日本广为流传，苏、黄书体得到了"禅宗样"的称号。

1246年（南宋淳祐六年，日本宽元四年），无锡阳山的禅僧兰溪道隆（1213—1278
年）接受入宋僧明观智镜的邀请，到了日本镰仓，揭开了中国禅僧访日的历史。兰溪
道隆善学张即之书法，在镰仓巨福开创建长寺，从此日本始有禅寺。兰溪道隆在1255
年铸造的大钟上亲书铭文。兰溪道隆的弟子无及德诠是建长寺的知藏，专管经藏，也
是书家。随同道隆赴日的义翁绍仁、龙江宣都善书法。在日本禅林中，这一派和荣西、
道元的黄派书法并称两大书派。

自荣西以后，日本留学僧从中国归国时都带上师事过的禅僧及宋代书家的法帖、
墨迹。"墨迹"一词在13、14世纪时的日本专指宋、元禅宗高僧和日本禅僧的毛笔字，
具有特定的时代含义。从中国返国的日本教僧、律僧也都收集经论、儒籍、法帖、碑
文，运回日本。在禅籍、语录以外，归国禅僧还带回许多师僧所授的法语、偈颂和顶
相赞。回国后装裱成书轴，挂在禅室壁上，以为修禅的机缘。于是逐渐在社会上形成

一股风尚，无论僧俗，都惯于在书室、客厅设置壁龛，张挂书画。京都东福寺的开山鼻祖圆尔辨圆（圣一国师）自1235年后留宋七年，师事张即之的书法，并得到杭州径山无准师范的秘传，归国时有许多法帖和墨迹随之东渡，对传扬结体严正、书风雄壮的张派禅林书体起到了十分有力的推动作用。

一山一宁（1247—1317年）是1299年到达日本的第一位元代高僧。他在镰仓、京都开讲法会，学识广博，善书翰，尤其精于颜真卿体的草书。他在日本20多年，推动了因弘安之役而中断的日本僧侣继续结群到中国留学，70年间竟达200人之多。来华日僧愚仲周及、实翁聪秀、铁舟德济、雪村友梅、此山妙在等都善书法。实翁聪秀在中国时，元仁宗（1311—1320年在位）见他书法秀挺，特地下令不许他随便"浪书"，以示宝爱。铁舟德济最善草书，日僧义堂周信写诗赞他："老禅游戏笔如神，书画双奇称绝伦。"求他书画的人很多，片纸只字都如获至宝。一山一宁的弟子雪村友梅在中国住了22年，得到元朝特赐的"宝觉真空禅师"的封号。他曾拜访元代大书画家赵孟𫖯，在赵的书斋中作书，绝势之雄浑连赵氏也大为惊叹。此山妙在的诗集《若木集》中收录有元人的赠诗，有人题词称他"行识精诣，尤工翰墨"。他曾为这位元诗人写达摩禅师《安心法门》。与义堂周信有深情厚谊的观中中谛也兼长诗、书、画。他们来到中国主要不是为了学禅，而是更多地吸收中国文化，故返国时带回许多书画、典籍，住在京都、镰仓的巨刹中，传授法语、偈颂、顶相赞是常事，大大促进了日本的禅林书风。

有些高僧修炼禅法有很高造诣，因而没有必要留学中国。在日本南北朝时代（1336—1392年），这类高僧有京都天龙寺的开山祖师梦窗疎石（梦窗国师）、东福寺的学僧虎关师练、大德寺的开山宗师宗峰妙起（大灯国师），都是书坛高手。他们追法黄庭坚，使黄字书风在元末明初的日本禅林中继续流播。以禅僧为代表的"唐样"书法，这时和传统的书法流派"世尊寺样"（以尊圆亲王为代表）互争雄长，"唐样"书法由于具有更加广泛的社会基础而显得生气勃勃。

明初，中日僧侣担任使者互相访问，其中很多是擅长诗文和书法的学问僧。绝海中津于1368年到中国，在杭州学禅，并向西丘竹庵禅师学习楷法，又工于作诗，因此出语下笔俱有准度，达到了和明代高僧几无两样的地步。他的弟子都善于辞藻，鄂隐慧奯著有诗集《南游稿》，擅长楷书，书法卓绝。1401年奉使入明的日僧仲芳中正，因善楷书，受明成祖（1402—1424年在位）之命书写永乐通宝的钱文。1468年使明的桂庵玄树，每成一诗便传诵艺林，书法亦妙。嘉靖（1522—1566年）年间两度访华的日僧策彦周良工诗书，长期在宁波居住，与中国文人互相赋诗唱和。其所作《赠翰林修撰金仲山》一诗表达了文人学者的心音：

> 莫道江南隔海东，相亲千里亦同风。
>
> 从今若许忘形友，语纵不通心可通。

五、江户时代"唐样"书法的盛行

江户时代（1603—1868年）的书法艺术进入了一个高峰时期。由于幕府将军德川家康提倡儒学，"唐样"书法获得了新的生机，出现了传授明代文征明、祝允明、董其昌，元代赵孟頫和宋代苏轼、米芾等中国书风的全盛时期。"御家流"等江户时代具有较多日本风趣的书法则被称为"和样"。"唐样""和样"书法各有其社会基础。江户时代的近三百年中，尽管正宗的书法流派是倾向于尊圆亲王（1298—1356年）的"御家流"，该派通用于官方文书和私塾的讲习，但"唐样"书法还是得到了广泛的流传，并且出现了专业的书法家。

江户时代的"唐样"书法，最初是由日本儒学者所倡导的。宽永（1624—1643年）年间，已出现了近卫信伊、本阿弥光悦、泷本昭乘三位书家，合称"宽永三笔"，书体出自二王、米芾。明末流亡日本的陈元赟、朱舜水也都长于书法，分别在长崎和尾张、水户传授书法。

推动"唐样"书风的一个有力因素是隐元及其弟子在日本宇治倡导的黄檗文化。隐元和他的弟子木庵、慧林、独湛、即非、独立等都以书法见长，从学的人很多，黄檗派书法因此在日本各地流传。这一派书法以大字取胜，笔力雄浑，具有苍劲有力的明代书风，历来称为"黄檗流"。隐元八十寿辰，弟子喜多元规为他画像，隐元亲笔以行书题咏：

> 单提柳栗上扶桑，惹得满头尽雪霜。
>
> 两眼圆明净法界，半身独露愈风光。
>
> 阐扬先圣拈花旨，点醒后昆大梦场。
>
> 永挂松堂作梅竹，从教地之与天长。

这幅八十寿翁隐元顶相赞是中日书画合璧的珍品。隐元的弟子木庵、即非都擅长草书。木庵有《兰竹图》题咏，对联"气岸乾坤大，心雄日月辉"。即非草书为时人所争相珍藏，声名卓著。独立精翰墨、金石，出国前已有书名。他的字运笔自如，深得米氏父子书法要领。隐元师徒带到日本的中国书画十分可观，书法有祝允明狂草杜甫《秋兴八首》，董其昌行书题扇《高梁即事诗》，张瑞图行草对联"指扐如意天花落，坐卧禅房春草深"，郑采行草题扇《奉送隐翁和尚东渡》。这些书法名作成为日本推广唐样书法时重要的观摹对象。

独立热衷于传扬明代书风，他的书法传给了长崎的深见玄岱。深见玄岱是旅日华人高寿觉的后裔，汉名高天漪，因传独立草书而出名，对发扬唐样书风十分积极。他曾前往江户，在老中松平信纲支持下，在武藏的平林寺修建佛堂，安置独立的像，并为之立碑。他曾为喜多元规所绘独立像题词，由宇治黄檗悦心收藏。高天漪所书江户浅草观音堂"施无畏"碑额，是长久以来被书法家观摹的杰作。另一名移居长崎的华人林道荣在长崎奉行牛凶腾登麾下当唐通事，书法精于隶、楷、行、草，和高天漪齐名，并称"长崎黄檗二妙"。当时隶书在日本书界处于边缘地位，对日本书家来说十分陌生。明人所书隶书格调不高，面目全非。自江户初期到中期，隶书受到这种流弊影响，成为唐样书法中的一个畸形儿。

和独立一样，在长崎传扬明人书风的有力人物是俞立德。俞立德，字君成，号南湖，杭州人，精通文征明书法。宽文（1661—1672年）初年，因从事贸易，三次去长崎，住在北岛雪山家中，并向北岛传授文征明书法，将他培养成唐样书法家。

北岛雪山（1636—1697年）是江户时代发扬唐样书风的第一大书法家。他从俞立德学文征明笔法，又向独立、隐元、即非等黄檗僧侣学书。他的高足细井广津（1658—1735年）探得文征明的笔意，功力深湛。后来著《拨镫真诠》，将师徒相传的笔法加以总结。又著《观鹅百谭》，主张学书要由文征明上溯赵孟頫，再祖述王羲之。他的弟子关思恭、三井亲和都是书法能手，形成了以江户为中心的唐样书派。长崎的汉学者荻生徂徕和侨居长崎的清人后裔赵陶斋都是传递明人书风的高手。赵陶斋，名养，字仲颐，别号息心斋、清晖阁、枸杞斋，长崎人，书名冠于宝历（1752—1763年）、天明（1781—1788年）间，和荻生徂徕都学习祝允明书法，在日本别开生面地掀起了宣扬明人草书妙趣的新潮。

唐样书法流行以后，各种法帖大量翻印。正保（1644—1647年）年间出版的法帖范本以苏东坡、黄山谷为宗主。宝历、明和（1764—1771年）年间，为适应日本各界学书的需要，王羲之、智永、欧阳询、李邕、颜真卿、张旭、怀素、米芾、张即之、赵孟𫖯、祝允明、文征明、董其昌、张瑞图等人的法帖都大量印行，充作习字的范本。米芾、王羲之的行草尤得人心。唐样书法重又由明入宋，追迹晋唐笔意。汉学家赖山阳醉心米芾，也学过颜真卿、苏东坡、董其昌诸人法书，卓然成家。市河米庵酷爱米书，以致自号"米庵"，晚年又崇王。松下乌石、中川长四郎（汉名韩天寿）、泽田东江都是晋帖王书的崇拜者。中川长四郎，伊势国松阪人，初学文征明，后来改学王羲之，自号"醉晋斋"，刻印《醉晋斋法帖》，努力推广唐样书法，以致家产耗费殆尽。

与文人画流行的同时，唐样书法在18世纪效法明清骚人墨客，融书、诗、画、印于一炉，在古今书家中求表现个人素养和个性的风格，深受中国翰苑体的影响，缺乏雄劲气势和富于变化的新意。

市河米庵、卷菱湖是18世纪末唐样书法的中坚，各以"天下大书家"自诩，蜚声书林。市河米庵热衷于米芾、王羲之行草，著有《米家书诀》《三家书论》《楷行荟编》等，深得米、王真谛。卷菱湖书法宗迹欧阳询、李邕、贺知章及其他晋、唐名家，著有《法书类择》《十体源流》。弟子荻原秋严、中泽雪城、大竹蒋塘、生方鼎斋等四人号称"菱门四天王"。宽政（1789—1800年）年间，旅居长崎的中国书家胡兆新、徐荷舟、刘培泉、江方阁更进一步推动了唐样书法，出现了群芳争妍、奇葩怒放的局面。胡兆新的弟子秦星池，名馨，在江户传授胡的书法，一度声誉雀跃，比肩米庵、菱湖。胡兆新的另一位弟子小谷燕斋也因给幕府将军家书写字帖范本而名噪一时。驰名关西的贯名海屋（贯名菘翁）笔力苍劲，与米庵、菱湖合称"幕末三大家"。他的字初学米芾，后学空海，60岁后学赵孟𫖯，70岁后行、草书学颜真卿，楷书习褚遂良。遗墨印有《临邢子愿草书千字文》《临兰亭序》《临王铎书》《前后赤壁二赋帖》。

良宽、寂严、明月都是善书的名僧。良宽深得王羲之、张旭、怀素的笔意，草书飘逸自如。他们三人因书法被后世推崇为"日本三僧"。

六、晚清"北碑南帖"书风与日本书坛

道光（1821—1850年）年间，晚清金石学勃兴，包世臣、翁方纲等金石学家力主临摹北碑，力图扭转明清翰苑的纤丽书风。金石学分成南北两派，"南帖北碑"说风靡学界，东传日本，形成轩然大波，导引着日本唐样书法从传统的南帖临摹走向北碑的传习。

翁方纲最早注意到日本的金石碑刻，高度评价《多贺郡碑》的书法艺术。明治（1868—1912年）时代，"御家流"被公用书体替代，日本书坛处于彷徨之中。光绪

（1875—1908年）初，杨守敬、黎庶昌、黄遵宪、姚文栋、裴景福等学者供职于驻日使馆，随带许多碑帖，着力于宣扬北碑，以供书法界学习研究。出力最多的是北派书家潘存的弟子杨守敬。杨守敬（1839—1914年），字惺吾，湖北宜都人，精谙地理、目录、金石学，擅长书法。1880年东渡日本，1884年归国。在日本四年，先后带去汉、魏、六朝、隋、唐碑帖13000多件，致力于传授北碑法书，震动了正在探索中的日本唐样书法界。他的学书弟子日下部鸣鹤、严谷一六、松田雪柯后来成为明治书坛巨擘，形成以北碑为正宗的新的书派。在杨守敬的指导下，日本书法家开始转向古文字的研究，致力于篆、隶、楷书、魏碑的学习，并联袂来华，向金石学家讨教。

和杨守敬访日同时，日本书家中村梧竹也来到中国，直接师事杨守敬的老师潘存，学习汉魏六朝书法。回国又著书立说，与杨守敬的学说分庭抗礼，各抒己见。两家学说虽有短长，然宣扬北碑，推动日本人学习六朝书风的意愿则有异曲同工之妙。

杨守致的学生日下部鸣鹤在1891年留学中国，与吴大澂、杨岘、俞樾等金石、书法名家交游，过从甚密。回到日本后，培育不少新派书家，使"鸣鹤流"的书法在日本书法界占有显著的地位。北方心泉、副岛苍海等人也到中国学习书法，直接受教于有名的文人学者。日本篆刻家円（圆）山大迂、桑名铁城、滨村藏六、河井荃庐等也亲至中国，向江南书法、篆刻家徐三庚、吴昌硕等名家学习治印。

杨守敬著有多种金石学著作，包括《评碑记》《评帖记》《望堂金石文字》《楷法溯源》《学书迩言》。《学书迩言》原稿现仍保存在湖北省博物馆，共50页，每页10行。原作是杨守致在71岁时的辛亥（1911年）十月匿居上海时，应上月来沪要求向他学习书法的日本福冈县人水野元直而作的，涉及的内容自周奏以至明清，分别就评碑、评帖、评书加以论述。评碑，论及晋以前篆书泰山残石等6种，隶书礼器碑等14种，南北朝的华岳碑等27种，隋代龙藏寺碑等8种，唐代醴泉铭、玄秘塔碑等37种，唐行书碑晋祠铭等5种，宋代洛阳桥碑等2种，以及日本的多胡郡题名等4种。评帖，论及南唐升元帖等2种，宋代淳化阁帖等10种，明代宝贤堂帖等7种，清代玉烟堂帖等14种，以及二王、千字文等行草、小楷帖近百种。评书，论及晋代王羲之，唐代颜、柳、欧、虞、褚、薛，宋代苏东坡、黄庭坚、米芾、蔡襄，元代赵孟頫，明代董其昌，清代翁松禅，以及日本空海等百名以上书家。杨守敬在这篇书稿中要求学书者：一要品高，则下笔妍雅，不落尘俗；二要学富，则书卷之气，自然溢于行间。

由于杨守敬等北派金石学家的引导，明治中期，六朝书风便在日本书界呈异军突起之势。中村不折、两川春洞、前田默风、永坂石埭、河东碧梧桐等新派书家都以擅长北碑名世。而传统的唐样书法在吉田晚稼、金井金湖、成濑大域等人的维护下仍然维持不衰局面。两派之间在书学上的争论，实在是中国"北碑南帖"论在海外的回响。

七、争妍现当代的中日书艺

现当代中日书法界的联系，比之以往任何时期都更活跃。双方人士的互访，书法展览的不断举办，书艺切磋、交流的多渠道进行，信息传递的高频率周转，使中日书坛紧密联系，犹如一家。

早在20世纪上半叶，中国的留学生、政治活动家和文艺界人士就经常出入于日本，与日本人民结下深情厚谊，留下许多弥足珍贵的墨宝。擅长六朝行楷的鲁迅在《鲁迅诗稿》所收53首墨迹中，24件是以条幅形式馈赠给日本友人的。1948年，日本举办美术展览会，增添了书法艺术的展品，标志着日本书道进入了一个新阶段。1973年中日恢复邦交，以后，中日两国书家互相访问，举办本国书法展览更加频繁。从这一年起，全日本书道联盟等书法界民间团体每年都有代表团访华。

1973年，日本著名书家金子鸥亭来到中国，兴奋地写下了这样讴歌两国书家情谊的诗：

> 茎干本一枝，花开九朵奇。
>
> 馨香染世界，笔底结真谊。

1976年，日本日中文化交流协会、全日本书道联盟、每日新闻社联合举办"中国书法、篆刻展览"，在东京、名古屋、北九州等地巡回展出。中国对外文化交流协会精选了60件书法、篆刻作品参加展出。次年的6月至9月，中国人民对外友好协会举办了日本现代书法展览，先后在北京、西安和南京展出。1974年，大阪和上海结成友好城市后，彼此也定期开展书法展览交流会。中日书家常常通过这些机会交流书艺，发扬传统技艺，创造独特的新风。

1980年4月14日，日本奈良唐招提寺的鉴真大师坐像"回国探亲"，中日两国佛学界、文艺界人士热情挥毫，赋诗作画，书法艺术大逞威风。鉴真坐像的护送者森本孝顺长老在扬州参观了"扬州八怪"的书画艺术，特别欣赏石涛和尚（释原济）的作品，回国后就成立了石涛书画陈列室。鉴真的西返，又迎来了石涛的东航。赵朴初、关山月、李可染、朱丹等书画、篆刻名家以他们创作的书画歌颂了鉴真刚毅不屈，为缔造中日友谊而顽强奋斗的事迹。

从事中国书法史研究的中田勇次郎是青木正儿的弟子，他在1988年出版了由他主编的九卷本《中国书道史》，致力于系统性地收集中国书法原作，完成了一部具有里程碑性质的、迄今无人超越的力作。

日本当代最著名的三位书法家丰道春海（1878—1979年）、川上景年（1903—2003年）和金子鸥亭（1906—2001年）都曾在中国多次举办书法展览，到中国寻访书法艺术的泉源。丰道春海是日本当代书法家的杰出代表，他继承北派书法技艺，篆、隶、真、草、行书无不精通，六朝楷书尤其得心应手。他擅写大字和"一笔书"，笔力苍劲，具有浓重的北碑书风。1958年6月，丰道春海率领日本书道代表团首次抵达北京，访问中国，表示愿以自己一生的书法作品展览为日中文化交流和两国人民的友好作出贡献。访问期间，他在北京故宫博物院场地上举起寻笔，用双手回腕法挥写特大行楷"和平友好"四字。日本的另一位大书法家川上景年博采汉魏以来各派书法之长，擅写篆、隶、真、草，独字榜书尤为拿手。他的楷书以颜为主，参有欧、柳，端庄雄伟。其隶书沉朴古拙，有魏晋碑刻遗风。其篆书熟中返生，苍劲高古。草书飞劲有力，浓淡相间。作品常汉字、假名合写，妙趣横生。金子鸥亭、由中冻云也常在各种书展上露面，也是中国书法家和书法爱好者熟悉的名家。

中日两国书艺同出一源。近两千年来，日本书法不断受到大陆新风的感染。10世纪后虽有"和样"书体的开启，然日本书家始终受益于大陆书坛。先有右军神笔振荡回响于各代，继而有欧、颜、米、黄久传后世，又而有文征明、祝允明、徐文长风韵流波，润泽东瀛。及至19世纪末、20世纪初，"北碑南帖"风起，日本金石、书法界再度追迹中国北派书艺。第二次世界大战以后，日本书坛敢于突破陈规，力求"意在笔先"，以书道抒写个性，引画学入书道，追求不拘一格的笔墨，给书艺拓展了前景，这也应是书艺的母国所应重视和借鉴的地方。